XĪNHUÁ ZÌDIǍN

新华字典

第 11 版

双色本

商務印書館

2013 年 · 北京

此扉页用含有商务印书馆注册商标 的开窗式安全线水印防伪纸印制，有这种扉页的《新华字典》第 11 版（双色本）是正版图书。请注意识别。

总 目 录

第 11 版修订说明

《新华字典》是新中国第一部现代汉语字典，首次出版于 1953 年，原由新华辞书社编写，著名语言文字学家魏建功先生主持编写工作。1956 年，新华辞书社并入当时的中国科学院语言研究所（1977 年改属中国社会科学院）词典编辑室。《新华字典》历经多次修订出版，深受广大读者欢迎。在第 11 版出版之际，谨向为《新华字典》的编写、修订工作做出重要贡献的前辈学者们致以崇高的敬意。

本次修订在保持《新华字典》原有特色的基础上，以贯彻执行国家语言文字规范为重点，同时根据时代发展变化和读者的需求，对全书进行了谨慎而系统的修订，主要修订内容有：

一、新增正体字 800 多个，以姓氏、人名、地名用字和科技术语用字为主；根据专家学者和广大读者的意见，对某些繁体字、异体字做了相应处理，增收繁体字

1 500多个，异体字 500 多个。

二、对个别体例做了改动。

三、酌情删去了个别过于陈旧的异读音；有选择地增收了某些字的读音。

四、对个别释义进行修改，简化或更新了某些词语的释义；适当增补了一些新的义项。对复音词进行了适量的增补和删减。

五、对部分例证进行修改，删改了一些难懂或过时、过长的例证；根据中小学教学的需求，适当增加了一些例证。

本次修订听取了部分所内外专家、中小学教师以及广大读者的意见，商务印书馆的领导和有关编辑对修订工作大力支持，提出不少中肯的修改意见，在此一并表示衷心的感谢。限于水平，本次修订或有不当和错误之处，诚恳欢迎广大读者批评指正。

中国社会科学院语言研究所

2010 年 11 月

第10版修订说明

《新华字典》1953年首次出版，此后经多次修订再版，深受广大读者欢迎。为了使《新华字典》在新世纪更好地服务于社会，我们在第9版的基础上，对字典进行了修订。

修订中我们认真研究了1953年原版的风格特点，对比参考了历次修订版本，在加强规范性和科学性的同时，特别注重保持原书的简明性和实用性。

本次修订的主要方面有：根据中华人民共和国教育部、国家语言文字工作委员会发布的《第一批异形词整理表》对本字典中所涉及的异形词作了相应处理；增补了部分新词、新义、新例和少量字头，删除了部分陈旧的词条和例证；订正了一些过时的内容和个别的错误以及表述不够准确的地方；统查整理了部分体例；调整了个别字头和部分复音词的顺序；增补了几幅插图和一个附录《地质年代简表》；按照国家有关规定重新编制了

《部首检字表》。

本次修订吸收了一些读者意见，得到了有关专家和商务印书馆的热情帮助和支持，在此谨表谢意。欢迎广大读者继续提出宝贵意见。

中国社会科学院语言研究所

2003年10月

凡　例

一、本字典的字头用大字排印。繁体字、异体字附在字头后面，外加圆括号。不带＊号的为繁体字，带一个＊号的为《第一批异体字整理表》中的异体字，带两个＊号的是《第一批异体字整理表》以外的异体字。有些繁体字、异体字的左上方附有义项序号，表示只适用于某义项；有些繁体字、异体字的左上方带△号，表示另外也做字头。

二、一个字头有几个音的，就列为几个字头，各在注解之末附列其余的音及其所见页码，按音序连排。

三、字头下所收的带注解的复音词或词组，外加[ ]号，按音序排列。意义上有联系的，分别放在重点字的相关义项之下；意义上联系不明确的，放在本字注解最后，并另起行。对于《第一批异形词整理表》中的非推荐词形，在左上角加＊号，外加圆括号，附列于推荐词形之后。

四、本字典的字音依据普通话语音系统，用汉语拼音字母及注音字母标音。

五、有些字头连注两个音，第二个音后面附注“(又)”，表示“又音”。有时某义项内注“又某音”，表示“又音”用于某义。

六、有些字头注有“旧读”，表示旧时的不同读法。有时某义项内注“旧读”，表示某义旧时的不同读法。

七、对行文中一些生僻字、多音字或复音词中读轻声的字加注读音。

八、字头的意义不止一项的，分条注解，用❶❷❸等表示义项。一个义项下如果再分条以及前面有总括性文字说明的，用1.2.3.等表示。[ ]中的复音词或词组，如果分条注解，也用1.2.3.等表示。

九、注解中㉄、㊗、㊕的用法如下：

㉄ 表示由原义引申出来的意义。如216页“急 jí”字条❶义下，“㉄气恼，发怒”是由“焦躁”引申出来的。

㊗ 表示由比喻形成的意义（包括独立使用的比喻义和在复音词或词组中用于比喻而产生的意义）。如247页“晶 jīng”字条[结晶]下注“㊗成果”；135页“蜂 fēng”字条下注“㊗成群地：～起｜～拥”。

㊕　表示由风俗、故事、成语等转化而成的意义，或由没有直接的理据而产生的意义。如10页“白 bái”字条❶义下注“㊕1.有关丧事的……2.反动的”；504页“推 tuī”字条❶义下[推敲]条注“㊕斟酌文章字句”。

十、注解中的(一子)、(一儿)、(一头)表示本字可以加上这类词尾，构成大致同义的词，不另加注解。

十一、注解中的“(叠)”表示本字可以重叠。放在注解前的表示必须叠用，如237页“喈”字；放在注解后的表示可以叠用也可以不叠用，如308页“凛”字❷。

十二、注解中的“㊐”表示本字可以跟一个意义相同或相近的字并列起来构成大致同义的词，不另加注解。

十三、注解中的“〈方〉”表示本字是方言地区用的字或者本义项所注的是方言地区的用法。“〈古〉”表示本字是古代用的字或者本义项所注的是古代的用法。

十四、从兄弟民族语言中来的词，加注民族简称。如178页“哈 hǎ”字条[哈达]是从藏语来的，注“(藏)”。

十五、有些词的后面注“(外)”，表示是外来语。历史上相沿已久的外来语，一般不注来源。

十六、注解后举例中，用“～”号代替所释的字或复音词。一个“～”号代替一个字或一个复音词。不止一

个例子的，中间用“|”号隔开。例子完了用句号（或问号、叹号）。

十七、“—”和“-”（短横）的用法如下：

1. 在“—子、—儿、—头”中，在“㊥”字后，“—”代替所释字。

2. 在拼音字母标音中，“—”代替省略的音节，“-”（短横）表示连接转行的音节。

十八、“·”（圆点）用于注音字母的标音时，表示后面的音节读轻声。

汉语拼音音节索引

1. 每一音节后举一字做例，可按例字读音去查同音的字。
2. 数字指本字典正文页码。

tian	天 492	xiong	兄 554	zen	怎 626
tiao	挑 493	xiu	休 555	zeng	增 626
tie	贴 495	xu	需 556	zha	扎 627
ting	听 496	xuan	宣 559	zhai	摘 630
tong	通 498	xue	靴 562	zhan	沾 631
tou	偷 500	xun	勋 563	zhang	章 633
tu	突 502			zhao	招 635
tuan	团 504	**Y**		zhe	遮 637
tui	推 504			zhei	这 640
tun	吞 505	ya	呀 566	zhen	针 640
tuo	拖 506	yan	烟 569	zheng	征 643
		yang	央 575	zhi	之 645
W		yao	腰 577	zhong	忠 653
		ye	爷 580	zhou	州 655
wa	挖 508	yi	一 583	zhu	朱 657
wai	歪 509	yin	音 591	zhua	抓 661
wan	弯 510	ying	英 595	zhuai	拽 662
wang	汪 512	yo	唷 598	zhuan	专 662
wei	危 513	yong	拥 599	zhuang	庄 663
wen	温 519	you	优 601	zhui	追 664
weng	翁 521	yu	于 605	zhun	准 665
wo	窝 522	yuan	渊 611	zhuo	捉 666
wu	污 523	yue	约 614	zi	资 668
		yun	云 616	zong	宗 671
X				zou	邹 673
		Z		zu	租 673
xi	西 527			zuan	钻 675
xia	虾 533	za	匝 619	zui	最 675
xian	先 535	zai	栽 620	zun	尊 676
xiang	香 540	zan	赞 621	zuo	作 676
xiao	消 543	zang	脏 622		
xie	些 546	zao	遭 623		
xin	心 549	ze	则 625		
xing	星 551	zei	贼 626

新旧字形对照表

（字形后圆圈内的数字表示字形的笔画数）

旧字形	新字形	新字举例	旧字形	新字形	新字举例
⺿④	艹③	花草	直⑧	直⑧	值植
⻎④	⻌③	连速	黾⑧	黾⑧	绳鼋
幵⑥	开④	型形	咼⑨	咼⑧	過蝸
丰④	丰④	艳沣	垂⑨	垂⑧	睡郵
巨⑤	巨④	苣渠	飠⑨	𩙿⑧	飲飽
屯④	屯④	纯顿	郎⑨	郎⑧	廊螂
瓦⑤	瓦④	瓶瓷	彔⑧	录⑧	渌箓
反④	反④	板饭	昷⑩	𥁕⑨	温瘟
丑④	丑④	纽杻	骨⑩	骨⑨	滑骼
犮⑤	犮⑤	拔茇	鬼⑩	鬼⑨	槐嵬
印⑥	印⑤	茚	俞⑨	俞⑨	偷渝
耒⑥	耒⑥	耕耘	旣⑪	既⑨	溉厩
呂⑦	吕⑥	侣营	蚤⑩	蚤⑨	搔骚
攸⑦	攸⑥	修倏	敖⑪	敖⑩	傲遨
爭⑧	争⑥	净静	莽⑫	莽⑩	漭蟒
产⑥	产⑥	彦産	眞⑩	真⑩	慎填
𦍌⑦	𦍌⑥	差养	䍃⑩	䍃⑩	摇遥
幷⑧	并⑥	屏拼	殺⑪	殺⑩	摋鎩
吳⑦	吴⑦	蜈虞	黃⑫	黄⑪	廣横
角⑦	角⑦	解确	虛⑫	虚⑪	墟歔
奐⑨	奂⑦	换痪	異⑫	異⑪	冀戴
㡀⑧	㡀⑦	敝弊	象⑫	象⑪	像橡
耳⑧	耳⑦	敢嚴	奧⑬	奥⑫	澳襖
者⑨	者⑧	都著	普⑬	普⑫	谱氆

部首检字表

〔说明〕1.本表采用的部首依据《汉字部首表》，共201部；归部依据《GB13000.1字符集汉字部首归部规范》；编排次序依据《GB13000.1字符集汉字笔顺规范》和《GB13000.1字符集汉字字序(笔画序)规范》，按笔画数由少到多顺序排列，同画数的，按起笔笔形横(一)、竖(丨)、撇(丿)、点(丶)、折(乛)顺序排列，第一笔相同的，按第二笔，依次类推。2.在《部首目录》中，主部首的左边标有部首序号；附形部首大多加圆括号单立，其左边的部首序号加有方括号。3.在《检字表》中，繁体字和异体字加有圆括号；同部首的字按除去部首笔画以外的画数排列。4.查字时，需先在《部首目录》里查出待查字所属部首的页码，然后再查《检字表》。5.为方便读者查检，《检字表》中有些字仍采取“多开门”的方式，分别收在所属规定部首和传统习用部首之下，收在后者的字右上角加有“◦”的标志。如“思”字在“田”部和“心”部都能查到，在“心”部的“思”右上角带“◦”。6.《检字表》后面另有《难检字笔画索引》备查。

(一) 部首目录

(部首左边的号码是部首序号；右边的号码指《检字表》的页码。)

1画

（二）检字表

（字右边的号码指正文的页码；带圆括号的字是繁体字或异体字；字右上角带“◦”的是非规定的归部。）

1 一部

2
丨部

3
丿部

12 人部

[12] 亻部

9 画

10 画

11 画

12 画

13 画

14 画以上

[12] 入部

13 勹部

[22] 𠂊部

23 力部

24 又部

10 画

11 画

12—14 画

15 画以上

[29] 士部

30 艹部

1—3 画

4 画

38 囗部

39 山部

40

巾部

41 彳部

42 彡部

43 夕部

44 夂部

49 辶部

59 幺部

60 巛部

61 王部

10—12 画

13 画以上

[61]
玉部

62
无部

[62]
旡部

63
韦部

[63]
韋部

64
木部

1 画

2 画

69 牙部

70 戈部

71 比部

72 瓦部

73 止部

74
支部

[74]
攵部

75
日(曰)部

［75］冃部

76 贝部

[76] 貝部

77 水部

[77] 氵部

[77] 氺部

78 见部

84 片部

85 斤部

86 爪部

[86] 爫部

87 父部

88 月部

1—3 画

4 画

5 画

6 画

[88] 月部

89 氏部

90 欠部

2—7 画

8 画以上

91 风部

[91] 風部

92 殳部

93 文部

94 方部

95 火部

[98] 忄部

[98] 小部

99 毋部

[99] 母部

100 示部

[100] 礻部

1—4 画

5 画

6 画以上

101 甘部

102 石部

2—4 画

5 画

6—7 画

103
龙部

[103]
龍部

104
业部

105
目部

115 疒部

116 立部

136 臼部

137 自部

138 血部

139 舟部

143 羊部

[143] ⺶部

[143] ⺷部

144 米部

145 聿部

[145] ⺻部

[148] 糸部

149
麦部

［149］
麥部

150
走部

151
赤部

152
豆部

153
酉部

159 邑部

［159］ 阝右部

[166] 讠部

176 金部

[176] 钅部

177 鱼部

[177] 魚部

（三） 难检字笔画索引

（字右边的号码指正文的页码；
带圆括号的字是繁体字或异体字。）

六画

七画

八画

九画

A Y

A　Y

吖 ā Y [吖嗪](—qín) 有机化合物的一类,呈环状结构,含有一个或几个氮原子,如吡啶、嘧啶等。

阿 ā Y 〈方〉词头。1. 加在排行、小名或姓的前面:~大|~根|~王。2. 加在某些亲属称谓的前面:~妹|~公。[阿姨] 1. 称跟母亲年纪差不多的、没有亲属关系的女性。2. 对保育员或保姆等的称呼。3.〈方〉姨母。

[阿昌族]我国少数民族,参看附表。

另见 118 页 ē。

呵 ā Y 同"啊"(ā)。

另见 1 页 á;1 页 ǎ;1 页 à;2 页 a;184 页 hē。

啊 ā Y 叹词,表示赞叹或惊异:~,这花多好哇!|~,下雪了!

另见 1 页 á;1 页 ǎ;1 页 à;2 页 a。

锕(錒) ā Y 放射性金属元素,符号 Ac。

腌 ā Y [腌臜](— za)〈方〉不干净。

另见 570 页 yān。

呵 á Ý 同"啊"(á)。

另见 1 页 ā;1 页 ǎ;1 页 à;2 页 a;184 页 hē。

啊 á Ý 叹词,表示追问:~,你说什么?|~,你再说!

另见 1 页 ā;1 页 ǎ;1 页 à;2 页 a。

嗄 á Ý 同"啊"(á)。

另见 437 页 shà。

呵 ǎ Ỷ 同"啊"(ǎ)。

另见 1 页 ā;1 页 á;1 页 à;2 页 a;184 页 hē。

啊 ǎ Ỷ 叹词,表示疑惑:~,这是怎么回事?

另见 1 页 ā;1 页 á;1 页 à;2 页 a。

呵 à Ỳ 同"啊"(à)。

另见 1 页 ā;1 页 á;1 页 ǎ;2 页 a;184 页 hē。

啊 à Ỳ 叹词。1. 表示应诺或醒悟(音较短):~,好吧|~,原来是你呀!2. 表示惊异或赞叹(音较长):~,伟大的祖国!

另见 1 页 ā;1 页 á;1 页 ǎ;2 页 a。

A

呵 a ·ㄚ 同"啊"(a)。

另见1页ā;1页á;1页ǎ;1页à;184页hē。

啊 a ·ㄚ 助词。1.用在句末,表示赞叹、催促、嘱咐等语气(常因前面字音不同而发生变音,可用不同的字来表示):快些来～(呀)!|您好～(哇)!|同志们加油干～(哪)!2.用在列举的事项之后:纸～、笔～,摆满了一桌子。

另见1页ā;1页á;1页ǎ;1页à。

AI ㄞ

哎 āi ㄞ 叹词,表示不满或提醒:～,你怎么能这么说呢!|～,你们看,谁来了![哎呀]叹词,表示惊讶。[哎哟](—yō)叹词,表示惊讶、痛苦。

哀 āi ㄞ ❶悲痛(㊀悲—):喜怒～乐。❷悼念:默～。❸怜悯,同情:～怜|～其不幸。

锿(鎄) āi ㄞ 人造的放射性金属元素,符号Es。

埃 āi ㄞ 灰尘(㊀尘—)。

挨 āi ㄞ ❶靠近:居民区～着一条河。❷顺着(一定次序):～家查问|～着号叫。

另见2页ái。

唉 āi ㄞ 叹词。1.表示答应:～,听见了。2.表示叹息:～,一天的工夫又白费了。3.表示招呼:～,你来一下。

另见3页ài。

嗳(噯) āi ㄞ 同"哎"。

另见2页ǎi;3页ài。

挨(捱)** ái ㄞ ❶遭受,亲身受到:～饿|～打|～骂。❷困难地度过(岁月):～日子。❸拖延:他～到晚饭后才开始写作业。

另见2页āi。

骇(騃) ái ㄞ 傻:痴～。

皑(皚) ái ㄞ 白(叠):～～白雪。

癌 ái ㄞ(旧读yán) 生物体细胞变成恶性增生细胞所形成的肿瘤:胃～|肝～|肺～|乳腺～。

毐 ǎi ㄞ 用于人名。嫪毐(lào—),战国时秦国人。

欸 ǎi ㄞ [欸乃] 形容摇橹声:～一声山水绿。

另见120页ē;120页é;120页ě;121页è。

嗳(噯) ǎi ㄞ 叹词,表示否定或不同意:

～，别那么说|～，不是这样放。

另见2页āi；3页ài。

矮 ǎi ㄞˇ 身材短：他比他哥哥～。㊀1.高度小的：几棵小～树。2.等级、地位低：我比他～一级。

蔼（藹） ǎi ㄞˇ 和气，和善：和～|～然可亲。

霭（靄） ǎi ㄞˇ 云气：云～|暮～。

艾 ài ㄞˋ ❶草本植物，又叫艾蒿，叶有香味，可制成艾绒，供灸病用。❷止，绝：方兴未～。❸漂亮，美：少～（年轻漂亮的人）。❹姓。

另见587页yì。

砹 ài ㄞˋ 放射性非金属元素，符号At。

唉 ài ㄞˋ 叹词，表示伤感或惋惜：～，病了两个月，把工作都耽搁了。

另见2页āi。

爱（愛） ài ㄞˋ ❶喜爱，对人或事物有深挚的感情：拥军～民|～祖国|～人民|友～。❷喜好：～游泳|～干净|～劳动。❸爱惜，爱护：～集体荣誉。❹容易（出现某种变化），常常（发生某种行为）：铁～生锈|小王～迟到。

嗳（噯） ài ㄞˋ 叹词，表示懊恼、悔恨：～，早知道是这样，我就不来了。

另见2页āi；2页ǎi。

嫒（嬡） ài ㄞˋ［令嫒］［令爱］对对方女儿的敬称。

瑷（璦） ài ㄞˋ［瑷珲］（－huī）地名，在黑龙江省。今作“爱辉”。

叆（靉） ài ㄞˋ［叆叇］（－dài）云彩很厚的样子：乌云～。

暧（曖） ài ㄞˋ 日光昏暗（叠）。［暧昧］1.态度不明朗。2.行为不光明。

餲（餲） ài ㄞˋ 食物经久而变味。

另见186页hé。

隘 ài ㄞˋ ❶险要的地方：要～。❷狭窄，狭小（㊥狭～）：路～林深。

嗌 ài ㄞˋ 噎，食物塞住嗓子。

另见590页yì。

碍（礙） ài ㄞˋ 妨害，阻挡：～口（不便说）|～事不～事？|～手～脚。

AN ㄢ

厂 ān ㄢ 同“庵”，多用于人名。

另见52页chǎng。

A

广 ān ㄢ 同"庵",多用于人名。

另见172页guǎng。

安 ān ㄢ ❶平静,稳定:~定|~心(心情安定)|~居乐业。❷使平静,使安定(多指心情):~神|~民告示。❸安全,平安,跟"危"相对:~康|治~|转危为~。❹安置,装设(㊀一装):~排|~营扎寨|~电灯。❺存着,怀着(多指不好的念头):你~的什么心?❻代词,哪里:而今~在?|~能如此?❼电流强度单位名安培的简称,符号A。

垵 ān ㄢ 用于地名:曾厝~(在福建省厦门)。

另见4页ǎn。

桉 ān ㄢ 桉树,常绿乔木,又叫有加利树,树干高而直,木质坚韧,供建筑用,树皮和叶可入药,叶可提制桉油。

氨 ān ㄢ 无机化合物,气体,无色而有恶臭。可用来制硝酸、肥料和炸药。

鮟(鮟) ān ㄢ [鮟鱇](-kāng)鱼名,俗称老头儿鱼,身体前半部平扁,圆盘形,尾部细小,全身无鳞,能发出像老人咳嗽的声音,生活在深海。

鞍(△*鞌) ān ㄢ (一子)放在骡马等背上承载重物或供人骑坐的器具。

鞌 ān ㄢ ❶见4页"鞍"。❷用于古地名:~之战。

庵(*菴) ān ㄢ ❶圆形草屋:结草为~。❷小庙(多指尼姑居住的):~堂。

鹌(鵪) ān ㄢ [鹌鹑](-chun)鸟名,头小尾短,羽毛赤褐色,杂有暗黄色条纹,雄的好斗。

谙(諳) ān ㄢ 熟悉:不~水性。[谙练]熟习,有经验。

盦 ān ㄢ ❶古代一种器皿。❷同"庵",多用于人名。

玵 án ㄢˊ 美玉。

埯 ǎn ㄢˇ 同"埯"。

另见4页ān。

铵(銨) ǎn ㄢˇ 铵根,从氨衍生所得的带正电荷的根,在化合物中的地位相当于金属离子。

俺 ǎn ㄢˇ 〈方〉代词,我,我们:~村|~们|~那里出棉花。

埯 ǎn ㄢˇ ❶点播种子挖的小坑。❷挖小坑点种:~瓜|~豆。❸(一儿)量词,用于点种的植物:一~儿花生。

A

唵 ǎn ㄢˇ ❶把食物放在手里吞食：～了几口炒米。❷佛教咒语的发声词。

揞 ǎn ㄢˇ 用手指把药粉等按在伤口上。

犴 àn ㄢˋ 见 25 页“狴”字条“狴犴”(bì—)。

另见 179 页 hān。

岸(*岍) àn ㄢˋ ❶江、河、湖、海等水边的陆地：河～|船靠～了。❷高大：伟～。

按 àn ㄢˋ ❶用手压或摁(èn)：～脉|～电铃|～摩。❷止住，压住：～兵不动|～下此事先不表。❸介词，依照：～理说你应该去|～人数算|～部就班(依照程序办事)|～图索骥(喻办事拘泥，也指根据线索去寻求)。❹经过考核研究后下论断：～语|编者～。

胺 àn ㄢˋ 有机化合物，是氨的氢原子被烃(tīng)基取代而成的。

案 àn ㄢˋ ❶长形的桌子。❷机关或团体中记事的案卷：备～|有～可查。❸提出计划、办法等的文件：提～|议～。❹事件：五卅惨～。特指涉及法律问题的事件：～情|犯～|破～。❺古时候端饭用的木盘：举～齐眉(形容夫妇互相敬重)。❻同“按❹”。

暗(❶❸*闇) àn ㄢˋ ❶不亮，没有光，跟“明”相对：～中摸索|这间屋子太～。[暗淡]昏暗，不光明：颜色～|前途～。❷不公开的，隐藏不露的，跟“明”相对：～号|～杀|心中～喜。❸愚昧，糊涂：明于知彼，～于知己。

黯 àn ㄢˋ 昏黑。[黯然]昏暗的样子。㊐心神沮丧：～泪下。

ANG ㄤ

肮(骯) āng ㄤ [肮脏](—zāng)不干净。

卬 áng ㄤˊ ❶人称代词，我。❷同“昂”。❸姓。

另见 576 页 yǎng。

昂 áng ㄤˊ ❶仰，高抬：～首挺胸。❷高，贵：～贵|价～。❸情绪高(叠)：～扬|激～|气～～。

盎 àng ㄤˋ ❶古代的一种盆，腹大口小。❷盛(shèng)：春意～然|兴味～然。

AO ㄠ

凹 āo ㄠ 洼下，跟“凸”相对：～透镜|～凸不平。

A

熬 āo ㄠ 煮：～菜。
另见 6 页 áo。

爊（**爊） āo ㄠ ❶放在微火上煨熟。❷同“熬”（āo）。

敖 áo ㄠ ❶同“遨”。❷姓。

嶅 áo ㄠ 嶅山，山名，一在山东省新泰，一在广东省东北部。［嶅阴］地名，在山东省新泰。

遨 áo ㄠ 遨游，游逛。

嗷 áo ㄠ 嘈杂声，喊叫声（叠）：～～待哺。

廒（**厫） áo ㄠ 收藏粮食的仓房：仓～。

璈 áo ㄠ 古代的一种乐器。

獒 áo ㄠ 一种狗，身体大，凶猛善斗，能帮助人打猎。

熬 áo ㄠ ❶久煮：～粥｜～药。❷忍受，耐苦支撑：～夜｜～红了眼睛。
另见 6 页 āo。

聱 áo ㄠ 话不顺耳。［聱牙］文句念着不顺口：诘屈～。

螯 áo ㄠ 螃蟹等甲壳动物变形的第一对脚，形状像钳子，能开合，用来取食、自卫。

謷 áo ㄠ 诋毁：訾（zǐ）～。［謷謷］1.不考虑别人的话。2.悲叹声。

鳌（鰲、*鼇） áo ㄠ 传说中海里的大鳖。

翱（*翶） áo ㄠ ［翱翔］（—xiáng）展开翅膀回旋地飞：雄鹰在天空～。

鏖 áo ㄠ 激烈地战斗：～战｜赤壁～兵。

拗（*抝） ǎo ㄠ 〈方〉弯曲使断，折：竹竿～断了。
另见 6 页 ào；367 页 niù。

袄（襖） ǎo ㄠ 有衬里的上衣：夹～｜棉～｜皮～。

媪 ǎo ㄠ 年老的妇人。

岙（**嶴） ào ㄠ 浙江、福建等沿海一带把山间平地叫“岙”。

坳 ào ㄠ 同“坳”。多用于地名：黄～（在江西省井冈山市）。

坳（*垇） ào ㄠ 山间平地：山～。

拗（*抝） ào ㄠ 不顺，不顺从：～口｜违～。
另见 6 页 ǎo；367 页 niù。

奡 ào ㄠ ❶同"傲"。❷矫健：排～(文章有力)。

傲 ào ㄠ ❶自高自大(㊀骄一)：～慢｜高～。❷藐视，不屈：红梅～霜雪。

骜(驁) ào ㄠ ❶快马。❷马不驯良。㊜傲慢，不驯顺：桀～不驯。

鏊 ào ㄠ 一种铁制的烙饼的炊具，平面圆形，中间稍凸。

奥 ào ㄠ 含义深，不容易懂：深～｜～妙。

薁 ào ㄠ 有机化合物，是萘(nài)的同分异构体，青蓝色，有特殊气味，用作药物。

另见 611 页 yù。

澳 ào ㄠ ❶海边弯曲可以停船的地方。❷指澳门：港～(香港和澳门)同胞。❸指澳洲(现称大洋洲)，世界七大洲之一。❹指澳大利亚。

懊 ào ㄠ 烦恼，悔恨：～悔。[懊丧](－sàng) 因失意而郁闷不乐。

B ㄅ

BA ㄅㄚ

八 bā ㄅㄚ 数目字。

扒 bā ㄅㄚ ❶抓住，把着：～着栏杆｜～着树枝。❷刨开，挖：城墙～了个豁口。[扒拉](－la)拨动：～算盘｜～开众人。❸剥，脱：～皮｜～下衣裳。

另见 371 页 pá。

叭 bā ㄅㄚ 形容物体的断裂声、枪声等：～的一声，弦断了｜～，～，两声枪响。

朳 bā ㄅㄚ 无齿的耙子。

巴 bā ㄅㄚ ❶黏结着的东西：锅～。❷〈方〉粘住，依附在别的东西上：饭～锅了｜爬山虎～在墙上。❸〈方〉贴近：前不～村，后不～店。[巴结](－jie) 奉承，谄媚。❹巴望，盼，期望：～不得马上到家。❺古代国名，在今重庆市一带。❻(ba) 词尾。1. 在名词后：尾～。2. 在动词后：眨～眼｜试～试～。3. 在形容词后：干～｜皱～。❼压强的非法定计量单位，符号 bar，1 巴合 10^5 帕。

芭 bā ㄅㄚ [芭蕉](－jiāo) 草本植物，叶宽大。果实也叫芭蕉，跟香蕉相似，可以吃。

吧 bā ㄅㄚ ❶同"叭"。[吧嗒](－dā)形容物体轻微撞击声、液体滴落声等。

B

[吧唧](—jī)形容嘴唇开合声、脚踩泥水声等。❷(外)具备特定功能或设施的休闲场所:酒～|网～|氧～|～台。

另见10页ba。

B

岜 bā ㄅㄚ (壮)石山。[岜关岭]地名,在广西壮族自治区扶绥。

疤 bā ㄅㄚ ❶疤瘌(la),伤口或疮平复以后留下的痕迹:疮～|伤～|伤口结～了。❷器物上像疤的痕迹。

蚆 bā ㄅㄚ 蚆蛸(shāo)岛,岛名,在辽宁省长海县。

笆 bā ㄅㄚ 用竹子、柳条等编成的片状物:竹篾～|～篓|荆～|篱～。

羓 bā ㄅㄚ ❶干肉。泛指干制食品。❷一种品种好的羊。

粑 bā ㄅㄚ 〈方〉饼类食物(叠):玉米～～。

鲃(鲃) bā ㄅㄚ 鱼名,身体侧扁或略呈圆筒形,生活在淡水中。

捌 bā ㄅㄚ "八"字的大写。

拔 bá ㄅㄚˊ ❶抽,拉出,连根拽(zhuài)出:～草|～牙|一毛不～(形容吝啬)|不能自～。㊀夺取军事上的据点:连～数城|～去敌人的据点。❷吸出:～毒|～火罐。❸挑选,提升:选～。[提拔]挑选人员使担任更高的职务。❹超出:出类～萃(人才出众)。[海拔]地面超出海平面的高度。

茇 bá ㄅㄚˊ 草根。

妭 bá ㄅㄚˊ 美妇。

胈 bá ㄅㄚˊ 大腿上的毛。

菝 bá ㄅㄚˊ [菝葜](—qiā)藤本植物,叶卵圆形,茎有刺,花黄绿色,浆果红色。根状茎可入药。

跋 bá ㄅㄚˊ ❶翻过山岭:～山涉水。[跋涉]爬山蹚水,形容行路辛苦:长途～。❷写在文章、书籍等后面的短文,多是评介内容的:～文。[跋扈](—hù)骄傲而专横。

魃 bá ㄅㄚˊ 传说中造成旱灾的鬼怪:旱～。

鼥 bá ㄅㄚˊ 见508页"鼧"字条"鼧鼥"(tuó—)。

把 bǎ ㄅㄚˇ ❶拿,抓住:～盏|两手～住门。❷控制,掌握:～舵|～犁。[把持]专权,一手独揽,不让他人参与:～财权。[把握]1.掌握,控制,

有效地处理：～时机。2.事情成功的可靠性：这次试验，他很有～。❸把守，看守：～门|～风(守候，防有人来)。❹手推车、自行车等的柄：车～。❺(一儿)可以用手拿的小捆：草～儿。❻介词，表示后边的名词是处置的对象：～一生献给党|～衣服洗干净了。❼量词。1.用于有柄的：一～刀|一～扇子。2.用于可以一手抓的：一～粮食|一～汗。3.用于某些抽象的事物：一～年纪|努～力。❽放在量词或“百、千、万”等数词的后面，表示约略估计：丈～高的树|个～月以前|有百～人。❾指拜把子(结为异姓兄弟)的关系：～兄。

[把势][把式](-shi)1.武术：练～。2.专精一种技术的人：车～(赶车的)。

[把戏]魔术、杂耍一类的技艺。㊅手段，诡计：你又想玩什么～？

另见9页bà。

钯(鈀) bǎ ㄅㄚˇ 金属元素，符号Pd，银白色，能吸收多量的氢，可用来制催化剂。它的合金可制电器、仪表等。

另见371页pá。

靶 bǎ ㄅㄚˇ (一子)练习射击用的目标：打～|～心。

坝(❸垻、壩) bà ㄅㄚˋ ❶截住河流的建筑物：拦河～。❷河工险要处巩固堤防的建筑物。❸(一子)〈方〉平地。常用于西南各省地名。

把(**欛) bà ㄅㄚˋ (一儿)物体上便于手拿的部分，柄：刀～儿|茶壶～儿。[话把儿]被人作为谈笑资料的言论或行为。

另见8页bǎ。

爸 bà ㄅㄚˋ 称呼父亲(叠)。

耙 bà ㄅㄚˋ ❶用来把土块弄碎、弄平的农具：钉齿～|圆盘～。❷用耙弄碎土块：地已经～过了。

另见371页pá。

龅(齙) bà ㄅㄚˋ 〈方〉牙齿外露：～牙。

罢(罷) bà ㄅㄚˋ ❶停，歇(㊀一休)：～工|～手|欲～不能。❷免去(官职)(㊀一免)：～官|～职。❸完了，毕：吃～饭。

〈古〉又同“疲”(pí)。

另见10页ba。

䎬(耀) bà ㄅㄚˋ 同“耙”(bà)。

鲅（鮁） bà ㄅㄚˋ 鱼名，即马鲛，身体侧扁而长，性凶猛，生活在海洋里。

鲌（鮊） bà ㄅㄚˋ 同“鲅”。另见 36 页 bó。

霸（*覇） bà ㄅㄚˋ ❶依靠权势横行无忌，迫害人民的人：他过去是码头上的一～。㊀以武力或经济力量侵略、压迫别国，扩大自己势力的国家。［霸道］1. 蛮横：横行～。2.（—dao）猛烈的，厉害的：这药够～的。❷强占：～占|～住不让。❸古代诸侯联盟的首领：春秋五～。

灞 bà ㄅㄚˋ 灞河，水名，在陕西省西安。

吧 ba ·ㄅㄚ 助词，用在句末或句中。也作“罢”。1. 表示可以，允许：好～，就这么办～。2. 表示推测，估量：今天不会下雨～？3. 表示命令，请求：快出去～！|还是你去～！4. 用于停顿处：说～，不好意思；不说～，问题又不能解决。

另见 7 页 bā。

罢（罷） ba ·ㄅㄚ 同“吧”（ba）。

另见 9 页 bà。

BAI ㄅㄞ

刯 bāi ㄅㄞ ［刯划］（—huai）〈方〉1. 处置，安排：这件事让他～吧。2. 修理，整治：这孩子把闹钟～坏了。

掰 bāi ㄅㄞ 用手把东西分开或折断：～月饼|～老玉米|把这个蛤蜊～开。

擘 bāi ㄅㄞ 同“掰”。另见 38 页 bò。

白 bái ㄅㄞˊ ❶像雪或乳汁的颜色，跟“黑”相对：～面|他头发～了。㊕1. 有关丧事的：办～事。2. 反动的：～军|～匪。［白领］一般指从事脑力劳动的管理人员、技术人员、政府公务人员等。❷清楚（㊥明—）：真相大～|蒙受不～之冤。❸亮：东方发～。❹空空的，没有加上其他东西的：～卷（juàn）|～水|～地（没有庄稼的地）。㊀副词。1. 没有效果地：这话算～说|烈士们的鲜血没有～流。2. 不付代价地：～给|～饶|～吃。❺陈述，说明：自～|表～|道～（戏曲中不用唱的语句）。［白话］1. 口头说的话。2. 在口语基础上形成的汉语

书面语,跟“文言”相对。❻指字形或字音有错:写～了|念～了。[白字]别字。

[白族]我国少数民族,参看附表。

拜 bái ㄅㄞˊ [拜拜](外)再见。㊀结束某种关系。

另见11页bài。

百 bǎi ㄅㄞˇ ❶数目,十个十。㊀表示众多或所有的:～花齐放,～家争鸣|～战～胜。[百姓]人民。❷法定计量单位中十进倍数单位词头之一,表示10^2,符号h。

佰 bǎi ㄅㄞˇ “百”字的大写。

伯 bǎi ㄅㄞˇ [大伯子](——zi)丈夫的哥哥。

另见36页bó。

柏(*栢) bǎi ㄅㄞˇ ❶常绿乔木,有侧柏、圆柏、罗汉柏等多种。木质坚硬,纹理致密,可供建筑或制器物用。❷姓。

另见36页bó;38页bò。

捭 bǎi ㄅㄞˇ 分开:～阖(hé)(开合)。

摆(擺、❺襬) bǎi ㄅㄞˇ ❶陈列,安放:把东西～整齐。㊀故意显示:～阔|～架子。[摆布]任意支配:受人～。❷陈述,列举:～事实,讲道理。❸来回地摇动:～手|摇头～尾|大摇大～。[摆渡]1.用船运载过河。2.过河用的船。[摆脱]挣脱,甩开:～贫困。❹钟表等用于控制摆动频率的装置:钟～。❺衣裙的下边:下～。(图见583页“上衣”)

呗(唄) bài ㄅㄞˋ [梵呗](fàn—)佛教徒念经的声音。

另见20页bei。

败(敗) bài ㄅㄞˋ ❶输,失利,跟“胜”相对:一～涂地|敌军～了。❷打败,使失败:人民军队大～侵略军。❸做事没有达到目的,不成功,跟“成”相对:功～垂成。❹败坏,毁坏:～血症|身～名裂。❺解除,消散:～火|～毒。❻衰落,使衰落:花开～了|～兴(xìng)(情绪低落)|～家子儿。

拜 bài ㄅㄞˋ ❶过去表示敬意的礼节:对～|叩～|跪～。㊀恭敬地:～托|～访|～望|～请。[礼拜]宗教徒对神敬礼或祷告。㊕周、星期的别称。❷行礼祝贺:～年|～寿。❸用一定的礼节授予某种名义或结成某种关系:～将(jiàng)|～师。

另见 11 页 bái。

稗 bài ㄅㄞˋ（一子）草本植物，长在稻田里或低湿的地方，叶像稻叶，是稻田的害草。⑩微小的，琐碎的：～史（记载逸闻琐事的书）。

韛（韝） bài ㄅㄞˋ〈方〉风箱：风～｜～拐子（风箱的拉手）。

唄 bai ·ㄅㄞ 助词，用法相当于"呗"(bei)。

BAN ㄅㄢ

扳 bān ㄅㄢ ❶把一端固定的东西往下或往里拉，使改变方向：～枪栓｜～着指头算。❷把输了的赢回来：～回一局。

攽 bān ㄅㄢ 分给，发给。

颁（頒） bān ㄅㄢ 发下（⑬一发）：～布｜～证｜～奖。

班 bān ㄅㄢ ❶工作或学习的组织：学习～｜机修～。❷工作按时间分成的段落，也指工作或学习的场所：排～｜上～｜下～｜值～。❸定时开行的：～车｜～机。❹军队编制中的基层单位，在排以下。❺量词。1.用于人群：这～年轻人真有力气。2.用于定时开行的交通运输工具：我搭下一～飞机走。❻调回或调动（军队）：～师｜～兵。

斑 bān ㄅㄢ 一种颜色中夹杂的别种颜色的点子或条纹（⑬一驳）：～马｜～竹｜～白（花白）｜雀～。[斑斓]（-lán）灿烂多彩：色彩～。

瘢 bān ㄅㄢ 皮肤上生斑点的病。

般 bān ㄅㄢ ❶样，种类：如此这～｜百～照顾｜兄弟～的友谊。[一般] 1.同样：我们两个人～高。2.普通，普遍：～的读物｜～人的意见。❷古同"搬"。

搬 bān ㄅㄢ 移动，迁移：把这块石头～开｜～家。

瘢 bān ㄅㄢ 疤，伤口或疮平复以后留下的痕迹：～痕。

斒 bān ㄅㄢ 文武全才。

阪 bǎn ㄅㄢˇ ❶旧同"坂"。❷用于地名：大～（在日本）。

坂（*岅） bǎn ㄅㄢˇ 山坡，斜坡：～上走丸（形容迅速）。

板（❺闆） bǎn ㄅㄢˇ ❶（一子、一儿）成片

的较硬的物体：～材|铁～|玻璃～|黑～。❷演奏民族音乐或戏曲时打节拍的乐器：檀～。㊀歌唱的节奏：一～三眼|离腔走～。[板眼]民族音乐或戏曲中的节拍。㊁做事的条理。❸不灵活，少变化：表情太～。❹露出严肃或不高兴的表情：～起面孔。❺[老板]1.私营工商业的业主。2.过去对著名戏曲演员的尊称。

昄 bǎn ㄅㄢˇ 用于地名：～大（在江西省德兴）。

版 bǎn ㄅㄢˇ ❶用木板或金属等制成供印刷用的东西，上面有文字或图形：木～书|活字～。㊀底版，相片的底片：修～。❷印刷物排印的次数：第一～|再～。[出版]书籍报刊等编印发行。❸报纸的一面叫一版：头～头条新闻。❹打土墙用的夹板：～筑。❺户籍。[版图]户籍和地图。㊁国家的疆域。

钣（鈑） bǎn ㄅㄢˇ 金属板材：铅～|钢～。

舨 bǎn ㄅㄢˇ 见438页"舢"字条"舢板"（shān—）。

办（辦） bàn ㄅㄢˋ ❶处理：～公|～事|好，就这么～。㊀处分，惩治：重（zhòng）～|首恶者必～。❷创设：～工厂。❸置备：～货|～酒席。

半 bàn ㄅㄢˋ ❶二分之一：十个的一～是五个|～米布|一吨～|分给他一～。❷在中间：～夜|～途而废。❸不完全的：～透明|～脱产。

伴 bàn ㄅㄢˋ ❶（一儿）同在一起生活或活动的人（㊥一侣）：同～|老～儿|找个～儿学习。❷陪着，伴随：～游|～奏。

拌 bàn ㄅㄢˋ 搅和：搅～|～种子|～草喂牛。

绊（絆） bàn ㄅㄢˋ 行走时被别的东西挡住或缠住：～马索|一不留神被石头～倒了。[羁绊]（jī—）束缚：挣脱封建礼教的～。

柈 bàn ㄅㄢˋ （一子）大块的木柴。

靽 bàn ㄅㄢˋ 驾车时套在牲口后部的皮带。

扮 bàn ㄅㄢˋ 化装成（某种人物）（㊥装一）：～老头儿|～演（化装成某种人物出场表演）。[打扮]1.化装，装饰：～得很漂亮。2.衣着穿戴。

湴 bàn ㄅㄢˋ 〈方〉烂泥。

瓣 bàn ㄅㄢˋ ❶（一儿）花瓣，组成花冠的各片：梅花五

～。❷(一儿)植物的种子、果实或球茎可以分开的片状物：豆～儿|蒜～儿|橘子～儿。❸(一儿)量词，用于自然分开或破碎后分成的部分等：一～蒜|杯子摔成了好几～儿。

B

BANG ㄅㄤ

邦(**邦) bāng ㄅㄤ 国：友～|盟～。[邦交]国与国之间的正式外交关系：建立～。

帮(幫、*幚、*幇) bāng ㄅㄤ ❶辅助(㊀一助)：～忙|～手|～凶|我～你做。❷集团，帮会：匪～|青红～。❸(一子、一儿)旁边的部分：船～|鞋～儿|白菜～子。❹量词，群，伙：大～人马。

哪 bāng ㄅㄤ 形容敲打木头等的声音：～～的敲门声。

梆 bāng ㄅㄤ ❶梆子，打更用的响器，用竹或木制成。又指戏曲里打拍子用的两根短小的木棍，是梆子腔的主要乐器。[梆子腔]戏曲的一种，敲梆子加强节奏。简称“梆子”。有陕西梆子、河南梆子、河北梆子等。❷拟声词，同“哪”。

浜 bāng ㄅㄤ 〈方〉小河沟。

绑(綁) bǎng ㄅㄤˇ 捆，缚(㊀捆一)：把两根棍子～在一起。

榜(*牓) bǎng ㄅㄤˇ 张贴出来的文告或名单：张～招贤|光荣～。[榜样]样子，行动的模范：雷锋是我们学习的～。

膀 bǎng ㄅㄤˇ ❶(一子)胳膊上部靠肩的部分：他的两～真有劲。❷(一儿)鸟类等的翅膀。

另见374 页 pāng；375 页 páng。

玤 bàng ㄅㄤˋ ❶质量次于玉的美石。❷古地名，春秋时虢地，在今河南省渑池。

蚌(**蜯) bàng ㄅㄤˋ 软体动物，贝壳长圆形，黑褐色，生活在淡水里，壳内有珍珠层，有的可以产出珍珠。

另见 22 页 bèng。

棒 bàng ㄅㄤˋ ❶棍子：棍～。[棒子](一zi) 1. 棍子。2.〈方〉玉米：～面。❷指在某方面优秀，如体力强、能力高、成绩好等：这小伙子真～|画得～。

傍 bàng ㄅㄤˋ ❶靠：依山～水。❷临近(多指时间)：～亮|～晚。

谤(謗) bàng ㄅㄤˋ ❶恶意攻击(㊥诽—、毁—)。❷公开指责：安～前辈。

塝 bàng ㄅㄤˋ 〈方〉田边土坡，沟渠或土埂的边，多用于地名：张～(在湖北省蕲春)。

搒 bàng ㄅㄤˋ 摇橹使船前进，划船。

另见379页péng。

蒡 bàng ㄅㄤˋ [牛蒡]草本植物，叶心脏形，很大，花紫红色。果实、根、叶可入药。

磅 bàng ㄅㄤˋ (外) ❶英美制重量单位，1磅合453.6克。❷磅秤：过～。

另见375页páng。

镑(鎊) bàng ㄅㄤˋ (外)英国、埃及等国的货币单位。

BAO ㄅㄠ

包 bāo ㄅㄠ ❶用纸、布等把东西裹起来：把书～起来。❷(一儿)包好了的东西：邮～|行李～。[包裹]1.缠裹：把伤口～起来。2.指邮寄的包。❸装东西的袋：书～|皮～。❹量词，用于成包的东西：一～花生米。❺(一子、一儿)一种带馅儿的、蒸熟的食物：糖～儿|肉～子。❻肿起的疙瘩：腿上起个大～。❼容纳在内，总括在一起(㊥一含、一括)：无所不～。[包涵](—han)客套话，请人宽容或原谅。❽总揽，负全责：～销|～换。[包办]总负全责办理。㊂专断独行，不让别人参与：～婚姻。❾保证：～你喜欢|～你玩得痛快。❿约定专用：～饭|～场|～了一辆车。

苞 bāo ㄅㄠ ❶花苞，苞片，花或花序下面像叶的小片：含～未放。❷茂盛：竹～松茂。

孢 bāo ㄅㄠ 孢子，某些低等生物在无性繁殖或有性生殖中所产生的生殖细胞。

枹 bāo ㄅㄠ 枹树，落叶乔木，叶子互生，略呈倒卵形，边缘锯齿形。种子可用来提取淀粉，树皮可以制栲胶。

另见140页fú。

胞 bāo ㄅㄠ ❶胞衣，包裹胎儿的膜和胎盘。❷同一父母所生的：～兄|～叔(父亲的同父母的弟弟)。[同胞]

1.同父母的兄弟姊妹。2.称同祖国、同民族的人。

炮 bāo ㄅㄠ ❶把物品放在器物上烘烤或焙:把湿衣服搁在热炕上～干。❷烹饪方法,在旺火上急炒:～羊肉。

另见376页páo;376页pào。

龅(齙) bāo ㄅㄠ [龅牙]突出唇外的牙齿。

剥 bāo ㄅㄠ 去掉外面的皮、壳或其他东西(常用于口语):～花生|～皮。

另见36页bō。

煲 bāo ㄅㄠ 〈方〉❶壁较陡直的锅:沙～|瓦～|电饭～。❷用煲煮或熬:～粥|～汤。

褒(*襃) bāo ㄅㄠ 赞扬,夸奖,跟"贬"相对(㊖一奖):～扬|～义词。

雹 báo ㄅㄠˊ (一子)冰雹,空中水蒸气遇冷结成的冰粒或冰块,常在夏季随暴雨降下。

薄 báo ㄅㄠˊ ❶扁平物体上下两个面之间的距离较小的,跟"厚"相对:～片|～饼|～纸|这块布太～。❷(感情)冷淡,(情义)不深:待我不～。❸(味道)淡:酒味很～。❹不肥沃:土地～。

另见37页bó;38页bò。

饱(飽) bǎo ㄅㄠˇ ❶吃足了,跟"饿"相对。㊀足,充分:～学|～经风霜。[饱和]在一定的温度和压力下,溶液内所含被溶解物质的量已达到最大限度,不能再溶解。㊀事物发展到最高限度。[饱满]充实,充足:谷粒长得很～|精神～。❷满足:大～眼福。

宝(寶、*寳) bǎo ㄅㄠˇ ❶珍贵的:～刀|～石|～物。敬辞,称与对方有关的人或事物,如家眷、店铺等:～眷|～号。❷珍贵的东西:珠～|国～|粮食是～中之～。[宝贝]1.珍贵的东西。2.(一儿)对小孩儿亲昵的称呼。

保 bǎo ㄅㄠˇ ❶看守住,护着不让受损害或丧失(㊖一卫、一护):～家卫国|～健|～育。[保持]维持,使持久:～艰苦奋斗的作风。[保守]1.保住,使不失去:～机密。2.守旧,不改进:这个想法太～了。[保障]1.维护:～群众的合法权益。2.作为卫护的力量:人民解放军是祖国安全的～。❷负责,担保:～证|～荐|我敢～他一定做得好。[保险]1.因自然灾害或意外

事故等造成损失而给付保险金的一种经济补偿制度。参与保险的个人或企业按期向保险公司交保险费，发生灾害或遭受损失时，由保险公司按预定保险数额赔偿。2.靠得住：这样做～不会错。❸旧时户口的一种编制，若干户为一甲，若干甲为一保。

[保安族]我国少数民族，参看附表。

葆 bǎo ㄅㄠˇ ❶草木繁盛。❷保持：永～青春。

堡 bǎo ㄅㄠˇ ❶堡垒：碉～｜桥头～。[堡垒]军事上防守用的建筑物：攻下敌人最坚固的～。㊗难于攻破的事物：攻克科学～。❷小城。

另见39页bǔ；392页pù。

褓（*緥） bǎo ㄅㄠˇ 见405页"襁"字条"襁褓"（qiǎng—）。

鸨（鴇） bǎo ㄅㄠˇ ❶大鸨，鸟名，比雁略大，背上有黄褐色和黑色斑纹，不善飞而善走。❷指鸨母（开设妓院的女人）：老～。

报（報） bào ㄅㄠˋ ❶传达，告知：～喜｜～信。[报告]向上级或群众陈述，也指向上级或群众所做的陈述：～大家一个好消息｜起草～。❷传达消息和言论的文件或信号：电～｜情～｜警～。❸报纸，也指某些刊物：日～｜晚～｜画～｜黑板～。❹回答，回应：～恩｜～仇。[报酬]由于使用别人的劳动或物件而付给的钱或实物。[报复]用敌对的行动回击对方。

刨（*鉋、*鑤） bào ㄅㄠˋ ❶（一子）推刮木料等使平滑的工具。❷用刨子或刨床推刮：～得不光｜～平。

另见375页páo。

抱（❸**菢） bào ㄅㄠˋ ❶用手臂围住（㊀拥一）：～着孩子｜～头鼠窜。㊁围绕：山环水～。[合抱]两臂围拢（多指树木、柱子等的粗细）。[抱负]愿望，志向：做有志气有～的青年。❷心里存着：～不平｜～歉｜～着必胜的决心。❸孵（fū）：～窝｜～小鸡。❹量词，表示两臂合围的量：树干有两～粗。

鲍（鮑） bào ㄅㄠˋ ❶软体动物，俗叫鲍鱼，古称鳆（fù），肉味鲜美。❷鲍鱼，盐腌的干鱼。

趵 bào ㄅㄠˋ 跳：～突泉（在山东省济南）。

B

豹 bào ㄅㄠˋ 兽名，像虎而小，毛黄褐或赤褐色，多有黑色斑点。性凶猛，善跳跃，能上树。

暴 bào ㄅㄠˋ ❶强大而突然来的，又猛又急的：～风雨|～病。［暴力］武力，强制性的力量：滥施～|家庭～。❷过分急躁的，容易冲动的：这人脾气真～。❸凶恶残酷的（连一虐、残一、凶一）：～行(xíng)|～徒。❹糟蹋，损害：自～自弃。❺露出来：～露|自～家丑。❻姓。

另见 392 页 pù。

瀑 bào ㄅㄠˋ ❶暴雨。❷瀑河，水名，一在河北省东北部，一在河北省中部。

另见 392 页 pù。

曝 bào ㄅㄠˋ ［曝光］使感光纸或摄影胶片感光。喻隐蔽的事情暴露出来，被众人知道：事情～后，他压力很大。

另见 392 页 pù。

爆 bào ㄅㄠˋ ❶猛然破裂（连一炸）：豆荚熟得都～了。［爆竹］用纸卷火药，点燃引线爆裂发声的东西。又叫爆仗、炮仗。❷突然发生：～发|～冷门。❸烹饪方法，用滚水稍微一煮或用滚油稍微一炸：～肚(dǔ)儿|～炒。

BEI ㄅㄟ

陂 bēi ㄅㄟ ❶池塘：～塘|～池。❷池塘的岸。❸山坡。

另见 381 页 pí；388 页 pō。

杯（*盃） bēi ㄅㄟ（一子）盛酒、水、茶等的器皿：酒～|玻璃～|～水车薪（用一杯水救一车着火的柴，喻无济于事）。

卑 bēi ㄅㄟ 低下：地势～湿|自～。引低劣（连一鄙）：～劣。

椑 bēi ㄅㄟ ［椑柿］柿子的一种，果实小，青黑色，可用来制柿漆。

碑 bēi ㄅㄟ 刻上文字纪念事业、功勋或作为标记的石头：人民英雄纪念～|里程～|有口皆～（喻人人都说好）。

鹎（鵯） bēi ㄅㄟ 鸟名，羽毛大部分为黑褐色，腿短而细。种类很多。

背（*揹） bēi ㄅㄟ 人用背(bèi)驮(tuó)东西：把小孩儿～起来|～包袱|～枪。

另见 19 页 bèi。

悲 bēi ㄅㄟ ❶伤心，哀痛（连一哀、一伤、一痛）：～喜交集。❷怜悯(㊀—悯)：慈～。

北 bĕi ㄅㄟˇ ❶方向，早晨面对太阳左手的一边，跟"南"相对：～门｜由南往～。❷败北，打了败仗往回跑：三战三～｜追奔逐～(追击败逃的敌人)。

贝(貝) bèi ㄅㄟˋ ❶有壳的软体动物的统称，如蛤蜊、蚌、鲍、田螺等。❷古代用贝壳做的货币。

狈(狽) bèi ㄅㄟˋ 传说中的一种兽：狼～为奸。

浿(淠) bèi ㄅㄟˋ 用于地名：虎～(在福建省宁德)。

钡(鋇) bèi ㄅㄟˋ 金属元素，符号Ba，银白色，燃烧时发黄绿色火焰。

孛 bèi ㄅㄟˋ 古书上指彗星。

悖(*誖) bèi ㄅㄟˋ 混乱，违反：并行不～｜有～常理。

邶 bèi ㄅㄟˋ 周代诸侯国名，在今河南省汤阴东南。

背 bèi ㄅㄟˋ ❶躯干后部自肩至后腰的部分。(图见491页"人体")［背地］不当人面：不要当面不说，～乱说。［背景］1.舞台上的布景。2.图画上或摄影时衬托主体事物的景物。㊗对人物、事件起作用的环境或关系：政治～｜历史～。［背心］没有袖子和领子的短上衣。❷物体的反面或后面：～面｜手～｜刀～。❸用背部对着，跟"向"相对：～水作战｜～光｜～灯。㊀1.向相反的方向：～道而驰｜～地性(植物向上生长的性质)。2.避：～着他说话。3.离开：离乡～井。❹凭记忆读出：～诵｜～书。❺违背，违反：～约｜～信弃义。［背叛］投向敌对方面，反对原来所在的方面。❻不顺：～时。❼偏僻，冷淡：这条胡同太～｜～月(生意清淡的季节)。❽听觉不灵：耳朵有点儿～。

另见18页bēi。

褙 bèi ㄅㄟˋ 把布或纸一层一层地粘在一起：裱～。

备(備、*俻) bèi ㄅㄟˋ ❶具备，完备：德才兼～｜求全责～。㊀完全，全：艰苦～尝｜爱护～至。❷预备，防备：～耕｜～荒｜～课｜准～｜有～无患。［备案］向主管机关做书面报告，以备查考。［备份］备用的重(chóng)份文件、数据或资料等。❸设备：装～｜军～。

惫(憊) bèi ㄅㄟˋ 极度疲乏：疲～。

糒 bèi ㄅㄟˋ 干饭。

鞴 bèi ㄅㄟˋ 把鞍辔(pèi)等套在马身上：～马。

倍 bèi ㄅㄟˋ ❶跟原数相同的数，某数的几倍就是用几乘某数：二的五～是十｜精神百～(精神旺盛)。❷加倍：事半功～｜勇气～增｜～加努力。

棓 bèi ㄅㄟˋ [五棓子]盐肤木的叶子受五棓子蚜虫刺激后形成的虫瘿，可入药。也作"五倍子"。

焙 bèi ㄅㄟˋ 把东西放在器皿里，用微火在下面烘烤：把花椒～干研成细末。

蓓 bèi ㄅㄟˋ [蓓蕾](－lěi)花骨朵儿，还没开的花。

碚 bèi ㄅㄟˋ [北碚]地名，在重庆市。

被 bèi ㄅㄟˋ ❶(－子)睡觉时覆盖身体的东西：棉～｜夹～。❷盖，遮盖：～覆。❸介词，引进主动的人物并使动词含有受动的意义：他～父亲骂了一顿｜～大家评选为生产能手。❹放在动词前，表示受动：～压迫｜～批评。

〈古〉又同"披"(pī)。

鞁 bèi ㄅㄟˋ ❶古时套车用的器具。❷同"鞴"。

琲 bèi ㄅㄟˋ 珠子串儿。

辈(輩) bèi ㄅㄟˋ ❶代，辈分：长～｜晚～｜革命前～。[辈子](－zi)人活着的时间：一～｜半～。❷等，类(指人)：彼～｜我～｜无能之～。

鐾 bèi ㄅㄟˋ 把刀在布、皮、石头等物上反复摩擦几下，使锋利：～刀｜～刀布。

呗(唄) bei ·ㄅㄟ 助词。1.表示"罢了"、"不过如此"的意思：这就行了～。2.表示勉强同意的语气，跟"吧"相近：你愿意去就去～。

另见 11 页 bài。

臂 bei ·ㄅㄟ 见153页"胳"字条"胳臂"(gē－)。

另见 27 页 bì。

BEN ㄅㄣ

奔(❶△*犇) bēn ㄅㄣ ❶急走，跑(连奔跑)：狂～｜～驰｜东～西跑。[奔波]劳苦奔走。❷姓。

另见 21 页 bèn。

锛(錛) bēn ㄅㄣ ❶(一子)削平木料的一种工具,用时向下向内用力。❷用锛子一类东西削、砍:~木头|用镐~地。

贲(賁) bēn ㄅㄣ ❶奔走,快跑。[虎贲]古时指勇士。❷姓。

[贲门]胃与食管相连的部分。

另见26页bì。

栟 bēn ㄅㄣ [栟茶]地名,在江苏省如东。

另见33页bīng。

犇 bēn ㄅㄣ ❶见20页"奔"。❷用于人名。❸姓。

本 běn ㄅㄣˇ ❶草木的根,跟"末"相对:无~之木|木~水源。㉑事物的根源:翻身不忘~。[本末]头尾,始终,事情整个的过程:~倒置|纪事~(史书的一种体裁)。[根本]1.事物的根源或主要的部分。㉑彻底:~解决。2.本质上:~不同。[基本]1.主要的部分:~建设。2.大体上:大坝已经~建成。❷草的茎或树的干:草~植物|木~植物。❸中心的,主要的:校~部。❹本来,原来:~意|我~想去游泳,结果没去成。❺自己这方面的:~国|~厂。[本位]1.自己的责任范围:做好~工作。2.计算货币用作标准的单位:~货币。❻现今的:~年|~月。❼(一儿)本钱,用来做生意、生利息的资财:小~儿生意|老~儿|够~儿。❽根据:有所~|~着负责的态度去做。❾(一子、一儿)册子:日记~|笔记~。❿(一儿)版本或底本:刻~|稿~|剧~儿。⓫量词,用于书籍等:一~书|两~账。

苯 běn ㄅㄣˇ 有机化合物,无色液体,有特殊气味,可用来制染料,是化学工业的原料和溶剂。

畚 běn ㄅㄣˇ 畚箕,用竹、木、铁片等做的撮土器具。

夯 bèn ㄅㄣˋ 同"笨"(多见于明清白话小说)。

另见182页hāng。

坌 bèn ㄅㄣˋ ❶灰尘:尘~满室。❷聚集:响应者~集。

奔(*逩) bèn ㄅㄣˋ ❶直往,投向:投~|直~工厂|~向祖国最需要的地方。㉑接近(某年龄段):他是~七十的人了。❷为某种目的而尽力去做:~材料|~来两张球票。

另见20页bēn。

倴 bèn ㄅㄣˋ [倴城]地名,在河北省滦南。

笨 bèn ㄅㄣˋ ❶不聪明(㊀愚—)。❷不灵巧:嘴~|~手~脚。❸粗重,费力气的:箱子太~|~活。

B

BENG ㄅㄥ

伻 bēng ㄅㄥ 〈古〉使,使者。

祊(**鬃) bēng ㄅㄥ ❶古代宗庙门内的祭祀,也指门内祭祀之处。❷祊河,水名,在山东省中部偏南,沂(yí)河支流。

崩 bēng ㄅㄥ ❶倒塌:山~地裂。[崩溃]垮台,彻底失败:敌军~了。❷破裂:把气球吹~了|俩人谈~了。❸爆裂或弹(tán)射出来的东西击中:放爆竹~了手。❹崩症,又叫血崩,一种妇女病。❺封建时代称帝王死。

嘣 bēng ㄅㄥ 形容东西跳动或爆裂的声音:气球~的一声破了。

绷(綳、*繃) bēng ㄅㄥ ❶张紧,拉紧:衣服紧~在身上|~紧绳子。[绷带]包扎伤口的纱布条。[绷子](—zi)刺绣用的架子,把绸布等材料张紧在上面,免得皱缩。❷粗粗地缝上或用针别上:~被头。

另见22页 běng。

甭 béng ㄅㄥˊ 〈方〉副词,不用:你~说了|~惦记他。

绷(綳、*繃) běng ㄅㄥˇ ❶板着:~着个脸。❷强忍住:他~不住笑了。

另见22页 bēng。

琫 běng ㄅㄥˇ 古代刀鞘近口处的装饰。

泵 bèng ㄅㄥˋ (外)把液体或气体抽出或压入用的机械装置:气~|油~。

迸 bèng ㄅㄥˋ 爆开,溅射:~裂|~溅|火星ㄦ乱~。

蚌 bèng ㄅㄥˋ [蚌埠](—bù)地名,在安徽省。

另见14页 bàng。

甏 bèng ㄅㄥˋ 〈方〉瓮、坛子一类的器皿。

镚(鏰) bèng ㄅㄥˋ (—子、—ㄦ)原指清末发行的无孔的小铜币,今泛指小的硬币:金~子|钢~ㄦ。

蹦 bèng ㄅㄥˋ 两脚并着跳,也泛指跳:欢~乱跳|~了半米高。[蹦跶](—da)蹦跳。㊀挣扎:秋后的蚂蚱~不了几天了。

BI ㄅㄧ

B

屄（**屄）bī ㄅㄧ 女子阴道口的俗称。

逼（*偪）bī ㄅㄧ ❶强迫，威胁（㊟—迫）：～债｜～上梁山｜寒气～人。❷切近，接近：～近｜～真。❸狭窄：～仄。

鲾（鰏）bī ㄅㄧ 鱼名，身体小而侧扁，青褐色，鳞细，口小，生活在近海。种类很多。

荸 bí ㄅㄧˊ ［荸荠］（—qi）草本植物，生长在池沼或栽培在水田里。地下茎也叫荸荠，球状，皮赤褐色，肉白色，可以吃。

鼻 bí ㄅㄧˊ ❶（—子）嗅觉器官，也是呼吸器官之一。（图见 501 页“头”）❷（—儿）器物上面突出带孔的部分或带孔的零件：门～儿｜针～儿｜扣～儿。

［鼻祖］始祖，创始人。

匕 bǐ ㄅㄧˇ 古代一种类似汤勺的餐具。［匕首］短剑。

比 bǐ ㄅㄧˇ ❶比较，较量：～干劲｜～大小｜～优劣。［比赛］用一定的方式比较谁胜谁负。❷表示比赛双方得分的对比：三～二。❸两个数相比较，前项和后项的关系是被除数和除数的关系，如 3∶5，3 是前项，5 是后项，比值是 3/5。［比例］1. 表示两个比相等的式子，如 6∶3＝10∶5。2. 数量之间的倍数关系：～合适｜不成～。［比重］1. 一定体积的物体的重量跟在 4℃时同体积的纯水重量的比值，现常改用相对密度表示。2. 某一事物在整体中所占的分量：硕士、博士在科研队伍中的～迅速上升｜我国工业在整个国民经济中的～逐年增长。❹比方，模拟，做譬喻（㊟—喻）：把儿童～作祖国的花朵｜用手～了一个圆形。［比画］（—hua）用手做样子：他一边说一边～。［比照］大致依照：你～着这个做一个。❺介词，用来比较程度或性状的差别：他～我强｜今天的雨～昨天还大。❻（旧读 bì）靠近，挨着：～邻｜～肩。［比比］一个挨一个：～皆是。［比及］等到：～敌人发觉，我们已经冲过火线了。［朋比］互相依附，互相勾结：～为奸。

吡 bǐ ㄅㄧˇ 有机化合物，棱形晶体，浅黄色，不溶于水。可用来制合成树脂和染料等。

另见381页pí。

吡 bǐ ㄅㄧˇ ［吡啶］(—dìng)有机化合物，无色液体，有臭味。可用作溶剂、化学试剂。

沘 bǐ ㄅㄧˇ 沘江，水名，在云南省西北部，澜沧江支流。

妣 bǐ ㄅㄧˇ 原指母亲，后称已经死去的母亲：先～｜如丧考～（像死了父母一样）。

秕（*粃） bǐ ㄅㄧˇ 籽实不饱满。［秕子］(—zi)不饱满的籽实。

舭 bǐ ㄅㄧˇ 船底与船侧之间的弯曲部分。

彼 bǐ ㄅㄧˇ 代词。❶那，那个，跟“此”相对：～岸｜～处｜顾此失～。❷他，对方：知己知～。［彼此］那个和这个。特指对方和自己两方面：～有深切的了解｜～互助。

笔（筆） bǐ ㄅㄧˇ ❶写字、画图的工具：毛～｜画～｜钢～｜～直（像笔杆一样直）。❷笔画，组成汉字的横竖撇点折，一画就是一笔。❸写：亲～｜代～｜～之于书。［笔名］著作人发表作品时用的别名。❹（写字、绘画、作文的）笔法：败～｜伏～｜工～画。❺量词。1.用于款项等：收到一～捐款。2.用于字的笔画：“人”字有两～。3.用于书画艺术：写一～好字。

俾 bǐ ㄅㄧˇ 使：～便考查。

鄙 bǐ ㄅㄧˇ ❶粗俗，低下：～陋。谦辞：～人｜～意｜～见。❷低劣：卑～。❸轻蔑：可～｜～视｜～薄｜～夷。❹边远的地方：边～。

币（幣） bì ㄅㄧˋ 钱币，交换各种商品的媒介：银～｜纸～｜硬～｜人民～。

必 bì ㄅㄧˋ 副词。❶必定，一定：～能成功｜骄兵～败。［必然］必定如此：种族歧视制度～要灭亡。［必需］一定要有，不可少：～品。❷必须，一定要：事～躬亲｜不～着急。［必须］副词，一定要：个人利益～服从整体利益。

佖 bì ㄅㄧˋ 相挨排列，布满。

邲 bì ㄅㄧˋ 古地名，在今河南省荥(xíng)阳东北。

苾 bì ㄅㄧˋ 芳香。

咇 bì ㄅㄧˋ 用于地名：哈～嘎（在河北省康保）。

闭（閟） bì ㄅㄧˋ ❶闭门，关闭。❷谨慎。

泌 bì ㄅㄧˋ ［泌阳］地名，在河南省。

另见342页mì。

珌（**㻫） bì ㄅㄧˋ 刀鞘下端的饰物。

毖 bì ㄅㄧˋ 谨慎：惩前～后。

铋（鉍） bì ㄅㄧˋ 金属元素，符号Bi，银白色或粉红色。合金熔点很低，可用来做保险丝和汽锅上的安全塞等。

秘（△*祕） bì ㄅㄧˋ 姓。［秘鲁］国名，在南美洲。

另见342页mì。

“祕”另见342页mì。

馝 bì ㄅㄧˋ ［馝馞］（－bó）形容香气很浓。

毕（畢） bì ㄅㄧˋ ❶完，完结：～业｜话犹未～。［毕竟］副词，究竟，到底：他虽态度生硬，但说的话～不错。❷全，完全：～生｜真相～露。❸星宿名，二十八宿之一。

荜（蓽） bì ㄅㄧˋ ❶［荜拨］（－bō）藤本植物，叶卵状心形，浆果卵形。果穗可入药。❷同“筚”。

哔（嗶） bì ㄅㄧˋ ［哔叽］（－jī）（外）一种斜纹的纺织品。

筚（篳） bì ㄅㄧˋ 用荆条、竹子等编成的篱笆或其他遮拦物：蓬门～户（指穷苦人家）。

跸（蹕） bì ㄅㄧˋ ❶帝王出行时清道，禁止行人来往：警～。❷帝王出行的车驾：驻～（帝王出行时沿途停留暂住）。

闭（閉） bì ㄅㄧˋ ❶关，合：～上嘴｜～门造车（喻脱离实际）。㊀结束，停止：～会。❷塞，不通：～气。［闭塞］（－sè）堵住不通。㊀交通不便，消息不灵通：这个地方很～。

坒 bì ㄅㄧˋ ❶毗邻，相连。❷用于地名：六～（在浙江省慈溪）。

庇 bì ㄅㄧˋ 遮蔽，掩护（㊇－护）：包～｜～佑。

陛 bì ㄅㄧˋ 宫殿的台阶。［陛下］对国王或皇帝的敬称。

毙（斃、*獘） bì ㄅㄧˋ ❶死：～命｜击～。❷用枪打死：～了一个凶犯。

狴 bì ㄅㄧˋ ［狴犴］（－àn）传说中的一种走兽。古代牢狱门上常画着它的形状，因此又用为牢狱的代称。

梐 bì ㄅㄧˋ ［梐枑］（－hù）古代官署前拦住行人的东

西，用木条交叉制成。又叫行马。

诐（詖） bì ㄅㄧˋ 偏颇，邪僻（㊀一邪）：以德正天下之～。

畀 bì ㄅㄧˋ 给予。

痹（*痺） bì ㄅㄧˋ 痹症，中医指由风、寒、湿等引起的肢体疼痛或麻木的病。

箅 bì ㄅㄧˋ （一子）有空隙而能起间隔作用的片状器物，如竹箅子、铁箅子、纱箅子、炉箅子。

贲（賁） bì ㄅㄧˋ 装饰得很好：～临（客人盛装光临）。

另见 21 页 bēn。

萆 bì ㄅㄧˋ ❶［萆薢］（一xiè）藤本植物，叶略呈心脏形，根状茎横生，圆柱形，表面黄褐色，可入药。❷旧同"蓖"。

庳 bì ㄅㄧˋ ❶低下：堕高堙～（削平高丘，填塞洼地）。❷矮。

婢 bì ㄅㄧˋ 旧时被有钱人家役使的女孩子：～女｜奴～。

睥 bì ㄅㄧˋ （又）见 382 页 pì。

裨 bì ㄅㄧˋ 补益，益处：无～于事｜对工作大有～益。

另见 381 页 pí。

髀 bì ㄅㄧˋ 大腿，也指大腿骨。

敝 bì ㄅㄧˋ 破旧：～衣。谦辞，称跟自己相关的事物：～姓｜～处｜～公司。

蔽 bì ㄅㄧˋ ❶遮，挡（㊀遮一、掩一）：旌旗～日。❷概括：一言以～之。

弊（*獘） bì ㄅㄧˋ ❶欺蒙人的行为：作～｜营私舞～。❷弊病，害处，跟"利"相对：兴利除～｜流～。

皕 bì ㄅㄧˋ 二百。

弼 bì ㄅㄧˋ 辅助。

赑（贔） bì ㄅㄧˋ ［赑屃］（一xì）1. 用力的样子。2. 传说中的一种动物，像龟。旧时大石碑的石座多雕刻成赑屃形状。

愎 bì ㄅㄧˋ 乖戾，固执：刚～自用（固执己见）。

蓖 bì ㄅㄧˋ ［蓖麻］（一má）草本植物，叶子大。种子可榨油，医药上用作轻泻剂，工业上用作润滑油等。

篦 bì ㄅㄧˋ ❶（一子）齿很密的梳头用具。❷用篦子梳：～头。

滗（潷） bì ㄅㄧˋ 挡住渣滓或泡着的东西，把液体倒出：壶里的茶～干了｜把汤～出去。

辟 bì ㄅㄧˋ ❶君主。［复辟］失位的君主恢复君位。㉠被打垮的统治者恢复原有的统治地位或被推翻的制度复活。❷旧指君主召见并授予官职。❸古同"避"。

另见 382 页 pì。

薜 bì ㄅㄧˋ ［薜荔］（—lì）常绿灌木，爬蔓，叶卵形。果实球形，可做凉粉。茎、叶可入药。

壁 bì ㄅㄧˋ ❶墙（㉦墙—）：四～｜～报｜铜墙铁～。❷陡峭的山石：绝～｜峭～。❸壁垒，军营的围墙：坚～清野｜作～上观（坐观双方胜败，不帮助任何一方）。❹星宿名，二十八宿之一。

避 bì ㄅㄧˋ ❶躲，设法躲开（㉦躲—）：～暑｜～雨｜不～艰险。❷防止：～孕｜～雷针。

嬖 bì ㄅㄧˋ ❶宠幸：～爱。❷被宠幸：～臣｜～人。

臂 bì ㄅㄧˋ 胳膊：振～高呼。

另见 20 页 bei。

璧 bì ㄅㄧˋ 古代玉器，平圆形，中间有孔。［璧还］（—huán）㉯敬辞，用于归还原物或辞谢赠品：谨将原物～。

襞 bì ㄅㄧˋ 古代指给衣裙打褶（zhě）子，也指衣裙上的褶子。

躄（**躃） bì ㄅㄧˋ ❶腿瘸（qué），不能行走。❷仆倒。

碧 bì ㄅㄧˋ ❶青绿色的玉石。❷青绿色：～草｜～波｜金～辉煌。

觱（**篳） bì ㄅㄧˋ ［觱篥］（—lì）古代的一种管乐器。

濞 bì ㄅㄧˋ ［漾濞］（yàng—）地名，在云南省。

BIAN ㄅㄧㄢ

边（邊） biān ㄅㄧㄢ ❶（—儿）物体周围的部分：纸～儿｜桌子～儿。㉠旁边，近旁，侧面：身～｜马路～。❷国家或地区之间的交界处：～防｜～境｜～疆。❸几何学上指夹成角的射线或围成多边形的线段。❹方面：双～会谈｜两～都说定了。❺（—）边……（—）边……，用在动词前，表示动作同时进行：～干～

学|～走～说。❻(bian)表示位置、方向，用在"上"、"下"、"前"、"后"、"左"、"右"等字后：东～|外～|左～。

笾(籩) biān ㄅㄧㄢ 古代祭祀或宴会时盛果品等的竹器。

砭 biān ㄅㄧㄢ 古代用石针扎皮肉治病。[针砭]喻指出过错，劝人改正：～时政。

萹 biān ㄅㄧㄢ [萹蓄](—xù)草本植物，又叫萹竹，叶狭长，略像竹叶，花小。全草可入药。

编(編) biān ㄅㄧㄢ ❶用细条或带子形的东西交叉组织起来：～草帽|～筐子。❷按一定的次序或条理来组织或排列：～号|～队|～组。[编辑]把资料或现成的作品加以适当的整理、加工做成书报等，也指从事这一工作的人。[编制]军队或机关中按照工作需要规定的人员或职务的配置。❸成本的书，书里因内容不同自成起讫的各部分：正～|下～|简～。❹创作：～歌|～剧本。❺捏造，把没有的事情说成有：～了一套瞎话。

煸 biān ㄅㄧㄢ 把蔬菜、肉等放在热油里炒：干(gān)～|～炒。

蝙 biān ㄅㄧㄢ [蝙蝠](—fú)哺乳动物，头和身体像老鼠，前后肢都有薄膜和身体连着，夜间在空中飞，捕食蚊、蛾等。

鳊(鯿) biān ㄅㄧㄢ 鱼名，身体侧扁，头尖，尾巴小，鳞细，生活在淡水中。

鞭 biān ㄅㄧㄢ ❶(—子)驱使牲畜的用具。❷用鞭子抽打：～尸。[鞭策]喻督促前进。❸一种旧式武器，用铁做成，没有锋刃，有节。❹编连成串的爆竹：～炮。

贬(貶) biǎn ㄅㄧㄢˇ ❶给予不好的评价，跟"褒"相对：一字之～|～义词。[褒贬] 1.评论好坏。2.(—bian)指出缺点。❷减低，降低：～价|～值|～职。

窆 biǎn ㄅㄧㄢˇ 埋葬。

扁 biǎn ㄅㄧㄢˇ 物体平而薄：～豆|～担|鸭子嘴～。另见383页piān。

匾 biǎn ㄅㄧㄢˇ 匾额，题字的横牌，挂在门、墙的上部：金字红～|光荣～。

碥 biǎn ㄅㄧㄢˇ 在水旁斜着伸出来的山石。

褊 biǎn ㄅㄧㄢˇ 狭小，狭隘(ài)(㊀—狭、—窄)。

藊 biǎn ㄅㄧㄢˇ [藊豆]草本植物，爬蔓，开白色或紫色的花，种子和嫩荚可以吃。现作"扁豆"。

卞 biàn ㄅㄧㄢˋ 急躁(㊀—急)。

抃 biàn ㄅㄧㄢˋ 鼓掌：～掌。

苄 biàn ㄅㄧㄢˋ [苄基]一种有机化合物的基，又叫苯甲基。

汴 biàn ㄅㄧㄢˋ 河南省开封的别称。

忭 biàn ㄅㄧㄢˋ 高兴，喜欢(㊀—欣)：欢呼～舞。

弁 biàn ㄅㄧㄢˋ ❶古代男子戴的一种帽子。[弁言]书籍或长篇文章的序文，引言。❷旧时称低级武官：马～。

郱 biàn ㄅㄧㄢˋ 姓。

昪 biàn ㄅㄧㄢˋ ❶日光明亮。❷欢乐。

变(變) biàn ㄅㄧㄢˋ 性质、状态或情形和以前不同，更改(㊀—更、—化)：沙漠～良田｜天气～了｜思想～了。㊁事变，突然发生的非常事件：政～。[变通]改动原定的办法，以适应新情况的需要。

便 biàn ㄅㄧㄢˋ ❶方便或使方便，顺利，没有困难或阻碍(㊀—利)：行人称～｜～于携带｜～民。❷简单的，非正式的：家常～饭｜～衣｜～条。[便宜]根据实际需要而灵活、适当地：～行事。(另 piányi，见"便"pián)[随便]不勉强，不拘束。❸便利的时候：～中请来信｜得～就送去。❹屎尿或排泄屎尿：粪～｜小～。❺就：没有一个人民的军队，～没有人民的一切。

另见 383 页 pián。

遍(*徧) biàn ㄅㄧㄢˋ ❶普遍，全面：我们的朋友～天下｜～布｜满山～野。❷量词，次，回：念一～｜问了两～。

辨 biàn ㄅㄧㄢˋ 分别，分析(㊀—别、分—)：明～是非｜不～真伪｜～认。

辩(辯) biàn ㄅㄧㄢˋ 说明是非或真假，争论(㊀—论)：～驳｜～护｜争～。

辫(辮) biàn ㄅㄧㄢˋ ❶(—子)把头发分股编成的带状物：梳小～儿。❷(—子、—儿)像辫子的东西：草帽～儿｜蒜～子。

BIAO ㄅㄧㄠ

B

杓 biāo ㄅㄧㄠ 勺子等物的柄，特指北斗柄部的三颗星。

另见443页sháo。

标（標） biāo ㄅㄧㄠ ❶树木的末梢。㉑事物的表面，非根本的部分：治～不如治本。❷记号，标志：浮～（浮在水上的行船航线标志）|商～|～点符号。[标榜]吹捧，夸耀：互相～|～民主。[标语]用文字写出的有鼓动宣传作用的口号。[标准]衡量事物的准则：实践是检验真理的唯一～。[指标]计划中规定达到的目标：数量～|质量～。❸用文字或其他事物表明：～题|～价|～新立异。[标本]保持原样供学习研究参考的动物、植物、矿物。❹发承包工程或买卖大宗货物时公布的标准和条件：投～|招～|竞～。

[标致]（－zhi）容貌美丽，多用于女子。

飑（颮） biāo ㄅㄧㄠ 气象学上指风向突然改变，风速急剧增大且常伴有阵雨的天气现象。

骉（驫） biāo ㄅㄧㄠ 许多马奔跑的样子。

彪 biāo ㄅㄧㄠ 小虎：～形大汉（形容身材魁梧的男子）。

幖 biāo ㄅㄧㄠ 用作标志的旗帜或其他物品。

骠（驃） biāo ㄅㄧㄠ [黄骠马]一种黄毛夹杂着白点子的马。

另见385页piào。

膘（*臕） biāo ㄅㄧㄠ 肥肉（多指牲畜）：～满肉肥|上～（长肉）。

熛 biāo ㄅㄧㄠ 火星迸飞，也指迸飞的火星或火焰。

镖（鏢） biāo ㄅㄧㄠ 旧时以投掷方式杀伤敌人的武器，形状像长矛的头。

瘭 biāo ㄅㄧㄠ [瘭疽]（－jū）手指头肚儿或脚趾头肚儿发炎化脓的病，症状是局部红肿，剧烈疼痛，发热。

飙（飆、**飇、**飈） biāo ㄅㄧㄠ 暴风：狂～。

儦 biāo ㄅㄧㄠ [儦儦]1.行走的样子。2.众多。

藨 biāo ㄅㄧㄠ 藨草，草本植物，茎三棱形，可用来织席、编草鞋，也是造纸原料。

瀌 biāo ㄅㄧㄠ [瀌瀌]形容雨雪大。

镳(鑣) biāo ㄅㄧㄠ ❶马嚼子两头露在嘴外的部分:分道扬~(喻趋向不同)。❷同"镖"。

表(❺錶) biǎo ㄅㄧㄠˇ ❶外部,跟"里"相对。1.在外的:~面|~皮。2.外面,外貌:外~|~里如一|虚有其~。❷表示,显示:略~心意。[表白]对人解释说明自己的意思。[表决]会议上用举手、投票等方式取得多数意见而做出决定:这个议案已经~通过了。[表现]1.显露:医疗队的行动充分~了救死扶伤的人道主义精神。2.所显露出来的行为,作风:他在工作中的~还不错。[表扬]对集体或个人,用语言、文字公开表示赞美、夸奖:~好人好事。❸中医指用药物把感受的风寒发散出来。❹分类分项记录事物的东西:历史年~|时间~|统计~。❺计时间的器具,通常比钟小,可以带在身边:手~|怀~。❻计量某种量的器具:温度~|电~|水~。❼树立的标志。[表率](-shuài)榜样:干部要做群众的~。[华表]古代宫殿、陵墓等大建筑物前面做装饰用的巨大石柱,柱身多雕刻龙凤等图案,顶端有云板和蹲兽。❽称呼父亲或祖父的姊妹、母亲或祖母的兄弟姊妹生的子女,用来表示亲属关系:~兄弟|~叔|~姑。❾封建时代称臣子给君主的奏章。

婊 biǎo ㄅㄧㄠˇ [婊子](-zi)对妓女的称呼。多用作骂人的话。

裱 biǎo ㄅㄧㄠˇ 用于地名:法~(在云南省双柏)。

裱 biǎo ㄅㄧㄠˇ 用纸、布或丝织物把书、画等衬托装饰起来:双~纸|揭~字画。[裱糊]用纸或其他材料糊屋子的墙壁或顶棚:把这间屋子~一下。

俵 biào ㄅㄧㄠˋ 〈方〉俵分,把东西分给人。

摽 biào ㄅㄧㄠˋ ❶紧紧地捆在器物上:把口袋~在车架子上。❷用手、胳膊钩住:他俩~着膀子走。❸由于利害相关而互相亲近、依附或纠结:这伙人老~在一块儿。

鳔(鰾) biào ㄅㄧㄠˋ ❶鱼体内可以胀缩的气囊,膨胀时鱼上浮,收缩时鱼下沉。❷鳔胶,用鳔或猪皮等熬成的胶,很黏。❸用鳔胶粘上：把桌子腿儿～一～。

BIE ㄅㄧㄝ

B

瘪（癟、*癟） biē ㄅㄧㄝ ［瘪三］〈方〉旧时上海人对城市中无正当职业而以乞讨或偷窃为生的游民的称呼。

另见32页biě。

憋 biē ㄅㄧㄝ ❶气不通：门窗全关着，真～气。［憋闷］（－men）心里不痛快：这事真叫人～。❷勉强忍住：把嘴一闭，～足了气｜心里～了许多话要说。

鳖（鱉、*鼈） biē ㄅㄧㄝ 爬行动物，又叫甲鱼、团鱼，俗叫王八，像龟，背甲无纹，边缘柔软，生活在水里。

虴 bié ㄅㄧㄝˊ 用于地名：～藏（在甘肃省积石山县）。

别 bié ㄅㄧㄝˊ ❶分离（㊟分一、离一）：告～｜临～赠言。❷分辨，区分（㊟辨一）：分门～类｜分～清楚。㊁差别，差异：天渊之～。［区别］1.划分：正确～和处理不同性质的矛盾。2.差异：～不大。❸类别，分类：性～｜职～。❹另外，另外的：～人｜～名｜～开生面。［别致］跟寻常不同，新奇：式样～。［别字］写错了的或念错了的字。又叫白字。❺副词，不要（表示禁止或劝阻）：～动手！｜～开玩笑！❻绷住或卡（qiǎ）住：～针｜用大头针把两张表格～在一起｜腰里～着一支手枪。❼姓。

另见32页biè。

蹩 bié ㄅㄧㄝˊ 〈方〉扭了脚腕子或手腕子。［蹩脚］〈方〉质量不好，本领不强：～货。

瘪（癟、*癟） biě ㄅㄧㄝˇ 不饱满，凹下：～花生｜干（gān）～｜车带～了。

另见32页biē。

别（彆） biè ㄅㄧㄝˋ ［别扭］（－niu）1.不顺心，不相投：心里～｜闹～。2.不顺从，难对付：这人脾气很～。3.（话语、文章）不顺畅、有毛病：他的英语听起来有点儿～。

另见32页bié。

BIN ㄅㄧㄣ

邠 bīn ㄅㄧㄣ 邠县，在陕西省。今作"彬县"。

玢 bīn ㄅㄧㄣ 玉名。

另见132页fēn。

宾(賓) bīn ㄅㄧㄣ 客人,跟"主"相对(㊀ 一客):来～|外～|～馆|喧～夺主(喻次要事物侵占主要事物的地位)。

傧(儐) bīn ㄅㄧㄣ 引导:～者。[傧相](—xiàng)旧指为主人接引宾客的人,今指婚礼时陪伴新郎新娘的人:女～|男～。

滨(濱) bīn ㄅㄧㄣ ❶水边:湖～|海～。❷靠近:～海。

缤(繽) bīn ㄅㄧㄣ [缤纷](—fēn)繁盛而交杂的样子:五彩～。

槟(檳、**梹) bīn ㄅㄧㄣ 槟子,苹果树的一种,果实也叫槟子,比苹果小,熟后紫红色,味酸甜。

另见 34 页 bīng。

镔(鑌) bīn ㄅㄧㄣ [镔铁]精炼的铁。

彬 bīn ㄅㄧㄣ [彬彬]形容文雅:文质～。

斌 bīn ㄅㄧㄣ [斌斌]同"彬彬"。

濒(瀕) bīn ㄅㄧㄣ ❶紧靠(水边):～海。❷接近,将,临:～危|～死。

豳 bīn ㄅㄧㄣ 古地名,在今陕西省旬邑一带。

摈(擯) bìn ㄅㄧㄣˋ 排除,遗弃(㊀ 一弃):～斥异己。

殡(殯) bìn ㄅㄧㄣˋ 停放灵柩或把灵柩送到墓地去:出～|～仪馆(代人办理丧事的场所)。

膑(臏) bìn ㄅㄧㄣˋ 同"髌"。

髌(髕) bìn ㄅㄧㄣˋ ❶髌骨,膝盖骨。(图见 165 页"人体骨骼")❷古代剔除髌骨的酷刑。

鬓(鬢) bìn ㄅㄧㄣˋ 脸旁边靠近耳朵的头发:两～斑白|～角。

BING ㄅㄧㄥ

冰(*氷) bīng ㄅㄧㄥ ❶水因冷凝结成的固体。❷使人感到寒冷:河里的水有点儿～手。❸用冰贴近东西使变凉:把汽水～上。

并 bīng ㄅㄧㄥ 并州,山西省太原的别称。

另见 34 页 bìng。

栟 bīng ㄅㄧㄥ [栟榈](—lǘ)古书上指棕榈。

另见 21 页 bēn。

兵 bīng ㄅㄧㄥ ❶武器:～器|短～相接。❷战士,军

队：官～一致｜步～。❸指军事或战争：～法｜纸上谈～。

槟（檳、**梹） bīng ㄅㄧㄥ ［槟榔］（—lang）常绿乔木，羽状复叶，生长在热带、亚热带。果实也叫槟榔，可以吃，也可入药。

另见33页bīn。

丙 bǐng ㄅㄧㄥˇ ❶天干的第三位，用作顺序的第三：～等。❷指火：付～（烧掉）。

邴 bǐng ㄅㄧㄥˇ 姓。

柄 bǐng ㄅㄧㄥˇ ❶器物的把（bà）儿：刀～。［把柄］喻可被人用来要挟或攻击的事情。［笑柄］被人当作取笑的资料：一时传为～。❷植物的花、叶或果实跟枝或茎连着的部分：花～｜叶～｜果～。❸执掌：～国｜～政。❹权：国～。

昺（**昞） bǐng ㄅㄧㄥˇ 明亮，光明。

炳 bǐng ㄅㄧㄥˇ 光明，显著：～如观火（形容看得清楚）。

蛃 bǐng ㄅㄧㄥˇ ［石蛃］昆虫，身体长，棕褐色，体表有鳞片，触角丝状细长，生活在阴湿处。种类很多。

秉 bǐng ㄅㄧㄥˇ ❶拿着，持：～烛｜～笔。㊀掌握，主持：～公处理。❷古代容量单位，一秉为十六斛（hú）。

饼（餅） bǐng ㄅㄧㄥˇ ❶扁圆形的面制食品：肉～｜大～。❷像饼的东西：铁～｜豆～。

屏 bǐng ㄅㄧㄥˇ ❶除去，排除（㊈—除）：～弃不用｜～退左右。❷抑止（呼吸）：～气｜～息。

另见388页píng。

禀（*稟） bǐng ㄅㄧㄥˇ ❶承受，生成的（㊈—受）：～性。❷下对上报告（㊈—报、—告）：～明一切。

鞞 bǐng ㄅㄧㄥˇ 刀鞘。

并（❶*併、❷—❹*並、❷—❹*竝） bìng ㄅㄧㄥˋ ❶合在一起（㊈合—）：归～｜～案办理。❷一齐，平排着：～驾齐驱｜～肩作战｜～排坐着。❸连词，并且：讨论～通过了这项议案。［并且］连词，表示进一层，有时跟“不但”相应：他不但赞成，～愿意帮忙。❹副词。1. 放在否定词前面，加强否定语气，表示不像预料的那样：～不太冷｜～非不知道。2. 同时，一起，同样：两说～存｜相提～论｜二者～重。

另见 33 页 bīng。

摒 bìng ㄅㄧㄥˋ 排除（㊣—除）。

病 bìng ㄅㄧㄥˋ ❶生物体发生的不健康的现象（㊣疾—）：害了一场～。❷患病：他～了。［毛病］（—bing）1.疾病。2.缺点。3.指器物损坏或发生故障的情况：勤检修，机器就少出～。❸弊端，错误：语～｜通～。

BO ㄅㄛ

拨（撥） bō ㄅㄛ ❶用手指或棍棒等推动或挑动：把钟～一下。［拨冗］（—rǒng）推开杂事，抽出时间：务希～出席。❷分给：～款｜～点儿粮食。❸（—儿）量词，用于成批的、分组的人或事物：一～儿人｜分～儿进入会场。

波 bō ㄅㄛ ❶江、河、湖、海等因振荡而一起一伏的水面（㊣—浪、—涛、—澜）。［波动］㊐事物起变化，不稳定。［波及］㊐牵涉到，影响到。❷物理学上指振动在物质中的传播，是能量传递的一种形式：光～｜声～｜电～｜微～。

玻 bō ㄅㄛ ［玻璃］（—li）1.一种质地硬而脆的透明物体，是用石英砂、石灰石、纯碱等混合起来，加高热熔解，冷却后制成的。2.透明、像玻璃的质料：有机～｜～纸。

菠 bō ㄅㄛ ［菠菜］草本植物，叶略呈三角形，根带红色。可用作蔬菜。

铍（鈹） bō ㄅㄛ 人造的放射性金属元素，符号 Bh。

砵 bō ㄅㄛ 用于地名：东～（在广东省阳江市）。

钵（鉢、*缽、*盋） bō ㄅㄛ ❶盛饭、菜、茶水等的陶制器具：饭～。［乳钵］研药使成细末的器具。❷梵语音译“钵多罗”的省称，和尚用的饭碗：～盂。［衣钵］原指佛教中师父传授给徒弟的袈裟和钵盂，后泛指传下来的思想、学术、技能等：继承～。

哱 bō ㄅㄛ ［哱罗］1.古代军中的一种号角。2.用于地名：～寨（在山东省宁津）。

饽（餑） bō ㄅㄛ ［饽饽］（—bo）〈方〉1.馒头或其他块状的面食。2.甜食，点心。

B

剥 bō ㄅㄛ 义同"剥"(bāo),用于复合词。[剥夺]1.用强制的方法夺去。2.依照法律取消:~政治权利。[剥削](—xuē)凭借生产资料的私人所有权、政治上的特权无偿地占有别人的劳动或产品。

另见16页bāo。

播 bō ㄅㄛ ❶撒种:条~|点~。❷传扬,传布:~音。[广播]利用电波播送新闻、文章、文艺节目等。

蕃 bō ㄅㄛ [吐蕃](tǔ—)我国古代民族,在今青藏高原。唐时曾建立政权。

另见124页fān;125页fán。

嶓 bō ㄅㄛ [嶓冢](—zhǒng)古山名,在今甘肃省成县东北。

伯 bó ㄅㄛˊ ❶兄弟排行(háng)常用"伯"、"仲"、"叔"、"季"做次序,伯是老大。[伯仲]比喻不相上下的人或事物:二者在~之间|两人难分~。❷伯父,父亲的哥哥,大爷(ye)。又对年龄大、辈分高的人的尊称:老~。❸古代五等爵位(公、侯、伯、子、男)的第三等。❹姓。

另见11页bǎi。

帛 bó ㄅㄛˊ 丝织品的总称。[玉帛]古代往来赠送的两种礼物,表示友好交往:化干戈为~。

泊 bó ㄅㄛˊ ❶停船靠岸(㊥停—):~船。[泊车]把汽车停放在某处。❷恬静。[淡泊](*澹泊)不贪图功名利禄。

另见389页pō。

柏 bó ㄅㄛˊ [柏林]德国的首都。

另见11页bǎi;38页bò。

铂(鉑) bó ㄅㄛˊ 金属元素,符号Pt,银白色,熔点高。可用来制坩埚、蒸发皿,也用作催化剂。

舶 bó ㄅㄛˊ 大船:船~|巨~|~来品(外国输入的货物)。

鲌(鮊) bó ㄅㄛˊ 鱼名,身体侧扁,嘴向上翘,生活在淡水中。

另见10页bà。

箔 bó ㄅㄛˊ ❶用苇子、秫秸等做成的帘子。❷蚕箔,又叫蚕帘,养蚕的器具,多用竹篾制成,像筛子或席子。❸金属薄片:金~|铜~。❹敷上金属薄片或粉末的纸:锡~。

驳(駁、❶❸*駮) bó ㄅㄛˊ ❶说出自己的理由来,否定别人的意

见：真理是～不倒的|反～|批～。❷大批货物用船分载转运：起～|把大船上的米～卸到货栈里。[驳船]转运用的小船。又叫拨船。❸马的毛色不纯。泛指颜色不纯，夹杂着别的颜色(㊣斑一、一杂)。

勃 bó ㄅㄛˊ 旺盛(叠)：～起|蓬～|生气～～|英姿～～。[勃然]1.兴起或旺盛的样子：～而兴。2.变脸色的样子：～大怒。

浡 bó ㄅㄛˊ 〈古〉兴起，涌出：～然而兴。

脖(*頔) bó ㄅㄛˊ ❶(一子)颈，头和躯干相连的部分。❷像脖子的部分：脚～子。

鹁(鵓) bó ㄅㄛˊ [鹁鸪](一gū)鸟名，又叫水鹁鸪，羽毛黑褐色。天要下雨或天刚晴的时候，常在树上咕咕地叫。

渤 bó ㄅㄛˊ 渤海，在辽东半岛和山东半岛之间。

馞 bó ㄅㄛˊ 见25页“馝”字条“馝馞”(bì一)。

钹(鈸) bó ㄅㄛˊ 打击乐器，铜质，圆片形，中心鼓起，两片相击作声。

亳 bó ㄅㄛˊ [亳州]地名，在安徽省。

袯(襏) bó ㄅㄛˊ [袯襫](一shì)1.古蓑衣。2.粗糙结实的衣服。

艴 bó ㄅㄛˊ fú ㄈㄨˊ(又)艴然，生气的样子。

博(❶❷*愽) bó ㄅㄛˊ ❶多，广(㊣广一)：地大物～|～学|～览。[博士]1.学位名，在硕士之上。2.古代掌管学术的官名。[博物]动物、植物、矿物、生理等学科的总称。❷知道得多：～古通今。❸用自己的行动换取：～得同情。❹古代的一种棋戏，后泛指赌博。

搏 bó ㄅㄛˊ ❶对打：～斗|～击|肉～(徒手或用短兵器搏斗)。❷跳动：脉～。

馎(餺) bó ㄅㄛˊ [馎饦](一tuō)一种面食。

膊 bó ㄅㄛˊ 胳膊(bo)，肩膀以下手腕以上的部分。[赤膊]光膀子，赤裸上身：～上阵(喻不讲策略或不加掩饰地做某事)。

镈(鎛) bó ㄅㄛˊ ❶大钟，古代的一种乐器。❷古代一种锄类农具。

薄 bó ㄅㄛˊ ❶义同“薄”(báo)。用于合成词或成语，如厚薄、单薄、淡薄、浅薄、薄田、薄弱、尖嘴薄舌、厚古薄今等。❷轻微，少：～技｜～酬。❸不庄重：轻～。❹看不起，轻视，慢待：鄙～｜厚此～彼｜妄自菲～。❺迫近：～暮（天快黑）｜日～西山。❻姓。

另见16页báo；38页bò。

欂 bó ㄅㄛˊ ［欂栌］古代指斗拱。

礴 bó ㄅㄛˊ 见375页"磅"字条"磅礴"（páng—）。

僰 bó ㄅㄛˊ 我国古代西南地区的少数民族。

踣 bó ㄅㄛˊ 跌倒：屡～屡起。

跛 bǒ ㄅㄛˇ 瘸（qué），腿或脚有毛病，走路身体不平衡：一颠一～｜～脚。

簸 bǒ ㄅㄛˇ ❶用簸（bò）箕颠动米粮，扬去糠秕和灰尘。❷上下颠动，摇晃：～荡｜船在海浪中颠～起伏。

另见38页bò。

柏 bò ㄅㄛˋ ［黄柏］即黄檗。

另见11页bǎi；36页bó。

薄 bò ㄅㄛˋ ［薄荷］（—he）草本植物，茎四棱形。叶和茎有清凉香味，可入药。

另见16页báo；37页bó。

檗 bò ㄅㄛˋ 黄檗（也作"黄柏"），落叶乔木，羽状复叶，花黄绿色。木质坚硬，茎可制黄色染料，树皮可入药。

擘 bò ㄅㄛˋ 大拇指。［巨擘］㊄杰出的人物。

另见10页bāi。

簸 bò ㄅㄛˋ ［簸箕］（—ji）扬糠除秽的用具。

另见38页bǒ。

卜（蔔） bo ·ㄅㄛ 见325页"萝"字条"萝卜"。

另见38页bǔ。

啵 bo ·ㄅㄛ 助词，相当于"吧"。

BU ㄅㄨ

逋 bū ㄅㄨ ❶逃亡（㊈—逃）。❷拖欠：～租。

晡 bū ㄅㄨ 〈古〉申时，指下午三点到五点。

醭 bú ㄅㄨˊ（旧读pú）（—儿）醋、酱油等表面上长（zhǎng）的白色的霉。

卜 bǔ ㄅㄨˇ ❶占卜，古时用龟甲、兽骨等预测吉凶的一种活动。后泛指用其他方法预测吉凶。㊀料定，先知道：预～｜吉凶未～。［卜辞］商代刻在龟甲、兽骨上记录占卜事情的文字。❷姓。

另见38页bo。

卟 bǔ ㄅㄨˇ ［卟吩］有机化合物，是叶绿素、血红蛋白等的重要组成部分。

补（補） bǔ ㄅㄨˇ ❶把残破的东西加上材料修理完整：～衣服｜～锅。❷把缺少的充实起来或添上（㊀一充、贴一）：～空（kòng）子｜～习｜候～委员｜滋～。［补白］报刊上填补空白的短文。❸益处：不无小～。

捕 bǔ ㄅㄨˇ 捉，逮：～获｜～风捉影（喻言行没有事实根据）。

哺 bǔ ㄅㄨˇ ❶喂不会取食的幼儿：～养｜～育｜～乳。❷嘴里嚼着的食物：一饭三吐（tǔ）～。

鵏（䳍） bǔ ㄅㄨˇ ［地鵏］鸟名，又叫大鸨，雄鸟体长约1米，背部有黄褐色和黑色斑纹，腹部灰白色，不善飞而善走，吃谷类和昆虫。

堡 bǔ ㄅㄨˇ 堡子，有围墙的村镇。又多用于地名：吴～（在陕西省）。

另见17页bǎo；392页pù。

不 bù ㄅㄨˋ 副词。1.表示否定的意义：他～来｜～好｜～错｜～简单。2.表示否定对方的话：他刚来农村吧？——～，他到农村很久了。3.表示不可能达到某种结果，用法上跟“得”相反：拿～动｜说～明白｜跑～很远。4.跟“就”搭用，表示选择：他一有空儿，～是看书，就是看报。5.〈方〉用在句末，表示疑问：他来～？｜你知道～？［不过］1.副词，仅仅，不超过：一共～五六个人。2.连词，但是，可是：时间虽然很紧，～我们会按时完成的。

吥 bù ㄅㄨˋ 见160页“唝”字条“唝吥”（gòng—）。

钚（鈈） bù ㄅㄨˋ 放射性金属元素，符号Pu，化学性质跟铀相似。可作为核燃料用于核工业中。

布（❷—❹*佈） bù ㄅㄨˋ ❶用棉纱、麻纱等织成的、可以做衣服或其他物件的材料。［布匹］布的总称。❷宣布，宣告，对众陈述：发～｜开诚～公。［布告］张贴出来通知群众的文件。❸散布，分布：阴云密～｜星罗棋～。❹布置，安排：～防｜～局｜～下天罗地网。❺古代的一种钱币。

［布朗族］［布依族］都是我国少数民族，参看附表。

埗 bù ㄅㄨˋ ［茶埗］地名，在福建省建阳。

怖 bù ㄅㄨˋ 惧怕（㊀恐一）：情景可～。［白色恐怖］

反动统治者迫害人民所造成的令人恐惧的情势。

步 bù ㄅㄨˋ ❶脚步,行走时两脚之间的距离:一~跟不上,~~跟不上|稳~前进。[步伐]队伍行进时的脚步:~整齐。❷阶段:初~。[步骤]事情进行的程序。❸行,走:~其后尘(追随在人家后面)。❹用脚步量地面:~一~看这块地有多长。❺旧制长度单位,一步为五尺。❻地步,境地,表示程度:没想到他竟会落到这一~。❼古同"埠"。

埗 bù ㄅㄨˋ 同"埠"。多用于地名:深水~(在香港)。

埔 bù ㄅㄨˋ [大埔]地名,在广东省。

另见391页pǔ。

部 bù ㄅㄨˋ ❶部分,全体中的一份:内~|南~|局~。[部位]位置。❷机关企业按业务范围分设的单位:农业~|编辑~|门市~。[部队]军队。[部首]按汉字形体偏旁所分的门类,如"山"部、"火"部等。❸统属:~领|所~三十人。[部署]布置安排。❹量词。1.用于书籍、影片等:一~小说|两~电影。2.用于车辆或机器:一~收割机|三~汽车。

瓿 bù ㄅㄨˋ 小瓮。

蔀 bù ㄅㄨˋ ❶遮蔽。❷古代历法称七十六年为一蔀。❸用于地名:蓁(zhēn)~(在浙江省龙泉市)。

埠 bù ㄅㄨˋ 埠头,停船的码头。多指有码头的城镇:本~|外~。[商埠]1.旧时与外国通商的城镇。2.指商业发达的城市。

簿 bù ㄅㄨˋ (一子)本子:账~|发文~。

C ㄘ

CA ㄘㄚ

擦 cā ㄘㄚ ❶抹(mā),揩(kāi)拭:~桌子|~脸。❷摩,搓:摩拳~掌。❸贴近:~黑儿(傍晚)|~着屋檐飞过。

嚓 cā ㄘㄚ 形容物体摩擦声:摩托车~的一声停住了。

另见46页chā。

礤 cā ㄘㄚ 见231页"礓"字条"礓礤儿"(jiāngcār)。

礤 cǎ ㄘㄚˇ 粗石。[礤床儿]把瓜、萝卜等擦成丝的器具。

CAI ㄘㄞ

偲 cāi ㄘㄞ 有才能。
另见467页sī。

猜 cāi ㄘㄞ ❶推测，推想：～谜｜你～他来不来？❷疑心(㊥一疑)：～忌｜～嫌。

才(❸纔) cái ㄘㄞˊ ❶能力(㊥一能)：口～｜～干。❷从才能方面指称某类人：干(gàn)～｜奇～｜庸～。❸副词。1.表示事情发生在前不久或结束得晚，刚刚(㊥刚一、方一)：昨天～来｜现在～懂得这个道理。2.仅仅：～用了两元｜来了～十天。

材 cái ㄘㄞˊ ❶木料：美木良～。㊀材料，原料或资料：器～｜教～。❷资质，能力：因～施教。❸棺木：一口～。

财(財) cái ㄘㄞˊ 金钱或物资(㊥一产、资一、钱一)：理～｜～务。[财富]具有价值的东西：物质～｜精神～。[财政]国家的收支及其他有关经济的事务。

裁 cái ㄘㄞˊ ❶用剪子剪布或用刀子割纸：～衣服｜对～(把整张纸平均裁为两张)。[裁缝](—feng)以做衣服为职业的人。❷削减，去掉一部分：～军｜～员。❸决定，判断：～夺｜～判。❹安排取舍：独出心～｜《唐诗别～》。

采(❶-❸*採) cǎi ㄘㄞˇ ❶摘取：～莲｜～茶。❷开采：～煤｜～矿。❸选取，取：～购｜～取。[采访]搜集寻访，多指记者为搜集材料进行调查访问。[采纳]接受(意见)：～群众的意见。❹神采，神色，精神：兴高～烈。❺同“彩”。
另见41页cài。

彩(❷*綵) cǎi ㄘㄞˇ ❶各种颜色：～色｜～虹｜～排(化装排演)。[挂彩]指在战斗中受伤。❷彩色的绸子：剪～｜悬灯结～。❸指赌博或某种竞赛中赢得的东西：得～｜～金。❹称赞、夸奖的欢呼声：喝(hè)～。

睬(*倸) cǎi ㄘㄞˇ 理会，答理(㊥理一)：对群众的意见不理不～｜叫他，他～也不～。

踩(*跴) cǎi ㄘㄞˇ 用脚蹬在上面，踏：～了一脚泥。

采(*寀、**埰) cài ㄘㄞˋ 采地，采邑，古代卿大夫的封地。
另见41页cǎi。

菜 cài ㄘㄞˋ ❶蔬菜，供作副食品的植物。❷主食以外的食品，如经过烹调的鱼、肉、蛋等：做了几个～。

蔡 cài ㄘㄞˋ ❶周代诸侯国名，在今河南省上蔡、新蔡一带。❷〈古〉大龟：蓍(shī)～(占卜用的东西)。

C

CAN ㄘㄢ

参(參、*叅) cān ㄘㄢ ❶参加，加入：～军|～战。[参半]占半数：疑信～。[参观]实地观察(事业、设施、名胜等)。[参考]用有关的材料帮助了解、研究某事物。[参天]高入云霄：古木～。❷进见：～谒|～拜。❸探究并领会：～不透这句话的意思。❹封建时代指弹劾(tánhé)：～他一本。

另见45页cēn；447页shēn。

骖(驂) cān ㄘㄢ 古代驾在车前两侧的马。

餐(**湌、**飡) cān ㄘㄢ ❶吃：饱～一顿|聚～。❷饭食：一日三～|午～|西～。

残(殘) cán ㄘㄢˊ ❶毁坏，毁害(㊀一害)：摧～|自～。❷凶恶(㊀一暴、一忍)。❸不完全的，有毛病的(㊀一缺)：～疾|～品|～破不全。㊀余下的(㊀一余)：～局|～茶剩饭。

蚕(蠶) cán ㄘㄢˊ 家蚕，昆虫，又叫桑蚕，吃桑叶长大，蜕(tuì)皮时不食不动，俗叫眠。蚕经过四眠就吐丝做茧，蚕在茧里变成蛹，蛹变成蚕蛾。家蚕的丝可织绸缎。另有柞(zuò)蚕，又叫野蚕，吃柞树的叶子。柞蚕的丝可织茧绸。

惭(慚、*慙) cán ㄘㄢˊ 羞愧(㊀一愧)：自～|大言不～。

惨(慘) cǎn ㄘㄢˇ ❶凶恶，狠毒：～无人道。❷使人悲伤难受(㊀凄一、悲一)：她的遭遇太～了。[惨淡]1.暗淡无色：病容～。2.凄凉，萧条：～的人生|生意～。3.指辛苦：～经营。❸程度严重：敌人～败|可累～了。

䅟(穇) cǎn ㄘㄢˇ 䅟子，草本植物，茎粗，穗在顶端，像鸡爪。籽实可以吃，也可用作饲料。

篸(簝) cǎn ㄘㄢˇ 〈方〉一种簸箕。

黪(黲) cǎn ㄘㄢˇ ❶浅青黑色：～发。❷

昏暗。

灿(燦) càn ㄘㄢˋ 光彩耀眼：～若云霞。[灿烂]鲜明，耀眼：阳光～|光辉～。

孱 càn ㄘㄢˋ 同"孱"(chán)，只用于"孱头"。[孱头](—tou)〈方〉软弱无能的人。

另见49页chán。

粲 càn ㄘㄢˋ 鲜明的样子。[粲然]笑的样子：～一笑。

璨 càn ㄘㄢˋ ❶美玉。❷同"粲"。

CANG ㄘㄤ

仓(倉) cāng ㄘㄤ 收藏谷物的建筑物：米～|谷～。[仓库]储藏东西的房子。

[仓促][仓猝](—cù)匆忙。

伧(傖) cāng ㄘㄤ 古代讥人粗俗，鄙贱：～俗。

另见57页chen。

苍(蒼) cāng ㄘㄤ ❶青色：～天。❷草色，深绿色：～松。❸灰白色：～白|两鬓～～。[苍老]1.容貌、声音老。2.书画笔力雄健：字迹～。

沧(滄) cāng ㄘㄤ 暗绿色(指水)：～海。[沧海桑田]大海变成农田，农田变成大海，形容世事变化很大。

鸧(鶬) cāng ㄘㄤ [鸧鹒](—gēng)黄鹂。也作"仓庚"。

舱(艙) cāng ㄘㄤ 船或飞机内用于载人或物的部分：货～|客～|底～。

藏 cáng ㄘㄤˊ ❶隐避(㊥隐—)：埋～|他～在树后头。❷收存(㊥收—)：～书|储～。

另见622页zàng。

CAO ㄘㄠ

操 cāo ㄘㄠ ❶拿，抓在手里：～刀|～戈。㊀掌握，控制：～舟|～必胜之券(quàn)。[操纵]随着自己的意向来把持支配：～股市|～民意。❷拿出力量来做：～劳|～持。[操作]按照一定的程序和技术要求进行活动，也泛指劳动：田间～。❸从事，做某种工作：重～旧业。❹用某种语言或方言说话：～俄语|～闽语。❺操练：出～|～演|下～。❻由一套动作编排

成的体育或军事活动：体～｜徒手～｜做了几节～。❼行为，品行：节～｜～行。

糙 cāo ㄘㄠ ❶糙米，脱壳未去皮的米。❷不细致，粗（㊀粗一）：这活儿做得太～。

曹 cáo ㄘㄠˊ ❶等，辈：尔～｜吾～。❷古代分科办事的官署：部～｜功～。

嘈 cáo ㄘㄠˊ 杂乱（多指声音）：人声～杂。

漕 cáo ㄘㄠˊ 利用水道转运食粮：～运｜～河（运粮的河道）。

槽 cáo ㄘㄠˊ ❶一种长方形或正方形的较大的容器：石～｜水～。特指喂牲畜食料的器具：猪食～｜马～。❷（一儿）东西上凹下像槽的部分：挖个～儿｜河～。

磳 cáo ㄘㄠˊ 用于地名：斫（zhuó）～（在湖南省邵东）。

螬 cáo ㄘㄠˊ 见394页“蛴”字条“蛴螬”（qí—）。

艚 cáo ㄘㄠˊ （一子）载货的木船。

草（*艸、❺**騲） cǎo ㄘㄠˇ ❶高等植物中栽培植物以外的草本植物的统称：野～｜青～。［草本植物］茎干通常比较柔软的植物，如小麦、豌豆等。❷马虎，不细致（叠）：潦～｜～～了（liǎo）事｜～率。［草书］汉字形体的一种，笔画牵连曲折，写起来快。❸草稿，文稿：起～。㊀还没有确定的（文件等）：～约｜～案｜～图。❹打稿：～拟｜～檄。［草创］开始创办或创立。❺雌性的（指某些家禽、家畜）：～鸡｜～驴。

CE ㄘㄜ

册（*冊） cè ㄘㄜˋ ❶古时称编串好的许多竹简，现在指装订好的纸本子：第三～｜纪念～。❷量词，用于书籍：一～书。

厕（厠、*廁） cè ㄘㄜˋ ❶厕所，大小便的地方：公～。❷参与（yù），混杂在里面：～身其间。

侧（側） cè ㄘㄜˋ ❶旁：楼～｜～面。❷斜着：～耳细听｜～身而入。［侧目］斜着眼睛看，表示畏惧而又愤恨：世人为之～。［侧重］（—zhòng）偏重。

另见626页zè；630页zhāi。

测（測） cè ㄘㄜˋ ❶测量，利用仪器来度量：

～角器｜～绘｜～一下高度。［测验］用一定的标准检定。❷推测，料想：预～｜变幻莫～。

恻（惻） cè ㄘㄜˋ 悲痛。［恻隐］对遭难（nàn）的人表示同情：动了～之心。

策（*筞、*筴） cè ㄘㄜˋ ❶计谋，主意（㊀计一）：决～｜献～｜下～｜对～｜束手无～。［策略］根据形势发展而制定的行动方针和方法。❷谋划：～反｜～应。［策动］设法鼓动或促成。❸古代的一种马鞭子，头上有尖刺。❹鞭打：～马｜鞭～。❺古代称编连好的竹简：简～。❻古代考试的一种文体：～论。

CEN ㄘㄣ

参（參、*叅） cēn ㄘㄣ ［参差］（－cī）长短、大小、高低等不齐：～不齐。

另见42页cān；447页shēn。

岑 cén ㄘㄣˊ 小而高的山。

涔 cén ㄘㄣˊ 连续下雨，积水成涝。［涔涔］1. 雨多的样子。2. 流泪的样子。

CENG ㄘㄥ

噌 cēng ㄘㄥ 形容短促摩擦或快速行动的声音：～的一声，火柴划着了｜～地站了起来。

层（層） céng ㄘㄥˊ ❶重复，重叠：～出不穷｜～峦叠翠。❷重叠的事物或其中的一部分：云～｜大气～｜基～。❸量词，重（chóng）：二～楼｜三～院子｜絮两～棉花｜还有一～意思。

曾 céng ㄘㄥˊ 副词，曾经，表示从前经历过：未～｜何～｜他～去北京两次｜～几何时（表示时间过去没多久）。

另见626页zēng。

嶒 céng ㄘㄥˊ 见292页“崚”字条“崚嶒”（léng－）。

蹭 cèng ㄘㄥˋ 摩擦：～了一身泥｜～破了皮。㊀1. 就着某种机会占便宜，揩油：～吃｜～车。2. 拖延：快点儿，别～了｜磨～（ceng）。

［蹭蹬］（－dèng）遭遇挫折。

CHA ㄔㄚ

叉 chā ㄔㄚ ❶（－子）一头有两个以上长齿便于扎

取东西的器具：鱼～|三齿～|粪～子。❷用叉子扎取：～鱼。❸交错：～着手站着。❹形状为"×"的符号，表示错误或不同意等：反对的打～。

另见46页chá；47页chǎ；47页chà。

扠 chā ㄔㄚ 同"叉❷"。

杈 chā ㄔㄚ 一种用来挑(tiǎo)柴草等的农具。

另见47页chà。

臿 chā ㄔㄚ ❶〈古〉同"锸"。❷〈方〉舂。

插(*揷) chā ㄔㄚ 扎进去，把细长或薄的东西扎进、放入：～秧|～门卡|把花～在瓶子里。㊀加入，参与：～班|～嘴。

锸(鍤) chā ㄔㄚ 铁锹(qiāo)，掘土的工具。

差 chā ㄔㄚ ❶不同，不同之点(㊥一别、一异、偏一)。❷大致还可以：～强人意(大体上还能使人满意)。❸错误：～错|阴错阳～。❹差数，减法运算的得数：五减二的～是三。

另见48页chà；48页chāi；73页cī。

喳 chā ㄔㄚ [喳喳] 1.(—chā)形容小声说话的声音：嘁嘁～。2.(—cha)小声说话：打～。

另见628页zhā。

馇(餷) chā ㄔㄚ ❶拌煮猪、狗的食料：～猪食。❷〈方〉熬(粥)：～锅豆粥。

嚓 chā ㄔㄚ 见262页"咔"字条"咔嚓"(kā—)。

另见40页cā。

叉 chá ㄔㄚˊ 挡住，堵塞住，互相卡住：车把路口～住了。

另见45页chā；47页chǎ；47页chà。

垞 chá ㄔㄚˊ 小土山。多用于地名。

茬 chá ㄔㄚˊ ❶(—儿)庄稼收割后余留在地上的短根和茎：麦～儿|豆～儿。❷(—儿)在同一块土地上庄稼种植或收割的次数：换～|头～|二～。❸短而硬的头发、胡子。

茶 chá ㄔㄚˊ ❶茶树，常绿灌木，叶长椭圆形，花白色。嫩叶采下经过加工，就是茶叶。❷用茶叶沏成的饮料。㊀某些饮料的名称：果～|杏仁～。

搽 chá ㄔㄚˊ 涂抹：～药|～粉。

查(*査) chá ㄔㄚˊ ❶检查：～账。❷翻检着看：～地图|～字典。❸调查：把案子～清楚。

另见627页zhā。

嵖 chá ㄔㄚˊ [嵖岈](—yá)山名，在河南省遂平。

猹 chá ㄔㄚˊ 〈方〉鲁迅小说《故乡》提到的一种像獾的野兽，喜欢吃瓜。

楂 chá ㄔㄚˊ 同"茬"。

另见628页zhā。

碴(*鎈) chá ㄔㄚˊ ❶(—儿)小碎块：冰～儿|玻璃～儿。❷(—儿)器物上的破口：碗上有个破～儿。㊞争执的事由：找～儿打架。❸〈方〉皮肉被碎片碰破：手让碎玻璃～破了。

糌 chá ㄔㄚˊ (—子)〈方〉玉米等磨成的碎粒儿。

槎 chá ㄔㄚˊ ❶木筏：乘～|浮～。❷同"茬"。

察(*詧) chá ㄔㄚˊ 仔细看，调查研究：考～|视～。

檫 chá ㄔㄚˊ 檫木，落叶乔木，树干高大，木质坚韧，可供建筑、造船等用。

叉 chǎ ㄔㄚˇ 分开，张开：～腿。另见45页chā；46页chá；47页chà。

衩 chǎ ㄔㄚˇ [裤衩]短裤：三角～。

另见47页chà。

蹅 chǎ ㄔㄚˇ 踩，在泥水里走：～雨|鞋都～湿了。

镲(鑔) chǎ ㄔㄚˇ 钹(bó)，一种打击乐器。

叉 chà ㄔㄚˋ [劈叉]两腿分开成一字形，臀部着地。是体操或武术动作。

另见45页chā；46页chá；47页chǎ。

汊 chà ㄔㄚˋ 河流的分支。

杈 chà ㄔㄚˋ (—子、—儿)植物的分枝：树～儿|打棉花～。

另见46页chā。

衩 chà ㄔㄚˋ 衣服旁边开口的地方。

另见47页chǎ。

岔 chà ㄔㄚˋ ❶分歧的，由主干分出的：～道|三～路。❷转移主题：拿话～开|打～。❸互相让开(多指时间)：把这两个会的时间～开。❹(—子、—儿)乱子，事故：仔细点儿，别出～子。

侘 chà ㄔㄚˋ [侘傺](—chì)形容失意。

诧(詫) chà ㄔㄚˋ 惊讶，觉着奇怪：～异|

惊～。

姹 chà ㄔㄚˋ 美丽:～紫嫣红(形容百花艳丽)。

刹 chà ㄔㄚˋ 梵语音译“刹多罗”的省称,原义是土或田,转指佛寺:宝～|古～。[刹那]梵语音译,指极短的时间。

另见 436 页 shā。

差 chà ㄔㄚˋ ❶错误:说～了。❷不相当,不相合:～得远|～不多。❸缺,欠:～一道手续|还～一个人。❹不好,不够标准:成绩～。

另见46 页chā;48 页 chāi;73页 cī。

CHAI ㄔㄞ

拆 chāi ㄔㄞ 把合在一起的弄开,卸下来(㊀一卸):～信|～房子。

钗(釵) chāi ㄔㄞ 妇女发髻上的一种首饰:金～|荆～布裙(旧形容妇女装束朴素)。

差 chāi ㄔㄞ ❶派遣去做事(㊀一遣)。❷旧时称被派遣的人,差役。❸差事,被派遣去做的事:兼～|出～。

另见46 页chā;48 页chà;73页 cī。

侪(儕) chái ㄔㄞˊ 同辈,同类的人们:吾～(我们)。

柴 chái ㄔㄞˊ 烧火用的草木:打～|砍～。[火柴]用细小的木条蘸上磷、硫等制成的能摩擦生火的东西。

豺 chái ㄔㄞˊ 兽名,像狼而嘴较短,性凶猛,常成群侵袭家畜。[豺狼]㊃贪心残忍的恶人。

茝 chǎi ㄔㄞˇ 古书上说的一种香草,即白芷(zhǐ)。

䶵 chǎi ㄔㄞˇ (一儿)碾碎了的豆子、玉米等:豆～儿。

虿(蠆) chài ㄔㄞˋ 古书上说的蝎子一类的毒虫。

瘥 chài ㄔㄞˋ 病愈:久病初～。

另见 80 页 cuó。

CHAN ㄔㄢ

辿(**辿) chān ㄔㄢ 用于地名:龙王～(在山西省吉县)|黄草～(在山西省黎城)。

觇(覘) chān ㄔㄢ 看,窥视。[觇标]一种测量标志,标架用木料或金属制成,高几米到几十米,架在被观测点上作为观测目标，也可在此处观测其他地点。

梴 chān ㄔㄢ 形容树长得高。

掺（摻） chān ㄔㄢ 混合（㊥—杂、—和）：在粥里～点儿水｜不要～假。

搀（攙） chān ㄔㄢ ❶用手轻轻架住对方的手或胳膊（㊥—扶）：～着老人过马路。❷同"掺"。

襜 chān ㄔㄢ ❶古代系在身前的围裙。❷［襜褕］（—yú）古代一种长的单衣。

单（單） chán ㄔㄢˊ ［单于］（—yú）古代匈奴的君主。

另见86页dān；439页shàn。

婵（嬋） chán ㄔㄢˊ ［婵娟］（—juān）1.（姿态）美好。2.旧时指美人。3.古诗文中指明月：千里共～。

禅（禪） chán ㄔㄢˊ ❶梵语音译"禅那"的省称，佛教指静思：坐～。❷关于佛教的：～杖｜～师。

另见440页shàn。

蝉（蟬） chán ㄔㄢˊ 昆虫，又叫知了，雄的腹面有发声器，叫的声音很大。种类很多。

［蝉联］连续（多指连任某职或继续保持某称号）：～冠军。

铤（鋋） chán ㄔㄢˊ 古代一种铁把（bà）儿的短矛。

谗（讒） chán ㄔㄢˊ 在别人面前说陷害某人的坏话：～言。

馋（饞） chán ㄔㄢˊ ❶贪吃，专爱吃好的：嘴～｜～涎欲滴。❷贪，羡慕：眼～。

儳 chán ㄔㄢˊ 〈古〉杂乱不齐。

巉 chán ㄔㄢˊ 山势险峻：～岩。

镵（鑱） chán ㄔㄢˊ ❶古代一种铁制的刨土工具。❷刺：以刃～腹。

孱 chán ㄔㄢˊ 懦弱，弱小（㊥—弱）。

另见43页càn。

潺 chán ㄔㄢˊ ［潺潺］形容溪水、泉水等流动的声音：～流水。［潺湲］（—yuán）水慢慢流动的样子：溪水～。

缠（纏） chán ㄔㄢˊ ❶绕，围绕（㊥—绕）：头上～着一块布。［缠绵］纠缠住不能解脱（多指感情或疾病）。❷搅扰：胡搅蛮～。

廛 chán ㄔㄢˊ 古代指一户人家拥有的土地和房子，特指房屋，也泛指城邑民居。［市廛］店铺集中的地方。

瀍 chán ㄔㄢˊ 瀍河，水名，在河南省洛阳。

C

躔 chán ㄔㄢˊ ❶兽的足迹。❷日月星辰的运行。

澶 chán ㄔㄢˊ ［澶渊］古地名，在今河南省濮阳西南。

镡（鐔） chán ㄔㄢˊ 姓。
另见 483 页 tán；550 页 xín。

蟾 chán ㄔㄢˊ 蟾蜍，两栖动物，俗叫癞蛤蟆、疥蛤蟆，皮上有许多疙瘩，内有毒腺。吃昆虫等，对农业有益：～宫（指月亮）。

产（産） chǎn ㄔㄢˇ ❶人或动物生子：～子｜～卵｜～科。［产生］生，出现：～好的效果。㊀由团体中推出：每个小组～一个代表。❷制造、种植或自然生长：沿海盛～鱼虾｜我国～稻、麦的地方很多｜增～。❸制造、种植或自然生长的东西：土特～｜水～。❹财产：房～｜地～｜遗～。［产业］1. 家产。2. 构成国民经济的行业和部门，也特指工业生产：信息～｜文化～｜～工人。

浐（滻） chǎn ㄔㄢˇ 浐河，水名，在陕西省西安。

铲（鏟、*剷） chǎn ㄔㄢˇ ❶（－子、－儿）削平东西或把东西取出来的器具：铁～｜饭～儿。❷用锹（qiāo）或铲子削平或取出来：把地～平｜～土｜～菜。［铲除］去掉：～恶习。

刬（剗） chǎn ㄔㄢˇ 旧同"铲❷"。
另见 51 页 chàn。

昆 chǎn ㄔㄢˇ ❶日光照耀。❷昆山，山名，又地名，都在安徽省泾县。

谄（諂） chǎn ㄔㄢˇ 巴结，奉承：～媚｜不骄不～。

啴（嘽） chǎn ㄔㄢˇ 宽舒，和缓：～缓。
另见 481 页 tān。

阐（闡） chǎn ㄔㄢˇ 说明，表明：～述｜～明。［阐发］深入说明事理。

燀（燀） chǎn ㄔㄢˇ ❶烧火做饭。❷炽热。❸中药炮制方法，将桃仁、杏仁等放在沸水内浸泡，以便去皮。

冁（囅） chǎn ㄔㄢˇ 笑的样子：～然而笑。

蒇(蕆) chǎn ㄔㄢˇ 完成，解决：～事(把事情办完)。

骣(驏) chǎn ㄔㄢˇ 骑马不加鞍辔：～骑。

忏(懺) chàn ㄔㄢˋ 梵语音译“忏摩”的省称。佛教指请人宽恕。又指佛教、道教讽诵的一种经文。[忏悔]悔过。

刬(剗) chàn ㄔㄢˋ [一刬]〈方〉全部，一律：～新|～都是平川。

另见50页chǎn。

颤(顫) chàn ㄔㄢˋ 物体振动：这条扁担(dan)担上五六十斤就～了|～动。

另见633页zhàn。

羼 chàn ㄔㄢˋ 掺杂：～入。

韂 chàn ㄔㄢˋ 垫在马鞍下的东西，垂于马背两侧，用来遮挡泥土：鞍～。

CHANG ㄔㄤ

伥(倀) chāng ㄔㄤ 古代传说中被老虎咬死的人变成的鬼，它常助虎伤人：为(wèi)虎作～(喻帮恶人作恶)。

昌 chāng ㄔㄤ 兴盛：～盛|科学～明。

菖 chāng ㄔㄤ [菖蒲]草本植物，生长在水边，花穗像棍棒。根状茎可做香料，也可入药。

猖 chāng ㄔㄤ 凶猛，狂妄。[猖狂]狂妄而放肆：打退了敌人的～进攻。[猖獗](—jué)放肆地横行，闹得很凶：～一时。

阊(閶) chāng ㄔㄤ [阊阖](—hé) 1.传说中的天门。2.宫门。[阊门]苏州城门名。

娼 chāng ㄔㄤ 妓女(㊥—妓)。

鲳(鯧) chāng ㄔㄤ 鱼名，又叫平鱼，身体短而扁，没有腹鳍，鳞小，生活在海洋里。

长(長) cháng ㄔㄤˊ ❶两端的距离大，跟“短”相对。1.指空间：这条路很～|～篇大论。2.指时间：天～夜短|～远利益。[长短]1.长度。2.意外的变故(多指生命的危险)：万一有什么～可怎么办？❷长度：波～|那张桌子～1米，宽70厘米。❸长处，专精的技能，优点：专～|特～|一技之～。❹对某

C

事做得特别好：他～于写作。

另见 633 页 zhǎng。

苌（萇） cháng ㄔㄤˊ 姓。

场（場、*塲） cháng ㄔㄤˊ ❶平坦的空地，多半用来脱粒、晒粮食：打～｜～院。❷量词，多用于一件事情的经过：经历了一～激烈的搏斗｜下了一～大雨｜害了一～病。

另见 52 页 chǎng。

肠（腸、*膓） cháng ㄔㄤˊ ❶（一子）人和高等动物的消化器官之一，长管形，分大肠、小肠两部分。（图见 623 页"人体内脏"）［断肠］形容非常悲痛。［牵肠挂肚］形容挂念。❷借指心思，情怀：愁～｜衷～。❸在肠衣（脱去脂肪晾干的羊或猪的肠子）里塞进肉、淀粉等制成的食物：香～｜腊～｜火腿～。

尝（嘗、❶*嚐、❶*甞） cháng ㄔㄤˊ ❶辨别滋味：～～咸淡。⑩经历，体验：备～艰苦。［尝试］试：～一下。❷曾经：未～。

偿（償） cháng ㄔㄤˊ ❶归还，补还（㊀赔一）：～还｜补～｜得不～失。❷满足：如愿以～。

鲿（鱨） cháng ㄔㄤˊ 毛鲿鱼，鱼名，身体侧扁，体长 1 米多，头较大，眼小，生活在海里。

倘 cháng ㄔㄤˊ ［倘佯］（-yáng）旧同"徜徉"。

另见 485 页 tǎng。

徜 cháng ㄔㄤˊ ［徜徉］（-yáng）安闲自在地来回走：～湖畔。

常 cháng ㄔㄤˊ ❶长久：～绿树｜冬夏～青。❷副词，经常，时时（叠）：～～见面｜～和工人一起劳动。❸平常，普通的，一般的：～识｜～态｜～事｜反～｜习以为～。

嫦 cháng ㄔㄤˊ ［嫦娥］神话中月宫里的仙女。

裳 cháng ㄔㄤˊ 遮蔽下体的衣裙。

另见 442 页 shang。

厂（廠、**厰） chǎng ㄔㄤˇ ❶工厂：机械～｜造纸～｜纱～。❷有空地可以存货或进行加工的场所：木材～｜煤～。❸跟棚子类似的房屋。

另见 3 页 ān。

场（場、*塲） chǎng ㄔㄤˇ ❶（一子、一儿）处所，能适应某种需要的

较大地方：会～|市～|广～|飞机～。㊀特定的地点或范围：当～|现～|情～|生意～|～合。❷戏剧的一节：三幕五～。❸量词，用于文体活动：一～电影|一～球赛。❹物质相互作用的范围：电～|磁～|引力～。

另见 52 页 cháng。

锬(鋹) chǎng ㄔㄤˇ 锐利。

昶 chǎng ㄔㄤˇ ❶白天时间长。❷舒畅，畅通。

惝 chǎng ㄔㄤˇ tǎng ㄊㄤˇ(又)失意。

敞 chǎng ㄔㄤˇ ❶没有遮蔽，宽绰(chuo)：～亮|宽～。❷打开：～开大门。

氅 chǎng ㄔㄤˇ 大氅，大衣。

怅(悵) chàng ㄔㄤˋ 失意，不痛快(叠)：～～离去|～然。

韔(韔) chàng ㄔㄤˋ 古代盛(chéng)弓的袋子。

畅(暢) chàng ㄔㄤˋ ❶没有阻碍：～达|～行|～销。❷痛快，尽情地：～谈|～饮。

倡 chàng ㄔㄤˋ 发动，首先提出：～议|～导。

唱 chàng ㄔㄤˋ ❶歌唱，依照音律发声：～歌|～戏|～曲。㊀高呼：～名|～票。❷(一儿)歌曲：小～儿|唱个～儿。

鬯 chàng ㄔㄤˋ 古代祭祀用的一种香酒。

CHAO ㄔㄠ

抄 chāo ㄔㄠ ❶誊写，照原文写：～文件|～书。❷把别人的文章或作品照着写下来当自己的：～袭。❸搜查并没(mò)收：～家。❹走近便的路：～小道走。❺同"绰(chāo)❷"：～起镰刀就去割麦子。

吵 chāo ㄔㄠ ［吵吵］(一chao)吵嚷。

另见 54 页 chǎo。

钞(鈔) chāo ㄔㄠ ❶同"抄❶"。❷钞票，纸币：外～。

怊 chāo ㄔㄠ 悲伤，失意。

弨 chāo ㄔㄠ ❶弓弦松弛的状态。❷弓。

超 chāo ㄔㄠ ❶越过，高出：～龄|～额|～声波。❷在某种范围以外，不受限制：～现实|～自然。

绰(綽) chāo ㄔㄠ ❶同"焯"(chāo)。❷

匆忙地抓起：～起一根棍子。

另见 73 页 chuò。

焯 chāo ㄔㄠ 把蔬菜放在开水里略微一煮就拿出来：～菠菜。

另见 666 页 zhuō。

C

剿（*勦、*剿）chāo ㄔㄠ 因袭套用别人的语言文句作为自己的：～说。

另见 236 页 jiǎo。

晁（**鼂）cháo ㄔㄠˊ 姓。

巢 cháo ㄔㄠˊ 鸟搭的窝，也指蜂、蚁等的窝：鸟～｜蜂～。

朝 cháo ㄔㄠˊ ❶面对：坐北～南｜窗户～着大街。㉄介词，向着，对着：～前看｜～着目标前进。❷封建时代臣见君。㉄宗教徒参拜：～圣。❸朝廷，皇帝接见官吏、发号施令的地方，跟"野"相对。［在朝］㉆当政。❹朝代，建立国号的帝王世代连续统治的时期：唐～｜改～换代。❺姓。

［朝鲜族］（－xiǎn－）1. 我国少数民族，参看附表。2. 朝鲜和韩国的主要民族。

另见 635 页 zhāo。

嘲（**謿）cháo ㄔㄠˊ （旧读 zhāo）讥笑，取笑（㉆－笑、－讽）：冷～热讽。

另见 636 页 zhāo。

潮 cháo ㄔㄠˊ ❶海水因为受日、月的引力而定时涨落的现象：～水｜～汐。❷像潮水那样汹涌起伏的事物：思～｜风～｜革命高～。❸湿（程度比较浅）：～气｜受～了｜阴天返～。❹成色差，技术低：～金｜手艺～。

吵 chǎo ㄔㄠˇ ❶声音杂乱搅扰人：～得慌｜把他～醒了。❷打嘴仗，口角：～架｜争～｜他俩～起来了。

另见 53 页 chāo。

炒 chǎo ㄔㄠˇ 把东西放在锅里加热，翻动着弄熟：～鸡蛋｜～菜｜糖～栗子。

耖 chào ㄔㄠˋ ❶耙（bà）地后用来把土块弄得更碎的农具。❷用耖整地，使地平整。

CHE ㄔㄜ

车（車）chē ㄔㄜ ❶陆地上有轮子的交通工具：火～｜汽～｜马～｜轿～｜跑～｜自行～。❷用轮轴来转动的器具：纺～｜水～｜滑～。㉄指机器：开～｜试～。❸用

旋(xuàn)床旋东西：～圆|～光|～一个零件。❹用水车打水：～水。❺姓。

另见 252 页 jū。

砗(硨) chē ㄔㄜ [砗磲](－qú)软体动物，比蛤蜊大，壳略呈三角形，很厚，生活在热带海里。

尺 chě ㄔㄜˇ 见 158 页"工"字条"工尺"。

另见 61 页 chǐ。

扯(*撦) chě ㄔㄜˇ ❶拉：～住他不放。❷不拘形式、不拘内容地谈：闲～|不要把问题～远了。❸撕，撕破：～几尺布|他把信～了。

彻(徹) chè ㄔㄜˋ 通，透：冷风～骨|～头～尾(自始至终，完完全全)|～夜(通宵)。[彻底]一直到底，深入透彻：～解决问题。

坼 chè ㄔㄜˋ 裂开：天寒地～。

掣 chè ㄔㄜˋ ❶拽(zhuài)，拉：～后腿|风驰电～(形容迅速)。[掣肘]拉住别人的胳膊。㊕阻碍别人做事，牵制：被杂事～。❷抽：～签。

撤 chè ㄔㄜˋ ❶除去，免除：～职|～销。❷向后转移，收回：～兵|～资|～回。

澈 chè ㄔㄜˋ ❶水清：清～。❷同"彻"。

瞮 chè ㄔㄜˋ 明亮，明晰。

CHEN ㄔㄣ

抻 chēn ㄔㄣ 扯，拉：～面(抻面条或抻的面条)|把衣服～～|把袖子～出来。

郴 chēn ㄔㄣ 郴州，地名，在湖南省。

綝(綝) chēn ㄔㄣ ❶止。❷善。

另见 307 页 lín。

棽 chēn ㄔㄣ (又) 见 447 页 shēn。

捵 chēn ㄔㄣ 同"抻"。

另见 493 页 tiǎn。

琛 chēn ㄔㄣ 珍宝。

嗔 chēn ㄔㄣ 生气(㊥—怒)：～怪|～责|转～为喜。[嗔着](－zhe)对人不满，嫌：～他多事。

瞋 chēn ㄔㄣ 睁大眼睛瞪人：～目而视。

臣 chén ㄔㄣˊ ❶奴隶社会的奴隶。❷帮助皇帝进行统治的官僚。❸封建时代官吏对君主的自称。

尘(塵) chén ㄔㄣˊ ❶尘土,飞扬的灰土。❷尘世(佛家道家指人间,和他们所幻想的理想世界相对):～俗|红～(指人世)。

C

辰 chén ㄔㄣˊ ❶地支的第五位。❷辰时,指上午七点到九点。❸指时日:生～|诞～。❹日、月、星的统称。

宸 chén ㄔㄣˊ ❶屋宇,深邃(suì)的房屋。❷旧指帝王住的地方。㉚称王位、帝王。

晨 chén ㄔㄣˊ 清早,太阳出来的时候:清～|～昏(早晚)|～练(早晨锻炼身体)。

沈 chén ㄔㄣˊ 同"沉"。

另见 448 页 shěn。

忱 chén ㄔㄣˊ 真实的心情:热～|谢～。

沉 chén ㄔㄣˊ ❶没(mò)入水中,跟"浮"相对:船～了。㉚落下,陷入:地基下～。❷重,分量大:～重|铁比木头～。[沉着](—zhuó)镇静,不慌张:～应(yìng)战。❸深入,程度深:～思|～醉|天阴得很～。

陈(陳) chén ㄔㄣˊ ❶排列,摆设(㉠—列、—设):～放。❷述说(㉠—述):详～。❸旧的,时间久的(㉠—旧):～腐|～酒|新～代谢。❹周代诸侯国名,在今河南省淮阳一带。❺朝代名,南朝之一,陈霸先所建立(公元 557—589 年)。

〈古〉又同"阵"(zhèn)。

梣 chén ㄔㄣˊ qín ㄑㄧㄣˊ(又) 落叶乔木,通称白蜡树,羽状复叶,木质坚韧,树皮可入药,叫秦皮。

谌(諶) chén ㄔㄣˊ ❶相信。❷的确,诚然。❸(也有读 shèn 的)姓。

煁 chén ㄔㄣˊ 古代一种可移动的火炉。

碜(磣、**碜) chěn ㄔㄣˇ ❶东西里夹杂着沙子。[牙碜](—chen)食物中夹杂着沙子,嚼起来牙不舒服:米饭有些～。❷丑,难看。[寒碜](*寒伧)(—chen) 1. 丑,难看:长得～。2. 使人没面子:说起来怪～人的。

衬(襯) chèn ㄔㄣˋ ❶在里面再托上一层:～绒|～上一张纸。❷搭配上别的东西:红花～着绿叶。

疢 chèn ㄔㄣˋ 热病。也泛指病:～毒|～疾。

龀(齔) chèn ㄔㄣˋ 小孩儿换牙(乳牙脱落长出恒牙)。

称(稱) chèn ㄔㄣˋ 适合：～心｜～职｜相～。[对称]两边相等或相当。

另见 57 页 chēng；59 页 chèng。

趁(*趂) chèn ㄔㄣˋ ❶利用机会：～热打铁｜～着晴天晒麦子。❷〈方〉富有：～钱。

榇(櫬) chèn ㄔㄣˋ 棺材(㊀棺—)。

谶(讖) chèn ㄔㄣˋ 迷信的人指将来要应验的预言、预兆。

伧(傖) chen ·ㄔㄣ [寒伧]旧同"寒碜"。参看 56 页"碜"(chěn)。

另见 43 页 cāng。

CHENG ㄔㄥ

柽(檉) chēng ㄔㄥ 柽柳，落叶小乔木，又叫三春柳、红柳，老枝红色，叶像鳞片，花淡红色，性耐碱抗旱，适于盐碱地区造林防沙。

蛏(蟶) chēng ㄔㄥ (—子)软体动物，贝壳长方形，淡褐色，生活在沿海泥中。

琤 chēng ㄔㄥ 形容玉石碰击声、琴声或水流声(叠)：泉水～～。

称(稱) chēng ㄔㄥ ❶量轻重：把这包米～一～。❷叫，叫作：自～｜～得起英雄。❸名称：简～｜别～。❹说：～病(以生病为借口)｜连声～好｜拍手～快。❺赞扬：～许｜～道。❻举事：～兵。

另见 57 页 chèn；59 页 chèng。

铛(鐺) chēng ㄔㄥ 烙饼或做菜用的平底浅锅：饼～。

另见 89 页 dāng。

偁 chēng ㄔㄥ ❶用于人名。王禹偁，宋代人。❷姓。

赪(赬) chēng ㄔㄥ 红色。

撑(*撐) chēng ㄔㄥ ❶抵住，支撑：～竿跳高｜～腰｜～门面。❷用篙使船前进：～船。❸充满到容不下的程度：少吃些，别～着｜麻袋装得太满，都～圆了。❹使张开：～伞｜把口袋～开。

樘 chēng ㄔㄥ 用于人名。朱祐樘，明代孝宗。

另见 485 页 táng。

瞠 chēng ㄔㄥ 直看，瞪着眼：～目结舌(形容受窘或惊呆的样子)｜～乎其后(指赶不上)。

成 chéng ㄔㄥˊ ❶做好了，办好了，跟"败"相对(㊀完一)：～事|事情已～。❷事物生长发展到一定的形态或状况：～虫|～人|～熟。❸成为，变为：他～了专家|雪化～水。❹成果，成绩：坐享其～|一事无～。❺可以，能行：这么办可不～|～，就那么办吧。❻称赞人能力强：你真～，又考了个第一。❼够，达到一定的数量：～千上万|～车的慰问品。［成年累月］(——lěi—)形容经历的时间长。❽已定的，定形的：～规|～见。❾(一儿)十分之一：八～。

诚(誠) chéng ㄔㄥˊ ❶真心(㊀一实)：～心～意|～恳。❷实在，的确：～然|～有此事。

城 chéng ㄔㄥˊ ❶城墙：万里长～。❷城市，都市：～乡互助。也指城区：东～。

宬 chéng ㄔㄥˊ 姓。

宬 chéng ㄔㄥˊ 古代的藏书室：皇史～(明清两代保藏皇室史料的处所，在北京)。

珹 chéng ㄔㄥˊ 一种玉。

盛 chéng ㄔㄥˊ ❶把东西放进去：～饭。❷容纳：这座大剧院能～几千人。

另见 451 页 shèng。

铖(鋮) chéng ㄔㄥˊ 用于人名。

丞 chéng ㄔㄥˊ ❶帮助，辅佐：～辅。［丞相］(一xiàng)古代帮助皇帝处理政务的最高一级官吏。❷古代起辅佐作用的官吏，副职：县～|府～。

呈 chéng ㄔㄥˊ ❶显出，露出：皮肤～红色|～现。❷恭敬地送上去：送～|谨～。❸呈文，下级报告上级的书面文字：辞～。

埕 chéng ㄔㄥˊ ❶蛏埕，福建、广东沿海一带饲养蛏类的田。❷〈方〉酒瓮。

珵 chéng ㄔㄥˊ 一种玉。

程 chéng ㄔㄥˊ ❶里程，道路的段落(㊀路一)：起～|登～|送他一～。［过程］事物变化、发展的经过。❷进度，限度：日～|～序。❸法式(㊀一式)：操作规～。❹计量，计算：计日～功。

裎 chéng ㄔㄥˊ 脱衣露体。

酲 chéng ㄔㄥˊ 喝醉了神志不清：忧心如～。

枨（棖） chéng ㄔㄥˊ ❶古时门两边竖的木柱，泛指支柱。❷触动：～触。

承 chéng ㄔㄥˊ ❶在下面接受，托着：～尘（天花板）。❷承担，担当：～应（yìng）|～包|～当。㊀蒙，受到，接受（别人的好意）：～情|～教（jiào）|～大家热心招待。［承认］表示肯定，同意，认可：～错误|他～有这么回事。❸继续，接连：～上启下|继～|～接。

乘（*乘、*椉） chéng ㄔㄥˊ ❶骑，坐：～马|～车|～飞机。❷趁，就着：～便|～机|～势|～兴（xìng）。❸进行乘法运算，一个数使另一个数变成它自身的若干倍：五～二等于十。

另见 451 页 shèng。

惩（懲） chéng ㄔㄥˊ 处罚，警戒：严～|～前毖（bì）后。

塍（*堘） chéng ㄔㄥˊ 田间的土埂子：田～。

澂 chéng ㄔㄥˊ ❶见 59 页"澄"。❷用于人名。吴大澂，清代文字学家。

澄（△*澂） chéng ㄔㄥˊ 水清。［澄清］1.清澈，清亮：溪水～。2.搞清楚，搞明白：把问题～一下。

另见 95 页 dèng。

憕 chéng ㄔㄥˊ 平，平均。

橙 chéng ㄔㄥˊ ❶常绿乔木，果实叫橙子，圆球形，黄绿色，味酸甜。种类很多。❷红和黄合成的颜色。

逞 chěng ㄔㄥˇ ❶炫耀，卖弄：～能|～强。❷施展，实现：敌人的阴谋没能得～。

骋（騁） chěng ㄔㄥˇ 骑马奔驰，奔跑（㊥驰～）。㊀放任，尽量展开：～目|～望。

庱 chěng ㄔㄥˇ ❶古地名，在今江苏省丹阳东。❷姓。

秤 chèng ㄔㄥˋ 衡量轻重的器具。

称（稱） chèng ㄔㄥˋ 同"秤"。另见 57 页 chèn；57 页 chēng。

牚 chèng ㄔㄥˋ ❶斜柱。❷（一儿）桌椅等腿中间的横木。

CHI ㄔ

吃（*喫） chī ㄔ ❶咀嚼（jǔjué）食物后咽下（包括喝、吸）：～饭|～

奶|～药。⑩消灭(多用于军事、棋戏):～掉敌人一个团|黑方的炮被～了。❷靠某种事物生活:～老本|靠山～山,靠水～水。❸吸(液体):～墨纸。㊂耗费:～力|～劲。❹挨,遭受:～惊|～官司|～亏。㊂被(宋元小说、戏曲里常用):～那厮骗了。❺承受:这个任务很～重|～不住太大的分量。

[口吃](“吃”旧读 jī)结巴。

哧 chī ㄔ 形容笑声或布、纸等的撕裂声:～～地笑|～地撕下一块布。

蚩 chī ㄔ 无知,痴愚。

嗤 chī ㄔ 讥笑:～之以鼻。

媸 chī ㄔ 面貌丑:妍(yán)～(美丑)。

鸱(鴟) chī ㄔ 鹞(yào)鹰。[鸱鸮](－xiāo)[鸱鸺](－xiū)猫头鹰一类的鸟。

絺(絺) chī ㄔ 细葛布。

瓻 chī ㄔ 古代的一种酒器。

眵 chī ㄔ 眼眵,又叫眵目糊、眼屎,眼睛分泌出来的淡黄色黏稠液体。

笞 chī ㄔ 用鞭、杖或竹板打:～杖|鞭～。

摛 chī ㄔ 舒展,散布:～藻(铺张辞藻)。

螭 chī ㄔ 古代传说中一种没有角的龙。古代建筑或工艺品上常用它的形状做装饰。

魑 chī ㄔ [魑魅](－mèi)传说中山林里能害人的怪物。

痴(*癡) chī ㄔ 傻:～呆|～人说梦(喻完全胡说)。

池 chí ㄔˊ ❶(－子)水塘,多指人工挖的(㊀－沼):游泳～|养鱼～。❷像水池的东西:便～|花～。❸护城河:城～|金城汤～(形容城池极为坚固,不易攻破)。

弛 chí ㄔˊ (旧读 shǐ)放松,松懈,解除:一张一～|废～|～禁。

驰(馳) chí ㄔˊ ❶快跑(多指车马)(㊀－骋):背道而～|飞～|奔～。㊂向往:神～|情～。❷传播:～名。

迟(遲) chí ㄔˊ ❶慢,缓:说时～,那时快|～缓|～～不去。㊂不灵敏:心～眼钝。[迟疑]犹豫不决。❷晚:～到|睡得太～。

坻 chí 彳 水中的小块高地。另见 97 页 dǐ。

茌 chí 彳 [茌平]地名，在山东省。

持 chí 彳 ❶拿着，握住：～笔｜～枪。❷遵守不变：坚～｜～久。[持续]延续不间断：～发展。[相持]各不相让：～不下。❸料理，主管：勤俭～家｜主～。

匙 chí 彳 舀(yǎo)汤用的小勺子。又叫调羹(tiáogēng)。

另见 458 页 shi。

漦 chí 彳 (又)见 468 页 sī。

墀 chí 彳 台阶上面的空地。又指台阶。

踟 chí 彳 [踟蹰](－chú)心里犹豫，要走不走的样子：～不前。

篪(**笹、**箎) chí 彳 古代的一种竹管乐器，像笛子。

尺 chǐ 彳 ❶市制长度单位，10 寸是 1 尺，10 尺是 1 丈，1 尺约合 33.3 厘米。[尺寸](－cun)衣物的大小长短：照着～做｜～要量准确。[尺牍]书信(因古代的书简长约 1 尺)。❷尺子，一种量长短的器具。❸画图的器具：放大～。❹像尺的东西：计算～。

另见 55 页 chě。

呎 chǐ 彳 又读 yīngchǐ，现写作"英尺"，英美制长度单位，1 呎是 12 吋，合 0.304 8 米。

齿(齒) chǐ 彳 ❶牙齿，人和动物嘴里咀嚼食物的器官。[挂齿]谈到，提到(只用在否定的句子里)：不足～｜何足～。❷(－儿)牙齿状的或像牙齿状的东西：～轮｜锯～｜梳子～儿。❸年龄：马～徒增(自谦年长无能)。

[不齿]㊕不认为是同类的人，表示鄙弃。

侈 chǐ 彳 ❶浪费，用财物过度(㊟奢－)：～靡(mí)。❷夸大：～谈。

胣 chǐ 彳 剖开腹部掏出肠子。

耻(*恥) chǐ 彳 羞愧，耻辱(㊟羞－)：雪～｜可～｜无～。

豉 chǐ 彳 豆豉，一种用豆子制成的食品。

褫 chǐ 彳 剥夺：～职｜～夺。

彳 chì 彳 [彳亍](－chù)小步慢走或走走停停的样子。

叱 chì 彳 呵呵(hē)，大声斥骂。[叱咤](－zhà)发怒叱喝：～风云。

斥 chì ㄔˋ ❶责备(㊟—责)：痛～谬论。❷使退去，使离开：排～|～退。❸多，广。[充斥]多得到处都是(含贬义)：满纸～着谎言。

C

[斥资]支付费用，出资：～百万建造福利院。

赤 chì ㄔˋ ❶比朱红稍浅的颜色，泛指红色：～小豆|～铜矿。[赤子]初生婴儿。[赤字]财政上亏空的数字。❷忠诚：～诚|～心|～胆忠心。❸空无所有：～手空拳|～贫。❹裸露：～脚|～背(bèi)。

饬(飭) chì ㄔˋ ❶整顿，使整齐(㊟整—)。❷旧时指上级命令下级：～知|～令。

炽(熾) chì ㄔˋ 旺盛：～热|～烈。

翅(*翄) chì ㄔˋ ❶翅膀，鸟和昆虫等用来飞行的器官。❷鱼翅，指用鲨鱼的鳍制成的食物。❸古同"啻"。

敕(*勅、*勑) chì ㄔˋ 帝王的诏书、命令：～文|～令|～旨。

鶒(鷘) chì ㄔˋ 见 529 页"鸂"字条"鸂鶒"(xī—)。

瘛 chì ㄔˋ 中医指筋脉痉挛、强直的病症。

啻 chì ㄔˋ 但，只。[不啻]1. 不只，不止：～如此。2. 不异于，如同：～兄弟。

傺 chì ㄔˋ 见 47 页"侘"字条"侘傺"(chà—)。

瘈 chì ㄔˋ 同"瘛"。
另见 653 页 zhì。

瘛 chì ㄔˋ [瘛疭](—zòng)中医指手脚痉挛、口眼㖞斜的症状，抽风。

CHONG ㄔㄨㄥ

冲(❷-❹衝、❶❺**沖) chōng ㄔㄨㄥ ❶用开水等浇，水流撞击：～茶|用水～服|这道堤不怕水～。㊕〈方〉山区的平地：韶山～(地名，在湖南省韶山市)。[冲淡]加多液体，降低浓度。㊙使某种效果、气氛等减弱。❷向上钻：～入云霄。❸通行的大道：要～|这是～要地方。❹快速向前闯：～锋|～入敌阵|横～直撞。[冲动]1. 神经兴奋而突然产生的情绪或行动。2. 感情强烈，不能自制。[冲突]1. 互相撞击或争斗。2. 意见

不同，互相抵触。❺互相抵消：～账。

另见64页chòng。

忡（**𢚩）chōng ㄔㄨㄥ 忧虑不安(叠)：忧心～～。

翀 chōng ㄔㄨㄥ 鸟向上直飞。

充 chōng ㄔㄨㄥ ❶满，足(㊀一足)：～其量|～分|～实。❷填满，装满：～电|～耳不闻|～满。❸当，担任：～当|～任。❹假装：～行家|～能干。

茺 chōng ㄔㄨㄥ [茺蔚](—wèi)草本植物，即益母草，茎四棱形，叶掌状分裂，花红色或白色。茎、叶、籽实都可入药。

㳘 chōng ㄔㄨㄥ ❶山泉流下。❷形容水流声。

珫 chōng ㄔㄨㄥ [珫耳]古代冠冕上垂在耳朵两旁的玉饰，可用来塞耳避听。

涌 chōng ㄔㄨㄥ 〈方〉河汊。多用于地名：霞～(在广东省惠阳)|鲗鱼～(在香港)。

另见600页yǒng。

舂 chōng ㄔㄨㄥ 捣去皮壳或捣碎：～米|～药。

摏 chōng ㄔㄨㄥ 撞击。

憧 chōng ㄔㄨㄥ 心意不定。[憧憧]往来不定，摇曳不定：人影～。

[憧憬](—jǐng)向往：～未来。

艟 chōng ㄔㄨㄥ 见340页"艨"字条"艨艟"(méng—)。

虫（蟲）chóng ㄔㄨㄥˊ ❶虫子，昆虫。❷称呼某类人(多含轻蔑或诙谐意)：可怜～|懒～|书～。

种 chóng ㄔㄨㄥˊ 姓。

另见654页zhǒng；654页zhòng。

重 chóng ㄔㄨㄥˊ ❶重复，再：书买～了|旧地～游|～整旗鼓|～来一次。[重阳][重九]农历九月九日。我国传统节日，有登高的习俗。❷层：双～领导|～～围住。

另见655页zhòng。

崇 chóng ㄔㄨㄥˊ ❶高：～山峻岭|～高。❷尊重：推～|～拜|尊～。

漴 chóng ㄔㄨㄥˊ ❶形容水声(叠)。❷漴河，水名，在安徽省五河县。

另见465页shuāng。

宠（寵）chǒng ㄔㄨㄥˇ ❶偏爱，过分地爱：不能老～着孩子。❷光耀，荣耀：～辱不惊。

冲（衝）chòng ㄔㄨㄥˋ ❶对着，向：～南的大门｜别～着我说。❷猛烈：水流得真～｜大蒜气味～。[冲劲儿] 1.敢做、敢向前冲(chōng)的劲头儿。2.强烈的刺激性：这酒有股～。❸介词，凭，根据：～他这股子钻劲儿，一定能攻克这道难关。

另见62页chōng。

铳（銃）chòng ㄔㄨㄥˋ ❶旧时指枪一类的火器。❷(－子)用金属做成的一种打眼器具。❸用铳子打眼或除去。

CHOU ㄔㄡ

抽 chōu ㄔㄡ ❶从事物中提出一部分：～签｜～调干部｜～空(kòng)儿。[抽象] 1.从事物中抽取本质并形成概念的思维活动。2.笼统，不具体：别讲得太～，最好举一个实例。[抽绎](－yì)引出头绪。❷长出：～芽｜～穗。❸吸：～水｜～气机｜～烟。❹减缩，收缩：这布一洗～了一厘米。❺用细长的、软的东西打：用鞭子～牲口。

细（紬）chōu ㄔㄡ 引出，缀辑。[细绎](－yì)同"抽绎"。

另见64页chóu。

瘳 chōu ㄔㄡ ❶疾病减轻，病愈：病体已～。❷减损，消除。

犨 chōu ㄔㄡ ❶牛喘息声。❷突出。

仇（*讐、△*讎）chóu ㄔㄡˊ 很深的怨恨：～人｜报～｜恩将～报｜～视。

另见414页qiú。

"讎"另见65页"雠"。

细（紬）chóu ㄔㄡˊ 旧同"绸"。

另见64页chōu。

俦（儔）chóu ㄔㄡˊ 同伴，伴侣。

帱（幬）chóu ㄔㄡˊ ❶帐子。❷车帷。

另见92页dào。

畴（疇）chóu ㄔㄡˊ ❶田地：田～。❷类，同类：范～。

[畴昔]过去，以前。

筹（籌）chóu ㄔㄡˊ ❶计数的用具，多用竹子制成：～码。❷谋划：～款｜～备｜统～｜一～莫展。

踌（躊）chóu ㄔㄡˊ [踌躇](－chú) 1.犹豫，

拿不定主意：他～了半天才答应了。2. 自得的样子：～满志。

惆 chóu ㄔㄡˊ ［惆怅］（－chàng）失意，伤感。

绸（綢）chóu ㄔㄡˊ （－子）一种薄而软的丝织品。

梼 chóu ㄔㄡˊ 用于地名：～树塘（在湖南省武冈）。

稠 chóu ㄔㄡˊ ❶多而密（㊀－密）：棉花棵很～。❷浓，跟"稀"相对：这粥太～了。

酬（*酧、*醻、❷－❹*詶）chóu ㄔㄡˊ ❶向客人敬酒。［酬酢］（－zuò）主客互相敬酒。❷交际往来：～答。［应酬］（yìngchou）1. 交际往来：不善～。2. 表面应付：心里不愿意，不得不～一下。3. 指私人间的聚会等：明晚还有个～。❸用财物报答：～劳。❹报酬：同工同～。

愁 chóu ㄔㄡˊ 忧虑（㊀忧－）：发～｜不～吃，不～穿｜～死人了。

雠（讎、*讐）chóu ㄔㄡˊ 校（jiào）对文字（㊀校－）。

"雠"另见64页"仇"。

丑（❹❺醜）chǒu ㄔㄡˇ ❶地支的第二位。❷丑时，指夜里一点到三点。❸（－儿）戏剧里的滑稽角色。❹相貌难看：长得～。❺可厌恶的，可耻的，不光彩的：～态｜～名。㊁不好的、不光彩的事情：出～｜家～。

杻 chǒu ㄔㄡˇ 古代刑具，手铐之类。

另见367页niǔ。

侴 chǒu ㄔㄡˇ 姓。

瞅（*矁、*𥄫）chǒu ㄔㄡˇ 〈方〉看：我没～见他｜让我～～。

臭 chòu ㄔㄡˋ ❶气味难闻，跟"香"相对：～气｜～味。㊁1. 惹人厌恶的：遗～万年｜放下～架子。2. 低劣：～棋｜这球踢得真～。❷狠狠地：～骂。

另见556页xiù。

CHU ㄔㄨ

出（❿齣）chū ㄔㄨ ❶跟"入"、"进"相对。1. 从里面到外面：～门｜从屋里～来｜～汗。2. 支付，往外拿：～一把力｜～主意｜量入为～。❷来到：～席｜～勤。❸离开：～格｜～轨。❹出产，产生：～品｜这里～稻米｜这个县～过好几个状元。❺发生：

～事｜～问题了。❻显得量多：这米很～饭。❼显露：～名｜～头。❽超过：～众｜～人头地。[出色](－sè)特别好，超出一般的：～地完成了任务。❾放在动词后，表示趋向或效果：提～问题｜做～贡献。❿量词，传(chuán)奇中的一回，戏曲的一个独立剧目：第二～｜一～戏。

䢺 chū ㄔㄨ 用于地名：～江镇(在四川省大邑)。

初 chū ㄔㄨ 开始，表示时间、等级、次序等都在最前的：～一｜～伏｜～稿｜～学｜～等教育｜红日～升。㉑1.开始的一段时间：年～｜开学～。2.原来的，原来的情况：～衷｜和好如～。

貙(貙) chū ㄔㄨ 古代指一种虎属猛兽，又名貙虎。

摴 chū ㄔㄨ [摴蒱](－pú)同"樗蒲"。

樗 chū ㄔㄨ ❶樗树，即臭椿树。❷[樗蒲]古代博戏，像后代的掷色子(shǎizi)。也作"摴蒱"。

刍(芻) chú ㄔㄨˊ ❶喂牲畜的草。❷割草。

雏(鶵) chú ㄔㄨˊ ❶同"雏"。❷见612页"鹓"字条"鹓雏"(yuān－)。

雏(雛) chú ㄔㄨˊ 幼小的鸟，生下不久的：～鸡｜～莺乳燕。[雏形]㊖事物初具的规模：略具～。

除 chú ㄔㄨˊ ❶去掉：～害｜斩草～根。❷不计算在内：～此以外｜～了这个人，我都认识。[除非]1.连词，表示唯一的条件，只有：若要人不知，～己莫为。2.介词，表示不计算在内，除了：这类怪字，～王老师没人认识。❸进行除法运算，用一个数去平分另一个数：用二～四得二。❹台阶：庭～。

滁 chú ㄔㄨˊ 滁州，地名，在安徽省。

蜍 chú ㄔㄨˊ [蟾蜍]见50页"蟾"(chán)。

篨 chú ㄔㄨˊ 见417页"籧"字条"籧篨"(qú－)。

厨(*廚、*厨) chú ㄔㄨˊ 厨房，做饭做菜的地方：下～。

橱(*櫥) chú ㄔㄨˊ (－子、－儿)一种放置东西的家具，前面有门：衣～｜碗～儿｜～柜。

蹰(*躕) chú ㄔㄨˊ 见61页"踟"字条"踟蹰"(chí－)。

锄(鋤、*鉏、*耡) chú ㄔㄨˊ ❶用来弄松土地和除草的农具:大～|三齿耘～。❷用锄弄松土地,除草:～田|～草。❸铲除:～奸。

蹰 chú ㄔㄨˊ 见64页"踌"字条"踌躇"(chóu—)。

处(處、**䖏、**処) chǔ ㄔㄨˇ ❶居住:穴居野～。[处女]1.没有发生过性行为的女子。2.指第一次的:～作|～航。[处女地]未开垦的土地。❷存在,置身:设身～地|～在有利位置。❸跟别人一起生活,交往:相～|容易～|～得来。❹办理,决定:～理。㉛处罚:惩～|～以徒刑。

另见67页chù。

杵 chǔ ㄔㄨˇ ❶舂米或捶衣的木棒。❷用长形的东西戳或捅:用手指头～他一下。

础(礎) chǔ ㄔㄨˇ 础石,垫在房屋柱子底下的石头:基～。

楮 chǔ ㄔㄨˇ 即构树。参看161页"构❹"。㉝纸。

储(儲) chǔ ㄔㄨˇ(旧读chú) ❶储蓄,积蓄:～存|～藏|～备。❷已经确定为继承皇位等最高统治权的人:立～|王～。

褚 chǔ ㄔㄨˇ 姓。

另见659页zhǔ。

楚 chǔ ㄔㄨˇ ❶古书上指牡荆(一种落叶灌木)。❷周代诸侯国名,疆域在今湖北省和湖南省北部,后来扩展到河南省南部及江西、安徽、江苏、浙江等省。❸痛苦(㊧苦—、凄—)。[楚楚]1.鲜明,整洁:衣冠～。2.娇柔,秀美:～动人。

濋 chǔ ㄔㄨˇ 古水名,济水支流,在今山东省定陶一带。

齼(齭) chǔ ㄔㄨˇ 吃酸味食物而牙齿发酸,不舒服。

亍 chù ㄔㄨˋ 见61页"彳"字条"彳亍"(chì—)。

处(處、**䖏、**処) chù ㄔㄨˋ ❶地方:住～|各～。㉛部分,点:长～|好～|益～。❷机关,或机关、团体里的部门:办事～|总务～。

另见67页chǔ。

怵 chù ㄔㄨˋ 恐惧,害怕:～惕(恐惧警惕)|发～。

绌(絀) chù ㄔㄨˋ 不足,不够:经费支～|相形见～。

黜 chù ㄔㄨˋ 降职或罢免(㊀罢—):～退|～职。

柷 chù ㄔㄨˋ 用于人名。李柷,唐代哀帝。

另见 661 页 zhù。

俶 chù ㄔㄨˋ〈古〉开始。[俶尔]忽然:～远逝。

另见 491 页 tì。

琡 chù ㄔㄨˋ 一种玉器,即八寸的璋。

畜 chù ㄔㄨˋ 禽兽,有时专指家养的兽类:牲～|～力。

另见 559 页 xù。

搐 chù ㄔㄨˋ 牵动。[抽搐]肌肉不自主地收缩。

滀 chù ㄔㄨˋ 水聚积。

另见 559 页 xù。

触(觸) chù ㄔㄨˋ ❶抵,顶:羝(dī)羊～藩。❷碰,遇着:～礁|～电|～景生情|一～即发。[触觉](—jué)皮肤、毛发等与物体接触时所产生的感觉。

斶 chù ㄔㄨˋ 用于人名。颜斶,战国时齐国人。

憷 chù ㄔㄨˋ 害怕,畏缩:发～|任何难事,他都不～。

矗 chù ㄔㄨˋ 直立,高耸:～立|高～。

CHUA ㄔㄨㄚ

欻 chuā ㄔㄨㄚ 形容短促迅速的声音:～地一下拉开了窗帘。

另见 557 页 xū。

CHUAI ㄔㄨㄞ

揣 chuāi ㄔㄨㄞ 藏在衣服里:～手|～在怀里。

另见 68 页 chuǎi;68 页 chuài。

搋 chuāi ㄔㄨㄞ 用拳头揉,使掺入的东西和(huó)匀:～面。

膗 chuái ㄔㄨㄞˊ 〈方〉肥胖而肌肉松:看他那～样。

揣 chuǎi ㄔㄨㄞˇ 估量,忖度:～测|不～浅陋(谦辞,指不顾自己的浅陋)。[揣摩]1.研究,仔细琢磨:～写作的方法。2.估量,推测:我～你也能做。

另见 68 页 chuāi;68 页 chuài。

阘(闔) chuài ㄔㄨㄞˋ 见 645 页"闸"字条"闸阘"(zhèng—)。

啜 chuài ㄔㄨㄞˋ 姓。

另见 73 页 chuò。

揣 chuài ㄔㄨㄞˋ [挣揣](zhèng—)挣扎。

另见 68 页 chuāi;68 页 chuǎi。

踹 chuài ㄔㄨㄞˋ 践踏，用脚底蹬踏：一脚把门～开。

嘬 chuài ㄔㄨㄞˋ 咬，吃。

另见 676 页 zuō。

膗 chuài ㄔㄨㄞˋ ［囊膗］（nāng－）猪的胸腹部肥而松软的肉。

CHUAN ㄔㄨㄢ

川 chuān ㄔㄨㄢ ❶河流：高山大～｜～流不息。❷平地，平原：平～｜米粮～。❸指四川：～马｜～贝。

［川资］旅费。

氚 chuān ㄔㄨㄢ 氢的同位素之一，符号 T，质量数 3，有放射性，用于热核反应。

穿 chuān ㄔㄨㄢ ❶破，使通透：屋漏瓦～｜用锥子～一个洞。❷放在动词后，表示通透或揭开：说～｜看～。❸通过孔洞：～针｜把这些珠子～成一串。㉃通过：从小胡同～过去｜横～马路。❹把衣服鞋袜等套在身上：～衣服。

传（傳） chuán ㄔㄨㄢˊ ❶递，转授（㊥一递）：～球｜～令｜言～身教（jiào）。［传统］世代相传，具有特点的风俗道德、思想作风等：发扬艰苦奋斗的优良～。❷推广，散布：～单｜宣～｜消息～遍全国。［传媒］传播的媒介，多指报纸、广播、电视等。［传染］因接触或由其他媒介而感染疾病。❸叫来：～人｜～呼。❹传导：～电｜～热。❺表达：～神｜眉目～情。

另见 662 页 zhuàn。

舡 chuán ㄔㄨㄢˊ ❶〈古〉同"船"。❷姓。

船（*舩） chuán ㄔㄨㄢˊ 水上的主要交通工具，种类很多：帆～｜轮～。

遄 chuán ㄔㄨㄢˊ 快，迅速：～往。

篅 chuán ㄔㄨㄢˊ 一种盛粮食等的器物，类似囤（dùn）。

椽 chuán ㄔㄨㄢˊ （一子）放在檩上架着屋顶的木条。（图见 128 页"房屋的构造"）

舛 chuǎn ㄔㄨㄢˇ ❶错误，错乱（㊥一错）。❷违背。

喘 chuǎn ㄔㄨㄢˇ ❶急促地呼吸：～息｜累得直～｜苟延残～。［喘气］呼吸。❷气喘的简称：爷爷一到冬天就～。

踳 chuǎn ㄔㄨㄢˇ 同"舛"。［踳驳］错谬杂乱。

串 chuàn ㄔㄨㄢˋ ❶许多个连贯成一行（háng）：把羊肉块儿用竹签子～起来｜

～联|～讲。㊀(－儿)连贯起来的东西：珠子～儿|羊肉～儿。❷(－儿)量词，用于成串儿的东西：一～儿项链|两～钥匙|一～铃声。❸互相勾结、勾通：～通|～骗。[串供](－gòng)互相串通，捏造口供。❹由这里到那里走动：～亲戚|～门儿。❺指演戏剧、杂耍等，现多用于扮演非本行当的戏曲等角色：客～|反～。

钏(釧) chuàn ㄔㄨㄢˋ (－子)用珠子或玉石等穿起来做成的镯子。

CHUANG ㄔㄨㄤ

创(創) chuāng ㄔㄨㄤ 伤(㊀－伤)：刀～|重(zhòng)～。

另见70页chuàng。

疮(瘡) chuāng ㄔㄨㄤ 皮肤或黏膜上肿烂溃疡的病：褥～|口～|背上长～。

窗(*窓、*窻、*窗、*牕、*牎) chuāng ㄔㄨㄤ (－子、－儿)窗户，房屋通气透光的装置：～明几(jī)净。(图见128页"房屋的构造")

床(*牀) chuáng ㄔㄨㄤˊ ❶床铺。❷像床的东西：车～|河～(河身)|琴～。❸量词，用于被褥等：一～被褥。

噇 chuáng ㄔㄨㄤˊ 〈方〉大吃大喝。

幢 chuáng ㄔㄨㄤˊ ❶古代指旗子一类的东西。❷佛教的经幢。在绸伞上写经的叫经幢，在石柱上刻经的叫石幢。

另见664页zhuàng。

闯(闖) chuǎng ㄔㄨㄤˇ ❶猛冲：往里～|刀山火海也敢～。❷历练，经历：～练。❸为一定的目的奔走活动：～关东|～江湖|～荡。❹惹起：～祸。

创(創、*剏、*剙) chuàng ㄔㄨㄤˋ 开始，开始做：～办|～造|首～。[创举]从未有过的举动或事业。[创刊号]报刊开始刊行的一期。[创意]独创、新颖的构思：颇具～。

另见70页chuāng。

怆(愴) chuàng ㄔㄨㄤˋ 悲伤：凄～|～然泪下。

CHUI ㄔㄨㄟ

吹 chuī ㄔㄨㄟ ❶合拢嘴唇用力出气：～灯｜～笛。❷夸口：瞎～。［吹牛］说大话，自夸。［吹嘘］自夸或替人夸张。❸奉承：～捧。❹类似吹的动作：～风机｜风～日晒。❺（事情）失败，（感情）破裂：事情～了｜他们俩～了。

炊 chuī ㄔㄨㄟ 烧火做饭：～烟｜～事员｜～帚（zhou）（刷洗锅碗等的用具）。

垂 chuí ㄔㄨㄟˊ ❶东西一头挂下来：～直｜～杨柳｜～钓｜～涎（形容羡慕）。敬辞，多用于长辈或上级对自己的行为：～询｜～念。❷传下去，传留后世：永～不朽｜名～千古。❸接近，快要：～危｜功败～成（快要成功的时候遭到失败）。

倕 chuí ㄔㄨㄟˊ 古代传说中的巧匠名。

陲 chuí ㄔㄨㄟˊ 边疆，国境，靠边界的地方：边～。

捶（*搥） chuí ㄔㄨㄟˊ 敲打：～衣裳｜～腿。

棰（❸❹*箠） chuí ㄔㄨㄟˊ ❶短棍子。❷用棍子打。❸鞭子。❹鞭打。

锤（鍾、*鎚） chuí ㄔㄨㄟˊ ❶秤锤，配合秤杆称分（fèn）量的金属块。❷（一子、一儿）敲打东西的器具：铁～｜木～。❸用锤敲打：千～百炼。

椎 chuí ㄔㄨㄟˊ ❶敲打东西的器具：木～。❷敲打：～鼓。

另见664页zhuī。

圌 chuí ㄔㄨㄟˊ 圌山，山名，在江苏省镇江。

槌 chuí ㄔㄨㄟˊ （一子、一儿）敲打用具：棒～（chui）｜鼓～儿。

CHUN ㄔㄨㄣ

春（*旾） chūn ㄔㄨㄣ ❶春季，四季中的第一季。㊄生气，生机：大地回～｜妙手回～。［春秋］1.春季和秋季，泛指岁月：不知过了多少～。2.年龄，年岁：～已高。3.我国古代最早的一部编年体史书。4.泛指历史：甘洒热血写～。5.我国历史上的一个时代（公元前770—公元前476年）。因鲁国编年体史书《春秋》而得名。［青春］青年时代。❷指男女情欲：～情｜～心。

C

堾 chūn ㄔㄨㄣ ❶〈方〉地边上用石块垒起来的挡土的墙。❷用于地名：～坪（在山西省五台）。

瑃 chūn ㄔㄨㄣ 一种玉。

椿 chūn ㄔㄨㄣ ❶植物名。1.香椿，落叶乔木，叶初生时有香味，可以做菜吃。木质坚实细致。2.臭椿，落叶乔木，又叫樗（chū），花白色，叶有臭味，木质不坚固。❷椿庭，代指父亲：～萱（父母）。

蝽 chūn ㄔㄨㄣ 昆虫，即椿象，身体圆形或椭圆形，头部有单眼。种类很多，有的能放出恶臭，多数是害虫。

鰆（鰆） chūn ㄔㄨㄣ 鱼名，即马鲛，身体侧扁而长，性凶猛，生活在海洋里。

纯（純） chún ㄔㄨㄣˊ ❶专一不杂（㊀一粹）：水质不～｜～洁｜～钢｜～蓝。㊁完全：～系捏造｜～属谎言。❷熟练：～熟（shú）｜功夫不～。

莼（蒓、*蓴） chún ㄔㄨㄣˊ 莼菜，水草，叶椭圆形，浮生在水面，花暗红色。茎和叶表面都有黏液，可以做汤吃。

唇（*脣） chún ㄔㄨㄣˊ 嘴唇，嘴边缘的肌肉组织。[唇齿]㊃关系密切的两个方面：～相依。

淳 chún ㄔㄨㄣˊ 朴实，厚道：～朴｜～厚。

錞（錞） chún ㄔㄨㄣˊ [錞于]古代一种铜制乐器。

另见 114 页 duì。

鹑（鶉） chún ㄔㄨㄣˊ 即鹌（ān）鹑。[鹑衣]㊃破烂的旧衣服。

醇（*醕） chún ㄔㄨㄣˊ ❶酒味浓厚，纯：～酒｜大～小疵（优点多，缺点少）。❷同"淳"。❸有机化合物的一大类，酒精（乙醇）就属醇类。

蠢（❶*惷） chǔn ㄔㄨㄣˇ ❶愚笨，笨拙（㊀愚一）：～才。❷虫子爬动。[蠢动]㊃坏人进行活动。

CHUO ㄔㄨㄛ

逴 chuō ㄔㄨㄛ 远。

踔 chuō ㄔㄨㄛ ❶跳：～腾。❷超越。

戳 chuō ㄔㄨㄛ ❶用尖端触击：用手指头～他的额

头。❷因猛触硬物而受伤：打球～伤了手。❸竖立：把秫秸～起来。❹(－子、－儿)图章：邮～|盖～子。

娖 chuò ㄔㄨㄛˋ 谨慎(叠)。

龊(齪) chuò ㄔㄨㄛˋ 见523页"龌"字条"龌龊"(wò－)。

啜 chuò ㄔㄨㄛˋ ❶饮，吃：～茗(喝茶)|～粥。❷哭泣的时候抽噎的样子：～泣。

另见68页chuài。

惙 chuò ㄔㄨㄛˋ ❶忧愁(叠)。❷疲乏。

辍(輟) chuò ㄔㄨㄛˋ 中止，停止：～学|中～|日夜不～。

歠 chuò ㄔㄨㄛˋ ❶吸，喝。❷指可以喝的汤、粥等。

绰(綽) chuò ㄔㄨㄛˋ 宽裕：～～有余|宽～(chuo)。

[绰号]外号。

另见53页chāo。

CI ㄘ

刺 cī ㄘ 形容撕裂声、摩擦声等：～～地冒火星儿。[刺棱](－lēng)形容动作迅速的声音。[刺溜](－liū)形容脚底下滑动的声音，东西迅速滑过的声音。

另见75页cì。

呲 cī ㄘ (－儿)斥责，责骂：挨～儿|～儿了他一顿。

另见668页zī。

玼 cī ㄘ 玉上的斑点。

另见74页cǐ。

疵 cī ㄘ 毛病：吹毛求～(指故意挑剔)。

跐 cī ㄘ 脚下滑动：蹬～了(脚没有踏稳)。

另见74页cǐ。

差 cī ㄘ 见45页"参"字条"参差"(cēn－)。

另见46页chā；48页chà；48页chāi。

词(詞、*䛐) cí ㄘˊ ❶在句子里能自由运用的最小的语言单位，如"人"、"跑"、"甜"、"他"、"而且"等。[词组]两个或两个以上的词的组合，又叫短语。❷语言，特指有组织的语言、文字：歌～|演讲～|义正～严。❸一种长短句押韵的文体：宋～|填～。

祠 cí ㄘˊ 供奉祖宗、鬼神或有功德的人的庙宇或房屋：～堂|先贤～。

茈 cí ㄘˊ [凫茈](fú－)古书上指荸荠。

另见 670 页 zǐ。

雌 cí ㄘˊ（旧读 cī）母的，阴性的，跟"雄"相对：～花|～鸡|～蕊。［雌黄］矿物名，橙黄色，可用作颜料，古时用来涂改文字：妄下～（乱改文字，乱下议论）|信口～（随意讥评）。［雌雄］指胜负，强弱：一决～。

茨 cí ㄘˊ ❶用茅或苇盖房子。❷蒺藜。

瓷（**甆） cí ㄘˊ 用高岭土（江西省景德镇高岭产的黏土，泛指做瓷器的土）烧成的一种质料，所做器物比陶器细致而坚硬。

兹（**玆） cí ㄘˊ 见 414 页"龟"字条"龟兹"（qiū—）。

另见 668 页 zī。

慈 cí ㄘˊ ❶慈爱，和善：敬老～幼|心～面善。❷指母亲：家～。

磁 cí ㄘˊ ❶磁性，物质能吸引铁、镍等的性质：～石|～卡|～盘。❷同"瓷"。

鹚（鶿、*鷀） cí ㄘˊ 见318 页"鸬"字条"鸬鹚"（lú—）。

糍（*餈） cí ㄘˊ 一种用江米（糯米）做成的食品：～粑（bā）|～团。

辞（辭、*辤） cí ㄘˊ ❶告别：～行。❷不接受，请求离去：～职。㉖躲避，推托：虽死不～|不～辛苦。❸解雇：他被老板～了。❹同"词❷"：～藻。❺古典文学的一种体裁：～赋。

此 cǐ ㄘˇ 代词。❶这，这个，跟"彼"相对：彼～|～人|～时|特～布告。❷这儿，这里：由～往西|到～为止。

泚 cǐ ㄘˇ ❶清，鲜明。❷用笔蘸墨：～笔作书。

玼 cǐ ㄘˇ 玉色明亮。

另见 73 页 cī。

跐 cǐ ㄘˇ 踩，踏：～着门槛|脚～两只船。

另见 73 页 cī。

鲨（鮆） cǐ ㄘˇ 鱼名，身体侧扁，上颌骨向后延长，有的可达臀鳍。生活在海里。

次 cì ㄘˋ ❶第二：～日|～子。❷质量或品质较差：～货|～品|这人太～。❸等第，顺序（㉔—序）：名～|车～|依～前进。❹量词，回：第一～来北京。❺临时驻扎，也指途中停留的处所：舟～|旅～。

佽 cì ㄘˋ 帮助：～助。

伺 cì ㄘˋ 同"伺"(sì)，用于"伺候"。[伺候](—hou) 1.旧指侍奉或受役使：～主子。2.照料：～病人。

另见469页sì。

刺 cì ㄘˋ ❶用有尖的东西穿进或杀伤：～绣|～杀。㊀感觉器官受刺激而感到不舒服：～耳|～鼻|～眼。[刺激]1.光、声、热等引起生物体活动或变化。㊀一切使事物起变化的作用。2.推动事物，使起积极的变化：～经济发展。3.使人精神上受到挫折、打击：考试不及格对他～很大。❷暗杀：～客|被～。❸打听，侦探：～探。❹用尖刻的话指摘、嘲笑：讽～。❺尖锐像针的东西：鱼～|～猬|～槐。❻名片：名～。

另见73页cī。

莿 cì ㄘˋ 用于地名：～桐乡（在台湾省）。

赐（賜） cì ㄘˋ ❶给，指上级给下级或长辈给晚辈（㊀赏—）：恩～。敬辞，用于他人对自己或自己一方的指示、答复等：～教(jiào)|希～回音。❷赏给的东西，给予的好处：皆受其～|受～良多。

CONG ㄘㄨㄥ

匆（*怱、*悤） cōng ㄘㄨㄥ 急促(叠)：～忙|来去～～。

葱（*蔥） cōng ㄘㄨㄥ ❶草本植物，叶圆筒状，中空，花白色。茎叶有辣味，可用作蔬菜，又可供调味用。❷青色：～翠|郁郁～～。

苁（蓯） cōng ㄘㄨㄥ [苁蓉](—róng)植物名。1.草苁蓉，草本植物，寄生，茎和叶黄褐色，花淡紫色。2.肉苁蓉，草本植物，寄生，茎和叶黄褐色，花紫褐色。茎可入药。

玱（瑽） cōng ㄘㄨㄥ [玱瑢](—róng)形容佩玉相碰的声音。

枞（樅） cōng ㄘㄨㄥ 常绿乔木，又叫冷杉，树干高大，耐寒。木材供建筑或做器具用。

另见671页zōng。

囱 cōng ㄘㄨㄥ 烟囱，炉灶、锅炉出烟的通路。

骢（驄） cōng ㄘㄨㄥ 青白色的马。

璁 cōng ㄘㄨㄥ 像玉的石头。

熜 cōng ㄘㄨㄥ ❶微火。❷热气。

聪(聰) cōng ㄘㄨㄥ ❶听觉:失～。❷听觉灵敏:耳～目明。❸聪明,智力强:～颖|～慧。

C

从(從) cóng ㄘㄨㄥˊ (❻❼❽旧读 zòng) ❶跟随:愿～其后。❷依顺:服～|胁～|言听计～。❸参与:～政|～军。❹介词,表示起点或经由:～南到北|～古到今|～小路走。[从而]连词,由此:坚持改革开放,～改变了贫穷和落后的面貌。[从来]副词,向来,一向:他～不说假话。❺采取某种态度或方式:～速解决|一切～简|～宽处理。❻跟随的人:仆～|随～。❼指同宗而非嫡亲的(亲属):～兄弟|～伯叔。❽次要的:主～|分别首～。

[从容]不慌不忙:举止～|～不迫。㉑充裕:手头～|时间～。

〈古〉又同纵横的"纵"。

丛(叢、**藂) cóng ㄘㄨㄥˊ ❶聚集,许多事物凑在一起:草木～生|百事～集。❷聚在一起的人或物:人～|草～。

淙 cóng ㄘㄨㄥˊ 形容水流声(叠)。

悰 cóng ㄘㄨㄥˊ ❶快乐。❷心情。

琮 cóng ㄘㄨㄥˊ 古时的一种玉器,筒状,外边八角,中间圆形。

賨(賨) cóng ㄘㄨㄥˊ 秦汉时期今湖南、重庆、四川一带少数民族所缴的一种赋税。后也指这部分少数民族。

COU ㄘㄡ

凑(*湊) còu ㄘㄡˋ ❶聚合:～在一起|～钱。[凑合](—he) 1. 同"凑❶"。2. 将就:～着用吧。❷接近:～上去|往前～。[凑巧]碰巧。

辏(輳) còu ㄘㄡˋ 车轮的辐聚集到中心:辐～。

腠 còu ㄘㄡˋ 肌肤上的纹理。

CU ㄘㄨ

粗(*麤、*麄、**觕) cū ㄘㄨ ❶跟"细"相对。1. 颗粒大的:～沙子|～面。2. 长条形东西直径大的:～线|这

棵树长(zhǎng)得很～|～枝大叶(形容不细致)。3.声音低而大:嗓音很～。4.毛糙,不精致的:工艺很～|～瓷|～布|去～取精。5.疏忽,不周密:～心|～～一想。❷鲁莽,粗俗(㊥一鲁):～暴|～人|这话太～。

徂 cú ㄘㄨˊ ❶往。❷过去。❸开始。❹同"殂"。

殂 cú ㄘㄨˊ 死亡:崩～。

卒 cù ㄘㄨˋ 同"猝"。
另见674页zú。

猝 cù ㄘㄨˋ 忽然:～生变化|～不及防。

促 cù ㄘㄨˋ ❶靠近:～膝谈心。❷时间极短,急迫:急～|短～。❸催,推动:督～|～进|～销。

酢 cù ㄘㄨˋ 同"醋"。
另见677页zuò。

醋 cù ㄘㄨˋ 一种调味用的液体,味酸,用酒或酒糟发酵制成,也可用米、麦、高粱等直接酿制。

蔟 cù ㄘㄨˋ 蚕蔟,用麦秆等做成,蚕在上面做茧。

簇 cù ㄘㄨˋ ❶丛聚,聚成一团:～拥|花团锦～。❷量词,用于聚成团的东西:一～鲜花。

踧 cù ㄘㄨˋ ❶[踧踖](—jí)恭敬而不安的样子。❷同"蹙"。

蹙 cù ㄘㄨˋ ❶急促:气～。❷困窘:穷～。❸缩小,收敛:～眉|颦～(皱眉头)。

蹴(*蹵) cù ㄘㄨˋ ❶踢:～鞠(jū)(踢球)。❷踏:一～而就(一下子就成功)。

CUAN ㄘㄨㄢ

氽 cuān ㄘㄨㄢ ❶把食物放到开水里稍微一煮:～汤|～丸子。❷(—子、—儿)烧水用的薄铁筒,能很快地把水煮开。❸用氽子把水烧开:～了一氽子水。

撺(攛) cuān ㄘㄨㄢ 〈方〉❶抛掷。❷匆忙地做,乱抓:事先没准备,临时现～。❸(—儿)发怒,发脾气:他一听就～儿了。

[撺掇](—duo)怂恿,劝诱别人做某种事情:我再三～,他也不去。

镩(鑹) cuān ㄘㄨㄢ ❶冰镩,一种金属凿冰器具,头部尖,有倒钩。❷用冰镩凿(冰)。

C

蹿（躥） cuān ㄘㄨㄢ 向上或向前跳：猫～到房上去了。

𨣥（酇） cuán ㄘㄨㄢˊ （又）见 80 页 cuó。

C

攒（攢、**欑） cuán ㄘㄨㄢˊ 聚，凑集，拼凑：～凑｜～钱｜～电视机。

另见 621 页 zǎn。

窜（竄） cuàn ㄘㄨㄢˋ ❶逃走，乱跑：东跑西～｜～逃｜抱头鼠～。❷放逐，驱逐。❸修改文字：～改｜点～。

篡（*簒） cuàn ㄘㄨㄢˋ ❶封建时代指臣子夺取君位。❷用阴谋手段夺取地位或权力。

爨 cuàn ㄘㄨㄢˋ ❶烧火做饭：分～（旧时指分家）｜同居各～。❷灶。

CUI ㄘㄨㄟ

衰 cuī ㄘㄨㄟ 〈古〉❶等差，等次，等级：等～（等次）。❷同“缞”。

另见 463 页 shuāi。

缞（縗） cuī ㄘㄨㄟ 古时用粗麻布制成的丧服。也作“衰”。

榱 cuī ㄘㄨㄟ 古代指椽子。

崔 cuī ㄘㄨㄟ 姓。

［崔嵬］（—wéi）山高大不平。

催 cuī ㄘㄨㄟ ❶催促，使赶快行动：～办｜～他早点儿动身。❷使事物的产生、发展变化加快：～生｜～化剂。

摧 cuī ㄘㄨㄟ 破坏，折断：～毁｜～残｜无坚不～｜～枯拉朽（形容腐朽势力很容易打垮）。

漼 cuǐ ㄘㄨㄟˇ ❶水深的样子。❷眼泪流下的样子。

璀 cuǐ ㄘㄨㄟˇ ［璀璨］（—càn）形容玉石的光泽鲜明夺目：～的明珠｜星光～。

脆（*脃） cuì ㄘㄨㄟˋ ❶容易折断，容易碎，跟“韧”相对：～枣｜这纸太～。［脆弱］懦弱，不坚强。❷声音响亮、清爽：嗓音挺～。❸〈方〉干脆，说话做事爽利痛快：办事很～。

萃 cuì ㄘㄨㄟˋ 草丛生。㊞聚在一起的人或物：出类拔～（超出同类）。

啐 cuì ㄘㄨㄟˋ 用力从嘴里吐出来：～一口痰。

淬（**焠） cuì ㄘㄨㄟˋ 淬火，通称蘸火，把合金制品或玻璃加热到一定温度，随即在水、油或空气中急速冷却，以提高合金或玻璃的硬度和强度。［淬砺］喻刻苦锻炼，努力提高。

悴（*顇）cuì ㄘㄨㄟˋ 见407页“憔”字条“憔悴”（qiáo—）。

瘁 cuì ㄘㄨㄟˋ 过度劳累：鞠躬尽～｜心力交～。

粹 cuì ㄘㄨㄟˋ ❶不杂：纯～。❷精华（连精一）：国～（指我国传统文化的精华，如中医、国画、京剧等）。

翠 cuì ㄘㄨㄟˋ ❶翠鸟，鸟名，又叫鱼狗，羽毛青绿色，尾短，捕食小鱼。❷绿色的玉，翡翠：珠～。❸绿色：～绿｜～竹。

膵（**脺）cuì ㄘㄨㄟˋ 膵脏（zàng），胰腺的旧称。

毳 cuì ㄘㄨㄟˋ 鸟兽的细毛。［毳毛］即寒毛，人体表面生的细毛。

CUN ㄘㄨㄣ

邨 cūn ㄘㄨㄣ ❶见79页“村”。❷用于人名。

村（❶△*邨）cūn ㄘㄨㄣ ❶（一子、一儿）乡村，村庄。❷粗俗：～话。

皴 cūn ㄘㄨㄣ ❶皮肤因受冻或受风吹而干裂：手都～了。❷皮肤上积存的泥垢和脱落的表皮：一脖子～。❸中国画的一种画法，涂出山石的纹理和阴阳向背。

存 cún ㄘㄨㄣˊ ❶在，活着：～在｜～亡。❷保留，留下：～留｜去伪～真。［存心］1. 居心，怀着某种想法：～不良。2. 故意：～捣乱。❸储蓄：～款｜整～整取。❹寄放：～车。❺停聚：小孩儿～食了｜雨后，街上～了一些水。❻慰问：～问｜～慰｜～恤。

蹲 cún ㄘㄨㄣˊ 〈方〉脚、腿猛然着地，使腿或脚受伤：他跳下来～了腿了。

另见115页dūn。

忖 cǔn ㄘㄨㄣˇ 揣度（chuǎiduó），思量：～度（duó）｜自～。

寸 cùn ㄘㄨㄣˋ 市制长度单位，1尺的十分之一，约合3.33厘米。喻短小：～阴｜～步｜手无～铁｜鼠目～光。

吋 cùn ㄘㄨㄣˋ 又读yīngcùn，现写作“英寸”，英美制长度单位，1呎的十二分之一，1吋合2.54厘米。

CUO ㄘㄨㄛ

搓 cuō ㄘㄨㄛ 两个手掌相对或把手掌放在别的东西上反复揉擦：～手|～绳子。

C

瑳 cuō ㄘㄨㄛ 玉色明亮洁白，也泛指颜色洁白。

磋 cuō ㄘㄨㄛ 把骨、角磨制成器物。[磋商]商量。

蹉 cuō ㄘㄨㄛ ❶跌，倒(㊃一跌)。❷失误，差错(㊃一失)。

[蹉跎](—tuó)把时光白耽误过去：岁月～。

撮 cuō ㄘㄨㄛ ❶聚起，现多指把聚拢的东西用簸箕等物铲起：～成一堆|把土～起来。[撮合]给双方拉关系。❷取，摘取：～要(摘取要点)。❸〈方〉吃：请你～一顿。❹市制容量单位，1升的千分之一。❺(—儿)量词。1.用于手所撮取的东西：一～米|一～儿土。2.用于极少的坏人：一小～坏人。

另见677页zuǒ。

嵯 cuó ㄘㄨㄛˊ [嵯峨](—é)山势高峻。

瘥 cuó ㄘㄨㄛˊ 病。

另见48页chài。

鹾(鹺) cuó ㄘㄨㄛˊ ❶盐。❷咸：～鱼。

矬 cuó ㄘㄨㄛˊ 〈方〉矮：他长得太～。

痤 cuó ㄘㄨㄛˊ 痤疮，俗称粉刺，一种皮肤病，多生在青年人的面部，通常是有黑头的小红疙瘩。

酂(酇) cuó ㄘㄨㄛˊ cuán ㄘㄨㄢ (又)[酂阳][酂城]地名，都在河南省永城。

另见622页zàn。

脞 cuǒ ㄘㄨㄛˇ 小而繁。[丛脞]细碎，烦琐。

挫 cuò ㄘㄨㄛˋ ❶挫折，事情进行不顺利，失败：屡次受～|事遭～阻。❷压下，使音调降低：～了坏人的威风|语音抑扬顿～。

莝 cuò ㄘㄨㄛˋ 莝草，铡碎的草。

锉(銼、*剉) cuò ㄘㄨㄛˋ ❶条形多刃工具，多用钢制成，用来磨铜、铁、竹、木等。❷用锉磨东西：把锯～一～。

厝 cuò ㄘㄨㄛˋ ❶放置：～火积薪(把火放在柴堆下，喻隐藏祸患)。❷停柩(jiù)，把棺材停放待葬，或浅埋以待改葬。

措 cuò ㄘㄨㄛˋ ❶安放，安排：～辞｜～手不及（来不及应付）。❷筹划办理：～借｜筹～｜～施（对事情采取的办法）。

棤 cuò ㄘㄨㄛˋ 用于地名：～树园（在湖南省湘潭）。

错（錯） cuò ㄘㄨㄛˋ ❶不正确，不对，与实际不符（㊟一误）：你弄～了｜没～儿。[错觉]（－jué）跟事实不符的知觉，视、听、触各种感觉都有错觉。❷差，坏（用于否定式）：他的成绩～不了｜你的身体真不～。❸交叉着：～杂｜～落｜～综复杂｜犬牙交～。❹岔开：～车｜～过机会。❺磨玉的石：他山之石，可以为～。❻古同"措"。

D ㄉ

DA ㄉㄚ

哒 dā ㄉㄚ （发音短促）吆喝牲口前进的声音。

耷 dā ㄉㄚ 大耳朵。[耷拉]（－la）向下垂：狗～着尾巴跑了｜饱满的谷穗～着头。

哒（噠） dā ㄉㄚ 同"嗒"（dā）。

搭 dā ㄉㄚ ❶支起，架起：～棚子｜～架子｜～桥。[搭救]帮助人脱离危险或灾难。❷共同抬：把桌子～起来。❸相交接。1. 连接，接触：两根电线～上了。2. 凑在一起：～伙。3. 搭配，配合：粗粮细粮～着吃。4. 放在支撑物上：把衣服～在竹竿上｜身上～着一条毛毯。❹乘坐车船、飞机等：～载（zài）｜～车｜～船｜～班机。

嗒 dā ㄉㄚ 形容马蹄声、机关枪声等（叠）。

另见 479 页 tà。

锴（鎝） dā ㄉㄚ 铁锴，翻土的农具。

褡 dā ㄉㄚ [褡裢]（－lian）一种口袋，中间开口，两头装东西。

答（**荅） dā ㄉㄚ 同"答"（dá），用于口语"答应"、"答理"等词。[答理]（－li）打招呼，理睬。[答应]（－ying）1. 应声回答。2. 允许：父母不～我转学。

另见 82 页 dá。

打 dá ㄉㄚˊ （外）量词，12 个为 1 打。

另见 82 页 dǎ。

达（達） dá ㄉㄚˊ ❶通，到达：抵～｜四通八

～|火车从北京直～上海。❷通达，对事理认识得透彻：知书～理|通权～变（不拘常规，采取变通办法）|～观（对不如意的事情看得开）。❸达到，实现：目的已～|～成协议。❹告知，表达：转～|传～|词不～意。❺指官位高，有权势（㊀显—）：～官。

D

[达斡尔族]（—wò——）我国少数民族，参看附表。

荙（**薘**） dá ㄉㄚˊ 见261页“莙”字条“莙荙菜”（jūn——）。

硆（**矺**） dá ㄉㄚˊ ❶〈方〉卵石：～石（地名，在广东省云浮）。❷古代用石头修筑的水利设施。

另见478页tǎ。

鐽（**鐽**） dá ㄉㄚˊ 人造的放射性金属元素，符号Ds。

鞑（**韃**） dá ㄉㄚˊ [鞑靼]（—dá）1.我国古代对北方少数民族的统称。2.俄罗斯联邦的一个民族。

沓 dá ㄉㄚˊ （—子、—儿）量词，用于重叠起来的纸张或其他薄的东西：一～子信纸。

另见479页tà。

怛 dá ㄉㄚˊ 忧伤，悲苦。

妲 dá ㄉㄚˊ 用于人名。妲己，商纣王的妃子。

炟 dá ㄉㄚˊ 用于人名。刘炟，东汉章帝。

笪 dá ㄉㄚˊ ❶用粗竹篾编的像席的东西，用来晾晒粮食等。❷拉船的竹索。❸姓。

靼 dá ㄉㄚˊ 见82页“鞑”字条“鞑靼”（dá—）。

答（**荅） dá ㄉㄚˊ ❶回答，回复（㊀—复）：问～|～话。❷还报（㊀报—）：～谢|～礼。

另见81页dā。

瘩（*瘩） dá ㄉㄚˊ [瘩背]中医指生在背部的痈。

另见83页da。

打 dǎ ㄉㄚˇ ❶击：～击|～铁|～门|～鼓|～靶|～垮。㊁放射：～枪|～闪。❷表示各种动作，代替许多有具体意义的动词。1.除去：～虫|～枝杈|～食（服药帮助消化）。2.毁坏，损伤，破碎：衣服被虫～了|碗～了。3.取，收，捕捉：～鱼|～粮食|～柴|～水。4.购买：～车票|～酒。5.举：～伞|～灯笼|～旗子。6.揭开，破开：～帐子|～鸡蛋。7.建造，修筑：～井|～

墙。8.制作，编织：～镰刀|～桌椅|～毛衣。9.捆扎：～行李|～裹腿。10.涂抹：～蜡|～桐油。11.玩耍，做某种文体活动：～秋千|～球。12.通，发：～电话|～电报。13.计算：精～细算|设备费～十万元。14.立，定：～下基础|～主意|～草稿。15.从事或担任某些工作：～杂儿|～前站。16.表示身体上的某些动作：～手势|～冷战|～哈欠|～前失（马前腿跌倒）|～滚儿。❸与某些动词结合为一个动词：～扮|～扫|～搅|～扰。❹介词，从，自：～去年起|～哪里来？

另见81页dá。

大 dà ㄉㄚˋ ❶跟“小”相对。1.占的空间较多，面积较广，容量较多：～山|～树|这间房比那间～。2.数量较多：～众|～量。3.程度深，范围广：～冷天|～干一场|～快人心。4.声音响：雷声～|～嗓门儿。5.年长，排行第一：～哥|老～。6.敬辞，称跟对方有关的事物：～作|尊姓～名。[大夫]古代官职名称。（另dàifu，见“大”dài）[大王]1.古代尊称国王。2.指最擅长某种事情的人：爆破～。3.指垄断某种行业的人：钢铁～。（另dàiwang，见“大”dài）❷时间更远：～前年|～后天。❸不很详细，不很准确：～略|～概|～约。❹〈方〉称父亲或伯父。

〈古〉又同“太”、“泰”（tài），如“大子”、“大山”等。

另见84页dài。

垯（墶） da ·ㄉㄚ 见152页“圪”字条“圪垯”（gē—）。

纮（繨） da ·ㄉㄚ 见152页“纥”字条“纥纮”（gē—）。

跶（躂） da ·ㄉㄚ 见22页“蹦”字条“蹦跶”（bēng—）。

瘩（*瘩） da ·ㄉㄚ 见152页“疙”字条“疙瘩”（gē—）。

另见82页dá。

DAI ㄉㄞ

呆（❶❷*獃） dāi ㄉㄞ ❶傻，愚蠢。❷死板，发愣：两眼发～|他～～地站在那里|～板。❸同“待”（dāi）。

呔 dāi ㄉㄞ 叹词，突然大喝一声，使人注意。

待 dāi ㄉㄞ 停留，逗留，迟延。也作“呆”：你～一会儿再走。

另见 85 页 dài。

歹 dǎi ㄉㄞˇ 坏，恶：～人｜～意｜为非作～。［好歹］1.好和坏：不知～。2.危险（多指生命危险）：他要有个～，就惨了。3.无论如何：～你得（děi）去一趟。

逮 dǎi ㄉㄞˇ 捉，捕，用于口语：～老鼠｜～蝗虫。

另见 85 页 dài。

傣 dǎi ㄉㄞˇ［傣族］我国少数民族，参看附表。

大 dài ㄉㄞˋ［大夫］（－fu）医生。（另 dàfū，见“大”dà）［大王］（－wang）旧戏曲、小说中对国王、山寨头领或大帮强盗首领的称呼。（另 dàwáng，见“大”dà）

另见 83 页 dà。

轪（軑） dài ㄉㄞˋ 包在车毂（gǔ）端的铜皮、铁皮。也指车轮。

代 dài ㄉㄞˋ ❶替（㊀－替、替－）：～理｜～办｜～耕。［代表］1.受委托或被选举出来替别人或大家办事：我～他去。2.被选派的人：工会～｜全权～。［代词］代替名词、动词、形容词、数量词的词，如“我、你、他、谁、什么、这样、那么些”等。［代价］获得某种东西所付出的价钱。㊁为达到某种目的所花费的物质和精力。❷历史上划分的时期，世，朝代（㊀世－、时－）：古～｜近～｜现～｜清～。［年代］1.泛指时间：～久远。2.十年的时期（前面须有确定的世纪）：20 世纪 50～（1950－1959 年）。❸世系的辈分：第二～｜下一～。［代沟］指两代人之间在思想观念、心理状态、生活方式等方面的巨大差异。❹地质年代分期的第二级，在“宙”之下、“纪”之上：古生～｜中生～｜新生～。

垈 dài ㄉㄞˋ 用于地名：封家～｜夏家～（都在江苏省泰兴）。

岱 dài ㄉㄞˋ 五岳中东岳泰山的别称，又叫岱宗、岱岳，在山东省。

玳（*瑇） dài ㄉㄞˋ［玳瑁］（－mào）（旧读－mèi）爬行动物，像龟，甲壳黄褐色，有黑斑，很光滑，生活在海里。

贷（貸） dài ㄉㄞˋ ❶借贷，借入或借出（会计工作上专指借出）：从银行～到 50 万元。❷贷款：农～

信～。❸推卸给别人：责无旁～。❹宽恕，饶恕：严惩不～。

袋 dài ㄉㄞˋ （－子、－儿）衣兜或用布、皮等做成的盛东西的器物：布～｜衣～｜面口～。

黛 dài ㄉㄞˋ 青黑色的颜料，古代女子用来画眉：～眉｜粉～（借指妇女）。

甙 dài ㄉㄞˋ “苷”（gān）的旧称。

迨 dài ㄉㄞˋ ❶等到，达到。❷趁。

骀（駘） dài ㄉㄞˋ ［骀荡］1．使人舒畅：春风～。2．放荡。

另见480页tái。

绐（紿） dài ㄉㄞˋ 欺哄。

殆 dài ㄉㄞˋ ❶几乎，差不多：财产损失～尽。❷危险：危～｜知彼知己，百战不～。

怠 dài ㄉㄞˋ 懒惰，松懈（㊀－惰、懒－、懈－）。［怠慢］冷淡：态度～。谦辞，表示招待不周：对不起，～各位了。

带（帶） dài ㄉㄞˋ ❶（－子、－儿）用皮、布或纱线等物做成的长条：皮～｜腰～｜鞋～儿。㊀轮胎：外～｜里～。❷地带，区域：温～｜寒～｜沿海一～。❸携带：腰里～着盒子枪｜～着行李。❹捎，顺便做，连着一起做：你给他～个口信去｜把门～上｜连寄信～买菜。❺显出，有：面～笑容｜～花纹的玻璃。❻领，率领（㊀－领）：～路｜～兵｜～头。❼白带，女子阴道分泌的白色黏液。

待 dài ㄉㄞˋ ❶等，等候（㊀等－）：～业｜～机出击｜尚～研究。❷对待，招待：～人接物｜大家～我太好了｜～客。［待遇］在社会上享有的权利、地位等：政治～｜物质～。特指工资、食宿等：调整～。❸需要：自不～言。❹将，要（古典戏曲小说和现代某些方言的用法）：正～出门，有人来了。

另见84页dāi。

埭 dài ㄉㄞˋ 土坝。

逮 dài ㄉㄞˋ ❶到，及：力有未～｜～乎清季（到了清代末年）。❷逮捕，捉拿。

另见84页dǎi。

叇（靆） dài ㄉㄞˋ 见3页“叆”字条“叆叇”（ài－）。

戴 dài ㄉㄞˋ ❶加在头、面、颈、手等处：～帽子｜～眼镜｜～红领巾。❷尊奉，推崇：推～｜拥～｜爱～。

D

襶 dài ㄉㄞˋ 见 356 页"褦"字条"褦襶"(nài—)。

DAN ㄉㄢ

丹 dān ㄉㄢ ❶红色：～心｜～砂(朱砂)。❷依成方配制成的中药，通常是颗粒状或粉末状的：丸散(sǎn)膏～｜灵～妙药。

担(擔) dān ㄉㄢ ❶用肩膀挑：～水｜～着两筐青菜。[担心]忧虑，顾虑：我～他身体受不了。❷担负，承当：～风险｜～责任。

另见 87 页 dàn。

单(單) dān ㄉㄢ ❶种类少，不复杂：简～｜～纯。㉑副词，只，仅：做事～靠热情不够｜不提别的，～说这件事。[单位]1. 计算物体轻重、长短及数量的标准。2. 指机关、团体或属于一个机关、团体的各个部门：事业～｜直属～。❷独，一：～身｜～打一｜～枪匹马｜～数(跟"复数"相对)。❸奇(jī)数的：～日｜～号｜～数(一、三、五、七等，跟"双数"相对)。[单薄](—bó) 1. 薄，少：穿得很～。2. 弱：他身子骨儿太～｜人力～。❹(一子、一儿)记载事物用的纸片：～据｜传～｜账～儿｜清～｜药～。❺衣服被褥等只有一层的：～衣｜～裤。❻(一子、一儿)覆盖用的布：被～｜床～｜褥～儿。

另见 49 页 chán；439 页 shàn。

郸(鄲) dān ㄉㄢ [郸城]地名，在河南省。

殚(殫) dān ㄉㄢ 尽，竭尽：～力｜～心｜～思极虑。

瘅(癉) dān ㄉㄢ [瘅疟](—nüè)中医指疟疾的一种。

另见 88 页 dàn。

箪(簞) dān ㄉㄢ 古代盛饭的圆竹器：～食壶浆(百姓用箪盛饭、用壶盛汤来慰劳所爱戴的军队)。

眈 dān ㄉㄢ [眈眈]注视的样子：虎视～(凶狠贪婪地看着)。

耽(❶*躭) dān ㄉㄢ ❶迟延。[耽搁](—ge)迟延，停止没进行：这件事～了很久。[耽误](—wu)因耽搁或错过时机而误事：不能～生产。❷沉溺，入迷：～乐(lè)｜～色(沉迷女色)｜～于幻想。

酖 dān ㄉㄢ 同“耽❷”。

另见 642 页 zhèn“鸩”。

聃（**聸） dān ㄉㄢ 古代哲学家老子的名字。

儋 dān ㄉㄢ 儋州，地名，在海南省。

统（紞） dǎn ㄉㄢˇ 古代冠冕两旁用来悬挂塞耳玉坠的带子。

胆（膽） dǎn ㄉㄢˇ ❶胆囊，体内储存胆汁的袋状器官，胆汁黄绿色，味苦，有帮助消化、杀菌、防腐等作用。（图见 623 页“人体内脏”）❷（一子、一儿）胆量：～怯｜～子小｜～大心细。❸某些器物的内层：球～｜暖瓶～。

疸 dǎn ㄉㄢˇ 黄疸，人的皮肤、黏膜和眼球巩膜等发黄的症状，由血液中胆红素大量增加引起。

掸（撣、**撢） dǎn ㄉㄢˇ 拂，打去尘土：～桌子｜～衣服。

另见 440 页 shàn。

赕（賧） dǎn ㄉㄢˇ （傣）奉献：～佛。

亶 dǎn ㄉㄢˇ 实在，诚然。

石 dàn ㄉㄢˋ 市制容量单位，1 石是 10 斗，合 100 升。（此义在古书中读 shí，如“二千石”）

另见 453 页 shí。

旦 dàn ㄉㄢˋ ❶早晨：～暮｜枕戈待～。㉄天，日：元～。［一旦］1. 一天之间（形容时间短）：毁于～。2. 副词，表示不确定的一天（既可用于已然，也可用于未然）：同学三年，～分别，大家都依依不舍｜～发现问题，立刻想法解决。［旦夕］1. 早晨和晚上。2. 在很短的时间内：危在～。❷传统戏曲里扮演妇女的角色：～角（jué）｜花～。

但 dàn ㄉㄢˋ ❶只，仅：～愿能成功。［不但］连词，不只，不仅：我们～要按时完成任务，还要保证质量。［但凡］只要：～有工夫，我就去看他。❷连词，但是，不过：我们热爱和平，～也不怕战争。

担（擔） dàn ㄉㄢˋ ❶扁担，挑东西的用具，多用竹、木做成。❷（一子）一挑儿东西：货郎～。㊀担负的责任：重～。❸市制重量单位，1 担是 100 斤，合 50 千克。❹量词，用于成担的东西：一～水。

另见 86 页 dān。

D

疍 dàn ㄉㄢˋ [疍民]过去广东、广西、福建内河和沿海一带的水上居民。多以船为家,从事渔业、运输业。

诞(誕) dàn ㄉㄢˋ ❶诞生,人出生:~辰(生日)。❷生日:华~(敬称他人的生日)。❸荒唐的,不合情理的:荒~不经|怪~。

D

倬(僤) dàn ㄉㄢˋ 大,盛。

惮(憚) dàn ㄉㄢˋ 怕,畏惧:不~烦|肆无忌~。

弹(彈) dàn ㄉㄢˋ ❶可以用弹(tán)力发射出去的小丸:~丸。❷装有爆炸物可以击毁人、物的东西:炮~|炸~|手榴~。

另见 482 页 tán。

瘅(癉) dàn ㄉㄢˋ ❶因劳累造成的病。❷憎恨:彰善~恶。

另见 86 页 dān。

萏 dàn ㄉㄢˋ 见 181 页"菡"字条"菡萏"(hàn—)。

啖(*啗、*噉) dàn ㄉㄢˋ ❶吃或给人吃。❷拿利益引诱人:~以私利。

淡 dàn ㄉㄢˋ ❶含的盐分少,跟"咸"相对:菜太~|~水湖。❷含某种成分少,稀薄,跟"浓"相对:~绿|~酒|云~风轻。❸不热心:冷~|他~~地应了一声。❹营业不旺盛:~月|~季。

氮 dàn ㄉㄢˋ 气体元素,符号N,无色、无臭、无味,化学性质不活泼。可制氮肥。

蛋 dàn ㄉㄢˋ ❶鸟、龟、蛇等生的带有外壳的卵,受过精的可以孵出小动物:鸡~|鸭~|蛇~。❷(一子、一儿)形状像蛋的东西:山药~|驴粪~儿。

澹 dàn ㄉㄢˋ ❶(叠)水波起伏的样子。❷安静:恬~。

另见 483 页 tán。

憺 dàn ㄉㄢˋ ❶安定。❷忧愁。

DANG ㄉㄤ

当(當、❼噹) dāng ㄉㄤ ❶充当,担任:开会~主席|人民~了主人。㊀承担:好汉做事好汉~。[当选]选举时被选上:他~为人民代表。❷掌管,主持:~家|~权|~局。❸介词,正在那时候或那地方:~他工作的时候,不要打搅他|

～胸就是一拳。[当面]副词，在面前，面对面：～说清。[当初]指从前的时候。[当即]立刻：～散会。[当年][当日]从前：想～我离家的时候，这里还没有火车。(另 dàng－，见"当" dàng)[当前]目前，眼下，现阶段：～任务。[当下]马上，立刻：～就去。❹相当，相称(chèn)，相配：旗鼓相～|门～户对。❺应当，应该：～办就办|不～问的不问。❻顶端，头：瓜～(瓜蒂)|瓦～(屋檐顶端的盖瓦头，俗叫猫头)。❼形容撞击金属器物的声音：小锣敲得～～响。[当啷](－lāng)形容摇铃或其他金属器物撞击的声音：～～，上课铃响了。

[当心]留心，小心：～受骗。

另见 90 页 dàng。

珰(璫) dāng ㄉㄤ ❶妇女戴在耳垂上的装饰品。❷汉代武职宦官帽子上的装饰品。后来借指宦官。

铛(鐺) dāng ㄉㄤ 同"当(dāng)❼"。

另见 57 页 chēng。

裆(襠) dāng ㄉㄤ 裤裆，两裤腿相连的地方：横～|直～|开～裤。(图见 583 页"裤子")㉑两腿相连的地方：从～下钻过去。

筜(簹) dāng ㄉㄤ 见 618 页"筼"字条"筼筜"(yún－)。

挡(擋、*攩) dǎng ㄉㄤˇ ❶阻拦，遮蔽(㊀阻－、拦－)：水来土～|把风～住|拿扇子～着太阳。❷(－子、－儿)用来遮蔽的东西：炉～|窗户～儿。

另见 90 页 dàng。

党(黨) dǎng ㄉㄤˇ ❶政党。在我国特指中国共产党。❷由私人利害关系结成的集团：死～|结～营私。[党羽]附从的人(指帮同作恶的)。❸偏袒：不偏不～|～同伐异。❹旧时指亲族：父～|母～|妻～。

谠(讜) dǎng ㄉㄤˇ 正直的(言论)：～言|～论。

欓(欓) dǎng ㄉㄤˇ 落叶乔木，即食茱萸，又叫欓子，枝上有刺，果实红色，可入药。

凼 dǎng ㄉㄤˇ 用于地名：～村(在广西壮族自治区灵川)。

另见 180 页 hán。

氹 dàng ㄉㄤˋ 同"凼"。

D

凼 dàng ㄉㄤˋ〈方〉塘，水坑：水～|～肥。

当（當） dàng ㄉㄤˋ ❶恰当，合宜：得～|用词不～|妥～|适～。❷抵得上，等于：一个人～俩人用。❸当作，作为：安步～车|不要把他～外人。㊀认为：你～我不知道吗？❹表示在同一时间。[当年]本年，在同一年：～种，～收|～受益。（另dāng一，见"当"dāng）[当天][当日]本日，在同一天：～的火车票。（另dāng一，见"当"dāng）❺用实物做抵押向当铺借钱：这块表～了200块钱。❻押在当铺里的实物：赎～。

[上当]吃亏，受骗。

另见88页dāng。

垱（壋） dàng ㄉㄤˋ〈方〉为便于灌溉而筑的小土堤。

挡（擋） dàng ㄉㄤˋ[摒挡]（bìng一）收拾，料理：～行装。

另见89页dǎng。

档（檔） dàng ㄉㄤˋ ❶存放案卷用的带格子的橱架：归～。❷档案，分类保存的文件、材料等：查～。❸等级：～次|高～。❹（一子、一儿）量词，件，桩：一～子事。

砀（碭） dàng ㄉㄤˋ[砀山]地名，在安徽省。

荡（蕩、❶-❸*盪） dàng ㄉㄤˋ ❶清除，弄光：扫～|倾家～产。❷洗涤：涤～。❸摇动（㊥摇一）：～舟|～秋千。[荡漾]（一yàng）水波一起一伏地动。❹不受约束或行为不检点（㊥浪一、放一）。❺浅水湖：芦花～。

瓽（璗） dàng ㄉㄤˋ tāng ㄊㄤ（又）❶黄金。❷一种玉。

宕 dàng ㄉㄤˋ ❶延迟，拖延：延～。❷不受拘束：豪～。

菪 dàng ㄉㄤˋ 见287页"莨"字条"莨菪"（làng一）。

DAO ㄉㄠ

刀 dāo ㄉㄠ ❶（一子、一儿）用来切、割、斩、削、刺的工具：镰～|菜～|刺～|旋～|铅笔～儿。❷量词，纸张单位，通常为100张。❸古代的一种钱币：～币。

叨 dāo ㄉㄠ[叨叨]（一dao）[叨唠]（一lao）翻来覆去

地说。

另见486页tāo。

氘 dāo ㄉㄠ [氘氘]灵活，流动。

忉 dāo ㄉㄠ [忉忉]忧愁，焦虑。

舠 dāo ㄉㄠ 古书上说的一种小船。

鱽（魛） dāo ㄉㄠ 鱽鱼，现多写作“刀鱼”，鱼名，身体很长，像刀。1.我国北方指带鱼。2.鲚(jì)鱼的一种，即刀鲚。

氘 dāo ㄉㄠ 氢的同位素之一，符号D，质量数2，用于热核反应。

捯 dáo ㄉㄠˊ 两手不住倒换着拉回线、绳子等：把风筝～下来。㉀追溯，追究原因：这件事到今天还没～出头儿来呢。

[捯饬]（－chi）〈方〉打扮，修饰。

导（導） dǎo ㄉㄠˇ ❶指引，带领：领～|～游|～航。㉀指教，教诲：开～|教～|劝～。❷疏导：～管|～尿|～淮入海。❸传导：～热|～电|～体。

岛（島、*嶋） dǎo ㄉㄠˇ 海洋或河流、湖泊里四面被水围着的陆地叫岛。突入海洋或湖泊里，三面被水围着的陆地叫半岛。

捣（擣、*擣、*擣） dǎo ㄉㄠˇ ❶砸，舂，捶打：～蒜|～米|～衣。㉀冲，攻打：～毁|直～敌巢。❷搅扰：～乱|～鬼。

倒 dǎo ㄉㄠˇ ❶竖立的东西躺下来：墙～了|摔～。㉀失败，垮台：～台|～闭。也指使垮台：～阁。[倒霉]（*倒楣）事情不顺利，受挫折。❷转移，更换：～手|～车|～换。❸倒买倒卖，进行投机活动：～汇|～邮票。❹指食欲变得不好：老吃白菜，真～胃口。

另见92页dào。

祷（禱） dǎo ㄉㄠˇ 教徒或迷信的人向天、神求助：祈～。敬辞（书信用语）：为～|盼～。

蹈 dǎo ㄉㄠˇ ❶踩，践踏：～白刃而不顾（形容不顾危险）|赴汤～火。㉀实行，遵循：循规～矩。❷跳动：手舞足～。

到 dào ㄉㄠˋ ❶到达，达到：～北京|～十二点|不～两万人|坚持～最后。[到处]处处，不论哪里。❷往：～祖国最需要的地方去。❸周到，全顾得着：有不～的地方

请原谅。❹表示动作有效果：办得～|做不～|达～。

倒 dào ㄉㄠˋ ❶上下或前后颠倒：这面镜子挂～了|把那几本书～过来|～数第一。❷把容器反转或倾斜使里面的东西出来：～茶|～水。❸向后，往回退：～退|～车（车向后退）。❹副词，反而，却，相反：跑了一天，～不觉得累。

另见91页dǎo。

帱（幬） dào ㄉㄠˋ 覆盖。

另见64页chóu。

焘（燾） dào ㄉㄠˋ tāo ㄊㄠ（又）覆盖。

盗 dào ㄉㄠˋ ❶偷（㊀一窃）：～卖|～取|掩耳～铃。㊁用不正当的方法谋得：欺世～名。[盗版]未经版权所有者同意，大量偷录或偷印，非法牟利。❷偷窃或抢劫财物的人（㊀一贼）：强～|海～。

悼 dào ㄉㄠˋ 悲伤，哀念（㊀哀一）：追～（追念死者）。

道 dào ㄉㄠˋ ❶（一儿）路（㊀一路）：火车～|水～|街～。❷方向，途径：志同～合。❸道理，正当的事理：无～|得～多助。[道具]佛家修道用的物品。㊂演剧等用的设备和用具。❹（一儿）方法，办法，技术：门～|医～|照他的～儿办。❺道家，我国古代的一个思想流派，以老聃和庄周为代表。❻道教，我国主要宗教之一，创立于东汉：～观（guàn）（道教的庙）。❼指某些迷信组织：一贯～|会～门。❽说：说长～短|一语～破|常言～。㊁用话表示情意：～贺|～谢|～歉|～喜。❾历史上的行政区域。1.唐太宗时分全国为十道。2.清代和民国初年每省分成几个道。❿（一子、一儿）线条：红～儿|铅笔～儿。⓫量词。1.用于长条状的东西：一～河|画一～红线。2.用于路上的关口，出入口：两～门|过一～关。3.则，条：三～题|一～命令。4.次：洗了三～。

稻 dào ㄉㄠˋ（一子）谷类作物，叶狭长，有水稻、旱稻之分，通常指水稻。籽实椭圆形，有硬壳，去壳后就是大米，供食用。

纛 dào ㄉㄠˋ 古代军队里的大旗。

DE ㄉㄜ

嘚 dē ㄉㄜ 形容马蹄踏地声。[嘚啵]（—bo）〈方〉

唠叨：别啰～了，赶紧干活儿吧。

得 dé ㄉㄜˊ ❶得到(㊥获—)：大～人心｜～奖｜～胜。㊀遇到：～空(kòng)｜～便。❷适合：～当(dàng)｜～法｜～手(顺利)｜～劲。❸得意，满意：扬扬自～。❹完成：衣服做～了｜饭～了。❺用于某种语气。1.表示禁止：～了，别说了。2.表示同意：～，就这么办。3.表示无可奈何：～，今天又迟到了。❻可以，许可：不～随地吐痰｜正式代表均～参加表决。

另见93页de；94页děi。

锝(鍀) dé ㄉㄜˊ 人造的放射性金属元素，符号Tc，是第一种人工合成的元素。

德(*悳) dé ㄉㄜˊ ❶好的品行：～才兼备。❷道德，人们共同生活及其行为的准则、规范：公～｜缺～｜～行。❸信念：同心同～。❹恩惠：感恩戴～。

[德昂族]原名崩龙族，我国少数民族，参看附表。

地 de ·ㄉㄜ 助词，用在状语后，状语与后面的动词、形容词是修饰关系：胜利～完成任务｜天色渐渐～黑了。

另见97页dì。

的 de ·ㄉㄜ 助词。❶用在定语后。1.定语与后边的名词是修饰关系：美丽～风光｜宏伟～建筑。2.定语与后边的名词是所属关系，旧时也写作"底"：我～书｜社会～性质。❷用在词或词组后，组成"的"字结构，表示人或事物：吃～｜穿～｜红～｜卖菜～。❸用在句末，表示肯定的语气，常跟"是"相应：他是刚从北京来～。

另见95页dī；96页dí；98页dì。

底 de ·ㄉㄜ 助词，同"的(de)❶2"。

另见97页dǐ。

得 de ·ㄉㄜ 助词。❶在动词后表可能或许可。1.再接别的词：冲～出去｜拿～起来。2.不再接别的词：要～｜要不～｜说不～。❷用在动词或形容词后，连接表结果或程度的补语：跑～快｜急～满脸通红｜香～很。

另见93页dé；94页děi。

脦 de ·ㄉㄜ te ·ㄊㄜ(又) 见289页"肋"字条"肋脦"(lē—)。

D

DEI ㄉㄟ

得 děi ㄉㄟˇ ❶必须，需要：你～用功｜这活ル～三个人才能完成。❷会，估计必然如此：时间不早了，要不快走，就～迟到。❸〈方〉满意，高兴，舒适：躺着听音乐挺～。

另见 93 页 dé；93 页 de。

D

DEN ㄉㄣ

扽（**撜） dèn ㄉㄣˋ〈方〉用力拉：把绳子～一～｜～线。

DENG ㄉㄥ

灯（燈） dēng ㄉㄥ 照明或利用光线达到某种目的的器具：电～｜路～｜探照～｜一盏～。

登 dēng ㄉㄥ ❶上，升：～山｜～高｜～峰造极（喻达到顶点）。❷同"蹬"。❸刊载，记载：～报｜把这几项～在簿子上。［登记］为了特定的目的，向主管机关或部门按表填写事项：～结婚｜参观前请～。❹（谷物）成熟：五谷丰～。

［登时］即时，立刻。

噔 dēng ㄉㄥ 形容重东西落地或撞击物体的响声。

璒 dēng ㄉㄥ 一种像玉的石头。

簦 dēng ㄉㄥ 古代有柄的笠，类似现在的雨伞。

蹬 dēng ㄉㄥ 踩，践踏：～在凳子上。㉃脚向下用力：～三轮车｜～水车。

另见 95 页 dèng。

等 děng ㄉㄥˇ ❶数量一般大，地位或程度一般高：～同｜相～｜平～｜一加二～于三。［等闲］平常。㉃轻易地，不在乎地：莫作～看！❷级位，程度的分别（㊀一级）：一～功｜特～英雄｜何～快乐！❸类，群。1. 表示多数：我～｜你～｜彼～。2. 列举后煞尾：北京、天津、上海、重庆～四个直辖市。3. 表示列举未完（叠）：派老张、老王～五人去｜这里煤、铁～～蕴藏都很丰富。❹待，候（㊀一待、一候）：～一下再说｜～～我｜～不得。❺同"戥"。

戥 děng ㄉㄥˇ ❶（一子）一种小型的秤，用来称金、银、药品等分量小的东西。❷用戥子称：把这包药～一～。

邓（鄧） dèng ㄉㄥˋ 邓州，地名，在河南省。

僜 dèng ㄉㄥˋ 僜人，生活在西藏自治区察隅一带。

凳（*櫈） dèng ㄉㄥˋ （—子、—儿）有腿没有靠背的坐具：板～｜小～儿。

嶝 dèng ㄉㄥˋ 山上可攀登的小路。

澄 dèng ㄉㄥˋ 让液体里的杂质沉下去：水～清了再喝。

另见 59 页 chéng。

磴 dèng ㄉㄥˋ ❶石头台阶：～道。❷量词，用于台阶或楼梯的层级。

瞪 dèng ㄉㄥˋ 睁大眼睛：把眼一～｜你～着我做什么？｜～眼。

镫（鐙） dèng ㄉㄥˋ 挂在马鞍子两旁的东西，是为骑马的人蹬踩用的。

〈古〉又同“灯”（dēng）。

蹬 dèng ㄉㄥˋ 见 45 页“蹭”字条“蹭蹬”（cèng—）。

另见 94 页 dēng。

DI ㄉㄧ

氐 dī ㄉㄧ ❶我国古代西部的少数民族名。❷星宿名，二十八宿之一。

另见 97 页 dǐ。

低 dī ㄉㄧ ❶跟“高”相对。1. 由下到上距离近的：这房子太～｜弟弟比哥哥～一头。2. 等级在下的：～年级。3. 在一般标准或平均程度之下：～能｜眼高手～｜政治水平～。4. 声音细小：～声讲话。❷俯，头向下垂：～头。

羝 dī ㄉㄧ 公羊。

的 dī ㄉㄧ （外）“的士”（出租车）的省称：打～｜～哥（称男性出租车司机）。

另见 93 页 de；96 页 dí；98 页 dì。

堤（*隄） dī ㄉㄧ 用土、石等材料修筑的挡水的高岸：河～｜修～｜～防。

提 dī ㄉㄧ ［提防］（—fang）小心防备。［提溜］（—liu）手提（tí）。

另见 490 页 tí。

鞮 dī ㄉㄧ ❶古代的一种皮鞋。❷姓。

磾（磾） dī ㄉㄧ 用于人名。金日（mì）磾，汉代人。

滴 dī ㄉㄧ ❶一点一点地落下的少量液体：汗～｜水～。［点滴］1. 形容零星，少。也指零星的事物。2. 通称静

脉滴注为打点滴。❷液体一点一点地落下,使液体一点一点地落下:汗水直往下~|~眼药。[滴沥](—lì)形容雨水下滴的声音。❸量词,用于一点一点下滴的液体:一~血|一~汗。

[滴溜](—liū) 1.滚圆的样子:~圆。2.形容很快地旋转:~转。

镝(鏑) dī ㄉㄧ 金属元素,符号 Dy,银白色,用于核工业等。

另见 96 页 dí。

狄 dí ㄉㄧˊ 我国古代称北方的民族。

荻 dí ㄉㄧˊ 草本植物,生长在水边,叶像苇叶,秋天开紫色花。

迪 dí ㄉㄧˊ 开导(㊀启一)。

頔(頔) dí ㄉㄧˊ 美好。

笛 dí ㄉㄧˊ (一子、一儿)管乐器,通常是竹制的,有八孔,横着吹。㊀响声尖锐的发音器:汽~|警~。

的 dí ㄉㄧˊ 真实,实在:~当(dàng)|~确。

另见 93 页 de;95 页 dī;98 页 dì。

籴(糴) dí ㄉㄧˊ 买粮食,跟"粜"相对:~米。

敌(敵) dí ㄉㄧˊ ❶敌人:分清~我。❷相当:势均力~。❸抵挡:军民团结如一人,试看天下谁能~。

涤(滌) dí ㄉㄧˊ 洗(㊀洗一):~除|~荡。

觌(覿) dí ㄉㄧˊ 相见:~面。

髢 dí ㄉㄧˊ (旧读 dì)假头发(叠)。

嘀(**啾) dí ㄉㄧˊ [嘀咕](—gu) 1.小声说私话:他们俩~什么呢?2.心中不安,犹疑不定:拿定主意,别犯~。

嫡 dí ㄉㄧˊ ❶封建宗法制度中称正妻。㊀正妻所生的:~子|~嗣。❷亲的,血统最近的:~亲哥哥|~堂兄弟。㊀系统最近的:~系。

镝(鏑) dí ㄉㄧˊ 箭头:锋~|鸣~(响箭)。

另见 96 页 dī。

蹢 dí ㄉㄧˊ 〈古〉蹄子。

另见 648 页 zhí。

翟 dí ㄉㄧˊ ❶长尾野鸡。❷古代哲学家墨子名翟。

另见630页zhái。

氐 dǐ ㄉㄧˇ 根本。

另见95页dī。

邸 dǐ ㄉㄧˇ 高级官员的住所：官～。

诋(詆) dǐ ㄉㄧˇ 毁谤(㊀—毁)：丑～(辱骂)。

坻 dǐ ㄉㄧˇ 山坡。

[宝坻]地名，在天津市。

另见61页chí。

抵(❷*牴、❷*觝) dǐ ㄉㄧˇ ❶挡，拒，用力支撑着(㊀—挡、—拒)：～住门，别让风刮开。[抵制]抵抗，阻止，不让侵入或发生作用。❷牛、羊等有角的兽用角顶、触。[抵触]发生冲突：他的话前后～。❸顶，相当：～债｜～押｜一个～俩。[抵偿]用价值相等的事物作为赔偿或补偿。❹到达：～京。❺抵消：收支相～。

[大抵]大略，大概：～是这样，详细情况我说不清。

茋 dǐ ㄉㄧˇ 有机化合物，无色晶体，可用来制染料等。

另见649页zhǐ。

底 dǐ ㄉㄧˇ ❶(—子、—儿)最下面的部分：锅～｜鞋～儿｜海～。㊀末了：月～｜年～。❷(—子、—儿)根基，基础，留作根据的：～稿｜～账｜刨(páo)根问～｜那文件要留个～儿。[底细]内情，详情，事件的根底。❸(—儿)图案的底子：白～儿红花碗。❹〈古〉达到：终～于成。❺何，什么：～事？｜～处？

另见93页de。

柢 dǐ ㄉㄧˇ 树木的根(㊀根—)：根深～固。

砥 dǐ ㄉㄧˇ (旧又读zhǐ)细的磨刀石。[砥砺]1.磨炼：～意志。2.勉励：相互～。

骶 dǐ ㄉㄧˇ 腰部下面尾骨上面的部分。(图见165页“人体骨骼”)

地 dì ㄉㄧˋ ❶地球，太阳系八大行星之一，人类居住的星球：天～｜～心｜～层。㊀1.指土地、地面：～大物博｜草～｜两亩～。2.指某一地区，地点：此～｜华东各～｜目的～。3.指路程，用在里数或站数后：三十里～｜两站～。[地道]1.地下挖成的隧道：～战。2.(—dao)真正原产地出产的，也说“道地”：～药材。㊀真正的，纯粹：一口～北京话。[地方]1.中央下属的省、市、县等各级行政区划的统称：～各级人民政府｜～服从中央。2.军队指军队以外的部门：从军队转业到了～。3.（－fang）区域：飞机在什么～飞？｜那～出高粱。4.（－fang）点，部分：他这话有的～很对。［地位］人在社会关系中所处的位置。［地下］1.地面下，土里：～铁道。㊟秘密的，不公开的：～工作。2.（－xia）地面上：掉在～了。❷表示思想活动的领域：见～｜心～。❸底子（㊥质－）：蓝～白花布。

另见93页de。

玓 dì ㄉㄧˋ ［玓瓅］（－lì）形容珠光闪耀。

的 dì ㄉㄧˋ 箭靶的中心：中（zhòng）～｜有～放矢。［目的］要达到的目标、境地：～明确。

另见93页de；95页dī；96页dí。

菂 dì ㄉㄧˋ 〈古〉莲子。

杕 dì ㄉㄧˋ 形容树木孤立。

另见117页duò。

弟 dì ㄉㄧˋ ❶同父母或亲属中同辈而年龄比自己小的男子（叠）。［弟兄］（－xiong）1.包括所有的兄和弟（口语里跟“兄弟（di）”有分别，“兄弟（di）”专指弟弟）：我们～三个。2.同辈共事的朋友间亲热的称呼。❷称呼年龄比自己小的男性：小～｜师～。［弟子］学生对老师自称或别人指称。❸古同“第❶❷❹”。

〈古〉又同“悌”（tì）。

递（遞） dì ㄉㄧˋ ❶传送，传达（㊥传－）：投～｜请把书～给我｜～话｜～眼色（以目示意）。❷顺着次序：～补｜～加｜～进。

娣 dì ㄉㄧˋ ❶古代称丈夫的弟妇：～姒（sì）（妯娌）。❷古时姐姐称妹妹为娣。

睇 dì ㄉㄧˋ 斜着眼看：～视。

第 dì ㄉㄧˋ ❶次序（㊥等－、次－）。㊀科举时代考中（zhòng）叫及第，没考中叫落第。❷表次序的词头：～一｜～二。❸封建社会官僚贵族的大宅子（㊥宅－、－宅）：府～。❹〈古〉仅，只：此物世上多有，～人不识耳。

帝 dì ㄉㄧˋ ❶古代指天神：上～。❷君主，皇帝：称～｜三皇五～。

谛（諦） dì ㄉㄧˋ ❶仔细：～听｜～视。❷意义，道理（原为佛教用语）：妙～｜真～。

蒂（*蔕） dì ㄉㄧˋ 花或瓜果跟枝茎相连

的部分：并～莲|瓜熟～落。

媂 dì ㄉㄧˋ 古书上指主管茅厕的女神。

缔（締） dì ㄉㄧˋ 结合（㊀—结）：～交|～约。[缔造]创立，建立：中国共产党～了新中国。

瑅 dì ㄉㄧˋ [玛瑅脂]即沥青胶，用沥青加填充料制成的黏合材料，膏状，可用于黏结油毡等。

禘 dì ㄉㄧˋ 古代一种祭祀。

碲 dì ㄉㄧˋ 非金属元素，符号Te，银白色晶体或灰色粉末，是半导体材料，也用于钢铁工业等。

棣 dì ㄉㄧˋ ❶植物名。1. 棠棣（也作"唐棣"），古书上说的一种植物。2. 棣棠，落叶灌木，叶近卵形，花黄色，花和枝叶可入药。❷同"弟"，旧多用于书信：贤～。

螮（蝃） dì ㄉㄧˋ [螮蝀]（—dōng）古书上指虹。

踶 dì ㄉㄧˋ 踢，踏。

DIA ㄉㄧㄚ

嗲 diǎ ㄉㄧㄚˇ 〈方〉形容撒娇的声音或姿态：～声～气|～得很。

DIAN ㄉㄧㄢ

敁 diān ㄉㄧㄢ [敁敪]（—duo）同"掂掇"。

掂 diān ㄉㄧㄢ 用手托着东西估量轻重：～一～|～着不轻。[掂掇]（—duo）1. 斟酌。2. 估量。

滇 diān ㄉㄧㄢ ❶滇池，湖名，在云南省昆明。又叫昆明湖。❷云南省的别称。

颠（顛） diān ㄉㄧㄢ ❶头顶：华～（头顶上黑发白发相杂）。㊀最高最上的部分：山～|塔～。❷始：～末。❸倒，跌（㊀—覆）：～扑不破（指理论正确不能推翻）。[颠倒]（—dǎo）1. 上下或前后的次序倒置：书放～了。㊀使颠倒：～是非。2. 错乱：神魂～。❹颠簸，上下震动：山路不平，车～得厉害。❺同"癫"。

攧（攧） diān ㄉㄧㄢ 跌。

巅（巔） diān ㄉㄧㄢ 山顶。也作"颠"。

癫（癲） diān ㄉㄧㄢ 精神错乱、失常（㊀—狂、疯—）。

D

典 diǎn ㄉㄧㄢˇ ❶可以作为标准、典范的书籍:～籍|词～|字～|引经据～。㊀标准,法则:～范|～章|据为～要。[典礼]郑重举行的仪式:开学～|开幕～。[典型]1.有概括性或代表性的人或事物。2.具有代表性的:这个案例很～。3.文艺作品中,用典型化的方法创造出来的能够反映一定社会本质而又具有鲜明个性的艺术形象。❷典礼:盛～|大～。❸典故,诗文里引用的古书中的故事或词句:用～。❹旧指主持,主管:～试|～狱。❺活买活卖,到期可以赎:～当(dàng)|～押。

碘 diǎn ㄉㄧㄢˇ 非金属元素,符号I,黑紫色晶体,有金属光泽。可用来制药、染料等。人体中缺少碘能引起甲状腺肿大。

点(點) diǎn ㄉㄧㄢˇ ❶(一子、一儿)小的痕迹或水滴:墨～儿|雨～儿|斑～。㊀少量:一～小事儿|吃～儿东西。❷几何学上指只有位置,没有长、宽、厚的图形。❸一定的处所或限度:起～|终～|据～|焦～|沸～。❹项,部分:优～|重～|要～|补充三～。❺(一儿)汉字的一种笔形(丶):三～水。❻加上点子:～句|评～|画龙～睛。[点缀](一 zhuì)在事物上略加装饰:～风景。❼一落一起地动作:～头|蜻蜓～水。❽使一点一滴地落下:～眼药|～播种子。❾引火,燃火:～灯|～火。❿查数(shǔ):～收|～数(shù)|～验。⓫指示,指定(㊥指一):～破|～菜|～歌。⓬时间单位,即小时,一昼夜的二十四分之一。⓭钟点,规定的时间:误～|准～|到～了,该下班了。⓮点心:糕～|早～。

踮(**跕) diǎn ㄉㄧㄢˇ ❶跛足人走路用脚尖点地:～脚。也作“点”。❷提起脚跟,用脚尖着地:～着脚才够到书架上的书。也作“点”。

电(電) diàn ㄉㄧㄢˋ ❶物质中存在的一种能,可利用它来使电灯发光、机械转动等。[电脑]指电子计算机。[电子]构成原子的一种带负电的粒子。❷闪电,阴雨天气空中云层放电的现象:雷～交加。❸电流打击,触电:电门有毛病,～了我一下。❹指电报:急～|通～。❺打电报:～汇|～告。

佃 diàn ㄉㄧㄢˋ 一般指旧社会无地或少地的农民，被迫向地主、富农租地耕种：～户｜～农。

另见 492 页 tián。

甸 diàn ㄉㄧㄢˋ ❶古时称郊外的地方。❷〈方〉甸子，放牧的草地，多用于地名。

钿（鈿） diàn ㄉㄧㄢˋ ❶把金属、宝石等镶嵌(qiàn)在器物上做装饰：宝～｜螺～（一种手工艺，把贝壳镶嵌在器物上）。❷古代一种嵌金花的首饰。

另见 493 页 tián。

阽 diàn ㄉㄧㄢˋ yán ㄧㄢˊ（又）临近（危险）：～于死亡。

坫 diàn ㄉㄧㄢˋ ❶古时室内放东西的土台子。❷屏障。

玷 diàn ㄉㄧㄢˋ 白玉上面的污点。［玷污］使有污点。

扂 diàn ㄉㄧㄢˋ 〈古〉门闩。

店 diàn ㄉㄧㄢˋ ❶商店，铺子：书～｜零售～｜～员。［饭店］1.较大的卖饭食的铺子。2.都市中的大旅馆。❷旧式的旅馆：住～｜大车～。

惦 diàn ㄉㄧㄢˋ 惦记，记挂，不放心：～念｜心里老～着工作。

垫（墊） diàn ㄉㄧㄢˋ ❶衬托，放在底下或铺在上面：～桌子｜～上个褥子｜路面～上点儿土。❷（－子、－儿）衬托的东西：草～子｜鞋～儿｜椅～子。❸替人暂付款项：～款｜～钱。

淀（❷澱） diàn ㄉㄧㄢˋ ❶浅的湖泊：白洋～（在河北省）。❷渣滓，液体里沉下的东西。［淀粉］有机化合物，白色，不溶于水，米、麦、甘薯、马铃薯中含量很多。工业上应用很广。

琔 diàn ㄉㄧㄢˋ 玉色。

靛 diàn ㄉㄧㄢˋ ❶靛青，蓝靛，用蓼蓝叶泡水调和石灰沉淀所得的蓝色染料。❷蓝和紫合成的颜色。

奠 diàn ㄉㄧㄢˋ ❶陈设祭品向死者致敬（㊀祭－）：～酒｜～仪。❷奠定，稳稳地安置：～基｜～都(dū)。

殿 diàn ㄉㄧㄢˋ ❶高大的房屋，特指封建帝王受朝听政的地方，或供奉神佛的地方：宫～｜佛～。❷在最后：～后。［殿军］1.行军时走在最后的部队。2.体育、游艺竞赛中的最末一名，也指入选的最末一名。

D

癜 diàn ㄉㄧㄢˋ 皮肤病名，常见的是白癜，俗称白癜风，皮肤生斑点后变白色。

簟 diàn ㄉㄧㄢˋ 竹席：～席｜竹～。

DIAO ㄉㄧㄠ

刁 diāo ㄉㄧㄠ ❶狡猾，无赖：～棍（恶人）｜这个人真～。❷挑剔，难应付：嘴～｜眼～。［刁难］（－nàn）故意难为人。

叼 diāo ㄉㄧㄠ 用嘴衔住：猫～着老鼠｜嘴里～着烟斗。

汈 diāo ㄉㄧㄠ ［汈汊］湖名，在湖北省汉川。

凋 diāo ㄉㄧㄠ 草木零落，衰落（㊀－谢、－零）：松柏后～｜～敝。

碉 diāo ㄉㄧㄠ 碉堡，防守用的建筑物。

雕（❶＊鵰、❷－❹＊彫、❷❸＊琱） diāo ㄉㄧㄠ ❶鸟名，即老雕，羽毛褐色，上嘴钩曲，性凶猛，捕食野兔、鼠类等。❷刻竹、木、玉、石、金属等：木～泥塑｜浮～｜～版。❸用彩画装饰：～弓｜～墙。❹同"凋"。

鲷（鯛） diāo ㄉㄧㄠ 鱼名，身体侧扁，头大，口小，生活在海洋里。种类很多，如真鲷、黄鲷、黑鲷等。

貂 diāo ㄉㄧㄠ 哺乳动物，嘴尖，尾巴长，毛皮黄黑色或带紫色，很珍贵。

屌 diǎo ㄉㄧㄠˇ 男子阴茎的俗称。

吊（＊弔） diào ㄉㄧㄠˋ ❶祭奠死者或对遭到丧事的人家、团体给予慰问：～丧（sāng）｜～唁。❷悬挂：房梁上～着四盏大红灯。❸把毛皮缀在衣面上：～皮袄。❹提取，收回：～卷｜～销。❺旧时货币单位，一般是一千个制钱叫一吊。

铞（銱） diào ㄉㄧㄠˋ 见305页"钌"字条"钌铞儿"（liàodiàor）。

钓（釣） diào ㄉㄧㄠˋ 用饵诱鱼上钩：～鱼。㊃施用手段取得：沽名～誉。

蓧（蓧） diào ㄉㄧㄠˋ 古代一种除草的农具。

窎（窵） diào ㄉㄧㄠˋ 深远（㊀－远）。

调（調） diào ㄉㄧㄠˋ ❶调动，安排：～职｜～兵遣将。❷（－子）曲调，音

乐上高、低、长、短配合和谐的一组音(㊃腔一):民间小~儿|这个~子很好听。❸多指调式类别和调式主音高度:C大~。❹语言中字音的声调:~号|~类。[声调]1.字音的高低升降。古汉语的声调是平、上、去、入四声。普通话的声调是阴平、阳平、上声、去声。2.读书、说话、朗诵的腔调。

另见494页tiáo。

掉 diào ㄉㄧㄠˋ ❶落:~眼泪|~在水里。❷落在后面:~队。❸〈方〉遗漏,遗失:文章~了几个字|钱包~了。❹减损,消失:~膘儿|~色。❺回转:~头|~过来。❻摇摆:尾大不~(喻指挥不灵或难以驾驭)。❼对换:~一个个儿。❽在动词后表示动作的完成:丢~|卖~|改~。

铫(銚) diào ㄉㄧㄠˋ (一子、一儿)煮开水熬东西用的器具:药~儿|沙~。

另见578页yáo。

DIE ㄉㄧㄝ

爹 diē ㄉㄧㄝ ❶父亲(叠)。❷对老人或长(zhǎng)者的尊称:老~。

跌 diē ㄉㄧㄝ 摔倒:~了一跤|~倒。㉄下降,低落:~价。[跌足]顿足,跺脚。

迭 dié ㄉㄧㄝˊ ❶交换,轮流:更~|~为宾主。❷屡,连着:~次会商|近年来,地下文物~有发现。❸及,赶上:忙不~。

昳 dié ㄉㄧㄝˊ 〈古〉日过午偏西。

另见589页yì。

瓞 dié ㄉㄧㄝˊ 小瓜。

垤 dié ㄉㄧㄝˊ 小土堆(㊃丘一):蚁~。

咥 dié ㄉㄧㄝˊ 咬。

另见533页xì。

绖(絰) dié ㄉㄧㄝˊ 古代丧服用的麻带儿:首~|腰~。

耋 dié ㄉㄧㄝˊ 年老,七八十岁的年纪:耄(mào)~|~老。

谍(諜) dié ㄉㄧㄝˊ 秘密探察军事、政治及经济等方面的消息:~报。[间谍](jiàn一)潜入敌方或外国,刺探军事情报、国家机密或进行颠覆活动的人。

堞 dié ㄉㄧㄝˊ 城墙上呈⊓⊓形的矮墙。

喋 dié ㄉㄧㄝˊ［喋喋］形容说话烦琐：～不休。［喋血］血流满地。

另见628页zhá。

堞 dié ㄉㄧㄝˊ 用于地名：～村（在广东省新兴）。

牒 dié ㄉㄧㄝˊ 文书，证件：～文｜通～（两国交换意见用的文书）。

D

碟 dié ㄉㄧㄝˊ（一子、一儿）盛食物等的器具，扁而浅，比盘子小。

蝶（*蜨） dié ㄉㄧㄝˊ 蝴蝶，昆虫名。静止时四翅竖立在背部，喜在花间、草地飞行，吸食花蜜。幼虫多对作物有害。有粉蝶、蛱（jiá）蝶、凤蝶等多种。

蹀 dié ㄉㄧㄝˊ 蹈，顿足。［蹀躞］（—xiè）迈着小步走路的样子。

鲽（鰈） dié ㄉㄧㄝˊ 鱼名，身体侧扁，两眼都在身体的一侧，有眼的一侧褐色，无眼的一侧大都为白色。种类很多，如星鲽、高眼鲽等。

嵽（嵽） dié ㄉㄧㄝˊ ［嵽嵲］（—niè）形容山高。

叠（*曡、*疊、*曡） dié ㄉㄧㄝˊ ❶重复地堆，累积（㊀重—）：～床架屋（形容重复累赘）｜～假山｜～罗汉。❷重复：层见～出。❸折叠：～衣服｜铺床～被。

DING ㄉㄧㄥ

丁 dīng ㄉㄧㄥ ❶天干的第四位，用作顺序的第四。❷成年男子：壮～。㊀1.指人口：人～｜～口。2.指从事某种劳动的人：园～。❸当，遭逢：～兹盛世｜～忧（旧指遭父母丧）。❹（一儿）小方块：肉～儿｜咸菜～儿。［丁点儿］表示极少或极小：一～毛病都没有。❺姓。

［丁当］（—dāng）同"叮当"。

另见643页zhēng。

仃 dīng ㄉㄧㄥ 见309页"伶"字条"伶仃"（líng—）。

叮 dīng ㄉㄧㄥ ❶再三嘱咐：～嘱。❷蚊子等用针形口器吸食：被蚊子～了一口。❸追问：～问。

［叮当］形容金属等撞击的声音。

［叮咛］（*丁宁）反复地嘱咐：～再三。

玎 dīng ㄉㄧㄥ ［玎玲］（—líng）形容玉石等撞击的

声音。

盯 dīng ㄉㄧㄥ 注视，集中视力看：眼睛一直～着他。

町 dīng ㄉㄧㄥ 见 511 页“畹”字条“畹町”（wǎn—）。

另见 497 页 tǐng。

钉（釘） dīng ㄉㄧㄥ ❶（—子、—儿）竹、木、金属制成的可以打入他物的细条形的东西：螺丝～儿｜碰～子（喻受打击或被拒绝）。❷紧跟着不放松：～住对方的前锋。❸督促，催问：这事得～着他点儿。

另见 106 页 dìng。

疔 dīng ㄉㄧㄥ 疔疮，一种毒疮，硬而根深，形状像钉。

耵 dīng ㄉㄧㄥ ［耵聍］（—níng）耳垢，耳屎。

酊 dīng ㄉㄧㄥ （外）医药上用酒精和药配合成的液剂：碘～。

另见 105 页 dǐng。

顶（頂） dǐng ㄉㄧㄥˇ ❶（—儿）人体或物体的最高最上的部分：头～｜山～｜房～。❷用头支承：用头～东西｜～天立地（形容英雄气概）。㊀1. 用东西支撑：用门杠把门～上。2. 冒：～着雨走了。3. 担当，担得起：出了事我来～｜他一个人去不～事。❸用头或角撞击：～球｜公牛～人。❹自下而上用力拱起：用千斤顶把汽车～起来｜麦芽～出土来了。❺相逆，对面迎着：～风。❻顶撞（多指下对上）：他气冲冲地～了班长两句。❼代替（㊉—替）：～名｜冒名～替。❽相当，等于：一个人～两个人工作。❾〈方〉直到：昨天～十二点才到家。❿副词，最，极：～好｜～多｜～会想办法。⓫量词：两～帽子。

酊 dǐng ㄉㄧㄥˇ 见 348 页“酩”字条“酩酊”（mǐng—）。

另见 105 页 dīng。

鼎 dǐng ㄉㄧㄥˇ ❶古代烹煮用的器物，一般是三足两耳。［鼎立］三方并立：三国～。❷大（叠）：～力｜～～大名。❸〈方〉锅：～间（厨房）。❹正当，正在：～盛。

订（訂） dìng ㄉㄧㄥˋ ❶改正，修改：～正｜考～｜校（jiào）～。❷立（契约），约定：～报｜～货｜～婚｜～合同。❸用线、铁丝等把书页等连在一起：装～｜～一个笔记本儿。

饤（飣） dìng ㄉㄧㄥˋ 见 109 页“饾”字条“饾饤”（dòu—）。

钉(釘) dìng ㄉㄧㄥˋ ❶把钉子或楔(xiē)子打入他物：拿个钉子～一～|墙上～着木橛。❷连接在一起：～扣子。

另见105页dīng。

定 dìng ㄉㄧㄥˋ ❶不可变更的，规定的，不动的：～理|～论|～量|～期。㉃副词，必然地：～能成功。❷确定，使不移动：～编|～岗|～案|～胜负|否～|决～|～章程。㉃固定，使固定：表针～住不走了|～影。❸安定，平定(多指局势)：大局已～。❹镇静，安稳(多指情绪)：心神不～|～～神再说。❺预先约妥：～金|～票|～酒席。

萣 dìng ㄉㄧㄥˋ 用于地名：茄(jiā)～乡(在台湾省)。

啶 dìng ㄉㄧㄥˋ 见24页"吡"字条"吡啶"(bǐ－)、342页"嘧"字条"嘧啶"(mì－)。

腚 dìng ㄉㄧㄥˋ 〈方〉屁股：光～。

碇(*椗、*矴) dìng ㄉㄧㄥˋ 系船的石礅：下～(停船)|起～(开船)。

锭(錠) dìng ㄉㄧㄥˋ ❶(－子)纺车或纺纱机上绕纱的机件：纱～。❷(－子、－儿)金属或药物等制成的块状物：钢～|金～儿|紫金～。

DIU ㄉㄧㄡ

丢 diū ㄉㄧㄡ ❶失去，遗落：钱包～了|～脸(失面子)|～三落(là)四。❷放下，抛开：这件事可以～开不管。

铥(銩) diū ㄉㄧㄡ 金属元素，符号Tm，银白色，质软。可用来制X射线源等。

DONG ㄉㄨㄥ

东(東) dōng ㄉㄨㄥ ❶方向，太阳出来的那一边，跟"西"相对：～方红，太阳升|面朝～|黄河以～|华～。[东西](－xi)物件，有时也指人或动物。❷主人：房～。❸东道(请人吃饭出钱的人，也简称"东")：做～。

[东乡族]我国少数民族，参看附表。

崬(崠) dōng ㄉㄨㄥ [崬罗]地名，在广西壮族自治区扶绥。今作"东罗"。

鸫(鶇) dōng ㄉㄨㄥ 鸟名，羽毛多淡褐色或黑色，叫得很好听。吃昆虫，是益鸟。种类很多。

蝀（蝀） dōng ㄉㄨㄥ 见99页“螮”字条“螮蝀”（dì—）。

冬（❷鼕） dōng ㄉㄨㄥ ❶四季中的第四季，气候最冷：过～|隆～。❷同“咚”。

咚 dōng ㄉㄨㄥ 形容敲鼓、敲门等的声音（叠）。

氡 dōng ㄉㄨㄥ 放射性气体元素，符号Rn，无色、无臭，不易跟其他元素化合，在真空玻璃管中能发荧光。

董 dǒng ㄉㄨㄥˇ 监督管理。［董事］某些企业、学校等推举出来代表自己监督和主持业务的人：～会。也省称“董”：校～|刘～。

懂 dǒng ㄉㄨㄥˇ 了解，明白：一看就～|～点儿中医。

动（動） dòng ㄉㄨㄥˋ ❶改变原来的位置或脱离静止状态，跟“静”相对：站住别～！|风吹草～|～弹（tan）。㊀1.能动的：～物。2.可以变动的：～产。❷行动，动作，行为：一举一～。［动词］表示动作、行为、变化的词，如“走、来、去、打、吃、爱、拥护、变化”等。［动静］（—jing）动作或情况：没有～|侦察敌人的～。❸使动，使有动作：～手|～脑筋|～员。❹感动，情感起反应：～心|～人。❺开始做：～工|～身（起行）。❻往往：观众～以万计。［动不动］表示很容易发生，常跟“就”连用：～就引古书|～就争吵。❼放在动词后，表示有效果：拿得～|搬不～。

冻（凍） dòng ㄉㄨㄥˋ ❶液体或含水分的东西遇冷凝结：河里～冰了|天寒地～。❷（—儿）凝结了的汤汁：肉～儿|鱼～儿|果子～儿。❸感到寒冷或受到寒冷：外面很冷，真～得慌|小心别～着。

栋（棟） dòng ㄉㄨㄥˋ ❶古代指房屋的脊檩。［栋梁］㊉担负国家重任的人。❷量词，用于房屋：一～房子。

胨（腖） dòng ㄉㄨㄥˋ 蛋白胨，有机化合物，医学上用作细菌的培养基。

侗 dòng ㄉㄨㄥˋ ［侗族］我国少数民族，参看附表。

另见499页tóng；500页tǒng。

垌 dòng ㄉㄨㄥˋ ❶田地：田～。❷用于地名：麻～

（在广西壮族自治区桂平）。

另见499页tóng。

峒（*峝） dòng ㄉㄨㄥˋ 山洞，石洞。

另见499页tóng。

洞 dòng ㄉㄨㄥˋ ❶洞穴，窟窿：山～｜老鼠～｜衣服破了一个～。❷透彻，清楚：～察｜～若观火。❸在某些场合说数字时用来代替0。

注：山西省洪洞县的"洞"习惯上读tóng。

恫 dòng ㄉㄨㄥˋ 恐惧，恐吓。［恫吓］（-hè）吓（xià）唬。

另见498页tōng。

胴 dòng ㄉㄨㄥˋ ❶躯干，整个身体除去头部、四肢和内脏余下的部分：～体。❷大肠。

硐 dòng ㄉㄨㄥˋ 山洞、窑洞或矿坑：～产（矿产）。

DOU ㄉㄡ

都 dōu ㄉㄡ 副词。❶表示总括，全，完全：事情不论大小，～要做好。❷表示语气的加重：～十二点了还不睡｜连小孩子～搬得动。

另见110页dū。

哣 dōu ㄉㄡ 斥责声，多见于旧小说或戏曲中。

兜（*兠） dōu ㄉㄡ ❶（-子、-儿）作用和口袋相同的东西：裤～｜～儿布。❷做成兜形把东西拢住：用手巾～着鸡蛋｜船帆～风。㊀兜揽，招揽：～售。❸承担：没关系，有问题我～着。❹环绕，围绕：～抄｜～圈子。

蔸 dōu ㄉㄡ 〈方〉❶指某些植物的根和靠近根的茎：禾～｜树～脑（树墩儿）。❷量词，相当于"丛"或"棵"：一～草｜两～白菜。

篼 dōu ㄉㄡ ❶（-子）走山路坐的竹轿。❷竹、藤、柳条等做成的盛东西的器物。

斗 dǒu ㄉㄡˇ ❶市制容量单位，1斗是10升。❷量（liáng）粮食的器具，容量是1斗，多为方形。㊉1.形容小东西的大：～胆。2.形容大东西的小：～室｜～城。❸像斗的东西：漏～｜熨～。［斗拱］（-gǒng）拱是建筑上的弧形承重结构，斗是垫拱的方木块，合称斗拱。❹呈圆形的指纹。❺星宿名，二十八宿之一。

另见109页dòu。

阧 dǒu ㄉㄡˇ 〈古〉同"陡"。

抖 dǒu ㄉㄡˇ ❶使振动：～床单｜～空竹｜～～身上的雪。［抖搂］（-lou）1.同"抖

❶”：～衣服上的土。2. 任意挥霍：别把钱～光了。3. 揭露：～老底儿。❷哆嗦，战栗：冷得发～。❸讽刺人突然得势或生活水平突然提高：他最近～起来了。

钭(鈄) dǒu ㄉㄡˇ（又）见502页tǒu。

蚪 dǒu ㄉㄡˇ 见267页“蝌”字条“蝌蚪”(kē—)。

陡 dǒu ㄉㄡˇ ❶斜度很大，近于垂直：悬崖～壁｜～峭｜这个山坡太～。❷突然：气候～变｜～起歹心。

斗(鬥、*鬭、*鬪、*鬦) dòu ㄉㄡˋ ❶对打(㊀战—)：搏～｜～殴。[斗争] 1. 矛盾的双方互相冲突，一方力求战胜另一方：思想～。2. 用说理、揭露、控诉等方式打击：～汉奸｜开～会。3. 奋斗：为真理而～。[奋斗]为了达到一定的目的而努力干。❷比赛胜负：～智｜～力。❸〈方〉拼合，凑近：那条桌子腿还没有～榫(sǔn)｜用碎布～成一个口袋。

另见108页dǒu。

豆(❶*荳) dòu ㄉㄡˋ ❶豆类植物，有大豆、豌豆、蚕豆等。又指这些植物的种子。❷(一儿)形状像豆粒的东西：山药～儿｜花生～儿。❸古代盛肉或其他食品的器皿，形状像高脚盘。

逗 dòu ㄉㄡˋ ❶停留(㊀一留)。❷引，惹弄：～笑｜～趣｜把弟弟～哭了。特指引人发笑：爱说爱～。❸有趣：他说话真～。❹同“读”(dòu)。

饾(餖) dòu ㄉㄡˋ [饾饤](—dìng)供陈设的食品。㊣文辞堆砌。

脰 dòu ㄉㄡˋ 脖子，颈。

痘 dòu ㄉㄡˋ ❶水痘，一种传染病，小儿容易感染。❷痘疮，即天花，一种急性传染病，病原体是病毒。

读(讀) dòu ㄉㄡˋ 指文章里一句话中间念起来要稍稍停顿的地方：句～。

另见110页dú。

窦(竇) dòu ㄉㄡˋ 孔，洞：鼻～｜狗～。[疑窦]可疑的地方：顿生～。

DU ㄉㄨ

厾(**㧻) dū ㄉㄨ 用指头、棍棒等轻击轻点：～一个点儿。[点厾]

画家随意点染。

都 dū ㄉㄨ ❶首都，全国最高领导机关所在的地方：建～。❷大城市(㊀一市)：通～大邑。❸姓。

另见108页dōu。

阇(闍) dū ㄉㄨ 城门上的台。

另见445页shé。

D

嘟 dū ㄉㄨ 形容喇叭等的声音：喇叭～～响。[嘟囔](－nang)小声、连续地自言自语，常带有抱怨的意思：别瞎～啦！[嘟噜](－lu)1.向下垂着：～着脸，显得很不高兴。2.量词，用于连成一簇的东西：一～钥匙|一～葡萄。3.(－儿)舌或小舌连续颤动发出的声音：打～儿。

督 dū ㄉㄨ 监督，监管，察看：～战|～促|～着他干。

毒 dú ㄉㄨˊ ❶对生物体有危害的性质，或有这种性质的东西：～气|中(zhòng)～|消～|砒霜有～。㊂对思想品质有害的事物：肃清流～。❷毒品：吸～|贩～|禁～。❸用有毒的东西使人或物受到伤害：用药～老鼠|～杀害虫。❹毒辣，凶狠，厉害：心～|～计|下～手|太阳真～。

独(獨) dú ㄉㄨˊ ❶单一(㊀单一)：～唱|～幕剧|～生子女|无～有偶。❷没有依靠或帮助(㊀孤一)。[独立]自立自主，不受人支配。❸没有子孙的老人：鳏寡孤～。❹只，唯有：大家都到了，～有他没来。

[独龙族]我国少数民族，参看附表。

顿(頓) dú ㄉㄨˊ 见351页"冒"字条"冒顿"(mò－)。

另见115页dùn。

读(讀) dú ㄉㄨˊ 依照文字念：宣～|朗～|～报。㊂1.阅读，看书，阅览：～书|～者。2.求学：～大学。

另见109页dòu。

渎(瀆、❷黷)** dú ㄉㄨˊ ❶水沟，小渠(㊀沟一)。❷亵渎，轻慢，对人不恭敬。[渎职]不尽职，在执行任务时犯错误。

椟(櫝) dú ㄉㄨˊ ❶柜子。❷匣子。

犊(犢) dú ㄉㄨˊ (－子、－儿)牛犊，小牛：初生之～不怕虎。

牍(牘) dú ㄉㄨˊ 古代在上面写字的木

简。㊀1.文牍，公文：案～。2.尺牍，书信。

讟（讟） dú ㄉㄨˊ 诽谤，怨言。

黩（黷） dú ㄉㄨˊ ❶污辱。❷随随便便，不郑重。[黩武]滥用武力：穷兵～。

髑 dú ㄉㄨˊ [髑髅](—lóu)死人头骨。

肚 dǔ ㄉㄨˇ (—子、—ル)动物的胃用作食品时叫肚：猪～子|羊～ル。

另见111页dù。

笃（篤） dǔ ㄉㄨˇ ❶忠实，全心全意：～学|～信。❷病沉重：病～。

堵 dǔ ㄉㄨˇ ❶阻塞(sè)，挡：水沟～住了|～老鼠洞|别～着门站着！㊁心中不畅快：心里～得慌。❷墙：观者如～。[安堵]安定地生活，不受骚扰。❸量词，用于墙：一～高墙。

赌（賭） dǔ ㄉㄨˇ 赌博，用财物作注争输赢：～钱|聚～。㊀争输赢：打～。[赌气]因不服气而任性做事：他～走了。

睹（*覩） dǔ ㄉㄨˇ 看见：耳闻目～|熟视无～|～物思人。

芏 dù ㄉㄨˋ 见231页"茳"字条"茳芏"(jiāng—)。

杜（❷敷）** dù ㄉㄨˋ ❶杜梨树，落叶乔木，果实圆而小，味涩，可以吃。是嫁接梨的主要砧木。❷阻塞(sè)，堵塞(sè)：以～流弊。[杜绝]堵死，彻底防止：～漏洞|～事故发生。

[杜鹃](—juān) 1.鸟名，又叫布谷、杜宇或子规，身体黑灰色，胸腹常有横斑点，吃害虫，是益鸟。2.常绿或落叶灌木，又叫映山红，春天开花，多为红色，供观赏。

[杜撰](—zhuàn)凭自己的意思捏造。

肚 dù ㄉㄨˋ ❶(—子)腹部，胸下腿上的部分。㊀(—ル)器物中空的部分：大～ル坛子。❷(—子、—ル)物体上圆而凸起像肚子的部分：腿～子|手指头～ル。

另见111页dǔ。

钍（釷） dù ㄉㄨˋ 人造的放射性金属元素，符号Db。

妒（*妬） dù ㄉㄨˋ 因为别人好而忌恨(㊂嫉—)：嫉贤～能。

度 dù ㄉㄨˋ ❶计算长短的器具或单位：～量(liàng)

D

衡。❷依照计算的标准划分的单位:温～|湿～|经～|用了20～电。❸事物所达到的程度:知名～|高～的爱国热情。❹法则,应遵行的标准(㊀制一、法一)。❺度量,能容纳承受的量:气～|适～|过～。❻过,由此到彼:～日。❼所打算或考虑的:置之～外。❽量词,次:一～|再～|前～。

另见117页duó。

渡 dù ㄉㄨˋ ❶横过水面:～河|～江。㊀过,由此到彼:～过难关|过～时期。❷渡口,渡头,过河的地方:荒村野～。

镀(鍍) dù ㄉㄨˋ 用物理或化学方法使一种物质附着在别的物体的表面:～金|电～。

蠹(蝳、**螙)** dù ㄉㄨˋ ❶蛀蚀器物的虫子:木～|书～|～鱼。❷蛀蚀,侵害:流水不腐,户枢不～。

DUAN ㄉㄨㄢ

耑 duān ㄉㄨㄢ ❶"端"的古字。❷姓。

另见662页zhuān"专"。

端 duān ㄉㄨㄢ ❶端正,不歪斜:五官～正|～坐。㊀正派:品行不～。❷东西的一头:两～|末～|笔～。㊀1.事情的开头:开～。2.起因:无～。3.项目,方面:不只一～|举其大～。[端午][端阳]农历五月初五日。民间在这一天包粽子、赛龙舟,纪念两千多年前的楚国诗人屈原(相传屈原在这一天投江自尽)。[端详]1.从头到尾的详细情形:听～|说～。2.仔细地看:她久久地～着孩子的相片。❸用手很平正地拿着:～碗|～茶。

短 duǎn ㄉㄨㄢˇ ❶长度小,跟"长"相对。1.指空间:～距离|～裤|～视(目光短浅)。2.指时间:～期|天长夜～|～工(指短期雇用的工人、农民等)。❷缺少,欠(㊀一少):别人都来了,就～他一个人了。❸短处,缺点:护～|取长补～。

段 duàn ㄉㄨㄢˋ ❶量词,用于事物、时间的一节,截:一～话|一～时间|一～木头。[段落]文章、事情等根据内容划分成的部分:工作告一～|这篇文章可以分两个～。❷工矿企业中的行政单位:工

～|机务～。

塅 duàn ㄉㄨㄢˋ〈方〉指面积较大的平坦地形。多用于地名:李家～(在湖南省汨罗)。

缎(緞) duàn ㄉㄨㄢˋ (一子)质地厚密,一面光滑的丝织品,是我国的特产之一。

瑖 duàn ㄉㄨㄢˋ 一种像玉的石头。

椴 duàn ㄉㄨㄢˋ 椴树,落叶乔木,像白杨。木质细致,可用来制器具等。

煅 duàn ㄉㄨㄢˋ ❶同"锻"。❷放在火里烧,减少药石的烈性(中药的一种制法):～石膏。

锻(鍛) duàn ㄉㄨㄢˋ 把金属加热,然后锤打:～件|～工|～造。[锻炼] 1.通过体育活动,增强体质:～身体。2.通过生产劳动、社会斗争和工作实践,使思想觉悟、工作能力提高:在工作中～成长。

断(斷) duàn ㄉㄨㄢˋ ❶长形的东西截成两段或几段:棍子～了|风筝线～了|把绳子剪～了。❷隔绝,不继续:～奶|～了关系。㊀戒除:～酒|～烟。[断送]丧失、毁弃、败坏原来所有而无可挽回:～前程。❸判断,决定,判定:诊～|～案|当机立～|下～语。❹一定,绝对:～无此理。[断然] 1.坚决,果断:～拒绝。2.绝对:～不可妄动。

簖(籪) duàn ㄉㄨㄢˋ 插在水里捕鱼、蟹用的竹栅栏。

DUI ㄉㄨㄟ

堆 duī ㄉㄨㄟ ❶(一子、一儿)累积在一起的东西:土～|草～|柴火～。❷累积,聚集在一块(㊥一积):～肥|粮食～满仓。[堆砌]㊕写文章用大量华丽而无用的词语。❸量词,用于成堆的事物:两～土|一～事|一～人。

队(隊) duì ㄉㄨㄟˋ ❶有组织的集体或排成的行(háng)列:乐～|工程～|排～。[队伍](一wu) 1.军队。2.有组织的群众行列或群体:游行～过来了|干部～。❷在我国特指中国少年先锋队:入～。❸量词,用于排成队列的人或物:一～人马。

对(對) duì ㄉㄨㄟˋ ❶答话,回答:无词可～|～答如流。❷向着:面～

D

大海。[对象]1. 思考或行动时作为目标的事物或人。2. 特指恋爱的对方。❸对面的：～门|～岸。❹互相：～调|～流|～比|～照。❺介词。对于，引进对象或事物的关系者：～他说明白|～人很和气|我～这件事情还有意见|他～历史很有研究。❻对待，看待，对付：～事不～人|刀～刀，枪～枪。❼照着样检查：～笔迹|校(jiào)～。❽相合，适合：～劲|～症下药。❾正确：这话很～。㉫用作答语，表示同意：～，你说得不错！❿双，成双的：～联|配～。㉫1.(一子、一儿)联语：喜～。2. 平分，一半：～开|～半。⓫掺和(多指液体)：～水。⓬(一儿)量词，双：一～鸳鸯|两～夫妻。

怼(懟) duì ㄉㄨㄟˋ 怨恨。

兑 duì ㄉㄨㄟˋ ❶交换(㊣一换)：～款|汇～|～现。❷掺和，混合：勾～。❸八卦之一，符号是☱，代表沼泽。

祋 duì ㄉㄨㄟˋ ❶古代的一种兵器。❷姓。

敦 duì ㄉㄨㄟˋ 古时盛黍稷的器具。

另见114页dūn。

镦(鐓) duì ㄉㄨㄟˋ 矛戟柄末端的金属套。

另见72页chún。

憝 duì ㄉㄨㄟˋ ❶怨恨。❷坏，恶：元凶大～。

镦(鐓) duì ㄉㄨㄟˋ 同"镦"(duì)。

另见115页dūn。

碓 duì ㄉㄨㄟˋ 捣米的器具，用木、石制成。

DUN ㄉㄨㄣ

吨(噸) dūn ㄉㄨㄣ (外)❶质量单位，法定计量单位中1吨等于1 000千克。英制1吨(长吨)等于2 240磅，合1 016.05千克，美制1吨(短吨)等于2 000磅，合907.18千克。❷指登记吨，计算船只容积的单位，1吨相当于100立方英尺，合2.83立方米。

惇(*惪) dūn ㄉㄨㄣ 敦厚。

敦(❶❷*敳) dūn ㄉㄨㄣ ❶敦厚，厚道：～睦邦交。❷诚心诚意：～聘|～请。❸姓。

另见114页duì。

墩(*墪) dūn ㄉㄨㄣ ❶土堆。❷(一子、

一儿）厚而粗的木头、石头等，座儿：门～儿｜桥～。❸量词，用于丛生的或几棵合在一起的植物：栽稻秧两万～｜每～五株。

撴 dūn ㄉㄨㄣ 〈方〉揪住。

礅 dūn ㄉㄨㄣ 厚而粗的石头：石～。

镦（鐓） dūn ㄉㄨㄣ 用锤击、加压的方法使坯料变短、变粗。在常温下加工叫冷镦，加热后再加工叫热镦。

另见114页duì。

蹾（**撉） dūn ㄉㄨㄣ 猛地往下放，着(zháo)地很重：篓子里是鸡蛋，别～。

蹲 dūn ㄉㄨㄣ 两腿尽量弯曲，像坐的样子，但臀部不着地：～在地上。㊀闲居：不能再～在家里了。[蹲班]留级：～生。[蹲点]深入到基层单位，参加实际工作，进行调查研究等。

另见79页cún。

盹 dǔn ㄉㄨㄣˇ（一儿）很短时间的睡眠：打～儿（打瞌睡）。

趸（躉） dǔn ㄉㄨㄣˇ ❶整，整数：～批｜～卖。❷整批地买进：～货｜～菜｜现～现卖。

囤 dùn ㄉㄨㄣˋ 用竹篾、荆条等编成的或用席箔等围成的盛粮食等的器物：大～满，小～流。

另见506页tún。

沌 dùn ㄉㄨㄣˋ 见209页"混"字条"混沌"(hùn—)。

另见663页zhuàn。

炖（**燉） dùn ㄉㄨㄣˋ ❶煨煮食物使熟烂：清～鸡｜～肉。❷〈方〉把汤药、酒等盛在碗里，再把碗放在水里加热。

砘 dùn ㄉㄨㄣˋ ❶（一子）耩(jiǎng)完地之后用来轧(yà)地的石磙子。❷用砘子轧地。

钝（鈍） dùn ㄉㄨㄣˋ ❶不锋利，不快，跟"锐"、"利"、"快"相对：这把刀真～｜镰刀～了，磨一磨吧。❷笨，不灵活：迟～｜拙嘴～舌。

顿（頓） dùn ㄉㄨㄣˋ ❶很短时间的停止(㊥停一)：抑扬～挫｜念到这个地方应该～一下。❷忽然，立刻，一下子：～悟｜～时。❸叩，碰：～首。㊀跺：～足。❹处理，放置：整～｜安～。❺书

法上指运笔用力向下而暂不移动。❻疲乏:劳～|困～。❼量词,次:一天三～饭|说了一～|打了他一～。❽姓。

另见110页dú。

盾 dùn ㄉㄨㄣˋ ❶古代打仗时防护身体,挡住敌人刀、箭等的牌。[后盾]指后方护卫、支援的力量。❷盾形的东西:金～|银～。❸越南等国的货币单位。

遁(*遯) dùn ㄉㄨㄣˋ 逃走,逃避(㊀逃—):～去|夜～。[遁词][遁辞]理屈词穷时所说的应付话。

楯 dùn ㄉㄨㄣˋ 同"盾"。另见466页shǔn。

DUO ㄉㄨㄛ

多 duō ㄉㄨㄛ ❶跟"少"相对。1.数量大的:人很～|～打粮食。2.有余,比一定的数目大(㊀一余):十～个|一年～|只预备五份,没有～的。[多少]1.未定的数量:你要～拿～。2.问不知道的数量:这本书～钱?|这班有～学生?3.许多:没有～。4.或多或少:～有些困难。❷过分,不必要的:～嘴|～心。❸表示相差的程度大:好得～|厚～了。❹副词。1.多么,表示惊异、赞叹:～好!|～大!|～香!2.表疑问:有～大?[多会儿](—huir)[多咱](—zan)什么时候,几时。

哆 duō ㄉㄨㄛ [哆嗦](—suo)发抖,战栗:冷得打～|吓得浑身～。

咄 duō ㄉㄨㄛ 呵斥或表示惊异。[咄咄]表示惊怪:～怪事。[咄嗟](—jiē)吆喝:～立办(马上就办到)。

剟 duō ㄉㄨㄛ ❶刺,击。❷削,删除。

埭 duō ㄉㄨㄛ 用于地名:塘～(在广东省吴川)。

掇 duō ㄉㄨㄛ ❶拾取(㊀—拾)。❷〈方〉用双手拿(椅子、凳子等),用手端。

敠 duō ㄉㄨㄛ 见99页"战"字条"战敠"(diānduo)。

裰 duō ㄉㄨㄛ ❶缝补破衣:补～。❷直裰,古代士子、官绅穿的长袍便服,也指僧道穿的袍子。

夺(奪) duó ㄉㄨㄛˊ ❶抢,强取(㊀抢—):把敌人的枪～过来。[夺目]耀眼:光彩～。❷争取得到:～丰收|～冠。❸冲出:泪水～眶而出|～门而出。❹做决

定:定～|裁～。❺漏掉(文字):讹～。❻失去,使失去:勿～农时|剥～。

度 duó ㄉㄨㄛˊ 忖度,揣度,计算,推测:～德量力。

另见111页dù。

踱 duó ㄉㄨㄛˊ 慢慢地走:～来～去。

铎(鐸) duó ㄉㄨㄛˊ 大铃,古代宣布政教法令时或有战事时用。

朵(*朶) duǒ ㄉㄨㄛˇ ❶花朵,植物的花或苞。❷量词,用于花或成团的东西:三～花|一～蘑菇|两～云彩。

垛(*垜) duǒ ㄉㄨㄛˇ (一子)用泥土、砖石等筑成的掩蔽物:箭～子|门～子|城墙～口。

另见117页duò。

哚(**哚) duǒ ㄉㄨㄛˇ 见594页"吲"字条"吲哚"(yǐn—)。

躲(**躱) duǒ ㄉㄨㄛˇ 隐藏,避开(㊀一藏、一避):～雨|他～在哪里?|明枪易～,暗箭难防。

埵 duǒ ㄉㄨㄛˇ 坚硬的土。

亸(嚲、**軃) duǒ ㄉㄨㄛˇ 下垂。

驮(馱) duò ㄉㄨㄛˋ (一子)骡马等负载的成捆的货物:把～子卸下来,让牲口歇会儿。

另见507页tuó。

杕 duò ㄉㄨㄛˋ 同"舵"。

另见98页dì。

剁(**刴) duò ㄉㄨㄛˋ 用刀向下砍:～碎|～饺子馅儿。

垛(*垜、**稞) duò ㄉㄨㄛˋ ❶整齐地堆成的堆:麦～|砖～。❷整齐地堆积:柴火～得比房还高。❸量词,用于成垛的东西:一～砖|两～柴火。

另见117页duǒ。

跺(*跥) duò ㄉㄨㄛˋ 顿足,提起脚来用力踏:～脚。

饳(飿) duò ㄉㄨㄛˋ 见165页"馉"字条"馉饳"(gǔ—)。

柮 duò ㄉㄨㄛˋ 见165页"榾"字条"榾柮"(gǔ—)。

柁 duò ㄉㄨㄛˋ 同"舵"。

另见507页tuó。

舵 duò ㄉㄨㄛˋ 控制行船方向的设备,多装在船尾:掌～|～手。泛指飞机、汽车等控制方向的装置:～轮|～盘。

D

堕（墮） duò ㄉㄨㄛˋ 掉下来，坠落：～地。

[堕落]⑩思想行为向坏的方向变化：～分子|腐化～。

惰 duò ㄉㄨㄛˋ 懒，懈怠，跟“勤”相对（㊣懒～、怠～）。

E ㄜ

E ㄜ

阿 ē ㄜ ❶迎合，偏袒：～附|～其所好|～谀逢迎。❷凹曲处：山～。

[阿胶]中药名，用驴皮加水熬成的胶，有滋补养血的作用，原产山东省东阿。

另见1页ā。

屙 ē ㄜ〈方〉排泄大小便：～屎|～尿。

婀 ē ㄜ[婀娜]（－nuó）姿态柔美的样子。

讹（訛、❶*譌） é ㄜˊ ❶错误（㊣－误）：以～传～。❷敲诈，假借某种理由向人强行索取财物或其他权利：～人|～诈。

囮 é ㄜˊ （－子）捕鸟时用来引诱同类鸟的鸟。又叫圝（yóu）子。

俄 é ㄜˊ 短时间。[俄而][俄顷]一会儿，不久。

[俄罗斯族] 1.我国少数民族，参看附表。2.俄罗斯联邦的主要民族。

莪 é ㄜˊ 莪蒿，草本植物，叶像针，生长在水边。

[莪术]（－zhú）草本植物，叶长椭圆形，根状茎可入药。

哦 é ㄜˊ 吟哦，低声地唱。另见369页ó；370页ò。

峨（*峩） é ㄜˊ 高：巍～|～冠。

[峨眉][峨嵋]山名，在四川省。

涐 é ㄜˊ 古水名，即今大渡河。

娥 é ㄜˊ ❶美好（指女性姿态）。❷指美女：宫～。

[娥眉]指美女细长、弯曲的眉毛，也指美女。也作“蛾眉”。

锇（鋨） é ㄜˊ 金属元素，符号Os，银白色，质硬而脆。可用来制催化剂。它的合金可制耐腐蚀、耐磨部件。

鹅（鵞、*鵝、*䳘） é ㄜˊ 家禽，身体比鸭子大，颈长，头部有黄色或黑褐色的肉质突起，雄的突起较大。脚有蹼，能游泳。

蛾 é ㄜ （一子、一儿）昆虫，略像蝴蝶。静止时，翅左右平放：灯～｜蚕～｜飞～投火。

〈古〉又同“蚁”（yǐ）。

额（額、*頟） é ㄜ ❶额头，俗叫脑门儿，眉毛以上头发以下的部分。（图见501页“头”）❷规定的数量：定～｜名～｜超～｜～外。❸牌匾：横～｜匾～。

恶（惡、△噁） ě ㄜ［恶心］（—xin）要呕吐。㊕厌恶（wù）。

另见119页è；524页wū；526页wù。

“噁”另见119页è“噁”。

厄（❸*阨、*戹） è ㄜ ❶困苦，灾难：～运。❷阻塞，受困：～于海上。❸险要的地方：险～。

扼（*搤） è ㄜ 用力掐着，抓住：力能～虎。［扼守］把守要地，防止敌人侵入。［扼要］抓住要点：文章简明～。

苊 è ㄜ 有机化合物，无色针状晶体，有致癌作用，可用作媒染剂。

呃 è ㄜ 呃逆，因膈痉挛引起的打嗝儿。

轭（軛） è ㄜ 驾车时搁在牛颈上的曲木。

垩（堊） è ㄜ ❶粉刷墙壁用的白土。❷用白土涂饰。

恶（惡） è ㄜ ❶恶劣，不好：～感｜～习。❷凶狠（㊀凶一）：～狗｜～战｜～霸。❸犯罪的事，极坏的行为，跟“善”相对：罪～｜无～不作。

另见119页ě；524页wū；526页wù。

噁（噁） è ㄜ［二噁英］一类有毒的含氯有机化合物，有强烈的致畸或致癌作用。进入人体的主要途径是饮食。

“噁”另见119页ě“恶”。

娥 è ㄜ 见656页“婤”（zhōu）。

饿（餓） è ㄜ 肚子空，想吃东西，跟“饱”相对：肚子～了。

鄂 è ㄜ 湖北省的别称。

［鄂伦春族］［鄂温克族］都是我国少数民族，参看附表。

谔（諤） è ㄜ 言语正直。［谔谔］直言争辩的样子。

E

萼（*蕚） è ㄜˋ 花萼，在花瓣下部的一圈绿色小片。

崿 è ㄜˋ 山崖：危岩峭～。

愕 è ㄜˋ 惊讶（㊀惊一）：～然。

腭（*齶） è ㄜˋ 口腔的上壁，分为前后两部，前部叫硬腭，后部叫软腭。

谔 è ㄜˋ 用于地名：～嘉（在云南省双柏）。

鹗（鶚） è ㄜˋ 鸟名，即鱼鹰，背暗褐色，腹白色。常在水面上飞翔，性凶猛，捕食鱼类。

锷（鍔） è ㄜˋ 刀剑的刃。

颚（顎） è ㄜˋ ❶某些节肢动物摄取食物的器官。❷同"腭"。

鳄（鰐、*鱷） è ㄜˋ 爬行动物，俗叫鳄鱼，皮和鳞很坚硬，性凶恶，生活在热带、亚热带的沿海和河流、池沼中，主要捕食小动物。

堨 è ㄜˋ 〈方〉堤坝，多用于地名：富～（在安徽省歙县）|～头（在浙江省建德）。

遏 è ㄜˋ 阻止（㊀一止、阻一）：怒不可～。［遏制］制止，控制：～敌人的进攻|～不住满腔的激情。

頞（頞） è ㄜˋ 鼻梁。

噩 è ㄜˋ 可怕而惊人的：～梦|～耗（指亲近或敬爱的人死亡的消息）。

Ê ㄝ

诶（誒） ē ㄝ ēi ㄟ（又）同"欸"（ē）。

另见120页é；120页ě；121页è。

欸 ē ㄝ ēi ㄟ（又）叹词，表示招呼：～，你快来！

另见2页ǎi；120页é；120页ě；121页è。

诶（誒） é ㄝˊ éi ㄟˊ（又）同"欸"（é）。

另见120页ē；120页ě；121页è。

欸 é ㄝˊ éi ㄟˊ（又）叹词，表示诧异：～，怎么回事！

另见2页ǎi；120页ē；120页ě；121页è。

诶（誒） ě ㄝˇ ěi ㄟˇ（又）同"欸"（ě）。

另见120页ē；120页é；121页è。

欸 ě ㄝˇ ěi ㄟˇ（又）叹词，表示不以为然：～，你这话可不对呀！

另见 2 页 ǎi;120 页 ē;120 页 é;121 页 ě。

诶(誒) ềㄝ èiㄟ(又) 同"欸"(ề)。

另见 120 页 ē;120 页 é;120 页 ě。

欸 ềㄝ èiㄟ(又) 叹词，表示应声或同意：～，我这就来！|～，就这么办！

另见 2 页 ǎi;120 页 ē;120 页 é;120 页 ě。

EI ㄟ

哸 éiㄟ 叹词，表示诧异或忽然想起：～，他怎么病了！|～，我三点钟还有一场电影呢！

EN ㄣ

恩(*㤙) ēnㄣ 好处，深厚的情谊(㊀—惠、—德)：～情|感～。[恩爱](夫妻)亲爱。

蒽 ēnㄣ 有机化合物，无色晶体，有紫色荧光，是制染料的原料。

摁 ènㄣ 用手按压：～电铃|～钉儿|～扣儿。

ENG ㄥ

鞥 ēngㄥ 马缰绳。

ER 儿

儿(兒) érㄦ ❶小孩子(㊀—童)：婴～|幼～|～科|～戏。❷年轻的人(多指青年男子)：健～。❸儿子，男孩子：他有一～一女。㊁雄性的：～马。❹父母对儿女的统称，儿女对父母的自称。❺词尾，同前一字连成一个卷舌音。1.加在名词后，表示小：小孩～|乒乓球～|小狗～。2.使动词、形容词等名词化：没救～|拐弯～|挡着亮～|叫好～。3.表示具体事物抽象化：门～|根～。

而 érㄦ 连词。❶连接同类的词或句子。1.顺接：聪明～勇敢|通过实践～发现真理，又通过实践～证实真理和发展真理。2.转接：有其名～无其实。[而且]连词。1.表示平列：这篇文章写得长～空。2.表示进一层，常跟"不但"相应：鲁迅不但是伟大的文学家，～是伟大的思想家和

E

革命家。[而已]助词,罢了:不过如此~。❷把表时间、原因或情状的词连接到动词上:匆匆~来|因公~死|侃侃~谈|挺身~出。❸(从)……到……:自上~下|由小~大。

陑 ér ㄦˊ 古山名,在今山西省永济南。

耏 ér ㄦˊ ❶面颊上的胡须。❷姓。

另见356页nài。

洏 ér ㄦˊ 见300页"涟"字条"涟洏"(lián—)。

鸸(鴯) ér ㄦˊ [鸸鹋](—miáo)鸟名,外形像鸵鸟,嘴短而扁,脚有三个趾。善走,不能飞,产于澳大利亚的草原和开阔的森林中。

鲕(鮞) ér ㄦˊ 鱼苗。

尔(爾、*尒) ěr ㄦˇ ❶代词。1.你,你的:~辈|~父|出~反~(指反复无常)。[尔汝]你我相称,关系亲密:相为~|~交。2.如此(叠):果~|偶~|不过~~。3.那,其(指时间):~时|~日|~后。❷同"耳❸"。❸词尾,相当于"然":卓~|率~(轻率)。

迩(邇) ěr ㄦˇ 近:遐(xiá)~闻名(遐:远)|~来(近来)。

耳 ěr ㄦˇ ❶耳朵,人和动物的听觉器官:~聋|~熟(听着熟悉)|~生(听着生疏)|~语(嘴贴近别人耳朵小声说话)。❷像耳朵的。1.指形状:木~|银~。2.指位置在两旁的:~房|~门。❸文言助词,表示罢了,而已:前言戏之~|此无他,唯手熟~。

饵(餌) ěr ㄦˇ ❶糕饼:香~|果~。❷钓鱼用的鱼食:鱼~。❸引诱:以此~敌。

洱 ěr ㄦˇ 洱海,湖名,在云南省大理。

珥(駬) ěr ㄦˇ 见319页"騄"字条"騄駬"(lù—)。

珥 ěr ㄦˇ 用珠子或玉石做的耳环。

铒(鉺) ěr ㄦˇ 金属元素,符号Er,银灰色,质软。可用来制特种合金、激光器等。

二 èr ㄦˋ ❶数目字:十~个|两元~角。("二"与"两"用法不同,参看302页"两"字注。)❷第二,次的:~等货|~把刀(指技术不高)。[二手]1.旧的,用过的:~车|~货。2.间接的:~资料。❸两样:

心无～用。

弍 èr 儿 同“二”。

贰(貳) èr 儿 “二”字的大写。

佴 èr 儿 置，停留。

另见356页nài。

咡 èr 儿 ❶口旁；两颊。❷用于地名：咪～(在云南省彝良)。

F ㄈ

FA ㄈㄚ

发(發) fā ㄈㄚ ❶交付，送出，跟“收”相对：分～|～选民证|～货|信已经～了。[发落]处理，处分：从轻～。[打发](－fa)1.派遣：～专人去办。2.使离去：好不容易才把他～走了。3.消磨(时日)：～时光。❷表达，说出：～言|～问|～誓|～表。❸放射：～炮|～光。㊀量词，用于枪弹、炮弹：五十～子弹。❹散开，分散：～汗|挥～|蒸～。[发挥]把意思尽量地说出，把能力尽量地表现出：借题～|～群众的智慧和力量。❺开展，扩大，膨胀：～扬|～展|～海带|面～了。[发育]生物逐渐成长壮大：身体～正常。❻因得到大量资财而兴旺：～家|暴～户|这几年他做买卖～了。❼打开，揭露：～掘潜力|揭～。[发明]创造出以前没有的事物：印刷术是我国首先～的。[发现]1.找出原先存在而大家不知道的事物或道理：～新油田。2.发觉：～问题就及时解决。❽显现，散发：脸上～黄|～潮|～臭|～酸。❾产生，发生：～芽|～病。㊀流露：～怒|～笑。❿感到(多用于令人不快的情况)：～麻|～烧。⓫开始动作，起程：～端|朝～夕至|～动|出～。

另见124页fà。

乏 fá ㄈㄚˊ ❶缺少(㊀缺－)：～味|不～其人。❷疲倦(㊀疲－)：人困马～|跑了一天，身上有点儿～。

伐 fá ㄈㄚˊ ❶砍：～树|采～。❷征讨，攻打(㊀讨－)：北～|口诛笔～。

垡 fá ㄈㄚˊ ❶〈方〉耕地，把土翻起来：秋～地(秋耕)。也指翻起来的土块：晒～。❷用于地名：榆～(在北京市大兴)。

F

阀(閥) fá ㄈㄚˊ ❶封建时代指有权势的家庭、家族：门～|～阅之家。❷凭借权势造成特殊地位的个人或集团：军～|财～。❸(外)阀门，管道、唧筒或机器中调节控制流体的流量、压力和流动方向的装置：水～|气～|油～。

筏(*栰) fá ㄈㄚˊ (一子)用竹、木平摆着编扎成的水上交通工具，也有用牛羊皮或橡胶制成的。

罚(罰、*罸) fá ㄈㄚˊ 处分犯错误和犯罪的人(㊀惩一、责一)：他因违纪而受～了。

法(❶-❺*灋、❶-❺*㳒) fǎ ㄈㄚˇ ❶法律、法令、条例等的总称：婚姻～|犯～|合～|依～治国。❷(一子、一儿)方法，处理事物的手段：写～|办～|用～|没～儿办。❸仿效：效～|师～。❹标准，模范，可仿效的：～书|～绘|～帖。❺佛教徒称他们的教义，民间传说的所谓"超人力"的本领：佛～|～术。❻电容单位名法拉的简称，符号F。

砝 fǎ ㄈㄚˇ[砝码](一mǎ)天平上用作重量标准的东西，用金属制成。

发(髮) fà ㄈㄚˋ 头发：理～|脱～|令人～指(形容使人非常气愤)。

另见123页fā。

珐(*琺) fà ㄈㄚˋ [珐琅](一láng)用石英、长石、硼砂、纯碱等烧制成的像釉子的物质。涂在铜质或银质器物的表面作为装饰，又可防锈。用来制景泰蓝、证章、纪念章等。也指珐琅制品。

FAN ㄈㄢ

帆(*帆、*颿) fān ㄈㄢ 利用风力使船前进的布篷：白～|～船|一～风顺。

番 fān ㄈㄢ ❶称外国的或外族的：～茄|～薯|～椒。❷量词。1.遍，次：三～五次|费了一～心思|解说一～|产量翻了一～。2.种，样：别有一～滋味。

另见373页pān。

蕃 fān ㄈㄢ 同"番(fān)❶"。

另见36页bō；125页fán。

幡(**旛) fān ㄈㄢ 用竹竿等挑起来直着挂的长条形旗子。

藩 fān ㄈㄢ 藩篱，篱笆。㊗用作保卫的屏障，封建时代

用来称属国、属地：～国|～属。

翻（*飜）fān ㄈㄢ ❶歪倒（dǎo），或上下、内外移位：～身|车～了|～修|别把书～乱了。❷改变：～改|～案。❸数量成倍增加：产量～一番。❹翻译，把一种语文译成另一种语文：把外国名著～成中文。❺（一儿）翻脸：闹～了。

凡（*凢）fán ㄈㄢˊ ❶平常，普通：～人|平～。❷宗教、神话或迷信的人称人世间：神仙下～。❸凡是，所有的：～事要跟群众商量。❹概要，要略：发～起例。[凡例]书前面说明内容和体例的文字。❺总共：全书～十卷。

矾（礬）fán ㄈㄢˊ 某些金属硫酸盐的含水结晶。如明矾（硫酸钾铝，又叫白矾）、胆矾（硫酸铜）、绿矾（硫酸亚铁）。

钒（釩）fán ㄈㄢˊ 金属元素，符号 V，银白色，质硬。可用来制合金钢等。

氾 fán ㄈㄢˊ 姓。

另见 126 页 fàn“泛”。

烦（煩）fán ㄈㄢˊ ❶苦闷，急躁：～恼|心～意乱|心里有点儿～。❷厌烦，使厌烦：不耐～|这些话都听～了|～人。❸又多又乱：要言不～|絮～。[烦琐]繁杂琐碎。❹敬辞，表示请托：～你做点儿事。

墦 fán ㄈㄢˊ 坟墓。

蕃 fán ㄈㄢˊ 草木茂盛：～盛。㊖繁多：～衍（逐渐增多或增广，现作“繁衍”）。

另见 36 页 bō；124 页 fān。

璠 fán ㄈㄢˊ 美玉。

膰 fán ㄈㄢˊ 古代祭祀时用的熟肉。

燔 fán ㄈㄢˊ ❶焚烧。❷烤。

鐇（鐇）fán ㄈㄢˊ 古代的一种铲子。

鷭（鷭）fán ㄈㄢˊ 鸟名，即骨顶鸡，头颈黑色，额部有角质骨顶，生活在河流、沼泽地带，善游泳。

蹯 fán ㄈㄢˊ 兽足：熊～（熊掌）。

樊 fán ㄈㄢˊ 篱笆。[樊篱]篱笆。㊖限制人或事物的制度、习俗等。

繁（*緐）fán ㄈㄢˊ ❶复杂，跟“简”相对（㊀一杂）：删～就简。❷滋生：～衍|～殖。❸许多，不少：～多|～密|～星|实～有徒（这种人实在很多）。[繁

华]市面热闹,工商业兴盛。[繁荣]兴旺发展或使兴旺发展:市场~|~经济。

另见389页pó。

蘩 fán ㄈㄢˊ 草本植物,即白蒿,可入药。

反 fǎn ㄈㄢˇ ❶翻转,颠倒:~败为胜|~守为攻|易如~掌。㊀翻转的,颠倒的,跟"正"相对:~面|~穿皮袄|放~了|图章上刻的字是~的。[反复]1.翻来覆去:~无常。2.重复:~练习。❷表示和原来的或预想的不同:~常|画虎不成~类犬。[反而][反倒](—dào)副词,表示跟上文意思正相反或出乎预期和常情:希望他走,他~坐下了。❸反对,反抗:~浪费|~腐败|~封建|~法西斯。❹类推:举一~三。❺回,还:~攻|~求诸己。[反省](—xǐng)对自己的思想行为加以检查。❻古同"返"。

F

返 fǎn ㄈㄢˇ 回,归:往~|一去不复~。[返工]工作没有做好再重做。

犯 fàn ㄈㄢˋ ❶抵触,违反:~法|~规。❷犯罪的人:战~|要~|贪污~。❸侵犯,进攻:人不~我,我不~人;人若~我,我必~人。❹发作,发生:~病|~脾气|~错误。[犯不着](——zháo)[犯不上]不值得:你~和他生气。

范(❶-❹範) fàn ㄈㄢˋ ❶模(mú)子:钱~。❷范围,一定的界限:就~(喻听从支配和控制)。[范畴]1.概括性最高的基本概念,如化合、分解是化学的范畴;矛盾、质和量等是哲学的范畴。2.类型,范围。❸模范,榜样:示~|师~|~例。❹限制:防~。❺姓。

饭(飯) fàn ㄈㄢˋ ❶煮熟的谷类食品。特指大米饭。❷每日定时吃的食物:午~|开~。

贩(販) fàn ㄈㄢˋ ❶为获利而买货出卖:~货|~了一群羊来。❷(—子)买货出卖的人:菜~子|摊~。

畈 fàn ㄈㄢˋ 〈方〉田地,多用于村镇名。

泛(*汎、❸❹△*氾) fàn ㄈㄢˋ ❶漂浮:~舟。㊀浮现,透出:脸上~红。❷浮浅,不深入(叠):~~之交(友谊不深)|浮~之论。❸广泛,一般地:~览|~问|~论|~称。❹水向四处漫流:~滥。

"氾"另见125页fán。

梵 fàn ㄈㄢˋ 梵语音译"梵摩"的省称，意思是清静，常指关于古印度或佛教的：～文|～宫|～刹。[梵语]印度古代的一种语言。

FANG ㄈㄤ

方 fāng ㄈㄤ ❶四个角全是直角的四边形或六个面全是方形的六面体：正～|长～|见～（长宽或长宽高相等）|平～米|立～米。㊀乘方，一个数自乘若干次的积数：平～（自乘两次）|立～（自乘三次）。[方寸]指内心：～已乱。[方圆]周围：这个城～有四五十里。❷正直：品行～正。❸方向，方面：前～|四～|双～|对～|四面八～。㊀一个区域的，一个地带的：～言|～志。[方向]1.东、西、南、北的区分：航行的～。2.目标：做事情要认清～。❹方法，法子：教导有～|千～百计。㊀（一子、一儿）药方，配药的单子：偏～|秘～|开～子。[方式]说话、做事所采取的方法和形式。❺副词，才：书到用时～恨少。❻副词，正，正当：来日～长。❼量词。1.指平方米（用于墙、地板等）或立方米（用于土、沙、石、木材等）。2.用于方形的东西：一～图章|三～砚台。

邡 fāng ㄈㄤ [什邡]地名，在四川省。

坊 fāng ㄈㄤ ❶里巷，多用于街巷的名称。㊀街市，市中店铺：～间。❷牌坊，旧时为旌表功德、宣扬封建礼教而建造的建筑物：贞节～。

另见127页fáng。

芳 fāng ㄈㄤ 芳香，花草的香味。㊖美好的德行或声名：流～百世。

枋 fāng ㄈㄤ 方柱形木材。

牥 fāng ㄈㄤ 古代传说中的一种牛，能在沙漠中行走。

钫（鈁） fāng ㄈㄤ ❶放射性金属元素，符号Fr。❷古代一种酒壶，方口大腹。

蚄 fāng ㄈㄤ 见670页"虸"字条"虸蚄"（zǐ—）。

防 fáng ㄈㄤˊ ❶防备，戒备：～御|～守|预～|军民联～|冷不～|谨～假冒。[国防]为了保卫国家的领土、主权而部署的一切防务：～军|～要地。❷堤，挡水的建筑物。

坊 fáng ㄈㄤˊ 作（zuō）坊，某些小手工业的工作场所：

染～|油～|粉～|磨～。

另见 127 页 fāng。

妨 fáng ㄈㄤˊ 妨害，阻碍(㊥—碍)：无～。[不妨]没有什么不可以：～试试。[何妨]用反问语气表示"不妨"：你～去看看。

肪 fáng ㄈㄤˊ 见 647 页"脂"字条"脂肪"。

房 fáng ㄈㄤˊ ❶(一子)住人或放东西用的建筑物(㊥—屋)：楼～|瓦～(见下图)|库～。❷形状、作用像房子的：蜂～|莲～|心～。❸称家族的一支：大～|长(zhǎng)～。❹星宿名，二十八宿之一。

鲂(魴) fáng ㄈㄤˊ 鱼名，像鳊(biān)鱼，银灰色，背部隆起，生活在淡水中。

仿(❶—❸*倣、❹*髣) fǎng ㄈㄤˇ ❶效法，照样做(㊥—效)：～造|～制。❷依照范本写的字：写了一张～。❸类似：二人年纪相～。❹[仿佛](*彷彿、*髣髴)(—fú)1.好像：这个人我～在哪里见过。2.像，类似：弟兄俩长得相～。

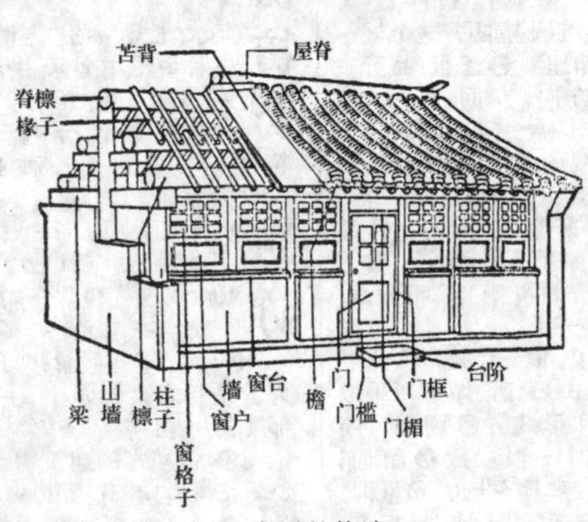

房屋的构造

访(訪) fǎng ㄈㄤˇ ❶向人询问调查:～查|～贫问苦|采～。❷探问,看望:～友|～古(古迹)。[访问]有目的地看望,探问:～劳动模范|出国～。

彷 fǎng ㄈㄤˇ [彷佛]旧同"仿佛"。参看128页"仿❹"。

另见374页páng。

纺(紡) fǎng ㄈㄤˇ ❶把丝、棉、麻、毛或人造纤维等做成纱:～纱|～棉花。❷纺绸,一种绸子:杭(杭州)～|富春～。

昉 fǎng ㄈㄤˇ ❶明亮。❷起始。

舫 fǎng ㄈㄤˇ 船:画～(装饰华美专供游览用的船)|游～。

放 fàng ㄈㄤˋ ❶解除约束,得到自由:～行|释～|把笼子里的鸟～了。㊀1. 赶牲畜、家禽到野外去觅食:～牛|～羊|～鸭子。2. 散(sàn):～工|～学。[放晴]阴雨后转晴。❷任意,随便:～任|～纵|～肆。❸发出:～枪|～光|～电。❹发物给人:～粮|～赈。㊀借钱给人,收取利息:～款。❺点燃:～火|～鞭炮。❻扩展:～大|～宽|把领子～出半寸。㊀花开:芦花～,稻谷香|心花怒～。❼搁,置:存～|～在箱子里。[放心]安心,解除忧虑和牵挂:～吧,一切都准备好了!❽流放,旧时把人驱逐到边远的地方去:～逐。

FEI ㄈㄟ

飞(飛) fēi ㄈㄟ ❶鸟类或虫类等用翅膀在空中往来活动:～行|～鸟|～虫。㊀物体在空中飘荡或行动:～沙走石|飞机向东～。❷快,像飞似的:～奔|～跑。❸指无根据的,无缘无故的:流言～语|～灾。❹(外)法定计量单位中十进分数单位词头之一,表示10^{-15},符号f。

妃 fēi ㄈㄟ ❶古代皇帝的妾,地位次于皇后。❷太子、王、侯的妻:王～。

非 fēi ㄈㄟ ❶不,不是:莫～|答～所问。[非常]1. 异乎寻常的:～时期。2. 副词,十分,极:～光荣|～高兴。❷错误,跟"是"相对:明辨是～|为～作歹|痛改前～。❸名词词头,表示不属于某个范围:～卖品|～金属|～对抗性矛盾。❹不合于:～法|～礼。❺副词,跟"不"搭用,表示必

F

须，一定（有时后面没有“不”字）：他～去不可｜不让他去，他～去。❻以为不对，不以为然：～笑（讥笑）｜～议。［非难］（－nàn）责备。❼指非洲，世界七大洲之一。

菲 fēi ㄈㄟ 花草茂盛：芳～。另见131页fěi。

啡 fēi ㄈㄟ 见329页“吗”字条“吗啡”（mǎ－）、262页“咖”字条“咖啡”（kā－）。

骓（騑） fēi ㄈㄟ 古时一车驾四马，中间两马叫服马，两旁的马叫骓马，又叫骖马。

F

绯（緋） fēi ㄈㄟ 红色：两颊～红｜～闻（跟不正当的男女关系有关的消息）。

扉 fēi ㄈㄟ 门扇：柴～。［扉页］书刊封面之内印着书名、著者等项的一页。［扉画］书籍正文前的插图。

蜚 fēi ㄈㄟ 古同“飞”。另见131页fěi。

霏 fēi ㄈㄟ ❶（雨、雪、云气等）很盛的样子（叠）：雨雪～～。❷云气：日出而林～开。❸飘扬：烟～云敛。

鲱（鯡） fēi ㄈㄟ 鱼名，身体侧扁而长，生活在海洋里。种类很多，是世界上重要的经济鱼类。

肥 féi ㄈㄟˊ ❶含脂肪多，跟“瘦”相对：～猪｜～肉｜牛～马壮。❷好处多：～活儿｜～差（chāi）。❸肥沃，土质含养分多的：地很～。❹肥料，能增加田地养分的东西：施～｜追～｜氮～｜化～。❺使田地增加养分：用草灰～田。❻衣服鞋袜等宽大，跟“瘦”相对：袖子太～了。

淝 féi ㄈㄟˊ 水名，南淝河、北淝河、东淝河、西淝河等，都在安徽省。东淝河古称淝水：～水之战。

蜰 féi ㄈㄟˊ 臭虫。

腓 féi ㄈㄟˊ 腓肠肌，俗称腿肚子，胫骨和腓骨后的肌肉。［腓骨］小腿外侧的骨头，比胫骨细小。（图见165页“人体骨骼”）

朏 fěi ㄈㄟˇ ❶新月开始发光：月～星堕。❷用于地名：～头（在福建省福州）。

匪 fěi ㄈㄟˇ ❶强盗，抢劫财物的坏人：惯～｜土～。❷不，不是：获益～浅｜～夷所思（不是常人所能想到的）。

诽（誹） fěi ㄈㄟˇ 说别人的坏话（㊀－谤）：

腹～心谤。

菲 fěi ㄈㄟˇ ❶微，薄(㊀—薄)：～礼|～材。❷古书上说的一种像蔓菁的菜。

另见130页fēi。

悱 fěi ㄈㄟˇ 想说可是不能够恰当地说出来。

棐 fěi ㄈㄟˇ ❶辅助。❷古同"榧"、"篚"。

斐 fěi ㄈㄟˇ 有文采。[斐然]1.有文采的样子：～成章。2.显著：成绩～。

榧 fěi ㄈㄟˇ 常绿乔木，木质坚硬，可供建筑用。种子叫榧子，种仁可以吃，也可榨油，又可入药。

蜚 fěi ㄈㄟˇ [蜚蠊](—lián)蟑螂。

另见130页fēi。

翡 fěi ㄈㄟˇ [翡翠](—cuì)1.鸟名，嘴长而直，有蓝色和绿色的羽毛，捕食鱼和昆虫。2.一种半透明、有光泽的玉，多为绿色、蓝绿色，也有红色、紫色或无色的，很珍贵。

篚 fěi ㄈㄟˇ 古代盛东西的竹器。

芾 fèi ㄈㄟˋ [蔽芾]形容树干及树叶小。

另见139页fú。

肺 fèi ㄈㄟˋ 肺脏，人和高等动物体内的呼吸器官之一。(图见623页"人体内脏")[肺腑]借指内心：～之言。

吠 fèi ㄈㄟˋ 狗叫：狂～|蜀犬～日(喻少见多怪)。

狒 fèi ㄈㄟˋ [狒狒]哺乳动物，头部像狗，面部肉色，光滑无毛，体毛褐色，吃果实和鸟卵等。多产于非洲。

沸 fèi ㄈㄟˋ 开，滚，液体受热到一定温度时急剧转化为气体，产生大量气泡：～点|～腾|人声鼎～。

费(費) fèi ㄈㄟˋ ❶花费，消耗得多，跟"省"相对：～力|～心|～神|～事|～工夫|浪～|这孩子穿鞋太～。❷费用，为某种需要用的款项：学～|办公～。

镄(鐨) fèi ㄈㄟˋ 人造的放射性金属元素，符号Fm。

废(廢、❸*癈) fèi ㄈㄟˋ ❶停止，放弃：半途而～|～寝忘食|～除。㊀失去效用的，没有用的：～纸|～物|修旧利～。❷荒芜，衰败：～园|～墟。❸残疾：～疾。

剕 fèi ㄈㄟˋ 古代把脚砍掉的酷刑。

痱(*疿) fèi ㄈㄟˋ 痱子，皮肤病，暑天皮肤上生出来的红色或白色小疹，很刺痒。

FEN ㄈㄣ

分 fēn ㄈㄣ ❶分开，区划开，跟“合”相对：～离|～类|～工|～散|～解。㉑1.由整体中取一部分：他～到了五千元。2.由机构分出的，分设的：～会|～队|～局|～社。[分化]由一种事物演变成几种不同的事物：两极～|“他”字～成“他”、“她”、“它”。[分析]把事物、现象、概念等划分成简单的部分，找出它的本质、属性或相互联系：～问题|化学～。❷分配：～红|～工。❸辨别(㉔一辨)：不～青红皂白|～清是非。❹表示分数：二～之一|百～之八。[分数]数学中表示除法的式子，画一道横线，叫分数线，被除数写在线上面，叫分子，除数写在线下面，叫分母。[分子]1.物体分成的最细小而不失原物性质的颗粒：水的一个～，含有两个氢原子和一个氧原子。2.见本字条“分数”。(另fènzǐ，见“分”fèn) ❺法定计量单位中十进分数单位词头之一，表示 10^{-1}，符号 d。❻计量单位名。1.市制长度，10分是1寸，1分约合3.33毫米。2.市制地积，10分是1亩，1分约合66.67平方米。3.市制重量，10分是1钱，1分合0.5克。4.币制，10分是1角。5.时间，60秒是1分，60分是1小时。6.圆周或角，60秒是1分，60分是1度。7.(一儿)表示成绩：赛篮球赢了三～|考试得了一百～。8.利率，月利一分按百分之一计算，年利一分按十分之一计算。[分寸](一cun)指说话或办事的适当标准或限度：说话要有～。

另见133页fèn。

芬 fēn ㄈㄣ 芬芳，花草的香气。

吩 fēn ㄈㄣ [吩咐](*分付)(一fu)口头指派或命令：母亲～他早去早回。

纷(紛) fēn ㄈㄣ 众多，杂乱(㉔一乱、一杂)(叠)：众说～纭|大雪～飞|议论～～。

玢 fēn ㄈㄣ [赛璐玢](外)玻璃纸的旧称，可染成各种颜色，多用于包装。

另见32页bīn。

氛(△*雰) fēn ㄈㄣ 云气。㉑气象，情势：

战～|～围|气～。

翂 fēn ㄈㄣ ［翂翂］形容鸟飞的样子。

棻 fēn ㄈㄣ 有香味的木头。

酚 fēn ㄈㄣ 有机化合物的一类，由羟基与芳香环连接而成，苯酚是最简单的酚。

雰 fēn ㄈㄣ 雾气。

［雰雰］形容霜雪很盛的样子。

坟（墳） fén ㄈㄣˊ 埋葬死人之后筑起的土堆（㊀—墓）。

汾 fén ㄈㄣˊ 汾河，水名，在山西省。

蚡 fén ㄈㄣˊ ❶〈古〉同"鼢"。❷姓。

棼 fén ㄈㄣˊ 纷乱：治丝益～（整理丝不找头绪，越理越乱。喻做事没有条理，越搞越乱）。

鼢 fén ㄈㄣˊ 鼢鼠，哺乳动物，尾短，眼小，身体灰色。在地下打洞，损害农作物和树木的根，甚至危害河堤。

焚 fén ㄈㄣˊ 烧：～香|～毁|忧心如～|玩火自～。

渍（濆） fén ㄈㄣˊ 水边。

豮（豶） fén ㄈㄣˊ 〈方〉雄性的牲畜：～猪。

粉 fěn ㄈㄣˇ ❶细末儿：药～|藕～|漂白～。特指化妆用的粉末：香～|涂脂抹～。❷粉刷，用涂料抹刷墙壁：这墙是才～的。［粉饰］装饰表面。㊃掩盖污点或缺点：门面～一新|～太平。❸使破碎，成为粉末：～碎|～身碎骨。❹浅红色：这朵花是～的。❺白色的或带粉末的：～蝶|～墙。❻用淀粉做成的食品：～条|凉～|米～。

分 fèn ㄈㄣˋ ❶名位、职责、权利的限度：～所当然|本～|非～|过～。❷成分：水～|糖～|养～。❸同"份"。

［分子］（—zǐ）属于一定阶级、阶层、集团或具有某种特征的人：积极～|知识～。（另fēnzǐ，见"分"fēn）

另见 132 页 fēn。

份 fèn ㄈㄣˋ ❶整体分成几部分，每一部分叫一份：分成三～|每人一～|～子|股～。❷（—儿）量词，多用于成组的东西或报刊文件：一～儿工作|一～儿礼|一～报。❸用在"省、县、年、月"后面，表示划分的单位：省～|年～。

〈古〉又同"彬"（bīn）。

坋 fèn ㄈㄣˋ 用于地名：长～（在福建省屏南）。

F

忿 fèn ㄈㄣˋ 生气，恨（㊀—怒、—恨）（叠）：～～不平。现多作“愤”。[不忿]不服气，不平。[气不忿儿]看到不平的事，心中不服气。

奋（奮） fèn ㄈㄣˋ 振作，鼓劲：～翅｜～斗｜兴～｜～不顾身｜～发图强。

偾（僨） fèn ㄈㄣˋ 败坏，破坏：～事｜～军之将。

愤（憤） fèn ㄈㄣˋ 因为不满意而感情激动，发怒（叠）：气～｜～～不平。[发愤]自己感觉不满足，努力地做：～图强。

鲼（鱝） fèn ㄈㄣˋ 鱼名，身体扁平，呈菱形，尾部像鞭子，生活在热带和亚热带海洋里。

粪（糞） fèn ㄈㄣˋ ❶屎，粪便，可用作肥料。❷施肥，往田地里加肥料：～地｜～田。❸扫除（㊀—除）。

瀵 fèn ㄈㄣˋ 水从地面下喷出漫溢：～涌。

FENG ㄈㄥ

丰（❷❸豐） fēng ㄈㄥ ❶容貌、姿态美好。[丰采][丰姿]见134页“风”字条“风采”、“风姿”。❷盛，多（㊀—盛）：～年｜～衣足食。❸大：～碑｜～功伟绩。

沣（灃） fēng ㄈㄥ 沣河，水名，在陕西省西安。

风（風） fēng ㄈㄥ ❶跟地面大致平行的流动着的空气：北～｜旋（xuàn）～｜刮一阵～｜～行（像风那样快地流行）。[风化]1. 风俗教化：有伤～。2. 岩石在地表因长期受风雨等侵蚀而受到破坏或分解。3. 化学上称结晶体在空气中因失去结晶水而分解。[风头]（—tou）1. 指形势的发展方向或有关个人利害的情势：不要看～办事。2. 出头露面，显示自己的表现（含贬义）：出～。❷消息：闻～而至。❸没有确实根据的：～传｜～闻。❹表现在外的景象或态度：～景｜～光｜作～｜～度。[风采]风度神采。也作“丰采”。[风姿]风度姿态。也作“丰姿”。❺风气，习俗：世～｜勤俭成～｜移～易俗｜～土人情。❻病名：抽～｜羊痫（xián）～。❼古代称民歌：国～｜采～。

〈古〉又同“讽”（fěng）。

沨（渢） fēng ㄈㄥ 形容水声。

枫（楓） fēng ㄈㄥ 落叶乔木，又叫枫香，叶掌状三裂，秋季变红色。

砜（碸） fēng ㄈㄥ 有机化合物，是硫酰（xiān）基与烃（tīng）基或芳香基结合而成的，如二甲砜、二苯砜。

疯（瘋） fēng ㄈㄥ 精神错乱、失常（㊃—癫、—狂）。㊄1. 指农作物生长旺盛，不结果实：长～杈｜棉花长～了。2. 言行狂妄：～言～语。

封 fēng ㄈㄥ ❶严密堵住或关住，使不能随便打开或通行：～存｜～门｜～禁｜～瓶口｜～河（河面冻住）。［封锁］采取军事、政治、经济等措施使跟外界断绝联系：～港口｜～消息｜军事～线。❷（—儿）封起来的或用来封东西的纸袋、纸包：信～｜赏～。❸量词，用于封起来的东西：一～信｜一～厚礼。❹古代帝王把土地或爵位给予亲属、臣属：～侯。❺指疆界，范围：～疆。

葑 fēng ㄈㄥ 即芜菁，又叫蔓（mán）菁。

另见 136 页 fèng。

犎 fēng ㄈㄥ 用于地名：～源庄（在河北省涿州）。

峰（*峯） fēng ㄈㄥ 高而尖的山头：山～｜顶～｜～峦。㊂形状像峰的事物：洪～｜波～｜驼～。

烽 fēng ㄈㄥ 烽火，古时边防报警点的烟火，敌人来侵犯时，守卫的人就点火报警。

锋（鋒） fēng ㄈㄥ 刃，刀剑等器械的锐利或尖端部分（㊃—刃）：交～（双方作战或比赛）｜刀～。㊂1. 器物的尖锐部分：笔～。2. 在前面带头的人：先～｜前～。

蜂（*蠭、*逢） fēng ㄈㄥ 昆虫，会飞，多有毒刺，能蜇（zhē）人。多成群住在一起。有蜜蜂、熊蜂、胡蜂、细腰蜂等多种。特指蜜蜂：～糖｜～蜡｜～蜜。㊄成群地：～起｜～拥。

酆 fēng ㄈㄥ ［酆都］地名，在重庆市。今作“丰都”。

冯（馮） féng ㄈㄥˊ 姓。〈古〉又同“凭”（píng）。

逢 féng ㄈㄥˊ ❶遇到：～人便说｜每～星期三开会。❷迎合。［逢迎］迎合别人的意图，巴结人。

F

漨 féng ㄈㄥˊ 用于地名:杨家～(在湖北省京山县)。

缝(縫) féng ㄈㄥˊ 用针线连缀:把衣服的破口～上。[缝纫]裁制服装:学习～。

另见 136 页 fèng。

讽(諷) fěng ㄈㄥˇ (旧读 fèng)❶不看着书本念,背书(㊀一诵)。❷用含蓄的话劝告或讥刺(㊀讥一):～刺|冷嘲热～。

唪 fěng ㄈㄥˇ 唪经,佛教徒、道教徒高声念经。

F

凤(鳳) fèng ㄈㄥˋ 凤凰(huáng),传说中的鸟王。又说雄的叫"凤",雌的叫"凰"(古作"皇"),通常单称作"凤":～毛麟角(喻罕见而珍贵的东西)。

奉 fèng ㄈㄥˋ ❶恭敬地用手捧着。㊁尊重,遵守:～行|～公守法。敬辞:～陪|～劝|～送|～还。[奉承]恭维,谄媚。❷献给(多指对上级或长辈):双手～上。❸接受(多指上级或长辈的):～命|昨～手书。❹信奉,信仰:素～佛教。❺供养,伺候(㊀一养、供一、侍一)。

俸 fèng ㄈㄥˋ 旧时称官员等所得的薪金:～禄|薪～。

葑 fèng ㄈㄥˋ 古书上指菰的根。

另见 135 页 fēng。

赗(賵) fèng ㄈㄥˋ 古时指用财物帮助人办丧事:赙(fù)～。

缝(縫) fèng ㄈㄥˋ ❶(一子、一儿)缝隙,裂开或自然露出的窄长口子:裂～|墙～。❷(一儿)物体接合的地方:这道～儿不直。

另见 136 页 féng。

FO ㄈㄛ

佛 fó ㄈㄛˊ 梵语音译"佛陀"的省称,是佛教徒对修行圆满的人的称呼。特指佛教的创始人释迦牟尼。[佛教]宗教名。相传公元前 6 世纪—公元前 5 世纪释迦牟尼所创。

另见 138 页 fú。

FOU ㄈㄡ

缶 fǒu ㄈㄡˇ ❶瓦器,大肚子小口。❷古代一种瓦质的打击乐器。

否 fǒu ㄈㄡˇ ❶不。1. 用在表示疑问的词句里:是～?|可～?|能～? 2. 用在

答话里，表示不同意对方的意思：～，此非吾意。［否定］1.不同意的，反面的。2.不承认，做出相反的判断。［否决］对问题做不承认、不同意的决定。［否认］不承认。❷不如此，不然。［否则］连词，如果不这样：必须确定计划，～无法施工。

另见382页pǐ。

FU ㄈㄨ

夫 fū ㄈㄨ ❶成年男子的通称：农～｜渔～。㉑旧时称服劳役的人（㉓一役）。❷丈夫(fu)，跟"妻"、"妇"相对：～妻｜～妇｜姐～｜妹～。

［夫人］对别人妻子的敬称。

［夫子］1.旧时尊称老师或学者。2.旧时妻称丈夫。

另见137页fú。

呋 fū ㄈㄨ ［呋喃］（—nán）有机化合物，无色液体。可用来制药品，也是重要的化工原料。

玞 fū ㄈㄨ 见525页"珷"字条"珷玞"（wǔ—）。

肤（膚） fū ㄈㄨ 皮肤，人体表面的皮：～色｜肌～｜切～之痛。㉑表面的，浅薄的：～浅。

砆 fū ㄈㄨ 用于地名：～石村（在湖南省浏阳）。

鈇（鈇） fū ㄈㄨ 铡刀。

麸（麩、*麫、*稃） fū ㄈㄨ （一子）麸皮，小麦磨面过罗后剩下的皮儿和碎屑。

趺 fū ㄈㄨ ❶同"跗"。❷碑下的石座：龟～。

跗 fū ㄈㄨ 脚背：～骨｜～面。也作"趺"。（图见165页"人体骨骼"）

稃 fū ㄈㄨ 小麦等植物的花外面包着的硬壳：内～｜外～。

孵 fū ㄈㄨ 鸟类伏在卵上，使卵内的胚胎发育成雏鸟。也指用人工的方法使卵孵化。

鄜 fū ㄈㄨ 鄜县，地名，在陕西省。今作"富县"。

敷 fū ㄈㄨ ❶涂上，搽上：～粉｜外～药。❷布置，铺开：～设路轨。❸足够：～用｜入不～出。

［敷衍］（—yǎn）做事不认真或待人不真诚，只是表面应酬：～了(liǎo)事｜这人不诚恳，对人总是～。

夫 fú ㄈㄨ ❶文言发语词：～战，勇气也。❷文言助

F

词:逝者如斯～。

另见 137 页 fū。

扶 fú ㄈㄨˊ ❶搀,用手支持人或物使不倒:～老携幼|～犁。❷支撑在别的物体上,使自己不倒或立起:～杖而行|～墙|～栏杆。[扶手]手扶着可以当倚靠的东西,如楼梯旁的栏杆等。❸用手帮助躺或倒的人坐或立;用手使倒下的东西竖直:把病人～起来|～苗。❹帮助,援助:～贫|救死～伤|～危济困。

芙 fú ㄈㄨˊ [芙蓉](－róng) 1.落叶灌木,又叫木芙蓉,花有红、白等颜色。2.荷花的别名。

蚨 fú ㄈㄨˊ 青蚨,古代用作铜钱的别名。

弗 fú ㄈㄨˊ 文言副词,不:～去|～许。

佛(*彿、*髴) fú ㄈㄨˊ 见128页"仿"字条"仿佛"(fǎng－)。

另见 136 页 fó。

拂 fú ㄈㄨˊ ❶掸(dǎn)去,轻轻擦过:～尘|春风～面。[拂晓]天将明的时候。❷甩动。[拂袖]甩袖子,表示生气。❸违背,不顺:～意(不如意)。

〈古〉又同"弼"(bì)。

茀 fú ㄈㄨˊ 道路上草太多,不便通行。

怫 fú ㄈㄨˊ 忧郁或愤怒的样子:～郁|～然作色。

绋(紼) fú ㄈㄨˊ 大绳,特指出殡时拉棺材用的大绳:执～(指送殡)。

氟 fú ㄈㄨˊ 气体元素,符号F,淡黄色,味臭,有毒。液态氟可用作火箭燃料的氧化剂,含氟塑料和含氟橡胶有特别优良的性能。

艴 fú ㄈㄨˊ(又) 见 37 页 bó。

伏 fú ㄈㄨˊ ❶趴,脸向下,体前屈:～在地上|～案读书。❷低下去:此起彼～|时起时～。❸隐藏:～兵|～击|潜～。❹屈服,承认错误或受到惩罚:～辜(承认自己的罪过)|～法(被执行死刑)。❺伏日,夏至后第三个庚日叫初伏,第四个庚日叫中伏,立秋后第一个庚日叫末伏,统称三伏。从初伏到末伏一般是一年中天气最热的时期。❻电压单位名伏特的简称,符号V。

茯 fú ㄈㄨˊ [茯苓](－líng) 寄生在松树根上的一种真菌,球状,皮黑色,有皱纹,内部白色或粉红色。可入药。

洑 fú ㄈㄨˊ ❶旋涡。❷水在地下潜流。

另见143页fù。

栿 fú ㄈㄨˊ 古书上指房梁。

袱 fú ㄈㄨˊ 包裹、覆盖用的布单。[包袱](－fu)1.包裹衣物的布单。2.用布单包成的包裹：胳膊上挎着白布～。喻思想上的负担或使行动受到牵制的障碍：放下～，轻装前进。3.指相声、快书等曲艺中的笑料：抖～。

凫(鳧) fú ㄈㄨˊ ❶鸟名，即野鸭，雄的头部绿色，背部黑褐色，雌的黑褐色，能飞，常群游在水中。❷在水里游：～水。

芾 fú ㄈㄨˊ ❶草木茂盛。❷同"黻"。宋代书画家米芾，也作米黻。

另见131页fèi。

芣 fú ㄈㄨˊ [芣苢](－yǐ)古书上指车前，草本植物，花淡绿色，叶和种子可入药。

罘 fú ㄈㄨˊ [罘罳][罦罳](－sī)1.一种屋檐下防鸟雀的网。2.古代一种屏风。[芝罘]山名，靠黄海，在山东省烟台。

孚 fú ㄈㄨˊ ❶信用。❷使人信服：深～众望。

俘 fú ㄈㄨˊ ❶打仗时捉住的敌人(连－虏)：战～|遣～。❷打仗时捉住敌人(连－虏)：被～|～获。

郛 fú ㄈㄨˊ 古代城圈外围的大城。

垺 fú ㄈㄨˊ 用于地名：南仁～(在天津市宝坻)。

莩 fú ㄈㄨˊ 芦苇秆子里面的薄膜。

另见385页piǎo。

浮 fú ㄈㄨˊ ❶漂，跟"沉"相对(连漂－)：～萍|～桥|～在水面上。❷表面的：～面|～皮|～土。[浮雕]雕塑的一种，在平面上雕出凸起的形象。❸暂时的：～记|～支。❹不沉静，不沉着(zhuó)：心粗气～|心～气躁。❺空虚，不切实：～名|～华|～泛。❻超过，多余：人～于事|～额。[浮屠][浮图]1.佛教徒称释迦牟尼。2.古时称和尚。3.塔：七级～。

琈 fú ㄈㄨˊ 玉的色彩。

桴 fú ㄈㄨˊ ❶小筏子：乘～渡河。❷鼓槌：～鼓相应。

罦 fú ㄈㄨˊ 古书上指捕鸟的网。[罦罳](－sī)同"罘罳"。参看139页"罘"(fú)。

蜉 fú ㄈㄨˊ [蜉蝣](－yóu)昆虫，幼虫生在水中，成虫有两对翅，在水面飞行。成虫生存期极短，交尾产卵后即死。种类很多。

苻 fú ㄈㄨˊ ❶同"莩"(fú)。❷姓。

符 fú ㄈㄨˊ ❶朝廷传达命令或征调(diào)兵将用的凭证，用金、玉、铜、竹、木制成，刻上文字，分成两半，一半存朝廷，一半给外任官员或出征将帅：兵～|虎～。❷代表事物的标记，记号：音～|星～|～号。❸相合(㊀一合)：言行相～|与事实不～。❹道士、巫婆等画的驱使鬼神的东西(迷信)：护身～。

F

服 fú ㄈㄨˊ ❶衣服，衣裳(㊀一装)：制～|便～。旧时特指丧服。❷穿(衣裳)：～布袍。❸承当，担任：～刑|～兵役。❹信服，顺从(㊀一从)：说～|心悦诚～|心里不～|～软(认输，认错)。也指使信服：～众|以理～人。❺习惯，适应：水土不～。❻吃(药)：～药。

另见 143 页 fù。

菔 fú ㄈㄨˊ [莱菔](lái—)萝卜。

箙 fú ㄈㄨˊ 古代盛箭的器具。

绂(紱) fú ㄈㄨˊ 古代系(jì)印章或佩玉用的丝带。

韨(韍) fú ㄈㄨˊ ❶古代朝见或祭祀时遮在衣前的一种服饰，用熟皮制成。❷同"绂"。

祓 fú ㄈㄨˊ 古代一种习俗，用斋戒沐浴等方法除灾求福。㊁清除。

黻 fú ㄈㄨˊ ❶古代礼服上绣的半青半黑的花纹。❷同"韨"。❸同"绂"。

枹 fú ㄈㄨˊ ❶用于地名：～罕(在甘肃省临夏)。❷旧同"桴❷"。

另见 15 页 bāo。

匐 fú ㄈㄨˊ 见 391 页"匍"字条"匍匐"(pú—)。

幅 fú ㄈㄨˊ ❶布匹、呢绒等的宽度：～面|这种料子是双～的。❷物体振动或摇摆所展开的宽度：～度|振～。㊄事物变动的大小：产品质量大～提高。[幅员]宽窄叫幅，周围叫员。㊁疆域：我国～广大。❸量词，用于布帛、书画等：一～字画|两～锦缎。

辐(輻) fú ㄈㄨˊ 连接车辋和车毂的直条：～条。(图见 324 页"旧式车轮")[辐辏][辐凑](—còu)车辐聚于车毂。㊄人、物聚集。[辐射]光、热、粒子等向四周放射的现象。

福 fú ㄈㄨˊ 幸福，跟“祸”相对：为人类造～|～利|～如东海。［福祉］（－zhǐ）幸福：为人民谋～。

蝠 fú ㄈㄨˊ 见28页“蝙”字条“蝙蝠”（biān－）。

涪 fú ㄈㄨˊ 涪江，发源于四川省，入嘉陵江。

榑 fú ㄈㄨˊ ［榑桑］传说中的神树，太阳升起的地方。今作“扶桑”。

幞 fú ㄈㄨˊ 同“袱”。［幞头］古代男子用的一种头巾。

襆 fú ㄈㄨˊ 〈古〉❶布单、巾帕等。❷包裹：～被（用包袱包裹衣被等，即准备行装）。❸同“袱”。

父 fǔ ㄈㄨˇ ❶老年人：田～|渔～。❷同“甫❶”。

另见142页fù。

㕮 fǔ ㄈㄨˇ 㕮咀。［㕮咀］中医指把药物切成片或弄碎，以便煎服。

斧 fǔ ㄈㄨˇ ❶（－子、－头）砍东西用的工具，头呈楔形，装有木柄。❷一种旧式武器。

釜 fǔ ㄈㄨˇ ❶古代的一种锅：～底抽薪（喻从根本上解决）|破～沉舟（喻下决心去干，不留后路）。❷古代量器名。

滏 fǔ ㄈㄨˇ 滏阳河，水名，在河北省西南部。

抚（撫） fǔ ㄈㄨˇ ❶慰问：～恤（xù）|～慰。❷扶持，保护：～养|～育。❸轻轻地按着：～摩。❹同“拊”。

甫 fǔ ㄈㄨˇ ❶古代在男子名字下加的美称。也作“父”。［台甫］旧时询问别人名号的用语。❷刚，才：～入门|年～十岁。

辅（輔） fǔ ㄈㄨˇ ❶帮助，佐助（㊉－助）：～导|相～而行。［辅音］发音的时候，从肺里出来的气经过口腔或鼻腔受到障碍所成的音。汉语拼音字母b、d、g等都是辅音。❷人的颊骨：～车相依（车：牙床。喻二者关系密切，互相依存）。

脯 fǔ ㄈㄨˇ ❶肉干：鹿～。❷蜜饯果干：果～|桃～|杏～。

另见391页pú。

䩉 fǔ ㄈㄨˇ ❶〈古〉同“釜”。❷姓。

簠 fǔ ㄈㄨˇ 古代祭祀时盛稻、粱的器具。长方形，有盖和耳。

黼 fǔ ㄈㄨˇ 古代礼服上绣的半黑半白的花纹。

F

拊 fǔ ㄈㄨˇ 拍：～掌大笑。也作“抚”。

府 fǔ ㄈㄨˇ ❶储藏文书或财物的地方（㊀一库）：天～（喻物产富饶的地方）。❷贵族或高级官员办公或居住的地方：王～｜总统～｜相（xiàng）～。泛指政权机关：官～｜政～。［府上］对对方的籍贯、家庭或住宅的敬称。❸旧时行政区域名，等级在县和省之间。

俯（△*頫、*俛） fǔ ㄈㄨˇ 脸向下，低头，跟“仰”相对：～视｜～仰之间（很短的时间）。

“頫”另见142页“頫”。

腑 fǔ ㄈㄨˇ 中医把胃、胆、大肠、小肠、三焦、膀胱叫六腑。

腐 fǔ ㄈㄨˇ 烂，变质（㊀一败、一烂、一朽）：流水不～｜鱼～肉败。㊁思想陈旧或行为堕落：陈～｜～化。［腐蚀］通过化学作用使物体逐渐消损或毁坏：～剂。㊃使人腐化堕落。［豆腐］（—fu）用豆子制成的一种食品：～皮｜～乳。

頫（頫） fǔ ㄈㄨˇ 用于人名。赵孟頫，元代书画家。

“頫”另见142页“俯”。

父 fù ㄈㄨˋ ❶父亲，爸爸。❷对男性长辈的称呼：叔～｜姨～｜师～｜～老。

另见141页fǔ。

洑 fù ㄈㄨˋ 用于地名：湖～（在江苏省宜兴）。

讣（訃） fù ㄈㄨˋ 报丧，也指报丧的通知：～闻｜～告。

赴 fù ㄈㄨˋ 往，去：～北京｜～宴｜～汤蹈火（喻不避艰险）。

付 fù ㄈㄨˋ ❶交，给：～款｜～印｜～表决｜～诸实施｜～出。❷量词。1. 同“副❹”：一～手套｜一～笑脸。2. 同“服”（fù）。

附（*坿） fù ㄈㄨˋ ❶另外加上，随带着：～录｜～设｜～注｜信里面～着一张相片。❷依附，依从：～和（hè）｜～议｜～庸｜魂不～体。❸靠近：～近｜～耳交谈。

咐 fù ㄈㄨˋ 见132页“吩”字条“吩咐”（fēnfu）。

驸（駙） fù ㄈㄨˋ 几匹马共同拉一辆车，在旁边的马叫“驸”。［驸马］驸马都尉，汉代官名。后来皇帝的女婿常做这个官，因此驸马专指公主的丈夫。

鲋（鮒） fù ㄈㄨˋ 古书上指鲫鱼：涸（hé）辙

之～（喻处在困难中急待援助的人）。

负（負） fù ㄈㄨˋ ❶背：～重｜～荆请罪。㊀担任：～责。［负担］1. 担当，承担：邀请方～往返旅费。2. 责任，所担当的事务：减轻～。㊁感到痛苦的不容易解决的思想问题。❷仗恃，倚靠：～险固守｜～隅（yú）顽抗。［负气］赌气。［自负］自以为了不起。❸遭受：～伤｜～屈。❹具有：～有名望｜素～盛名。❺欠（钱）：～债。❻违背，背弃：～盟｜忘恩～义｜不～人民的希望。❼败，跟“胜”相对：～于对方。❽小于零的，跟“正”相对：～数。❾指相对的两方面中反的一面，跟“正”相对：～极｜～电｜～面。

妇（婦、*媍） fù ㄈㄨˋ ❶已经结婚的女子。㊀女性的通称：～科｜～女。❷妻，跟“夫”相对：夫～。❸儿媳：长～｜媳～。

阜 fù ㄈㄨˋ ❶土山。❷盛，多：物～民丰。

服 fù ㄈㄨˋ 量词，用于中药：吃～药就好了。也作“付”。另见 140 页 fú。

复（❶-❹ 復、❺❻ 複） fù ㄈㄨˋ ❶回去，返：反～｜循环往～。❷回答，回报：～仇｜～命｜函～。❸还原，使如旧：光～｜～原｜～员。❹副词，又，再：死灰～燃｜一去不～返。❺重复，重叠：～习｜～印｜山重水～。❻不是单一的，许多的：～杂｜～分数｜～音词。

腹 fù ㄈㄨˋ 肚子，在胸部的下面：～部｜～背（前后）受敌。［腹地］内地，中部地区。

蝮 fù ㄈㄨˋ 蝮蛇，一种毒蛇，身体灰褐色，头部略呈三角形，生活在山野和岛上。

鳆（鰒） fù ㄈㄨˋ 鳆鱼，鲍（bào）的古称。参看 17 页“鲍❶”。

覆 fù ㄈㄨˋ ❶遮盖，蒙（㊇—盖）：天～地载。❷翻，倒（dào）过来：～舟｜天翻地～。［覆没］（—mò）船翻沉。㊁军队被消灭。［覆辙］路上留下的翻过车的车辙。㊁失败的道路、方法。［颠覆］车翻倒。㊁用阴谋推翻合法政权，也指政权垮台。❸同“复❶❷”。

馥 fù ㄈㄨˋ 香气。［馥郁］香气浓厚。

洑 fù ㄈㄨˋ 在水里游：～水。另见 138 页 fú。

副 fù ㄈㄨˋ ❶居第二位的，辅助的（区别于“正”或“主”）：～主席｜～排长。❷附带的或次要的：～食｜～业｜～

作用|～产品。[副本]1.书籍原稿以外的誊录本。2.文件正式、标准的一份文本以外的若干份。[副词]修饰动词或形容词的词,如"都、也、很、太、再三"等。❸相称(chèn),符合:名不～实|名实相～。❹量词。1.用于成组成套的东西:一～对联|一～担架|全～武装。2.用于面部表情、态度等:一～笑容|一～和蔼的面孔。

富 fù ㄈㄨˋ ❶富有,跟"贫"、"穷"相对:～人|～豪|～强。[富丽]华丽:宫殿～堂皇。❷资源、财产:～源|财～。❸充裕,多,足(㊀一裕、一足、一饶、丰一):～于创造精神。

G

赋(賦) fù ㄈㄨˋ ❶旧指田地税:田～。[赋税]旧时田赋和各种捐税的总称。❷我国古典文学中的一种文体,盛行于汉魏六朝。❸念诗或作诗:～诗。❹交给,给予:～予重任。

傅 fù ㄈㄨˋ ❶辅助,教导。❷师傅,教导人的人。❸附着,使附着:～粉。

缚(縛) fù ㄈㄨˋ 捆绑:束～|手无～鸡之力。

赙(賻) fù ㄈㄨˋ 拿钱财帮人办理丧事:～金|～仪。

G 《

GA 《Y

夹(夾) gā 《Y [夹肢窝](—zhiwō)腋窝。

另见222页jiā;223页jiá。

旮 gā 《Y [旮旯](—lá)(—子、—儿)角落:墙～|门～。㊇偏僻的地方:山～。

伽 gā 《Y [伽马射线]通常写作"γ射线",又叫丙种射线。波长极短,一些放射性元素的原子能放出这种射线,在工业和医学上用途很广。

另见221页jiā;408页qié。

咖 gā 《Y [咖喱](—lí)(外)用胡椒、姜黄等做的调味品。

另见262页kā。

戛 gā 《Y [戛纳]法国地名。另见223页jiá。

嘎(*嘎) gā 《Y 拟声词。[嘎吧][嘎叭](—bā)形容树枝等折断的声音。[嘎吱](—zhī)形容物体受压发出的声音。[嘎巴](—ba)1.黏东西凝结在器物上。2.(—儿)凝结在器物上的东西:衣服上有好多～。

[嘎渣](—zha)1.疮口或伤口结的痂。2.(—儿)食物烤黄的焦皮:饭～|饼子～儿。

另见145页gá;145页gǎ。

轧(軋) gá ㄍㄚˊ 〈方〉❶挤,拥挤。❷结交(朋友)。❸查对(账目)。

另见568页yà;628页zhá。

钆(釓) gá ㄍㄚˊ 金属元素,符号Gd,银白色,磁性强。用于微波技术、核工业等。

尜 gá ㄍㄚˊ [尜尜](—ga)1.一种儿童玩具,两头尖中间大。又叫尜儿。2.像尜尜的:～枣|～汤(用玉米面等做的食品)。

嘎(*嘠) gá ㄍㄚˊ [嘎嘎](—ga)同"尜尜"。

另见144页gā;145页gǎ。

噶 gá ㄍㄚˊ 译音用字。

生 gǎ ㄍㄚˇ 同"嘎"(gǎ)。

尕 gǎ ㄍㄚˇ〈方〉小:～娃|～李。

嘎(*嘠) gǎ ㄍㄚˇ〈方〉❶乖僻。❷调皮:～小子。

另见144页gā;145页gá。

尬 gà ㄍㄚˋ 见148页"尴"字条"尴尬"(gān—)。

GAI ㄍㄞ

该(該) gāi ㄍㄞ ❶应当,理应如此(㊥应—):～做的一定要做。❷表示根据情理或经验推测必然的或可能的结果:不学习,就～跟不上时代了。❸代词,指前面说过的人或事物,多用于公文:～地|～员|～书。❹欠,欠账:～他几块钱。❺同"赅"。

陔 gāi ㄍㄞ ❶近台阶的地方。❷级,层,台阶。❸田埂。

垓 gāi ㄍㄞ ❶垓下,古地名,在今安徽省灵璧东南,是汉刘邦围困项羽的地方。❷古代数目名,是京的十倍,指一万万。

荄 gāi ㄍㄞ 草根。

晐 gāi ㄍㄞ 兼备,完备。

赅(賅) gāi ㄍㄞ ❶完备:言简意～。❷包括:举一～百。

改 gǎi ㄍㄞˇ ❶变更,更换(㊥—革、—变、更—):住

G

垅～了|～天再谈。❷修改：～文章|～衣服。❸改正：知过必～。

丐（△*匄、*匃） gài ㄍㄞˋ ❶乞求。❷乞丐，讨饭的人。❸给予。

钙（鈣） gài ㄍㄞˋ 金属元素，符号 Ca，银白色，是生物体的重要组成元素。它的化合物在工业和医药上用途很广。

匄 gài ㄍㄞˋ ❶见 146 页"丐"。❷用于人名。姬匄，东周敬王。

芥 gài ㄍㄞˋ 芥菜（也作"盖菜"），是芥（jiè）菜的变种，叶大，表面多皱纹，可用作蔬菜。

另见 241 页 jiè。

G

隑（隑） gài ㄍㄞˋ 〈方〉❶斜靠。❷依仗。❸站立。

盖（蓋） gài ㄍㄞˋ ❶（～子、～儿）器物上部有遮蔽作用的东西：锅～|瓶～。❷伞：华～（古代车上像伞的篷子）。❸由上向下遮、蒙（㊀覆～）：～上锅|～被。㊁1. 压倒：～世无双。2. 用印打上：～章|～印。3. 掩饰（㊀掩～）：问题～是～不住的。❹建造：～楼|～房子。❺动物的甲壳：螃蟹～。❻文言虚词。1. 发语词：长安一别，～有年矣。2. 表不能确信，大概如此：观者如云，～近千人也。3. 连词，表原因：有所不知，～未学也。❼姓。

〈古〉又同"盍"（hé）。

另见 155 页 gě。

溉 gài ㄍㄞˋ 浇灌（㊀灌～）。

概（*槩） gài ㄍㄞˋ ❶大略，总括：～论|大～|～况。❷一概，一律：未预约者～不接待。[概念]人们在反复的实践和认识过程中，将事物共同的本质特点抽出来，加以概括，从感性认识飞跃到理性认识，就成为概念。❸情况，景象：胜～。❹气度：气～。❺刮平斗、斛用的小木板。

戤 gài ㄍㄞˋ 〈方〉冒牌图利。

GAN ㄍㄢ

干（❼—⓭△乾、❼—⓭*乹、❼—⓭*亁） gān ㄍㄢ ❶关联，涉及：相～|这事与你何～？❷冒犯，触犯：～犯|有～禁例。[干涉]过问或制止，常指不应管硬管：互不～内政。

❸追求，旧指追求职位俸禄：～禄。❹盾：动～戈（指发动战争）。❺天干，历法中用的“甲、乙、丙、丁、戊、己、庚、辛、壬、癸”十个字，也用来编排次序。[干支]天干和地支，历法上把这两组字结合起来，共配成六十组，表示日子或年份，周而复始，循环使用。❻水边：江～｜河～。❼没有水分或水分少，跟“湿”相对（㊟一燥）：～柴｜～粮。[干脆]㊑爽快，简捷：说话～，做事也～。❽（一儿）干的食品或其他东西：饼～｜豆腐～儿。❾枯竭，净尽，空虚：大河没水小河～｜～杯｜外强中～。❿副词，空，徒然：～着急｜～等｜～看着。⓫拜认的（亲属）关系：～娘。⓬当面说怨恨、气愤的话使对方难堪：今天，我又～了他一顿。⓭〈方〉慢待，不理睬：把来人～在一旁。⓮量词，伙：一～人。⓯姓。

[干将]（一jiāng）古宝剑名。

另见 149 页 gàn。

“乾”另见 402 页 qián。

玕 gān ㄍㄢ [琅玕]（láng一）像珠子的美石。

杆 gān ㄍㄢ （一子、一儿）较长的木棍或类似的东西：旗～｜电线～子｜栏～儿。

另见 148 页 gǎn。

肝 gān ㄍㄢ 肝脏，人和高等动物的消化器官之一，功能是分泌胆汁，储藏糖原，进行蛋白质、脂肪和碳水化合物的代谢及解毒等。（图见 623 页“人体内脏”）[肝胆]㊗1.诚心，诚意：～相照（喻真诚相见）。2.勇气，血性。

矸 gān ㄍㄢ 矸子，夹杂在煤里的石块：煤～石。

虷 gān ㄍㄢ 〈古〉干犯。
另见 180 页 hán。

竿 gān ㄍㄢ （一子、一儿）竹竿，竹子的主干，竹棍。

酐 gān ㄍㄢ 酸酐，是含氧的无机或有机酸缩水而成的氧化物，如二氧化硫、醋酸酐。

甘 gān ㄍㄢ ❶甜，味道好，跟“苦”相对：～苦｜～泉｜苦尽～来。㊑美好：～雨。❷甘心，自愿，乐意：心～情愿｜不～失败。

坩 gān ㄍㄢ 盛东西的陶器。[坩埚]（一guō）用来熔化金属或其他物质的器皿，多用瓷土、石墨或铂制成，能耐高热。

苷 gān ㄍㄢ 有机化合物的一类，即糖苷，旧叫甙

G

(dài),由糖类和其他有机化合物失水缩合而成。

泔 gān ㄍㄢ 泔水,洗过米的水。㉖洗碗洗菜用过的脏水。

柑 gān ㄍㄢ 常绿灌木或小乔木,花白色,果实圆形,比橘子大,红黄色,味甜。种类很多。

疳 gān ㄍㄢ 疳积,中医指小儿面黄肌瘦、腹部膨大的病。

尴(尷、**尲) gān ㄍㄢ [尴尬](—gà)1.处境窘困,不易处理。2.神态不自然。

G **杆**(*桿) gǎn ㄍㄢˇ ❶(—子、—儿)较小的圆木条或像木条的东西(指作为器物的把儿的):笔~儿|枪~儿|烟袋~儿。❷量词,用于有杆的器物:一~枪|一~笔。

另见147页gān。

秆(*稈) gǎn ㄍㄢˇ (—子、—儿)稻麦等植物的茎:高粱~儿|高~作物。

赶(趕) gǎn ㄍㄢˇ ❶追,尽早或及时到达:再不走就~不上他了|~集|~火车|学先进,~先进。㉖从速,快做:~写文章|~任务|~活。❷驱使,驱逐:~羊|~马车|把侵略者~出国门。❸介词,等到(某个时候):~明儿再说|~年下再回家。❹遇到(某种情形):我去时,正~上他没在家。

擀 gǎn ㄍㄢˇ 用棍棒碾轧(yà):~面条|~毡(制毡)。

敢 gǎn ㄍㄢˇ ❶有勇气,有胆量:~于斗争|~负责任。谦辞:~问尊姓大名?|~请光临。❷莫非:~是哥哥回来了?

澉 gǎn ㄍㄢˇ [澉浦]地名,在浙江省海盐。

橄 gǎn ㄍㄢˇ [橄榄](—lǎn)1.橄榄树,常绿乔木,花白色。果实也叫橄榄,又叫青果,绿色,长圆形,可以吃,种子可用来榨油。2.油橄榄,常绿小乔木,又叫齐墩果,花白色,果实黑色。欧美用它的枝叶作为和平的象征。

感 gǎn ㄍㄢˇ ❶感觉,觉到:~想|~到很温暖。[感觉]1.客观事物的个别性质作用于人的感官(眼、耳、鼻、舌、皮肤)所引起的直接反应。2.觉得:我~事情还顺手。[感性]指感觉和印象,是认识的

初级阶段：～认识。❷使在意识、情绪上起反应：～动|～人|～化。❸情感，感情，因受刺激而引起的心理上的变化：读后～|百～交集|自豪～。❹感谢，对人家的好意表示谢意：～恩|深～厚谊|请寄来为～。

鳡（鱤） gǎn ㄍㄢˇ 鱼名，又叫黄钻（zuàn），身体长，青黄色，嘴尖。性凶猛，捕食其他鱼类，生活在淡水中。

干（幹、❶*榦） gàn ㄍㄢˋ ❶事物的主体，重要的部分：树～|躯～|～线。[干部]1.指机关团体的领导或管理人员。2.指一般公职人员。❷做，搞：～工作|你在～什么？㊕有才能的，善于办事的：～才|～员。[干练]办事能力强，很有经验。[干事]（-shi）负责某些事务的人：宣传～。❸〈方〉坏，糟：不好，事情要～|～了，要迟到了。

另见146页gān。

旰 gàn ㄍㄢˋ 晚上：～食。

骭 gàn ㄍㄢˋ ❶小腿骨。❷肋骨。

绀（紺） gàn ㄍㄢˋ 微带红的黑色。

淦 gàn ㄍㄢˋ 用于地名：～井沟（在重庆市忠县）。

淦 gàn ㄍㄢˋ 淦水，水名，在江西省。

赣（贑、*灨、*灨） gàn ㄍㄢˋ ❶赣江，水名，在江西省。❷江西省的别称。

GANG ㄍㄤ

冈（岡） gāng ㄍㄤ 山脊：山～|景阳～|井～山。

刚（剛） gāng ㄍㄤ ❶坚强，跟"柔"相对（㊖-强）：～正。❷副词，正好，恰巧（叠）：～～合适|～好一杯。❸副词，才，刚才：～来就走|她～走，还追得上。

捆（掆） gāng ㄍㄤ 同"扛"（gāng）。

岗（崗） gāng ㄍㄤ 同"冈"。

另见150页gǎng。

纲（綱） gāng ㄍㄤ ❶提网的总绳。㊀事物的关键部分：大～|～目|～领。❷从唐朝起，转运大量货物时，把货物分批运行，每批的车辆、船只计数编号，叫作一纲：盐～|茶～|花石～。❸

生物的分类单位之一，在“门”之下、“目”之上：鸟～|单子叶植物～。

棡（棡） gāng ㄍㄤ 青棡，落叶乔木，叶椭圆形，木质坚实，可供建筑用。

钢（鋼） gāng ㄍㄤ 含碳量低于2%的铁碳合金，并含有少量锰、硅、硫、磷等，比熟铁硬度高，比生铁韧性好，是重要的工业原料。［钢铁］钢和铁的合称，也专指钢。㊜坚强，坚定不移：～的意志。

另见150页gàng。

江 gāng ㄍㄤ 姓。

扛 gāng ㄍㄤ ❶两手举东西：～鼎。❷〈方〉抬东西。

另见265页káng。

肛 gāng ㄍㄤ 肛门，直肠末端的出口。

矼 gāng ㄍㄤ ❶石桥。❷用于地名：大～（在浙江省永嘉）。

缸（甌）** gāng ㄍㄤ 盛东西的陶器，圆筒状，底小口大。

罡 gāng ㄍㄤ ［天罡星］即北斗星。

堽 gāng ㄍㄤ 用于地名：～城屯（在山东省宁阳）。

岗（崗） gǎng ㄍㄤˇ ❶（一子、一儿）高起的土坡：黄土～儿。❷（一子、一儿）平面上凸起的一长道：肉～子。❸守卫的位置：站～|门～|布～。［岗位］守卫、值勤的地方。也指职位：工作～。

另见149页gāng。

港 gǎng ㄍㄤˇ ❶江河的支流。❷可以停泊大船的江海口岸：军～|商～|不冻～。❸指香港：～人治～。

杠（*槓） gàng ㄍㄤˋ ❶（一子）较粗的棍子：铁～|木～|双～（一种运动器具）。［杠杆］（—gǎn）简单机械，剪刀、辘轳、秤等就是利用杠杆的原理制作的。❷（用笔等画的）粗的直线：在书中重要的地方画上了红～。

埲 gàng ㄍㄤˋ〈方〉山冈，多用于地名：浮亭～（在浙江省景宁）。

钢（鋼） gàng ㄍㄤˋ 把刀在布、皮、石或缸沿等上用力摩擦几下，使锋利：这把刀钝了，要～一～。

另见150页gāng。

筻 gàng ㄍㄤˋ ［筻口］地名，在湖南省岳阳。

戇（戇） gàng ㄍㄤˋ〈方〉鲁莽：～头～脑。

另见 664 页 zhuàng。

GAO 《幺

皋（*臯、*皐） gāo 《幺 水边的高地：江～。

槔（**橰） gāo 《幺 见 239 页"桔"字条"桔槔"（jié—）。

高 gāo 《幺 ❶跟"低"相对。1.由下到上距离远的：～山｜～楼大厦。2.等级在上的：～年级｜～等学校。3.在一般标准或平均程度之上：质量～｜～速度｜～价。4.声音响亮：～歌｜～声。［高低］1.高低的程度。2.优劣。3.深浅轻重（指说话或做事）：不知～。4.〈方〉到底，终究：这事儿～让他办成了。5.无论如何：再三请求，他～不答应。❷高度：身～｜书桌～80厘米。❸敬辞：～见（高明的见解）｜～寿（问老人的年纪）。［高山族］我国少数民族，参看附表。

膏 gāo 《幺 ❶肥或肥肉：～粱（肥肉和细粮）。［膏腴］（—yú）土地肥沃。❷脂，油。❸很稠的、糊状的东西：梨～｜牙～｜～药。

另见 152 页 gào。

篙 gāo 《幺 用竹竿或杉木等做成的撑船的器具。

羔 gāo 《幺 （—子、—儿）羊羔，小羊：～儿皮。泛指幼小的动物：狼～。

糕（*餻） gāo 《幺 用米粉或面粉等掺和其他材料做成的食品：鸡蛋～｜年～。

睾 gāo 《幺 睾丸，又叫精巢、外肾，男子和雄性哺乳动物生殖器官的一部分，在体腔或阴囊内，能产生精子。

杲 gǎo 《幺ˇ 明亮（叠）：～～出日。

搞 gǎo 《幺ˇ 做，弄，干，办：～工作｜～通思想｜～清问题。

缟（縞） gǎo 《幺ˇ 一种白色的丝织品：～衣。［缟素］白衣服，指丧服。

槁（*槀） gǎo 《幺ˇ 枯干（㊐枯—）：～木。

镐（鎬） gǎo 《幺ˇ 刨土的工具。

另见 184 页 hào。

稿（*稾） gǎo 《幺ˇ ❶谷类植物的茎秆：～荐（稻草编的垫子）。❷（—子、—儿）文字、图画的草底：

文～儿|打～儿。㊣事先考虑的计划：做事没准～子可不成。

藁 gǎo ㄍㄠˇ 藁城，地名，在河北省。

告 gào ㄍㄠˋ ❶把事情说给别人，通知（㊣一诉）：报～|奔走相～。[告白]对公众的通告。[忠告]规劝，也指规劝的话。❷提起诉讼（㊣控一）：～发|原～|被～。❸请求：～假（jià）|～饶。❹表明：～辞|自～奋勇。❺宣布或表示某种情况的出现：大功～成|～急。

郜 gào ㄍㄠˋ 姓。

G

诰（誥） gào ㄍㄠˋ 古代帝王对臣子的命令：～命|～封。

锆（鋯） gào ㄍㄠˋ 金属元素，符号 Zr，银灰色，质硬，耐腐蚀。用于核工业等。

筶 gào ㄍㄠˋ 东筶杯岛、西筶杯岛，岛名，都在福建省莆田。

膏 gào ㄍㄠˋ ❶把油加在车轴或机械上：～油|～车。❷把毛笔蘸上墨汁在砚台边上掭：～笔|～墨。

另见 151 页 gāo。

GE ㄍㄜ

戈 gē ㄍㄜ 古代的一种兵器，横刃长柄。

[戈壁]（蒙）沙漠地区。

仡 gē ㄍㄜ [仡佬族]（—lǎo—）我国少数民族，参看附表。

另见 588 页 yì。

圪 gē ㄍㄜ [圪垯]（—da）1.同"疙瘩 2"。多用于土块等：土～|冰～。2.小土丘，多用于地名。[圪塄]（—láo）〈方〉角落，也用于地名：炕～|周家～（在陕西省子洲县）。

纥（紇） gē ㄍㄜ [纥繨]（—da）同"疙瘩 2"。多用于纱线、织物等：线～|解开头巾上的～。

另见 186 页 hé。

疙 gē ㄍㄜ [疙瘩]（—da）1.皮肤上突起或肌肉上结成的病块：头上起了个～。2.小球形或块状的东西：面～|芥菜～。3.比喻不易解决的问题：思想～|这件事有点儿～。4.比喻不通畅、不爽利的话：文字上有些～。5.〈方〉量词，用于球形或块状的东西：一～石头|一～糕。

咯 gē ㄍㄜ ［咯噔］（— dēng）形容皮鞋踏地或物体撞击等声音：～～的皮鞋声。［咯咯］形容笑声或咬牙声等：传来一阵～的笑声｜牙齿咬得～响。［咯吱］（— zhī）形容竹、木等器物受挤压发出的声音：把地板踩得～～直响。

另见 262 页 kǎ；314 页 lo。

胳（*肐） gē ㄍㄜ ［胳膊］（— bo）［胳臂］（— bei）上肢，肩膀以下手腕以上的部分。

袼 gē ㄍㄜ ［袼褙］（— bei）用纸或布裱糊成的厚片，多用来做纸盒、布鞋等。

搁（擱） gē ㄍㄜ 放，置：把书～下｜在汤里～点儿味精。㉑耽搁，放在那里不做：这事～了一个月。［搁浅］船停滞在浅处，不能进退。㊉事情停顿。

另见 154 页 gé。

哥 gē ㄍㄜ ❶兄，同父母（或只同父、只同母）或亲属中同辈而年龄比自己大的男子（叠）：大～｜表～。❷称呼年龄跟自己差不多的男子：张大～。

歌（*謌） gē ㄍㄜ ❶（—儿）能唱的文辞：山～｜唱～。❷唱（㊀—唱、—咏）：高～一曲。［歌颂］颂扬：～祖国。

鎶（鎶） gē ㄍㄜ 人造的放射性金属元素，符号 Cn。

鸽（鴿） gē ㄍㄜ （—子）鸟名，有家鸽、野鸽等多种，常成群飞翔。有的家鸽能够传递书信。常用作和平的象征。

割 gē ㄍㄜ 切断，截下：～麦｜～草｜～阑尾。㉑舍去：～舍｜～爱。［割据］一国之内拥有武力的人占据部分地区，形成分裂对抗的局面。［交割］一方交付，一方接收，双方结清手续。［收割］把成熟的庄稼割下收起。

革 gé ㄍㄜ ❶去了毛，经过加工的兽皮（㊀皮—）：制～。❷改变（㊀改—、变—）：～新｜洗心～面。㉑革除，撤销（职务）：～职。［革命］1. 被压迫阶级用暴力夺取政权，摧毁旧的腐朽的社会制度，建立新的进步的社会制度。2. 事物的根本变革：思想～｜技术～。

另见 216 页 jí。

阁（閤） gé ㄍㄜ 小门，旁门。“閤”另见 154 页“阁”；185 页 hé“合”。

蛤 gé ㄍㄜ 蛤蜊（li），软体动物，介壳颜色美丽，生活在近海泥沙中。

[蛤蚧](—jiè)爬行动物，像壁虎而大，头大，尾部灰色，有红色斑点。可入药。

另见178页há。

颌(頜) gé ㄍㄜˊ 口。

另见186页hé。

阁(閣、△*閤) gé ㄍㄜˊ ❶类似楼房的建筑物：亭台楼～。[阁下]对人的敬称，今多用于外交场合。[阁子]小木头房子。[内阁]明清两代的中央政务机构。民国初年的国务院和现在某些国家的最高行政机关也叫内阁，省称"阁"：组～|入～。❷闺房：出～(指女子出嫁)。

"閤"另见153页"合"；185页hé"合"。

格 gé ㄍㄜˊ ❶(—子、—儿)划分成的空栏和框子：方～儿布|～子纸|打～子|架子上有四个～。❷规格，标准：～言|合～。㉃人的品质(㊣品—)：人～。[格外]副词，特别地：～小心|～帮忙。❸阻碍，隔阂(叠)：～～不入。❹击，打：～斗(dòu)|～杀。❺推究：～物致知(推究事物的道理取得知识)。

搁(擱) gé ㄍㄜˊ 禁(jīn)受，承受：～不住这么沉|骂得他有些～不住。

另见153页gē。

骼 gé ㄍㄜˊ 骨头：骨～。

鬲 gé ㄍㄜˊ 鬲津河，古水名，旧称四女寺减河，即今漳卫新河，是河北、山东两省的界河。

另见298页lì。

隔 gé ㄍㄜˊ ❶遮断，阻隔：分～|～离|～着一条河|～靴搔痒(喻不中肯，没抓住关键)。[隔阂](—hé)义同"隔膜1"。[隔离]使互相不能接触，断绝来往。[隔膜]1.情意不相通，彼此有意见。2.不通晓，外行：我对于这种技术实在～。❷间(jiàn)隔，距离：～一周再去|相～很远。

塥 gé ㄍㄜˊ 〈方〉水边的沙地。多用于地名：青草～(在安徽省桐城)。

嗝 gé ㄍㄜˊ (—儿)胃里的气体从嘴里出来而发出的声音，或因膈痉挛，气体冲过关闭的声带而发出的声音：打～。

滆 gé ㄍㄜˊ 滆湖，湖名，在江苏省南部。

膈 gé ㄍㄜˊ 旧叫膈膜或横膈膜，人或哺乳动物胸腔和腹腔之间的膜状肌肉。

镉(鎘) gé ㄍㄜˊ 金属元素，符号Cd，银白色，质软。可用来制合金、颜料等，也用于核工业。

葛 gé ㄍㄜˊ 藤本植物，花紫红色。茎皮纤维可织葛布。根肥大，叫葛根，可提制淀粉，也可入药。

另见155页gě。

个(個) gě ㄍㄜˇ ［自个儿］自己。

另见155页gè。

合 gě ㄍㄜˇ ❶市制容量单位，1升的十分之一。❷旧时量粮食的器具。

另见185页hé。

各 gě ㄍㄜˇ 〈方〉特别，与众不同：那人挺～。

另见155页gè。

哿 gě ㄍㄜˇ 赞许，可，嘉。

舸 gě ㄍㄜˇ 大船。

盖(蓋) gě ㄍㄜˇ 姓。

另见146页gài。

葛 gě ㄍㄜˇ 姓。

另见155页gé。

个(個、*箇) gè ㄍㄜˋ ❶量词：洗～澡｜一～人｜离开学还有～七八天｜一～不留神摔倒了｜打他～落花流水。❷单独的：～人｜～体。❸(一子、一儿)身材或物体的大小：高～子｜小～儿｜馒头～儿不小。

另见155页gě。

各 gè ㄍㄜˋ ❶代词，指每个，彼此不同的人或事物：～种｜～处｜～人｜～不相同。❷副词，表示分别做或分别具有：～尽所能｜～有利弊。

另见155页gě。

硌 gè ㄍㄜˋ 凸起的硬东西跟身体接触使身体感到难受或受到损伤：～脚｜～牙。

另见327页luò。

铬(鉻) gè ㄍㄜˋ 金属元素，符号Cr，银灰色，质硬，耐腐蚀。可用来制不锈钢等，也用于电镀。

虼 gè ㄍㄜˋ ［虼蚤］(—zao)见624页“蚤”(zǎo)。

GEI ㄍㄟ

给(給) gěi ㄍㄟˇ ❶交付，送与：～他一本书｜是谁～你的？㊀把动作或态度加到对方：～他一顿批评。❷介词。1.替，为：医生～他看病｜～大家帮忙。2.被，表示遭受：房子～火烧掉了｜他～拉走了。3.向，对：快～大伙儿说说｜～人家赔不

是。❸助词，跟前面“让”、“叫”、“把”相应，可有可无：窗户叫风（～）吹开了|羊让狼（～）吃了|狼把小羊（～）叼走了。

另见218页jǐ。

GEN ㄍㄣ

根 gēn ㄍㄣ ❶植物茎干下部长在土里的部分。能从土壤里吸收水分和溶解水中的无机盐，还能把植物固定在地上，有的还有储藏养料的作用（㊥一柢）：树～|草～|直～（如向日葵、甜菜的根）|须～（如小麦、稻的根）|块～（如甘薯等可以吃的部分）。㊀（一儿）1. 比喻后辈儿孙：他是刘家一条～。2. 物体的基部和其他东西连着的部分（㊥一基）：耳～|舌～|墙～儿。3. 事物的本源：祸～|斩断穷～。4. 彻底：～绝|～治。［根据］凭依，依据：～什么？|有什么～？❷量词，用于长条的东西：一～木料|两～麻绳。❸代数方程式中未知数的值。❹化学上指带电的原子团：氢～|硫酸～。

跟 gēn ㄍㄣ ❶（一儿）脚的后部：脚后～。㊀鞋袜的后部：袜后～儿。❷随在后面，紧接着：一个～一个别掉队|开完会～着就参观。㊀赶，追赶：后续部队也～上来了。❸介词，对，向：已经～他说过了。❹连词，和，同：我～他都是山东人。

［跟头］（一tou）1. 身体摔倒的动作：摔～|栽～。2. 身体向下翻转的动作：翻～。

哏 gén ㄍㄣˊ 〈方〉❶滑稽，可笑，有趣：这话真～。❷滑稽的话或表情：捧～|逗～。

艮 gěn ㄍㄣˇ 〈方〉食物韧而不脆：～萝卜不好吃。

另见156页gèn。

亘（^*亙） gèn ㄍㄣˋ 空间或时间上延续不断：绵～数十里|～古及今。

艮 gèn ㄍㄣˋ 八卦之一，符号是☶，代表山。

另见156页gěn。

茛 gèn ㄍㄣˋ ［毛茛］草本植物，喜生在水边湿地，花黄色，果实集合成球状。全草有毒，可用作外用药。

GENG ㄍㄥ

更 gēng ㄍㄥ ❶改变，改换（㊥一改、一换、变一）：～动|万象～新|～番（轮流调

换)|～正。❷经历:少(shào)不～事。❸旧时一夜分五更:三～半夜|打～(打梆敲锣报时巡夜)。

另见157页gèng。

浭 gēng ㄍㄥ 浭水,古水名,即今还乡河,河北省与天津市交界处蓟运河的上游。

庚 gēng ㄍㄥ ❶天干的第七位,用作顺序的第七。❷年龄:同～。

赓(賡) gēng ㄍㄥ 继续(㊣一续)。

鹒(鶊) gēng ㄍㄥ 见43页"鸧"字条"鸧鹒"(cāng—)。

耕(*畊) gēng ㄍㄥ ❶用犁把土翻松:～耘(yún)|深～细作。❷比喻从事某种劳动:笔～|舌～。

羹 gēng ㄍㄥ 煮或蒸成的汁状、糊状、冻状的食品:鸡蛋～|肉～|豆腐～。[调羹](tiáo—)喝汤用的小勺子。又叫羹匙(chí)。

埂 gěng ㄍㄥˇ ❶(一子、一儿)田间稍稍高起的小路:田～儿|地～子。❷地势高起的地方。

哽 gěng ㄍㄥˇ 声气阻塞:～咽(yè)。

绠(綆) gěng ㄍㄥˇ 汲水用的绳子:～短汲深(喻才力不能胜任)。

梗 gěng ㄍㄥˇ ❶(一子、一儿)植物的枝或茎:花～|荷～。[梗概]大略的情节。❷直,挺立:～着脖子。❸阻塞,妨碍(㊣一塞):从中作～。

鲠(鯁、*骾) gěng ㄍㄥˇ ❶鱼骨。❷骨头卡在嗓子里。[骨鲠]正直。

耿 gěng ㄍㄥˇ ❶光明。❷正直:～介。[耿直](*梗直、*鲠直)直爽,正直。

[耿耿]1.形容忠诚:忠心～。2.心里老想着,不能忘怀:～于怀。

颈(頸) gěng ㄍㄥˇ 义同"颈"(jǐng),用于"脖颈子"。

另见248页jǐng。

�

更 gèng ㄍㄥˋ 副词。❶再,又:～上一层楼。❷越发,愈加:～好|～明显了。

另见156页gēng。

暅 gèng ㄍㄥˋ 晒。多用于人名。

GONG ㄍㄨㄥ

工 gōng ㄍㄨㄥ ❶工人：矿～|技～|农民～|～农联盟。❷工业：化～|～商界。❸工作，工程：做～|～具|手～|动～。[工程]关于制造、建筑、开矿等，有一定计划进行的工作：土木～|水利～|文化～。❹一个工人或农民一个劳动日的工作：这件工程需要二十个～才能完成。❺技术，本领：唱～|做～精细。❻精细：～笔画。❼善于，长于：～书善画。❽旧时乐谱的记音符号。[工尺](－chě)我国旧有的音乐记谱符号，计有合、四、一、上、尺(chě)、工、凡、六、五、乙，分别相当于简谱的5、6、7、1、2、3、4、5、6、7。"工尺"是这些符号的总称。

[工夫][功夫](－fu)1.时间(多用"工夫")：有～来一趟。2.长期努力实践的成果，本领(多用"功夫")：～深。

功 gōng ㄍㄨㄥ ❶功劳，贡献较大的成绩：记大～一次|立～|～臣。❷功夫：用～|下苦～。❸成就，成效：成～|徒劳无～。❹物理学上指在外力作用下，物体顺力的方向移动，这个力就对物体做了功。

红(紅) gōng ㄍㄨㄥ [女红]旧指女子所做的缝纫、刺绣等工作。也作"女工"。

另见190页hóng。

攻 gōng ㄍㄨㄥ ❶攻击，打击，进击，跟"守"相对：～守同盟|～势|～城。(引)指摘别人的错误：～人之短。❷致力学习、研究：～读|专～化学。

弓 gōng ㄍㄨㄥ ❶射箭或发弹(dàn)丸的器具：弹～|～箭。❷(－子)像弓的用具：胡琴～子。❸旧时丈量地亩的器具，也是计量单位，1弓为5市尺，240平方弓为1亩。❹弯曲：～腰。

躬(*躳) gōng ㄍㄨㄥ ❶身体。(引)自身，亲自：～行|～耕|事必～亲。❷弯曲(身体)：～身。

公 gōng ㄍㄨㄥ ❶属于国家或集体的，跟"私"相对：～物|～务|～文|因～出差|大～无私。❷公平，公道：～允|～正|秉～办事。❸让大家知道：～开|～告|～布|～示。❹共同的，大家承认的，

大多数适用的：～海｜～约｜～理。［公司］合股（或单股）经营的一种工商业组织，经营产品的生产、商品的流转或某些建设事业：百货～｜运输～｜煤气～。❺公制的：～里｜～尺｜～斤。❻雄性的：～鸡｜～羊。❼对祖辈和老年男子的称呼（叠）：外～｜老～～。❽丈夫的父亲（叠）：～婆。❾古代五等爵位（公、侯、伯、子、男）的第一等。❿对年长男子的尊称：诸～｜丁～。

蚣 gōng ㄍㄨㄥ 见525页“蜈”字条“蜈蚣”（wúgong）。

邦 gōng ㄍㄨㄥ 姓。

供 gōng ㄍㄨㄥ 供给（jǐ），准备着钱物等给需要的人使用：～养｜提～｜～销｜～求相应｜～参考。［供给制］对工作人员不给工资，只供给生活必需品的一种分配制度。

另见160页gòng。

龚（龔） gōng ㄍㄨㄥ 姓。

肱 gōng ㄍㄨㄥ 胳膊由肘到肩的部分，泛指胳膊：曲～。［股肱］大腿和胳膊，比喻得力的助手。

宫 gōng ㄍㄨㄥ ❶房屋，封建时代专指帝王、太子等的住所：～殿｜故～｜东～。❷神话中神仙居住的房屋或庙宇的名称：天～。❸一些文化娱乐场所的名称：少年～｜文化～。❹宫刑，古代阉割生殖器的酷刑。❺古代五音“宫、商、角（jué）、徵（zhǐ）、羽”之一。

恭 gōng ㄍㄨㄥ 肃敬，谦逊有礼貌（㊎一敬）：～贺。［出恭］排泄大小便。

塨 gōng ㄍㄨㄥ 用于人名。李塨，清代人。

觥 gōng ㄍㄨㄥ 古代用兽角做的一种饮酒器皿。

巩（鞏） gǒng ㄍㄨㄥˇ ［巩固］坚固，结实，使牢固：基础～｜～学习成果｜～政权。

汞 gǒng ㄍㄨㄥˇ 金属元素，通称水银，符号Hg，银白色液体，有毒，能溶解金、银、锡、钾、钠等。可用来制温度表、气压计、水银灯等。

拱 gǒng ㄍㄨㄥˇ ❶拱手，两手向上相合表示敬意。❷两手合围：～抱｜～木。㊀环绕：～卫。❸肩膀向上耸：～肩膀。❹建筑物上呈弧形的结构，大多中间高两侧低：～门｜～桥｜连～坝。❺顶动，向上或向前推：～芽｜虫子～土｜

G

猪用嘴～地。

珙 gǒng ㄍㄨㄥˇ ❶大璧。❷珙县，地名，在四川省。

硔 gǒng ㄍㄨㄥˇ 用于地名：～池（在山西省陵川）。

共 gòng ㄍㄨㄥˋ ❶相同的，都具有的：～识｜～性。❷在一起，一齐（㊥一同）：和平～处｜同甘～苦｜～鸣｜～事。❸副词，总，合计（㊥总一）：～二十人｜～计。❹共产党的简称：中～。

〈古〉又同"恭"（gōng）。

〈古〉又同"供"（gōng）。

供 gòng ㄍㄨㄥˋ ❶向神佛或死者奉献祭品：～佛。❷指奉献的祭品：上～。❸被审者述说案情：～出同谋｜～状｜～认。㊀口供，供词：录～｜问出～来。

另见 159 页 gōng。

贡（貢） gòng ㄍㄨㄥˋ ❶古代指属国或臣民向君主献东西。[贡献]1. 拿出力量或财物来给国家和人民：为祖国～出自己的一切。2. 对人民、人类社会所做的有益的事：革命导师创立的学说，是对人类的伟大～。❷贡品：进～。❸封建时代指选拔人才，推荐给朝廷：～举｜～生。

唝（嗊） gòng ㄍㄨㄥˋ [唝吥]（－bù）柬埔寨地名。今作"贡布"。

GOU ㄍㄡ

勾 gōu ㄍㄡ ❶用笔画出符号，表示删除或截取：～了这笔账｜一笔～销｜把精彩的文句～出来。❷描画，用线条画出形象的边缘：～图样。㊀用灰涂抹建筑物上砖、瓦或石块之间的缝：～墙缝｜用灰～抹房顶。❸招引，引（㊥一引）：～魂｜这一问～起他的话来了。❹结合：～结｜～通。❺我国古代称不等腰直角三角形中构成直角的较短的边。[勾留]停留：在那里～几天。

另见 161 页 gòu。

沟（溝） gōu ㄍㄡ ❶流水道：阴～｜阳～。[沟通]使两方通达：～文化。❷像沟的东西：车道～。

钩（鈎、*鉤） gōu ㄍㄡ ❶（－子、－儿）悬挂或探取东西用的器具，形状弯曲，头端尖锐：秤～儿｜钓鱼～儿｜挂～儿｜火～子。❷（－子、－儿）形状像钩子的：鹰～鼻｜蝎子的～子。❸（－儿）汉字的一种笔形（乛㇄乚等）。

❹(—儿)形状为"√"的符号,表示正确或同意:打～。❺用钩状物探取:把小洞里的东西～出来。㉑研究,探寻:～深致远。❻同"勾❷"。❼用带钩的针编织,或用针缝合衣边:～毛衣|～贴边。❽在某些场合说数字时用来代替9。

句 gōu ㄍㄡ 古同"勾"。[高句丽][高句骊](——lí)古族名,古国名。

[句践]春秋时越王名。

另见255页jù。

佝 gōu ㄍㄡ [佝偻](—lóu)病名,俗叫小儿软骨病,因身体缺钙、磷和维生素D而引起,症状是方头、鸡胸、驼背、两腿弯曲等。

枸 gōu ㄍㄡ [枸橘](—jú)就是枳(zhǐ)。参看649页"枳"。

另见161页gǒu;254页jǔ。

缑(緱) gōu ㄍㄡ 刀剑等柄上所缠的绳。

篝 gōu ㄍㄡ 熏笼。[篝火]原指用笼子罩着的火,现指在野外或空旷的地方燃烧的火堆。

鞲 gōu ㄍㄡ [鞲鞴](—bèi)活塞的旧称。

苟 gǒu ㄍㄡˇ 姓。

苟 gǒu ㄍㄡˇ ❶姑且,暂且:～安|～延残喘。❷马虎,随便:一丝不～。❸文言连词,假如:～可以利民,不循其礼。❹姓。

岣 gǒu ㄍㄡˇ [岣嵝](—lǒu)山峰名,衡山的主峰,也指衡山,在湖南省中南部。

狗 gǒu ㄍㄡˇ 家畜,听觉、嗅觉都很灵敏,种类很多,有的能帮人打猎、牧羊、看守门户等。[狗腿子]指走狗,为有权势的人奔走做坏事的人。

耇(**耈) gǒu ㄍㄡˇ 年老,长寿。

枸 gǒu ㄍㄡˇ [枸杞](—qǐ)落叶灌木,花淡紫色。果实红色,叫枸杞子,可入药。

另见161页gōu;254页jǔ。

笱 gǒu ㄍㄡˇ 竹制的捕鱼器具。

勾 gòu ㄍㄡˋ ❶[勾当](—dang)事情(多指坏事):见不得人的～。❷同"够"。❸姓。

另见160页gōu。

构(構、❶-❸*搆) gòu ㄍㄡˋ ❶构造,组合:～屋|～图|～词。[构造]各组成部分及其相互关系:人体～|飞机的～|句子的～。❷结成(用于抽象

事物):～怨|虚～。[构思]做文章或进行艺术创作时运用心思。❸作品:佳～|杰～。❹构树,落叶乔木,又叫榖(gǔ)或楮(chǔ),叶卵形,花淡绿色。树皮纤维可用来造纸。

购(購) gòu ㄍㄡˋ 买(㊥一买):～物|～置|采～。

诟(詬) gòu ㄍㄡˋ ❶耻辱:含～忍辱。❷辱骂:～病|～骂。

垢 gòu ㄍㄡˋ ❶污秽,脏东西:油～|牙～|藏污纳～。❷耻辱。也作"诟"。

姤 gòu ㄍㄡˋ ❶同"遘"(gòu)。❷善,美好。

够(*夠) gòu ㄍㄡˋ ❶足,满足一定的限度:～数|～用|钱不～了。㊀用在动词后,多含不耐烦义:受～了|这个话我真听～了。❷达到,及:～得着|～格。❸副词,表示程度高:东西～贵的|天气真～冷的。

雊 gòu ㄍㄡˋ 野鸡叫。

遘 gòu ㄍㄡˋ 相遇。

媾 gòu ㄍㄡˋ ❶结合,交合:婚～(两家结亲)|交～(性交,交配)。❷交好:～和(讲和)。

觏(覯) gòu ㄍㄡˋ 遇见:罕～(很少见)。

彀 gòu ㄍㄡˋ ❶同"够"。❷使劲张弓。[彀中](—zhōng)箭能射及的范围。㊁牢笼,圈套:入我～。[入彀]㊁进牢笼,入圈套:诱敌～。

GU ㄍㄨ

估 gū ㄍㄨ 揣测,大致地推算:～计|～量|不要低～了群众的力量|～一～价钱。

另见166页gù。

咕 gū ㄍㄨ 形容母鸡、某些鸟叫的声音:布谷鸟～～地叫。[咕咚](—dōng)形容重东西落下的声音。[咕嘟]1.(—dū)形容液体沸腾、水流涌出或大口喝水的声音。2.(—du)煮,用火长时间煮:再～几分钟,粥就好了。3.(—du)(嘴)鼓起:他气得把嘴～起来。[咕唧][咕叽](—ji)小声交谈或自言自语。[咕噜](—lū)形容水流动或东西滚动的声音。[咕哝](—nong)小声说话(多指自言自语,并带不满情绪)。

沽 gū ㄍㄨ ❶买：～酒｜～名钓誉（有意做使人赞扬的事，捞取个人声誉）。❷卖：待价而～（喻等到有了较高的待遇才肯答应替人做事）。

姑 gū ㄍㄨ ❶父亲的姊妹（叠）。❷丈夫的姊妹：～嫂｜大～子。❸妻称夫的母亲：翁～（公婆）。❹姑且，暂且：～妄言之｜～置勿论。［姑息］暂求苟安。㊈无原则地宽容：对错误的行为绝不～。

轱（軲） gū ㄍㄨ ［轱辘］（－lu）1.车轮。2.滚动，转（zhuàn）：球～到沟里了。

鸪（鴣） gū ㄍㄨ 见639页“鹧”字条“鹧鸪”（zhè－）、37页“鹁”字条“鹁鸪”（bó－）。

菇 gū ㄍㄨ 蕈（xùn），蘑菇：香～｜金针～。

蛄 gū ㄍㄨ 见317页“蝼”字条“蝼蛄”（lóu－）、207页“蟪”字条“蟪蛄”（huì－）。

辜 gū ㄍㄨ ❶罪：无～｜死有余～。❷亏负，违背：～负。

酤 gū ㄍㄨ ❶买酒。❷卖酒。

苽 gū ㄍㄨ 〈古〉同“菰❶”。

呱 gū ㄍㄨ ［呱呱］古书上指小儿哭声：～坠地（指婴儿出生）。

另见167页guā；167页guǎ。

孤 gū ㄍㄨ ❶幼年丧父或父母双亡：～儿。❷单独（㊀一独）：～雁｜～掌难鸣（喻力量单薄，难以有所作为）｜～立。❸古代君主的自称：～家｜～王。❹同“辜❷”：～恩负义。

軱（軱） gū ㄍㄨ 大骨。

菰 gū ㄍㄨ ❶草本植物，生长在浅水里，花紫红色。嫩茎经黑粉病菌寄生后膨大，叫茭白，果实叫菰米，都可以吃。❷同“菇”。

觚 gū ㄍㄨ ❶古代一种盛酒的器具。❷古代写字用的木板：操～（执笔写作）。❸棱角。

骨 gū ㄍㄨ ［骨朵儿］（－duor）没有开放的花朵。［骨碌］（－lu）滚动。

另见164页gǔ。

蓇 gū ㄍㄨ ［蓇葖］（－tū）1.果实的一种，成熟时在一面开裂，如芍药、八角的果实。2.骨朵儿。

箍 gū ㄍㄨ ❶用竹篾或金属条束紧器物：～木盆。❷

G

(一儿)紧束器物的圈:铁～。

古 gǔ ㄍㄨˇ ❶时代久远的,过去的,跟"今"相对(㊥一老):～书|～迹|～为今用。[古板]守旧固执,呆板。[古怪]奇怪,罕见,不合常情。❷古体诗:五～|七～。

[古董](*骨董)古代留传下来的器物。㊕顽固守旧的人或过时的东西。

诂(詁) gǔ ㄍㄨˇ 用通行的话解释古代语言文字或方言字义:训～|解～|字～。

牯 gǔ ㄍㄨˇ 牯牛,指公牛:黄～|黑～。

崮 gǔ ㄍㄨˇ 用于地名:宋～(在山西省介休)。

罟 gǔ ㄍㄨˇ 〈古〉捕鱼的网。

钴(鈷) gǔ ㄍㄨˇ 金属元素,符号 Co,银白色。可用来制合金等,医学上用放射性钴(钴-60)治疗恶性肿瘤。

嘏 gǔ ㄍㄨˇ jiǎ ㄐㄧㄚˇ (又) 福。

鹽 gǔ ㄍㄨˇ (一子)烹饪用具,周围陡直的深锅:瓷～子|沙～子。

谷(❷-❹穀) gǔ ㄍㄨˇ ❶山谷,两山中间狭长的水道。又指两山之间:万丈深～。❷庄稼和粮食的总称:五～。❸(一子)谷类作物,籽实碾去皮以后就成小米,供食用,茎可喂牲口。❹〈方〉稻,也指稻的籽实:糯～|粳(jīng)～|轧(yà)～机。❺姓。

另见 609 页 yù。

汩 gǔ ㄍㄨˇ 水流的声音或样子(叠)。

股 gǔ ㄍㄨˇ ❶大腿。(图见 491 页"人体")❷事物的一部分。1.股份,指集合资金的一份:～东|～票|～市。2.机关团体中的一个部门:总务～|卫生～。3.合成绳线等的部分:合～线|三～绳。❸我国古代称不等腰直角三角形中构成直角的较长的边。❹量词。1.用于成条的东西:一～道(路)|一～线|一～泉水。2.用于气味、力气:一～香味|一～劲。3.用于成批的人(多含贬义):一～残匪|一～势力。

骨 gǔ ㄍㄨˇ ❶骨头,人和脊椎动物支持身体的坚硬组织:颅～|肋～。[骨骼]全身骨头的总称。[骨干](一gàn)能起中坚作用的人或事物:～分子|～作用。[骨肉]

㊗最亲近的有血统关系的人，指父母、子女、兄弟、姊妹。❷像骨的东西：钢～水泥。❸品格，气概：～气｜媚～。

另见163页gū。

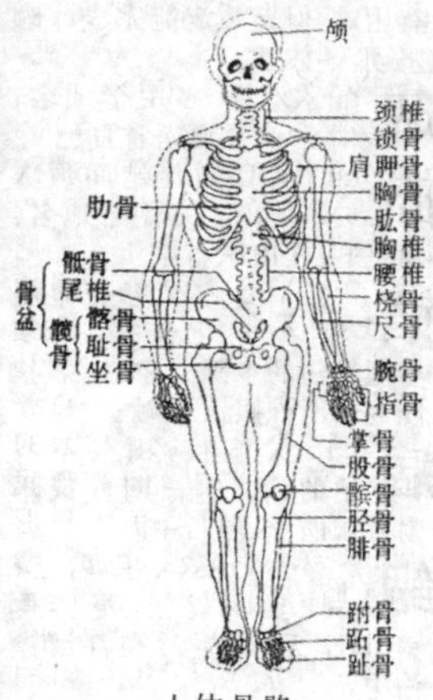

人体骨骼

馉(餶) gǔ ㄍㄨˇ［馉饳］(－duò)一种面制食品。

榾 gǔ ㄍㄨˇ［榾柮］(－duò)截成一段一段的短木头。

鹘(鶻) gǔ ㄍㄨˇ［鹘鸼］(－zhōu)古书上说的一种鸟，羽毛青黑色，尾巴短。

另见195页hú。

贾(賈) gǔ ㄍㄨˇ ❶商人(㊥商－)。古时特指坐商。❷卖：余勇可～(还有多余的力量可以使出)。

另见224页jiǎ。

羖(**羖) gǔ ㄍㄨˇ 公羊。

蛊(蠱) gǔ ㄍㄨˇ 古代传说把许多毒虫放在器皿里，使互相吞食，最后剩下不死的毒虫叫蛊，可用来毒害人。［蛊惑］迷惑，毒害：～人心。

鹄(鵠) gǔ ㄍㄨˇ 射箭的靶子。［鹄的］(－dì)箭靶子的中心，练习射击的目标。

另见195页hú。

鼓(*皷) gǔ ㄍㄨˇ ❶打击乐器。多为圆柱形，中空，一面或两面蒙皮，有军鼓、腰鼓等多种。❷敲鼓：一～作气。㊀1.击，拍，弹(tán)：～掌｜～琴。2.发动，使振作起来：～足干劲｜～励｜～动｜～舞。［鼓吹］1.打击乐和管乐合奏。2.传播，宣扬(现多用于贬义)。❸凸出，使凸出：～起个包｜～起两颊。❹饱满(叠)：口袋装得～～的。

臌 gǔ ㄍㄨˇ 膨胀,中医指肚子胀起的病,通常有水臌、气臌两种。也作"鼓"。

瞽 gǔ ㄍㄨˇ 瞎:～者。

毂(轂) gǔ ㄍㄨˇ 车轮的中心部分,有圆孔,可以插轴。(图见324页"旧式车轮")

榖 gǔ ㄍㄨˇ 即构树。参看161页"构❹"。

瀔 gǔ ㄍㄨˇ 瀔水,地名,在湖南省湘乡。又水名,在河南省。今均作"谷水"。

估 gù ㄍㄨˋ [估衣](—yi)旧指贩卖的旧衣服。贩卖旧衣的行业叫估衣业。

另见162页gū。

故 gù ㄍㄨˋ ❶意外的事情:变～|事～|～障。❷缘故,原因:不知何～|无缘无～。❸故意,存心:明知～犯|～弄玄虚。❹老,旧,过去的:～书|～人(老朋友)|～宫。❺本来的,原来的:～土|～乡(老家)。❻死(用于人):～去|病～。[物故]指人死。❼连词,所以:他有坚强的意志,～能克服困难。

固 gù ㄍㄨˋ ❶结实,牢靠(㊀坚—):稳～|牢～。㊁使坚固、牢固:～本|～防。❷坚定,不变动:～请|～守阵地。❸本,原来:～有。[固然]连词,表示先承认原来的意思,后面还要否定那个意思或者转到另一方面去:这项工作～有困难,但是一定能完成。❹坚硬:～体。

堌 gù ㄍㄨˋ 堤。多用于地名:牛王～(在河南省夏邑)。

崮 gù ㄍㄨˋ 四周陡峭而顶部较平的山。多用于地名:孟良～(在山东省临沂)。

锢(錮) gù ㄍㄨˋ ❶把金属熔化开来,堵塞金属器物的空隙。❷禁锢,禁闭起来不许跟人接触。

痼 gù ㄍㄨˋ 痼疾,积久不易治的病。㊁长期养成不易克服的:～习|～癖。

鲴(鯝) gù ㄍㄨˋ 鱼名,又叫黄鲴,身体侧扁,口小无须,生活在江河湖泊中。

顾(顧) gù ㄍㄨˋ ❶回头看,泛指看:回～|环～|～视左右。❷拜访:三～茅庐。❸照管,注意:～面子|～全大局|奋不～身。㊁商店称来买货物:惠～|～客|主～。[照顾]1.照管,特别关心:～群众的生活。2.旧时商店称顾客来买货。❹文

言连词，但，但是。

梏 gù ㄍㄨˋ 古代束缚罪人两手的木制刑具。

牿 gù ㄍㄨˋ ❶绑在牛角上使牛不得顶人的横木。❷养牛马的圈(juàn)。

雇(*僱) gù ㄍㄨˋ ❶出钱让人给自己做事：～工｜～保姆。❷租赁交通运输工具：～车｜～牲口。

GUA ㄍㄨㄚ

瓜 guā ㄍㄨㄚ 蔓生植物，叶掌状，花多为黄色，果实可吃。种类很多，有西瓜、南瓜、冬瓜、黄瓜等。[瓜分]像切瓜一样地分割。[瓜葛](－gé)㊞亲友关系或相牵连的关系。

呱 guā ㄍㄨㄚ [呱嗒](－dā)形容短而脆的撞击声。[呱嗒板儿]1. 唱莲花落(lào)等打拍子的器具。2. 木拖鞋。[呱呱]形容鸭子、青蛙等的响亮叫声。㊟形容好：～叫｜顶～。

另见 163 页 gū；167 页 guǎ。

胍 guā ㄍㄨㄚ 有机化合物，无色晶体，易潮解。可用来制药。

刮(❷颳) guā ㄍㄨㄚ ❶用刀子去掉物体表面的东西：～脸｜～冬瓜皮。㊞搜刮民财：贪官污吏只会～地皮。❷(风)吹动：～风｜～倒了一棵树。

括 guā ㄍㄨㄚ [挺括]〈方〉(衣服、纸张等)较硬而平整。

另见 280 页 kuò。

栝 guā ㄍㄨㄚ 古书上指桧(guì)树。

[栝楼](－lóu)草本植物，爬蔓(wàn)，花白色，果实卵圆形。块根和果实都可入药。

鸹(鴰) guā ㄍㄨㄚ [老鸹]〈方〉乌鸦。

騧(騧) guā ㄍㄨㄚ 黑嘴的黄马。

緺(緺) guā ㄍㄨㄚ ❶古代青紫色的绶带。❷量词，用于妇女盘结的发髻。

呱 guǎ ㄍㄨㄚˇ [拉呱儿](lāguǎr)〈方〉聊天。

另见 163 页 gū；167 页 guā。

剐(剮) guǎ ㄍㄨㄚˇ ❶被尖锐的东西划破：把手～破了｜裤子上～了个口子。❷古代把人的身体割成许多块的酷刑：千刀万～。

G

寡 guǎ ㄍㄨㄚˇ ❶少，缺少：～言｜优柔～断｜多～不等。❷古代君主的自称：称孤道～。❸妇女死了丈夫：～妇。

卦 guà ㄍㄨㄚˋ 八卦，我国古代用来占卜的象征各种自然或人事现象的八种符号，相传是伏羲氏所创。［变卦］㊥已定的事情忽然改变(含贬义)。

诖(詿) guà ㄍㄨㄚˋ 失误。［诖误］1. 被牵连而受谴责或处分：为人～。2. 旧时也指撤职、失官。

挂(*掛、❷*罣) guà ㄍㄨㄚˋ ❶悬(㊀悬－)：红灯高～｜～图。❷惦记(㊀牵－)：～念｜～虑｜记～。❸登记：～号｜～失。❹量词，多用于成串的东西：一～鞭｜一～珠子。

褂 guà ㄍㄨㄚˋ (－子、－儿)上身的衣服：大～子(长衫)｜小～儿。

GUAI ㄍㄨㄞ

乖 guāi ㄍㄨㄞ ❶不顺，不和谐(㊀－僻)。❷指小孩听话，懂事：宝宝很～，大人省事多了。❸机灵，伶俐(㊀－巧)：这孩子嘴～。

掴(摑) guāi ㄍㄨㄞ guó ㄍㄨㄛˊ (又)打耳光：被～了一记耳光。

拐(❹*柺) guǎi ㄍㄨㄞˇ ❶转折：～过去就是大街｜～弯抹角｜～角｜～点(转折点)。❷骗走人或财物：～骗｜～卖｜钱被人～走了。❸腿脚有毛病，失去平衡，走路不稳：走道一瘸(qué)一～。❹走路时帮助支持身体的棍子：～杖｜～棍｜架～。❺在某些场合说数字时用来代替7。

夬 guài ㄍㄨㄞˋ 坚决，果断。

怪(*恠) guài ㄍㄨㄞˋ ❶奇异，不平常(㊀奇－、－异)：～事｜～模～样。㊁惊奇：少见多～｜大惊小～。❷怪物，神话传说中的妖魔之类(㊀妖－)。㊥性情乖僻的人或形状异样的东西。❸副词，很，非常：～好的天气｜这孩子～讨人喜欢的。❹怨，责备：责～｜～罪｜这事儿不能～他。

GUAN ㄍㄨㄢ

关(關、関)** guān ㄍㄨㄢ

❶闭，合拢（㊀一闭）：～门｜～上箱子。㊂拘禁：～监狱。❷古代在险要地方或国界设立的守卫处所：～口｜山海～。㊂征收出口、入口货税的机构：海～｜～税。❸重要的转折点，不易度过的一段时间：难～｜紧要～头。❹起转折关联作用的部分：～节（两骨连接的地方）｜～键。❺牵连，连属：相～｜无～紧要。［关系］1.事物之间的关涉牵连：这个电门和那盏灯没有～。2.人事的联系：同志～｜亲戚～。3.影响：这件事～太大。［关于］介词，引进某种行为或事物的关系者：～促进就业的措施｜～社会学方面的书。❻旧指发给或支领（薪饷）：～饷。

观（觀） guān ㄍㄨㄢ ❶看（㊀一看）：坐井～天｜～摩｜走马～花｜～察｜～光。❷看到的景象（㊀景一、一瞻）：奇～｜壮～｜洋洋大～。❸对事物的认识，看法：乐～｜人生～｜宇宙～。［观点］从某一角度或立场出发形成的对事物的看法。［观念］1.思想，理性认识。2.客观事物在意识中构成的形象。

另见171页guàn。

纶（綸） guān ㄍㄨㄢ 青丝带。［纶巾］古代配有青丝带的头巾。传说三国时诸葛亮平常戴这种头巾。

另见324页lún。

官 guān ㄍㄨㄢ ❶政府机关或军队中经过任命的、一定级别以上的公职人员：～吏｜～员｜当～。❷旧时称属于国家的：～办｜～款。［官话］1.旧时指通行于广大区域的北方话，特指北京话。2.官腔。❸器官，生物体上有特定机能的部分：五～｜感～。

倌 guān ㄍㄨㄢ ❶农村中专管饲养某些家畜的人：牛～儿｜羊～儿。❷旧时称服杂役的人：堂～儿（茶、酒、饭馆的服务人员）。

棺 guān ㄍㄨㄢ 棺材，装殓死人的器物：～木｜入～。

冠 guān ㄍㄨㄢ ❶帽子：～冕堂皇｜衣～楚楚。❷（一子）鸟类头上的肉瘤或高出的羽毛：鸡～子。

另见171页guàn。

蒄 guān ㄍㄨㄢ 有机化合物，针状晶体，淡黄色，可看作是六个苯环组成的环烃。

矜 guān ㄍㄨㄢ 〈古〉❶同“鳏”。❷同“瘝”。

另见242页jīn；409页qín。

G

瘝 guān ㄍㄨㄢ 病，痛苦。

鳏（鰥） guān ㄍㄨㄢ 无妻或丧妻的男人：～夫|～寡孤独。

莞 guǎn ㄍㄨㄢˇ［东莞］地名，在广东省。

另见512页wǎn。

筦 guǎn ㄍㄨㄢˇ ❶见170页"管"。❷姓。

馆（館、*舘） guǎn ㄍㄨㄢˇ ❶招待宾客或旅客食宿的房舍：宾～|旅～。❷一个国家在另一个国家办理外交的人员常驻的处所：大使～。❸（一子、一儿）某些服务性商店的名称：照相～|理发～|饭～儿。❹开展文化等活动的场所：体育～|图书～|博物～。❺旧时指教学的地方：家～|蒙～。

G

琯 guǎn ㄍㄨㄢˇ 玉管，古代的一种管乐器。

管（△*筦） guǎn ㄍㄨㄢˇ ❶吹奏的乐器：丝竹～弦|～乐器。❷（一子、一儿）圆筒形的东西：～道|竹～儿|无缝钢～|～见（指浅陋的见识）。㉑量词，用于细长圆筒形的东西：一～毛笔。❸负责，管理：～家|～账|～伙食。㉑干预，过问：～闲事|这事我们不能不～。❹管教，约束：～孩子|～住自己的嘴，不说粗话。［管制］1.监督，管理：～灯火。2.刑事处分的一种，对某些有罪行的人，由政府和群众监督教育，使能改过自新。［不管］连词，跟"无论"义相近：～有多大困难，我们都能克服。❺负责供给：～吃～住|生活用品都～。㉑保证：～用|不好～换|～保。❻介词，把（与动词"叫"连用）：有的地区～玉米叫苞谷。

鳤（鱛） guǎn ㄍㄨㄢˇ 鱼名，身体长筒形，银白色，鳞小，生活在淡水中。

毌 guàn ㄍㄨㄢˋ ❶"贯"的古字。❷姓。

贯（貫） guàn ㄍㄨㄢˋ ❶连贯，穿通（㉝一穿）：学～中西|一直～串下去|融会～通。［贯彻］使全部实现：～执行|～党的政策。［一贯］向来如此，始终一致：艰苦朴素是他的～作风。❷旧时把方孔钱穿在绳子上，每一千个叫一贯。❸原籍，出生地：籍～。❹姓。

掼（摜） guàn ㄍㄨㄢˋ〈方〉❶掷，扔：往地下一～。❷跌；使跌：～了一跤|把他～倒在地。

惯（慣） guàn ㄍㄨㄢˋ ❶习以为常的，积久

成性的：～技|～例|穿～了休闲装。[惯性]物体没有受外力作用时保持原有的运动状态或静止状态，这种性质叫惯性。❷纵容，放任：～坏了孩子|娇生～养。

观(觀) guàn ㄍㄨㄢˋ 道教的庙宇：道～。

另见 169 页 guān。

冠 guàn ㄍㄨㄢˋ ❶把帽子戴在头上。❷居第一位：勇～三军。[冠军]㊕比赛的第一名。❸在前面加上某种名号：～名权|～以诗人的桂冠(guān)。

另见 169 页 guān。

涫 guàn ㄍㄨㄢˋ 沸：～汤。

祼 guàn ㄍㄨㄢˋ 古代祭祀时把酒浇在地上的礼节。

盥 guàn ㄍㄨㄢˋ 洗(手、脸)：～洗室。

灌 guàn ㄍㄨㄢˋ ❶浇，灌溉：引水～田。❷倒进去或装进去(液体、气体、颗粒状物体)：风雪往门里～|～一瓶水。

[灌木]主茎不发达，丛生而矮小的树木，如茶树、酸枣树等。

瓘 guàn ㄍㄨㄢˋ 古玉器名。

爟 guàn ㄍㄨㄢˋ ❶古代祭祀用的火炬。❷报警的烽火。

鹳(鸛) guàn ㄍㄨㄢˋ 鸟名，像鹤，羽毛灰色、白色或黑色，生活在水边，捕食鱼虾等。种类很多。

罐(*鑵、**鏆) guàn ㄍㄨㄢˋ (一子、一儿)盛东西或汲水用的瓦器。泛指各种圆筒形的盛物器：铁～儿|易拉～儿|煤气～儿。

GUANG ㄍㄨㄤ

光 guāng ㄍㄨㄤ ❶光线，照射在物体上能使视觉感知物体的那种物质：一束～|灯～|阳～|激～|～盘。[光明]亮。㊖襟怀坦白，没有私心：心地～。[光盘]用激光束记录和读取信息的圆盘形存储载体，可分为只读光盘和可刻录光盘。[激光]一种由激光器产生的颜色很纯、能量高度集中并朝单一方向发射的光。广泛应用在工业、军事、医学、通信、探测等方面。❷光彩，荣誉：为国增～|～荣。敬辞：～临|～顾。❸景物：春～|风～|观～。[光景]1. 同

G

"光❸"。2. 生活的情况：~一年好似一年。❹光滑，平滑：磨~|~溜(liu)。❺完了，一点儿不剩：把敌人消灭~。❻露着：~头|~膀子。❼副词，单，只：大家都走了，~剩下他一个人了。

垙 guāng ㄍㄨㄤ ❶田间小路。❷用于地名：上~(在北京市延庆)。

咣 guāng ㄍㄨㄤ 形容撞击或振动的声音：~的一声，门被关上了。

洸 guāng ㄍㄨㄤ 见180页"浛"字条"浛洸"(hán—)。

珖 guāng ㄍㄨㄤ 一种玉。

桄 guāng ㄍㄨㄤ [桄榔](—láng)常绿乔木，大型羽状叶，生于茎顶。花序的汁可制糖，茎髓可制淀粉。

另见172页guàng。

辋(輄) guāng ㄍㄨㄤ 古代指车厢底部的横木。

胱 guāng ㄍㄨㄤ 见375页"膀"字条"膀胱"(páng—)。

广(廣) guǎng ㄍㄨㄤˇ ❶宽，大：~场|我国地~人多。[广泛]范围大，普遍：~宣传|意义~。❷宽度：长五十米，~三十米。[广袤](—mào)东西的长度叫广，南北的长度叫袤，指土地的面积。也形容辽阔：~的大地。❸多：大庭~众。❹扩大，扩充：~播|推~。❺姓。

另见4页ān。

犷(獷) guǎng ㄍㄨㄤˇ 粗野：粗~|~悍。

桄 guàng ㄍㄨㄤˋ ❶绕线的器具。❷量词，用于线：一~线。

另见172页guāng。

逛 guàng ㄍㄨㄤˋ 闲游，游览(㊀游—)：~大街|~公园。

GUI ㄍㄨㄟ

归(歸) guī ㄍㄨㄟ ❶返回，回到本处(㊀回—)：~家|~国。㊁还给：物~原主|~本还原。❷趋向：殊途同~|众望所~。❸归并，合并：把书~在一起|这两个机构~成一个|~里包堆(总共)。[归纳]由许多的事例概括出一般的原理。❹由，属于：这事~我办。❺珠算中指一位数的除法：九~。

圭 guī ㄍㄨㄟ ❶古代帝王、诸侯在举行典礼时拿的一种玉器，上尖下方。❷古代测日影的器具。[圭臬](—niè)标准，法度：奉为～。❸古代容量单位名，一升的十万分之一。❹姓。

邽 guī ㄍㄨㄟ [下邽]地名，在陕西省渭南。

闺(閨) guī ㄍㄨㄟ ❶上圆下方的小门。❷旧时指女子居住的内室：深～。[闺女]1.未出嫁的女子。2.女儿。

珪 guī ㄍㄨㄟ ❶同"圭❶"。❷姓。

硅 guī ㄍㄨㄟ 非金属元素，旧叫矽(xī)，符号Si，褐色粉末或灰色晶体，是重要的半导体材料。硅酸盐在玻璃、水泥工业中很重要。

鲑(鮭) guī ㄍㄨㄟ 鱼名，身体大，略呈纺锤形，鳞细而圆。种类很多。

龟(龜) guī ㄍㄨㄟ 爬行动物，腹背都有硬甲，头尾和脚能缩入甲中，寿命长。种类很多。龟甲可入药，古人用龟甲占卜：～卜。

另见260页jūn；414页qiū。

妫(媯、**嬀) guī ㄍㄨㄟ 妫河，水名，在北京市延庆。

规(規、*槼) guī ㄍㄨㄟ ❶圆规，画圆形的仪器：两脚～。❷法则，章程(㊀—则、—章)：成～|常～。[规格]产品质量的标准，如大小、轻重、精密度、性能等：合～。[规矩](—ju)1.标准，法则：守～|老～。2.合标准，守法则：做事～老实。[规模]1.格局(多指计划、设备)：略具～|这座工厂～宏大。2.范围：大～的经济建设。❸相劝：～劝|～勉。❹谋划：～划|～定|～避(设法避开)。

鬶(鬹) guī ㄍㄨㄟ 古代炊具(多为陶制)，嘴像鸟喙，有把柄和三个空心的短足。

皈 guī ㄍㄨㄟ [皈依]原指佛教的入教仪式，后泛指信仰佛教或参加其他宗教组织。也作"归依"。

傀 guī ㄍㄨㄟ 古山名，在今河南省洛阳西。

另见517页wěi。

瑰(*瓌) guī ㄍㄨㄟ ❶一种像玉的石头。❷奇特，珍奇：～丽|～异|～宝。

氿 guǐ ㄍㄨㄟˇ 氿泉，从侧面喷出的泉。

G

另见251页jiǔ。

宄 guǐ ㄍㄨㄟˇ 坏人：奸～。

轨（軌） guǐ ㄍㄨㄟˇ ❶车辙。❷轨道，一定的路线，特指铺设轨道的钢条：钢～｜铁～｜铺～。㊥应遵循的规则：越～｜步入正～。

匦（匭） guǐ ㄍㄨㄟˇ 箱子，匣子：票～。

庋 guǐ ㄍㄨㄟˇ ❶放东西的架子。❷搁置：～藏。

诡（詭） guǐ ㄍㄨㄟˇ ❶欺诈，奸滑：～辩（无理强辩）｜～计多端。❷怪异，出乎寻常（㊟一异）：～秘。

G

姽 guǐ ㄍㄨㄟˇ ［姽婳］（一huà）形容女子娴静美好。

鬼 guǐ ㄍㄨㄟˇ ❶迷信的人以为人死之后有灵魂，叫鬼：妖魔～怪｜这话～才相信（指无人信）｜～话（虚妄不实的话）｜～胎（喻不可告人之事）。❷躲躲闪闪，不光明正大：～～祟祟｜～头～脑。❸指阴谋，不可告人的打算：心里有～｜捣～。❹机灵（多指小孩子）：这孩子真～。❺对人的蔑称或憎称：酒～｜吸血～。❻糟糕的，恶劣的：～主意｜～天气。❼星宿名，二十八宿之一。

癸 guǐ ㄍㄨㄟˇ 天干的第十位，用作顺序的第十。

晷 guǐ ㄍㄨㄟˇ 日影。㊕时间：日无暇～。［日晷］古代按照日影测定时刻的仪器。又叫日规。

簋 guǐ ㄍㄨㄟˇ 古代盛食物的器具，多为圆形，两耳。

柜（櫃） guì ㄍㄨㄟˋ（一子）一种收藏东西用的器具，通常作长方形，有盖或有门：衣～｜保险～。

另见254页jǔ。

炅 guì ㄍㄨㄟˋ 姓。

另见250页jiǒng。

刿（劌） guì ㄍㄨㄟˋ 刺伤。

刽（劊） guì ㄍㄨㄟˋ 砍断。［刽子手］旧指执行斩刑的人。㊀杀害人民的人。

桧（檜） guì ㄍㄨㄟˋ 常绿乔木，即圆柏，幼树的叶子针状，大树的叶子鳞片状，果实球形。木材桃红色，有香味，可供建筑等用。

另见206页huì。

贵（貴） guì ㄍㄨㄟˋ ❶价钱高，跟"贱"相对：这本书不～｜金比银～。❷指地位高，跟"贱"相对：～族｜达官～人。敬辞，称与对方有关的事物：～姓｜～处｜～校｜～宾。❸值得珍视或重视（㊣宝一、一重）：可～｜珍～。❹以某种情况为可贵：～精不～多｜～在坚持｜人～有自知之明。

桂 guì ㄍㄨㄟˋ ❶植物名。1. 肉桂，常绿乔木，花白色。树皮有香味，可入药，又可做香料。2. 月桂树，常绿乔木，叶长椭圆形，花黄色，叶可做香料。3. 桂花，常绿小乔木或灌木，又叫木樨，花白色或黄色，有特殊香味，可做香料。❷广西壮族自治区的别称。

筀 guì ㄍㄨㄟˋ［筀竹］古书上说的一种竹子。

跪 guì ㄍㄨㄟˋ 屈膝，使膝盖着地：下～｜～姿射击。

鳜（鱖） guì ㄍㄨㄟˋ 鱼名，身体侧扁，青黄色，有黑色斑点，口大鳞细，尾鳍呈扇形，生活在淡水中。是我国的特产。

GUN ㄍㄨㄣ

衮 gǔn ㄍㄨㄣˇ 古代君王的礼服：～服。

滚 gǔn ㄍㄨㄣˇ ❶水流翻腾（叠）：白浪翻～｜大江～～东去。㊊水煮开：水～了。❷旋转着移动：小球～来～去｜～铁环｜打～。❸走，离开（含斥责意）：～出去！❹极，特：～烫｜～圆。

磙 gǔn ㄍㄨㄣˇ（一子）用石头做的圆柱形的压、轧用的器具。

绲（緄） gǔn ㄍㄨㄣˇ ❶织成的带子。❷绳。❸沿衣服等的边缘缝上布条、带子等：～边儿。

辊（輥） gǔn ㄍㄨㄣˇ 机器上能滚动的圆柱形机件：皮～花｜～轴。

鲧（鯀、**鮌） gǔn ㄍㄨㄣˇ ❶古书上说的一种大鱼。❷古人名，传说是夏禹的父亲。

棍 gùn ㄍㄨㄣˋ ❶（一子、一儿）棒。❷称坏人：赌～｜恶～。

GUO ㄍㄨㄛ

过（過） guō ㄍㄨㄛ 姓。另见177页 guò。

彍（彍） guō ㄍㄨㄛ 拉满弩弓。

呙（咼） guō ㄍㄨㄛ 姓。

埚（堝） guō ㄍㄨㄛ 见147页“坩”字条

"坩埚"(gān—)。

涡(渦) guō ㄍㄨㄛ 涡河，水名，发源于河南省，流至安徽省注入淮河。

另见 522 页 wō。

锅(鍋) guō ㄍㄨㄛ ❶烹煮食物的器具。[锅炉] 1.一种烧开水的设备。2.使水变成蒸汽以供应工业或取暖需要的设备。又叫汽锅。❷(一儿)器物上像锅的部分：烟袋～。

郭 guō ㄍㄨㄛ 城外围着城的墙(㊀城一)。

崞 guō ㄍㄨㄛ 崞县，旧地名，在山西省。现叫原平县。

G

啯(嘓) guō ㄍㄨㄛ 形容蛙鸣声(叠)：蛙鸣～～。

蝈(蟈) guō ㄍㄨㄛ [蝈蝈儿](—guor)昆虫，身体绿色或褐色，翅短，腹大，雄的前翅根部有发声器，能振翅发声。对植物有害。

聒 guō ㄍㄨㄛ 声音嘈杂，使人厌烦：～耳|～噪。

国(國、**囯) guó ㄍㄨㄛˊ ❶国家：保家卫～|～内|～际|外～|祖～。[国家] 1.阶级统治和管理的工具，是统治阶级对被统治阶级实行专政的暴力组织，主要由军队、警察、法庭、监狱等组成。国家是阶级矛盾不可调和的产物和表现，它随着阶级的产生而产生，也将随着阶级的消灭而自行消亡。2.一个独立的国家政权所领有的区域。❷代表国家的，属于本国的：～旗|～徽|～歌|～产|～画|～货。

掴(摑) guó ㄍㄨㄛˊ (又)见 168 页 guāi。

帼(幗) guó ㄍㄨㄛˊ 古代妇女包头的巾、帕：巾～英雄(女英雄)。

涸(漍) guó ㄍㄨㄛˊ [北涸]地名，在江苏省江阴。

腘(膕) guó ㄍㄨㄛˊ 膝部的后面：～窝(腿弯曲时腘部形成的窝)。

虢 guó ㄍㄨㄛˊ 周代诸侯国名。在今陕西、河南一带。

馘(**聝) guó ㄍㄨㄛˊ 古代战争中割取敌人的左耳以计数献功。也指割下的左耳。

果(❶*菓) guǒ ㄍㄨㄛˇ ❶(一子)果实，某些植物花落后含有种子的部分：水～|干～(如花生、栗

子等）。❷结果，事情的结局或成效：成～｜恶～｜前因后～。❸果断，坚决（㊣—决）：～敢｜言必信，行必～。❹果然，确实，真的：～不出所料｜～真。

馃（餜） guǒ ㄍㄨㄛˇ（一子）一种油炸的面食。

蜾 guǒ ㄍㄨㄛˇ［蜾蠃］（—luǒ）一种蜂，常捕捉螟蛉等小虫存在窝里，留作将来幼虫的食物。旧时误认蜾蠃养螟蛉为己子，所以有把抱养的孩子称为“螟蛉子”的说法。

裹 guǒ ㄍㄨㄛˇ 包，缠：～伤口｜用纸～上｜～足不前（停止不进行，多指有所顾虑）。㊞把东西卷在里头：洪水～着泥沙。

粿 guǒ ㄍㄨㄛˇ 用米粉等制成的食品。

椁（*槨） guǒ ㄍㄨㄛˇ 棺材外面套的大棺材。

过（過） guò ㄍㄨㄛˋ ❶从这儿到那儿，从甲方到乙方：～江｜没有～不去的河｜～户｜～账。㊀1.传：～电｜别把病～给孩子。2.交往：～从。［过去］1.（—qù）已经经历了的时间。2.（—qu）从这儿到那儿去。❷经过，度过：～冬｜～节｜日子越～越好。㊀使经过某种处理：～秤｜～目｜～一～数｜把菜～一～油。❸数量或程度等超出：～半数｜～了一百｜～分（fèn）｜～火｜这样说，未免太～。❹（—儿）量词，次，回，遍：衣服洗了好几～儿。❺错误（㊣—错）：改～自新｜知～必改。❻（guo）放在动词后。1.助词，表示曾经或已经：看～｜听～｜用～了｜你见～他吗？2.跟“来”、“去”连用，表示趋向：拿～来｜转～去。❼放在单音节形容词后，表示超过：弟弟高～哥哥｜今年好～去年。

另见175页guō。

H ㄏ

HA ㄏㄚ

哈（❸**鰕） hā ㄏㄚ ❶张口呼气：～一口气。［哈哈］笑声。❷叹词，表示得意或惊喜（叠）：～，我赢啦！❸哈腰，稍微弯腰，表示礼貌。

［哈喇］（—la）1.含油的食物日子久了起了变化的味道。2.杀死（元曲多用）。

［哈尼族］我国少数民族，参看附表。

［哈萨克族］1. 我国少数民族，参看附表。2. 哈萨克斯坦的主要民族。

另见178页hǎ；178页hà。

铪（鉿）hā ㄏㄚ 金属元素，符号Hf，银白色，熔点高。可用来制耐高温合金，也用于核工业等。

虾（蝦）há ㄏㄚˊ ［虾蟆］（—ma）旧同"蛤蟆"。

另见533页xiā。

蛤 há ㄏㄚˊ ［蛤蟆］（—ma）青蛙和癞蛤蟆的统称。

另见153页gé。

哈 hǎ ㄏㄚˇ 姓。

［哈达］（藏）一种长条形薄绢，藏族和部分蒙古族人用以表示敬意或祝贺。

［哈巴狗］（—ba—）一种狗，又叫狮子狗、巴儿狗，个儿小腿短。常用来比喻驯顺的奴才。

另见177页hā；178页hà。

哈 hà ㄏㄚˋ ［哈什蚂］（—shimǎ）一种蛙，又叫哈士蟆，身体灰褐色，生活在阴湿的地方。雌的腹内有脂肪状物质，叫哈什蚂油，可入药。主要产于我国东北各省。

另见177页hā；178页hǎ。

H

HAI ㄏㄞ

咍 hāi ㄏㄞ ❶讥笑：为众人所～。❷欢笑，喜悦：欢～。❸同"咳（hāi）❷"。

咳 hāi ㄏㄞ ❶叹息：～声叹气。❷叹词。1. 表示惋惜或后悔：～，我为什么这么糊涂！2. 招呼人，提醒人注意：～，到这儿来。

另见268页ké。

嗨 hāi ㄏㄞ 叹词，同"咳（hāi）❷"。

另见188页hēi。

还（還）hái ㄏㄞˊ 副词。❶仍旧，依然：你～是那样｜这件事～没有做完。❷更：今天比昨天～热。❸再，又：另外～有一件事要做｜提高产量，～要保证质量。❹尚，勉强过得去：身体～好｜工作进展得～不算慢。❺尚且：他那么大年纪～这么干，咱们更应该加油干了。［还是］（—shi）1. 副词，表示这么办比较好：咱们～出去吧。2. 连词，用在问句里表示选择：是你去呢，～他来？❻表示没想到如此，而居然如此（多含赞叹语气）：他～真有办法。

另见199页huán。

孩 hái ㄏㄞˊ （-子、-儿）幼童：～童｜小～儿。㉃子女。[孩提]指幼儿时期。

骸 hái ㄏㄞˊ ❶骨头（㉂-骨）：尸～。❷指身体：病～。[残骸]人或动物的尸体，借指残破的建筑物、机械、交通工具等。

胲 hǎi ㄏㄞˇ 有机化合物的一类，是 NH_2OH 的烃基衍生物。

海 hǎi ㄏㄞˇ ❶靠近大陆比洋小的水域：黄～｜渤～｜～岸。❷用于湖泊名称：青～｜洱～。❸容量大的器皿：墨～。❹比喻数量多的人或事物：人～｜文山会～。❺巨大的：～碗｜～量｜夸下～口。[海报]文艺、体育演出或比赛等活动的招贴。

醢 hǎi ㄏㄞˇ ❶古代用肉、鱼等制成的酱。❷古代把人杀死后剁成肉酱的酷刑。

亥 hài ㄏㄞˋ ❶地支的第十二位。❷亥时，指晚上九点到十一点。

骇（駭） hài ㄏㄞˋ 惊惧：惊涛～浪（可怕的大浪）｜～人听闻。

氦 hài ㄏㄞˋ 气体元素，符号He，无色、无臭，很轻，不易跟其他元素化合。可用来充入气球或电灯泡等。

害 hài ㄏㄞˋ ❶有损的：～虫｜～鸟。❷祸害，坏处，跟"利"相对：为民除～｜喝酒过多对身体有～。❸灾害，灾患：虫～。❹使受损伤：～人不浅｜伤天～理｜危～。❺发生疾病：～病｜～眼。❻心理上发生不安的情绪：～羞｜～臊｜～怕。

〈古〉又同"曷"（hé）。

嗐 hài ㄏㄞˋ 叹词，表示伤感、惋惜、悔恨等：～！想不到他病得这样重。

HAN ㄏㄢ

犴 hān ㄏㄢ 哺乳动物，即驼鹿，又叫堪达罕。

另见5页 àn。

顸（頇） hān ㄏㄢ 粗，圆柱形的东西直径大的：这线太～｜拿根～杠子来抬。

鼾 hān ㄏㄢ 熟睡时的鼻息声：打～｜～声如雷。

蚶 hān ㄏㄢ （-子）软体动物，俗叫瓦垄子，贝壳厚，有突起像瓦垄的纵线。种类多。生活在浅海泥沙中。

酣 hān ㄏㄢ 酒喝得很畅快：～饮｜酒～耳热。㉃尽

H

兴，痛快：～睡|～战（长时间紧张地战斗）。

憨 hān ㄏㄢ ❶傻，痴呆：～笑。❷朴实，天真：～直|～态。[憨厚]朴实，厚道。

邗 hán ㄏㄢˊ [邗江]地名，在江苏省扬州。

汗 hán ㄏㄢˊ 指可汗。参看269页"可"(kè)。

另见181页hàn。

虷 hán ㄏㄢˊ 〈古〉孑孓，蚊子的幼虫。

另见147页gān。

邯 hán ㄏㄢˊ [邯郸](－dān)地名，在河北省。

含 hán ㄏㄢˊ ❶嘴里放着东西，不吐出来也不吞下去：嘴里～着块糖。❷里面存在着：眼里～着泪|～水分|～养分。[含糊](*含胡)(－hu)1.不明确，不清晰。2.不认真，马虎：这事可不能～。3.怯懦，畏缩（多用于否定）：上场比赛，绝不～。❸带有某种意思、感情等，不完全表露出来：～怒|～羞|～笑。

浛 hán ㄏㄢˊ [浛洸](－guāng)地名，在广东省英德。

琀 hán ㄏㄢˊ 死者口中所含的珠玉。

晗 hán ㄏㄢˊ 天将明。

焓 hán ㄏㄢˊ 单位质量的物质所含的全部热能。

函（*圅） hán ㄏㄢˊ ❶匣，套子：石～|镜～|全书共四～。㊕信件（古代寄信用木函）：～件|来～|公～|～授。❷包容，包含。

崡 hán ㄏㄢˊ 古地名，即函谷，在今河南省灵宝北。

涵 hán ㄏㄢˊ 包容，包含（㊥包－）：海～|内～|～养。

韩（韓） hán ㄏㄢˊ 战国国名，在今河南省中部、山西省东南一带。

嵅 hán ㄏㄢˊ 岚嵅，山名。

另见89页dǎng。

寒 hán ㄏㄢˊ ❶冷（㊥－冷）：御～|天～。[寒噤]因受冷或受惊而发抖的动作：打～。[寒心]灰心，痛心失望。[胆寒]害怕。❷穷困：贫～。谦辞：～门|～舍。

罕 hǎn ㄏㄢˇ 稀少（㊥稀－）：～见|～闻|～物。

喊 hǎn ㄏㄢˇ 大声叫，呼（㊥呼－、叫－）：～口号|～他一声。

蔊 hǎn ㄏㄢˇ （又）见181页hàn。

阚（闞） hǎn ㄏㄢˇ 虎叫声。

另见265页kàn。

㘎(㘚) hǎn ㄏㄢˇ 同"阚"(hǎn)(柳宗元文《黔之驴》用此字)。

汉(漢) hàn ㄏㄢˋ ❶汉江,又叫汉水,发源于陕西省南部,在湖北省武汉入长江。❷朝代名。1.汉高祖刘邦所建立(公元前206—公元220年)。2.五代之一,刘知远所建立(公元947—950年),史称后汉。❸(一子)男人,男子:老~|好~|英雄~。❹汉族,我国人数最多的民族。[汉奸]出卖我们国家民族利益的败类。

扞 hàn ㄏㄢˋ ❶触犯。[扞格]互相抵触:~不入。❷见181页"捍"。

闬(閈) hàn ㄏㄢˋ 〈古〉❶里巷门。❷墙。

汗 hàn ㄏㄢˋ 人和高等动物由身体的毛孔里排泄出来的液体。

另见180页hán。

旱 hàn ㄏㄢˋ ❶长时间不下雨,缺雨,跟"涝"相对:防~|天~。❷陆地,没有水的:~路|~田|~稻。

垾 hàn ㄏㄢˋ 小堤,多用于地名:中~(在安徽省巢湖市)。

捍(△*扞) hàn ㄏㄢˋ 保卫,抵御(㊀一卫):~海堰(挡海潮的堤)。

悍(*猂) hàn ㄏㄢˋ ❶勇敢:强~|短小精~。❷凶暴(㊀凶一):~然不顾。

焊(*釬、*銲) hàn ㄏㄢˋ 用熔化的金属或某些非金属把工件连接起来,或用熔化的金属修补金属器物:电~|铜~|~接。

蔊 hàn ㄏㄢˋ hǎn ㄏㄢˇ (又) [蔊菜]草本植物,茎部叶长椭圆形,花小,黄色,嫩茎叶可以吃,全草入药。

菡 hàn ㄏㄢˋ [菡萏](一dàn)荷花的别称。

颔(頷) hàn ㄏㄢˋ ❶下巴颏儿。❷点头:~首|~之而已。

撖 hàn ㄏㄢˋ 姓。

暵 hàn ㄏㄢˋ ❶曝晒。❷使干枯。

撼 hàn ㄏㄢˋ 摇动:震~|蚍蜉~大树,可笑不自量。

憾 hàn ㄏㄢˋ 悔恨,心中感到有所缺欠:~事|遗~。

翰 hàn ㄏㄢˋ 长而坚硬的羽毛,古代用来写字。㊕1.毛笔:~墨|染~。2.诗文,书

信：文～|华～|书～。

瀚 hàn ㄏㄢˋ 大：浩～（广大，众多）。

HANG ㄏㄤ

夯（**硦） hāng ㄏㄤ ❶砸地基的工具：打～。❷用夯砸：～地|～实。

另见 21 页 bèn。

行 háng ㄏㄤˊ ❶行列，排：单～|双～|雁飞成～。❷行业：同～|外～。[行家]精通某种事务的人。❸某些营业性机构：银～|车～|电料～。[行市]（－shi）市场上商品的一般价格。❹兄弟、姊妹长幼的次第：排～|您～几？我～三。❺量词，用于成行的东西：几～字|两～树。

另见 552 页 xíng。

绗（絎） háng ㄏㄤˊ 做棉衣、棉被、棉褥等，粗粗缝，使布和棉花连在一起：～被褥。

吭 háng ㄏㄤˊ 喉咙，嗓子：引～（拉长了嗓音）高歌。

另见 271 页 kēng。

迒 háng ㄏㄤˊ ❶野兽、车辆经过的痕迹。❷道路。

杭 háng ㄏㄤˊ 杭州，地名，在浙江省。

航 háng ㄏㄤˊ 行船：～海。㊀飞机等在空中飞行：～空|～天|宇～（宇宙航行）。

颃（頏） háng ㄏㄤˊ 见 547 页"颉"字条"颉颃"（xié－）。

沆 hàng ㄏㄤˋ 大水。[沆瀣]（－xiè）夜间的水汽。[沆瀣一气]㊉气味相投的人勾结在一起。

巷 hàng ㄏㄤˋ [巷道]采矿或探矿时挖的坑道。

另见 542 页 xiàng。

HAO ㄏㄠ

蒿 hāo ㄏㄠ 青蒿、茵陈蒿、艾蒿一类植物，用手揉时常有香味。有的可入药。

嚆 hāo ㄏㄠ 呼叫。[嚆矢]带响声的箭。㊉发生在先的事物，事物的开端。

薅 hāo ㄏㄠ 拔，除去：～草。

号（號） háo ㄏㄠˊ ❶大声呼喊（㊌呼－）：～叫。❷大声哭：悲～|干～（哭声大而无泪）。[号啕][号咷]（－táo）大声哭喊。

另见 183 页 hào。

蚝(*蠔) háo ㄏㄠˊ 牡蛎：～油(用牡蛎肉制成的浓汁，供调味用)。

毫 háo ㄏㄠˊ ❶长而尖细的毛：狼～笔。❷秤或戥(děng)子上的提绳：头～|二～。❸法定计量单位中十进分数单位词头之一，表示 10^{-3}，符号 m。❹计量单位名，10 丝是 1 毫，10 毫是 1 厘。❺〈方〉货币单位，角，毛。❻用在否定词前，加强否定语气，表示一点儿也没有或一点儿也不：～无诚意|～不费力。

嗥(*嘷) háo ㄏㄠˊ 野兽吼(hǒu)叫：虎啸熊～。

貉 háo ㄏㄠˊ 同"貉"(hé)，用于"貉子、貉绒"。

另见 187 页 hé。

豪 háo ㄏㄠˊ ❶具有杰出才能的人(㊀一杰)：文～|英～。[自豪]自己感到骄傲：我们为祖国而～。❷气魄大，直爽痛快，没有拘束的：～放|～爽|～迈。❸强横的，有特殊势力的：～门|土～劣绅|巧取～夺。

壕 háo ㄏㄠˊ 沟：战～。

嚎 háo ㄏㄠˊ 大声叫或哭喊。[嚎啕][嚎咷]同"号啕"。

濠 háo ㄏㄠˊ ❶护城河。❷濠水，水名，在安徽省。

好 hǎo ㄏㄠˇ ❶优点多的或使人满意的，跟"坏"相对：～人|～汉|～马|～东西|～事。㉑指生活幸福、身体健康或疾病消失：您～哇！|他的病完全～了。[好手]擅长某种技艺的人，能力强的人。❷友爱，和睦：相～|我跟他～|友～。❸易于，便于：这件事情～办|请你闪开点，我～过去。❹完，完成：计划已经订～了|我穿～衣服就去|预备～了没有？❺副词，很，甚：～冷|～快|～大的风。[好不]副词，很：～高兴。❻表示赞许、应允或结束等口气的词：～，你真不愧是专家！|～，就照你的意见做吧！|～，会就开到这里。

另见 184 页 hào。

郝 hǎo ㄏㄠˇ 姓。

号(號) hào ㄏㄠˋ ❶名称：国～|别～|牌～。㊕商店：本～|分～。❷记号，标志：暗～|信～。❸表示次第或等级：挂～|第一～|大～|中～|～码。[号外]报社报道重要消息临时印发的报纸。❹指某种人：病～|伤

H

～。❺量词，用于人数：全队有几十～人。❻标上记号：把这件东西～上。❼号令，命令：发～施令。[号召](—zhào)召唤(群众共同去做某一件事)：响应～。[口号]号召群众或表示纪念等的语句。❽军队或乐队里所用的西式喇叭：吹～|～兵。❾用号吹出的表示一定意义的声音：熄灯～|冲锋～。

另见182页háo。

好 hào ㄏㄠˋ 爱，喜欢(㊥爱—、喜—)：～学|～劳动|这孩子不～哭。

另见183页hǎo。

昊 hào ㄏㄠˋ 广大的天。

淏 hào ㄏㄠˋ 水清。

耗 hào ㄏㄠˋ ❶减损，消费(㊥—费、消—)：～神|～电。❷拖延：～时间|别～着了，快去吧！❸音信，消息：噩(è)～(指亲近或敬爱的人死亡的消息)。

浩 hào ㄏㄠˋ ❶盛大，广大(叠)(㊥—大)：～茫|～～荡荡。❷众多：～如烟海。

皓(*皜、*暠) hào ㄏㄠˋ 洁白，明亮：～齿|～首(白发，指老人)|～月当空。

鄗 hào ㄏㄠˋ 古县名，在今河北省柏乡。

滈 hào ㄏㄠˋ 滈河，水名，在陕西省西安。

镐(鎬) hào ㄏㄠˋ 西周的国都，在今陕西省长安西北。

另见151页gǎo。

暤 hào ㄏㄠˋ 明亮。

颢(顥) hào ㄏㄠˋ 白的样子。

灏(灝) hào ㄏㄠˋ 水势大。

HE ㄏㄜ

诃(訶) hē ㄏㄜ 同"呵(hē)❶"。

[诃子](—zǐ)常绿乔木，果实像橄榄，叶子、幼果(藏青果)、果实(诃子)、果核均可入药。

呵 hē ㄏㄜ ❶怒责(㊥—斥、—责)：～禁。❷呼气：～冻|～气。[呵呵]笑声：笑～。[呵护]爱护，保护。❸同"嗬"。

另见1页ā；1页á；1页ǎ；1页à；2页a。

喝(**欱) hē ㄏㄜ 吸食液体饮料或

流质食物，饮：～水|～酒|～粥。

另见187页hè。

嗬 hē ㄏㄜ 叹词，表示惊讶：～，真不得了！

禾 hé ㄏㄜˊ ❶谷类植物的统称。❷古代特指粟（谷子）。

和（❶❷△*龢、❶❷*咊） hé ㄏㄜˊ ❶相安，谐调：～睦。㉃平静，不猛烈：～气（qi）|温～|心平气～|风～日暖。［和平］1.没有战争的状态：～环境。2.温和，不猛烈：药性～。［和谐］配合得适当：乐调～|色彩～。㊖融洽，友好：气氛～|～社会。❷平息争端：讲～|～解。❸和数，加法运算的得数：二加三的～是五。❹连带：～盘托出（完全说出来）|～衣而卧。❺连词，跟，同，与：我～他都不同意。❻介词，对，向：你～孩子讲话要讲得通俗些。❼姓。

［和尚］佛教男性僧侣的通称。

另见187页hè；194页hú；209页huó；210页huò。

盉 hé ㄏㄜˊ 古代盛酒和水的器皿。形状像壶，三足或四足。

龢 hé ㄏㄜˊ ❶见185页“和”。❷用于人名。翁同龢，清代人。

合（❸△閤） hé ㄏㄜˊ ❶闭，对拢：～眼|～抱|～围（四面包围）。［合龙］修筑堤坝或桥梁时从两端施工，最后在中间接合。❷聚，集，共同，跟“分”相对：～力|～办|～唱。［合同］（—tong）两方或多方为经营事业或在特定的工作中规定彼此权利和义务所订的共同遵守的条文：产销～。［合作］同心协力做某事。❸总共，全：～计|～家。❹相合，符合：～格|～法|～理。㉃应该：理～如此。❺计，折算：这件衣服做成了～多少钱？|一米～多少市尺？❻姓。

另见155页gě。

“閤”另见153页gé“阁”；154页gé“阁”。

郃 hé ㄏㄜˊ ［郃阳］地名，在陕西省。今作“合阳”。

饸（餄） hé ㄏㄜˊ ［饸饹］（—le）一种条状食品，多用荞麦面轧（yà）成。有的地区叫“河漏”。

龁 hé ㄏㄜˊ 牙齿咬合。

盒 hé ㄏㄜˊ （—子、—儿）底盖相合的盛东西的器物：饭～儿|墨～儿。

H

颌(頜) hé ㄏㄜˊ 构成口腔上部和下部的骨头和肌肉组织叫作颌,上部的叫上颌,下部的叫下颌。

另见154页gé。

纥(紇) hé ㄏㄜˊ 见205页"回"字条"回纥"。

另见152页gē。

龁(齕) hé ㄏㄜˊ 咬。

何 hé ㄏㄜˊ 代词,表示疑问。1.什么:~人?|~事?|为~?|有~困难? 2.为什么:~不尝试一下?|~必如此。3.怎样:~如?|如~? 4.怎么:他学习了好久,~至于一点进步也没有? 5.哪里:欲~往?

〈古〉又同"荷"(hè)。

河 hé ㄏㄜˊ ❶水道的通称:运~|淮~。[河汉]银河,又叫天河,天空密布如带的星群。❷专指黄河,我国的第二大河,发源于青海省,流入渤海:~西|~套|江淮~汉。

荷 hé ㄏㄜˊ 即莲。

另见187页hè。

菏 hé ㄏㄜˊ [菏泽]地名,在山东省。

劾 hé ㄏㄜˊ 揭发罪状(㊀弹—)。

阂(閡) hé ㄏㄜˊ 阻隔不通:隔~。

核(❹*覈) hé ㄏㄜˊ ❶果实中坚硬并包含果仁的部分。❷像核的东西:菌~|细胞~。[核心]中心,主要部分:领导~|~作用。❸指原子核、核能、核武器等:~潜艇|~试验|~战争。❹仔细地对照、考察(㊀—对、—查):~算|~实|考~|复~。

另见195页hú。

曷 hé ㄏㄜˊ 文言代词,表示疑问。1.怎么。2.何时。

饧(餲) hé ㄏㄜˊ 一种油炸的面食。

另见3页ài。

鹖(鶡) hé ㄏㄜˊ 古书上说的一种善斗的鸟。

鞨 hé ㄏㄜˊ 见351页"靺"字条"靺鞨"(mò—)。

盍(*盇) hé ㄏㄜˊ 何不:~往观之?

阖(闔) hé ㄏㄜˊ ❶全,总共:~家|~城。❷关闭:~户。

涸 hé ㄏㄜˊ 水干(㊀干—):枯~|~辙(水干了的

车辙)。

貉 hé ㄏㄜˊ 哺乳动物,耳小,嘴尖,毛棕灰色,昼伏夜出,捕食虫类。毛皮珍贵。[一丘之貉]比喻彼此相似,没什么差别的坏人。

〈古〉又同"貊"(mò)。

另见 183 页 háo。

翮 hé ㄏㄜˊ ❶鸟翎的茎,翎管。❷翅膀:奋~高飞。

吓(嚇) hè ㄏㄜˋ ❶恫(dòng)吓,恐吓。❷叹词,表示不满:~,怎么能这样呢!

另见 535 页 xià。

和 hè ㄏㄜˋ 声音相应:一人唱,众人~。特指依照别人所做诗词的题材和体裁而写作:~诗|唱~。

另见 185 页 hé;194 页 hú;209 页 huó;210 页 huò。

垎 hè ㄏㄜˋ ❶土干燥坚硬。❷用于地名:~塔埠(在山东省枣庄)。

贺(賀) hè ㄏㄜˋ 庆祝,祝颂(㊀庆一、祝一):~年|~喜|~功|~电。

荷 hè ㄏㄜˋ ❶担,扛:~锄|~枪。[电荷]构成物质的许多基本粒子所带的电。有的带正电(如质子),有的带负电(如电子),习惯上也把物体所带的电叫电荷:正~|负~。❷承受恩惠(常用在书信里表示客气):感~|请予批准为~。

另见 186 页 hé。

隺 hè ㄏㄜˋ 〈古〉❶鸟往高处飞。❷同"鹤"。

鹤(鶴) hè ㄏㄜˋ 鸟名,颈、腿细长,翼大善飞,叫的声音很高、很清脆。种类很多,如丹顶鹤、白鹤、灰鹤、黑颈鹤等。

喝 hè ㄏㄜˋ 大声喊叫:~令|呼~|大~一声。[喝彩]大声叫好。

另见 184 页 hē。

褐 hè ㄏㄜˋ ❶粗布或粗布衣服。❷黑黄色。

赫 hè ㄏㄜˋ ❶显明,盛大(叠):显~|声势~~。❷频率单位名赫兹的简称,符号 Hz。

[赫哲族]我国少数民族,参看附表。

熇 hè ㄏㄜˋ [熇熇]烈火燃烧的样子。

翯 hè ㄏㄜˋ [翯翯]羽毛洁白润泽的样子。

壑 hè ㄏㄜˋ 山沟或大水坑:沟~|以邻为~(喻把灾祸推给别人)。

H

HEI ㄏㄟ

黑 hēi ㄏㄟ ❶像煤或墨的颜色，跟"白"相对：～布|～头发。❷暗，光线不充足：天～了|那间屋子太～。❸秘密的，隐蔽的，非法的：～话|～市|～社会。❹恶毒：～心。

[黑客]⑷1.精通电子计算机技术，善于发现网络系统缺陷的人。2.通过互联网非法侵入他人电子计算机系统进行破坏活动的人。

嘿 hēi ㄏㄟ 叹词。1.表示惊异或赞叹：～，你倒有理啦！|～，这个真好！2.表示招呼或提醒注意：～，老张，快走吧！|～，小心点儿，别滑倒！

[嘿嘿]形容冷笑声。

另见 351 页 mò。

𬭶(鏍) hēi ㄏㄟ 人造的放射性金属元素，符号 Hs。

嗨 hēi ㄏㄟ 同"嘿"(hēi)。另见 178 页 hāi。

HEN ㄏㄣ

痕 hén ㄏㄣˊ 痕迹，事物留下的印迹：水～|泪～|伤～|裂～。

很(詪) hěn ㄏㄣˇ 乖戾，不顺从。

很 hěn ㄏㄣˇ 副词，非常，表示程度高：～好|好得～。

狠 hěn ㄏㄣˇ ❶凶恶，残忍（㊀凶一）：心～|～毒。㊁不顾一切，下定决心：～着心送走了孩子。❷严厉地(叠)：～～地打击敌人。❸全力：～抓科学研究。[狠命]拼命，用尽全力：～地跑。❹同"很"。

恨 hèn ㄏㄣˋ ❶怨，仇视（㊀怨一、仇一）：～入骨髓。❷懊悔，令人懊悔或怨恨的事：悔～|遗～。

HENG ㄏㄥ

亨 hēng ㄏㄥ ❶通达，顺利（㊀一通）。[大亨]称某地或某一行业有势力的人：房地产～。❷⑷电感单位名亨利的简称，符号 H。

〈古〉又同"烹"(pēng)。

哼 hēng ㄏㄥ ❶鼻子发出痛苦的声音：他病很重，却从不～一声。❷轻声随口地唱：他一面走一面～着歌。

另见 189 页 hng。

脝 hēng ㄏㄥ 见 379 页"膨"字条"膨脝"(péng一)。

哼 hēng ㄏㄥ 叹词，表示禁止。

恒(*恆) héng ㄏㄥˊ ❶持久(㊥一久)：～心|永～。❷经常的，普通的：～言。

姮 héng ㄏㄥˊ [姮娥]嫦娥。

珩 héng ㄏㄥˊ 古代一组成套佩饰上面的横玉。

桁 héng ㄏㄥˊ 檩。

鸻(鴴) héng ㄏㄥˊ 鸟名，身体小，嘴短而直，只有前趾，没有后趾，多生活在水边。种类很多。

衡 héng ㄏㄥˊ ❶称东西轻重的器具。❷称量(㊥一量)：～其轻重。❸平，不倾斜：平～|均～。❹古同"横"。

蘅 héng ㄏㄥˊ [杜蘅]草本植物，花暗紫色。全草可入药。今作"杜衡"。

横 héng ㄏㄥˊ ❶跟地面平行的，跟"竖"、"直"相对：～额|～梁。❷地理上指东西向的，跟"纵"相对：～渡太平洋。❸从左到右或从右到左的，跟"竖"、"直"、"纵"相对：～写|～队。❹跟物体的长的一边垂直的：～剖面|人行～道。❺使物体成横向：把扁担～过来。❻纵横杂乱：蔓草～生。❼蛮横，不合情理的：～加阻拦|～行霸道。❽汉字平着由左向右写的一种笔形(一)："王"字是三～一竖。[横竖]副词，反正，表示肯定：不管怎么着，～我要去。

另见189页hèng。

堼 hèng ㄏㄥˋ 用于地名：大～上(在天津市蓟县)。

横 hèng ㄏㄥˋ ❶凶暴，不讲理(㊥蛮一)：这个人说话很～。❷意外的：～财|～事|～死。

另见189页héng。

HM ㄏㄇ

噷 hm ㄏㄇ 〔h跟单纯的双唇鼻音拼合的音〕叹词，表示申斥或禁止：～，你还闹哇！|～，你还想骗我！

HNG ㄏㄫ

哼 hng ㄏㄫ 〔h跟单纯的舌根鼻音拼合的音〕叹词，表示不满意或不信任：～，走着瞧吧！|～，你信他的！

另见188页hēng。

HONG ㄏㄨㄥ

吽 hōng ㄏㄨㄥ 佛教咒语用字。

轰(轟、❸**揈) hōng ㄏㄨㄥ ❶形容雷鸣、炮击等发出的巨大声音。[轰动]同时引起许多人的注意：～全国。[轰轰烈烈]形容气魄雄伟，声势浩大：～的群众运动。❷用大炮或炸弹破坏(㊀一击)：～炸|炮～。❸驱逐，赶走：把猫～出去|把侵略者～出国门。

哄 hōng ㄏㄨㄥ 好多人同时发声：～传(chuán)|～堂大笑。

另见 191 页 hǒng；191 页 hòng。

烘 hōng ㄏㄨㄥ 用火或蒸汽等使身体暖和或使东西变热、变熟、变干燥：衣裳湿了，～一～|～干机|～箱。[烘托]用某种颜色衬托另外的颜色，或用某种事物衬托另外的事物，使在对比下表现得更明显。

訇 hōng ㄏㄨㄥ 形容声响很大：～然|～的一声。[阿訇]我国伊斯兰教称主持教仪、讲授经典的人。

薨 hōng ㄏㄨㄥ 古代称诸侯或有爵位的大官的死。

弘 hóng ㄏㄨㄥˊ ❶大：～愿|～图。现写作"宏愿"、"宏图"。❷扩充，光大：～扬|恢～。

泓 hóng ㄏㄨㄥˊ 水深而广。

红(紅) hóng ㄏㄨㄥˊ ❶像鲜血的颜色。㊕1.喜庆：办～事。2.象征革命或觉悟高：～军|～色政权|又～又专。3.象征顺利、成功或受欢迎、重视：唱～了|走～|开门～。❷指人受宠信：～人。❸红利：分～。❹姓。

另见 158 页 gōng。

荭(葒) hóng ㄏㄨㄥˊ 荭草，草本植物，叶卵形，花粉红或白色。全草可入药。

玒 hóng ㄏㄨㄥˊ 一种玉。

虹 hóng ㄏㄨㄥˊ 雨后天空中出现的彩色圆弧，有红、橙、黄、绿、蓝、靛、紫七种颜色。是空中的小水珠经日光照射发生折射和反射作用而形成的。这种圆弧常出现两个，红色在外，紫色在内，颜色鲜艳的叫虹，又叫正虹；红色在内，紫色在外，颜色较淡的叫霓，又叫副虹。

另见232页jiàng。

鸿（鴻）hóng ㄏㄨㄥˊ ❶鸿雁，鸟名，即大雁。[鸿毛]比喻轻微的东西：轻于～。❷大：～儒。[鸿沟]楚汉（项羽和刘邦）分界的一条水，比喻明显的界限。

闳（閎）hóng ㄏㄨㄥˊ ❶里巷门。❷宏大。

宏 hóng ㄏㄨㄥˊ 广大：～伟|宽～大量|规模～大。

纮（紘）hóng ㄏㄨㄥˊ 古代帽子（冠冕）上的系带。

竑 hóng ㄏㄨㄥˊ 广大。

翃（**翝）hóng ㄏㄨㄥˊ 飞。

鋐（鋐）hóng ㄏㄨㄥˊ 宏大。

洪 hóng ㄏㄨㄥˊ ❶大：～水。❷大水：山～|～峰|溢～道。

铁（鉷）hóng ㄏㄨㄥˊ 弩弓上射箭的装置。

硔 hóng ㄏㄨㄥˊ ❶大的山谷，深沟。❷鲁硔山，山名，又地名，都在安徽省桐城。

蕻 hóng ㄏㄨㄥˊ [雪里蕻]草本植物，芥（jiè）菜的变种，茎、叶可用作蔬菜。也作“雪里红”。

另见191页hòng。

黉（黌）hóng ㄏㄨㄥˊ 古代称学校。

哄 hǒng ㄏㄨㄥˇ ❶说假话骗人（㊀一骗）：你不要～我。❷用语言或行动使人欢喜：他很会～小孩儿。

另见190页hōng；191页hòng。

讧（訌）hòng ㄏㄨㄥˋ 乱，溃败：内～。

澒（澒）hòng ㄏㄨㄥˋ [澒洞]弥漫无际。

哄（*鬨）hòng ㄏㄨㄥˋ 吵闹，搅扰：一～而散|起～（故意吵闹扰乱）。

另见190页hōng；191页hǒng。

蕻 hòng ㄏㄨㄥˋ ❶茂盛。❷〈方〉某些蔬菜的长茎：菜～。

另见191页hóng。

HOU ㄏㄡ

齁 hōu ㄏㄡ ❶鼻息声。❷很，非常（多表示不满意）：～咸|～冷|～麻烦的。

❸太甜或太咸的食物使喉咙不舒服：糖吃多了～人。

侯 hóu ㄏㄡˊ ❶古代五等爵位（公、侯、伯、子、男）的第二等：封～。❷泛指达官贵人：～门。❸姓。

另见 192 页 hòu。

喉 hóu ㄏㄡˊ 介于咽和气管之间的部分，喉内有声带，又是发音器官。

猴 hóu ㄏㄡˊ （一子、一儿）哺乳动物，略像人，毛灰色或褐色，颜面和耳朵无毛，有尾巴，两颊有储存食物的颊囊。种类很多。

锻（鍭） hóu ㄏㄡˊ 古代指一种箭。

瘊 hóu ㄏㄡˊ （一子）疣的俗称。

篌 hóu ㄏㄡˊ 见 271 页“箜”字条“箜篌”（kōng一）。

糇（*餱） hóu ㄏㄡˊ 〈古〉干粮：～粮。

骺 hóu ㄏㄡˊ 骨骺，长形骨两端的膨大部分。

吼 hǒu ㄏㄡˇ 兽大声叫：牛～｜狮子～。也指人因愤怒而呼喊：怒～。

后（❸❹後） hòu ㄏㄡˋ ❶上古称君王：商之先～（先王）。❷皇后，帝王的妻子。❸跟“前”相对。1.指空间，在背面的，在反面的：～门｜村～。2.指时间，较晚的，未到的：日～｜先来～到。3.指次序靠末尾的：～排｜～十名。［后备］准备以后使用的：～军。❹后代，子孙：～嗣｜无～。

郈 hòu ㄏㄡˋ 姓。

茩 hòu ㄏㄡˋ 见 549 页“薢”字条“薢茩”（xiè一）。

垕 hòu ㄏㄡˋ ❶用于地名：神～（在河南省禹州）。❷用于人名。

逅 hòu ㄏㄡˋ 见 549 页“邂”字条“邂逅”（xiè一）。

鲘（鮜） hòu ㄏㄡˋ 用于地名：～门（在广东省海丰）。

厚 hòu ㄏㄡˋ ❶扁平物体上下两个面的距离较大的，跟“薄”相对：～纸｜～棉袄。❷厚度：长宽～｜木板～五厘米。❸深，重，浓，大：～望｜～礼｜～情｜～味｜深～的友谊。❹不刻薄（bó），待人好：～道｜忠～。❺重视，注重：～今薄古｜～此薄彼。

侯 hòu ㄏㄡˋ ［闽侯］地名，在福建省。

另见 192 页 hóu。

候 hòu ㄏㄡˋ ❶等待（㊀等一）：～车室｜你先在这儿

～一～，他就来。❷问候，问好：致～。❸时节：时～|气～|季～。[候鸟]随气候变化而迁移的鸟，如大雁、家燕。❹事物在变化中间的情状：症～|火～。❺古代称五天为一候，现在气象学上仍沿用。

堠 hòu ㄏㄡˋ 古代瞭望敌情的土堡。

鲎（鱟） hòu ㄏㄡˋ ❶节肢动物，俗叫鲎鱼，身体黄褐色，尾剑状，生活在浅海里。❷〈方〉虹。

HU ㄏㄨ

乎 hū ㄏㄨ ❶文言助词，表示疑问、感叹等语气。1. 同白话的"吗"：天雨～？2. 同白话的"呢"，用于选择问句：然～？否～？3. 同白话的"吧"，表推测和疑问：日食饮得无衰～？4. 同白话的"啊"：天～！❷词尾，相当于"于"（放在动词或形容词后）：异～寻常|合～情理|不在～好看，在～实用。

呼（*嘑） hū ㄏㄨ ❶喊（㊀一喊）：高～万岁|欢～。❷唤，叫（㊀一唤、一叫）：～之即来|～应（yìng）（彼此声气相通，互相照应）。[呼声]群众的希望和要求。[呼吁]（一yù）向个人或社会公众提出要求。❸把体内的气体排出体外，跟"吸"相对：～吸|～出一口气。❹形容风声等（叠）：风～～地吹。

轷（軤） hū ㄏㄨ 姓。

烀 hū ㄏㄨ 半蒸半煮，把食物弄熟：～白薯。

滹 hū ㄏㄨ [滹沱河]水名，从山西省流入河北省。

戏（戲、*戱） hū ㄏㄨ 见524页"於"字条"於戏"（wū一）。

另见532页xì。

昒 hū ㄏㄨ 天将亮未亮之时：～昕|～爽。

曶 hū ㄏㄨ ❶疾速，转眼之间。❷古人名：～鼎（西周中期青铜器，作者名曶）。

忽 hū ㄏㄨ ❶粗心，不注意：～略|～视|疏～。❷副词，忽然，忽而：～见一人闯来|情绪～高～低。❸计量单位名，10忽是1丝。

唿 hū ㄏㄨ [唿哨]同"呼哨"。把手指放在嘴里吹出的高尖音：打～。

淴 hū ㄏㄨ 水流出的声音。用于地名：～～水村（在河北省平山县）。

［滹浴］〈方〉洗澡。

惚 hū ㄏㄨ 见203页“恍”字条“恍惚”（huǎng—）。

糊 hū ㄏㄨ 涂抹或黏合使封闭起来：用泥把墙缝～上。

另见194页hú；196页hù。

囫 hú ㄏㄨˊ ［囫囵］（—lún）整个的，完整：～吞枣（喻不加分析地笼统接受）。

和 hú ㄏㄨˊ 打麻将或斗纸牌用语，表示获胜。

另见185页hé；187页hè；209页huó；210页huò。

狐 hú ㄏㄨˊ 狐狸，兽名，略像狼而小，耳朵三角形，性狡猾多疑。［狐媚］曲意逢迎，投人所好。［狐疑］多疑。

弧 hú ㄏㄨˊ ❶木弓。❷圆周的一段：～形｜～线。

胡（❹鬍、❻*衚） hú ㄏㄨˊ ❶我国古代泛称北方和西方的民族：～人｜～服。㉑古称来自北方和西方民族的（东西），也泛指来自国外的（东西）：～琴｜～萝卜｜～椒。❷乱，无道理：～来｜～闹｜～说｜说～话。❸文言代词，表示疑问，为什么：～不归？❹（—子）胡须。❺古指兽类颔间下垂的肉。❻［胡同］（—tòng）巷。

葫 hú ㄏㄨˊ ［葫芦］（—lu）草本植物，爬蔓，花白色，果实中间细，像大小两个球连在一起，可以做器皿或供观赏。还有一种瓢葫芦，又叫匏（páo），果实梨形，对半剖开，可做舀水的瓢。

猢 hú ㄏㄨˊ ［猢狲］（—sūn）猴的俗称。特指猕猴。

湖 hú ㄏㄨˊ 陆地上围着的大片水域：洞庭～｜太～。［湖色］淡绿色。

瑚 hú ㄏㄨˊ 见438页“珊”字条“珊瑚”（shān—）。

煳 hú ㄏㄨˊ 烧得焦黑：馒头烤～了。

鹕（鶘） hú ㄏㄨˊ 见490页“鹈”字条“鹈鹕”（tí—）。

蝴 hú ㄏㄨˊ ［蝴蝶］见104页“蝶”（dié）。

糊（❷*餬） hú ㄏㄨˊ ❶黏合，粘贴：拿纸～窗户｜裱（biǎo）～。［糊涂］（—tu）不清楚，不明事理。❷粥类：玉米面～～。［糊口］指勉强维持生活。❸同“煳”。

另见194页hū；196页hù。

醐 hú ㄏㄨˊ 见490页“醍”字条“醍醐”（tí—）。

壶（壺）hú ㄏㄨˊ 一种有把儿有嘴的容器，通常用来盛茶、酒等液体：酒～|茶～。

核 hú ㄏㄨˊ （一儿）义同“核（hé）❶❷”，用于某些口语词，如杏核儿、煤核儿等。

另见 186 页 hé。

斛 hú ㄏㄨˊ 量器名，方形，口小底大。古时以十斗为一斛，后又以五斗为一斛。

槲 hú ㄏㄨˊ 落叶乔木或灌木，花黄褐色，果实球形。叶子可喂柞蚕，树皮可做染料，果壳可入药。木质坚实，可供建筑或制器具用。

鹄（鵠）hú ㄏㄨˊ 鸟名，即天鹅，像鹅而大，羽毛白色，飞得高而快，生活在水边：～立（直立）。

另见 165 页 gǔ。

鹘（鶻）hú ㄏㄨˊ 隼（sǔn）。另见 165 页 gǔ。

縠 hú ㄏㄨˊ 有皱纹的纱。

觳 hú ㄏㄨˊ ［觳觫］（一sù）恐惧得发抖。

虎 hǔ ㄏㄨˇ 老虎，兽名，毛黄褐色，有条纹，性凶猛。㊕威武，勇猛：一员～将。［虎口］1. ㊕危险境地：～余生。2. 手上拇指和食指相交的地方。

唬 hǔ ㄏㄨˇ 威吓（hè）或蒙混：你别～人了。

另见 535 页 xià。

琥 hǔ ㄏㄨˇ ［琥珀］（一pò）古代松柏树脂的化石。黄褐色透明体，可做装饰品，也可入药。

浒（滸）hǔ ㄏㄨˇ 水边。另见 558 页 xǔ。

互 hù ㄏㄨˋ 互相，彼此：～助|～动|～致问候|～为因果。［互联网］由若干个计算机网络相互连接而成的网络。

冱（**沍）hù ㄏㄨˋ 水因寒冷冻结、凝固。

枑 hù ㄏㄨˋ 见 25 页“梐”字条“梐枑”（bì一）。

户 hù ㄏㄨˋ ❶一扇门。㊀门：夜不闭～。❷人家：农～|千家万～。［户口］住户和人口：报～|～簿。❸量词，用于家庭：村里有五十～人家。❹门第：门当～对。❺户头：开～|账～。

护（護）hù ㄏㄨˋ 保卫（㊟保一、一卫）：爱～|～路。㊀袒护，包庇：～短|不要一味地～着他。［护士］医院里担任护理工作的人员。

H

沪（滬） hù ㄏㄨˋ ❶沪渎，吴松江下游的古称，在今上海。❷上海的别称：~剧|~杭铁路。

昈 hù ㄏㄨˋ ❶文采斑斓。❷分明，清楚。

戽 hù ㄏㄨˋ ❶戽斗，汲水灌田用的旧式农具。❷用戽斗汲水。

扈 hù ㄏㄨˋ 随从（㊀一从、随一）。

岵 hù ㄏㄨˋ 多草木的山。

怙 hù ㄏㄨˋ 依靠，仗恃：~恶不悛（quān）（坚持作恶，不肯悔改）。

祜 hù ㄏㄨˋ 福。

糊 hù ㄏㄨˋ 像粥一样的食物：辣椒~。［糊弄］（—nong）1. 敷衍，不认真做：做事不应该~。2. 蒙混，欺骗：你不要~人。

另见194页hū；194页hú。

笏 hù ㄏㄨˋ 古代大臣上朝拿着的手板。

瓠 hù ㄏㄨˋ ［瓠瓜］草本植物，俗叫瓠子，爬蔓，花白色，果实长圆形，嫩时可用作蔬菜。

鄠 hù ㄏㄨˋ 鄠县，地名，在陕西省。今作“户县”。

嫮 hù ㄏㄨˋ ❶美好。❷美女。

鹱（鸌） hù ㄏㄨˋ 鸟名，身体大，嘴的尖端略呈钩状，趾间有蹼，会游泳和潜水，生活在海边，吃鱼类和软体动物等。

鳠（鱯） hù ㄏㄨˋ 鱼名，身体细长，灰褐色，有黑色斑点，无鳞，口部有四对须。生活在淡水中。

HUA ㄏㄨㄚ

化 huā ㄏㄨㄚ 同“花❻”。另见198页huà。

华（華） huā ㄏㄨㄚ 〈古〉同“花❶”。

另见197页huá；198页huà。

哗（嘩） huā ㄏㄨㄚ 形容撞击、水流等的声音：水~~地流|老师走进教室，学生们~的一声站了起来。

另见197页huá。

花（❶-❺*苍、❶-❺*蘤） huā ㄏㄨㄚ ❶（一儿）种子植物的有性生殖器官，有各种的形状和颜色，一般花谢后结成果实。㊀供观赏的植物。❷（一儿）样子或形状像花的东西：雪～儿｜浪～｜火～儿｜葱～儿｜印～｜礼～｜棉～。⑯年轻漂亮的女子：校～｜交际～。[挂花]指在战斗中受伤流血。❸颜色或式样错杂的：～布｜头发～白｜～边｜那只猫是～的。[花哨](－shao)颜色鲜艳，花样多，变化多：这块布真～。[花搭]错综搭配：粗粮细粮～着吃。[花甲]天干地支配合用来纪年，从甲子起，六十年成一周，因称六十岁为花甲。❹虚伪的、用来迷惑人的：～招｜～言巧语。❺模糊不清：～眼｜眼～了。❻用掉：～钱｜～一年工夫。[花销](－xiao)费用。也作"花消"。

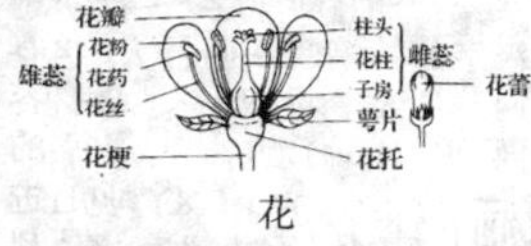

花

砉 huā ㄏㄨㄚ 形容迅速动作的声音：乌鸦～的一声飞了。

另见557页xū。

划(❶劃) huá ㄏㄨㄚˊ ❶用刀或其他东西把别的东西分开或从上面擦过：用刀把瓜～开｜～了一道口子｜～火柴。❷用桨拨水使船行动：～船。[划子](－zi)用桨拨水行驶的小船。❸合算，按利益情况计较相宜不相宜：～算｜～得来｜～不来。

另见198页huà；199页huai。

华(華) huá ㄏㄨㄚˊ ❶美丽有光彩的（㊀－丽）：～灯｜光～。敬辞，用于跟对方有关的事物：～诞（生日）｜～翰（书信）。❷繁荣昌盛：繁～。❸事物最好的部分：精～｜英～。❹指时光，岁月：韶～｜年～。❺（头发）花白：～发（fà）。❻指中华民族或中国：～夏｜～侨｜～北。

另见196页huā；198页huà。

哗(嘩、*譁) huá ㄏㄨㄚˊ 人多声杂，乱吵（㊀喧－）：全体大～｜～众取宠（在别人面前夸耀自己，以博取别人称赞）。

另见196页huā。

骅(驊) huá ㄏㄨㄚˊ [骅骝](－liú)古代称赤色的骏马。

铧(鏵) huá ㄏㄨㄚˊ 犁铧，安装在犁的下端用来破土的厚铁片。

猾 huá ㄏㄨㄚˊ 狡猾，奸诈。

滑 huá ㄏㄨㄚˊ ❶滑溜，光溜：下雪以后地很～｜桌面光

～。❷在光溜的物体表面上溜动：～了一跤｜～雪｜～冰。[滑翔]航空上指借着大气浮力飘行：～机。❸狡诈，不诚实：～头｜耍～｜这人很～。

[滑稽](－ji)诙谐，使人发笑：他说话很～。

搳 huá ㄏㄨㄚˊ [搳拳]饮酒时两人同时伸出手指并各说一个数，谁说的数目跟双方所伸手指的总数相符，谁就算赢，输的人喝酒。现作"划拳"。

化 huà ㄏㄨㄚˋ ❶性质或形态改变，使改变：变～｜熔～｜消～｜～石｜冰都～了｜～整为零｜～压力为动力。❷使思想、行为等有所转变：感～｜教～｜潜移默～。❸指化学：～工｜～肥。❹佛教徒、道教徒募集财物：～缘｜～斋(乞食)。❺词尾，放在名词或形容词后，表示转变成某种性质或状态：革命～｜机械～｜现代～｜绿～。

另见196页huā。

华(華) huà ㄏㄨㄚˋ ❶华山，五岳中的西岳，在陕西省华阴。❷姓。

另见196页huā；197页huá。

桦(樺) huà ㄏㄨㄚˋ 白桦树，落叶乔木，树皮白色，容易剥离，木质致密，可用来制器具。

划(劃) huà ㄏㄨㄚˋ ❶分开：～拨｜～分｜～清界限。[划时代]由于出现了具有伟大意义的新事物，在历史上开辟一个新的时代。❷设计(㊀计一、筹一)：策～。[划一]一致，使一致：整齐～｜～制度。❸同"画❸❹"。

另见197页huá；199页huai。

画(畫) huà ㄏㄨㄚˋ ❶用笔等做出图形：～画儿｜～人像。❷(－儿)画成的作品(㊀图一)：一张～儿｜年～儿｜油～。❸用笔或手等做出线或作为标记的文字：～个圈｜～十字｜～押。❹汉字的一笔叫一画："人"字是两～｜"天"字是四～。❺〈古〉同"划"(huà)。

婳(嫿) huà ㄏㄨㄚˋ 见174页"姽"字条"姽婳"(guǐ－)。

话(話、*譮) huà ㄏㄨㄚˋ ❶语言：说～｜谈了几句～。[话剧]用平常口语和动作表演的戏剧。❷说，谈：～别｜茶～｜～旧。

觟 huà ㄏㄨㄚˋ ❶有角的母羊。❷姓。

HUAI ㄏㄨㄞ

怀（懷） huái ㄏㄨㄞˊ ❶思念（㊀—念）：～友｜～旧。❷包藏，心里存有：～胎｜～疑｜～恨｜胸～壮志。❸胸前：把小孩抱在～里。❹心意：无介于～｜正中（zhòng）下～。

徊 huái ㄏㄨㄞˊ 见372页“徘”字条“徘徊”（pái—）。

淮 huái ㄏㄨㄞˊ 淮河，源出河南省，流经安徽省，至江苏省注入洪泽湖。

槐 huái ㄏㄨㄞˊ 槐树，落叶乔木，花黄白色，果实长荚形。木材可供建筑和制家具用，花蕾可做黄色染料。

踝 huái ㄏㄨㄞˊ 脚腕两旁凸起的部分：内～｜外～。（图见491页“人体”）

耲 huái ㄏㄨㄞˊ 用耲耙翻土。［耲耙］（—bà）用来翻土并播种的农具。

坏（壞） huài ㄏㄨㄞˋ ❶缺点多的或使人不满意的，跟“好”相对：向～人～事做斗争。❷东西受了损伤，被毁（㊀破—）：手机～了。❸坏主意：使～。❹放在动词或形容词后，表示程度深：忙～了｜气～了｜高兴～了。

划（劃） huai ·ㄏㄨㄞ 见10页“刯”字条“刯划”（bāi—）。

另见197页huá；198页huà。

HUAN ㄏㄨㄢ

欢（歡、*懽、*讙、*驩） huān ㄏㄨㄢ ❶快乐，高兴（㊀—喜、—乐）：～庆｜～迎｜～声雷动｜～天喜地。❷活跃，起劲：孩子们真～｜机器转得很～。㊁旺，盛：雨下得正～｜炉子里的火很～。❸喜爱，也指所喜爱的人：～心｜喜～｜新～（新的相好）。

獾（*貛、*獾） huān ㄏㄨㄢ 哺乳动物，毛灰色，有的头部有三条白色纵纹。脂肪炼油可入药。

还（還） huán ㄏㄨㄢˊ ❶回，归（㊀回—）：～家｜～原（恢复原状）。❷回报：～礼｜～手｜以眼～眼，以牙～牙。❸归还（㊀偿—）：～钱。❹姓。

〈古〉又同“旋”（xuán）。

另见178页hái。

环（環） huán ㄏㄨㄢˊ ❶（—儿）圈形的东

H

西：连～|铁～。❷围绕（连—绕）：～城马路|～视。[环境]周围的一切事物：～优美|保护～。❸指射击、射箭比赛中射中环靶的环数。

郇 huán ㄏㄨㄢˊ 姓。
另见564页xún。

萑 huán ㄏㄨㄢˊ 草本植物，根状茎粗壮，叶心脏形，花白色带紫色条纹，果实椭圆形。全草入药。

峘 huán ㄏㄨㄢˊ ❶与大山相连时显得较高的小山。❷姓。

洹 huán ㄏㄨㄢˊ 洹河，水名，又叫安阳河。在河南省安阳。

桓 huán ㄏㄨㄢˊ 古代立在驿站、官署等建筑物旁作为标志的木柱，后称华表。

貆 huán ㄏㄨㄢˊ ❶幼小的貉。❷豪猪。

绾（綄） huán ㄏㄨㄢˊ 古代测风的一种装置。

萑 huán ㄏㄨㄢˊ 古书上指芦苇一类的植物。

锾（鍰） huán ㄏㄨㄢˊ 古代重量单位，约合旧制六两。

圜 huán ㄏㄨㄢˊ 围绕。
另见614页yuán。

阛（闤） huán ㄏㄨㄢˊ [阛阓]（—huì）街市。

澴 huán ㄏㄨㄢˊ 澴水，水名，在湖北省东北部。

寰 huán ㄏㄨㄢˊ 广大的地域。[寰球][寰宇]全世界。也分别作"环球"、"环宇"。

嬛 huán ㄏㄨㄢˊ 见286页"嫏"字条"嫏嬛"（láng—）。

缳（繯） huán ㄏㄨㄢˊ ❶绳套：投～（自缢）。❷绞杀：～首。

轘（轘） huán ㄏㄨㄢˊ [轘辕]（—yuán）古关名，在河南省偃师东南。
另见202页huàn。

鹮（䴉） huán ㄏㄨㄢˊ 鸟名，嘴细长而向下弯曲，腿长，生活在水边。种类较多，如朱鹮、白鹮、彩鹮等。

镮（鐶） huán ㄏㄨㄢˊ 圆形有孔可贯穿的东西。

鬟 huán ㄏㄨㄢˊ 古代妇女梳的环形的发结（fàjié）。[丫鬟]（yāhuan）[小鬟]旧称年轻的女仆。

瓛（瓛） huán ㄏㄨㄢˊ 古代的一种玉圭。

缓(緩) huǎn ㄏㄨㄢˇ ❶慢,跟"急"相对(㊀一慢):轻重~急|~步而行|~不济急。❷延迟:~兵之计|~刑|~两天再办。❸平和,不紧张。㊁使不紧张:和~|~和。[缓冲]使紧张的局势缓和:~地带|~作用。[缓和]使紧张的情势转向平和。❹恢复正常的生理状态:病人昏过去又~了过来|下过雨,花都~过来了|~~气再往前走。

曩 huǎn ㄏㄨㄢˇ 姓。

幻 huàn ㄏㄨㄢˋ ❶空虚的,不真实的:梦~|~境|~想。[幻灭]幻想或不真实的事受到现实的打击而消灭。❷奇异地变化(㊀变一):~术(魔术)。

奂 huàn ㄏㄨㄢˋ ❶盛,多。❷文采鲜明。

换 huàn ㄏㄨㄢˋ ❶给人东西同时从他那里取得别的东西:互~|交~。❷变换,更改:~衣服|~汤不~药。❸兑换(用证券换取现金或用一种货币换另一种货币)。

唤 huàn ㄏㄨㄢˋ 呼叫,喊(㊀呼一):~鸡|~醒。

涣 huàn ㄏㄨㄢˋ 散(sàn)开:~散|~然冰释。[涣涣]水势盛大。

焕 huàn ㄏㄨㄢˋ 光明:~然一新。[焕发]1.光彩外现的样子:容光~。2.振作:~斗志。

痪 huàn ㄏㄨㄢˋ [瘫痪]见482页"瘫"。

宦 huàn ㄏㄨㄢˋ 官(㊀官一、仕一)。[宦官]封建时代经过阉割在皇宫里伺候皇帝及其家族的男人。又叫太监。

浣(*澣) huàn ㄏㄨㄢˋ ❶洗:~衣|~纱。❷旧称每月的上、中、下旬为上、中、下浣。

皖 huàn ㄏㄨㄢˋ ❶明亮。❷美好。

鲩(鯇) huàn ㄏㄨㄢˋ 鱼名,即草鱼,身体微绿色,鳍微黑色,生活在淡水中。是我国的特产。

患 huàn ㄏㄨㄢˋ ❶灾祸(㊀一难、灾一、祸一):有备无~|防~未然|水~。❷忧虑(㊀忧一):~得~失。❸害病:~病|~脚气。

漶 huàn ㄏㄨㄢˋ [漫漶]文字图像等磨灭、模糊。

逭 huàn ㄏㄨㄢˋ 逃,避。

豢 huàn ㄏㄨㄢˋ 喂养牲畜(㊃一养)。

擐 huàn ㄏㄨㄢˋ 穿:～甲执兵。

轘(轘) huàn ㄏㄨㄢˋ 古代用车分裂人体的酷刑。

另见 200 页 huán。

HUANG ㄏㄨㄤ

肓 huāng ㄏㄨㄤ [膏肓]心脏和膈膜之间。我国古代医学把心尖脂肪叫膏,膈膜叫肓,认为膏肓之间是药力达不到的地方:病入～(指病重到无法医治的地步)。

荒 huāng ㄏㄨㄤ ❶庄稼没有收成或严重歉收:饥～|～年|备～。㊀严重缺乏:煤～|房～。❷长满野草或无人耕种(㊃一芜):～地|垦～|开～。㊀1.废弃:～废。2.荒凉,偏僻:～村|～郊。[荒疏]久未练习而生疏:学业～。❸不合情理,不正确:～谬|～诞。[荒唐]1.浮夸不实:这话真～。2.行为放荡。

塃 huāng ㄏㄨㄤ 〈方〉开采出来的矿石。

慌 huāng ㄏㄨㄤ ❶慌张,急忙,忙乱(㊃一忙):他做事太～|～里～张。❷恐惧,不安(㊃恐一):心里发～|惊～。❸用作补语,表示难忍受:累得～|闷(mèn)得～。

皇 huáng ㄏㄨㄤˊ ❶君主(㊃一帝)。❷大(叠):～～巨著。❸古同"遑"、"惶"。

凰 huáng ㄏㄨㄤˊ 见 136 页"凤"字条"凤凰"。

隍 huáng ㄏㄨㄤˊ 没有水的城壕。

喤 huáng ㄏㄨㄤˊ (叠)形容钟鼓声、小儿啼哭声。

遑 huáng ㄏㄨㄤˊ ❶闲暇:不～(没有工夫)。❷匆忙(叠)。

徨 huáng ㄏㄨㄤˊ 见 374 页"彷"字条"彷徨"(páng一)。

湟 huáng ㄏㄨㄤˊ 湟水,水名,在青海省。

惶 huáng ㄏㄨㄤˊ 恐惧(㊃一恐):惊～|人心～～。

媓 huáng ㄏㄨㄤˊ ❶〈古〉母亲。❷传说中舜的妻子的名字。

瑝 huáng ㄏㄨㄤˊ 形容玉碰撞发出的声音。

煌 huáng ㄏㄨㄤˊ 明亮(叠):星火～～|灯火辉～。

锽(鍠) huáng ㄏㄨㄤˊ ❶古代的一种兵

器。❷形容钟鼓声(叠)。

蝗 huáng ㄏㄨㄤˊ 蝗虫,昆虫,又叫蚂蚱(màzha),后肢发达,常成群飞翔,吃庄稼。

篁 huáng ㄏㄨㄤˊ 竹林。泛指竹子。

艎 huáng ㄏㄨㄤˊ 见606页“艅”字条“艅艎”(yú—)。

鳇(鰉) huáng ㄏㄨㄤˊ 鱼名,像鲟鱼,有五行硬鳞。嘴突出,半月形,两旁有扁平的须。

黄 huáng ㄏㄨㄤˊ ❶像金子或向日葵花的颜色。[黄色]1.黄的颜色。2.指腐朽堕落,与色情有关的:~小说。❷指黄河:引~工程。❸事情失败或计划不能实现:这件事~不了。❹指黄帝,传说中的我国上古帝王:炎~子孙。

潢 huáng ㄏㄨㄤˊ ❶积水池。❷染纸。[装潢]裱褙字画。㉿装饰货物的包装。

璜 huáng ㄏㄨㄤˊ 半璧形的玉。

磺 huáng ㄏㄨㄤˊ 硫黄旧作“硫磺”。

锽(鐄) huáng ㄏㄨㄤˊ ❶大钟。❷钟声。❸同“簧”。

癀 huáng ㄏㄨㄤˊ 癀病,牛马猪羊等家畜的炭疽(jū)病。

蟥 huáng ㄏㄨㄤˊ 见329页“蚂”字条“蚂蟥”(mǎ—)。

簧 huáng ㄏㄨㄤˊ ❶乐器里用铜等制成的发声薄片:笙~|~乐器。❷器物里有弹力的机件:锁~|弹~。

恍(*怳) huǎng ㄏㄨㄤˇ ❶忽地,忽然:~然大悟。❷仿佛:~若置身其境。[恍惚](—hū)1.神志不清,精神不集中:精神~。2.(看得、听得、记得)不真切,不清楚:我~看见他了。

晃 huǎng ㄏㄨㄤˇ ❶明亮:明~~的刺刀。❷光芒闪耀:~眼(光线刺眼)。❸很快地闪过:窗户外有个人影,一~就不见了。

另见204页huàng。

幌 huǎng ㄏㄨㄤˇ 帐幔,帘帷。[幌子](—zi)商店、饭店等门外的标志物。㊥为了进行某种活动所假借的名义:打着募捐的~骗钱。

谎(謊) huǎng ㄏㄨㄤˇ ❶谎话,不真实的话:撒~|说~。㉿商贩要的虚价:要~。❷说谎话:~称。

晃(*搵) huàng ㄏㄨㄤˋ 摇动，摆动(㊀摇一)：树枝来回～|～动|～悠(you)。

另见203页 huǎng。

滉 huàng ㄏㄨㄤˋ [滉瀁](—yǎng)形容水广大无边。

晄 huàng ㄏㄨㄤˋ 因气血虚少而面部发白的病色。

皝 huàng ㄏㄨㄤˋ 用于人名。慕容皝，东晋初年鲜卑族的首领。

HUI ㄏㄨㄟ

灰 huī ㄏㄨㄟ ❶物体燃烧后剩下的粉末状的东西：炉～|烟～|～肥。[石灰]一种建筑上常用的材料，俗叫白灰，又叫生石灰，是用石灰石烧成的，化学成分是氧化钙。生石灰遇水变成氢氧化钙，叫熟石灰。❷灰尘：桌上一层～。❸灰色，介于黑和白之间的颜色。❹消沉，失望：心～意懒|～心丧气。

诙(詼) huī ㄏㄨㄟ 诙谐，说话有趣。

咴 huī ㄏㄨㄟ [咴儿咴儿]形容马叫声。

恢 huī ㄏㄨㄟ 大，宽广(叠)(㊀一弘)：～～有余|天网～～。[恢复]1.回到原来的状态：～健康。2.使回到原来的状态，把失去的收回来：～旧貌|～失地。

㧑(撝) huī ㄏㄨㄟ ❶指挥。❷谦逊：～谦。

挥(揮) huī ㄏㄨㄟ ❶舞动，摇摆：～刀|～手|大笔一～。[指挥]1.指导，调度。2.指导、调度的人：工程总～|乐队～。❷散(sàn)出，甩出：～金如土|～汗如雨|～发。[挥霍](—huò)用钱浪费，随便花钱。

珲(琿) huī ㄏㄨㄟ 见3页"瑷"字条"瑷珲"(ài—)。

另见208页 hún。

晖(暉) huī ㄏㄨㄟ ❶阳光：春～|朝～|余～。❷同"辉"。

辉(輝、*煇) huī ㄏㄨㄟ 闪射的光彩(㊀光一)：夕阳的余～。[辉煌]光彩耀眼：金碧～。㊇极其优良，出色：～的成绩。[辉映]光彩照耀：烟花～着夜空。㊆事物互相对照：交相～|前后～。

翚(翬) huī ㄏㄨㄟ ❶飞。❷古书上指具有五彩羽毛的雉。

虺 huī ㄏㄨㄟ [虺隤](—tuí)疲劳生病(多用于马)。也作"虺隤"。

另见205页huǐ。

豗 huī ㄏㄨㄟ 撞击。[喧豗]形容轰响声。

袆(禕) huī ㄏㄨㄟ 古代王后穿的祭服。

麾 huī ㄏㄨㄟ 古代指挥用的旗子。㉄指挥:~军。

徽(❶❷*徽) huī ㄏㄨㄟ ❶标志:国~|校~。❷美好的:~号。❸指安徽省徽州:~墨。

隳 huī ㄏㄨㄟ 毁坏。

回(❸迴、❸*廻、**囬) huí ㄏㄨㄟˊ ❶还(huán),走向原来的地方:~家|~国|~到原单位工作。❷掉转:~过身来。[回头]1.把头转向后方:~观望。2.回归,返回:一去不~。3.等一会儿:~再说吧。4.改邪归正:现在~还不晚。❸曲折,环绕,旋转:~形针|巡~。[回避]避免,躲开。❹答复,报答:~信|~话|~敬。❺量词,指事件的次数:两~|他来过一~。㉄我国长篇小说分的章节:《红楼梦》一共一百二十~。

[回纥](—hé)唐代西北的民族。又叫回鹘(hú)。

[回族]我国少数民族,参看附表。

茴 huí ㄏㄨㄟˊ [茴香]1.小茴香,草本植物,叶分裂像毛,花黄色,茎叶嫩时可用作蔬菜。籽实大如麦粒,可做香料,又可入药。2.大茴香,常绿小乔木,叶长椭圆形,花红色,果实呈八角形,也叫八角茴香或大料,可做调料或入药。

洄 huí ㄏㄨㄟˊ 水流回旋。

蛔(*蚘、*蛕、*痐、*蛔) huí ㄏㄨㄟˊ 蛔虫,像蚯蚓,白色,寄生在人或其他动物的肠子里。能损害人畜的健康。

烠 huí ㄏㄨㄟˊ 古书上指光或光的颜色。

虺 huǐ ㄏㄨㄟˇ 古书上说的一种毒蛇。

[虺虺]〈古〉形容打雷的声音。

另见205页huī。

悔 huǐ ㄏㄨㄟˇ 后悔,懊恼:懊~|~过|~之已晚。

毁(❷*燬、❹*譭) huǐ ㄏㄨㄟˇ ❶破坏,损害:~坏|这把椅子

H

是谁～的？|别～了个人前途。[毁灭]彻底地消灭：给敌人以～性的打击。❷烧掉：烧～|焚～。㊀使不存在：拆～|炸～|摧～|销～|捣～|撕～。❸〈方〉把成件的旧东西改造成别的东西：这两个小凳是一张旧桌子～的。❹诽谤，说别人的坏话(㊥诋一、一谤)。

卉 huì ㄏㄨㄟˋ 草的总称：花～。

汇(匯、❷❸彙、*滙) huì ㄏㄨㄟˋ ❶河流会合在一起：～成巨流。❷会聚在一起的东西：总～|词～。❸聚合(㊥一聚、一集)：～报|～印成书。❹由甲地把款项寄到乙地：～款|～兑。❺指外汇：出口创～|～市。

H

会(會) huì ㄏㄨㄟˋ ❶聚合，合在一起(㊥一合)：就在这里～齐吧|～审|～师|～话(对面说话)。❷众人的集合。1.有一定目的的集会：纪念～|群众大～|开个～。2.指某些团体：工～|学生～。❸城市(通常指行政中心)：都(dū)～|省～。❹彼此见面：～客|～一～面|你～过他没有？❺付钱：～账|饭钱我～过了。❻理解，领悟，懂：误～|～意|领～。❼能。1.表示懂得怎样做或有能力做：他～游泳。2.可能：我想他不～不懂。3.能够：我们的理想一定～实现。4.善于：能说～道。❽机会，时机，事情变化的一个时间：适逢其～。❾一定，应当(㊥一当)：长风破浪～有时。❿恰好，正好：～天大雨，道不通。⓫(一儿)一小段时间：一～儿|这～儿|那～儿|多～儿|用不了多大～儿。

另见275页kuài。

荟(薈) huì ㄏㄨㄟˋ 草木繁多。[荟萃](一cuì)聚集：人才～。

浍(澮) huì ㄏㄨㄟˋ ❶浍河，水名，发源于河南，流入安徽。❷浍河，水名，汾河的支流，在山西。

另见275页kuài。

绘(繪) huì ㄏㄨㄟˋ 画，描画：～图|～形～声。

桧(檜) huì ㄏㄨㄟˋ 用于人名。秦桧，南宋奸臣。

另见174页guì。

烩(燴) huì ㄏㄨㄟˋ 加浓汁或多种食物混在一起烹煮：～豆腐|～饭|杂～。

讳(諱) huì ㄏㄨㄟˋ ❶避忌,有顾忌不敢说或不愿说(㊎忌—):～疾忌医|直言不～。❷封建时代称死去的皇帝或尊长的名字。

诲(誨) huì ㄏㄨㄟˋ 教导,劝说(㊎教—):～人不倦。

晦 huì ㄏㄨㄟˋ ❶昏暗不明(㊎—暗)。[晦气]1. 不顺利,倒霉。2. 指人不顺利或生病时难看的气色:—脸～。❷夜晚:风雨如～。❸农历每月的末一天。

恚 huì ㄏㄨㄟˋ 恨,怒。

贿(賄) huì ㄏㄨㄟˋ ❶财物。❷贿赂,用财物买通别人,也指用来买通别人的财物:行～|受～。

彗(**篲) huì ㄏㄨㄟˋ(旧读 suì)扫帚(sàozhou)。[彗星]拖有长光像扫帚的星体。俗叫扫帚星。

䔧 huì ㄏㄨㄟˋ(旧读 suì)王䔧,草本植物,即地肤,俗叫扫帚菜,分枝多,叶狭长。嫩苗可以吃,老株可以做扫帚。

慧 huì ㄏㄨㄟˋ 聪明,有才智(㊎智—、聪—):～眼|明～|秀外～中。

槥 huì ㄏㄨㄟˋ〈古〉一种小棺材。

鐨(鐨) huì ㄏㄨㄟˋ(又)见519页 wèi。

硊 huì ㄏㄨㄟˋ [石硊]地名,在安徽省芜湖市。

秽(穢) huì ㄏㄨㄟˋ 肮脏:～土(垃圾)。㊞丑恶:～行|自惭形～。

翙(翽) huì ㄏㄨㄟˋ [翙翙]形容鸟飞的声音。

惠 huì ㄏㄨㄟˋ 好处:恩～|实～|加～于人。㊀给人好处:互～|～及全体人民。敬辞,用于对方对自己有益的行动:～赠|～临。

譓(譓) huì ㄏㄨㄟˋ ❶辨察。❷顺服。

蕙 huì ㄏㄨㄟˋ 蕙兰,兰花的一种,花淡黄绿色,气味香。

橞 huì ㄏㄨㄟˋ 古书上说的一种树。

蟪 huì ㄏㄨㄟˋ [蟪蛄](—gū)一种蝉,又叫伏天儿,身体小,青紫色,有黑纹。

喙 huì ㄏㄨㄟˋ 嘴,特指鸟兽的嘴:毋庸置～(不要插嘴)。

阓(闠) huì ㄏㄨㄟˋ 见200页"阓"字条"阓

阛”(huán—)。

溃(潰) huì ㄏㄨㄟˋ 疮溃(kuì)烂：~脓。

另见279页kuì。

殨(殨) huì ㄏㄨㄟˋ 同“溃”(huì)。

HUN ㄏㄨㄣ

昏(*昬) hūn ㄏㄨㄣ ❶黄昏，天将黑的时候：晨~(早晚)。❷黑暗(㊀—暗、—黑)：天~地暗。❸神志不清楚，认识糊涂：发~｜~~沉沉。㊁失去知觉：~迷｜他~过去了。❹古同“婚”。

阍(閽) hūn ㄏㄨㄣ ❶宫门。❷看(kān)门。

惛 hūn ㄏㄨㄣ 糊涂。

婚 hūn ㄏㄨㄣ 结婚，男女结为夫妇：已~｜未~｜~配。[婚姻]嫁娶、结婚的事：~自主。

硲 hūn ㄏㄨㄣ 〈方〉一种类似涵洞而较小的地下排水建筑。多用于地名：赵家~(在湖南省常德)。

荤(葷) hūn ㄏㄨㄣ ❶鸡鸭鱼肉等食物，跟“素”相对：~素｜~菜｜不吃~。❷葱蒜等有特殊气味的菜：五~。❸粗俗的，下流的：~话。

浑(渾) hún ㄏㄨㄣˊ ❶水不清，污浊：~水坑。❷糊涂，不明事理：~人｜~话｜这人太~了。❸全，满：~身是汗。❹天然的：~朴｜~厚。

珲(琿) hún ㄏㄨㄣˊ [珲春]地名，在吉林省。

另见204页huī。

馄(餛) hún ㄏㄨㄣˊ [馄饨](—tun)一种煮熟连汤吃的食品，用薄面片包上馅做成。

混 hún ㄏㄨㄣˊ 同“浑❶❷”。
另见209页hùn。

魂(*䰟) hún ㄏㄨㄣˊ ❶迷信的人指能离开肉体而存在的精神(㊀—魄)：~不附体。❷泛指精神或情绪：神~颠倒。特指崇高的精神：民族~｜国~。[灵魂]㊇1.指人的精神、思想：教师是人类~的工程师。2.事物的最精粹、最主要的部分：这一句是全诗的~。

诨(諢) hùn ㄏㄨㄣˋ 开玩笑的话：打~｜~名

(外号)。

圂 hùn ㄏㄨㄣˋ ❶猪圈。❷厕所。

溷 hùn ㄏㄨㄣˋ ❶肮脏(㊀—浊)。❷厕所。❸猪圈。

混 hùn ㄏㄨㄣˋ ❶掺杂在一起:~合|~杂|~入|~充|~为一谈。❷苟且度过:~日子|鬼~。❸蒙混:~过去了|鱼目~珠。❹胡乱:~乱|~出主意。

[混沌](—dùn)1. 传说中指世界开辟前的状态。2. 糊涂,不清楚。

另见 208 页 hún。

HUO ㄏㄨㄛ

耠 huō ㄏㄨㄛ ❶(—子)用来翻松土壤的农具,比犁轻便。❷用耠子翻土,代替耕、锄或耩的工作:~地|~个八九厘米深就够了。

䂄(騞、**剨) huō ㄏㄨㄛ 形容用刀解剖东西的声音。

锪(鍃) huō ㄏㄨㄛ 一种金属加工方法,用专门的刀具对金属工件已有的孔进行加工,刮平端面或切出锥形、圆柱形凹坑。

劐 huō ㄏㄨㄛ ❶用刀、剪的尖儿插入物体后顺势划开:用剪刀~开。❷同“耠❷”。

嚄 huō ㄏㄨㄛ 叹词,表示惊讶:~,好大的水库!

另见 369 页 ǒ。

豁 huō ㄏㄨㄛ ❶残缺,裂开:~口|~了一个口子|~唇。[豁子](—zi)残缺的口子:碗上有个~|城墙拆了一个~。❷舍弃,狠心付出高代价:~出性命|~出几天时间。

另见 211 页 huò。

攉 huō ㄏㄨㄛ 把堆在一起的东西铲起倒(dǎo)到另一处去:~土|~煤机。

和 huó ㄏㄨㄛˊ 在粉状物中加水搅拌或揉弄使粘在一起:~面|~泥。

另见 185 页 hé;187 页 hè;194 页 hú;210 页 huò。

佸 huó ㄏㄨㄛˊ 相会,聚会。

活 huó ㄏㄨㄛˊ ❶生存,能生长,跟“死”相对:鱼在水里才能~|新栽的树~了。㊉使生存:~命之恩|养家~口。❷不固定,可移动的:~期存款|~页本|~塞|~扣。[活泼]活跃自然,不呆板:孩子们很~。❸真正,简直:~像一

H

只老虎|神气～现。❹(一儿)工作或产品:做～|这～儿做得真好。

[活该]表示就应该这样,一点儿也不委屈:～如此。

火 huǒ ㄏㄨㄛˇ ❶东西燃烧时所发的光和焰:着(zháo)～|大～|～苗。㊀紧急:～速|～急。❷指枪炮弹药:军～|～器|开～。[火药]炸药的一类,主要用作引燃药或发射药。是我国古代四大发明之一。[火线]1.两军交战枪炮子弹交接的地带:轻伤不下～。2.从电源输送电的导线。❸红色的:～狐|～鸡。❹古代军队的组织,十个人为一火。❺中医指引起发炎、红肿、烦躁等症状的病因:上～|败～。❻(一儿)怒气:好大的～儿!❼(一儿)发怒:他～儿了。❽兴隆,旺盛:生意很～。

伙(❶-❺△夥) huǒ ㄏㄨㄛˇ ❶(一儿)伙计,同伴,一同做事的人(㊉一伴):同～儿。❷旧指店员:店～。❸合伙,结伴,联合起来:～办|～同。❹由同伴组成的集体:合～|入～。❺量词,用于人群:一～歹徒|十人一～。❻伙食:～补|起～。

钬(鈥) huǒ ㄏㄨㄛˇ 金属元素,符号Ho,银白色,质软。可用来制磁性材料。

漷 huǒ ㄏㄨㄛˇ [漷县]地名,在北京市通州。

夥 huǒ ㄏㄨㄛˇ ❶多:获益甚～。❷见210页“伙”。

或 huò ㄏㄨㄛˋ ❶连词,表示选择:同意～反对。❷副词,也许:明晨～可抵达。❸文言代词,某人,有人:～谓之曰:“何不为学?”

惑 huò ㄏㄨㄛˋ ❶疑惑,不明白对与不对:困～|大～不解|智者不～。❷使迷乱(㊉迷一):～乱人心|谣言～众。

和 huò ㄏㄨㄛˋ ❶粉状或粒状物掺和在一起,或加水搅拌:～药。❷量词。1.洗衣物换水的次数:衣裳已经洗了两～。2.煎药加水的次数:头～药|二～药。

另见185页hé;187页hè;194页hú;209页huó。

货(貨) huò ㄏㄨㄛˋ ❶货物,商品:进～|订～|水～|山～。[货郎]卖零星商品的流动小贩。❷钱币:通～|～币。❸卖:～卖(出售)。❹骂人时指人:他不

是个好～|笨～|蠢～。

获(❶獲、❷穫) huò ㄏㄨㄛˋ ❶得到，取得(㊀一得)：俘～|不～全胜，决不收兵。㊁能得到机会或空闲：不～面辞。❷收割庄稼。[收获]割取成熟的农作物。㊁所得到的成果：这次学习有很大的～。

祸(禍、*旤) huò ㄏㄨㄛˋ ❶灾殃，苦难(nàn)，跟"福"相对(㊀灾一)：大～临头|闯～。❷损害，使受灾殃：～国殃民。

谍(諜) huò ㄏㄨㄛˋ 形容迅速分裂的声音：动刀甚微，～然已解。

霍 huò ㄏㄨㄛˋ 迅速，快：～然病愈。

[霍霍]形容磨刀声：磨刀～。

藿 huò ㄏㄨㄛˋ 藿香，草本植物，茎四棱形，叶对生，茎叶香味浓，可入药。

嚯 huò ㄏㄨㄛˋ ❶叹词，表示惊讶或赞叹：～，几年不见，孩子长这么高了！❷形容笑声：～～一笑。

燿 huò ㄏㄨㄛˋ 形容光亮闪烁。

濩 huò ㄏㄨㄛˋ ❶雨水从屋檐向下流的样子。❷姓。

镬(鑊) huò ㄏㄨㄛˋ ❶〈方〉(一子)锅：～盖。❷古代的大锅：鼎～(常用为残酷的刑具)。

蠖 huò ㄏㄨㄛˋ 尺蠖，尺蠖蛾的幼虫，生活在树上，身体一屈一伸地前进，是害虫。

豁 huò ㄏㄨㄛˋ ❶开通，敞亮：～达|～然开朗。❷免除(㊀一免)。

另见 209 页 huō。

J ㄐ

JI ㄐㄧ

几(❷❸幾) jī ㄐㄧ ❶(一儿)小或矮的桌子：茶～儿|条～。❷差一点儿，近乎：～乎|～为所害|迄今～四十年。❸苗头：知～其神乎。

另见 217 页 jǐ。

讥(譏) jī ㄐㄧ 讽刺，挖苦(㊀一讽、一刺)：冷～热嘲|～笑。

叽(嘰) jī ㄐㄧ 形容小鸟、小鸡等的叫声(叠)：小鸟～～地叫。[叽咕](一gu)小声说话。

饥(❶飢、❷饑) jī ㄐㄧ ❶饿(㊀饥饿)：～不择食|～寒交迫。❷庄稼收成不好或没有收成：～馑。

玑(璣) jī ㄐㄧ ❶不圆的珍珠：珠～。❷古代测天文的仪器：璇～。

机(機) jī ㄐㄧ ❶事物发生、变化的枢纽：生～|危～|转～。㊁1.对事情成败有重要关系的中心环节，有保密性质的事件：军～|～密|～要。2.机会，合宜的时候：～不可失|随～应变|勿失良～|时～。❷指生命：～能|～体。❸心思，念头：动～|心～|暗藏杀～。❹灵巧，能迅速适应事物的变化的：～巧|～智|～警。[机动]1.依照客观情况随时灵活行动：～处理|～作战。2.利用机器开动的：～车。[机灵]聪明，头脑灵活。❺机器，由许多零件组成可以做功或有特殊作用的装置或设备：织布～|发电～|收音～|拖拉～|计算～|手～。[机械]1.利用力学原理组成的各种装置，各种机器、杠杆、滑轮以及枪炮等都是机械：～化|～工业。2.方式死板，不灵活：～地工作|～唯物论|你的办法太～了。❻指飞机：～场|客～。

肌 jī ㄐㄧ 肌肉，人和动物体的组织之一，由许多肌纤维组成，具有收缩特性：心～|平滑～|骨骼～。

矶(磯) jī ㄐㄧ 水边突出的岩石。多用于地名：采石～(在安徽省马鞍山市)|燕子～(在江苏省南京)。

击(擊) jī ㄐㄧ ❶打，敲打：～鼓|～柝(tuò)(敲梆子)。❷攻打：袭～|游～|痛～。❸碰：冲～|撞～|肩摩毂(gǔ)～(形容来往人多，拥挤)。㊁接触：目～(亲眼看见)。

圾 jī ㄐㄧ 见281页“垃”字条“垃圾”(lā—)。

芨 jī ㄐㄧ [白芨]草本植物，叶长形。块茎白色，可入药。

乩 jī ㄐㄧ [扶乩]迷信的人占卜问疑。

鸡(鷄、*雞) jī ㄐㄧ 家禽，公鸡能报晓，母鸡能生蛋。

枅 jī ㄐㄧ 古代指柱子或门上所垫的方木。

笄 jī ㄐㄧ 古代盘头发用的簪子。

奇 jī ㄐㄧ ❶数目不成双的，跟"偶"相对：一、三、五、七、九是～数。❷零数，余数：长八分有～。

另见395页qí。

剞 jī ㄐㄧ [剞劂](－jué)1.雕刻用的弯刀。2.雕版，刻书。

犄 jī ㄐㄧ [犄角]1.(－儿)物体的两个边沿相接处，棱角：桌子～儿。2.(－儿)角落：墙～儿。3.(－jiao)兽角：牛～。

畸 jī ㄐㄧ ❶不规则的，不正常的：～形。❷数的零头：～零(零数)。❸偏：～轻～重。

觭 jī ㄐㄧ 同"奇❶"，单数。

隮(隮) jī ㄐㄧ ❶登，上升。❷虹。

跻(躋) jī ㄐㄧ 登，上升。[跻身]上升到某位置，跨入某行列：～前三名|～文坛。

唧 jī ㄐㄧ ❶用水射击：～筒|～他一身水。❷形容虫叫声(叠)。[唧咕](－gu)同"叽咕"。

积(積) jī ㄐㄧ ❶聚集：～少成多|～年累月|～习|～劳。[积淀]1.积累沉淀。2.积累沉淀下来的事物(多指文化、知识、经验等)。[积极]向上的，进取的，跟"消极"相对：工作～|～分子。❷乘积，乘法运算的得数：二乘四的～是八。

屐 jī ㄐㄧ 木头鞋：木～。泛指鞋。

姬 jī ㄐㄧ ❶古代对妇女的美称。❷旧时称妾。❸旧时称以歌舞为业的女子：歌～。

基 jī ㄐㄧ ❶建筑物的根脚：地～|墙～。㊞最下面的，根本的：～数|～层。[基础]建筑物的根脚和柱石。㊞事物的根基：钢铁是工业的～。[基金]1.国民经济中有特定用途的资金：消费～|生产～。2.为兴办或发展某一事业而集聚、储备的资金或专门的拨款：教育～|福利～。❷化学上指不带电的原子团：烃(tīng)～|氨～。❸根据：～于上述理由。

[基督](外)基督教徒称耶稣，意为"救世主"。

[基督教]宗教名。公元1世纪犹太人耶稣所创。11世纪分为罗马教会(天主教)和希腊教会(东正教)两派；16世纪罗马教会又分为新教和旧教。现在

一般称新教为基督教。

[基诺族] 我国少数民族，参看附表。

期(*朞) jī ㄐㄧ 〈古〉一周年，一整月：～年|～月。

另见 393 页 qī。

锜(錤) jī ㄐㄧ 见 669 页“镃”字条“镃锜”(zī—)。

箕 jī ㄐㄧ ❶簸箕(bòji)，用竹篾、柳条或铁皮等制成的扬去糠麸或清除垃圾的器具。❷不成圆形的指纹。❸星宿名，二十八宿之一。

鉎(銈) jī ㄐㄧ 古书上说的金圭。

赍(賫、*齎、*賷) jī ㄐㄧ ❶怀抱着，带着：～志而殁(mò)(志未遂而死去)|～恨。❷把东西送给别人。

嵇 jī ㄐㄧ 姓。

稽 jī ㄐㄧ ❶停留(㊀一留)：～迟|～延。❷考核(㊀一核)：～查|无～之谈。❸计较，争论：反唇相～(反过来责问对方)。❹姓。

另见 397 页 qǐ。

缉(緝) jī ㄐㄧ 搜捕，捉拿：～私|通～。

另见 393 页 qī。

襀(積) jī ㄐㄧ 衣服的褶儿。

齑(齏) jī ㄐㄧ ❶捣碎的姜、蒜、韭菜等。❷细，碎：化为～粉。

畿 jī ㄐㄧ 古代称靠近国都的地方：京～。

墼 jī ㄐㄧ 土坯。[炭墼] 用炭末做成的块状物。[土墼]未烧的砖坯。

激 jī ㄐㄧ ❶水冲击或急速浇淋：～起浪花|他被雨～病了。㊀使发作，使人的感情冲动：刺～|用话～他。[激昂](情绪、语调等)激动昂扬：慷慨～。❷急剧的，强烈的(㊀一烈)：～变|～战。

羁(覊、*羈) jī ㄐㄧ ❶马笼头。❷束缚：～绊|～押。❸停留：～留。[羁旅]寄居作客。

及 jí ㄐㄧˊ ❶到。1. 从后头跟上：来得～|赶不～。㊀比得上：我不～他。2. 达到：由表～里|将～十载|～格。㊀牵涉到，推广到：言不～义|不～其余。❷趁着，乘：～时|～早。❸连词，和，跟(通常主要成分在“及”字前)：给老人买了烟、酒～其他一些东西。[以及]连词，连接并列

的词、词组，意义和“及❸”相同：花园里种着状元红、矢车菊、夹竹桃～其他各色花木。

伋 jí ㄐㄧˊ 用于人名。孔伋，字子思，孔子的孙子。

岌 jí ㄐㄧˊ ❶山高。❷危险。[岌岌] 1.形容山高。2.形容危险：～可危。

汲 jí ㄐㄧˊ ❶从井里打水：～水。[汲引]旧时喻提拔人才。❷(叠)急切的样子：不可～～于名利。

级(級) jí ㄐㄧˊ ❶层，层次：那台阶有十多～|七～浮屠(七层的塔)。❷等次：高～|低～|初～|上～|下～。❸年级，学校编制的名称，学年的分段：同～不同班|三年～|高年～。

极(極) jí ㄐㄧˊ ❶顶端，最高点，尽头处：登峰造～。❷指地球的南北两端，磁体的两端或电路的正负两端：南～|北～|阳～|阴～。[南极洲] 世界七大洲之一。❸副词，最，表示达到顶点：大～了|～好|穷凶～恶。❹竭尽：～力|～目远眺(tiào)。

笈 jí ㄐㄧˊ ❶书箱。❷书籍，典籍。

吉 jí ㄐㄧˊ ❶幸运的，吉利的，跟“凶”相对(㊀一祥、一庆)：～日|～期。❷(外)法定计量单位中十进倍数单位词头之一，表示10^9，符号 G。

佶 jí ㄐㄧˊ 健壮。[佶屈][诘屈]曲折：～聱(áo)牙(文句拗口)。

诘(詰) jí ㄐㄧˊ [诘屈]同“佶屈”。参看 215 页“佶”(jí)。

另见 239 页 jié。

姞 jí ㄐㄧˊ 姓。

即 jí ㄐㄧˊ ❶就是：番茄～西红柿。❷当时或当地：～日|～刻|～席|～景生情。❸副词，便，就：胜利～在眼前|用毕～行奉还。[即使]连词，常和“也”字连用表示假设性让步：～我们的工作取得了很大的成绩，也不能骄傲自满。❹靠近：不～不离。[即位]指封建统治者登上帝王的位子，做君主或诸侯。

堲 jí ㄐㄧˊ 〈古〉❶烧土为砖。❷烛灰。

亟 jí ㄐㄧˊ 文言副词，急切地：～待解决|缺点～应纠正。

另见 398 页 qì。

殛 jí ㄐㄧˊ 杀死：雷～。

革 jí ㄐㄧˊ 〈古〉(病)危急。另见153页gé。

急 jí ㄐㄧˊ ❶焦躁(㊀焦一)：真～死人了｜着～。㊁气恼，发怒：他一听就～了。❷匆促：～～忙忙｜～就｜～于完成任务。㊁迅速，又快又猛：水流得～｜～病。❸迫切，要紧：～事｜不～之务｜～件。㊁严重：情况紧～｜告～｜病～乱投医(喻临事慌乱)。❹对大家的事或别人的困难赶快帮助：～公好义｜～难(nàn)。

湒 jí ㄐㄧˊ 用于地名：～滩(在河南省邓州)。

疾 jí ㄐㄧˊ ❶病，身体不舒适(㊀一病)：目～｜积劳成～。㊁痛苦：～苦。❷恨：～恶如仇。❸快，迅速，猛烈：～走｜～风知劲草｜～言厉色(形容发怒的样子)。❹疼痛：痛心～首。

蒺 jí ㄐㄧˊ [蒺藜](一li)1. 草本植物，茎横生在地面上，花黄色。果实也叫蒺藜，有刺，可入药。2. 像蒺藜的东西：铁～。

嫉 jí ㄐㄧˊ ❶因别人比自己好而怨恨(㊀一妒、妒一)：～才｜～贤妒能。❷憎恨：～恶如仇。

棘 jí ㄐㄧˊ ❶酸枣树，落叶灌木，茎上多刺。花黄绿色。果实小，味酸。❷针形的刺：～皮动物。[棘手]刺手，扎手。㊃事情难办。❸指有刺的草木：披荆斩～。

集 jí ㄐㄧˊ ❶聚，会合，总合(㊀聚一)：～思广益｜～会｜～中。[集体]许多人合起来的有组织的总体：～利益｜～所有制。❷会合许多单篇或单张作品编成的书：诗～｜文～｜选～。❸某些篇幅较长的著作或作品中相对独立的部分：影片分上下～｜十～电视纪录片。❹定期交易的市场：～市｜赶～。❺完成：大业未～。

楫(*檝) jí ㄐㄧˊ 划船用的桨。

辑(輯) jí ㄐㄧˊ ❶聚集。特指聚集材料编书：～录｜纂～。❷整套书籍、资料等按内容或发表次序分成的各个部分：专～｜丛书第一～。❸和睦：～睦。

戢 jí ㄐㄧˊ 收敛，收藏：载～干戈(把兵器收藏起来)。㊁止，停止：～怒。

J

蕺 jí ㄐㄧˊ 蕺菜，草本植物，又叫鱼腥草，茎上有节，花小而密。茎和叶有腥味。根可用作蔬菜，全草可入药。

嵴 jí ㄐㄧˊ 山脊。

瘠 jí ㄐㄧˊ ❶瘦弱。❷土地不肥沃（㊀贫一）：～土｜～田。

鹡（鶺） jí ㄐㄧˊ ［鹡鸰］（—líng）鸟名，种类较多，常见的头黑额白，背部黑色，腹部白色，尾巴较长，生活在水边。

踖 jí ㄐㄧˊ 小步行走。

耤 jí ㄐㄧˊ 耤河，水名，在甘肃省东南部，渭河支流。

踖 jí ㄐㄧˊ 见77页"踧"字条"踧踖"（cù—）。

藉 jí ㄐㄧˊ ❶践踏，凌辱。［狼藉］（*狼籍）乱七八糟：杯盘～｜声名～。❷姓。

另见241页jiè；241页jiè"借"。

籍 jí ㄐㄧˊ ❶书，书册（㊀书一）：六～（六经）｜古～。❷登记隶属关系的簿册，隶属关系：户～｜国～｜党～｜学～。［籍贯］自身出生或祖居的地方。

几（幾） jǐ ㄐㄧˇ ❶询问数量多少：～个人？｜来～天了？［几何］1.多少：人生～？2.几何学，研究点、线、面、体的性质、关系和计算方法的学科。❷表示不定的数目：他才十～岁｜所剩无～。

另见211页jī。

虮（蟣） jǐ ㄐㄧˇ （一子）虱子的卵。

麂 jǐ ㄐㄧˇ （一子）哺乳动物，像鹿而小，毛黄黑色，雄的有很短的角。

己 jǐ ㄐㄧˇ ❶代词，自己，对人称本身：舍～为人｜身不由～。❷天干的第六位，用作顺序的第六。

纪（紀） jǐ ㄐㄧˇ 姓。

另见218页jì。

鲯（鯕） jǐ ㄐㄧˇ 鱼名，身体侧扁，略呈椭圆形，头小，口小，生活在海底岩石间。

挤（擠） jǐ ㄐㄧˇ ❶许多人、物很紧地挨着，不容易动转：一间屋子住十来个人，太～了。❷在拥挤的环境中推、拥：人多～不过去｜～进会场。㊂排斥（㊀排一）：甲队被～出前三名。❸用压力使排出：～牛奶｜～牙膏。

J

济(濟) jǐ ㄐㄧˇ 济水，古水名，发源于今河南省，流经山东省入渤海。[济南][济宁]地名，都在山东省。

[济济]众多：人才～。

另见 219 页 jì。

给(給) jǐ ㄐㄧˇ ❶供应：自～自足｜补～｜～养(军队中主副食、燃料，以及牲畜饲料等物资供应的统称)。❷富裕，充足：家～人足。

另见 155 页 gěi。

脊 jǐ ㄐㄧˇ ❶人和动物背中间的骨头：～椎｜～髓｜～梁｜～柱。❷物体中间高起、形状像脊柱的部分：屋～｜山～。

掎 jǐ ㄐㄧˇ 拖住，牵制。

戟 jǐ ㄐㄧˇ 古代的一种兵器，由矛和戈组合而成。

计(計) jì ㄐㄧˋ ❶算(㊀一算)：不～其数。❷测量或计算度数、时间等的仪器：时～｜体温～。❸主意，策略(㊀一策)：妙～｜百年大～。❹计划，打算：为工作方便～。[计较](－jiào)1.打算，商量：此事日后再做～。2.争论，较量：是他不对，但大家都没有跟他～。

痣(痣) jì ㄐㄧˋ 皮肤上生来就有的深色斑。现多写作"记"。

记(記) jì ㄐㄧˋ ❶记忆，把印象保持在脑子里：～住这件事｜～性。❷把事物写下来：～录｜～账｜把这些事情都～在笔记本上。[记者]报刊、电台、电视台、通讯社里做采访报道工作的人员。❸记载事物的书册或文字：游～｜日～｜大事～。❹记号，标志：以红色为～｜戳～。❺同"痣"。❻量词，用于某些动作的次数：一～耳光｜一～劲射。

纪(紀) jì ㄐㄧˋ ❶记载：～事。[纪念]用事物或行动对人或事表示怀念。[纪元]纪年的开始，如公历以传说的耶稣出生那一年为元年。❷古时把十二年算作一纪。[世纪]一百年叫一世纪。❸制度，法度：军～｜违法乱～｜～律。❹地质年代分期的第三级，在"代"之下：第四～｜侏罗～。

另见 217 页 jǐ。

忌 jì ㄐㄧˋ ❶嫉妒，憎恨：猜～｜～才。❷怕，畏惧：顾～｜肆无～惮。❸禁戒：～酒｜～口｜～食生冷｜～讳。

跽 jì ㄐㄧˋ 长跪，挺直上身两膝着地。

伎 jì ㄐㄧˋ ❶技巧，才能。[伎俩]（－liǎng）手段，花招。❷古代称以歌舞为业的女子：歌舞～。

技 jì ㄐㄧˋ 才能，手艺（㊥－艺、－能）：～巧｜口～｜～师｜一～之长。[技术]1.进行物质资料生产所凭借的方法、能力或设备等：～革新。2.专门的技能：他打球的～很高明。

芰 jì ㄐㄧˋ 古书上指菱。

妓 jì ㄐㄧˋ 妓女，以卖淫为生的女人。

系（繫） jì ㄐㄧˋ 打结，扣：把鞋带～上。

另见532页xì。

际（際） jì ㄐㄧˋ ❶交界或靠边的地方：林～｜水～｜天～｜春夏之～。❷彼此之间：国～｜厂～竞赛。❸时候：目前正是用人之～。❹当，适逢其时：～此盛会。

季 jì ㄐㄧˋ ❶兄弟排行，有时用伯、仲、叔、季做次序，季是最小的：～弟｜～父（小叔叔）。㊢末了：～世｜～春（春季末一月）。❷三个月为一季：一年分春、夏、秋、冬四～｜～度。㊢（－儿）一段时间：瓜～儿｜淡～｜雨～。

悸 jì ㄐㄧˋ 因害怕而心跳：～栗（心惊肉跳）｜惊～｜心有余～。

剂（劑） jì ㄐㄧˋ ❶配合而成的药：药～｜清凉～。[调剂]（tiáo－）1.配制药物。2.适当调整。❷量词，用于水煎服的中药：一～药。

荠（薺） jì ㄐㄧˋ 荠菜，草本植物，叶羽状分裂，花白色。茎、叶嫩时可用作蔬菜，全草可入药。

另见394页qí。

济（濟） jì ㄐㄧˋ ❶对困苦的人加以帮助：救～｜～困扶危。❷补益：无～于事。❸渡，过河：同舟共～。

另见218页jǐ。

霁（霽） jì ㄐㄧˋ ❶雨、雪停止，天放晴：雪初～。❷怒气消除：色～。

鲚（鱭） jì ㄐㄧˋ 鱼名，身体侧扁，头小而尖，尾尖而细。生活在海洋里。有刀鲚、凤鲚等多种。

垍 jì ㄐㄧˋ 坚土。

洎 jì ㄐㄧˋ 到，及：自古～今。

J

迹（*跡、*蹟） jì ㄐㄧˋ 脚印（㊀踪一）：足～｜兽蹄鸟～。㊁1.物体遗留下的印痕（㊀痕一）：～象｜事～｜轨～。2.前人遗留下的事物（多指建筑、器物等）：古～｜陈～。

既 jì ㄐㄧˋ ❶终了，尽：言未～。❷副词，已经：霜露～降｜～往不咎｜保持～有的荣誉。［既而］连词，后来，表示经过一段时间以后：起初不信，～将信将疑，最后完全折服。❸连词，既然，后面常与“就”、“则”相应，表示先提出前提，而后加以推论：～要做，就要做好。❹副词，常跟“且”、“又”连用，表示两者并列：～高且大｜～快又好。

塈 jì ㄐㄧˋ ❶用泥涂屋顶。❷休息。❸取。

暨 jì ㄐㄧˋ 与，及，和。

鱀（鰶） jì ㄐㄧˋ ［白鱀豚］哺乳动物，又叫白鳍豚，身体纺锤形，上部浅蓝灰色，下部白色，有背鳍。生活在淡水中，是我国特有的珍贵动物。

勣（勣） jì ㄐㄧˋ 用于人名。“勣”另见220页“绩”。

绩（績、❷△*勣） jì ㄐㄧˋ ❶把麻搓（cuō）捻成线或绳：纺～。❷功业，成果：成～｜战～｜功～。

“勣”另见220页“勣”。

觊（覬） jì ㄐㄧˋ 希望，希图。［觊觎］（-yú）非分地希望或企图。

继（繼） jì ㄐㄧˋ 连续，接着（㊀一续）：～任｜～往开来｜前仆后～。［继承］1.接受遗产。2.继续前人的事业。

偈 jì ㄐㄧˋ 佛经中的唱词。另见240页jié。

徛 jì ㄐㄧˋ 〈方〉站立。

寄 jì ㄐㄧˋ ❶托付，寄托：～放｜～希望于未来。❷依靠，依附：～居｜～生｜～宿。❸托人传送。特指由邮局传递：～信｜～钱｜～包裹。

祭 jì ㄐㄧˋ ❶对死者表示追悼、敬意（㊀一奠）：公～烈士。❷用供品供奉祖宗或鬼神等（㊀一祀）：～神｜～天。

漈 jì ㄐㄧˋ ❶水边。❷用于地名：大～（在浙江省景宁）。

穄 jì ㄐㄧˋ（一子）一种谷物，又叫糜（méi）子，跟黍子相似，但不黏。

鲚（鱭） jì ㄐㄧˋ 鱼名，身体侧扁，长约20厘米，银灰色。生活在海里。

寂 jì ㄐㄧˋ 静，没有声音（㊄一静）：～然无声。［寂寞］（一mò）清静，孤独。

惎 jì ㄐㄧˋ ❶毒害。❷忌恨。

蓟（薊） jì ㄐㄧˋ 草本植物，茎多刺，花紫色，可入药。

稷 jì ㄐㄧˋ ❶古代一种粮食作物，有的书说是黍属，有的书说是粟（谷子）。❷古代以稷为百谷之长，因此帝王奉祀为谷神。［社稷］土神和谷神。㊕古代指国家：捍卫～｜以～为重。

鲫（鯽） jì ㄐㄧˋ 鱼名，像鲤鱼，没有须，背脊隆起，生活在淡水中。

髻 jì ㄐㄧˋ 梳在头顶或脑后的发结（fàjié）：发～｜高～。

冀 jì ㄐㄧˋ ❶希望（㊄希一）：～其成功。❷河北省的别称。

骥（驥） jì ㄐㄧˋ 好马：按图索～。

罽 jì ㄐㄧˋ 用毛做成的毡子一类的东西。

瀱 jì ㄐㄧˋ 泉水涌出的样子。

檵 jì ㄐㄧˋ 檵木，常绿灌木或小乔木，叶椭圆形，花淡黄色。枝叶可提制栲胶，种子可榨油，叶可入药。

JIA ㄐㄧㄚ

加 jiā ㄐㄧㄚ ❶增多，几种事物合起来（㊄增一）：～价｜三个数相～。［加工］把原料制成成品或使粗制物品精良。［加油儿］㊖努力，加劲儿。❷施以某种动作：希～注意｜～以保护。❸把本来没有的添上去（㊄添一）：～上引号。

伽 jiā ㄐㄧㄚ ［伽倻］（一yē）伽倻琴，朝鲜族弦乐器。［伽利略］意大利天文学家、物理学家。

另见144页gā；408页qié。

茄 jiā ㄐㄧㄚ 〈古〉荷茎。

［雪茄］（外）一种较粗较长用烟叶卷成的卷烟。

另见408页qié。

泇 jiā ㄐㄧㄚ 泇河，水名，分东泇、西泇两支，均源于山东省，至江苏省汇合，流入大运河。

迦 jiā ㄐㄧㄚ 译音用字。

珈 jiā ㄐㄧㄚ 古代妇女的一种首饰。

枷 jiā ㄐㄧㄚ 旧时一种套在脖子上的刑具。[枷锁]㊟束缚人的习俗、观念、制度等:砸碎封建～。

痂 jiā ㄐㄧㄚ 伤口或疮口表面血液、淋巴液等凝结成的东西。

笳 jiā ㄐㄧㄚ 胡笳,我国古代北方民族的一种乐器,类似笛子。

袈 jiā ㄐㄧㄚ [袈裟](－shā)和尚披在外面的一种法衣。

跏 jiā ㄐㄧㄚ [跏趺](－fū)佛教徒的一种坐姿。

嘉 jiā ㄐㄧㄚ ❶美好:～宾。❷赞美:～许|精神可～。

夹(夾) jiā ㄐㄧㄚ ❶从东西的两旁钳住:～菜|用镊(niè)子～邮票。㊂1.处在两者之间,两旁有东西限制住:书里～着一张纸|～道|两山～一水。2.从两面来的:～攻。❷胳膊向胁部用力,使腋下放着的东西不掉下:～着书包。❸掺杂(㊣－杂):～七杂八|～生。❹(－子、－儿)夹东西的器具:文件～|皮～儿。

另见 144 页 gā;223 页 jiá。

浃(浹) jiā ㄐㄧㄚ 湿透,遍及:汗流～背。

梾(梾) jiā ㄐㄧㄚ 〈古〉❶护书的夹板。❷筷子。

佳 jiā ㄐㄧㄚ 美,好的:～音(好消息)|～句|～作。

家(❶傢) jiā ㄐㄧㄚ ❶家庭,人家:勤俭持～|张～有五口人。谦辞,用于对别人称自己亲属中比自己年纪大或辈分高的:～兄|～父。("傢"是"家伙"、"家具"、"家什"的"家"的繁体字。)[家常]家庭日常生活:～便饭|叙～。[家畜](－chù)由人喂养的兽类,如马、牛、羊、狗、猪等。[家伙](－huo)1.一般的用具、工具。2.指武器。3.指牲畜或人(轻视或玩笑)。[家具]家庭用具,主要指床、柜、桌、椅等。[家什](－shi)用具,器物:厨房里的～擦洗得干干净净。❷家庭的住所:回～|这儿就是我的～。❸指经营某种行业或有某种身份的人家:农～|酒～。❹掌握某种专门学识或有丰富实践经验以及从事某种专门活动的人:科学～|水稻专～|政治～|阴谋～。❺学术流派:儒～|道～|

百～争鸣。❻指相对各方中的一方：对～|上～|下～。❼(jia)词尾，指一类的人(多按年龄或性别分)：孩子～|姑娘～。❽量词，用于家庭或企业：一～人家|两～饭馆。

另见 242 页 jie。

镓(鎵) jiā ㄐㄧㄚ 金属元素，符号 Ga，银白色，质软。可用来制半导体和光学玻璃等。

葭 jiā ㄐㄧㄚ 初生的芦苇。[葭莩](—fú)苇子里的薄膜。⑩关系疏远的亲戚。

豭 jiā ㄐㄧㄚ 公猪。

夹(夾、*裌、△*袷) jiá ㄐㄧㄚˊ 两层的(衣被等)：～裤|～被。

另见 144 页 gā；222 页 jiā。

"袷"另见 399 页 qiā。

郏(郟) jiá ㄐㄧㄚˊ 郏县，在河南省。

荚(莢) jiá ㄐㄧㄚˊ 豆类植物的长形的果实：豆～(豆角)|皂～|槐树～。

铗(鋏) jiá ㄐㄧㄚˊ ❶冶铸用的钳。❷剑。❸剑柄。

颊(頰) jiá ㄐㄧㄚˊ 脸的两侧：两～绯红。(图见 501 页"头")

蛱(蛺) jiá ㄐㄧㄚˊ [蛱蝶](—dié)蝴蝶的一类，翅有鲜艳的色斑，前足退化或短小，触角锤状。

恝 jiá ㄐㄧㄚˊ 无忧愁，淡然。[恝置]不在意，置之不理。

戛(*戞) jiá ㄐㄧㄚˊ 打击：～齿(上下齿叩击)。

[戛然]1.形容嘹亮的鸟鸣声：～长鸣。2.形容声音突然中止：鼓声～而止。

[戛戛]形容困难：～乎难哉。

另见 144 页 gā。

甲 jiǎ ㄐㄧㄚˇ ❶天干的第一位，用作顺序的第一：～等。㊀居首位，超过所有其他的：桂林山水～天下。[甲子]我国纪日、纪年或计算岁数的一种方法，把十干和十二支按顺序配合，六十组干支字轮一周叫一个甲子。❷古代军人打仗穿的护身衣服，用皮革或金属做成：盔～。❸动物身上有保护功能的硬壳：龟～|～虫|～骨文。❹手指或脚趾上的角质硬壳：指～。❺现代用金属做成的有保护功用的装备：装～汽车。❻旧时户口的一种编制。参看 16 页"保❸"。

岬 jiǎ ㄐㄧㄚˇ ❶岬角，突入海中的尖形的陆地。多用于地名：野柳～（在台湾省台北）。❷两山之间。

胛 jiǎ ㄐㄧㄚˇ 肩胛，肩膀后方的部位。[肩胛骨]肩胛上部左右两块三角形的扁平骨头。（图见165页“人体骨骼”）

钾（鉀） jiǎ ㄐㄧㄚˇ 金属元素，符号K，银白色，蜡状。它的化合物用途很广，有的是重要肥料。

贾（賈） jiǎ ㄐㄧㄚˇ ❶姓。❷古多用于人名。
〈古〉又同“价（價）”（jià）。
另见165页gǔ。

槚（檟） jiǎ ㄐㄧㄚˇ ❶楸（qiū）树的别名。❷茶树的古名。

假（❷△*叚） jiǎ ㄐㄧㄚˇ ❶不真实的，不是本来的，跟“真”相对：～发｜～话。[假如][假使]连词，如果。❷借用，利用（㊀一借）：～手于人｜～公济私。❸据理推断，有待验证的：～设｜～说。
另见225页jià。
“叚”另见534页xiá。

嘏 jiǎ ㄐㄧㄚˇ （又）见164页gǔ。

瘕 jiǎ ㄐㄧㄚˇ 肚子里结块的病。

斝 jiǎ ㄐㄧㄚˇ 古代一种盛酒的器皿。

价（價） jià ㄐㄧㄚˋ 价钱，商品所值的钱数：～格｜～值｜～目｜物～｜减～。
另见240页jiè；242页jie。

驾（駕） jià ㄐㄧㄚˋ ❶把车套在牲口身上：～辕｜～轻就熟（喻做熟悉、容易的事）。❷古代车乘的总称。敬辞，称对方：劳～｜大～光临。❸特指帝王的车，借指帝王：～崩（帝王死去）。❹操纵，使开动：～飞机｜～驶。[驾驭]（－yù）驱使车马行进或停止。㊀管理，控制，支配：～时局｜提高～语言的能力。

架 jià ㄐㄧㄚˋ ❶（－子、－儿）用作支承的东西：书～儿｜葡萄～｜笔～儿｜房～子｜车～子。[担架]医院或军队中抬送病人、伤员的用具。❷支承。1.支撑，搭起：把枪～住｜～桥。2.搀扶：他受伤了，～着他走。3.抵挡，禁（jīn）受：招～｜这么重的负担，他～得住吗？❸用强力把人劫走：绑～｜被几个人～走了。❹互相殴打或争吵的事：打了一～｜劝～。❺量词，多用于有机械或有支柱的东西：五～飞机｜一～机器｜一～葡萄。[架次]量词,一架飞机出动或出现一次叫一架次。如飞机出现三次,第一次五架,第二次十架,第三次十五架,共三十架次。

假 jià ㄐㄧㄚˋ 照规定或经过批准暂时离开工作、学习场所的时间:放～|寒～|～期|请～。

另见 224 页 jiǎ。

嫁 jià ㄐㄧㄚˋ ❶女子到男方家成亲,也泛指女子结婚,跟"娶"相对:出～|～娶。[嫁接]把要繁殖的植物的芽或枝接在另一种植物上,以达到提高品种质量等目的。❷把祸害、怨恨推到别人身上:转～|～怨|～祸于人。

稼 jià ㄐㄧㄚˋ 种田。[稼穑](—sè)种谷和收谷,农事的总称。[庄稼](—jia)五谷,农作物:种～。

JIAN ㄐㄧㄢ

戋(戔) jiān ㄐㄧㄢ 小,少(叠):所得～～。

浅(淺) jiān ㄐㄧㄢ [浅浅]形容流水声。

另见 402 页 qiǎn。

笺(箋、❷*牋、❷*椾) jiān ㄐㄧㄢ ❶注释。❷小幅的纸:便～|信～。㊀书信:华～。

溅(濺) jiān ㄐㄧㄢ [溅溅]同"浅浅"(jiān —)。

另见 229 页 jiàn。

鞯(韉) jiān ㄐㄧㄢ 姓。

尖 jiān ㄐㄧㄢ ❶(—儿)物体锐利的末端或细小的部分:笔～儿|刀～儿|针～儿|塔～儿。[尖锐]1. 刺耳的:～的声音。2. 锋利的,深刻的:～的批评。3. 激烈:～的思想斗争|矛盾～化。❷末端极细小:把铅笔削～了。❸感觉锐敏:眼～|耳朵～。❹声音高而细:～声～气。❺出类拔萃的人或物品:～儿货|～子生。

奸(❸*姦) jiān ㄐㄧㄢ ❶虚伪,狡诈(㊂—狡、—诈):～雄|～笑|不藏～,不耍滑。❷叛国的人:汉～|锄～。[奸细]替敌人刺探消息的人。❸男女发生不正当的性行为:通～|～污。

歼(殲) jiān ㄐㄧㄢ 消灭:(㊂—灭):围～|全～入侵之敌。

坚(堅) jiān ㄐㄧㄢ ❶结实,硬,不容易破坏(㊀一固、一硬):～冰|～不可摧。㊁不动摇:～定|～强|～决|～持|～守。[中坚]骨干:社会～|～分子。❷坚固的东西或阵地:攻～战|无～不摧。

鲣(鰹) jiān ㄐㄧㄢ 鱼名,身体纺锤形,大部分无鳞,生活在海洋里。

间(間、*閒) jiān ㄐㄧㄢ ❶中间,两段时间或两种事物相接的地方:课～操|彼此～有差别。❷在一定的地方、时间或人群的范围之内:田～|晚～|人～。❸房间,屋子:车～|衣帽～|卫生～。❹量词,用于房屋:一～房|广厦千～。

另见229页jiàn。

"閒"另见229页jiàn"间";537页xián"闲"。

J

肩 jiān ㄐㄧㄢ ❶肩膀,脖子旁边胳膊上边的部分:双～。(图见491页"人体")❷担负:身～重任。

艰(艱) jiān ㄐㄧㄢ 困难(㊀一难):～辛|～苦|文字～深。

监(監) jiān ㄐㄧㄢ ❶督察:～察|～工|～考。❷牢,狱(㊀一牢、一狱):收～|探～。[监禁]把人押起来,限制他的自由。

另见230页jiàn。

兼 jiān ㄐㄧㄢ ❶加倍,把两份并在一起:～旬(二十天)|～程(用加倍的速度赶路)|～并。❷所涉及的或所具有的不只一方面:～任|德才～备。

搛 jiān ㄐㄧㄢ 用筷子夹:～菜。

蒹 jiān ㄐㄧㄢ 没长(zhǎng)穗的芦苇。

缣(縑) jiān ㄐㄧㄢ 多根丝线并在一起织成的丝织品。

鹣(鶼) jiān ㄐㄧㄢ 鹣鹣,比翼鸟,古代传说中的一种鸟。

鳒(鰜) jiān ㄐㄧㄢ 鱼名,两只眼都在身体的一侧,有眼的一面黄褐色,无眼的一面白色。主要产于我国的南海。

菅 jiān ㄐㄧㄢ 草本植物,叶细长,根很坚韧,可做炊帚、刷子等。[草菅]㊃轻视:～人命。

渐(漸) jiān ㄐㄧㄢ ❶浸:～染。❷流入:东～于海。

另见230页jiàn。

犍 jiān ㄐㄧㄢ 阉割过的公牛。另见402页qián。

鞬 jiān ㄐㄧㄢ 马上盛弓箭的器具。

湔 jiān ㄐㄧㄢ 洗。

煎 jiān ㄐㄧㄢ ❶熬(áo)：～药。❷把食物放在少量的热油里弄熟：～鱼|～豆腐。❸量词，熬中药的次数：头～药|二～。

缄(緘) jiān ㄐㄧㄢ 封，闭：～口。[缄默]闭口不言。

瑊 jiān ㄐㄧㄢ [瑊石]一种像玉的美石。

鞯(韉) jiān ㄐㄧㄢ 垫马鞍的东西：鞍～。

櫼 jiān ㄐㄧㄢ 木楔子(xiē-zi)。

囝 jiǎn ㄐㄧㄢˇ 〈方〉儿子。另见357页nān。

拣(揀) jiǎn ㄐㄧㄢˇ ❶挑选(㊀挑一)：～好的苹果送给奶奶|挑肥～瘦。❷同"捡"。

枧(梘) jiǎn ㄐㄧㄢˇ 〈方〉肥皂：香～。

笕(筧) jiǎn ㄐㄧㄢˇ 横安在屋檐或田间引水的长竹管。

茧(繭、❶*璽、❶**絸) jiǎn ㄐㄧㄢˇ ❶(一子、一儿)某些昆虫的幼虫在变成蛹之前吐丝做成的壳。家蚕的茧是缫(sāo)丝的原料。❷手、脚上因摩擦而生的硬皮：老～|脚底磨出了～子。也作"趼"。

柬 jiǎn ㄐㄧㄢˇ 信件、名片、帖子等的泛称：请～(请客的帖子)。

暕 jiǎn ㄐㄧㄢˇ 明亮。

俭(儉) jiǎn ㄐㄧㄢˇ 节省，不浪费：～朴|勤～|省吃～用。

捡(撿) jiǎn ㄐㄧㄢˇ 拾取：～柴|把笔～起来|～了一张画片。

检(檢) jiǎn ㄐㄧㄢˇ 查(㊀一查)：～字|～验|～阅|～察|～讨。[检点]1.仔细检查。2.注意约束(言行)：失于～。[检举]告发坏人、坏事。

硷(鹼、*鹻) jiǎn ㄐㄧㄢˇ 旧同"碱"。

睑(瞼) jiǎn ㄐㄧㄢˇ 眼睑，眼皮。(图见573页"人的眼睛")

趼 jiǎn ㄐㄧㄢˇ (一子)同"茧"。

J

减（*減） jiǎn ㄐㄧㄢˇ ❶由全体中去掉一部分：～价｜三～二是一。❷降低程度，衰退：～肥｜～灾｜～色｜热情不～。

碱（*堿） jiǎn ㄐㄧㄢˇ ❶含有10个分子结晶水的碳酸钠，性滑，味涩。❷化学上称能在水溶液中电离而生成氢氧根的化合物。❸被碱质侵蚀：好好的罐子，怎么～了？｜那堵墙全～了。

剪 jiǎn ㄐㄧㄢˇ ❶（－子）剪刀，一种铰东西的用具。❷像剪子的器具：火～｜夹～。❸用剪子使东西断开：～断｜～开。［剪影］按人影或物体的轮廓剪成的图形。㊣事物的一部分或概况。❹除掉：～灭｜～除。

谫（譾、**譾） jiǎn ㄐㄧㄢˇ 浅薄：学识～陋。

翦 jiǎn ㄐㄧㄢˇ ❶同"剪"。❷姓。

锏（鐧） jiǎn ㄐㄧㄢˇ 古代的一种兵器，像鞭，四棱。

另见229页jiàn。

裥（襇） jiǎn ㄐㄧㄢˇ 衣服上打的褶子。

简（簡） jiǎn ㄐㄧㄢˇ ❶古时用来写字的竹片或木片。㊕书信：书～。❷简单，简化，跟"繁"相对：～写｜删繁就～｜精兵～政。［简直］副词，实在是，完全是：你若不提这件事，我～就忘了。❸简选，选择（人才）：～拔。

戬 jiǎn ㄐㄧㄢˇ ❶剪除，剪灭。❷福。

蹇 jiǎn ㄐㄧㄢˇ ❶跛，行走困难。❷迟钝，不顺利：～涩｜～滞｜命运多～。❸指驽马，也指驴。

謇 jiǎn ㄐㄧㄢˇ ❶口吃，言辞不顺畅。❷正直。

瀽 jiǎn ㄐㄧㄢˇ 泼（水），倾倒（液体）。

见（見） jiàn ㄐㄧㄢˋ ❶看到：眼～是实。㊀接触，遇到：这种病怕～风｜胶卷不能～光。❷看得出，显现出：病已～好｜～分晓｜～效。❸（文字等）出现在某处，可参考：～上｜～下｜～《史记·陈涉世家》。❹会见，会面：接～｜看望多年未～的老战友。❺对于事物的看法（㊥－识）：～地｜远～｜固执己～。❻助词。1.用在动词前面表示被动：～笑｜～疑。2.用在动词前面表示对说话人怎么样：～

谅|～告|～教。❼用在“听”、“看”、“闻”等动词后，表示结果：看～|听不～。❽姓。

另见538页xiàn。

舰（艦）jiàn ㄐㄧㄢˋ 军舰，战船：～队|巡洋～。

件 jiàn ㄐㄧㄢˋ ❶量词，用于个体事物：一～事|两～衣服。❷（一儿）指可以一一计算的事物：零～儿。❸指文书等：文～|来～。

𡍐 jiàn ㄐㄧㄢˋ ❶斜着支撑：打～拨正（房屋倾斜，用柱子支起弄正）。❷用土石挡水。

间（間、*閒）jiàn ㄐㄧㄢˋ ❶（一儿）空隙：当～儿。㊁嫌隙，隔阂：亲密无～。❷不连接，隔开：～断|～隔|黑白相～|晴～多云。[间或]副词，偶尔：他～也来一两次。[间接]通过第三者发生关系的，跟“直接”相对：～经验。❸挑拨使人不和：离～|反～计。

另见226页jiān。

“閒”另见226页jiān“间”；537页xián“闲”。

涧（澗）jiàn ㄐㄧㄢˋ 夹在两山间的水沟。

锏（鐧）jiàn ㄐㄧㄢˋ 嵌在车轴上的铁条，可以保护车轴并减少摩擦力。

另见228页jiǎn。

谫（譾）jiàn ㄐㄧㄢˋ [谫谫] 1. 能言善辩：～之辞。2. 浅薄：～俗子。

饯（餞）jiàn ㄐㄧㄢˋ ❶饯行，饯别，设酒食送行。❷用蜜或糖浸渍（果品）：蜜～。

贱（賤）jiàn ㄐㄧㄢˋ ❶价钱低，跟“贵”相对：这布真～。❷指地位卑下，跟“贵”相对（㊀卑一）：贫～。谦辞，称有关自己的事物：～姓|～恙。❸卑鄙：下～。

践（踐）jiàn ㄐㄧㄢˋ ❶踩，踏（㊀一踏）。❷履行，实行：～约|～言|实～。

溅（濺）jiàn ㄐㄧㄢˋ 液体受冲激向四外飞射：～了一脸水|水花四～。

另见225页jiān。

建 jiàn ㄐㄧㄢˋ 立，设立，成立（㊀一立）：八一～军节|～都|～筑|～设。[建议]向有关方面提出建设性的意见。

健 jiàn ㄐㄧㄢˋ ❶强壮，身体好（㊀一康、强一）：～儿|～步|保～。[健全]1.（身体）健康而无缺陷。2.（组织、制度等）完备无缺欠或使完备：制

度很～|～组织。❷善于：～谈。[健忘]容易忘，记忆力不强。

楗 jiàn ㄐㄧㄢˋ 竖插在门闩上使门拨不开的木棍。

毽 jiàn ㄐㄧㄢˋ（一子、一儿）一种用脚踢的玩具，多用布等把铜钱或金属片包扎好，装上鸡毛做成。

腱 jiàn ㄐㄧㄢˋ 肌腱，连接肌肉和骨骼的一种组织，白色，质地坚韧。

键（鍵） jiàn ㄐㄧㄢˋ ❶即辖，车轴头上穿着的铁棍，可使轮不脱落。❷机器上钢制的长方形零件，用来连接并固定轴和齿轮等。❸插在门上关锁门户的金属棍子。[关键]喻事物的紧要部分，对于情势有决定作用的部分。❹某些乐器或机器上使用时按动的部分：～盘。

J

踺 jiàn ㄐㄧㄢˋ 踺子（一zi），体操运动等的一种翻身动作。

荐（薦） jiàn ㄐㄧㄢˋ ❶推举，介绍（连举一、推一）：～人|毛遂自～。❷草。又指草席。

剑（劍、*劒） jiàn ㄐㄧㄢˋ 古代的一种兵器，长条形，两面有刃，安有短柄。

监（監） jiàn ㄐㄧㄢˋ ❶帝王时代的官名或官府名：太～|国子～|钦天～（掌管天文历法的官府）。❷姓。

另见226页jiān。

槛（檻） jiàn ㄐㄧㄢˋ ❶栏杆。❷圈（juān）兽类的栅栏。

另见264页kǎn。

鉴（鑒、*鑑、*鍳） jiàn ㄐㄧㄢˋ ❶镜子。引可以作为警戒或引为教训的事：前车之覆，后车之～|引以为～。[鉴戒]可以使人警惕的事情。❷照：光可～人。❸观看，审察：～定|～赏|～别|某某先生台～（书信用语）。[鉴于]看到，觉察到：～旧的工作方法不能适应需要，于是创造了新的工作方法。

渐（漸） jiàn ㄐㄧㄢˋ 副词，慢慢地，一点一点地（叠）：循序～进|～入佳境|他的病～～好了。

另见226页jiān。

谏（諫） jiàn ㄐㄧㄢˋ 旧时称规劝君主、尊长，使改正错误。

僭 jiàn ㄐㄧㄢˋ 超越本分，古时指地位在下的冒用在上的名义或礼仪、器物等：～越。

箭 jiàn ㄐㄧㄢˋ ❶用弓发射到远处的兵器，箭杆前端装有金属尖头。❷形状或功能像箭的东西：令～｜火～。

JIANG ㄐㄧㄤ

江 jiāng ㄐㄧㄤ ❶大河的通称：黑龙～｜珠～｜雅鲁藏布～。❷专指长江，我国最大的河流，发源于青海省，流入东海。

茳 jiāng ㄐㄧㄤ ［茳芏］（－dù）草本植物，茎三棱形，可用来编席。

豇 jiāng ㄐㄧㄤ ［豇豆］草本植物，果实为长荚，嫩荚和种子都可用作蔬菜。

将（將） jiāng ㄐㄧㄤ ❶副词，将要，快要：天～明｜后日～返京。❷介词，把：～革命进行到底。❸下象棋时攻击对方的“将”或“帅”：～军（也比喻使人为难）。❹用言语刺激：别把他～急了。❺带，领，扶助：～雏｜扶～。❻保养：～养｜～息。❼〈方〉兽类生子：～驹｜～小猪。❽助词，用在动词和“出来”、“起来”、“上去”等的中间：走～出来｜叫～起来｜赶～上去。❾姓。

［将就］（－jiu）勉强适应，凑合：～着用。

另见 232 页 jiàng。

浆（漿） jiāng ㄐㄧㄤ ❶比较浓的液体：纸～｜豆～｜泥～。❷用米汤或粉浆等浸润纱、布、衣服等，使干后发硬变挺：～衣裳。

另见 232 页 jiàng。

鳉（鱂） jiāng ㄐㄧㄤ 鱼名，头扁平，腹部突出，口小。生活在淡水中。

姜（❶薑） jiāng ㄐㄧㄤ ❶草本植物，地下茎黄色，味辣，可供调味用，也可入药。❷姓。

僵（❶*殭） jiāng ㄐㄧㄤ ❶直挺挺，不灵活：～尸｜～硬｜手冻～了。❷双方相持不下，两种意见不能调和：闹～了｜～局｜～持不下。

缰（繮、*韁） jiāng ㄐㄧㄤ 缰绳，拴牲口的绳子：信马由～。

礓 jiāng ㄐㄧㄤ ［砂礓］同“砂姜”，沙土中的不规则石灰质硬块，可用作建筑材料。

［礓䃰儿］（－cār）台阶。

疆 jiāng ㄐㄧㄤ 边界，疆界：～土｜～域｜边～。㊀界限：万寿无～。［疆场］（－

chǎng)战场。[疆埸](—yì)边界。

讲(講) jiǎng ㄐㄧㄤˇ ❶说，谈：~话|他对你~了没有？❷解释(㊀—解)：~书|这个字有三种~法。❸谋求，顾到：~卫生。[讲究](—jiu)1. 讲求，注重：~质量。2. 精美：这房子盖得真~。3.(—儿)一定的方法或道理，惯例：写春联有写春联的~儿。❹商量：~价儿。

奖(獎、*奬) jiǎng ㄐㄧㄤˇ ❶奖励，夸奖(㊀褒—)：~状|~金|~给他一万元。❷为了鼓励或表扬而给予的荣誉或财物等：得~|发~。❸指彩金：~券|中~。

桨(槳) jiǎng ㄐㄧㄤˇ 划船的用具。常装置在船的两旁。

蒋(蔣) jiǎng ㄐㄧㄤˇ 姓。

耩 jiǎng ㄐㄧㄤˇ 用耧播种(zhòng)：~地|~棉花。

膙 jiǎng ㄐㄧㄤˇ (—子)茧子。

匠 jiàng ㄐㄧㄤˋ ❶有专门手艺的人：木~|瓦~|能工巧~。❷灵巧，巧妙：~心。❸指在某方面有很深造诣的人：文学巨~。

降 jiàng ㄐㄧㄤˋ ❶下落，落下(㊀—落)：~雨|温度下~|~落伞。❷使下落：~级|~格|~低物价。❸姓。

另见541页xiáng。

洚 jiàng ㄐㄧㄤˋ 大水泛滥：~水(洪水)。

绛(絳) jiàng ㄐㄧㄤˋ 深红色。

虹 jiàng ㄐㄧㄤˋ 义同“虹”(hóng)，限于单用。

另见190页hóng。

将(將) jiàng ㄐㄧㄤˋ ❶军衔名，在校级之上。[将领]高级军官。❷统率指挥：~兵。

另见231页jiāng。

浆(漿) jiàng ㄐㄧㄤˋ [浆糊](—hu)同“糨糊”。[浆子](—zi)同“糨子”。

另见231页jiāng。

酱(醬) jiàng ㄐㄧㄤˋ ❶用发酵后的豆、麦等做成的一种调味品，有黄酱、甜面酱、豆瓣酱等。❷用酱或酱油腌制：把萝卜~一~。❸像酱的糊状食品：芝麻~|果~|虾~。

弶 jiàng ㄐㄧㄤˋ ❶一种捕捉鸟兽的工具。❷用弶捕捉

强（*強、*彊） jiàng ㄐㄧㄤˋ ❶强(qiáng)硬不屈：倔～。❷固执己见，不服劝导：你别～嘴。

另见404页qiáng；405页qiǎng。

犟（**勥） jiàng ㄐㄧㄤˋ 同"强"(jiàng)。

糨（**粻） jiàng ㄐㄧㄤˋ 稠，浓：粥太～了。[糨糊](—hu)[糨子](—zi)用面等做成的可以粘贴东西的糊状物品。

JIAO ㄐㄧㄠ

艽 jiāo ㄐㄧㄠ [秦艽]草本植物，叶阔而长，花紫色。根可入药。

交 jiāo ㄐㄧㄠ ❶付托，付给：这事～给我办|货已经～齐了。[交代]1.把经手的事务移交给接替的人：～工作。2.把事情或意见向有关的人说明：把事情～清楚。❷相连，接合：～界|目不～睫(jié)|～叉。㊀相交处：春夏之～。❸互相来往联系：结～|～朋友|～流|～际|～涉|～换|～易|打～道。❹交情，友谊：我和他没有深～|一面之～。❺一齐，同时：风雨～加|饥寒～迫。❻同"跤"(jiāo)。

郊 jiāo ㄐㄧㄠ 城外：西～|近～|市～|～游。

茭 jiāo ㄐㄧㄠ [茭白]菰经黑粉菌寄生后膨大的嫩茎，可用作蔬菜。

峧 jiāo ㄐㄧㄠ 用于地名：～头(在浙江省舟山市)。

姣 jiāo ㄐㄧㄠ 形容相貌美：～好。

胶（膠） jiāo ㄐㄧㄠ ❶黏性物质，有用动物的皮、角等熬制成的，也有植物分泌的或人工合成的：鹿角～|鳔(biào)～|桃～|万能～。❷指橡胶：～鞋|～皮。❸有黏性、像胶的：～泥。❹黏着，黏合：～着状态|～柱鼓瑟(喻拘泥不知变通)。

䴔（鵁） jiāo ㄐㄧㄠ [䴔䴖](—jīng)古书上说的一种水鸟，腿长，头上有红毛冠。

蛟 jiāo ㄐㄧㄠ 蛟龙，古代传说中能发洪水的一种龙。

跤 jiāo ㄐㄧㄠ 跟头(tou)：跌了一～|摔～。

鲛（鮫） jiāo ㄐㄧㄠ 鲨鱼。见436页"鲨"(shā)。

浇（澆） jiāo ㄐㄧㄠ ❶灌溉：～地。❷淋：

～了一身水。❸把液汁倒入模型：～版｜～铸。❹刻薄（㊀一薄）。

娇（嬌） jiāo ㄐㄧㄠ ❶美好可爱：～娆｜～小。❷爱怜过甚：～生惯养｜小孩子别太～了。❸脆弱，不坚强：～气。

骄（驕） jiāo ㄐㄧㄠ ❶自满，自高自大：戒～戒躁｜～兵必败。［骄傲］1.自高自大，看不起别人：～自满是一定要失败的。2.自豪：我们为祖国的成就而～｜光荣的历史传统是值得我们～的。❷猛烈：～阳似火。

教 jiāo ㄐㄧㄠ 传授：～书｜我～历史｜我～给你做。

另见236页jiào。

椒 jiāo ㄐㄧㄠ 植物名。1.花椒，落叶灌木，枝上有刺，果实红色，种子黑色，可供药用或调味。2.胡椒，常绿灌木，种子味辛香，可供药用或调味。3.番椒，辣椒，秦椒，草本植物，花白色，有的果实味辣，可用作蔬菜，又可供调味用。

焦 jiāo ㄐㄧㄠ ❶火候过大或火力过猛，使东西烧成炭样：饭烧～了｜衣服烧～了｜～头烂额（形容十分狼狈）。❷焦炭：煤～｜炼～。❸酥，脆：麻花炸得真～。❹着急，烦躁（㊀一躁）：心～｜～急｜～灼。❺能量、功、热等单位名焦耳的简称，符号J。

僬 jiāo ㄐㄧㄠ ［僬侥］（一yáo）古代传说中的矮人。

蕉 jiāo ㄐㄧㄠ 植物名。1.香蕉，又叫甘蕉，形状像芭蕉，果实长形，稍弯，果肉软而甜。2.见7页“芭”字条“芭蕉”（bā一）。

燋 jiāo ㄐㄧㄠ 〈古〉用来点火的引火物。

礁 jiāo ㄐㄧㄠ 海洋或河湖里接近水面的岩石：暗～。

鹪（鷦） jiāo ㄐㄧㄠ ［鹪鹩］（一liáo）鸟名，又叫巧妇鸟，身体小，头部浅棕色，有黄色眉纹，尾短。做的窝很精巧。

矫（矯） jiáo ㄐㄧㄠˊ ［矫情］（一qing）〈方〉指强词夺理：瞎～。

另见235页jiǎo。

嚼 jiáo ㄐㄧㄠˊ 用牙齿磨碎食物。［嚼舌］信口胡说，搬弄是非。

另见237页jiào；260页jué。

角 jiǎo ㄐㄧㄠˇ ❶牛、羊、鹿等头上长出的坚硬的东西。❷形状像角的东西：菱

～|皂～。❸几何学上指自一点引两条射线所成的形状：直～|锐～。❹(一儿)物体边沿相接的地方：桌子～儿|墙～儿。❺突入海中的尖形的陆地。多用于地名：成山～(在山东省荣成)。❻星宿名，二十八宿之一。❼货币单位，一圆钱的十分之一。❽量词。从整块划分成角形的：一～饼。

另见258页jué。

侥(僥、*儌) jiǎo ㄐㄧㄠˇ [侥幸](*儌倖)由于偶然的原因获得利益或免去不幸：～心理|～赢了一个球。

另见578页yáo。

佼 jiǎo ㄐㄧㄠˇ 美好。[佼佼]胜过一般的：～者。

狡 jiǎo ㄐㄧㄠˇ 狡猾，诡诈：奸～|～辩。

饺(餃) jiǎo ㄐㄧㄠˇ (一子、一儿)包成半圆形的有馅的面食。

恔 jiǎo ㄐㄧㄠˇ 聪慧。

另见545页xiào。

绞(絞) jiǎo ㄐㄧㄠˇ ❶拧，扭紧：～干毛巾。❷用绳子把人勒死：～刑|～索。❸量词，用于纱、毛线等：一～毛线。

铰(鉸) jiǎo ㄐㄧㄠˇ ❶用剪刀剪：把绳子～开。❷机械工业上的一种切削法，使工件上原有的孔提高精度：～孔|～刀。

皎 jiǎo ㄐㄧㄠˇ 洁白明亮(叠)：～～白驹|～洁的月亮。

挢(撟) jiǎo ㄐㄧㄠˇ ❶举，翘：舌～不下(形容惊讶得说不出话来)。❷纠正：～邪防非。

矫(矯) jiǎo ㄐㄧㄠˇ ❶纠正，把弯曲的弄直：～正|～枉过正|～揉造作(喻故意做作)。[矫情]故意违反常情，表示与众不同。❷假托：～命。❸强健，勇武(㊀一健)：～捷。❹古同"挢"。

另见234页jiáo。

脚(*腳) jiǎo ㄐㄧㄠˇ ❶人和某些动物身体最下部接触地面的部分。(图见491页"人体")❷最下部：山～|墙～。

另见259页jué。

搅(攪) jiǎo ㄐㄧㄠˇ ❶扰乱(㊀一扰)：～乱|打～|不要胡～。❷拌：把锅～一～|～匀了。

湫 jiǎo ㄐㄧㄠˇ 低洼。[湫隘]低湿狭小。

另见414页qiū。

敫 jiǎo ㄐㄧㄠˇ 姓。

儌 jiǎo ㄐㄧㄠˇ [儌倖]旧同"侥幸"。

另见 237 页 jiào。

缴(繳) jiǎo ㄐㄧㄠˇ ❶交纳,交出(多指履行义务或被迫):~税|~枪投降。❷迫使交出:~了敌人的械。

另见 667 页 zhuó。

璬 jiǎo ㄐㄧㄠˇ 古书上说的一种玉佩。

皦 jiǎo ㄐㄧㄠˇ ❶纯白,明亮。❷清白,清晰。

剿(*勦、*剿) jiǎo ㄐㄧㄠˇ 讨伐,消灭:~匪|围~。

另见 54 页 chāo。

叫(*呌) jiào ㄐㄧㄠˋ ❶呼喊(㊀—喊):大~一声。❷动物发出声音:鸡~。❸称呼,称为:他~什么名字?|这~宇宙飞船。❹召唤:~他明天来|请你把他~来。❺使,令,让:这件事应该~他知道|~人不容易懂。❻介词,被(后面必须说出主动者):敌人~我们打得落花流水。

峤(嶠) jiào ㄐㄧㄠˋ 山道。

另见 406 页 qiáo。

轿(轎) jiào ㄐㄧㄠˋ (—子)旧式交通工具,由人抬着走。

觉(覺) jiào ㄐㄧㄠˋ 睡眠。

另见 259 页 jué。

校 jiào ㄐㄧㄠˋ ❶比较:~场(旧时演习武术的地方)。❷订正:~订|~稿子。

另见 545 页 xiào。

较(較) jiào ㄐㄧㄠˋ ❶比(㊀比—):~量|两者相~,截然不同|斤斤计~。㊁副词,表示对比着显得更进一层:中国应当对于人类有~大的贡献|成绩~好。❷明显:彰明~著|两者~然不同。

教 jiào ㄐㄧㄠˋ ❶指导,教诲(㊀—导):~育|施~|受~|指~。❷使,令,让:风能~船走|~人为难。❸宗教:佛~|道~|~会。❹姓。

另见 234 页 jiāo。

滘 jiào ㄐㄧㄠˋ 同"窖"。[东滘]地名,在广东省广州。

酵 jiào ㄐㄧㄠˋ 发酵,有机物由于某些真菌或酶而分解。能使有机物发酵的真菌叫酵母菌。

窖 jiào ㄐㄧㄠˋ ❶收藏东西的地洞:地~|白菜~。❷把东西藏在窖里:~萝卜。

滘 jiào ㄐㄧㄠˋ 〈方〉分支的河道。多用于地名:双～(在广东省阳春)|沙～(在广东省顺德)。

斠 jiào ㄐㄧㄠˋ ❶古时平斗斛的器具。❷校订。

噍 jiào ㄐㄧㄠˋ 嚼,吃东西。[倒噍](dǎo—)同"倒嚼"。参看237页"嚼"(jiào)。

醮 jiào ㄐㄧㄠˋ ❶古代婚娶时用酒祭神的礼:再～(再嫁)。❷道士设坛祭神:打～。

徼 jiào ㄐㄧㄠˋ ❶边界。❷巡察。另见236页jiǎo。

藠 jiào ㄐㄧㄠˋ (—子、—头)就是薤(xiè)。

嚼 jiào ㄐㄧㄠˋ [倒嚼](dǎo—)反刍。

另见234页jiáo;260页jué。

爝 jiào ㄐㄧㄠˋ (又)见260页jué。

皭 jiào ㄐㄧㄠˋ 洁白,干净。

JIE ㄐㄧㄝ

节(節) jiē ㄐㄧㄝ [节骨眼儿](—gu—)〈方〉喻紧要的、能起决定作用的环节或时机。

另见238页jié。

疖(癤) jiē ㄐㄧㄝ (—子)小疮。

阶(階、*堦) jiē ㄐㄧㄝ 台阶,建筑物中为了便于上下,用砖、石等砌成的、分层的东西:～梯。(图见128页"房屋的构造")㊀1.等级:军～|～级|～层。2.事物发展的段落:～段。

皆 jiē ㄐㄧㄝ 副词,全,都:～大欢喜|人人～知。

喈 jiē ㄐㄧㄝ (叠)1.形容敲击钟、铃等的声音:钟鼓～～。2.形容鸟鸣声:鸡鸣～～。

湝 jiē ㄐㄧㄝ (叠)形容水流动的样子:淮水～～。

楷 jiē ㄐㄧㄝ 楷树,落叶乔木,又叫黄连木,果实长圆形,红色,种子可榨油。木材黄色,可用来制器具。

另见263页kǎi。

结(結) jiē ㄐㄧㄝ 植物长(zhǎng)(果实):树上～了许多苹果。[结实]1.植物长(zhǎng)果实:开花～。2.(—shi)坚固耐用:这双鞋很～。3.(—shi)健壮:他的身体很～。

另见239页jié。

秸(*稭) jiē ㄐㄧㄝ 农作物去穗或脱粒

后剩下的茎：麦～｜秫～｜豆～。

接 jiē ㄐㄧㄝ ❶连接：～电线｜～纱头。❷继续，连续：～着往下讲。❸接替：谁～你的班？❹接触，挨近：～洽｜交头～耳。❺收，取：～到一封信｜～受｜～纳。❻迎：～待｜到车站～人。❼托住，承受：～球｜把包～住。

痎 jiē ㄐㄧㄝ 古书上说的一种疟疾。

揭 jiē ㄐㄧㄝ ❶把盖在上面的东西拿起或把黏合着的东西分开：～锅盖｜把这张膏药～下来。❷使隐瞒的事物显露：～短｜～发｜～露｜～穿阴谋。❸高举：～竿而起（指民众起义）。

嗟 jiē ㄐㄧㄝ 文言叹词：～，来食！｜～叹｜～乎。

街 jiē ㄐㄧㄝ 两边有房屋的比较宽阔的道路。通常指开设商店的地方。［街坊］（－fang）邻居。

孑 jié ㄐㄧㄝˊ 单独，孤单：～立｜～然一身。

节（節） jié ㄐㄧㄝˊ ❶（－儿）植物学上称茎上长叶的部位。❷（－儿）物体的分段或两段之间连接的地方：骨～｜两～火车。❸段落：季～｜时～｜～气｜章～。❹节日，纪念日或庆祝的日子：春～｜清明～｜端午～｜中秋～｜国庆～。❺礼度：礼～。❻音调高低缓急的限度：～奏｜～拍。❼省减，限制（㊂－省、－约）：～制｜开源～流｜～衣缩食。㊀扼要摘取：～录｜～译。❽操守（㊂－操）：保持晚～｜守～（封建礼教称夫死不再嫁人）。❾事项：情～｜细～。❿古代出使外国所持的凭证。［使节］派到外国的外交官员。⓫航海速度单位，符号 kn，每小时航行 1 海里为 1 节。

另见 237 页 jiē。

讦（訐） jié ㄐㄧㄝˊ 揭发别人的阴私：攻～。

劫（*刧、*刦、*刼） jié ㄐㄧㄝˊ ❶强取，掠夺（㊂抢－）：趁火打～。❷威逼，胁迫：～持。❸灾难：浩～｜～数。

蜐 jié ㄐㄧㄝˊ ［石蜐］甲壳动物，即龟足，外形像龟的脚，有石灰质的壳。生活在海边的岩石缝里。

岊 jié ㄐㄧㄝˊ ❶山的转弯处。❷用于地名：白～（在陕西省神木）。

劼 jié ㄐㄧㄝˊ ❶坚固。❷谨慎。❸勤勉。

诘（詰） jié ㄐㄧㄝˊ 追问：反～｜盘～。

另见215页jí。

拮 jié ㄐㄧㄝˊ ［拮据］（－jū）经济境况不好，困窘。

洁（潔） jié ㄐㄧㄝˊ 干净（㊀－净）：街道清～｜～白。㊖清白，不贪污：贞～｜廉～。

结（結） jié ㄐㄧㄝˊ ❶系（jì），绾（wǎn）：～网｜～绳｜张灯～彩。［结构］1.各组成部分的搭配和排列：文章的～。2.建筑上指承重的部分：钢筋混凝土～。❷（－子）用绳、线或布条等绾成的扣：打～｜活～。❸聚，合。1.凝聚：～冰｜～晶。2.联合，发生关系：～婚｜～交｜集会～社。❹结束，完了（liǎo）：～账｜～局｜～论。❺一种保证负责的字据：具～。

另见237页jiē。

桔 jié ㄐㄧㄝˊ ❶［桔梗］（－gěng）草本植物，花紫色，根可入药。❷［桔槔］（－gāo）一种利用杠杆原理汲水的工具。

另见254页jú。

袺 jié ㄐㄧㄝˊ 用衣襟兜东西。

颉（頡） jié ㄐㄧㄝˊ ［仓颉］上古人名，传说是黄帝的史官，汉字的创造者。

另见547页xié。

鲒（鮚） jié ㄐㄧㄝˊ 古书上说的一种蚌。

杰（*傑） jié ㄐㄧㄝˊ ❶才能出众的人（㊀俊－）：英～｜豪～。❷特异的，超过一般的：～作｜～出。

桀 jié ㄐㄧㄝˊ ❶凶暴。❷古人名，夏朝末代的君主，相传是暴君。❸古代指鸡栖的小木桩。❹古同"杰（傑）"。

洯 jié ㄐㄧㄝˊ 同"洁"。多用于人名。

絜 jié ㄐㄧㄝˊ ❶〈古〉同"洁"。❷姓。

另见547页xié。

捷（*捷） jié ㄐㄧㄝˊ ❶战胜：我军大～｜～报。❷快，速（㊀敏－）：快～｜～径（近路）｜～足先登（行动敏捷，先达到目的）。

寁 jié ㄐㄧㄝˊ （又）见621页zǎn。

婕 jié ㄐㄧㄝˊ ［婕妤］（－yú）汉代宫中女官名。

睫 jié ㄐㄧㄝˊ 睫毛，眼睑边缘上生的细毛：目不交～。

(图见 573 页"人的眼睛")

偈 jié ㄐㄧㄝˊ ❶勇武。❷跑得快。

另见 220 页 jì。

楬 jié ㄐㄧㄝˊ 用作标志的小木桩。

碣 jié ㄐㄧㄝˊ 圆顶的石碑:～石|残碑断～。

竭 jié ㄐㄧㄝˊ 尽,用尽:～力|～诚|声嘶力～|取之不尽,用之不～。

羯 jié ㄐㄧㄝˊ ❶公羊,特指阉割过的。❷我国古代北方的民族。

截 jié ㄐㄧㄝˊ ❶割断,弄断:～开这根木料|～长补短。[截然]副词,分明地,显然地:～不同。❷(一子、一儿)量词,段:上半～儿|一～儿木头|一～路。❸阻拦:～住他。[截止]到期停止:～报名|到月底～。

J

姐 jiě ㄐㄧㄝˇ ❶称同父母比自己年纪大的女子(叠)。❷对比自己年纪大的同辈女性的称呼:表～|刘～。

解(＊＊觧) jiě ㄐㄧㄝˇ ❶剖开,分开(㊥分一):～剖|难～难分|瓦～。❷把束缚着、系(jì)着的东西打开:～扣|～衣服。[解放]1.推翻反动政权,使广大人民群众脱离压迫,获得自由。2.解除束缚,得到自由或发展:～生产力。❸除去。1.消除:～恨|～渴。2.废除,停止:～职|～约。❹讲明白,分析说明(㊥一释、注一):～答|～劝。❺懂,明白:令人不～|通俗易～。❻代数方程中未知数的值。❼演算:～方程。❽解手儿,大小便:大～|小～。

另见 241 页 jiè;549 页 xiè。

檞 jiě ㄐㄧㄝˇ 檞树,一种木质像松的树。

介 jiè ㄐㄧㄝˋ ❶在两者中间:～乎两者之间|～绍|媒～|中～。[介词]用在名词、代词或名词性词组前,合起来表示对象、方向等的词,如"从、向、在、以、对于"等。❷放在心里:～意|～怀。❸正直:耿～。❹甲。1.古代军人穿的护身衣服:～胄在身。2.动物身上的甲壳:～虫。❺量词,个(用于人,多表示微贱,只与数词"一"搭配):一～书生。❻旧戏曲脚本里指示演员的动作、表情时的用语:打～|饮酒～。

价 jiè ㄐㄧㄝˋ 旧时称被派遣传送东西或传达事情的人。

另见 224 页 jià;242 页 jie。

芥 jiè ㄐㄧㄝˋ 芥菜，草本植物，花黄色，茎叶和块根可以吃。种子味辛辣，研成细末叫芥末，可供调味用。

另见146页gài。

玠 jiè ㄐㄧㄝˋ 古代的一种礼器，即大圭。

界 jiè ㄐㄧㄝˋ ❶相交的地方：～碑｜边～｜国～｜省～。❷范围：眼～｜管～。特指按职业或性别等所划的范围：教育～｜科学～｜妇女～。❸生物分类中的最高一级单位，其下为“门”：动物～｜植物～。❹地层系统分类的第二级，在“宇”之下、“系”（xì）之上，是在地质年代“代”的时期内形成的地层：古生～｜中生～｜新生～。

疥 jiè ㄐㄧㄝˋ 疥疮，皮肤病，因疥虫寄生而引起，非常刺痒。

蚧 jiè ㄐㄧㄝˋ 见153页“蛤”字条“蛤蚧”（gé—）。

骱 jiè ㄐㄧㄝˋ 骨节与骨节衔接的地方：脱～（脱臼）。

戒 jiè ㄐㄧㄝˋ ❶防备：～心｜～备。［戒严］非常时期在全国或一地所采取的增设警戒、限制交通等措施。❷警惕着不要做或不要犯：～骄～躁。❸革除嗜好：～酒｜把烟～了。❹佛教约束教徒的条规：五～｜清规～律。

诫（誡） jiè ㄐㄧㄝˋ 警告，劝人警惕：告～｜训～｜劝～。

悈 jiè ㄐㄧㄝˋ 警戒，警惕。

届（*屆） jiè ㄐㄧㄝˋ ❶到：～时｜～期。❷量词，次，期：第一～｜上～｜应（yīng）～｜本～。

借（❸❹△藉） jiè ㄐㄧㄝˋ ❶暂时使用别人的财物等：～钱｜～车｜～用。［借光］请人让路或问事的客气话。❷暂时把财物等给别人使用：～给他几块钱。❸假托：～端｜～故｜～口｜～题发挥。❹凭借，依靠：～助。

“藉”另见217页jí；241页jiè。

唶 jiè ㄐㄧㄝˋ 赞叹。

藉 jiè ㄐㄧㄝˋ ❶垫在下面的东西。❷垫衬：枕～。❸见241页“借”。

另见217页jí。

解（**觧） jiè ㄐㄧㄝˋ 指押送财物或犯人：～款｜起～。

另见240页jiě；549页xiè。

犗 jiè ㄐㄧㄝˋ 阉割过的牛。

褯 jiè ㄐㄧㄝˋ（一子）尿布。

价（價） jie ·ㄐㄧㄝ 助词：震天～响｜成天～闹。

另见 224 页 jià；240 页 jiè。

家 jie ·ㄐㄧㄝ 助词：整天～｜成年～。

另见 222 页 jiā。

JIN ㄐㄧㄣ

巾 jīn ㄐㄧㄣ 擦东西或包裹、覆盖东西用的纺织品：手～｜头～。

斤（❶*觔） jīn ㄐㄧㄣ ❶市制重量单位，1 斤是 10 两（旧制 16 两），合 0.5千克。❷古代砍伐树木的工具：斧～。

［斤斤］过分看重微小的利害：～计较。

钅斤（釿） jīn ㄐㄧㄣ ❶古同"斤❷"。❷古代金属重量单位，也是货币单位。

今 jīn ㄐㄧㄣ ❶现在，现代，跟"古"相对：～昔｜博古通～。❷当前：～天｜～年。

衿 jīn ㄐㄧㄣ ❶襟：青～（旧时念书人穿的衣服）。❷系（jì）上衣襟的带子。

矜 jīn ㄐㄧㄣ ❶怜悯，怜惜。❷自尊自大，自夸：自～其功。❸慎重，拘谨：～持。

另见 169 页 guān；409 页 qín。

金 jīn ㄐㄧㄣ ❶金属元素，通称金子，符号 Au，黄赤色，质软，是贵重的金属。㊗尊贵，珍贵：～榜｜～玉良言｜～科玉律。❷金属，指金、银、铜、铁等，具有光泽和延展性，容易传热和导电：五～｜合～。❸钱：现～｜奖～｜基～。❹像金子的颜色：～发碧眼。❺朝代名，女真族完颜阿骨打所建立（公元 1115—1234 年）。

津 jīn ㄐㄧㄣ ❶渡口，过江河的地方：问～（打听渡口，泛指探问）。［津梁］桥。㊗做引导用的事物。❷口液，唾液：～液。［津津］形容有滋味，有趣味：～有味｜～乐道。❸滋润。［津贴］1. 用财物补助。2. 正式工资以外的补助费，也指供给制人员的生活零用钱。❹指天津。

琎 jīn ㄐㄧㄣ 一种玉。

筋（*觔） jīn ㄐㄧㄣ ❶肌肉的旧称：～骨。❷俗称皮下可以看见的静脉血管：青～。❸俗称肌腱

或骨头上的韧带：扭了～|牛蹄～。❹像筋的东西：钢～|橡皮～儿。

禁 jīn ㄐㄧㄣ ❶禁受，受得住，耐(用)：～得起考验|这种布～穿。❷忍耐：他不～(忍不住)笑起来。

另见 245 页 jìn。

襟 jīn ㄐㄧㄣ 衣服胸前或背后的部分：大～|小～|底～|对～|后～。(图见 583 页“上衣”)[襟怀]胸怀：～坦荡。

仅(僅) jǐn ㄐㄧㄣˇ 副词，只(叠)：小水电站～～三个月就建成了|～写过两篇短文|这些意见～供参考。

另见 244 页 jìn。

尽(儘) jǐn ㄐㄧㄣˇ ❶极，最：～底下|～里头|～先录用。❷有多少用多少：～量|～着力气做。[尽管]1. 连词，纵然，即使：～他不接受这个意见，我还是要向他提。2. 只管，不必顾虑：有话～说吧！❸放在最先：座位先～着请来的客人坐|先～着旧衣服穿。

另见 244 页 jìn。

卺 jǐn ㄐㄧㄣˇ 瓢，古代结婚时用作酒器。[合卺]旧时夫妇成婚的一种仪式。

紧(緊、*緊、*緊) jǐn ㄐㄧㄣˇ ❶密切合拢，跟“松”相对：捆～。㉠靠得极近：～邻|～靠着。❷物体受到几方面的拉力以后所呈现的紧张状态：鼓面绷得非常～。[紧张]不松弛，不缓和：精神～|工作～。❸使紧：把弦～一～|～一～腰带。❹事情密切接连着，时间急促没有空隙：功课很～|抓～时间。㉠因时间短促而加快：～走|手～点儿就能多出活儿。❺形势严重或关系重要：～要|～急。❻生活不宽裕：日子过得很～。

堇 jǐn ㄐㄧㄣˇ ❶堇菜，草本植物，花白色，带紫色条纹，全草可入药。❷紫堇，草本植物，花紫色。全草味苦，可入药。

谨(謹) jǐn ㄐㄧㄣˇ ❶慎重，小心(㊀—慎)：～守规程。❷郑重，恭敬：～启|～向您表示祝贺。

馑(饉) jǐn ㄐㄧㄣˇ 荒年(㊀饥—)。

廑 jǐn ㄐㄧㄣˇ ❶古书上指小屋。❷旧同“仅”。

另见 410 页 qín“勤”。

瑾 jǐn ㄐㄧㄣˇ 美玉。

槿 jǐn ㄐㄧㄣˇ 木槿，落叶灌木，花有红、白、紫等颜色，茎

J

皮纤维可用来造纸，树皮和花可入药。

锦（錦）jǐn ㄐㄧㄣˇ ❶有彩色花纹的丝织品：～缎｜蜀～｜～上添花。❷鲜明美丽：～霞｜～鸡。

仅（僅）jìn ㄐㄧㄣˋ 将近，几乎（多见于唐人诗文）：山城～百层｜士卒～万人。

另见 243 页 jǐn。

尽（盡）jìn ㄐㄧㄣˋ ❶完毕：用～力气｜说不～的好处。㊀达到极端：～善～美｜～头。［自尽］自杀。❷全部用出：～心｜～力｜仁至义～。㊀竭力做到：～职。❸都，全：他说的～是些废话。

另见 243 页 jǐn。

荩（藎）jìn ㄐㄧㄣˋ ❶荩草，草本植物，茎很细，花灰绿色或带紫色。茎和叶可做黄色染料，纤维是造纸原料。❷忠诚：～臣。

浕（濜）jìn ㄐㄧㄣˋ 浕水，古水名，在湖北省枣阳。今称沙河。

赆（贐）jìn ㄐㄧㄣˋ 临别时赠的礼物：～仪。

烬（燼）jìn ㄐㄧㄣˋ 物体燃烧后剩下的东西（㊥灰－）：化为灰～｜烛～。

进（進）jìn ㄐㄧㄣˋ ❶向前移动，跟“退”相对：前～｜～军｜更～一层｜～一步提高产品质量。［进步］1.向前发展，比原来好：时代又～了。2.适合时代要求，对社会发展起促进作用的：思想很～。［进化］事物由简单到复杂、由低级到高级的发展过程。❷跟“出”相对。1.入，往里面去：～工厂｜～学校。2.收入或买入：～款｜～项｜～货。❸量词，用于旧式建筑房院前后的层次：这房子是两～院子。❹奉呈：～献｜～言。

琎（璡）jìn ㄐㄧㄣˋ 一种像玉的石头。

近 jìn ㄐㄧㄣˋ ❶跟“远”相对。1.距离短：～郊｜路很～｜天津离北京很～。2.现在以前不久的时间：～几天｜～来。❷亲密，关系密切：亲～｜～亲。❸接近，差别小，差不多：相～｜～似｜年～五十。❹浅近：言～旨远。

靳 jìn ㄐㄧㄣˋ 〈古〉吝惜，不肯给予。

妗 jìn ㄐㄧㄣˋ ❶舅母。❷（－子）妻兄、妻弟的妻子：大～子｜小～子。

劲（勁）jìn ㄐㄧㄣˋ （－儿）力气，力量：有多大

～使多大～。㊀1.效力，作用：酒～儿|药～。2.精神、情绪、兴趣等：干活儿起～|一股子～头儿|一个～儿地做|老玩儿这个真没～。3.指属性的程度：你瞧这块布这个白～儿|咸～儿|高兴～儿。

另见248页jìng。

晋（*晉）jìn ㄐㄧㄣˋ ❶进，向前：～见|～级。❷周代诸侯国名，在今山西省和河北省南部，河南省北部，陕西省东部。❸山西省的别称。❹朝代名。1.晋武帝司马炎所建立（公元265—420年）。2.五代之一，石敬瑭所建立（公元936—947年），史称后晋。

搢（**搢）jìn ㄐㄧㄣˋ 插。[搢绅]同“缙绅”。

溍 jìn ㄐㄧㄣˋ 古水名。

缙（縉、**縉）jìn ㄐㄧㄣˋ 浅红色的帛。[缙绅]古代称官僚或做过官的人。也作“搢绅”。

瑨 jìn ㄐㄧㄣˋ 一种像玉的石头。

浸 jìn ㄐㄧㄣˋ ❶泡，使渗透：～透|～入|把种子放在水里～一～。❷逐渐：～渐|交往～密。

祲 jìn ㄐㄧㄣˋ 古人指不祥之气。

禁 jìn ㄐㄧㄣˋ ❶不许，制止：～止|～赛|查～。❷法律或习惯上制止的事：入国问～|犯～。❸拘押：～闭|监～。❹旧时称皇帝居住的地方：～中|紫～城。㊀不能随便通行的（地方）：～地|～区。❺避忌：～忌。

另见243页jīn。

噤 jìn ㄐㄧㄣˋ 闭口，不作声：～若寒蝉。

墐 jìn ㄐㄧㄣˋ ❶用泥涂塞。❷同“殣❶”。

觐（覲）jìn ㄐㄧㄣˋ 朝见君主或朝拜圣地：～见|朝～。

殣 jìn ㄐㄧㄣˋ ❶掩埋。❷饿死。

JING ㄐㄧㄥ

茎（莖）jīng ㄐㄧㄥ ❶通常指植物的主干。能起支撑作用，又是养料和水分运输的通道。有些植物有地下茎，作用是储藏养料和进行无性繁殖。❷量词，用于长条形的东西：数～小草|数～白发。

泾(涇) jīng ㄐㄧㄥ 泾河，发源于宁夏回族自治区，流至陕西省入渭河。[泾渭分明]泾河水清，渭河水浊，两河汇流处清浊不混。喻两种事物界限清楚。

经(經) jīng ㄐㄧㄥ ❶经线，织布时拴在机器上的竖纱，编织物的纵线，跟"纬"相对。❷地理学上假定的沿地球表面连接南北两极并跟赤道垂直的线，从通过英国格林尼治天文台原址的经线起，以东称"东经"，以西称"西经"，各为180°。❸持久不变的，正常：～常｜不～之谈。㉑指义理，法则：离～叛道｜天～地义。❹尊为典范的著作或宗教的典籍：～典｜佛～｜圣～｜古兰～。❺治理，管理：～商｜～纪｜～营｜～理。[经济]1. 通常指一个国家的国民经济或国民经济的某一部门，例如工业、农业、商业、财政、金融等。2. 指经济基础，即一定历史时期的社会生产关系。它是政治和意识形态等上层建筑的基础。3. 指国家或个人的收支状况：～富裕。4. 耗费少而收益大：这样做不～。❻经受，禁(jīn)受：～风雨，见世面。❼经过，通过：途～上海｜～他一说我才明白｜久～考验。[经验]由实践得来的知识或技能。❽中医称人体内的脉络：～络。❾月经，妇女每月周期性子宫出血：～期｜停～。❿缢死：自～。

京 jīng ㄐㄧㄥ ❶京城，国家的首都。特指我国首都北京：～广铁路｜～剧。❷古代数目名，指一千万。

[京族]1. 我国少数民族，参看附表。2. 越南的主要民族。

猄 jīng ㄐㄧㄥ [黄猄]一种鹿，即黄麂，背部棕黄色。

惊(驚) jīng ㄐㄧㄥ ❶骡、马等因为害怕而狂奔起来不受控制：马～了。❷精神突然受到刺激而紧张或不安：受～｜吃～｜～喜｜处变不～｜～心动魄｜～慌。❸惊动：打草～蛇。

鲸(鯨) jīng ㄐㄧㄥ 哺乳动物，外形像鱼，胎生，用肺呼吸，俗叫鲸鱼，最大的长达30米，小的只1米左右。生活在海洋里。[鲸吞]吞并，常指强国对弱国的侵略行为。

麖 jīng ㄐㄧㄥ 古书上说的一种鹿，一说是水鹿。

荆 jīng ㄐㄧㄥ ❶落叶灌木，叶掌状分裂，花蓝紫色，枝条可用来编筐、篮等。古时用荆条做刑具：负～请罪（向人认错）。［荆棘］（－jí）泛指丛生多刺的灌木。㊟障碍和困难。❷春秋时楚国也称荆。

菁 jīng ㄐㄧㄥ （叠）草木茂盛。［菁华］最精美的部分。

腈 jīng ㄐㄧㄥ 有机化合物的一类，无色液体或固体，有特殊气味，遇酸或碱就分解。

睛 jīng ㄐㄧㄥ 眼球，眼珠：目不转～｜画龙点～。

鹊（鶄） jīng ㄐㄧㄥ 见 233 页"䴔"字条"䴔鹊"（jiāo－）。

精 jīng ㄐㄧㄥ ❶细密的：～制｜～选｜～打细算。❷聪明，思想周密：这孩子真～｜～明强干。❸精华，物质中最纯粹的部分，提炼出来的东西：麦～｜酒～｜炭～。［精神］1. 即主观世界，包括思想、作风等，是客观世界的反映：物质可以变成～，～可以变成物质。2. 内容实质：领会文件～。3.（－shen）指人表现出来的活力：振作～。❹完美，最好：～美｜～彩｜～装｜～益求～。❺精液，男子和雄性动物生殖腺分泌的含有精子的液体。❻专一，深入：博而不～｜～通｜他～于针灸。❼很，极：～湿｜～瘦｜～光。❽迷信的人以为多年老物变成的妖怪：妖～｜狐狸～。

鼱 jīng ㄐㄧㄥ 见 417 页"鼩"字条"鼩鼱"（qú－）。

旌 jīng ㄐㄧㄥ ❶古代用羽毛装饰的旗子。又指普通的旗子。❷表扬：～表。

晶 jīng ㄐㄧㄥ 形容光亮（叠）：～莹｜亮～～的。［晶体］原子、离子、分子按一定的空间位置排列而成，且具有规则外形的固体。［结晶］1. 由液体或气体变成许多有一定形状的小颗粒的现象。2. 晶体。㊟成果：这本著作是他多年研究的～。

粳（*秔、*稉） jīng ㄐㄧㄥ 粳稻，稻的一种，米粒短而粗。

兢 jīng ㄐㄧㄥ ［兢兢］小心，谨慎：战战～｜～业业。

井 jǐng ㄐㄧㄥˇ ❶从地面向下挖成的能取出水的深洞，洞壁多砌上砖石。❷形状跟井相像的物体：天～｜盐～｜矿～。❸整齐，有秩序（叠）：～～有条｜秩序～然。❹星宿名，二十八宿之一。

阱（*穽） jǐng ㄐㄧㄥˇ 陷阱，捕野兽用的陷坑。

汫 jǐng ㄐㄧㄥˇ 用于地名：～洲（在广东省饶平）。

肼 jǐng ㄐㄧㄥˇ 有机化合物，无色油状液体，有剧毒。可用来制药等。

刭（剄） jǐng ㄐㄧㄥˇ 用刀割脖子：自～。

颈（頸） jǐng ㄐㄧㄥˇ 脖子，头和躯干相连接的部分。（图见 491 页"人体"）

另见 157 页 gěng。

景 jǐng ㄐㄧㄥˇ ❶风景，风光：良辰美～｜～致｜～色。❷景象，情况：盛～｜晚～｜远～。❸戏剧、电影等中的场面和景物：布～｜内～｜外～。❹佩服，敬慕：～仰｜～慕。❺指日光：春和～明。

［景颇族］我国少数民族，参看附表。

〈古〉又同"影"（yǐng）。

憬 jǐng ㄐㄧㄥˇ 醒悟：闻之～然。

璟 jǐng ㄐㄧㄥˇ 玉的光彩。

儆 jǐng ㄐㄧㄥˇ 使人警醒，不犯过错：～戒｜惩（chéng）一～百。

璥 jǐng ㄐㄧㄥˇ 一种玉。

警 jǐng ㄐㄧㄥˇ ❶注意可能发生的危险：～戒｜～惕｜～备｜～告（提醒人注意）。❷需要戒备的危险事件或消息：火～｜告～｜～报。❸感觉敏锐：～觉｜～醒。

劲（勁） jìng ㄐㄧㄥˋ 坚强有力：～旅｜～敌｜刚～｜疾风知～草。

另见 244 页 jìn。

径（徑、❶❸△*逕） jìng ㄐㄧㄥˋ ❶小路：山～。㊄达到目的的方法：捷～｜门～。［径赛］各种赛跑和竞走项目比赛的总称。［径庭］㊄相差太远：大相～。❷直径，两端以圆周为界，通过圆心的线段：半～｜口～。❸副词，表示直接前往某处或直接做某件事：事毕～返北京｜～行办理｜～与有关单位联系。

"逕"另见 248 页"迳"。

迳（逕） jìng ㄐㄧㄥˋ 用于地名：～头（在广东省佛冈）。

"逕"另见 248 页"径"。

胫（脛、*踁） jìng ㄐㄧㄥˋ 小腿。

痉（痙） jìng ㄐㄧㄥˋ 痉挛（luán），俗叫抽筋，症状是肌肉收缩，手脚抽搐（chù）。

净（*淨） jìng ㄐㄧㄥˋ ❶干净，清洁：～水｜

脸要洗～。❷洗，使干净：～面|～手。❸什么也没有，空，光：钱用～了。❹纯，纯粹的：～利|～重。❺副词。1.单，只，仅：好的都挑完了，～剩下次的了。2.全(没有别的)：秋风一刮，满地～是树叶。❻传统戏曲里称花脸。

竫 jìng ㄐㄧㄥˋ ❶安静。❷编造。

静 jìng ㄐㄧㄥˋ ❶停止的，跟"动"相对：～止|风平浪～。❷没有声音：清～|更(gēng)深夜～|～悄悄。

倞 jìng ㄐㄧㄥˋ 强，强劲。
另见303页liàng。

竞(競) jìng ㄐㄧㄥˋ 比赛，互相争胜(㊀一赛)：～走|～渡。[竞争]为了自己或本集团的利益而跟人争胜。

竟 jìng ㄐㄧㄥˋ ❶终了(liǎo)，完毕：读～|继承先烈未～的事业。㊁1.到底，终于：有志者事～成。2.整，从头到尾：～日|～夜。❷副词，居然，表示出乎意料：这样巨大的工程，～在短短半年中就完成了。

境 jìng ㄐㄧㄥˋ ❶疆界(㊀边一)：国～|入～。❷地方，处所：如入无人之～。㊁1.品行学业的程度：学有进～。2.环境，遭遇到的情况：家～|处～|事过～迁。

獍 jìng ㄐㄧㄥˋ 古书上说的一种像虎豹的兽，生下来就吃生它的母兽。

镜(鏡) jìng ㄐㄧㄥˋ ❶(一子)用来反映形象的器具，古代用铜磨制，现代用玻璃制成。❷利用光学原理特制的各种器具：显微～|望远～|眼～|凸透～|三棱～。

婧 jìng ㄐㄧㄥˋ 女子有才能。

靓(靚) jìng ㄐㄧㄥˋ 妆饰，打扮。
另见303页liàng。

靖 jìng ㄐㄧㄥˋ ❶安静，平安。❷旧指平定，使秩序安定。参看474页"绥❶"。

敬 jìng ㄐㄧㄥˋ ❶尊重，有礼貌地对待(㊀尊一)：～客|～之以礼|～赠|～献。❷恭敬：～请指教|毕恭毕～。❸有礼貌地送上去：～酒|～茶。

JIONG ㄐㄩㄥ

坰 jiōng ㄐㄩㄥ 离城市很远的郊野。

驷(駉) jiōng ㄐㄩㄥ ❶马肥壮(叠)：～～牡马。❷骏马。

J

扃 jiōng ㄐㄩㄥ 从外面关门的闩(shuān)、钩等。㊕1.门。2.上闩,关门。

冏 jiǒng ㄐㄩㄥˇ ❶光。❷明亮。

迥(*逈) jiǒng ㄐㄩㄥˇ 远:～异(相差很远)。[迥然]显然,清清楚楚地:～不同。

泂 jiǒng ㄐㄩㄥˇ 远。

䌹(絅、**褧) jiǒng ㄐㄩㄥˇ 古代称罩在外面的单衣。

炯(*烱) jiǒng ㄐㄩㄥˇ 光明,明亮(叠):目光～～。

炅 jiǒng ㄐㄩㄥˇ 火光。另见174页guì。

煚 jiǒng ㄐㄩㄥˇ ❶火。❷日光。

颎(熲) jiǒng ㄐㄩㄥˇ 火光。

窘 jiǒng ㄐㄩㄥˇ ❶穷困:～迫|生活很～。❷为难,难堪:～相|他一时答不上来,显得很～。❸使为难:大家一再追问,～得他满脸通红。

JIU ㄐㄧㄡ

纠(糾、*糺) jiū ㄐㄧㄡ ❶缠绕(㊐一缠)。[纠纷]牵连不清的争执。❷矫正:～正|～偏。[纠察]在群众活动中维持秩序。❸集合(多含贬义):～合|～集|～结。

赳 jiū ㄐㄧㄡ [赳赳]健壮威武的样子:雄～|～武夫。

鸠(鳩) jiū ㄐㄧㄡ ❶鸽子一类的鸟,常见的有斑鸠、山鸠等。❷聚集(多含贬义):～聚。

究 jiū ㄐㄧㄡ (旧读jiù)推求,追查:～办|追～|推～|必须深～。[究竟]1.副词,到底,表示追问:～是怎么回事?2.结果:大家都想知道个～。[终究]副词,到底:问题～会弄清楚的。

阄(鬮) jiū ㄐㄧㄡ (一儿)抓阄时用的纸团等。[抓阄儿]为了赌胜负或决定事情而各自抓取做好记号的纸团等。

揪 jiū ㄐㄧㄡ 用手抓住或拉住:赶快～住他|～断了绳子|～下一块面。

啾 jiū ㄐㄧㄡ [啾啾]多形容动物的细小的叫声。

鬏 jiū ㄐㄧㄡ (一儿)头发盘成的结:梳了个抓～儿。

九 jiǔ ㄐㄧㄡˇ 数目字。[数九](shǔ—)从冬至日起始的八十一天，每九天为一个单位，从“一九”数到“九九”：～寒天。㉑表示多次或多数：～死一生｜～霄。

氿 jiǔ ㄐㄧㄡˇ 湖名，在江苏省宜兴，分东氿、西氿。

另见173页guǐ。

久 jiǔ ㄐㄧㄡˇ ❶时间长，跟“暂”相对（㉓长一）：年深日～｜很～没有见面了。❷时间的长短：你来了多～了？｜离别两年之～。

玖 jiǔ ㄐㄧㄡˇ ❶一种像玉的浅黑色石头。❷“九”字的大写。

灸 jiǔ ㄐㄧㄡˇ 烧，多指用艾叶等烧灼或熏烤身体某一部分的治疗方法：针～。

韭（*韮） jiǔ ㄐㄧㄡˇ 韭菜，草本植物，叶细长而扁，花白色。叶和花嫩时可用作蔬菜。

酒 jiǔ ㄐㄧㄡˇ 用高粱、米、麦或葡萄等发酵制成的含乙醇的饮料，有刺激性，多喝对身体有害。

旧（舊） jiù ㄐㄧㄡˋ ❶跟“新”相对。1.过去的，过时的：～俗｜～脑筋｜～社会。2.因经过长时间而变了样子：衣服～了。❷指交情，有交情的人：有～｜故～。

臼 jiù ㄐㄧㄡˋ ❶舂米的器具，一般用石头制成，样子像盆。❷像臼的：～齿。

桕 jiù ㄐㄧㄡˋ 乌桕树，落叶乔木，叶秋天变红，花黄色。种子外面包着一层白色脂肪叫桕脂，可制蜡烛和肥皂。种子可榨油。

舅 jiù ㄐㄧㄡˋ ❶母亲的弟兄（叠）。❷（一子）妻子的弟兄：妻～｜小～子。❸古代称丈夫的父亲：～姑（公婆）。

咎 jiù ㄐㄧㄡˋ ❶过失，罪：～由自取。❷怪罪，处分：既往不～。❸凶：休～（吉凶）。

疚 jiù ㄐㄧㄡˋ 长期生病。㉔对自己的过失感到不安、痛苦：负～｜内～。

柩 jiù ㄐㄧㄡˋ 装着尸体的棺材：灵～。

救（*捄） jiù ㄐㄧㄡˋ 帮助，使脱离困难或危险：～济｜～援｜～命｜～火（帮助灭火）｜～生圈｜求～。

厩（*廄、*廐） jiù ㄐㄧㄡˋ 马棚，泛指牲口棚：～肥。

就 jiù ㄐㄧㄡˋ ❶凑近，靠近：～着灯光看书｜避重～轻。❷从事，开始进入：～学｜～业。❸依照现有情况，趁着：～近上学｜～地取材。❹随同

着吃、喝下去:小米粥～咸菜|花生米～酒。❺完成:造～人才。❻副词。1.加强肯定语气:这么一来～好办了。2.在选择句中跟否定词相应,表示肯定语气:不是你去,～是我去。❼副词,立刻,不用经过很多时间:他一来,我～走|他～要参军了。❽连词,就是,即使,表示假定:天～再冷我们也不怕|你～送来,我也不要。❾副词,单,只,偏偏:他～爱看书|怎么～我不能去?

僦 jiù ㄐㄧㄡˋ 租赁:～屋。

鹫 jiù ㄐㄧㄡˋ 用于地名:～峪(在陕西省周至)。

鹫(鷲) jiù ㄐㄧㄡˋ 鸟名,身体大,有的颈部无毛。性凶猛,吃动物尸体,也捕食小动物。种类较多,如秃鹫、兀鹫。

JU ㄐㄩ

车(車) jū ㄐㄩ 象棋棋子的一种。

另见 54 页 chē。

且 jū ㄐㄩ ❶文言助词,相当于"啊":狂童之狂也～。❷用于人名。

另见 408 页 qiě。

苴 jū ㄐㄩ 大麻的雌株,开花后能结果实。

岨 jū ㄐㄩ qū ㄑㄩ(又) 带土的石山。

狙 jū ㄐㄩ 古书里指一种猴子。

[狙击]乘人不备,突然出击。

砠 jū ㄐㄩ 带土的石山。

疽 jū ㄐㄩ 中医指一种毒疮,局部肿胀坚硬,皮肤颜色不变:痈～。

趄 jū ㄐㄩ 见 668 页"趑"字条"趑趄"(zī—)。

另见 409 页 qiè。

雎 jū ㄐㄩ 雎鸠,古书上说的一种鸟,又叫王雎。

拘 jū ㄐㄩ ❶逮捕或扣押(㊥—捕、—押):～票|～留|～禁。❷限,限制:～管|不～多少。❸拘束,不变通:～谨|～泥(nì)成法。

泃 jū ㄐㄩ 泃河,水名,发源于河北省东北部,流经北京市东部和天津市北部。

驹(駒) jū ㄐㄩ ❶少壮的马:千里～。❷(—子)小马:马～子。又指小驴、骡等:驴～子。

鮈(鮈) jū ㄐㄩ 鱼名,身体小,侧扁或近圆筒形,有一对须,背鳍一般没有硬刺。生活在温带淡水中。

居 jū ㄐㄩ ❶住:分～|久～乡间。❷住处:新～|故～。❸站在,处于:～中|～高临下|～间(jiān)调停(在双方中间调解)。❹当,任:以前辈自～。❺安放:是何～心?❻积蓄,储存:奇货可～|囤积～奇。❼停留:岁月不～|变动不～。

[居然]副词,竟,出乎意外地:没想到他会来,他～来了。

据 jū ㄐㄩ 见239页"拮"字条"拮据"(jié—)。

另见256页jù。

崌 jū ㄐㄩ 见296页"岻"字条"岻崌山"(lǐ——)。

琚 jū ㄐㄩ 古人佩带的一种玉。

椐 jū ㄐㄩ 古书上说的一种树,枝节肿大,可以做拐杖。

腒 jū ㄐㄩ 干腌的鸟类肉。

锯(鋸) jū ㄐㄩ 同"锔"(jū)。

另见256页jù。

裾 jū ㄐㄩ 衣服的大襟。㉄衣服的前后部分。

倶 jū ㄐㄩ 姓。

另见255页jù。

掬 jū ㄐㄩ 用两手捧:以手～水|笑容可～(形容笑得明显)。

鞠 jū ㄐㄩ ❶养育,抚养。❷古代的一种皮球:蹴(cù)～(踢球)。

[鞠躬]弯腰表示恭敬谨慎。现指弯身行礼。

娵 jū ㄐㄩ ❶[娵隅](—yú)古代南方少数民族称鱼为娵隅。❷姓。

锔(鋦) jū ㄐㄩ 用锔子(一种两脚钉)连合破裂的器物:～盆|～缸|～锅|～碗。

另见254页jú。

鞫 jū ㄐㄩ ❶审问:～讯|～审。❷穷困。

局(❼❽*跼、❽*侷) jú ㄐㄩ ❶部分:～部。❷机关及团体组织分工办事的单位:教育～|公安～。❸某些商店或办理某些业务的机构的名称:书～|邮～。❹棋盘。❺着棋的形势。㉃事情的形势、情况:结～|大～|时～|～面|搅～。❻量词,下棋或其他比赛一次叫一局。❼弯曲。❽拘束,拘谨。[局促]1.狭小。2.拘谨不自然:他在生人面前有些～。

J

焗 jú ㄐㄩˊ 〈方〉烹饪方法,利用蒸气使密封容器中的食物变熟:盐～鸡。[焗油]一种染发、养发、护发方法。在头发上抹油后,用特制机具蒸气加热,待冷却后用清水冲洗干净。

锔(鋦) jú ㄐㄩˊ 人造的放射性金属元素,符号 Cm。

另见 253 页 jū。

桔 jú ㄐㄩˊ "橘"俗作"桔"。

另见 239 页 jié。

菊 jú ㄐㄩˊ 菊花,草本植物,秋天开花,颜色、形状各异,供观赏。种类很多,有的花可入药。

湨 jú ㄐㄩˊ 湨河,水名,在河南省济源。

鶪(鶪) jú ㄐㄩˊ 古书上说的一种鸟,即伯劳,嘴坚硬而锐利,捕食鱼、虫、小鸟等,是益鸟。

J

橘 jú ㄐㄩˊ 橘树,常绿乔木,果实叫橘子,扁球形,味甜酸。果皮红黄色,可入药。

弆 jǔ ㄐㄩˇ 收藏,保藏:藏～。

柜 jǔ ㄐㄩˇ 柜柳,落叶乔木,即枫杨,羽状复叶,性耐湿、耐碱,可固沙。枝韧,可以编筐。

另见 174 页 guì。

矩(*榘) jǔ ㄐㄩˇ ❶画方形的工具:～尺(曲尺)|不以规～不能成方圆。❷法则,规则:循规蹈～。

咀 jǔ ㄐㄩˇ 含在嘴里细细玩味:含英～华(喻读书吸取精华)。[咀嚼](－jué)嚼(jiáo)。喻体味。

另见 675 页 zuǐ。

沮 jǔ ㄐㄩˇ ❶阻止。❷坏,败坏。[沮丧](－sàng)失意,懊丧。

另见 256 页 jù。

龃(齟) jǔ ㄐㄩˇ [龃龉](－yǔ)牙齿上下对不上。喻意见不合。

莒 jǔ ㄐㄩˇ 周代诸侯国名,在今山东省莒南一带。

筥 jǔ ㄐㄩˇ 圆形的竹筐。

枸 jǔ ㄐㄩˇ [枸橼](－yuán)常绿乔木,又叫香橼,花白色。果实有香气,味酸。

另见 161 页 gōu;161 页 gǒu。

蒟 jǔ ㄐㄩˇ 植物名。1. 蒟蒻(ruò),草本植物,又叫魔芋,地下茎扁球形,生吃有毒,可入药。2. 蒟酱,藤本植物,又叫蒌叶,花绿色。果实有辣味,可制调味品。

举(舉、*擧) jǔ ㄐㄩˇ ❶向上抬,向

上托：～手|高～红旗。㉃1.动作行为：～止|一～一动。2.发起，兴起：～义|～事|～办。❷提出：～证|～例|～出一件事实来。❸推选，推荐：大家～他做代表。❹全：～国|～世。❺举人的简称：中(zhòng)～|武～。

榉（櫸） jǔ ㄐㄩˇ ❶榉树，落叶乔木，和榆相似。木材耐水，可造船。❷山毛榉，落叶乔木，花淡黄绿色，树皮像鳞片。木质很坚硬，可用来制枕木、家具等。

踽 jǔ ㄐㄩˇ［踽踽］形容独自走路孤零零的样子：～独行。

巨（❶△*鉅） jù ㄐㄩˋ ❶大：～浪|～型飞机|～款。❷姓。

“鉅”另见255页“钜”。

讵（詎） jù ㄐㄩˋ 岂，怎：～料|～知。

拒 jù ㄐㄩˋ 抵挡，抵抗（㊀抗—）：～敌|～捕|～腐蚀，永不沾。㉃不接受：～绝|～聘。

苣 jù ㄐㄩˋ 见522页“莴”字条“莴苣”(wōju)。

另见418页 qǔ。

岠 jù ㄐㄩˋ ❶大山。❷东岠岛、西岠岛，岛名，都在浙江省舟山市。

炬 jù ㄐㄩˋ 火把：火～。

钜（鉅） jù ㄐㄩˋ ❶用于地名：～桥镇（在河南省鹤壁）。❷姓。

“鉅”另见255页“巨”。

秬 jù ㄐㄩˋ 黑黍子。

距 jù ㄐㄩˋ ❶距离，离开：相～数里|～今已数年。㉃两者相离的长度：株～。❷雄鸡爪后面突出像脚趾的部分。❸古同“拒”。

句 jù ㄐㄩˋ（一子）由词和词组组成的能表示一个完整意思的话。

另见161页 gōu。

具 jù ㄐㄩˋ ❶器具，器物：工～|家～|文～|农～。❷备，备有：～备|略～规模。［具体］1.明确，不抽象，不笼统：这个计划定得很～。2.特定的：～的人|～的工作。

俱 jù ㄐㄩˋ 全，都：父母～存|面面～到。

另见253页 jū。

惧（懼） jù ㄐㄩˋ 害怕（㊀恐—）：临危不～。

犋 jù ㄐㄩˋ 畜力单位名，能拉动一辆车、一张犁、一张耙等的一头或几头牲口叫一椇，多指两头。

飓(颶) jù ㄐㄩˋ 飓风，发生在大西洋西部和西印度群岛一带热带海洋上的风暴，风力常达12级以上，同时有暴雨。

洳 jù ㄐㄩˋ [沮洳](—rù)低湿的地带。

另见254页jǔ。

倨 jù ㄐㄩˋ 傲慢：前～后恭｜～傲。

剧(劇) jù ㄐㄩˋ ❶厉害，猛烈：～痛｜加～｜～烈。❷戏剧，文艺的一种形式，作家把剧本编写出来，利用舞台由演员化装演出。

据(據、*攄) jù ㄐㄩˋ ❶凭依，倚仗。❷介词，依据：～理力争｜～我看问题不大。❸占(㊀占一)：～守｜～为己有。❹可以用作证明的事物，凭证(㊀凭一、证一)：收～｜字～｜票～｜真凭实～｜无凭无～。

另见253页jū。

锯(鋸) jù ㄐㄩˋ ❶用薄钢片制成的器具，有尖齿，可以拉(lá)开木料、石料等：拉～｜手～｜电～。❷用锯拉(lá)：～木头｜～树。

另见253页jū。

踞 jù ㄐㄩˋ ❶蹲或坐：龙蟠(pán)虎～(形容地势险要)｜箕～(古人席地而坐，把两腿像八字形分开，是一种不拘礼节、傲慢不敬的坐姿)。❷占据：盘～。

聚 jù ㄐㄩˋ 会合，集合(㊀一集)：大家～在一起谈话｜～少成多｜欢～。

窭(窶) jù ㄐㄩˋ 贫穷。

屦(屨) jù ㄐㄩˋ 古代的一种鞋，用麻、葛等制成。

遽 jù ㄐㄩˋ ❶急，仓猝：不敢～下断语。❷遂，就。

澽 jù ㄐㄩˋ 澽水，水名，在陕西省。

醵 jù ㄐㄩˋ ❶凑钱喝酒。❷聚集，凑(钱)：～资。

JUAN ㄐㄩㄢ

捐 juān ㄐㄩㄢ ❶捐助或献出：～钱｜～棉衣｜～献｜募～。❷赋税的一种：房～｜车～。❸舍弃(㊀一弃)：为国～躯。

涓 juān ㄐㄩㄢ 细小的流水。[涓滴]极小量的水。㊄极少量的钱或物：～归公。

娟 juān ㄐㄩㄢ 秀丽，美好：～秀。

涓 juān ㄐㄩㄢ 明亮。

鹃(鵑) juān ㄐㄩㄢ 见111页“杜”字条“杜鹃”。

圈 juān ㄐㄩㄢ 关闭起来,用栅栏等围起来:把小鸡～起来。

另见257页juàn;419页quān。

朘 juān ㄐㄩㄢ 缩,减。

镌(鎸、**鐫) juān ㄐㄩㄢ 雕刻:～刻图章|～碑。

蠲 juān ㄐㄩㄢ 免除(㊥一除、一免)。

卷(捲) juǎn ㄐㄩㄢˇ ❶把东西弯转裹成圆筒形:～行李|～帘子。❷一种大的力量把东西撮(cuō)起或裹住:风～着雨点劈面打来|～入旋涡(喻被牵连到不利的事件中)。❸(一儿)弯转裹成的筒形的东西:烟～儿|行李～儿|纸～儿。❹(一儿)量词,用于成卷儿的东西:一～胶布|两～纸。

另见257页juàn。

锩(錈) juǎn ㄐㄩㄢˇ 刀剑卷刃。

卷 juàn ㄐㄩㄢˋ ❶可以舒卷(juǎn)的书画:手～|长～。❷书籍的册本或篇章:第一～|上～|～二。❸(一子、一儿)考试写答案的纸:试～|交～|历史～子。❹案卷,机关里分类汇存的档案、文件:～宗|查一查底～。

另见257页juǎn。

倦(*勌) juàn ㄐㄩㄢˋ 疲乏,懈怠(㊥疲一):诲人不～|厌～。

圈 juàn ㄐㄩㄢˋ 养家畜等的栅栏:猪～|羊～。

另见257页juān;419页quān。

桊 juàn ㄐㄩㄢˋ 穿在牛鼻上的小铁环或小木棍儿:牛鼻～儿。

眷(❶*睠) juàn ㄐㄩㄢˋ ❶顾念,爱恋:～顾|～恋。❷亲属:～属|家～|亲～。

隽(*雋) juàn ㄐㄩㄢˋ 肥肉。

[隽永](言论、文章)意味深长。

另见261页jùn。

狷(*獧) juàn ㄐㄩㄢˋ ❶胸襟狭窄,急躁:～急。❷耿直。

绢(絹) juàn ㄐㄩㄢˋ 一种薄的丝织物。

[手绢]手帕。

罥 juàn ㄐㄩㄢˋ 挂。

J

鄄 juàn ㄐㄩㄢˋ 鄄城，地名，在山东省。

JUE ㄐㄩㄝ

屩（屫、*蹻） juē ㄐㄩㄝ 草鞋。

“蹻”另见406页qiāo“跷”。

撅 juē ㄐㄩㄝ ❶翘起：～着尾巴｜小辫ル～着。❷折(zhé)：把竿子～断了。

噘 juē ㄐㄩㄝ 翘起（嘴唇）：～嘴。

孓 jué ㄐㄩㄝˊ ［孑 孓］（jié—）蚊子的幼虫。

决（*決） jué ㄐㄩㄝˊ ❶原义为疏导水流，后转为堤岸被水冲开口子：～口。［决裂］破裂（指感情、关系、商谈等）：谈判～。❷决定，拿定主意：～心｜迟疑不～。［决议］经过会议讨论决定的事项。㉑副词，一定，必定：他～不会失败。❸决定最后胜负：～赛｜～战。❹执行死刑：枪～。

诀（訣） jué ㄐㄩㄝˊ ❶诀窍，高明的方法：秘～｜妙～。❷用事物的主要内容编成的顺口的便于记忆的词句：口～｜歌～。❸辞别，多指不再相见的分别（㉣—别）：永～。

抉 jué ㄐㄩㄝˊ 剔出。［抉择］挑选，选择。

駃（駃） jué ㄐㄩㄝˊ ［駃騠］（—tí）1.驴骡，由公马和母驴交配所生。2.古书上说的一种骏马。

玦 jué ㄐㄩㄝˊ 环形有缺口的佩玉。

砄 jué ㄐㄩㄝˊ ❶石头。❷用于地名：石～（在吉林省集安）。

鴃（鴂） jué ㄐㄩㄝˊ 古书上说的一种鸟，即伯劳，嘴坚硬而锐利，捕食鱼、虫、小鸟等，是益鸟。

觖 jué ㄐㄩㄝˊ 不满。［觖望］因不满而怨恨。

角 jué ㄐㄩㄝˊ ❶竞争，争胜：～斗｜～逐｜口～（吵嘴）。❷（—ル）演员，角色：主～｜他演什么～ル？［角色］（*脚色）1.戏曲演员按所扮演人物的性别和性格等分的类型。又叫行当。如京剧的“生、旦、净、丑”。2.戏剧或电影里演员所扮演的剧中人物。❸古代五音“宫、商、角、徵(zhǐ)、羽”之一。❹古代形状像爵的酒器。❺姓。

另见234页jiǎo。

桷 jué ㄐㄩㄝˊ 方形的椽(chuán)子。

珏 jué ㄐㄩㄝˊ 合在一起的两块玉。

觉（覺） jué ㄐㄩㄝˊ ❶（人或动物的器官）对刺激的感受和辨别：视～｜听～｜～得｜不知不～。❷睡醒，醒悟：如梦初～｜～醒｜～悟。

另见236页jiào。

绝（絶） jué ㄐㄩㄝˊ ❶断：～望｜络绎不～。[绝句]我国旧体诗的一种，每首四句，每句五字或七字，有一定的平仄和押韵的限制。❷尽，穷尽：气～｜法子都想～了。[绝境]没有希望、没有出路的情况。❸极，极端的：～妙｜～密。㉃独一无二的，无人能及的：～技｜这幅画真叫～了。[绝顶]1. 山的最高峰：泰山～。2. 副词，极端，非常：～聪明。❹副词，一定，无论如何：～不允许这样的事再次发生。[绝对]1. 副词，一定，肯定：～可以取胜｜～能够办到。2. 无条件，无限制，不依存于任何事物的，跟"相对"相对：物质世界的存在是～的。

倔 jué ㄐㄩㄝˊ 义同"倔"(juè)，只用于"倔强"。[倔强]（-jiàng）（性情）刚强不屈，固执：性格～。

另见260页juè。

掘 jué ㄐㄩㄝˊ 挖，刨：～地｜临渴～井。

崛 jué ㄐㄩㄝˊ 高起，突起：～起。

脚（*腳） jué ㄐㄩㄝˊ（-儿）旧同"角(jué)❷"。

另见235页jiǎo。

厥 jué ㄐㄩㄝˊ ❶气闭，昏倒：晕～｜痰～。❷文言代词，其，他的，那个的：～父｜～后｜大放～词。

劂 jué ㄐㄩㄝˊ 见213页"剞"字条"剞劂"(jī-)。

蕨 jué ㄐㄩㄝˊ 草本植物，野生，用孢子繁殖。嫩叶叫蕨菜，可以吃，地下茎可制淀粉。

獗 jué ㄐㄩㄝˊ 见51页"猖"字条"猖獗"(chāng-)。

潏 jué ㄐㄩㄝˊ 潏水，水名，在湖北省随州，涢(yún)水支流。

橛（*橜） jué ㄐㄩㄝˊ（-子、-儿）小木桩。

镢（鐝） jué ㄐㄩㄝˊ〈方〉（-头）刨地用的农具。

蹶（**蹷） jué ㄐㄩㄝˊ 跌倒。㊙挫折，失败：一～不振。

另见 260 页 juě。

傕 jué ㄐㄩㄝˊ 用于人名。李傕，东汉末人。

谲（譎） jué ㄐㄩㄝˊ 欺诈，玩弄手段：诡～。

鐍（鐍） jué ㄐㄩㄝˊ 箱子上安锁的环状物。

噱 jué ㄐㄩㄝˊ 大笑。

另见 563 页 xué。

爵 jué ㄐㄩㄝˊ ❶古代的酒器。❷爵位，君主国家贵族封号的等级：侯～|封～。

嚼 jué ㄐㄩㄝˊ 义同"嚼"（jiáo），用于书面语复合词：咀（jǔ）～。

另见 234 页 jiáo；237 页 jiào。

爝 jué ㄐㄩㄝˊ jiào ㄐㄧㄠˋ（又）火把。

矍 jué ㄐㄩㄝˊ ［矍铄］（—shuò）形容老年人精神好。

攫 jué ㄐㄩㄝˊ 用爪抓取。㊀夺取（㊥—夺、—取）。

玃 jué ㄐㄩㄝˊ 古书上指一种较大的猴子。

镢（鐝） jué ㄐㄩㄝˊ ❶（—头）刨土的农具。❷用锄掘地。

蹶 juě ㄐㄩㄝˇ ［尥蹶子］（liào —zi）骡马等跳起来用后腿向后踢。

另见 259 页 jué。

倔 juè ㄐㄩㄝˋ 言语直，态度生硬：那老头子真～。

另见 259 页 jué。

JUN ㄐㄩㄣ

军（軍） jūn ㄐㄩㄣ ❶武装部队：～队|解放～|海～。❷军队的编制单位，是师的上一级。❸泛指有组织的集体：劳动大～。

皲（皸） jūn ㄐㄩㄣ 皮肤因寒冷或干燥而破裂：手脚～裂。也作"龟"（jūn）。

均 jūn ㄐㄩㄣ ❶平，匀（yún）（㊥—匀、平—）：～分|平～数|势～力敌。❷都（dōu），皆：老小～安|～已布置就绪。〈古〉又同"韵"（yùn）。

钧（鈞） jūn ㄐㄩㄣ ❶古代重量单位，合三十斤：千～一发（喻极其危险的事态）。❷制陶器所用的转轮：陶～（喻造就人才）。❸敬辞（对尊长或上级）：～命|～安|～鉴。

筠 jūn ㄐㄩㄣ ［筠连］地名，在四川省。

另见 617 页 yún。

龟（龜） jūn ㄐㄩㄣ 同"皲"。另见 173 页 guī；414 页 qiū。

君 jūn ㄐㄩㄣ 封建时代指帝王、诸侯等。敬辞：张～。[君子]古指有地位的人，后又指品行好的人。

莙 jūn ㄐㄩㄣ [莙荙菜](－dá－)甜菜的变种，又叫厚皮菜、牛皮菜，叶大而肥厚，可用作蔬菜。

鲪(鮶) jūn ㄐㄩㄣ 鱼名，身体侧扁而长，口大而斜，尾鳍圆形。生活在海里。

菌 jūn ㄐㄩㄣ 低等生物名。1. 真菌，不开花，没有茎和叶子，不含叶绿素，不能自己制造养料，以寄生方式生活，种类很多。2. 细菌，一大类单细胞的微生物，特指能使人生病的病原细菌。

另见 261 页 jùn。

麇 jūn ㄐㄩㄣ 古书里指獐子。另见 422 页 qún。

俊(❶*儁、❶*雋) jùn ㄐㄩㄣˋ ❶才智过人的：～杰｜～士。❷容貌美丽：那姑娘真～｜～俏。

峻 jùn ㄐㄩㄣˋ 山高而陡：～峭｜陡～｜崇山～岭。㊀严厉苛刻：严刑～法。

馂(餕) jùn ㄐㄩㄣˋ 吃剩下的食物。

浚(*濬) jùn ㄐㄩㄣˋ 疏通，挖深(㊥疏－)：～井｜～河。

另见 565 页 xùn。

骏(駿) jùn ㄐㄩㄣˋ 好马。

晙 jùn ㄐㄩㄣˋ ❶早晨。❷明亮。

焌 jùn ㄐㄩㄣˋ 用火烧。另见 416 页 qū。

葰 jùn ㄐㄩㄣˋ 大。另见 478 页 suǒ。

畯 jùn ㄐㄩㄣˋ 指西周管奴隶耕种的官。

竣 jùn ㄐㄩㄣˋ 事情完毕：～工｜大工告～。

郡 jùn ㄐㄩㄣˋ 古代行政区域，秦以前比县小，从秦代起比县大。

捃 jùn ㄐㄩㄣˋ 拾取：～摭(zhí)(搜集)。

珺 jùn ㄐㄩㄣˋ 一种美玉。

隽(*雋) jùn ㄐㄩㄣˋ 同"俊❶"。

另见 257 页 juàn。

菌 jùn ㄐㄩㄣˋ 就是蕈(xùn)。另见 261 页 jūn。

䐃 jùn ㄐㄩㄣˋ 〈古〉❶肌肉突起处。❷腹内或肠间的脂肪。

J

K ㄎ

KA ㄎㄚ

咔 kā ㄎㄚ 形容器物清脆的撞击声或断裂声：～，门锁撞上了。[咔嚓](－chā)形容树枝等折断的声音。

另见 262 页 kǎ。

咖 kā ㄎㄚ [咖啡](－fēi)(外)常绿灌木或小乔木，生长在热带，花白色，果实红色，种子可制饮料。也指这种饮料。

另见 144 页 gā。

喀 kā ㄎㄚ ❶形容呕吐、咳嗽等的声音。❷同“咔”(kā)。

擖 kā ㄎㄚ 用刀子刮。

卡 kǎ ㄎㄚˇ (外) ❶卡车，载重的大汽车：十轮～。❷卡片，小的纸片(一般是比较硬的纸)：资料～|贺年～。❸卡路里的简称，热量的非法定计量单位，符号 cal，1 克纯水的温度升高 1 摄氏度所需的热量为 1 卡，合 4.186 8 焦。[卡通](外)1.动画片。2.漫画。

另见 399 页 qiǎ。

佧 kǎ ㄎㄚˇ [佧佤族](－wǎ－)佤族的旧称。

咔 kǎ ㄎㄚˇ [咔叽](－jī)(外)一种很厚的斜纹布。

另见 262 页 kā。

胩 kǎ ㄎㄚˇ 有机化合物的一类，异腈(jīng)的旧称，无色液体，有恶臭，剧毒。

咯 kǎ ㄎㄚˇ 用力使东西从食道或气管里出来：把鱼刺～出来|～血|～痰。

另见 153 页 gē；314 页 lo。

KAI ㄎㄞ

开(開) kāi ㄎㄞ ❶把关闭的东西打开：～门|～抽屉|～口说话。㊀1.收拢的东西放散：～花|～颜(笑)。2.把整体的东西划分成部分的：三十二～本。3.凝结的东西融化：～冻|～河(河水化冻)。[开交]分解，脱离(多用于否定式)：忙得不可～|闹得不可～。❷通，使通：想不～|～路先锋。[开通](－tong)思想不守旧，容易接受新事物。❸使显露出来：～采|～发|～矿。❹扩大，发展：～拓(tuò)|～源节流|～展。❺发动，操纵：～车|～船|～炮|～动脑筋。[开火]

K

指发生军事冲突。⑩两方面冲突。❻起始：～端|～春|～学|～工|～演|刚～了个头儿。❼设置，建立：～医院。[开国]建立新的国家。❽支付：～支|～销。❾沸，滚：～水|水～了。❿举行：～会。⓫写：～发票|～药方。⓬放在动词后面，表示趋向或结果。1.表示分开或扩展：睁～眼|张～嘴|打～窗户|消息传～了。2.表示开始并继续下去：雨下～了|唱～了。3.表示容下：屋子小，坐不～。⓭(外)黄金的纯度单位(以二十四开为纯金)：十八～金。⓮热力学温度单位名开尔文的简称，符号K。

锎(鐦) kāi ㄎㄞ 人造的放射性金属元素，符号Cf。

揩 kāi ㄎㄞ 擦，抹：～鼻涕|～背|～油(喻占便宜piányi)。

剀(剴) kǎi ㄎㄞˇ [剀切](-qiè)1.符合事理：～中(zhòng)理。2.切实：～教导。

凯(凱) kǎi ㄎㄞˇ 军队得胜回来奏的乐曲：～歌|奏～(指取得胜利)|～旋(得胜回还)。

垲(塏) kǎi ㄎㄞˇ 地势高而干燥。

闿(闓) kǎi ㄎㄞˇ 开。

恺(愷) kǎi ㄎㄞˇ 快乐，和乐。

铠(鎧) kǎi ㄎㄞˇ 铠甲，古代的战衣，上面缀有金属薄片，可以保护身体。

莔 kǎi ㄎㄞˇ 莔烷，有机化合物，是莰(kǎn)的同分异构体，天然的莔尚未发现。

楷 kǎi ㄎㄞˇ ❶法式，模范(㊎-模)。❷楷书，现在通行的一种汉字字体，是由隶书演变而来的：小～|正～。

另见237页jiē。

锴(鍇) kǎi ㄎㄞˇ 好铁。多用于人名。

慨(❷*嘅) kǎi ㄎㄞˇ ❶愤激：愤～。❷感慨：～叹。❸慷慨，不吝啬：～允|～然相赠。

忾(愾) kài ㄎㄞˋ 愤怒，恨：同仇敌～(大家一致痛恨敌人)。

炌 kài ㄎㄞˋ 明火。

欬 kài ㄎㄞˋ 见413页"謦"字条"謦欬"(qǐng-)。

另见268页ké"咳"。

KAN ㄎㄢ

刊(*栞) kān ㄎㄢ ❶刻：～石|～印。㊀排印出版：～行|停～。[刊物]杂志等出版物，也省称刊：周～|月～。❷削除，修改：不～之论(指至理名言)|～误表。

看 kān ㄎㄢ 守护：～门|～家|～守。㊀监视：把他～起来。
另见264页kàn。

勘 kān ㄎㄢ ❶校对，复看核定(㊀校－)：～误|～正。❷细查，审查：～探|～验|～测|实地～查。

堪 kān ㄎㄢ ❶可以，能，足以：～以告慰|不～设想。❷忍受，能支持：难～|狼狈不～。

嵁 kān ㄎㄢ [嵁岩]高峻的山岩。

戡 kān ㄎㄢ 平定(叛乱)：～乱。

龛(龕) kān ㄎㄢ 供奉佛像、神位等的小阁子：神～。

坎(❷*埳) kǎn ㄎㄢˇ ❶高出地面的埂状突起：沟沟～～|越过一道～。❷低陷不平的地方，坑穴。❸八卦之一，符号是"☵"，代表水。❹发光强度单位名坎德拉的简称，符号cd。
[坎坷](－kě)1.道路不平的样子。2.形容不顺利，不得志。

砍 kǎn ㄎㄢˇ 用刀、斧等猛剁，用力劈：～柴|把树枝～下来。

莰 kǎn ㄎㄢˇ 莰烷，有机化合物，白色晶体，有樟脑的香味，易挥发。

侃 kǎn ㄎㄢˇ 闲谈，聊天：他真能～|～大山。
[侃侃]理直气壮、从容不迫的样子：～而谈。

槛(檻) kǎn ㄎㄢˇ 门槛，门限。(图见128页"房屋的构造")
另见230页jiàn。

顑(顑) kǎn ㄎㄢˇ [顑颔](－hàn)面黄肌瘦。

看 kàn ㄎㄢˋ ❶用眼睛感受外界事物：～书|～电影。❷观察(㊀察－)：～脉|～透了他的心思。㊀诊治：～病|大夫把我的病～好了。❸访问，拜望(㊀－望)：到医院里去～病人。❹看待，照应，对待：另眼相～|～重|照～。❺想，以为：我～应该这么办。❻先试试以观察它的结果：问

一声～|做做～。❼提防,小心:别跑,～摔着。

另见264页kān。

衎 kàn ㄎㄢˋ ❶快乐。❷刚直。

崁 kàn ㄎㄢˋ [赤崁]地名,在台湾省。

墈 kàn ㄎㄢˋ 〈方〉高的堤岸。多用于地名:～上(在江西省乐平)。

磡 kàn ㄎㄢˋ 山崖。

阚(闞) kàn ㄎㄢˋ 姓。

另见180页hǎn。

瞰(*矙) kàn ㄎㄢˋ 望,俯视,向下看。[鸟瞰]1.从高处向下看。2.事物的概括描写:世界大势～。

KANG ㄎㄤ

闶(閌) kāng ㄎㄤ [闶阆](—láng)〈方〉建筑物中空旷的部分。又叫闶阆子。

另见266页kàng。

康 kāng ㄎㄤ ❶安宁:身体健～|～乐。❷富裕,丰盛:～年|小～。❸同"糠"。[康庄大道]四通八达的大路,比喻光明美好的前途。

墉 kāng ㄎㄤ 用于地名:盛～(在湖北省谷城)。

慷(**忼) kāng ㄎㄤ [慷慨](—kǎi)1.情绪激昂:～陈词。2.待人热诚,肯用财物帮助人:他待人很～|～解囊。

糠(*穅、*粇) kāng ㄎㄤ ❶从稻、麦、谷子等籽实上脱下来的皮或壳。❷空,空虚:萝卜～了。

鱇(鱇) kāng ㄎㄤ 见4页"鮟"字条"鮟鱇"(ān—)。

扛 káng ㄎㄤˊ 用肩膀承担:～粮食|～着一杆枪。[扛活]旧时指做长工。

另见150页gāng。

亢 kàng ㄎㄤˋ ❶高(㊀高—)。㊁高傲:不卑不～。❷过甚,极:～奋|～旱。❸星宿名,二十八宿之一。

伉 kàng ㄎㄤˋ ❶对等,相称(chèn)。[伉俪](—lì)配偶,夫妇。❷正直:～直。

抗 kàng ㄎㄤˋ ❶抵御(㊀抵—):～战|～旱|～洪。㊁1.不妥协:～辩。2.拒绝,不接受(㊀—拒):～命|～税。[抗议]声明不同意,同时谴责对方的行动。❷匹敌,相当:

K

～衡（不相上下，抵得过）｜分庭～礼（行平等的礼节，转指势均力敌，也指相互对立）。

闶（閌）kàng ㄎㄤˋ 高大。另见265页 kāng。

炕（❶*匟）kàng ㄎㄤˋ ❶北方用砖、坯等砌成的睡觉的台，下面有洞，连通烟囱，可以烧火取暖。❷〈方〉烤：把湿衣服放在火边～一～。

钪（鈧）kàng ㄎㄤˋ 金属元素，符号Sc，银白色，质软。可用来制特殊玻璃、合金等。

KAO　ㄎㄠ

尻 kāo ㄎㄠ 屁股。

考（❶—❸*攷）kǎo ㄎㄠˇ ❶测试，测验（㊀—试）：期～｜～语文。❷检查（㊀—察、查—）：～勤｜～绩｜～核。［考验］通过具体行动、困难环境等来检验（是否坚定、正确）。❸推求，研究：～古｜～证。［考虑］斟酌，思索：～一下再决定｜～问题。［考究］（—jiu）1.考查，研究：～问题。2.讲究：衣着～。❹老，年纪大（㊀寿—）。❺原指父亲，后称已死的父亲：如丧～妣｜先～。

拷 kǎo ㄎㄠˇ 打（㊀—打）：～问。

［拷贝］（外）1.复制。2.复制本，电影方面指用拍摄成的电影底片洗印出来的胶片。

洘 kǎo ㄎㄠˇ 用于地名：～溪（在广东省揭西）。

栲 kǎo ㄎㄠˇ 栲树，常绿乔木，木质坚硬，用于建筑等。树皮含鞣酸，可制栲胶，又可制染料。

［栲栳］（—lǎo）一种用竹子或柳条编的盛东西的器具。又叫笆斗。

烤 kǎo ㄎㄠˇ ❶把东西放在火的周围使干或使熟：～烟叶子｜～白薯｜～箱。❷向着火取暖：～手｜围炉～火。

铐（銬）kào ㄎㄠˋ ❶（—子）手铐子，束缚犯人手的刑具。❷用手铐束缚：把犯人～起来。

犒 kào ㄎㄠˋ 指用酒食或财物慰劳：～劳｜～赏。

靠 kào ㄎㄠˋ ❶倚着，挨近（㊀倚—）：～墙站着｜船～岸了。❷依靠，依赖：～集体的力量战胜灾害｜～劳动致富。［靠山］㊉所依赖的人或集体。❸信赖：可～｜～得住。

[牢靠]1.稳固。2.稳妥可信赖:这人做事最～。

熇 kào ㄎㄠˋ 用微火使鱼、肉等菜肴的汤汁变浓或耗干。

KE ㄎㄜ

坷 kē ㄎㄜ [坷垃](-la)土块。

另见269页kě。

苛 kē ㄎㄜ ❶苛刻,过分:～求|～责。❷苛细,繁重,使人难于忍受:～政|～捐杂税。

珂 kē ㄎㄜ ❶玉名。❷马笼头上的装饰:玉～。

柯 kē ㄎㄜ ❶斧子的柄。❷草木的枝茎。

[柯尔克孜族]我国少数民族,参看附表。

轲(軻) kē ㄎㄜ 用于人名。孟子,名轲,战国时人。

牁 kē ㄎㄜ [牂牁](zāng-)1.古水名。2.古地名。

钶(鈳) kē ㄎㄜ 金属元素铌(ní)的旧称。

疴(*痾) kē ㄎㄜ (旧读ē)病:沉～(重病)|染～。

匼 kē ㄎㄜ 古代的一种头巾。

[匼河]地名,在山西省芮城。

科 kē ㄎㄜ ❶分门别类用的名称。1.生物的分类单位之一,在"目"之下、"属"之上:狮子属于食肉类的猫～|槐树是豆～植物。2.机关内部组织划分的部门:财务～|总务～。3.学术或业务的类别:文～|理～|内～|外～。

[科学]1.反映自然、社会、思维的客观规律的分科的知识体系。2.合乎科学的:这种做法不～。❷法律条文:～文|作奸犯～|金～玉律。❸判定:～以徒刑|～以罚金。❹旧戏曲脚本里指示角色表演动作时的用语:叹～|饮酒～。

蝌 kē ㄎㄜ [蝌蚪](-dǒu)蛙或蟾蜍等的幼体,黑色,身体椭圆,有长尾,生活在水中。逐渐长出后脚、前脚,尾巴消失,最后变成蛙或蟾蜍等。

棵 kē ㄎㄜ 量词,用于植物:一～树。

稞 kē ㄎㄜ 青稞,大麦的一种,产在西藏、青海等地,可做糌粑(zānba),也可酿酒。

窠 kē ㄎㄜ 鸟兽的巢穴。[窠臼]㊀现成的格式或老套子。

K

颗(顆) kē ㄎㄜ 量词，多用于圆形或粒状的东西：一～珠子｜一～心｜两～钉子。

髁 kē ㄎㄜ 骨头上的突起，多长在骨头的两端。

颏(頦) kē ㄎㄜ 下巴颏ㄦ，脸的最下部分，在两腮和嘴的下面。

另见268页ké。

搕 kē ㄎㄜ 敲，碰：～烟袋锅子。

榼 kē ㄎㄜ 古时盛酒或水的器皿。

磕 kē ㄎㄜ 碰撞在硬东西上：～破了头｜碗～掉一块｜～头(旧时的跪拜礼)。

瞌 kē ㄎㄜ [瞌睡]困倦想睡或进入半睡眠状态：打～。

壳(殼) ké ㄎㄜˊ (一ㄦ)坚硬的外皮：核桃～ㄦ｜鸡蛋～ㄦ｜贝～ㄦ。

另见407页qiào。

咳(△*欬) ké ㄎㄜˊ 咳嗽，呼吸器官受刺激而迅速吸气，又猛烈呼出，声带振动发声。

另见178页hāi。

"欬"另见263页kài。

颏(頦) ké ㄎㄜˊ 鸟名：红点～｜蓝点～。

另见268页kē。

揢 ké ㄎㄜˊ 〈方〉❶卡(qiǎ)住：抽屉～住了，拉不开｜鞋小了～脚。❷刁难：～人｜你别拿这事来～我。

可 kě ㄎㄜˇ ❶是，对，表示准许：许～｜认～｜不置～否。[可以]1.表示允许：～，你去吧！2.适宜，能：现在～穿棉衣了｜马铃薯～当饭吃。3.过甚，程度深：这几天冷得真～。4.还好，差不多：这篇文章还～。❷能够：牢不～破的友谊｜～大～小。[可能]能够，有实现的条件：这个计划～提前实现。❸值得，够得上(用在动词前)：～怜｜～爱｜～恶(wù)。❹适合：～心｜饭菜～口。㊀尽(jǐn)，就某种范围不加增减：～着钱花｜～着这块布料做件衣服。❺连词，可是，但，却：大家很累(lèi)，～都很愉快。❻副词。1.加强语气：这工具使着～得劲了｜他写字～快了｜这篇文章～写完了。2.表示疑问：你～知道？｜这话～是真的？3.和"岂"字义近：～不是吗！｜～不就糟了吗？4.大约：年～三十许｜长～六米。❼义同"可以2"：根～食。❽义同"可以4"：尚～。

另见 269 页 kè。

坷 kě ㄎㄜˇ 见 264 页“坎”字条“坎坷”(kǎn—)。

另见 267 页 kē。

岢 kě ㄎㄜˇ [岢岚](—lán)地名，在山西省。

炣 kě ㄎㄜˇ 火。

渴 kě ㄎㄜˇ 口干想喝水：我～了。㊃迫切：～望|～求。

可 kè ㄎㄜˋ [可汗](—hán)古代鲜卑、突厥、回纥、蒙古等族君主的称号。

另见 268 页 kě。

克(❷—❺△剋、❷—❺*尅) kè ㄎㄜˋ ❶能：不～分身|～勤～俭。❷战胜：～敌制胜。㊀战胜而取得据点：攻无不～|连～数城。[克复]战胜而收回失地。❸克服，克制，制伏：～己奉公|以柔～刚。❹严格限定：～期|～日完成。❺消化：～食。❻(藏)容量单位，1克青稞约重25市斤。也是地积单位，播种1克种子的土地称为1克地，1克约合1市亩。❼(外)质量单位，符号g，1克等于1千克的千分之一。[克隆](外)1.生物体通过体细胞进行无性繁殖，复制出遗传性状完全相同的生命物质或生命体。2.借指复制。

“剋(*尅)”另见270页 kēi。

氪 kè ㄎㄜˋ 气体元素，符号Kr，无色、无味、无臭，不易跟其他元素化合。

刻 kè ㄎㄜˋ ❶雕，用刀子挖(㊟雕—)：～图章。[深刻]深入，对事理能进一层分析：～地领会|描写得很～。❷十五分钟为一刻。❸时间：即～|顷～(极短的时间)。❹不厚道(㊟—薄)：尖～|苛～。[刻苦]不怕难，肯吃苦：～用功|生活很～。❺同“克❹”。

恪 kè ㄎㄜˋ 恭敬，谨慎：～遵|～守。

客 kè ㄎㄜˋ ❶客人，跟“主”相对(㊟宾—)：来～了|请～|会～。[客观]1.离开意识独立存在的，跟“主观”相对：人类意识属于主观，物质世界属于～。2.依据外界事物而做观察的，没有成见的：他看问题很～。[客家]古代移住闽、粤等地的中原汉族人的后裔。[客气]谦让，有礼貌。❷出门在外的：～居|～籍|～商。❸指奔走他方，从事某种活动的人：说～|侠～。❹旅客，顾客：～车|～满|乘～。

K

课(課) kè ㄎㄜˋ ❶功课，有计划的分段教学：上～|今天没～。[课题]研究、讨论的主要问题或需要解决的重大事项。❷旧指教书：～徒|～读。❸古赋税的一种。❹使交纳捐税：～以重税。❺旧指某些机关学校等行政上的单位：会计～|教务～。❻占卜的一种：起～。

骒(騍) kè ㄎㄜˋ 雌性的，指骡、马等。

锞(錁) kè ㄎㄜˋ (一子)小块的金锭或银锭。

缂(緙) kè ㄎㄜˋ 缂丝(也作"刻丝")，我国特有的一种丝织的手工艺品。织纬线时，留下要补织图画的地方，然后用各种颜色的丝线补上，织出后好像是刻出的图画。

嗑 kè ㄎㄜˋ 上下门牙对咬有壳的或硬的东西：～瓜子。

溘 kè ㄎㄜˋ 忽然：～逝(称人突然死亡)。

KEI ㄎㄟ

剋(*尅) kēi ㄎㄟ 〈方〉❶打(人)。❷申斥：狠狠地～了他一顿。

另见269页kè"克"。

KEN ㄎㄣ

肯(❷*肎) kěn ㄎㄣˇ ❶许可，愿意：他不～来|只要你～做就能成功|首～(点头答应)。[肯定]1. 正面承认：～成绩，指出缺点。2. 确定不移：我们的计划～能超额完成。❷骨头上附着的肉。[肯綮](—qìng)筋骨结合的地方。喻事物的关键。[中肯](zhòng—)喻抓住重点，切中要害：说话～。

啃 kěn ㄎㄣˇ 用力从较硬的东西上一点一点地咬下来：～老玉米|老鼠把抽屉～坏了。

垦(墾) kěn ㄎㄣˇ ❶用力翻土：～地。❷开垦，开辟荒地：～荒|～殖。

恳(懇) kěn ㄎㄣˇ 诚恳，真诚：～求|～托|～谈。

龈(齦) kěn ㄎㄣˇ 同"啃"。另见593页yín。

掯 kèn ㄎㄣˋ 〈方〉❶按，压：～住牛脖子。❷刁难：勒(lēi)～。

裉(**褃) kèn ㄎㄣˋ 衣服腋下前后相

连的部分：杀～（把袖缝上）|抬～（称衣服从肩到腋下的宽度）。（图见583页“上衣”）

KENG ㄎㄥ

坑（*阬） kēng ㄎㄥ ❶（-子、-儿）洼下去的地方：水～|泥～。❷把人活埋：～杀。❸坑害，设计（jì）使人受到损害：～人。❹地洞，地道：～道|矿～。

吭 kēng ㄎㄥ 出声，发言：不～声|一声也不～。

另见182页háng。

硁（硜、**硻） kēng ㄎㄥ 形容敲打石头的声音。

铿（鏗） kēng ㄎㄥ 金石等敲打、撞击的响声。［铿锵］（-qiāng）声音响亮而有节奏：～悦耳。

KONG ㄎㄨㄥ

空 kōng ㄎㄨㄥ ❶里面没有东西或没有内容：～房子|～碗。㉑不合实际的：～话|～想|～谈。［空洞］没有内容的：他说的话很～。［空头］不发生作用的，有名无实的：～支票。［凭空］无根据：～捏造。❷无着落，无成效，无结果：～跑了一趟|～忙一阵|落～|扑了个～。❸天空：～军|航～。［空间］一切物质存在和运动所占的地方。［空气］包围在地球表面，充满空间的气体。是氮、氧和少量惰性气体及其他气体的混合物。㊄情势：～紧张。❹姓。

另见272页kòng。

埪 kōng ㄎㄨㄥ 用于地名：裴家～（在陕西省西安）。

崆 kōng ㄎㄨㄥ ［崆峒］（-tóng）1.山名，在甘肃省平凉。2.岛名，在山东省烟台。

硿 kōng ㄎㄨㄥ 形容石头撞击声。

另见272页kòng。

箜 kōng ㄎㄨㄥ ［箜篌］（-hóu）古代的一种弦乐器，像瑟而比较小。

孔 kǒng ㄎㄨㄥˇ ❶小洞，窟窿：鼻～|针～。❷量词，用于窑洞、隧道等：一～土窑。

恐 kǒng ㄎㄨㄥˇ ❶害怕，心里慌张不安（㊥-惧、-怖）：唯～|惊～|有恃（shì）无～。［恐吓］（-hè）吓（xià）唬，威吓（hè）。［恐慌］1.慌张害怕。2.危机，使人感觉不安的现象：经济～。❷副词，恐怕，表示疑虑不定或推测，有

"或者"、"大概"的意思：～不可信|～事出有因。

倥 kǒng ㄎㄨㄥˇ [倥偬](— zǒng)1.事情紧迫匆促：戎马～(形容军务繁忙)。2.穷困。

空 kòng ㄎㄨㄥˋ ❶使空(kōng)，腾出来：～一个格|～出一间房子|想法～出一些时间来。❷闲着的，没被利用的：～房|～地。❸(—儿、—子)没被占用的时间或地方：有～儿再来|会场里挤得连一点儿～儿都没有。

另见 271 页 kōng。

控 kòng ㄎㄨㄥˋ ❶告状，告发罪恶(㊥—告)：指～|被～|～诉。❷节制，驾驭：遥～|掌～|～制。❸倒悬瓶、罐等，使其中的液体流净。

硿 kòng ㄎㄨㄥˋ 用于地名：～南(在广东省五华)。

另见 271 页 kōng。

鞚 kòng ㄎㄨㄥˋ 带嚼子的马笼头。

KOU ㄎㄡ

抠(摳) kōu ㄎㄡ ❶用手指或细小的东西挖：～了个小洞|把掉在砖缝里的豆粒～出来。㉑向狭窄的方面深求：～字眼|死～书本。❷雕刻(花纹)。❸〈方〉吝啬，小气：～门儿|这人真～。

弜(彄) kōu ㄎㄡ 弓弩两端系弦的地方。

眍(瞘) kōu ㄎㄡ [眍䁖](— lou)眼睛深陷：他病了一场，眼睛都～了。

芤 kōu ㄎㄡ ❶古时葱的别名。❷芤脉，中医指按起来中空无力的脉象，好像按葱管的感觉。

口 kǒu ㄎㄡˇ ❶人和动物吃东西的器官。有的也是发音器官的一部分。(图见501页"头")[口舌]1.因说话引起的误会或纠纷。2.劝说、交涉或搬弄是非时说的话：费尽～。[口吻]从语气间表现出来的意思。❷容器通外面的部分：缸～|碗～|瓶～。❸(—儿)出入通过的地方：门～|胡同～儿|河～|海～|关～。特指长城的某些关口：～北|～蘑|～马。特指港口：～岸|出～|转(zhuǎn)～。❹(—子、—儿)破裂的地方：衣服撕了个～儿|伤～|决～。❺锋刃：刀还没有开～。❻骡马等的年龄(骡马等的年龄可以由牙齿的多少和磨损的程

度看出来)：这匹马～还轻｜六岁～。❼量词。1.用于人：一家五～。2.用于牲畜：一～猪。3.用于器物：一～锅｜一～钟。

叩(❶*敂) kòu ㄎㄡˋ ❶敲打：～门。❷叩头(首)，磕头，一种旧时代的礼节：～拜｜～谢。❸询问，打听：～问。

扣(❷*釦) kòu ㄎㄡˋ ❶用圈、环等东西套住或拢住：把门～上｜把扣子～好。❷(－子、－儿)衣纽：衣～。❸(－子、－儿)绳结：活～儿。❹把器物口朝下放或覆盖东西：把碗～在桌上｜用盆把剩菜～上。㉇使相合：这句话～在题上了。❺扣留，关押：驾驶证被～了｜他被～了起来。❻从中减除：九～(减到原数的百分之九十)｜七折八～(喻一再减除)。［克扣］私行扣减，暗中剥削：～工资。❼螺纹：螺丝～｜套～。㉇螺纹的一圈叫一扣：拧上两～就行。

筘(**簆) kòu ㄎㄡˋ 织布机上的一种机件，经线从筘齿间通过，它的作用是把纬线推到织口。

寇(*寇) kòu ㄎㄡˋ ❶盗匪，侵略者：敌～。❷敌人来侵略：～边。

蔻 kòu ㄎㄡˋ ［豆蔻］草本植物，形状像芭蕉。种子扁圆形，暗棕色，有香味，可入药。［豆蔻年华］指女子十三四岁的年龄。

彀(鷇) kòu ㄎㄡˋ 初生的小鸟。

KU ㄎㄨ

矻 kū ㄎㄨ ［矻矻］努力、勤劳的样子。

刳 kū ㄎㄨ 从中间破开再挖空：～木为舟。

枯 kū ㄎㄨ 水分全没有了，干(㉆－干、干－)：～树｜～草｜～井。㉅肌肉干瘪：～瘦的手。［枯燥］没趣味：～乏味｜这种游戏太～。

骷 kū ㄎㄨ ［骷髅］(－lóu)没有皮肉毛发的尸骨或头骨。

哭 kū ㄎㄨ 因痛苦悲哀等而流泪发声：痛～流涕｜～～啼啼。

圐(**啰) kū ㄎㄨ ［圐圙］(－lüè)(蒙)围起来的草场。多用于地名：薛～(在山西省山阴)。

窟 kū ㄎㄨ ❶洞穴：石～｜狡兔三～(喻有多个藏身的

地方)。[窟窿](—long)孔,洞。⑯亏空,债务:拉~(借债)。❷某种人聚集的地方:贫民~|魔~。

苦 kǔ ㄎㄨˇ ❶像胆汁或黄连的味道,跟“甜”、“甘”相对:~胆|良药~口利于病。❷感觉难受的,困苦的:~境|~日子|吃~耐劳。[苦主]被害人的家属。❸为某种事物所苦:~夏|~于不懂英文。❹有耐心地,尽力地:~劝|~学|~战|~求。❺使受苦:这件事~了他。

库(庫) kù ㄎㄨˋ ❶贮存东西的房屋或地方(㉔仓—):入~|水~。❷电荷量单位名库仑的简称,符号C。

裤(褲、*袴) kù ㄎㄨˋ 裤子。(图见583页“裤子”)

绔(絝) kù ㄎㄨˋ ❶旧同“裤”。古指套裤。❷见510页“纨”字条“纨绔”(wán—)。

喾(嚳) kù ㄎㄨˋ 传说中上古帝王名。

酷 kù ㄎㄨˋ ❶残酷,暴虐、残忍的:~刑。❷极,表示程度深:~暑|~似|~爱。❸(外)形容人潇洒英俊或表情冷峻。

KUA ㄎㄨㄚ

夸(誇) kuā ㄎㄨㄚ ❶说大话:~口|~大|~~其谈。[夸张]1.说得不切实际,说得过火。2.一种修辞手法,用夸大的词句来形容事物。❷夸奖,用话赞扬:人人都~他进步快。

姱 kuā ㄎㄨㄚ 美好。

侉(**咵) kuǎ ㄎㄨㄚˇ ❶口音与本地语音不同(多含轻蔑意):他说话有点儿~。❷土气:这身衣服真~。

垮 kuǎ ㄎㄨㄚˇ 倒塌,坍塌:房子被大水冲~了。⑯完全破坏:别把身体累~了。[垮台]崩溃瓦解。

挎 kuà ㄎㄨㄚˋ ❶胳膊弯起来挂着东西:他胳膊上~着篮子。❷把东西挂在肩头上或挂在腰里:肩上~着文件包。

胯 kuà ㄎㄨㄚˋ 腰和大腿之间的部分:~骨|~下。

跨 kuà ㄎㄨㄚˋ ❶抬起一条腿向前或旁边移动:一步~过|~着大步。❷骑,两脚分在器物的两边坐着或立着:~

在马上|小孩～着门槛。❸超越时间或地区之间的界限：～年度|～省。❹附在旁边：～院|旁边～着一行(háng)小字。

KUAI ㄎㄨㄞ

㧟(擓) kuǎi ㄎㄨㄞˇ ❶搔，轻抓：～痒痒。❷用胳膊挎着：～着篮子。

蒯 kuǎi ㄎㄨㄞˇ 蒯草，草本植物，丛生在水边，叶条形，可用来织席或造纸。

会(會) kuài ㄎㄨㄞˋ 总计。[会计]1.管理和计算财务的工作。2.管理和计算财务的人。

另见206页huì。

侩(儈) kuài ㄎㄨㄞˋ 旧指以拉拢买卖、从中取利为职业的人。[市侩]唯利是图、庸俗可厌的人。

郐(鄶) kuài ㄎㄨㄞˋ 周代诸侯国名，在今河南省新密。

哙(噲) kuài ㄎㄨㄞˋ 咽下去。

狯(獪) kuài ㄎㄨㄞˋ 狡猾：狡～。

浍(澮) kuài ㄎㄨㄞˋ 田间水沟。

另见206页huì。

脍(膾) kuài ㄎㄨㄞˋ 细切的肉：～炙人口(喻诗文等被人传诵)。

鲙(鱠) kuài ㄎㄨㄞˋ 鱼名，即鳓(lè)鱼。

块(塊) kuài ㄎㄨㄞˋ ❶(－儿)成疙瘩或成团的东西：糖～儿|土～|～根|～茎。❷量词。1.用于块状或某些片状的东西：一～地|一～布|一～肥皂。2.用于货币：十～钱。

快 kuài ㄎㄨㄞˋ ❶速度高，跟"慢"相对：～车|进步很～。❷赶紧，从速：～上学吧！|～回去吧！❸副词，将，就要，接近：天～亮了|他～五十岁了|我～毕业了。❹敏捷：脑子～|手疾眼～。❺锋利，跟"钝"相对：刀不～了，该磨一磨|～刀斩乱麻(喻迅速果断地解决复杂的问题)。❻爽快，直截了当：～人～语|心直口～。❼高兴，舒服：～乐|～活|～事|大～人心|身子不～。

筷 kuài ㄎㄨㄞˋ (－子)用竹、木、金属等制的夹饭菜或其他东西用的细棍儿。

KUAN ㄎㄨㄢ

宽（寬） kuān ㄎㄨㄢ ❶阔大，跟"窄"相对（㊀一广、一阔）：马路很～。[宽绰]（—chuo）1. 宽阔。2. 富裕。❷物体横的方面的距离，长方形多指短的一边：长方形的面积是长乘以～。❸放宽，使松缓：～限|～心。㊁1. 解除，脱：请～了大衣吧！2. 延展：～限几天。3. 宽大，不严：～容|从～处理。❹宽裕，富裕：手头不～。

髋（髖） kuān ㄎㄨㄢ 髋骨，通称胯骨，组成骨盆的大骨，左右各一，是由髂骨、坐骨、耻骨合成的。

款（*欵） kuǎn ㄎㄨㄢˇ ❶法令、规定、条文里分的项目：第几条第几～。❷（一子）经费，钱财（㊀一项）：存～|拨～。❸器物上刻的字：钟鼎～识（zhì）。㊁（一儿）书画、信件头尾上的名字：上～|下～|落～（题写名字）。[款式]格式，样子。❹诚恳：～待|～留。❺敲打，叩：～门|～关而入。❻缓，慢：～步|点水蜻蜓～～飞。

K

窾 kuǎn ㄎㄨㄢˇ 空。

KUANG ㄎㄨㄤ

匡 kuāng ㄎㄨㄤ ❶纠正：～谬（miù）|～正。❷救，帮助：～救|～助。❸〈方〉粗略计算，估算：～算～算。

劻 kuāng ㄎㄨㄤ [劻勷]（—ráng）急促不安。

诓（誆） kuāng ㄎㄨㄤ 骗，欺骗（㊀一骗）：别～人。

哐 kuāng ㄎㄨㄤ 形容物体撞击震动声：～啷（lāng）|～的一声脸盆掉在地上了。

洭 kuāng ㄎㄨㄤ 洭水，古水名，在今广东省。

筐 kuāng ㄎㄨㄤ （一子、一儿）竹子或柳条等编的盛东西的器具。

狂 kuáng ㄎㄨㄤˊ ❶疯癫，精神失常（㊀疯一、癫一）：～人|发～。❷任情地做，不用理智约束感情：～放不拘|～喜|～欢。[狂妄]极端自高自大。❸猛烈的，声势大的：～风暴雨|～澜（大浪头）|～飙（急骤的大风）。

诳（誑） kuáng ㄎㄨㄤˊ 欺骗，瞒哄：～语。

鵟（鵟） kuáng ㄎㄨㄤˊ 鸟名，外形像老鹰，尾部羽毛不分叉。吃鼠类等，是益鸟。

夼 kuǎng ㄎㄨㄤˇ〈方〉两山间的大沟。多用于地名：刘家～（在山东省烟台）|马草～（在山东省荣成）。

邝（鄺） kuàng ㄎㄨㄤˋ 姓。

圹（壙） kuàng ㄎㄨㄤˋ ❶墓穴。❷旷野。[圹埌]（－làng）形容原野一望无际的样子。

纩（纊） kuàng ㄎㄨㄤˋ 丝绵絮。

旷（曠） kuàng ㄎㄨㄤˋ ❶空阔（㊀空－）：～野|地～人稀。[旷世]当代没有能够相比的：～功勋。❷心境阔大：心～神怡|～达。❸荒废，耽搁：～工|～课|～日持久。

矿（礦、*鑛） kuàng ㄎㄨㄤˋ（旧读 gǒng）❶矿物，蕴藏在地层中的自然物质：铁～|煤～|油～。❷开采矿物的场所：～井|～坑|下～。

况（*況） kuàng ㄎㄨㄤˋ ❶情形（㊀情－）：近～|实～。❷比，譬：以古～今。❸文言连词，表示更进一层。1. 相当于“况且”：～仓卒吐言，安能皆是？2. 相当于“何况”：此事成人尚不能为，～幼童乎？[况且]连词，表示更进一层：这本书内容很好，～也很便宜，买一本吧。[何况]连词，表示反问：小孩都能办到，～我呢？

贶（貺） kuàng ㄎㄨㄤˋ 赐，赠。

框 kuàng ㄎㄨㄤˋ ❶门框，安门的架子。（图见128页“房屋的构造”）❷（－子、－儿）镶在器物外围有支撑作用或保护作用的东西：镜～儿|眼镜～子。❸（－儿）周围的圈儿。㊕原有的范围，固有的格式：不要有～～儿。❹加框：把这几个字～起来。❺限制，约束：不要～得太严，要有灵活性。

眶 kuàng ㄎㄨㄤˋ（－子、－儿）眼眶，眼的四周：眼泪夺～而出。

KUI ㄎㄨㄟ

K

亏（虧） kuī ㄎㄨㄟ ❶缺损，折（shé）耗：月有盈～（圆和缺）|气衰血～|～本。㊁1. 缺少，缺，欠：功～一篑|～秤|理～。2. 损

失:吃～(受损失)。[亏空](—kong)所欠的钱物:弥补～。❷亏负,对不起:～心|人不～地,地不～人。❸多亏,幸而:～了你提醒我,我才想起来。❹表示讥讽:～你还学过算术,连这么简单的账都不会算。

刲 kuī ㄎㄨㄟ 割。

岿(巋) kuī ㄎㄨㄟ 高大:～然不动。

悝 kuī ㄎㄨㄟ 用于人名。李悝,战国时政治家。

盔 kuī ㄎㄨㄟ ❶作战时用来保护头的帽子,多用金属制成:～甲|钢～。❷盆子一类的器皿:瓦～。

窥(窺、*闚) kuī ㄎㄨㄟ 从小孔、缝隙或隐蔽处偷看:～探|～伺|～见真相|管～蠡测(从竹管里看天,用瓢量海水,形容见识浅陋)。

奎 kuí ㄎㄨㄟˊ 星宿名,二十八宿之一。

喹 kuí ㄎㄨㄟˊ [喹啉](—lín)有机化合物,无色油状液体,有特殊臭味。可用来制药和制染料。

蝰 kuí ㄎㄨㄟˊ 蝰蛇,一种毒蛇,生活在森林或草地里。

逵 kuí ㄎㄨㄟˊ 通各方的道路。

馗 kuí ㄎㄨㄟˊ 同"逵"。

隗 kuí ㄎㄨㄟˊ 姓。
另见517页wěi。

魁 kuí ㄎㄨㄟˊ ❶为首的人或事物(㊀—首):罪～祸首。❷大:身～力壮。[魁梧][魁伟]高大(指身体)。❸魁星,北斗七星中第一星。又第一星至第四星的总称。

櫆 kuí ㄎㄨㄟˊ 北斗星。

揆 kuí ㄎㄨㄟˊ ❶揣测(㊀—度duó、—测):～情度理。❷道理,准则。❸掌管:以～百事。㊇旧称总揽政务的人,如宰相、内阁总理等:阁～。

葵 kuí ㄎㄨㄟˊ 植物名。1.向日葵,又叫葵花,草本植物,花序盘状,花常朝向太阳。种子叫葵花子,可以吃,又可榨油。2.蒲葵,常绿乔木。叶片大,可做蒲扇。

骙(騤) kuí ㄎㄨㄟˊ [骙骙]形容马强壮。

暌 kuí ㄎㄨㄟˊ 隔离(㊀—违、—离)。

戣 kuí ㄎㄨㄟˊ 古代戟一类的兵器。

睽 kuí ㄎㄨㄟˊ ❶违背不合。❷同"暌"。

[睽睽]张大眼睛注视：众目～。

夔 kuí ㄎㄨㄟˊ ❶古代传说中一种奇异的动物，似龙，一足。❷夔州，古地名，今重庆市奉节。

颏（頍） kuǐ ㄎㄨㄟˇ 古代的一种发饰，用来束发并固定帽子。

傀 kuǐ ㄎㄨㄟˇ [傀儡]（—lěi）木偶戏里的木头人。㊉徒有虚名，无自主权，受人操纵的人或组织：～政府。

跬 kuǐ ㄎㄨㄟˇ 古代称半步，一只脚迈出的距离，相当于今天的一步：～步不离。

煃 kuǐ ㄎㄨㄟˇ 火燃烧的样子。

匮（匱） kuì ㄎㄨㄟˋ 缺乏（㊀—乏）。

〈古〉又同"柜"（guì）。

蒉（蕢） kuì ㄎㄨㄟˋ 古时用草编的筐子。

馈（饋、*餽） kuì ㄎㄨㄟˋ 馈赠，赠送。

溃（潰） kuì ㄎㄨㄟˋ ❶溃决，大水冲开堤岸。[溃围]突破包围。❷散乱，垮台：～散｜～败｜～不成军｜崩～。❸肌肉组织腐烂：～烂｜～疡（yáng）。

另见 208 页 huì。

愦（憒） kuì ㄎㄨㄟˋ 昏乱，糊涂（㊀昏—）。

䙌（襀） kuì ㄎㄨㄟˋ 〈方〉❶（—儿）用绳子、带子等拴成的结：活～儿｜死～儿。❷拴，系（jì）：～个䙌儿｜把牲口～上。

聩（聵） kuì ㄎㄨㄟˋ 耳聋：昏～（喻不明事理）｜发聋振～（喻用语言文字等方式唤醒愚昧麻木的人）。

篑（簣） kuì ㄎㄨㄟˋ 古时盛土的筐子：功亏一～。

喟 kuì ㄎㄨㄟˋ 叹气：感～｜～叹。

愧（*媿） kuì ㄎㄨㄟˋ 羞惭（㊀惭—、羞—）：问心无～｜他真不～是劳动模范。

KUN ㄎㄨㄣ

坤（△*堃） kūn ㄎㄨㄣ ❶八卦之一，符号是"☷"，代表地。❷称女性的：～包｜～车。

昆（❹*崑、❹*崐） kūn ㄎㄨㄣ

❶众多。[昆虫]节肢动物的一类，身体分头、胸、腹三部分，有三对足，如蜂、蝶、跳蚤、蝗虫等。❷子孙，后嗣：后～。❸哥哥：～弟|～仲。❹[昆仑]山脉名，西起帕米尔高原，分三支向东分布。

娓 kūn ㄎㄨㄣ 人名用字。

琨 kūn ㄎㄨㄣ 一种玉。

焜 kūn ㄎㄨㄣ 明亮。

鹍(鵾、**鶤) kūn ㄎㄨㄣ [鹍鸡]古书上说的一种像鹤的鸟。

锟(錕) kūn ㄎㄨㄣ [锟铻](-wú)宝刀和宝剑名。

醌 kūn ㄎㄨㄣ 有机化合物的一类，是芳香族母核的两个氢原子各由一个氧原子所代替而成的。

鲲(鯤) kūn ㄎㄨㄣ 传说中的一种大鱼。

堃 kūn ㄎㄨㄣ ❶见279页"坤"。❷用于人名。❸姓。

裈(褌) kūn ㄎㄨㄣ 古代称有裆裤或内裤。

髡(**髨) kūn ㄎㄨㄣ 古代剃去头发的刑罚。

捆(*綑) kǔn ㄎㄨㄣˇ ❶用绳等缠紧、打结：把行李～上。❷(-子、-儿)量词，用于捆在一起的东西：一～儿柴火|一～儿竹竿|一～报纸。

阃(閫) kǔn ㄎㄨㄣˇ ❶门槛。❷妇女居住的内室。

悃 kǔn ㄎㄨㄣˇ 诚实，诚心。

壸(壼) kǔn ㄎㄨㄣˇ 宫里面的路。

困(❸❹睏) kùn ㄎㄨㄣˋ ❶陷在艰难痛苦里面：为病所～。㉑包围住：把敌人～在城里。❷穷苦，艰难：～难|～境。❸疲乏，困倦：孩子～了，该睡觉了。❹〈方〉睡：～觉。

KUO ㄎㄨㄛ

扩(擴) kuò ㄎㄨㄛˋ 放大，张大：～音器|～充|～大|～容。

括(*插) kuò ㄎㄨㄛˋ ❶扎，束：～发(fà)|～约肌(在肛门、尿道等靠近开口的地方，能收缩、扩张的环状肌肉)。❷包容(㊂包—)：总～。

另见167页guā。

适 kuò ㄎㄨㄛˋ 古同"适"。另见457页shì。

蛞 kuò ㄎㄨㄛˋ [蛞蝼](—lóu)蝼蛄。[蛞蝓](—yú)软体动物,像蜗牛而没有壳,吃蔬菜或瓜果的叶子,对农作物有害。

适 kuò ㄎㄨㄛˋ 疾速。多用于人名。

阔(闊、*濶) kuò ㄎㄨㄛˋ ❶面积或范围宽广(㊥广—):宽~|高谈~论。㊣时间长或距离远:~别。❷钱财多,生活奢侈:摆~|~气|~人。

廓 kuò ㄎㄨㄛˋ ❶物体的外缘:轮~|耳~。❷空阔:寥~。❸扩大。

[廓清]肃清,清除:~道路上的障碍|残匪已经~。

L ㄌ

LA ㄌㄚ

垃 lā ㄌㄚ [垃圾](—jī)脏土或扔掉的破烂东西。

拉 lā ㄌㄚ ❶牵,扯,拽:~车|把渔网~上来。㊣1.使延长:~长声儿。2.拉拢,联络:~关系。[拉倒](—dǎo)算了,作罢:他不来~。❷排泄粪便:~屎。❸用车运:~货|~肥料。❹帮助:他有困难,应该~他一把。❺牵累,牵扯:一人做事一人当,不要~上别人。❻拉动乐器的某部分,使乐器发出声音:~二胡|~手风琴。❼闲谈:~话|~家常。

[拉祜族](—hù—)我国少数民族,参看附表。

另见281页lá。

啦 lā ㄌㄚ [呼啦][哇啦][叽哩呱啦]拟声词。

另见282页la。

邋 lā ㄌㄚ [邋遢](—ta)不利落,不整洁:他收拾得很整齐,不像过去那样~了。

旯 lá ㄌㄚˊ 见144页"旮"字条"旮旯"(gā—)。

拉 lá ㄌㄚˊ 割,用刀把东西切开一道缝或切断:~了一个口子|~下一块肉。

另见281页lā。

砬(**磖) lá ㄌㄚˊ 〈方〉砬子,大石块。多用于地名。

剌 lá ㄌㄚˊ 同"拉"(lá)。另见282页là。

喇 lǎ ㄌㄚˇ [喇叭](—ba)1.一种管乐器。2.像喇叭的东西:汽车~|扩音~。

[喇嘛](—ma)〈藏〉藏传佛教的僧侣,原为尊称,意思是"上人"。

剌 là ㄌㄚˋ〈古〉违背常情、事理,乖张:乖~|~谬。

另见281页lá。

瘌 là ㄌㄚˋ[瘌痢](—lì)〈方〉秃疮,生在人头上的皮肤病。

蝲 là ㄌㄚˋ[蝲蛄](—gǔ)甲壳动物,外形像龙虾而小。生活在淡水中,是肺吸虫的中间宿主。[蝲蝲蛄](——gǔ)即蝼蛄。

鯻(鯻) là ㄌㄚˋ 鱼名,身体侧扁,灰白色,有黑色纵条纹,口小。生活在热带和亚热带海里。

鬎 là ㄌㄚˋ[鬎鬁](—lì)同"瘌痢"。

落 là ㄌㄚˋ 丢下,遗漏:丢三~四|~了一个字|大家走得快,把他~下了。

另见289页lào;327页luò。

腊(臘、❶*臈) là ㄌㄚˋ ❶古代在农历十二月举行的一种祭祀。⑭农历十二月:~八(农历十二月初八)|~肉(腊月或冬天腌制后风干或熏干的肉)。❷姓。

另见528页xī。

蜡(蠟) là ㄌㄚˋ ❶动物、植物或矿物所产生的某些油质,具有可塑性,易熔化,不溶于水,如蜂蜡、白蜡、石蜡等。❷蜡烛,用蜡或其他油脂制成的照明的东西,多为圆柱形,中心有捻,可以燃点。

另见630页zhà。

辣(*辢) là ㄌㄚˋ ❶姜、蒜、辣椒等的味道。⑩凶狠,刻毒:毒~|心狠手~。❷辣味刺激:~眼睛。

镴(鑞) là ㄌㄚˋ 锡和铅的合金,又叫白镴、锡镴,可用来焊接金属器物。

啦 la·ㄌㄚ 助词,"了"(le)、"啊"(a)合音,作用大致和"了(le)❷"接近,但感情较为强烈:他已经来~|他早就走~。

另见281页lā。

鞡 la·ㄌㄚ 见526页"靰"字条"靰鞡"(wù—)。

LAI ㄌㄞ

来(來) lái ㄌㄞˊ ❶从别的地方到说话人所在的地方,由另一方面到这一方面,跟"去"相对:我~北京三年了|~信|~源。[来

往]交际。❷表示时间的经过。1.某一个时间以后:自古以~|从~|向~|这一年~他的进步很大。2.现在以后:未~|~年(明年)。❸表示约略估计的数目,将近或略超过某一数目:十~个|三米~长|五十~岁。❹做某一动作(代替前面的动词):再~一个!|这样可~不得!|我办不了,你~吧!❺在动词前,表示要做某事:我~问你|大家~想想办法|我~念一遍吧!❻在动词后,表示曾经做过。也说"来着"(—zhe):昨天开会你跟谁辩论~?|这话我哪ㄦ说~?❼在动词后,表示动作的趋向:一只燕子飞过~|大哥托人捎~了一封信|拿~|进~|上~。❽表示发生,出现:房屋失修,夏天一下暴雨,麻烦就~了|问题~了|困难~了。❾助词,在数词"一"、"二"、"三"后,表示列举:一~领导正确,二~自己努力,所以能胜利地完成任务。❿在诗歌等中用作衬字:正月里~是新春。

俫(倈) lái ㄌㄞˊ 用于地名:大~庄(在山东省潍坊)。

莱(萊) lái ㄌㄞˊ 藜。

崃(崍) lái ㄌㄞˊ 见413页"邛"字条"邛崃"(qióng—)。

徕(徠) lái ㄌㄞˊ [招徕]把人招来:~顾客。

涞(淶) lái ㄌㄞˊ 涞水,古水名,即今拒马河。今河北省涞源县和涞水县都从涞水得名。

梾(棶) lái ㄌㄞˊ [梾木]落叶乔木,花黄白色,核果椭圆形。木质坚硬细致,种子可榨油。

铼(錸) lái ㄌㄞˊ 金属元素,符号Re,质硬,电阻高。可用来制电灯灯丝等,也用作催化剂。

赉(賚) lài ㄌㄞˋ 赐,给:赏~。

睐(睞) lài ㄌㄞˋ ❶瞳仁不正。❷看,向旁边看:青~(指喜欢或重视)。

赖(賴、*頼) lài ㄌㄞˋ ❶依赖,仗恃,倚靠:倚~|任务的提前完成有~于大家的共同努力。❷抵赖,不承认以前的事:~账|事实俱在,~是~不掉的。❸诬赖,硬说别人有过错:自己做错了,不能~别人。❹怪罪,责备:学习不进步只能~

自己不努力。❺不好，劣，坏：今年庄稼长得真不～。❻留在某处不肯离开：～着不走｜每天～在家里，什么也不干。

濑（瀨） lài ㄌㄞˋ 流得很急的水。

癞（癩） lài ㄌㄞˋ ❶中医指麻风病。❷〈方〉瘌痢。❸像生了癞的。1.因生癣疥等皮肤病而毛发脱落的：～狗。2.表皮凹凸不平或有斑点的：～蛤蟆｜～瓜。

籁（籟） lài ㄌㄞˋ 古代的一种箫。㊀孔穴里发出的声音，泛指声音：天～｜万～俱寂。

LAN ㄌㄢ

兰（蘭） lán ㄌㄢˊ 植物名。1.兰花，草本植物，丛生，叶细长，花味清香。有草兰、建兰等多种。2.兰草，草本植物，叶卵形，边缘锯齿形。秋天开花，有香味，可供观赏。

拦（攔） lán ㄌㄢˊ 遮拦，阻挡，阻止（㊎一挡、阻一）：～住他，不要让他进来。

栏（欄） lán ㄌㄢˊ ❶遮拦的东西：木～｜花～。［栏杆］用竹、木、金属或石头等制成的遮拦物：桥～。也作"阑干"。❷养家畜的圈(juàn)：牛～。❸书刊报章在每版或每页上用线条或空白分成的各个部分：～目｜新闻～｜广告～｜每页分两～。❹表格中分项的格子：前三～｜备注～。❺专门用来张贴布告、报纸等的地方：报～｜宣传～。

岚（嵐） lán ㄌㄢˊ 山中的雾气。

婪 lán ㄌㄢˊ 贪爱财物（㊎贪一）。

阑（闌） lán ㄌㄢˊ ❶同"栏❶"。［阑干］1.纵横交错，参差错落：星斗～。2.同"栏杆"。❷同"拦"。❸尽，晚：夜～人静。［阑珊］衰落，衰残。

［阑入］进入不应进去的地方，混进。

谰（讕） lán ㄌㄢˊ 抵赖，诬陷：～言（诬赖的话）。

澜（瀾） lán ㄌㄢˊ 大波浪，波浪（㊎波一）：力挽狂～｜推波助～。

斓（斕） lán ㄌㄢˊ 见12页"斑"字条"斑斓"(bān一)。

镧(鑭) lán ㄌㄢˊ 金属元素，符号La，银白色，质软。它的化合物可制光学玻璃、高温超导体等。

襕(襴) lán ㄌㄢˊ 古代上下衣相连的长袍在下摆所加的横幅。

蓝(藍) lán ㄌㄢˊ ❶蓼(liǎo)蓝，草本植物，叶长椭圆形。从叶子中提制的靛青可做染料，叶可入药。❷用靛青染成的颜色，像晴天天空的颜色。[蓝本]著作所根据的原本。[蓝领]一般指从事生产、维修等体力劳动的工人。

褴(襤) lán ㄌㄢˊ [褴褛](*蓝缕)(—lǚ)衣服破烂。

篮(籃) lán ㄌㄢˊ (—子、—儿)用藤、竹、柳条等编的盛东西的器具，上面有提梁：菜～子|网～。

礛(礷) lán ㄌㄢˊ 用于地名：干～(在浙江省舟山市)。

览(覽) lǎn ㄌㄢˇ 看，阅(㊀阅—)：游～|博～群书|一～表。

揽(攬) lǎn ㄌㄢˇ ❶把持：大权独～。❷拉到自己这方面或自己身上来：包～|～生意|推功～过。❸搂，捆：母亲把孩子～在怀里|用绳子把柴火～上点儿。

缆(纜) lǎn ㄌㄢˇ ❶系船用的粗绳子或铁索：～绳|解～(开船)。㊂许多股绞成的粗绳：钢～|电～|光～。❷用绳子拴(船)：～舟。

榄(欖) lǎn ㄌㄢˇ 见148页“橄”字条“橄榄”(gǎn—)。

罱 lǎn ㄌㄢˇ ❶捕鱼或捞水草、河泥的工具。❷用罱捞：～河泥肥田。

漤 lǎn ㄌㄢˇ ❶把柿子放在热水或石灰水里泡几天，去掉涩味。❷用盐腌(菜)，除去生味。

懒(懶、*嬾) lǎn ㄌㄢˇ ❶怠惰，不喜欢工作，跟“勤”相对(㊀—惰)：～汉|好(hào)吃～做。[懒得](—de)不愿意，厌烦：我都～说了。❷疲惫，困乏：浑身发～。

烂(爛) làn ㄌㄢˋ ❶因过熟而变得松软：稀粥～饭|蚕豆煮得真～。㊂程度极深的：～醉|台词背得～熟。❷东西腐坏(㊀腐—)：桃和葡萄容易～。㊄崩溃，败

L

坏：敌人一天天～下去，我们一天天好起来。❸破碎（㊀破—）：破铜～铁｜～纸｜衣服穿～了。❹头绪乱：～摊子。

［烂漫］（*烂熳、*烂缦）1.色彩鲜明美丽：山花～。2.坦率自然，毫不做作：天真～。

滥（濫） làn ㄌㄢˋ ❶流水漫溢：泛～。［滥觞］（—shāng）㊅事物的起源。❷不加选择，不加节制：～交朋友｜～用｜粗制～造｜宁缺毋～。㊂浮泛不合实际：陈词～调。

LANG ㄌㄤ

啷 lāng ㄌㄤ 见 88 页“当”字条“当啷”（dāng—）。

郎 láng ㄌㄤˊ ❶对年轻男子的称呼：～才女貌。㊂对某种人的称呼：货～｜放牛～。❷女子称情人或丈夫：情～｜～君。❸古官名：侍～。［郎中］1.〈方〉医生。2.古官名。❹姓。

另见 287 页 làng。

廊 láng ㄌㄤˊ ❶（—子）走廊，有顶的过道：游～｜长～。❷（—子）廊檐，房屋前檐伸出的部分，可避风雨，遮太阳。

嫏 láng ㄌㄤˊ ［嫏嬛］（—huán）同“琅嬛”。

榔 láng ㄌㄤˊ ［榔头］（—tou）锤子。

锒（鋃） láng ㄌㄤˊ ［锒头］旧同“榔头”。

螂（*蜋） láng ㄌㄤˊ 见 485 页“螳”字条“螳螂”（táng—）、404 页“蜣”字条“蜣螂”（qiāng—）、633 页“蟑”字条“蟑螂”（zhāng—）、328 页“蚂”字条“蚂螂”（māláng）。

狼 láng ㄌㄤˊ 兽名，像狗，嘴长而尖，耳直立，尾下垂。性狡猾凶狠，昼伏夜出。［狼狈］1.倒霉或受窘的样子：～不堪。2.勾结起来（共同做坏事）：～为奸。［狼烟］古代在白天报警的烽火，据说用狼粪燃烧。㊂战火：～四起。

阆（閬） láng ㄌㄤˊ 见 265 页“闶”字条“闶阆”（kāng—）。

另见 287 页 làng。

琅（*瑯） láng ㄌㄤˊ 一种玉石。［琅玕］（—gān）像珠子的美石。［琅琅］形容金石相击的声音或响亮的读书声：书声～。

［琅嬛］（—huán）神话中天帝藏书的地方。也作“嫏嬛”。

桹 láng ㄌㄤˊ ［桹桹］形容木头相撞击的声音。

锒(鋃) láng ㄌㄤˊ ［锒铛］(－dāng)1.铁锁链：～入狱。2.形容金属撞击的声音。

稂 láng ㄌㄤˊ 古书上指狼尾草。

筤 láng ㄌㄤˊ 幼竹。

朗 lǎng ㄌㄤˇ ❶明朗，明亮，光线充足：晴～|豁(huò)然开～|天～气清。❷声音清楚、响亮：～诵|～读。

蓢 lǎng ㄌㄤˇ 用于地名：～底(在广东省恩平)|南～(在广东省中山)。

塱(**塑) lǎng ㄌㄤˇ 用于地名：河～(在广东省阳春)。

㮾 lǎng ㄌㄤˇ［㮾梨］地名，在湖南省长沙县。

烺 lǎng ㄌㄤˇ 明朗。

郎 làng ㄌㄤˋ［屎壳郎］蜣螂(qiāngláng)的俗称。
另见286页láng。

埌 làng ㄌㄤˋ 见277页"圹"字条"圹埌"(kuàng－)。

莨 làng ㄌㄤˋ ［莨菪］(－dàng)草本植物，花黄色微紫，全株有黏性腺毛，并有特殊臭味。有毒。根、茎、叶可入药。

崀 làng ㄌㄤˋ［崀山］地名，在湖南省新宁。

阆(閬) làng ㄌㄤˋ［阆中］地名，在四川省。
另见286页láng。

浪 làng ㄌㄤˋ ❶大波(㊀波－、－涛)：海～|兴风作～。❷像波浪起伏的东西：声～|麦～。❸放纵：～游|～费。

眼 làng ㄌㄤˋ 〈方〉晾晒。

蒗 làng ㄌㄤˋ ［宁蒗］(níng－)彝族自治县，在云南省。

LAO ㄌㄠ

捞(撈) lāo ㄌㄠ ❶从液体里面取东西：～鱼|～面|打～。❷用不正当的手段取得：～一把|～好处。

劳(勞) láo ㄌㄠˊ ❶劳动，人类创造物质或精神财富的活动：按～分配|不～而获。❷疲劳，辛苦：任～任怨。❸烦劳。［劳驾］请人帮助的客气话：～开门。❹慰劳，用言语或实物慰问：

L

～军。❺功勋：汗马之～。

捞（㟹） láo ㄌㄠˊ 见 152 页“圪”字条“圪㟹”（gē—）。

唠（嘮） láo ㄌㄠˊ [唠叨]（—dao）没完没了地说，絮叨：人老了就爱～。另见 289 页 lào。

崂（嶗） láo ㄌㄠˊ 崂山，山名，在山东省青岛。也作“劳山”。

铹（鐒） láo ㄌㄠˊ 人造的放射性金属元素，符号 Lr。

痨（癆） láo ㄌㄠˊ 痨病，中医指结核病，通常指肺结核。

牢 láo ㄌㄠˊ ❶养牲畜的圈（juàn）：亡羊补～（喻事后补救）。㊕古代称做祭品的牲畜：太～（牛）｜少～（羊）。❷监禁犯人的地方（㊥监—、—狱）：坐～。❸结实，坚固：～不可破｜～记党的教导。

[牢骚]（—sao）烦闷不满的情绪：发～｜～满腹。

醪 láo ㄌㄠˊ 汁渣混合的酒，浊酒。也泛称酒。[醪糟]江米酒。

老 lǎo ㄌㄠˇ ❶年岁大，时间长。1. 跟“少”、“幼”相对：～人。敬辞：吴～｜范～。2. 陈旧的：～房子｜～观念。3. 经历长，有经验：～手｜～干部。4. 跟“嫩”相对：～笋｜菠菜～了｜～绿。5. 副词，长久：～没见面了。6. 副词，经常，总是：你怎么～迟到呢？ 7. 原来的：～家｜～脾气｜～地方。❷副词，极，很：～早｜～远。❸排行（háng）在末了的：～儿子｜～妹子。❹词头。1. 加在称呼上：～弟｜～师｜～张。2. 加在兄弟姊妹次序上：～大｜～二。3. 加在某些动植物名词上：～虎｜～鼠｜～玉米。

佬 lǎo ㄌㄠˇ 成年男子（含轻视意）：阔～｜乡巴～。

荖 lǎo ㄌㄠˇ 荖浓溪，水名，在台湾省。

姥 lǎo ㄌㄠˇ [姥姥][老老]（—lao）1. 外祖母。2. 旧时接生的女人。

另见 353 页 mǔ。

栳 lǎo ㄌㄠˇ 见 266 页“栲”字条“栲栳”（kǎo—）。

铑（銠） lǎo ㄌㄠˇ 金属元素，符号 Rh，银白色，质硬，耐腐蚀。铂铑合金可制热电偶等。

潦 lǎo ㄌㄠˇ ❶雨水大。❷路上的流水，积水。

另见 304 页 liáo。

络(絡) lào ㄌㄠˋ 义同"络(luò)❶",用于一些口语词。[络子](—zi)1.用线绳结成的网状袋子。2.绕线等的器具。

另见327页luò。

烙 lào ㄌㄠˋ ❶用器物烫、熨:~铁(tie)|~衣服。[烙印]在器物上烧成的做标记的印文。㊥不易磨灭的痕迹:时代~。❷放在铛(chēng)或锅里加热使熟:~饼。

另见327页luò。

落 lào ㄌㄠˋ 义同"落"(luò),用于一些口语词语,如"落炕、落枕、落不是、落埋怨"等。

另见282页là;327页luò。

酪 lào ㄌㄠˋ ❶用动物的乳汁做成的半凝固食品:奶~。❷用果实做的糊状食品:杏仁~|核桃~。

唠(嘮) lào ㄌㄠˋ 〈方〉说话,闲谈:来,咱们~一~。

另见288页láo。

涝(澇) lào ㄌㄠˋ 雨水过多,被水淹,跟"旱"相对:排~|防旱防~。

耢(耮) lào ㄌㄠˋ ❶功用和耙(bà)相似的农具,用荆条等编成。又叫耱(mò)、盖或盖擦。❷用耢平整土地。

嫪 lào ㄌㄠˋ 姓。

LE ㄌㄜ

肋 lē ㄌㄜ [肋賦](—de)(—te)(又)衣裳肥大,不整洁:瞧你穿得这个~!

另见291页lèi。

仂 lè ㄌㄜˋ 〈古〉余数。

叻 lè ㄌㄜˋ [石叻]我国侨民称新加坡。又叫叻埠。

泐 lè ㄌㄜˋ ❶石头被水冲击而成的纹理。❷同"勒(lè)❹":手~(亲手写,旧时书信用语)。

勒 lè ㄌㄜˋ ❶套在牲畜头上带嚼子的笼头。❷收住缰绳不使前进:悬崖~马。❸强制:~令|~索。❹刻:~石|~碑。

另见290页lēi。

簕 lè ㄌㄜˋ [簕竹]一种枝上有硬刺的竹子。

鳓(鰳) lè ㄌㄜˋ 鱼名,又叫鲙(kuài)鱼、曹白鱼,背青灰色,腹银白色。生活在海里。

乐(樂) lè ㄌㄜˋ ❶快乐,欢喜,快活:~趣|~事|~而忘返。❷乐于:

L

～此不疲。[乐得]正好，正合心愿：～这样做。❸(一子、一儿)使人快乐的事情：取～|逗～儿。❹笑：可～|把一屋子人都逗～了|你～什么？❺姓。

另见 615 页 yuè。

了 le ·ㄌㄜ 助词。❶放在动词或形容词后，表示动作或变化已经完成：买～一本书|水位低～一米。❷用在句子末尾或句中停顿的地方，表示变化或出现新的情况。1.指明已经出现或将要出现某种情况：下雨～|明天就是星期日～。2.认识、想法、主张、行动等有变化：我现在明白他的意思～|他今年暑假不回家～|我本来没打算去，后来还是去～。3.随假设的条件转移：你早来一天就见着他～。4.催促或劝止：走～，走～，不能再等～！|算～，不要老说这些事～！

另见 305 页 liǎo。

饹(餎) le ·ㄌㄜ 见 185 页"饸"字条"饸饹"(hé—)。

LEI ㄌㄟ

勒 lēi ㄌㄟ 用绳子等捆住或套住，再用力拉紧：把行李～紧点儿|～住缰绳。

另见 289 页 lè。

累(纍) léi ㄌㄟ ❶连缀或捆。[累累]连续成串：果实～。[累赘](一zhui)多余的负担，麻烦：孩子小，成了～|这事多～。❷古同"缧"。

另见 291 页 lěi；291 页 lèi。

嫘 léi ㄌㄟ [嫘祖]人名，传说是黄帝的妃，发明了养蚕。

缧(縲) léi ㄌㄟ [缧绁](一xiè)捆绑犯人的绳索。借指牢狱。

雷 léi ㄌㄟ ❶云层放电时发出的巨大声音：打～|春～|～阵雨。[雷霆]震耳的雷声。㊀怒气或威力：大发～|～万钧。[雷同]打雷时，许多东西同时响应，比喻随声附和，不该相同而相同。❷军事上用的爆炸武器：地～|鱼～。

擂 léi ㄌㄟ ❶研磨：～钵(研东西的钵)。❷打：～鼓|自吹自～(喻自我吹嘘)。

另见 292 页 lèi。

檑 léi ㄌㄟ 滚木，古代守城用的圆柱形的大木头，从城上推下打击攻城的人。

礌 léi ㄌㄟ 礌石，古代守城用的石头，从城上推下打击攻城的人。

镭(鐳) léi ㄌㄟˊ 放射性金属元素,符号Ra,银白色,质软。医学上用镭治疗癌症和皮肤病。

羸 léi ㄌㄟˊ 瘦:身体~弱。

罍 léi ㄌㄟˊ 古代一种形状像壶的容器,多用来盛酒。

耒 lěi ㄌㄟˇ ❶古代一种农具,形状像木叉。❷耒耜上的木把(bà)。[耒耜](-sì)古代一种耕地用的农具,形状像犁。

诔(誄) lěi ㄌㄟˇ ❶古时叙述死者生平,表示哀悼(多用于上对下)。❷这类表示哀悼的文章,即诔文。

垒(壘) lěi ㄌㄟˇ ❶古代军中用作防守的墙壁或工事(㊀壁一):堡~|两军对~|深沟高~。❷把砖、石等重叠砌起来:~墙|把井口~高一些。

累(❶纍) lěi ㄌㄟˇ ❶重叠,堆积:危如~卵|积年~月。[累累]1.屡屡。2.形容累积得多:罪行~。[累进]照原数目多少而递增,如2、4、8、16等,原数越大,增加的数也越大:~率|~税。❷连累:~及|受~|牵~|~你操心。

另见290页léi;291页lèi。

磊 lěi ㄌㄟˇ 石头多(叠):怪石~~。

[磊落]心地光明坦白。

蕾 lěi ㄌㄟˇ 花骨朵,含苞未放的花:蓓~|花~。

瘤 lěi ㄌㄟˇ 中医指皮肤上起的小疙瘩。

儡 lěi ㄌㄟˇ 见279页"傀"字条"傀儡"(kuǐ-)。

藟 lěi ㄌㄟˇ ❶藤:葛~。❷缠绕。❸同"蕾"。

肋 lèi ㄌㄟˋ 胸部的两旁:两~|~骨。

另见289页lē。

泪(*淚) lèi ㄌㄟˋ 眼泪。

类(類) lèi ㄌㄟˋ ❶种(zhǒng),好多相似事物的综合(㊀种一):分~|~型|以此~推。❷类似,好像:画虎~犬。

纇(纇) lèi ㄌㄟˋ 缺点,毛病。

累 lèi ㄌㄟˋ ❶疲乏,过劳:今天干活儿~了。❷使疲劳:别~着他。

另见290页léi;291页lěi。

酹 lèi ㄌㄟˋ 把酒洒在地上表示祭奠。

擂 lèi ㄌㄟˋ 擂台，古时候比武的台子：摆～｜打～。

另见 290 页 léi。

嘞 lei ·ㄌㄟ 助词，跟“喽”(lou)相似：雨不下了，走～！

LENG ㄌㄥ

塄 léng ㄌㄥˊ 田地边上的坡子。又叫地塄。

楞 léng ㄌㄥˊ 同“棱”。

崚 léng ㄌㄥˊ líng ㄌㄧㄥˊ (又)［崚嶒］(—céng)形容山高。

棱（*稜） léng ㄌㄥˊ （—子、—儿）❶物体上不同方向的两个平面接连的部分：见～见角。❷物体表面上的条状突起部分：瓦～｜搓板的～儿。

另见 311 页 líng。

冷 lěng ㄌㄥˇ ❶温度低，跟“热”相对(㊀寒—)：昨天下了雪，今天真～。❷寂静，不热闹：～清清｜～落。❸生僻，少见的(㊀—僻)：～字｜～货(不流行或不畅销的货物)。❹不热情，不温和：～脸子｜～言～语｜～笑｜～酷。［冷静］不感情用事：头脑～。❺突然，意料以外的：～不防｜～枪。

堎 lèng ㄌㄥˋ ［长堎］地名，在江西省新建。

睖 lèng ㄌㄥˋ ［睖睁］(—zheng)眼睛发直，发愣。

愣 lèng ㄌㄥˋ ❶呆，失神：两眼发～｜吓得他一～。❷鲁莽，说话做事不考虑对不对：～头～脑｜他说话做事太～。㊀蛮，硬，不管行得通行不通：～干｜明知不对，他～那么说。

LI ㄌㄧ

哩 lī ㄌㄧ ［哩哩啦啦］形容零零散散或断断续续的样子：瓶子漏了，水～地洒了一地｜雨～下了一天。

另见 294 页 lǐ；299 页 li。

丽（麗） lí ㄌㄧˊ ［高丽］1. 我国古族名，古国名。又叫高句(gōu)丽。2. 朝鲜半岛历史上的王朝，即王氏高丽。［丽水］地名，在浙江省。

另见 297 页 lì。

骊（驪） lí ㄌㄧˊ 纯黑色的马。

缅（纚） lí ㄌㄧˊ 见 307 页“缃”字条“缃缅”(lín—)。

鹂(鸝) lí ㄌㄧˊ [黄鹂]鸟名，又叫黄莺，羽毛黄色，从眼边到头后部有黑色斑纹，叫声悦耳。

鲡(鱺) lí ㄌㄧˊ 见331页"鳗"字条"鳗鲡"(mán—)。

厘(△*釐) lí ㄌㄧˊ ❶法定计量单位中十进分数单位词头之一，表示10^{-2}，符号c。❷计量单位名，10厘是1分。1.市制长度，1厘约合0.333毫米。2.市制地积，1厘约合6.667平方米。3.市制重量，1厘合50毫克。❸利率，年利率1厘按百分之一计，月利率1厘按千分之一计。❹治理，整理：～正|～定。

"釐"另见531页xī。

喱 lí ㄌㄧˊ 见144页"咖"字条"咖喱"(gā—)、639页"啫"字条"啫喱"(zhě—)。

狸(*貍) lí ㄌㄧˊ (—子)哺乳动物，又叫山猫，毛棕黄色，有黑色斑纹。

离(離) lí ㄌㄧˊ ❶相距，隔开(㊀距—)：北京～天津一百多公里|～国庆节很近了。❷离开，分开，分别：～家|～婚|～散(sàn)。[离间](—jiàn)从中挑拨，使人不团结。[离子]原子或原子团失去或得到电子后叫作离子。❸缺少：发展工业～不了钢铁。❹八卦之一，符号是"☲"，代表火。

[离奇]奇怪的，出乎意料的。

蓠(蘺) lí ㄌㄧˊ [江蓠]红藻的一种，暗红色，分枝不规则，生长在浅海湾中。可用来制琼脂。

漓(❷灕) lí ㄌㄧˊ ❶见307页"淋"字条"淋漓"(lín—)。❷漓江，水名，在广西壮族自治区桂林。

缡(縭、**褵) lí ㄌㄧˊ 古时妇女的围裙：结～(古时指女子出嫁)。

篱(籬) lí ㄌㄧˊ 篱笆，用竹、苇、树枝等编成的障蔽物：竹～茅舍。

醨 lí ㄌㄧˊ 味淡的酒。

梨(*棃) lí ㄌㄧˊ 梨树，落叶乔木，花五瓣，白色，果实叫梨，味甜多汁。种类很多。

犁(*犂) lí ㄌㄧˊ ❶耕地的农具。❷用犁耕：用新式犁～地。

L

嫠 lí ㄌㄧˊ 寡妇:～妇。

黎 lí ㄌㄧˊ 众:～民|～庶。[黎明]天刚亮的时候。[黎族]我国少数民族,参看附表。

藜(❷*蔾) lí ㄌㄧˊ ❶草本植物,花黄绿色,嫩叶可以吃。茎长(zhǎng)老了可做拐杖。[藜藿]藜和藿都是野菜,泛指粗劣的食物。❷见216页"蒺"字条"蒺藜"(jíli)。

檬 lí ㄌㄧˊ [檬檬]常绿小乔木,又叫广东柠檬,枝有刺,叶椭圆形,花紫红色,主要用作果树的砧木。

黧 lí ㄌㄧˊ 黑里带黄的颜色。

罹 lí ㄌㄧˊ ❶遭受灾难或不幸:～难(nàn)|～祸。❷忧患,苦难。

蠡 lí ㄌㄧˊ 贝壳做的瓢:以～测海(喻见识浅薄)。另见295页lǐ。

劙 lí ㄌㄧˊ 割开。

L

礼(禮) lǐ ㄌㄧˇ ❶由一定社会的道德观念和风俗习惯形成的为大家共同遵行的仪节:典～|婚～。❷表示尊敬的态度或动作:敬～|～貌。㉄以礼相待:～贤下士。❸礼物,用来表示庆贺或敬意:献～|一份～|大～包。

李 lǐ ㄌㄧˇ 李(子)树,落叶乔木,花白色。果实叫李子,熟时黄色或紫红色,可以吃。

里(❹❺裏、❹❺*裡) lǐ ㄌㄧˇ ❶市制长度单位,1里是150丈,合500米。❷居住的地方:故～|返～|同～(现在指同乡)。❸街坊(古代五家为邻,五邻为里):邻～|～弄(lòng)。❹(一子、一儿)衣物的内层,跟"表"、"面"相对:衣裳～儿|被～|鞋～子|箱子～儿。❺里面,内部,跟"外"相对:屋子～|手～|碗～|箱子～面。㉄一定范围以内:夜～|这～|哪～。[里手]1.(一儿)靠里的一边,靠左边。2.〈方〉内行。

俚 lǐ ㄌㄧˇ 民间的,通俗的:～歌|～语。

哩 lǐ ㄌㄧˇ 又读yīnglǐ,现写作"英里",英美制长度单位,1哩等于5 280呎,合1 609米。

另见292页lī;299页li。

浬 lǐ ㄌㄧˇ 又读hǎilǐ,现写作"海里",计量海洋上距离的长度单位，1 浬合1 852米，只用于船只航行的路程。

娌 lǐ ㄌㄧˇ 见 656 页"妯"字条"妯娌"(zhóuli)。

理 lǐ ㄌㄧˇ ❶物质组织的条纹：肌～|木～。❷道理，事物的规律：讲～|合～。特指自然科学：～科|～学院。[理论]1. 人们从实践中概括出来又在实践中证明了的关于自然界和人类社会的规律性的系统的认识：基础～。2. 据理争论：跟他～一番。[理念]思想，观念：投资～|营销～。[理性]把握了事物内在联系的认识阶段，也指判断和推理的能力。❸管理，办：～家|～财|当家～事。㊀整理，使整齐：～发|把书～一～。❹对别人的言语行动表示态度：答～|～睬|～会|置之不～。

锂(鋰) lǐ ㄌㄧˇ 金属元素，符号 Li，银白色，质软，是金属元素中最轻的。可用来制合金、电池等。

鲤(鯉) lǐ ㄌㄧˇ 鱼名，身体侧扁，嘴边有长短须各一对，生活在淡水中。

逦(邐) lǐ ㄌㄧˇ 见 587 页"迤"字条"迤逦"(yǐ—)。

澧 lǐ ㄌㄧˇ 澧水，水名，在湖南省北部，流入洞庭湖。

醴 lǐ ㄌㄧˇ 甜酒。

鳢(鱧) lǐ ㄌㄧˇ 乌鳢，鱼名，又叫黑鱼，身体圆筒形，头扁，背鳍和臀鳍很长，性凶猛，生活在淡水中。

蠡 lǐ ㄌㄧˇ 蠡县，地名，在河北省。

另见 294 页 lí。

力 lì ㄌㄧˋ ❶力量，力气，动物肌肉的效能：身强～壮。㊀1. 身体器官的效能：目～|脑～。2. 一切事物的效能：电～|药～|浮～|说服～|生产～。❷用极大的力量，尽力：纠正不～|～战|据理～争。❸改变物体运动状态的作用叫力。力有三个要素，即力的大小、方向和作用点。

朸 lì ㄌㄧˋ ❶古县名，西汉置，约在今山东省商河县东北。❷姓。

荔(*茘) lì ㄌㄧˋ [荔枝]常绿乔木，果实也叫荔枝。外壳紫红色，有疙瘩，果肉色白多汁，味甜美。

珕 lì ㄌㄧˋ 蚌、蛤等一类动物，古人用其壳做刀剑鞘上的装饰。

历（歷、❹曆、❹*厤）lì ㄌㄧˋ ❶经历，经过：～尽甘苦｜～时十年。❷经过了的：～年｜～代｜～史。[历来]副词，从来，一向：中国人民～就是勤劳勇敢的。[历历]一个一个很清楚的：～在目｜～可数。❸遍，逐一：～览｜～访名家。❹历法，推算年、月、日和节气的方法：阴～｜阳～。㊀记录年、月、日、节气的书、表、册页：日～｜～书。

坜（壢）lì ㄌㄧˋ 坑。多用于地名：中～（在台湾省）。

苈（藶）lì ㄌㄧˋ 见497页"葶"字条"葶苈"（tíng—）。

呖（嚦）lì ㄌㄧˋ [呖呖]鸟类清脆的叫声：～莺声。

屴（嶧）lì ㄌㄧˋ [屴崌山]（—jū—）山名，在江西省乐平。

沥（瀝）lì ㄌㄧˋ ❶液体一滴一滴地落下：滴～。[呕心沥血]形容费尽心思：为培养下一代～。❷液体渗出来的点滴：余～。

枥（櫪）lì ㄌㄧˋ 马槽：老骥伏～，志在千里。

疬（癧）lì ㄌㄧˋ 见326页"瘰"字条"瘰疬"（luǒ—）。

雳（靂）lì ㄌㄧˋ 见380页"霹"字条"霹雳"（pī—）。

厉（厲）lì ㄌㄧˋ ❶严格，切实：～行节约｜～禁。❷严厉，严肃：正言～色。❸凶猛。[厉害][利害]（—hai）1.凶猛：老虎很～。2.过甚，很：疼得～｜闹得～。❹古同"砺"：秣马～兵。

励（勵）lì ㄌㄧˋ 劝勉，奋勉：～志｜奖～。

砺（礪）lì ㄌㄧˋ ❶粗磨刀石。❷磨（mó）：砥～。

蛎（蠣）lì ㄌㄧˋ 牡蛎，软体动物，又叫蚝（háo），身体长卵圆形，有两面壳，生活在浅海泥沙中。可入药。

粝（糲）lì ㄌㄧˋ 粗糙的米。

疠（癘）lì ㄌㄧˋ ❶瘟疫。❷恶疮。

立 lì ㄌㄧˋ ❶站：～正。㊀竖着，竖起来：～柜｜把伞～在门后头。[立场]认识和处理问题时所处的地位和所抱的

L

态度，也特指阶级立场：～坚定。❷做出，定出。1. 建立，设立：～碑。2. 建树：～功。3. 制定：～合同｜～规矩。4. 决定：～志。❸存在，生存：自～｜独～。❹立刻，立时，马上，即刻：～奏奇效｜当机～断。

莅（*蒞、*涖） lì ㄌㄧˋ 到（㊀一临）：～会。

笠 lì ㄌㄧˋ 斗笠，用竹篾等编制的遮阳挡雨的帽子。

粒 lì ㄌㄧˋ ❶（一儿）成颗的东西，细小的固体：米～儿｜豆～儿｜盐～儿。［粒子］构成物体的比原子核更简单的物质，包括电子、质子、中子、光子、介子、超子和各种反粒子等。❷量词，多用于粒状的东西：一～米｜两～丸药｜三～子弹。

吏 lì ㄌㄧˋ 旧时代的官员：贪官污～。

丽（麗） lì ㄌㄧˋ ❶好看，漂亮：美～｜秀～｜壮～｜富～｜风和日～。❷附着（㊀附一）。

另见 292 页 lí。

郦（酈） lì ㄌㄧˋ 姓。

俪（儷） lì ㄌㄧˋ 相并的，对偶的：～词｜～句（对偶的文辞）。㊁指属于夫妇的：～影（夫妇的合影）。

利 lì ㄌㄧˋ ❶好处，跟“害”、“弊”相对（㊀一益）：这件事对人民有～｜兴～除弊。❷使得到好处：毫不～己，专门～人。［利用］发挥人或事物的作用，使其对自己方面有利：废物～｜～他的长处｜～这个机会。❸顺利，与主观的愿望相合：吉～｜敌军屡战不～。❹利息，贷款或储蓄所得的子金：本～两清｜高～贷。❺利润：暴～｜薄～多销。❻工具、武器等锋利，尖锐，跟“钝”相对：～刃｜～剑｜～口（指善辩的口才）。［利害］1.（一hài）利益和损害：不计～。2.（一hai）同“厉害”。［利落］（一luo）［利索］（一suo）1. 爽快，敏捷：他做事很～。2. 整齐：东西收拾～了。

俐 lì ㄌㄧˋ 见 309 页“伶”字条“伶俐”（líng一）。

莉 lì ㄌㄧˋ 见 350 页“茉”字条“茉莉”（mòlì）。

猁 lì ㄌㄧˋ 见 444 页“猞”字条“猞猁”（shē一）。

浰 lì ㄌㄧˋ 浰江，水名，在广东省和平县，东江支流。

另见 301 页 liàn。

痢 lì ㄌㄧˋ ❶痢疾，传染病，症状是发热、腹痛，粪便中有血液、脓或黏液。❷见 282 页“瘌”字条“瘌痢”（là一）。

鬁 lì ㄌㄧˋ 见282页“鬎”字条“鬎鬁”(là—)。

例 lì ㄌㄧˋ ❶(—子)可以做依据的事物:惯～|举一个～子|史无前～。❷规定,体例:条～|发凡起～。[例外]在一般的规律、规定之外:全体参加,没有一个～|遇到～的事就得灵活处理。❸合于某种条件的事例:病～|案～。❹按条例规定的,照成规进行的:～会|～假|～行公事。

戾 lì ㄌㄧˋ ❶罪过。❷乖张,不顺从:乖～|暴～。❸〈古〉至:鸢(yuān)飞～天,鱼跃于渊。

唳 lì ㄌㄧˋ 鸟鸣:鹤～。

隶(隸、*隷、*𨽻) lì ㄌㄧˋ ❶附属,属于(㊟—属):直～中央。❷封建时代的衙役:～卒。❸隶书,汉字的一种字体,由篆书简化演变而成。❹旧时地位低下而被奴役的人:奴～|仆～。

珠(瓅) lì ㄌㄧˋ 见98页“玓”字条“玓珠”(dì—)。

栎(櫟) lì ㄌㄧˋ 落叶乔木,俗叫柞(zuò)树或麻栎,花黄褐色,果实叫橡子或橡斗。木质坚硬,可制家具或供建筑用,叶可喂柞蚕。另有栓皮栎,树皮质地轻软,是制造软木器物的主要原料。

另见615页yuè。

轹(轢) lì ㄌㄧˋ 车轮碾轧。⑩欺压。

砾(礫) lì ㄌㄧˋ 小石,碎石:砂～|瓦～。

跞(躒) lì ㄌㄧˋ 走,跨越:骐骥一～,不能千里。

另见326页luò。

鬲(**甂) lì ㄌㄧˋ 古代炊具,形状像鼎而足部中空。

另见154页gé。

栗(❷*慄) lì ㄌㄧˋ ❶栗(子)树,落叶乔木,果实叫栗子,果仁味甜,可以吃。木质坚实,可供建筑和制器具用,树皮可供鞣皮及染色用,叶子可喂栗蚕。❷发抖,因害怕或寒冷而身体颤动:不寒而～。

傈 lì ㄌㄧˋ [傈僳族](—sù—)我国少数民族,参看附表。

溧 lì ㄌㄧˋ 寒冷:～冽(非常寒冷)。

溧 lì ㄌㄧˋ [溧水][溧阳]地名,都在江苏省。

L

篥 lì ㄌㄧˋ 见27页“觱”字条“觱篥”(bì—)。

詈 lì ㄌㄧˋ 骂：～骂｜～辞(骂人的话)。

哩 li ·ㄌㄧ 助词，同“呢”(ne)。

另见292页lī;294页lǐ。

蜊 li ·ㄌㄧ 蛤蜊。参看153页“蛤”(gé)。

璃(*瓈) li ·ㄌㄧ 见35页“玻”字条“玻璃”(bō—)、313页“琉”字条“琉璃”(liú—)。

LIA ㄌㄧㄚ

俩(倆) liǎ ㄌㄧㄚˇ 两个(“俩”字后面不能再用“个”字或其他量词)：夫妇～｜买～馒头｜仨瓜～枣。

另见303页liǎng。

LIAN ㄌㄧㄢ

奁(奩、*匳、*匲、*籢) lián ㄌㄧㄢˊ 女子梳妆用的镜匣。[妆奁]嫁妆。

连(連) lián ㄌㄧㄢˊ ❶相接，连续(㊀—接)：天～水，水～天｜骨肉相～｜～成一片｜接～不断｜～年。[连词]连接词、词组或句子的词，如“和”、“或者”、“但是”等。[连枷]打谷用的农具。[连绵](*联绵)接续不断。❷带，加上(㊀—带)：～说带笑｜～根拔｜～我一共三个人。❸介词，就是，即使(后边常用“都”、“也”跟它相应)：他从前～字都不认得，现在会写信了｜精耕细作，～荒地也能变成良田。❹军队的编制单位，是排的上一级。

莲(蓮) lián ㄌㄧㄢˊ 草本植物，又叫荷，生长在浅水中。叶叫荷叶、莲叶，大而圆，花主要为粉红、白色两种。种子叫莲子，包在倒圆锥形的花托内，合称莲蓬。地下茎叫藕。种子和地下茎都可以吃。

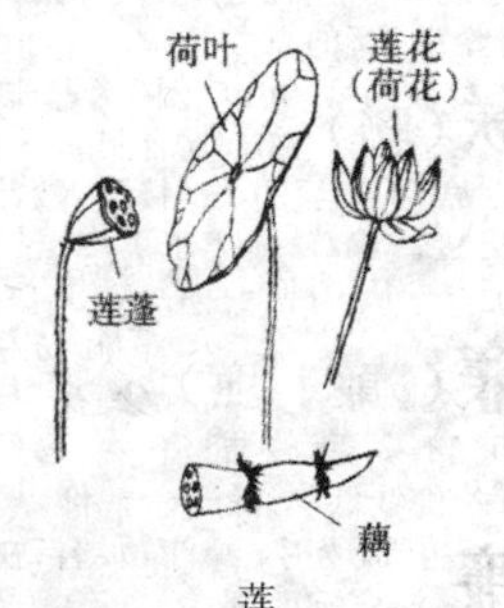

莲

L

涟(漣) lián ㄌㄧㄢˊ ❶水面被风吹起的波纹：～漪(yī)。❷泪流不止(叠)：泪～～。[涟洏](－ér)形容涕泪交流。

梿(槤) lián ㄌㄧㄢˊ [梿枷](－jiā)同"连枷"。

鲢(鰱) lián ㄌㄧㄢˊ 鱼名，又叫白鲢，身体侧扁，鳞细，腹部白色，生活在淡水中。

怜(憐) lián ㄌㄧㄢˊ ❶可怜，同情(㊀－悯)：同病相～|～惜。❷爱：爱～。

帘(❷簾) lián ㄌㄧㄢˊ (－子、－儿)❶旧时店铺挂在门前，用布制成的标志。❷用布、竹、苇等做的遮蔽门窗的东西。

联(聯) lián ㄌㄧㄢˊ ❶联结，结合：～盟|～席会议。[联络]接洽，彼此交接。❷(－儿)对联，对子：上～|下～|挽～|春～。

廉(*亷、*廉) lián ㄌㄧㄢˊ ❶品行正，不贪污：～洁|清～。❷便宜，价钱低(㊀低－)：～价。

濂 lián ㄌㄧㄢˊ 濂江，水名，在江西省南部。

臁 lián ㄌㄧㄢˊ 小腿的两侧：～骨|～疮。

镰(鐮、*鎌、*鐮) lián ㄌㄧㄢˊ 镰刀，用来收割谷物和割草的农具。

蠊 lián ㄌㄧㄢˊ 见131页"蜚"字条"蜚蠊"(fěi－)。

磏 lián ㄌㄧㄢˊ 一种磨刀石。另见401页qiān。

琏(璉) liǎn ㄌㄧㄢˇ 古代宗庙盛黍稷的器皿。

敛(斂、*歛) liǎn ㄌㄧㄢˇ ❶收拢，聚集(㊀收－)：～足(收住脚步，不往前进)|～钱。❷约束，检束：～迹。

脸(臉) liǎn ㄌㄧㄢˇ (－儿)面孔，头的前部，从额到下巴。㊀1.物体的前部：鞋～儿|门～儿。2.体面，面子，颜面(㊀－面)：丢～|不要～(骂人的话)。

裣(襝) liǎn ㄌㄧㄢˇ [裣衽](－rèn)旧时指妇女行礼。

蔹(蘞) liǎn ㄌㄧㄢˇ 藤本植物，叶多而细，有白蔹、赤蔹等。

练(練) liàn ㄌㄧㄢˋ ❶白绢：江平如～。

❷把生丝煮熟，使柔软洁白。❸练习，反复学习，多次地操作：～兵｜～本领。❹经验多，精熟：～达｜老～｜熟～｜干(gàn)～。

炼(煉、*鍊) liàn ㄌㄧㄢˋ ❶用火烧制：～钢｜～焦｜真金不怕火～。❷用心琢磨使精练：～字｜～句。❸烹熬炮(páo)制：～乳。

恋(戀) liàn ㄌㄧㄢˋ ❶想念不忘，不忍舍弃，不想分开：留～｜～家｜～～不舍。[恋栈]马舍不得离开马棚，比喻贪恋禄位。❷恋爱：初～｜婚～｜失～。

涟 liàn ㄌㄧㄢˋ 用于地名：洴(píng)～(在江苏省宜兴)。

另见297页lì。

殓(殮) liàn ㄌㄧㄢˋ 装殓，把死人装入棺材里：入～｜大～。

潋(瀲) liàn ㄌㄧㄢˋ [潋滟](－yàn)水波相连的样子：水光～。

链(鏈、*鍊) liàn ㄌㄧㄢˋ ❶(－子、－儿)多指用金属环连套而成的索子：表～｜铁～。❷英美制长度单位，1链合20.1168米。❸计量海洋上距离的长度单位，1链是1海里的十分之一，合185.2米。

琏 liàn ㄌㄧㄢˋ 一种玉。

楝 liàn ㄌㄧㄢˋ 落叶乔木，花淡紫色，果实椭圆形，种子、树皮都可入药。

鰊(鰊) liàn ㄌㄧㄢˋ 即鲱(fēi)。

裢(褳) lian ·ㄌㄧㄢ 见81页"褡"字条"褡裢"(dā－)。

LIANG ㄌㄧㄤ

良 liáng ㄌㄧㄤˊ ❶好(㊥一好、优一、善一)：～药｜～田｜消化不～。❷很：～久｜获益～多｜用心～苦。

俍 liáng ㄌㄧㄤˊ 完美，良好。

粮(糧) liáng ㄌㄧㄤˊ ❶可吃的谷类、豆类等：食～｜杂～。❷旧指作为农业税的粮食：纳～｜交公～。

踉 liáng ㄌㄧㄤˊ [跳踉]跳跃。

另见303页liàng。

凉(*涼) liáng ㄌㄧㄤˊ 温度低(若指天气，比"冷"的程度浅)：饭～了｜立秋之后天气～了。㊐灰心或失望：听到这消息，我心里就～了。[凉快]（—kuai）1.清凉爽快。2.乘凉：到外头～～去。

另见303页liàng。

椋（椋） liáng ㄌㄧㄤˊ 古代用来系帽子的丝带。

椋 liáng ㄌㄧㄤˊ 古书上说的一种叶像柿叶的树，又叫椋子木。

辌（輬） liáng ㄌㄧㄤˊ 见519页"辒"字条"辒辌"（wēn—）。

梁（❶-❹ *樑） liáng ㄌㄧㄤˊ ❶房梁，架在墙上或柱子上支撑屋顶的横木：大～｜上～。（图见128页"房屋的构造"）❷桥（㊥桥—）：石～｜津～。❸（—子、—儿）器物上面便于提携的弓形物：茶壶～儿｜篮子的提～儿坏了。❹（—子、—儿）中间高起的部分：山～｜鼻～。❺朝代名。1.南朝之一，萧衍所建立（公元502—557年）。2.五代之一，朱温所建立（公元907—923年），史称后梁。

粱 liáng ㄌㄧㄤˊ 谷子的优良品种的统称。[高粱]（gāoliang）谷类作物，茎高，籽实可供食用，又可以酿酒。

墚 liáng ㄌㄧㄤˊ 我国西北地区称条状的黄土山岗。

量 liáng ㄌㄧㄤˊ ❶用器物计算东西的多少或长短：用斗～米｜用尺～布｜车载斗～。❷估量：思～（liang）｜打～（liang）。

另见304页liàng。

两（兩） liǎng ㄌㄧㄤˇ ❶数目，一般用于量词和"半、千、万、亿"前：～本书｜～匹马｜～个月｜～半｜～万。（"两"和"二"用法不全同。读数目字只用"二"不用"两"，如"一、二、三、四；二、四、六、八"。小数和分数只用"二"不用"两"，如"零点二（0.2），三分之二，二分之一"。序数也只用"二"，如"第二，二哥"。在一般量词前，用"两"不用"二"。如："两个人用两种方法。""两条路通两个地方。"在传统的度量衡单位前，"两"和"二"一般都可用，用"二"为多（"二两"不能说"两两"）。新的度量衡单位前一般用"两"，如"两吨、两公里"。在多位数中，百、十、个位用"二"不用"两"，如"二百二十二"。"千、万、亿"的前面，"两"和"二"一般都可用，但如"三万二千"、"两亿二千万"，

"千"在"万、亿"后，以用"二"为常。)❷双方：～便|～可|～全|～相情愿。❸表示不定的数目(十以内的)：过～天再说吧|他真有～下子。❹市制重量单位，1斤是10两(旧制16两)，1两合50克。

俩(倆) liǎng ㄌㄧㄤˇ [伎俩](jì—)手段，花招。

另见299页liǎ。

𬜯(蒳) liǎng ㄌㄧㄤˇ 〈方〉靠近水的平缓高地，多用于地名：～塘|沙～圩(都在广东省罗定)。

唡(啢) liǎng ㄌㄧㄤˇ 又读yīngliǎng，现写作"英两"，英美制重量单位，常衡1唡是1磅的1/16，约合28.35克。现用"盎司"。

𫄥(緉) liǎng ㄌㄧㄤˇ 一双，古时计算鞋、袜的单位。

魉(魎) liǎng ㄌㄧㄤˇ 见513页"魍"字条"魍魉"(wǎng—)。

亮 liàng ㄌㄧㄤˋ ❶明，有光：天～了|敞～|刀磨得真～。❷(—儿)光线：屋里一点～儿也没有。㊀灯烛等照明物：拿个～儿来。❸明摆出来：～相|把牌一～|有本事～几手。❹明朗，清楚：你这一说，我心里头就～了|打开窗子说～话。❺声音响：洪～。

倞 liàng ㄌㄧㄤˋ 求索。

另见249页jìng。

凉(*凉) liàng ㄌㄧㄤˋ 放一会儿，使温度降低：～一杯开水。

另见301页liáng。

谅(諒) liàng ㄌㄧㄤˋ ❶原谅：体～(体察其情而加以原谅)|敬希见～。[谅解]由了解而消除意见。❷信实：～哉斯言。❸推想：～他不敢胡来。

晾 liàng ㄌㄧㄤˋ ❶把衣物放在太阳下面晒或放在通风透气的地方使干：～衣服。❷冷落，不理睬：把他～在一边。❸同"凉"(liàng)。

悢 liàng ㄌㄧㄤˋ 悲伤，惆怅：～然。

踉 liàng ㄌㄧㄤˋ [踉跄](—qiàng)走路不稳。

另见301页liáng。

辆(輛) liàng ㄌㄧㄤˋ 量词，用于车：一～汽车。

靓(靚) liàng ㄌㄧㄤˋ 〈方〉漂亮，好看：～女。

另见249页jìng。

L

量 liàng ㄌㄧㄤˋ ❶旧指测量东西多少的器物，如斗、升等。[量词]表示事物或行动单位的词，如“张、条、个、只、遍”等。❷限度：酒～|气～|饭～|胆～。❸数量，数的多少：质～并重|大～。[分量](fènliang)重量：不够～|称称～。❹估计，审度(duó)：～力而行|～入为出。

另见302页liáng。

LIAO ㄌㄧㄠ

撩 liāo ㄌㄧㄠ ❶提，掀起：～起长衫|把帘子～起来。❷用手洒水：先～上点水再扫。

另见304页liáo。

蹽 liāo ㄌㄧㄠ 〈方〉跑，走：他一气～了二里地。

辽(遼) liáo ㄌㄧㄠˊ ❶远(㊀—远)：～阔。❷朝代名，契丹族耶律阿保机建立(公元907—1125年)。

疗(療) liáo ㄌㄧㄠˊ 医治(㊀医—、治—)：～病|诊～。㊗解除痛苦或困难：～饥|～贫。

窌 liáo ㄌㄧㄠˊ 针灸穴位名。

聊 liáo ㄌㄧㄠˊ ❶姑且，略：～以自慰|～胜一筹|～胜于无。❷依赖：百无～赖|民不～生(无法生活)。[无聊]1.没有兴趣。2.没有意义。❸聊天，闲谈：别～啦，赶快干吧！

僚 liáo ㄌㄧㄠˊ ❶官。[官僚]指旧时各级政府里的官吏。现在把脱离人民群众，不深入实际的领导作风和工作作风叫官僚主义。❷旧时指在一块做官的人：同～。

撩 liáo ㄌㄧㄠˊ 挑弄，引逗：～拨|景色～人。

另见304页liāo。

嘹 liáo ㄌㄧㄠˊ [嘹亮]声音响亮。

獠 liáo ㄌㄧㄠˊ 面貌凶恶：～面。[獠牙]露在嘴外面的长牙。

潦 liáo ㄌㄧㄠˊ [潦倒](—dǎo)颓丧，不得意：穷困～。[潦草]草率，不精细：工作不能～|字写得太～。

另见288页lǎo。

寮 liáo ㄌㄧㄠˊ 小屋：竹～|茶～。

嫽 liáo ㄌㄧㄠˊ 美好。

缭(繚) liáo ㄌㄧㄠˊ ❶缠绕：～乱|～绕。❷用针线缝缀：～缝(fèng)|～贴边。

L

橑 liáo ㄌㄧㄠˊ ❶屋檐。❷用于地名：太平～(在福建省连城)。

燎 liáo ㄌㄧㄠˊ 延烧：星星之火，可以～原。

另见305页liǎo。

鹩(鷯) liáo ㄌㄧㄠˊ 见234页"鹪"字条"鹪鹩"(jiāo—)。

簝 liáo ㄌㄧㄠˊ 古代祭祀时盛肉的竹器。

漻 liáo ㄌㄧㄠˊ 水清而深。

寥 liáo ㄌㄧㄠˊ ❶稀疏(叠)：～若晨星|～～无几。❷空旷，静寂：～廓|寂～。

髎 liáo ㄌㄧㄠˊ 同"窌"(liáo)。

了(❶△瞭) liǎo ㄌㄧㄠˇ ❶明白：明～|～解|一目～然|不甚～～。❷完了，结束：事情已经～了(le)|话犹未～|不～～之|没完没～|敷衍～事。[直截了当]言语行动简单爽快。❸在动词后，跟"不"、"得"连用，表示不可能或可能：这本书我看不～|这事你办得～。

另见290页le。

"瞭"另见306页liào。

钌(釕) liǎo ㄌㄧㄠˇ 金属元素，符号Ru，银灰色，质硬而脆。可用来制合金等，也用来制催化剂。

另见305页liào。

蓼 liǎo ㄌㄧㄠˇ 草本植物，生长在水边，花白色或浅红色，种类很多。

憭 liǎo ㄌㄧㄠˇ 明白；明了。

燎 liǎo ㄌㄧㄠˇ 挨近了火而烧焦：烟熏火～|把头发～了。

另见305页liáo。

尥 liào ㄌㄧㄠˋ [尥蹶子](—juězi)骡马等跳起来用后腿向后踢。

钌(釕) liào ㄌㄧㄠˋ [钌铞儿](—diàor)钉在门窗上可以把门窗扣住的东西：门～。

另见305页liǎo。

料 liào ㄌㄧㄠˋ ❶料想，估计，猜想：预～|不出所～|～事如神。❷处理，照管：～理|照～。❸(—子、—儿)材料，可供制造其他东西的物质：原～|木～|衣裳～子|肥～|燃～。❹喂牲口用的谷物：～豆儿|草～|牲口得喂～才能肥。❺烧料，一种熔点较低的类似玻璃的物质，用来制造器皿或手工艺品：～器。❻量词，中药配方全份叫一料(多

用于配制丸药)。

撂 liào ㄌㄧㄠˋ 放下,搁置:把碗～在桌子上|～下工作不管。

墂 liào ㄌㄧㄠˋ 用于地名:圪(gē)～乡(在山西省宁武)。

廖 liào ㄌㄧㄠˋ 姓。

瞭 liào ㄌㄧㄠˋ 瞭望,远远地望:你在远处～着点儿|～望台。

另见 305 页 liǎo“了”。

镣(鐐) liào ㄌㄧㄠˋ 脚镣,套在脚腕上使不能快走的刑具。

LIE ㄌㄧㄝ

咧 liē ㄌㄧㄝ [咧咧](－lie)〈方〉1.乱说,乱讲:瞎～。2.小孩儿哭:这孩子一～起来就没完。

另见 306 页 liě;307 页 lie。

咧 liě ㄌㄧㄝˇ 嘴向旁边斜着张开:～嘴|～着嘴笑。

另见 306 页 liē;307 页 lie。

裂 liě ㄌㄧㄝˇ〈方〉东西的两部分向两旁分开:衣服没扣好,～着怀。

另见 306 页 liè。

列 liè ㄌㄧㄝˋ ❶行(háng)列,排成的行:队～|出～|前～。❷陈列,排列,摆出:姓名～后|～队|开～账目。㊀1.归类:～入甲等。2.类:不在讨论之～。[列席]参加会议,而没有表决权。❸众多,各:～国|～位。❹量词,用于成行列的事物:一～火车。

冽 liè ㄌㄧㄝˋ 寒冷(㊀凛－):山高风～。

峛 liè ㄌㄧㄝˋ 用于地名:～屿(在福建省云霄)。

洌 liè ㄌㄧㄝˋ ❶水清:山泉清～。❷酒清。

烈 liè ㄌㄧㄝˋ ❶猛烈,厉害:～火|～日。❷气势盛大(叠):轰轰～～。❸刚直,有高贵品格的,为正义、人民、国家而死难的:刚～|先～|～士。

䴕(鴷) liè ㄌㄧㄝˋ 鸟名,即啄木鸟,嘴坚硬,尖而直,舌细长,能啄食树中的虫,是益鸟。

裂 liè ㄌㄧㄝˋ 破开,开了缝(fèng):～痕|～缝|手冻～了|破～|四分五～。

另见 306 页 liě。

趔 liè ㄌㄧㄝˋ [趔趄](－qie)身体歪斜,脚步不稳,要摔倒的样子。

劣 liè ㄌㄧㄝˋ 恶,不好,跟“优”相对(㊀恶－):不分优

～|土豪～绅。

埒 liè ㄌㄧㄝˋ ❶矮墙。❷同等：财力相～。

脟 liè ㄌㄧㄝˋ 〈古〉肋骨上的肉。

捩 liè ㄌㄧㄝˋ 扭转：转～点(转折点)。

猎(獵) liè ㄌㄧㄝˋ ❶打猎，捕捉禽兽：狩～|渔～|～人|～狗。❷搜寻：～奇。

躐 liè ㄌㄧㄝˋ ❶超越：～等(越级)|～进(不依照次序前进)。❷踩，践踏。

鬣(鱲) liè ㄌㄧㄝˋ 鱼名，又叫桃花鱼，身体侧扁，两侧银白色，雄鱼带红色，有蓝色斑纹，生殖季节色泽鲜艳。种类较多，生活在淡水中。

鬣 liè ㄌㄧㄝˋ 兽类颈上的长毛：马～。

咧 lie ·ㄌㄧㄝ 〈方〉助词，意思相当于"了"、"啦"：好～|他来～。

另见306页liē；306页liě。

LIN ㄌㄧㄣ

拎 līn ㄌㄧㄣ 〈方〉提：～着一篮子菜。

邻(鄰、*隣) lín ㄌㄧㄣˊ ❶住处接近的人家：东～|四～。❷邻近，接近，附近：～国|～居|～舍。❸古代五家为邻。

林 lín ㄌㄧㄣˊ ❶长在土地上的许多树木或竹子：树～|竹～|防护～|～立(像树林一样密集排列)。㊥聚集在一起的同类的人或事物：学～|艺～|民族之～|著作之～。❷林业：农～牧副渔。

啉 lín ㄌㄧㄣˊ 见278页"喹"字条"喹啉"(kuí—)。

淋 lín ㄌㄧㄣˊ 水或其他液体洒落在物体上：风吹雨～|花蔫了，～上点儿水吧。

[淋漓](—lí)湿淋淋往下滴落：墨迹～|大汗～。㊟畅达：～尽致|痛快～。

另见309页lìn。

綝(綝) lín ㄌㄧㄣˊ [綝缅](—lí)衣裳、羽毛等下垂的样子。也作"綝缡"。

另见55页chēn。

琳 lín ㄌㄧㄣˊ 美玉。[琳琅](—láng)1.珠玉一类的东西：～满目(形容美好的东西很多)。2.形容玉撞击的声音。

箖 lín ㄌㄧㄣˊ ❶古书上指一种竹子。❷用于地名：～投围(在广东省陆丰)。

L

霖 lín ㄌㄧㄣˊ 久下不停的雨。[甘霖]对农作物有益的雨:大旱逢～。㊕恩泽。

临(臨) lín ㄌㄧㄣˊ ❶到,来:光～|莅～|喜事～门|身～其境。㊔遭遇,碰到:～渴掘井。[临时]1.到时候,当时:事先有准备,～就不会忙乱。2.暂时,非长期的:你先～代理一下|～政府。❷挨着,靠近。1.指地点,多指较高的靠近较低的:～河|～街。2.指时间。将要,快要:～走|～别。[临床]医学上称医生给人诊治疾病。[临盆]孕妇快要生小孩ㄦ。❸照着字、画模仿:～帖|～摹。

粼 lín ㄌㄧㄣˊ [粼粼]形容水清澈:～碧波|清～的河水。

嶙 lín ㄌㄧㄣˊ [嶙峋](－xún)山石一层层的重叠不平。

遴 lín ㄌㄧㄣˊ 谨慎选择(㊣－选):～选人才。
〈古〉又同"吝"(lìn)。

潾 lín ㄌㄧㄣˊ [潾潾]形容水清:～的水波|春水～。

骥(驎) lín ㄌㄧㄣˊ 毛色斑驳似鱼鳞的马。

璘 lín ㄌㄧㄣˊ 玉的光彩。

辚(轔) lín ㄌㄧㄣˊ [辚辚]形容车行走的声音:车～,马萧萧。

磷(*燐、*粦) lín ㄌㄧㄣˊ 非金属元素,符号P,常见的有黄磷(又叫白磷)和红磷。黄磷有毒,燃烧时生浓烟,军事上可制烟幕弹和燃烧弹;红磷无毒,可制安全火柴。

瞵 lín ㄌㄧㄣˊ 注视,瞪着眼睛看:鹰～鹗视。

鏻(鏻) lín ㄌㄧㄣˊ 一类具有特定结构的含磷有机化合物。

翷 lín ㄌㄧㄣˊ 飞翔的样子。

鳞(鱗) lín ㄌㄧㄣˊ ❶鱼类、爬行动物等身体表面长的角质或骨质的小薄片。❷像鱼鳞的:～茎|芽～|遍体～伤(伤痕密得像鱼鳞似的)。

麟(*麐) lín ㄌㄧㄣˊ 麒麟,古代传说中的一种动物,像鹿而大,有角,有鳞甲:凤毛～角(喻罕见而珍贵的东西)。

凛(**凜) lǐn ㄌㄧㄣˇ ❶寒冷(㊣－冽)。❷严肃,严厉(叠):威风～～|大义～然。❸古同"懔"。

廪（**廩）lǐn ㄌㄧㄣˇ ❶粮仓（㊀仓一）。❷指粮食。

懔（**懍）lǐn ㄌㄧㄣˇ 畏惧。

檩（**檁）lǐn ㄌㄧㄣˇ 屋架或山墙上托住椽子的横木。（图见128页“房屋的构造”）

吝（*悋）lìn ㄌㄧㄣˋ 过分爱惜自己的财物等，当用的舍不得用，当给的舍不得给（㊀一啬）：～惜。

赁（賃）lìn ㄌㄧㄣˋ 租（㊀租一）：～房｜～车｜出～。

淋 lìn ㄌㄧㄣˋ ❶过滤：～盐｜～硝。❷淋病，性病，又叫白浊，病人尿道红肿溃烂，严重的尿里带脓血。

另见307页lín。

蔺（藺）lìn ㄌㄧㄣˋ ［马蔺］草本植物，又叫马莲，根状茎粗，叶条形，花蓝紫色。叶坚韧，可捆扎东西，又可造纸。根可制刷子。

躏（躪）lìn ㄌㄧㄣˋ 见428页“蹂”字条“蹂躏”（róu—）。

膦 lìn ㄌㄧㄣˋ 有机化合物的一类，是磷化氢的氢原子部分或全部被烃基取代而成的衍生物。

LING ㄌㄧㄥ

〇 líng ㄌㄧㄥˊ 数的空位，用于数字中：三～六号｜二～一一年。

伶 líng ㄌㄧㄥˊ 伶人，旧称以唱戏为职业的人（㊀优一）：坤（女的）～｜名～。

［伶仃］（*零丁）（—dīng）形容孤独：孤苦～。

［伶俐］（—lì）聪明，灵活：～的孩子｜口齿很～。

［伶俜］（—pīng）形容孤独：～无依。

坽 líng ㄌㄧㄥˊ 用于地名：～头（在广东省潮安）。

苓 líng ㄌㄧㄥˊ ❶指茯（fú）苓。❷苓耳，古书上说的一种植物。

囹 líng ㄌㄧㄥˊ ［囹圄］（*囹圉）（—yǔ）古代称监狱：身陷～。

泠 líng ㄌㄧㄥˊ 清凉：～风。［泠泠］1.形容清凉。2.声音清越。

姈 líng ㄌㄧㄥˊ 女子聪敏伶俐。

玲 líng ㄌㄧㄥˊ 形容玉碰击的声音（叠）：～～盈耳。

［玲珑］（—lóng）1.金玉声。2.器物细致精巧：小巧～。3.

灵活敏捷：～活泼。

柃 líng ㄌㄧㄥˊ 柃木，常绿灌木或小乔木，叶椭圆形或披针形，花白色，浆果球形，枝叶可入药。

昤 líng ㄌㄧㄥˊ ［昤昽］（—lóng）古代指日光。

瓴 líng ㄌㄧㄥˊ 古代一种盛（chéng）水的瓶子：高屋建～（从房顶上往下泻水，比喻居高临下的形势）。

铃（鈴） líng ㄌㄧㄥˊ ❶（—儿）铃铛，用金属做成的响器：摇～｜车～儿｜电～儿。❷形状像铃的东西：杠～｜哑～。

鸰（鴒） líng ㄌㄧㄥˊ 见217页“鹡”字条“鹡鸰”（jí—）。

聆 líng ㄌㄧㄥˊ 听（㊀—听）：～教。

蛉 líng ㄌㄧㄥˊ ［白蛉］昆虫，俗叫白蛉子，比蚊子小，雄的吸植物汁液，雌的吸人、畜的血，能传染黑热病等。

舲 líng ㄌㄧㄥˊ ❶有窗户的船：～船。❷小船。❸用于地名：～舫（fǎng）乡（在湖南省茶陵）。

翎 líng ㄌㄧㄥˊ 鸟的翅和尾上的长羽毛：雁～｜野鸡～。

羚 líng ㄌㄧㄥˊ 羚羊，哺乳动物，像山羊，腿细长，行动轻捷，种类较多。

零 líng ㄌㄧㄥˊ ❶落。1.植物凋谢（㊀—落、凋—）。2.液体滴落：感激涕～。❷零头，放在整数后表示附有零数：一千挂～儿｜一年～三天。❸部分的，细碎的，跟“整”相对（㊀—碎）：～件｜～钱｜～用｜～活儿（零碎工作）。❹数学上把数字符号“0”读作零：一减一得～。㊀没有，无：他的计划等于～｜～距离｜～污染。❺某些量度的计算起点：～点十分｜～下5摄氏度。

龄（齡） líng ㄌㄧㄥˊ ❶岁数（㊀年—）：高～。❷年数：工～｜党～。❸某些生物体发育过程中的不同阶段。如昆虫的幼虫第一次蜕皮前叫一龄虫。

澪 líng ㄌㄧㄥˊ ❶古水名。❷用于地名：浒（xǔ）～（在江苏省如东）。

灵（靈） líng ㄌㄧㄥˊ ❶有效验（㊀—验）：这种药吃下去很～。❷聪明，机敏（㊀—敏）：心～手巧｜耳朵很～。❸活动迅速，灵巧：这辆车的刹车不～。❹旧时称神仙或关于神仙的：神～。

L

❺灵魂，精神：在天之～|英～|～感|～性。❻属于死人的：～柩|～床。㊕装着死人的棺材：移～。

棂(欞、**櫺) líng ㄌㄧㄥˊ 窗棂(子)，窗户上构成窗格子的木条或铁条。

凌 líng ㄌㄧㄥˊ ❶冰：冰～|黄河～汛|滴水成～。❷欺凌，侵犯，欺压：～辱|盛气～人。❸升，高出：～云|～空而过。❹迫近：～晨。

陵 líng ㄌㄧㄥˊ ❶大土山(㊀丘一)。❷高大的坟墓：黄帝～|中山～。

菱(*蔆) líng ㄌㄧㄥˊ 草本植物，生长在池沼中，叶略呈三角形，花白色。果实有硬壳，大都有角，叫菱或菱角，可以吃。

崚 líng ㄌㄧㄥˊ (又)见 292 页 léng。

淩 líng ㄌㄧㄥˊ 同"凌❷❸❹"。

㥄 líng ㄌㄧㄥˊ ❶哀怜。❷惊恐。

绫(綾) líng ㄌㄧㄥˊ (一子)一种很薄的丝织品，一面光，像缎子：～罗绸缎。

棱 líng ㄌㄧㄥˊ ［穆棱］地名，在黑龙江省。

另见 292 页 léng。

祾 líng ㄌㄧㄥˊ 〈古〉福。

鲮(鯪) líng ㄌㄧㄥˊ 鱼名，又叫土鲮鱼，背部青灰色，性怕冷，生活在淡水中。［鲮鲤］哺乳动物，即穿山甲，全身有角质的鳞片，爪善掘土，吃蚂蚁。

酃 líng ㄌㄧㄥˊ 酃县，旧县名，在今湖南省衡阳东。现叫炎陵县。

醽 líng ㄌㄧㄥˊ ［醽醁］(一lù)古代的一种美酒。

令 lǐng ㄌㄧㄥˇ (外)量词，原张的纸 500 张为 1 令。

另见 312 页 lìng。

岭(嶺) lǐng ㄌㄧㄥˇ 山脉：五～|秦～|翻山越～。

领(領) lǐng ㄌㄧㄥˇ ❶颈，脖子：～巾|～带|引～而望。❷(一子、一儿)衣服围绕脖子的部分。(图见 583 页"上衣")㊀事物的纲要：纲～|要～。［领袖］㊕国家、政治团体、群众组织等的高级领导人。❸带，引，率(㊀带一、率一)：～队|～头。❹领有的，管辖的：～土|

～海|～空。❺接受，取得：～教|～款。❻了解，明白：～会(对别人的意思理解并有所体会)|～悟。❼量词。1.用于衣服：一～青衫。2.用于席、箔等：一～席|一～箔。

另 lìng ㄌㄧㄥˋ 另外，别的：～买一个|那是～一件事。

令 lìng ㄌㄧㄥˋ ❶上级对下级的指示：下～|明～规定|法～。❷上级指示下级(㊀命～)：责～|～全体官兵遵照执行。❸古代官名：县～。❹使，使得：～人起敬|～人兴奋|利～智昏。❺时令，时节：月～|夏～。❻美好，善：～名。敬辞：～兄|～尊(称对方的父亲)。❼词之短小者叫令：调笑～|十六字～。

另见311页lǐng。

呤 lìng ㄌㄧㄥˋ 见385页"嘌"字条"嘌呤"(piào—)。

LIU ㄌㄧㄡ

溜 liū ㄌㄧㄡ ❶滑行：～冰|从滑梯上～下来。㊉滑溜，平滑，无阻碍：光～(liu)。❷溜走，趁人不见走开：一眼不见他就～了。❸沿着，顺着：～边儿|～着墙根儿走。❹同"熘"。

[溜达](*蹓跶)散步，随便走走。

另见314页liù。

熘 liū ㄌㄧㄡ 烹饪方法，跟炒相似，作料里掺淀粉：～肉片。也作"溜"。

蹓 liū ㄌㄧㄡ ❶滑行：～冰。❷悄悄走开。

另见314页liù。

刘(劉) liú ㄌㄧㄡˊ 姓。

浏(瀏) liú ㄌㄧㄡˊ 清亮。

[浏览]泛泛地看。

留(*畱、*畄、*㽞) liú ㄌㄧㄡˊ ❶停止在某一个地方(㊀停～)：他～在天津了|～学(留居外国求学)。㊉注意力放在某人或事物上面：～心|～神。❷不让别人离开：～客|挽～|他一定要走，我～不住他。[留难](—nàn)故意与人为难(nán)。❸接受，收容(㊀收～)：把礼物～下。❹保留：～余地|～胡子|今天我回来晚，请给我～饭。❺遗留：祖先～下了丰富的文化遗产。

馏(餾) liú ㄌㄧㄡˊ 蒸馏，加热使液体变成蒸气后再凝成纯净的液体。

另见314页liù。

骝（騮）liú ㄌㄧㄡˊ 古书上指黑鬣黑尾巴的红马。

榴 liú ㄌㄧㄡˊ 石榴，落叶灌木，又叫安石榴，花多为红色，果实也叫石榴，球形，内有很多种子，种子上的肉可吃。根、皮可入药。

飗（飀）liú ㄌㄧㄡˊ ［飗飗］微风吹动的样子。

镏（鎦）liú ㄌㄧㄡˊ 一种镀金方法，把溶解在水银里的金子涂在器物表面做装饰，所镏的金层经久不退。

另见314页liù。

鹠（鶹）liú ㄌㄧㄡˊ ［鸺鹠］（xiū—）鸟名，像猫头鹰，捕食鼠、兔等，对农业有益。

瘤（*瘤）liú ㄌㄧㄡˊ （—子）生物体的组织细胞不正常增生而成的疙瘩：肉～｜骨～。

流 liú ㄌㄧㄡˊ ❶液体移动：水往低处～｜～水不腐｜～汗｜～血。［流浪］生活无着，漂泊不定。［流利］说话、书写等灵活顺畅：他说一口～的普通话｜他的钢笔字写得很～。❷像水那样流动：～通｜空气对～。㊀1.移动不定：～星。2.运转不停：～光｜～年。3.不知来路，意外地射来的：～矢｜～弹。4.传播或相沿下来：～行｜～传。❸流动的液体、气体等：河～｜电～｜寒～｜气～。也指像水一样流动的人或物：人～｜车～｜物～。❹趋向坏的方面：～于形式｜放任自～。❺品类。1.派别：九～。2.等级：第一～产品。❻旧时的一种刑罚，把人送到荒远的地方去，充军：～放。

琉（*瑠、*璢）liú ㄌㄧㄡˊ ［琉璃］（—li）用铝和钠的硅酸化合物烧制成的釉料：～瓦。

硫 liú ㄌㄧㄡˊ 非金属元素，符号S，通称硫黄，淡黄色，质硬而脆。可用来制硫酸、药物等。

旒 liú ㄌㄧㄡˊ ❶旗子上面的飘带。❷古代皇帝礼帽前后下垂的玉串。

鎏 liú ㄌㄧㄡˊ 古代帝王冠冕前后悬垂的玉串。

鎏 liú ㄌㄧㄡˊ ❶成色好的金子。❷同"镏"（liú）。

嵧 liú ㄌㄧㄡˊ 用于地名：后～（在江苏省金坛）。

镠（鏐）liú ㄌㄧㄡˊ 成色好的金子。

珋 liǔ ㄌㄧㄡˇ 一种有光的美石。

柳（*栁、*桺） liǔ ㄌㄧㄡˇ ❶柳树，落叶乔木，枝细长，叶狭长，花黄绿色。种子上有白色毛状物，成熟后随风飞散，叫柳絮。❷星宿名，二十八宿之一。

绺（綹） liǔ ㄌㄧㄡˇ（一儿）量词，用于成束的理顺了的丝、线、须、发等：两～儿线|五～儿须|一～儿头发。

锍（鋶） liǔ ㄌㄧㄡˇ 有色金属冶炼过程中产生的各种金属硫化物的互熔体。

罶（**罙） liǔ ㄌㄧㄡˇ 捕鱼的竹篓子，鱼进去就出不来。

六 liù ㄌㄧㄡˋ 数目字。

陆（陸） liù ㄌㄧㄡˋ “六”字的大写。

另见 319 页 lù。

碌（*磟） liù ㄌㄧㄡˋ ［碌碡］（一 zhou）用来轧脱谷粒或轧平场院的农具，圆柱形，用石头做成。

另见 320 页 lù。

遛 liù ㄌㄧㄡˋ ❶散步，慢慢走，随便走走：～大街|吃完饭出去～～。❷牵着牲畜或带着鸟慢慢走：～马|～鸟。

馏（餾） liù ㄌㄧㄡˋ 把凉了的熟食品再蒸热：把馒头～一～。

另见 312 页 liú。

溜（❷❸**霤） liù ㄌㄧㄡˋ ❶急流：大～|今天河水～很大。❷顺房檐滴下来的水：檐～。❸屋檐上安的接雨水用的长水槽：水～。❹（一儿）量词，用于成行（háng）列的事物：一～三间房。

另见 312 页 liū。

镏（鎦） liù ㄌㄧㄡˋ ［镏子］〈方〉戒指：金～。

另见 313 页 liú。

蹓 liù ㄌㄧㄡˋ 同“遛❶”。

另见 312 页 liū。

鹨（鷚） liù ㄌㄧㄡˋ 鸟名，身体小，嘴细长。吃害虫，种类较多，是益鸟。

LO ㄌㄛ

咯 lo ·ㄌㄛ 助词：那倒好～！

另见 153 页 gē；262 页 kǎ。

LONG ㄌㄨㄥ

龙（龍） lóng ㄌㄨㄥˊ ❶我国古代传说中的

一种动物，身体长，有鳞，有角，能走、能飞、能游泳。近代古生物学上指一些有脚有尾的爬行动物：恐～|翼手～。❷古代指帝王：真～天子|～体|～颜|～袍|～床。❸形状像龙的或有龙的图案的东西：～灯|～舟。

〈古〉又同“垄”(lǒng)。

茏(蘢) lóng ㄌㄨㄥˊ [茏葱][葱茏]草木茂盛的样子。

咙(嚨) lóng ㄌㄨㄥˊ 喉咙，咽喉。参看192页“喉”(hóu)。

泷(瀧) lóng ㄌㄨㄥˊ 急流的水。

另见465页shuāng。

珑(瓏) lóng ㄌㄨㄥˊ 见309页“玲”字条“玲珑”(líng—)。

栊(櫳) lóng ㄌㄨㄥˊ ❶窗户。❷围养禽兽的栅栏。

昽(曨) lóng ㄌㄨㄥˊ 见310页“昤”字条“昤昽”(líng—)、340页“曚”字条“曚昽”(méng—)、500页“曈”字条“曈昽”(tóng—)。

胧(朧) lóng ㄌㄨㄥˊ 见340页“朦”字条“朦胧”(méng—)。

砻(礱) lóng ㄌㄨㄥˊ ❶用来去掉稻壳的器具，形状像磨。❷用砻去掉稻壳：～谷舂米。

眬(矓) lóng ㄌㄨㄥˊ 见339页“蒙”字条“蒙眬”(méng—)。

聋(聾) lóng ㄌㄨㄥˊ 耳朵听不见声音，通常也指听觉迟钝：他耳朵～了。

笼(籠) lóng ㄌㄨㄥˊ ❶(－子、－儿)养鸟、虫的器具，用竹、木条或金属丝等编插而成：鸟～子|鸡～|蝈蝈～。㉖旧时囚禁犯人的东西：囚～|牢～。❷用竹、木等材料制成的有盖的蒸东西的器具：蒸～|～屉。

另见316页lǒng。

隆 lóng ㄌㄨㄥˊ ❶盛大，厚，程度深：～冬|～恩|～重。❷兴盛(㊟—盛、兴—)。❸高出，使高出：～起|～胸。

漋 lóng ㄌㄨㄥˊ 用于地名：永～(在湖北省京山县)。

癃 lóng ㄌㄨㄥˊ ❶古书上指年老衰弱多病。❷癃闭，中医指小便不通的病。

窿 lóng ㄌㄨㄥˊ ❶〈方〉煤矿坑道。❷见273页“窟”字条“窟窿”(kūlong)。

L

陇（隴） lǒng ㄌㄨㄥˇ ❶陇山，山名，位于陕西、甘肃两省交界的地方。❷甘肃省的别称：～海铁路。

拢（攏） lǒng ㄌㄨㄥˇ ❶凑起，总合：～共｜～总。❷靠近，船只靠岸（㊀靠—）：～岸｜拉～｜他们俩总谈不～。❸收束使不松散：～紧｜用绳子把柴火～住｜～不住人心。❹梳，用梳子整理头发：～一～头发。❺合上，聚拢：笑得嘴都合不～了。

垄（壟、**壠） lǒng ㄌㄨㄥˇ ❶田地分界的埂子。❷农作物的行（háng）或行与行间的空地：～沟｜宽～密植｜缺苗断～。❸像田埂的东西：瓦～。

［垄断］操纵市场，把持权柄，独占利益。

笼（籠） lǒng ㄌㄨㄥˇ ❶遮盖，罩住：黑云～罩着天空。［笼络］用手段拉拢人：～人心。❷比较大的箱子：箱～。

［笼统］（—tǒng）概括而不分明，不具体：话说得太～了。

另见 315 页 lóng。

箦（篢） lǒng ㄌㄨㄥˇ 用于地名：织～（在广东省阳西）。

弄 lòng ㄌㄨㄥˋ 〈方〉弄堂，小巷，小胡同。

另见 367 页 nòng。

哢 lòng ㄌㄨㄥˋ ❶鸟叫。❷用于地名：～村（在广东省潮安）。

峎 lòng ㄌㄨㄥˋ（壮）石山间的平地。

LOU ㄌㄡ

搂（摟） lōu ㄌㄡ ❶用手或工具把东西聚集起来：～柴火。㊃搜刮：～钱。❷向着自己的方向拨：～枪机。

另见 317 页 lǒu。

䁖（瞜） lōu ㄌㄡ 〈方〉看：让我～一～。

剅（**劐） lóu ㄌㄡˊ 〈方〉堤坝下面的水口，水道：～口｜～嘴。

娄（婁） lóu ㄌㄡˊ ❶星宿名，二十八宿之一。❷〈方〉（某些瓜类）过熟而变质：瓜～了。

偻（僂） lóu ㄌㄡˊ ❶［偻㑩］（—luo）旧同"喽啰"。❷见 161 页"佝"字条"佝偻"（gōu—）。

另见 322 页 lǚ。

埁(塿) lóu ㄌㄡˊ [埁土]褐土的一种，因长期施用粪肥而在原耕作层上形成的上下两层土壤。

蒌(蔞) lóu ㄌㄡˊ [蒌蒿](—hāo)草本植物，花淡黄色，可入药。

喽(嘍) lóu ㄌㄡˊ [喽啰](*偻㑩)(—luo)旧时称盗贼的部下，现在多比喻追随恶人的人。

另见318页lou。

溇(漊) lóu ㄌㄡˊ 溇水，水名，在湖南省。

楼(樓) lóu ㄌㄡˊ ❶两层以上的房屋：～房|大～。❷楼房的一层：一～|三～。

膢(膢) lóu ㄌㄡˊ lǘ ㄌㄩˊ(又)古代一种祭祀方式。

耧(耬) lóu ㄌㄡˊ 用来开沟并播种(zhǒng)的农具。

蝼(螻) lóu ㄌㄡˊ 蝼蛄(gū)，昆虫，又叫蝲蝲蛄、土狗子，背褐色，有翅，前足铲状，能掘土，咬食农作物的根、茎。

髅(髏) lóu ㄌㄡˊ 见273页"骷"字条"骷髅"(kū—)、111页"髑"字条"髑髅"(dú—)。

搂(摟) lǒu ㄌㄡˇ ❶两臂合抱，用手臂拢着(㊀—抱)：把孩子～在怀里。❷量词，用于两臂合抱的东西：抱来一～柴禾。

另见316页lōu。

嵝(嶁) lǒu ㄌㄡˇ 见161页"岣"字条"岣嵝"(gǒu—)。

篓(簍) lǒu ㄌㄡˇ (—子、—儿)盛东西的器具，用竹、荆条等编成：字纸～儿|油～。

陋 lòu ㄌㄡˋ ❶丑的，坏的，不文明的：丑～|～规|～习。❷狭小：～室|～巷。❸少，简略：学识浅～|因～就简|孤～寡闻(见闻少)。

镂(鏤) lòu ㄌㄡˋ 雕刻：～花|～骨铭心(喻永远不忘)。

瘘(瘻、**瘺) lòu ㄌㄡˋ 瘘管，体内因发生病变向外溃破而形成的管道，病灶里的分泌物可以由瘘管里流出来。

漏 lòu ㄌㄡˋ ❶物体由孔缝透过或滴下：水壶～了|油箱～了。[漏洞]比喻做事的破绽，不周密的地方：堵塞～。❷泄漏，泄露：～了风声|走～

消息。❸遗落:这一项可千万不能～掉。❹漏壶,古代计时的器具,用铜制成。壶上下分好几层,上层底有小孔,可以滴水,层层下注,以底层蓄水多少计算时间。

露 lòu ㄌㄡˋ 义同"露(lù)❸",用于一些口语词语,如"露怯、露脸、露马脚"等。

另见 321 页 lù。

喽(嘍) lou ·ㄌㄡ 助词,意思相当于"啦":下雪～!|看,他们来～!

另见 317 页 lóu。

LU ㄌㄨ

撸(擼) lū ㄌㄨ 〈方〉❶捋(luō):～袖子|～树叶。❷撤职:他的职务被～了。❸责备,训斥:他被～了一顿。

噜(嚕) lū ㄌㄨ [噜苏](—su)〈方〉啰唆。

卢(盧) lú ㄌㄨˊ 姓。

垆(壚、❷**鑪) lú ㄌㄨˊ ❶黑色坚硬的土。❷旧时酒店里安放酒瓮的土台子。也指酒店。

泸(瀘) lú ㄌㄨˊ [泸州]地名,在四川省。

栌(櫨) lú ㄌㄨˊ [黄栌]落叶小乔木,叶卵形,秋天变成红色。木材黄色,可制器具,也可做染料。

胪(臚) lú ㄌㄨˊ 陈列,陈述:～列|～情(陈述心情)。

鸬(鸕) lú ㄌㄨˊ [鸬鹚](—cí)鸟名,俗叫鱼鹰,羽毛黑色,闪绿光,能游泳,善于捕食鱼类。渔人常用来帮助捕鱼。

铲(鑪) lú ㄌㄨˊ 人造的放射性金属元素,符号 Rf。

"鑪"另见 319 页"炉"。

颅(顱) lú ㄌㄨˊ 头的上部,包括头骨和脑,也指头:～骨。

舻(艫) lú ㄌㄨˊ 见 659 页"舳"字条"舳舻"(zhú—)。

鲈(鱸) lú ㄌㄨˊ 鱼名,身体侧扁,嘴大,鳞细,银灰色,背部和背鳍上有黑斑,性凶猛。

芦(蘆) lú ㄌㄨˊ 芦苇,草本植物,生长在浅水里,茎中空。可用来造纸、编席等,根状茎可入药。

庐(廬) lú ㄌㄨˊ 房舍:茅～。

炉（爐、△*鑪） lú ㄌㄨˊ （一子）取暖、做饭或冶炼用的设备：电～｜煤气～｜炼钢～。

“鑪”另见 318 页“铲”。

卤（鹵、滷） lǔ ㄌㄨˇ ❶制盐时剩下的黑色汁液，又叫盐卤，是氯化镁、硫酸镁、溴化镁及氯化钠等的混合物，味苦有毒。❷浓汁：茶～｜打～面。❸用盐水、酱油等浓汁制作食品：～鸡｜～煮豆腐。

硵（磠） lǔ ㄌㄨˇ ［硵砂］即硇（náo）砂。

虏（虜、*虜） lǔ ㄌㄨˇ ❶俘获（㊣俘一）：～获甚众。❷打仗时捉住的敌人（㊣俘一）。

掳（擄） lǔ ㄌㄨˇ 抢取（㊣一掠）。

鲁（魯） lǔ ㄌㄨˇ ❶愚钝，莽撞：粗～｜愚～。［鲁莽］（*卤莽）不仔细考虑事理，冒失。❷周代诸侯国名，在今山东省南部一带。❸山东省的别称。

澛（瀂） lǔ ㄌㄨˇ 用于地名：～港（在安徽省芜湖）。

橹（櫓、*樐、*艪、*艣） lǔ ㄌㄨˇ 拨水使船前进的器具：摇～。

镥（鑥） lǔ ㄌㄨˇ 金属元素，符号 Lu，银白色，质软。可用于核工业。

甪 lù ㄌㄨˋ ［甪直］地名，在江苏省苏州。

陆（陸） lù ㄌㄨˋ ❶陆地，高出水面的土地：登～｜～路｜～军。❷姓。

［陆离］形容色彩繁杂：光怪～。

［陆续］副词，接连不断：开会的人～地到了。

另见 314 页 liù。

录（録） lù ㄌㄨˋ ❶录制，记录，抄写，记载：～像｜～音｜把这份公文～下来。❷记载言行或事物的书刊：语～｜备忘～｜回忆～。❸采取，任用：收～｜～用｜～取。

菉 lù ㄌㄨˋ 用于地名：梅～（在广东省吴川）。

崃 lù ㄌㄨˋ （壮）土山间的平地。

渌 lù ㄌㄨˋ 渌水，水名，在湖南省株洲。

逯 lù ㄌㄨˋ 姓。

騄（騄） lù ㄌㄨˋ ［騄駬］（—ěr）古代骏马名。也作“騄耳”。

绿（綠） lù ㄌㄨˋ 义同"绿"（lǜ）。［绿林］1.原指西汉末年聚集在绿林山（在今湖北省大洪山一带）的农民起义军，后来泛指聚集山林、反抗封建统治者的人们。2.旧指上山为匪、抢劫财物的集团。［鸭绿江］水名。是中国和朝鲜两国的界河。源出吉林省东南中朝边境的白头山，西南流到辽宁省丹东入黄海。

另见 322 页 lǜ。

琭 lù ㄌㄨˋ 一种玉。

禄 lù ㄌㄨˋ 古代官吏的俸给（㊀俸一）：高官厚～。

碌 lù ㄌㄨˋ ❶平凡：庸～。［碌碌］平庸，无所作为：庸庸～。❷繁忙：忙～。

另见 314 页 liù。

盝 lù ㄌㄨˋ ❶古代的一种盒子。❷漉，过滤。

箓（籙） lù ㄌㄨˋ ❶簿子，册子。❷符箓，道士画的驱使鬼神的符号，是一种迷信骗人的东西。

醁 lù ㄌㄨˋ 见 311 页"醽"字条"醽醁"（líng—）。

辂（輅） lù ㄌㄨˋ ❶古代车辕上用来牵引车子的横木。❷古代的大车。

赂（賂） lù ㄌㄨˋ ❶贿赂，用财物买通别人。❷财物，特指赠送的财物。

鹿 lù ㄌㄨˋ 哺乳动物，反刍类，腿细长，尾短，毛黄褐色，有的有花斑，性情温驯，有的雄鹿有树枝状的角。种类很多。

漉 lù ㄌㄨˋ 液体往下渗，过滤：～网｜～酒。［湿漉漉］物体潮湿的样子。

辘（轆） lù ㄌㄨˋ ［辘轳］（—lu）1.安在井上绞起汲水斗的器具。2.机械上的绞盘。

簏 lù ㄌㄨˋ 竹箱等竹编的盛物器具。

麓 lù ㄌㄨˋ 山脚下：泰山之～。

路 lù ㄌㄨˋ ❶道，往来通行的地方（㊀一途、一径、道一）：公～｜水～｜高架～。㊀思想或行动的方向、途径：思～｜生～。❷方面，地区：各～人马｜南～货。❸种类：两～货｜他俩是一～人。

蕗 lù ㄌㄨˋ 甘草的别名。

潞 lù ㄌㄨˋ ❶潞水，水名，即今山西省的浊漳河。❷潞江，水名，即云南省的怒江。

璐 lù ㄌㄨˋ 美玉。

鹭（鷺） lù ㄌㄨˋ 鸟名，翼大尾短，颈和腿很长，常见的有白鹭、苍鹭、绿鹭等。[鹭鸶]（—sī）鸟名，即白鹭，羽毛纯白色，顶有细长的白羽，捕食小鱼。

露 lù ㄌㄨˋ ❶露水，靠近地面的水蒸气夜间遇冷凝结成的小水珠：～珠｜甘～。㊀露天，没有遮蔽，在屋外的：风餐～宿｜～营。❷用药料、果汁等制成的饮料：枇杷～｜果子～｜玫瑰～。❸显出来，现出来（㊥显—）：～骨｜暴～｜揭～｜不～声色｜面～笑容。

另见318页lòu。

稑 lù ㄌㄨˋ 古代指后种而先熟的谷物。

僇 lù ㄌㄨˋ ❶侮辱。❷同"戮"。

勠 lù ㄌㄨˋ 并，合。[勠力]合力，并力：～同心。

戮（❶*剹） lù ㄌㄨˋ ❶杀（㊥杀—、屠—）。❷旧同"勠"。

轳（轤） lu ·ㄌㄨ 见320页"辘"字条"辘轳"（lù—）。

氇（氌） lu ·ㄌㄨ 见392页"氆"字条"氆氇"（pǔ—）。

LÜ ㄌㄩ

驴（驢） lǘ ㄌㄩˊ 家畜，像马而小，耳朵长。可以驮东西、拉车或供人骑。

闾（閭） lǘ ㄌㄩˊ ❶里门，巷口的门。❷古代二十五家为一闾。

榈（櫚） lǘ ㄌㄩˊ 见33页"栟"字条"栟榈"（bīng—）、672页"棕"字条"棕榈"（zōng—）。

膢（膢） lǘ ㄌㄩˊ（又）见317页lóu。

吕 lǚ ㄌㄩˇ 我国古代音乐十二律中的阴律，有六种，总称六吕。

侣 lǚ ㄌㄩˇ 同伴（㊥伴—）：情～。

梠 lǚ ㄌㄩˇ 〈古〉屋檐。

铝（鋁） lǚ ㄌㄩˇ 金属元素，符号Al，银白色，质轻。是重要的工业原料。

稆（**穭） lǚ ㄌㄩˇ 谷物等不种自生的：～生。也作"旅"。

捋 lǚ ㄌㄩˇ 用手指顺着抹过去，整理：～胡子｜～头发。

另见325页luō。

L

旅 lǚ ㄌㄩˇ ❶出行，在外作客：～行｜～馆｜～途｜～居｜～客｜～美华侨。❷军队的编制单位，是团的上一级。❸指军队：军～｜强兵劲～。❹共同：～进～退。❺同"稆"：～生｜～葵。

膂 lǚ ㄌㄩˇ 脊梁骨。[膂力]体力：～过人。

偻（僂） lǚ ㄌㄩˇ ❶脊背弯曲：伛（yǔ）～。❷迅速：不能～指（不能迅速指出来）。

另见 316 页 lóu。

屡（屢） lǚ ㄌㄩˇ 副词，屡次，接连着，不止一次：～见不鲜｜～战～胜。

缕（縷） lǚ ㄌㄩˇ ❶线：一丝一～。❷一条一条地：～述｜～析。❸量词，股：一～炊烟｜两～线。

褛（褸） lǚ ㄌㄩˇ 见 285 页"褴"字条"褴褛"（lán—）。

履 lǚ ㄌㄩˇ ❶鞋：革～｜削足适～（喻不合理地迁就现有条件）。❷踩在上面，走过：如～薄冰。㉑履行，实行：～约。[履历]个人的经历。❸脚步：步～轻盈。

埭 lù ㄌㄩˋ 土埂。

律 lǜ ㄌㄩˋ ❶法则，规章。[律诗]我国旧体诗的一种，有一定的格律和字数，分五言、七言两种。[规律]事物之间的内在的必然的联系，又叫法则，是不以人的主观意志为转移的。[一律]同样，没有例外。❷约束：严于～己｜自～｜他～。❸我国古代审定乐音高低的标准，把乐音分为六律（阳律）和六吕（阴律），合称十二律。

葎 lǜ ㄌㄩˋ 葎草，草本植物，茎有倒生的刺，花黄绿色，全草可入药。

虑（慮） lǜ ㄌㄩˋ ❶思考，寻思：思～｜考～｜深思远～。❷担忧：忧～｜过～。[顾虑]有所顾忌，担心，不肯或不敢行动：～重重｜打消～。

滤（濾） lǜ ㄌㄩˋ 使液体、气体经过纱布、木炭、沙子等物，除去其中所含的杂质、毒气而变纯净。

率 lǜ ㄌㄩˋ 两个相关的数在一定条件下的比值：利～｜速～｜增长～｜出勤～。

另见 464 页 shuài。

绿（綠） lǜ ㄌㄩˋ 一般草和树叶的颜色，蓝和黄合成的颜色：红花～叶｜

L

～地。[绿色]㊕无公害、无污染的：～食品。

另见 320 页 lù。

氯 lǜ ㄌㄩˋ 气体元素，符号 Cl，黄绿色，味臭，有毒，能损伤呼吸器官。可用来漂白、消毒。

LUAN ㄌㄨㄢ

峦(巒) luán ㄌㄨㄢˊ ❶小而尖的山。❷连着的山：山～起伏|峰～。

孪(孿) luán ㄌㄨㄢˊ 双生，一胎两个：～生兄弟。

娈(孌) luán ㄌㄨㄢˊ 美好。

栾(欒) luán ㄌㄨㄢˊ 栾树，落叶乔木，花黄色。叶可做青色染料。花可入药，又可做黄色染料。木材可制器具，种子可榨油。

挛(攣) luán ㄌㄨㄢˊ 手脚蜷曲不能伸开：痉～。

鸾(鸞) luán ㄌㄨㄢˊ 传说中凤凰一类的鸟：～凤和鸣(喻夫妻和美)。

脔(臠) luán ㄌㄨㄢˊ 切成小块的肉：～割(分割)。

滦(灤) luán ㄌㄨㄢˊ 滦河，水名，在河北省东北部。

銮(鑾) luán ㄌㄨㄢˊ 一种铃铛。

卵 luǎn ㄌㄨㄢˇ 动植物的雌性生殖细胞，特指动物的蛋：鸟～|鸡～|～生。

乱(亂) luàn ㄌㄨㄢˋ ❶没有秩序(㊀纷一)：杂～|这篇稿子写得太～。❷战争，武装骚扰：叛～|战～|避～。❸混淆(xiáo)：以假～真。❹任意，随便：～吃|～跑。❺男女关系不正当：淫～。

LÜE ㄌㄩㄝ

䂮 lüè ㄌㄩㄝˋ 锋利。

掠 lüè ㄌㄩㄝˋ ❶夺取(㊀一夺)：～取|～人之美(把别人的好处说成是自己的)。❷轻轻擦过：燕子～檐而过。

略(*畧) lüè ㄌㄩㄝˋ ❶大致，简单，不详细，跟"详"相对：～图|～表|～知一二|～述大意|叙述过～|粗～计算。❷省去，简化：～去不计|过程从～。❸简要的叙述：史～|要～。❹计谋：方～|策～|战～|雄才大～。

❺抢，掠夺：侵～|攻城～地。

锊（鋝） lüè ㄌㄩㄝˋ 古代重量单位，约合旧制六两。

圙（^{**}噜） lüè ㄌㄩㄝˋ 见273页“圐”字条“圐圙”（kū—）。

LUN ㄌㄨㄣ

抡（掄） lūn ㄌㄨㄣ 手臂用力挥动：～刀|～拳。

另见324页lún。

仑（侖、❷^{*}崘、❷^{*}崙） lún ㄌㄨㄣˊ ❶条理，伦次。❷见279页“昆”字条“昆仑”。

伦（倫） lún ㄌㄨㄣˊ ❶辈，类：无与～比。❷条理，次序：语无～次。❸人伦，指人与人之间的关系，特指长幼尊卑之间的关系：天～之乐|～常。

论（論） lún ㄌㄨㄣˊ 《论语》，古书名，主要记载孔子及其门人的言行。

另见325页lùn。

抡（掄） lún ㄌㄨㄣˊ 选择，选拔：～材。

另见324页lūn。

囵（圇） lún ㄌㄨㄣˊ 见194页“囫”字条“囫囵”（hú—）。

沦（淪） lún ㄌㄨㄣˊ ❶水上的波纹。❷沉没（mò），陷落（㊀—陷、沉—）：～亡|～于海底。

纶（綸） lún ㄌㄨㄣˊ ❶钓鱼用的线：垂～。❷指某些合成纤维：锦～|涤～。

另见169页guān。

轮（輪） lún ㄌㄨㄣˊ ❶（—子、—儿）车轮，车轱辘：三～车。㊀安在机器上能旋转并促使机器动作的圆形部件：齿～儿|飞～儿|偏心～儿。❷像车轮的东西：日～|年～。[轮廓]（—kuò）1.物体的外围。2.事情的大概情形。❸轮船：海～|油～。❹轮流，依照次第转：～班|～值|这回～到我了。❺量词，用于圆形物或循环的事物、动作：一～红日|他比我大两～（十二岁为一轮）。

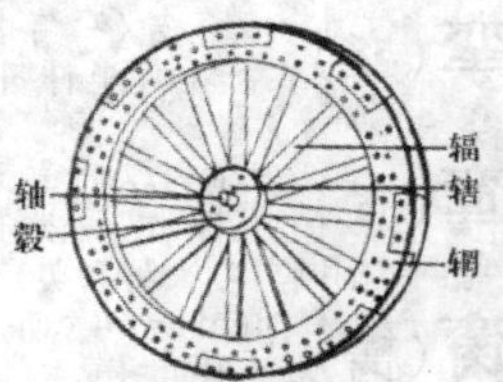

旧式车轮

轮(錀) lún ㄌㄨㄣˊ 人造的放射性金属元素,符号 Rg。

抡(埨) lǔn ㄌㄨㄣˇ 〈方〉田地中的土垄。

论(論) lùn ㄌㄨㄣˋ ❶分析、判断事物的道理(㊀评一、议一):不能一概而～|讨～。❷分析、阐明事物道理的文章、理论和言论:实践～|唯物～|社～|舆～。❸按照某种单位或类别说:～件|～天|买西瓜～斤还是～个儿? ❹衡量,评定:按质～价|～功行赏。

另见 324 页 lún。

LUO ㄌㄨㄛ

捋 luō ㄌㄨㄛ 用手握着东西,顺着东西移动:～榆钱儿|～虎须(喻冒险)。

另见 321 页 lǚ。

啰(囉) luō ㄌㄨㄛ [啰唆][啰嗦](—suo)1. 说话絮絮叨叨。2. 办事使人感觉麻烦。

另见 325 页 luó;327 页 luo。

罗(羅) luó ㄌㄨㄛˊ ❶捕鸟的网(㊀—网):天～地网。❷张网捕捉:门可～雀。㊀搜集:网～|搜～。[罗致]招请(人才)。❸散布,陈列:星～棋布|～列。❹过滤流质或筛细粉末用的器具,用木或铁片做成圆框,蒙上粗绢或马尾(yǐ)网、铁丝网制成。❺用罗筛东西:～面。❻轻软有稀孔的丝织品:～衣|～扇。❼(外)量词,十二打(dá)叫一罗。❽同"腡"(luó)。

[罗汉]梵语音译"阿罗汉"的省称,佛教对某种"得道者"的称呼。

[罗盘]测定方向的仪器,又叫罗盘针。把磁针装置在圆盘中央,盘上刻着度数和方位。是我国古代四大发明之一。

萝(蘿) luó ㄌㄨㄛˊ 莪蒿。通常指某些能爬蔓的植物:茑～|女～。

[萝卜](—bo)草本植物,种类很多。块根也叫萝卜,可用作蔬菜,种子可入药。

啰(囉) luó ㄌㄨㄛˊ [啰唣](—zào)吵闹。

另见 325 页 luō;327 页 luo。

逻(邏) luó ㄌㄨㄛˊ 巡逻,巡察。

[逻辑](外)1. 思维的规律:这几句话不合～。2. 研究思维的

形式和规律的科学。又叫论理学。3. 客观的规律性：符合事物发展的～。

猡(獼) luó ㄌㄨㄛˊ 〈方〉猪猡，猪。

椤(欏) luó ㄌㄨㄛˊ 见476页“桫”字条“桫椤”(suō—)。

锣(鑼) luó ㄌㄨㄛˊ 一种打击乐器，形状像铜盘，用槌子敲打，发出声音：铜～|鸣～开道|～鼓喧天。

箩(籮) luó ㄌㄨㄛˊ 用竹子编的底方上圆的器具。

觑(覼、**覶) luó ㄌㄨㄛˊ [觑缕](—lǚ)逐条详尽地陈述。

脶(腡) luó ㄌㄨㄛˊ 手指纹。

骡(騾、*蠃) luó ㄌㄨㄛˊ (—子)家畜，由驴、马交配而生。鬃短，尾巴略扁，生命力强，一般没有生育能力。可以驮东西、拉车或供人骑。

螺 luó ㄌㄨㄛˊ ❶软体动物，有硬壳，壳上有旋纹，种类很多：～蛳|田～|海～|钉～。[螺丝]应用螺旋原理做成的使物体固定或把两个物体连接起来的东西，有螺钉和螺母。[螺旋]1. 简单机械，圆柱体表面或物体孔眼里有像螺蛳壳纹理的螺纹。2. 螺旋形的：～桨。❷同“脶”(luó)。

倮 luǒ ㄌㄨㄛˇ 同“裸”。

裸(*躶、*蠃) luǒ ㄌㄨㄛˇ 光着身子：～体|赤～～。㊀没有东西包着的：～线(没有外皮的电线)|～子植物。

蓏 luǒ ㄌㄨㄛˇ 古书上指瓜类植物的果实。

瘰 luǒ ㄌㄨㄛˇ [瘰疬](—lì)病名，由结核菌侵入淋巴结而引起，多发生在颈部或腋部，症状是出现硬块，溃烂后不易愈合。

蠃 luǒ ㄌㄨㄛˇ 见177页“蜾”字条“蜾蠃”(guǒ—)。

泺(濼) luò ㄌㄨㄛˋ 泺水，古水名，在今山东省济南。[泺口]地名，在山东省济南。

另见389页pō。

跞(躒) luò ㄌㄨㄛˋ [卓跞][卓荦]卓绝：才华～。

另见298页lì。

荦(犖) luò ㄌㄨㄛˋ [荦荦]明显，分明：～

大端。

洛 luò ㄌㄨㄛˋ ❶洛河，水名，在陕西省北部。又叫北洛河。❷洛河，水名，发源于陕西省南部，流至河南省西部入黄河。古作"雒"。❸姓。

骆（駱）luò ㄌㄨㄛˋ 古书上指黑鬃的白马。

[骆驼]（—tuo）哺乳动物，反刍类，身体高大，背上有肉峰。能耐饥渴，适于负重物在沙漠中远行。

络（絡）luò ㄌㄨㄛˋ ❶像网子那样的东西：脉～|橘～|丝瓜～。❷用网状物兜住，笼罩：用络（lào）子～住。❸缠绕：～纱|～线。

[络绎]（—yì）连续不断：参观的人～不绝。

另见289页lào。

珞 luò ㄌㄨㄛˋ 见596页"璎"字条"璎珞"（yīng—）。

[珞巴族]我国少数民族，参看附表。

烙 luò ㄌㄨㄛˋ 见376页"炮"字条"炮烙"（páo—）。

另见289页lào。

硌 luò ㄌㄨㄛˋ 山上的大石。

另见155页gè。

落 luò ㄌㄨㄛˋ ❶掉下来，往下降：～泪|降～|太阳～山了。❷衰败：没（mò）～|破～户。❸遗留在后面：～后|～伍|～选。❹停留：安家～户|～脚。㉑留下：不～痕迹。❺停留或聚居的地方：村～|下～|着～。❻归属：今天政权～在人民手里了。❼古代指庆祝建筑物完工的祭礼，后来建筑物完工称为落成。❽写下：～款|～账。

[落泊]（—bó）[落魄]（—pò）[落拓]（—tuò）1.潦倒失意。2.豪迈，不拘束。

另见282页là；289页lào。

雒 luò ㄌㄨㄛˋ ❶同"洛❷"。❷姓。

摞 luò ㄌㄨㄛˋ ❶把东西重叠地往上放：把书～起来。❷量词，用于重叠着放起来的东西：一～砖|一～碗。

漯 luò ㄌㄨㄛˋ [漯河]地名，在河南省。

另见479页tà。

啰（儸）luo ·ㄌㄨㄛ 见316页"偻"字条"偻啰"（lóu—）。

啰（囉）luo ·ㄌㄨㄛ ❶助词，作用大致和"了（le）❷"一样：你去就成～。❷见317页"喽"字条"喽啰"（lóu—）。

另见325页luō；325页luó。

M ㄇ

M ㄇ

呒(嘸) ḿ ㄇˊ 〈方〉没有。

呣 ḿ ㄇˊ (单纯的双唇鼻音)叹词,表示疑问:~,你说什么?

呣 m̀ ㄇˋ 叹词,表示答应:~,我知道了。

MA ㄇㄚ

孖 mā ㄇㄚ 〈方〉相连成对:~仔(zǎi)(双胞胎)。

另见668页zī。

妈(媽) mā ㄇㄚ ❶称呼母亲(叠)。❷对跟母亲同辈或年长的已婚女性的称呼:大~|姑~。

蚂(螞) mā ㄇㄚ [蚂螂](-lang)〈方〉蜻蜓。

另见329页mǎ;329页mà。

抹 mā ㄇㄚ ❶擦:~桌子。❷用手按着并向下移动:把帽子~下来|~不下脸来(指碍于情面)。

另见350页mǒ;350页mò。

摩 mā ㄇㄚ [摩挲](-sa)用手轻轻按着一下一下地移动:~孩子的头。

另见349页mó。

吗(嗎) má ㄇㄚˊ 〈方〉什么:干~呀?|该吃点~儿了。

另见329页mǎ;329页ma。

麻(❶*蔴) má ㄇㄚˊ ❶草本植物,种类很多,有大麻、苎麻、苘(qǐng)麻、亚麻等等。茎皮纤维也叫麻,可用来制绳索、织布等。[麻烦](-fan)烦琐,费事:这事真~。❷像腿、臂被压后的那种不舒服的感觉:腿~了|手发~。❸感觉不灵或全部丧失(连—木)。[麻痹]1.身体的一部分因为神经系统的病变而发生知觉或运动的障碍。2.失去警惕性:~大意。[麻醉]用药物或针刺使全身或局部暂时失去知觉。喻用手段使人思想认识模糊,不能明辨是非。❹表面粗糙:这张纸一面光一面~。

马(馬) mǎ ㄇㄚˇ 家畜,头小,脸长,颈上有鬃,尾有长毛。供人骑或拉东西等。[马脚]指破绽(zhàn),漏洞:露出~来了。[马上]副词,立刻:我~就到。

M

[马虎](—hu)不认真:这事可不能~。

吗(嗎) mǎ ㄇㄚˇ [吗啡](—fēi)〈外〉有机化合物,白色粉末,味苦,用鸦片制成。医药上用作镇痛剂。

另见328页má;329页ma。

犸(獁) mǎ ㄇㄚˇ [猛犸]古脊椎动物,又叫毛象,像现代的象,全身有长毛,已绝种。

玛(瑪) mǎ ㄇㄚˇ [玛瑙](—nǎo)矿物名,质硬耐磨,颜色美丽,可做轴承、研钵、装饰品等。

码(碼) mǎ ㄇㄚˇ ❶(—子、—儿)代表数目的符号:数~|号~|苏州~子(〡、〢、〣、〤、〥等)|明~儿售货(在商品上标明价码出售)。❷(—子)计算数目的用具,如砝码、筹码等。❸量词,用于一件事或一类事:这是两~事。❹〈外〉英美制长度单位,1码等于3英尺,合0.914 4米。❺〈方〉摞(luò)起,垒起:~砖头|小孩儿~积木。

蚂(螞) mǎ ㄇㄚˇ [蚂蟥](—huáng)"蛭"的俗称。[蚂蚁](—yǐ)昆虫,身体小而长,多为黑色或褐色,在地下做窝,成群穴居。

另见328页mā;329页mà。

杩(榪) mà ㄇㄚˋ [杩头]床两头或门扇上下两端的横木。

祃(禡) mà ㄇㄚˋ 古代行军时,在军队驻扎的地方举行的祭礼。

蚂(螞) mà ㄇㄚˋ [蚂蚱](—zha)蝗虫。参看203页"蝗"(huáng)。

另见328页mā;329页mǎ。

骂(駡、*罵、*傌) mà ㄇㄚˋ ❶用粗野的话侮辱人:不要~人。❷〈方〉斥责。

么(△麽) ma ·ㄇㄚ 同"吗"(ma)。

另见335页me;577页yāo。

"麽"另见335页me"么";349页mó。

吗(嗎) ma ·ㄇㄚ 助词。1.表疑问或反问:你听明白了~?|还要你来教我~?2.用在句中停顿处:天要下雨~,我就坐车去。

另见328页má;329页mǎ。

嘛 ma ·ㄇㄚ 助词,表示很明显,事理就是如此(有时有提示意):有意见就提~|不会不要紧,边干边学~。

蟆(*蟇) ma ·ㄇㄚ 见178页"蛤"字条"蛤

M

蟆”(há—)。

MAI ㄇㄞ

埋 mái ㄇㄞˊ 把东西放在坑里用土盖上：掩～|～地雷。㉠隐藏，使不显露：隐姓～名。[埋伏]在敌人将要经过的地方布置下军队，准备袭击。[埋没](—mò)使人才、功绩、作用等显露不出来：不要～人才。[埋头]㉠专心，下工夫：～苦干。

另见331页mán。

霾 mái ㄇㄞˊ 阴霾，空气中因悬浮着大量的烟、尘等微粒而形成的混浊现象。

买(買) mǎi ㄇㄞˇ 拿钱换东西，跟“卖”相对(㊥购—)：～戏票|～了一台电脑。㉠贿赂：～通。[买办]1.采购货物的人。2.殖民地、半殖民地国家里替外国资本家在本国市场上经管商业、银行业、工矿业、运输业等等的中间人和经纪人。[买卖](—mai)生意，商业：做～。㉠铺子。

荬(蕒) mǎi ㄇㄞˇ 见418页“苣”字条“苣荬菜”(qǔ——)。

劢(勱) mài ㄇㄞˋ 努力。

迈(邁) mài ㄇㄞˋ ❶抬起腿来跨步：～过去|～了一大步|向前～进。❷老(㊥老—)：年～。❸(外)英里，用于机动车行驶速度。现也把千米(公里)说成迈。

麦(麥) mài ㄇㄞˋ (—子)谷类作物，分大麦、小麦、燕麦等多种，籽实磨面供食用。通常专指小麦。

唛(嘜) mài ㄇㄞˋ 译音用字。商标，进出口货物的包装上所做的标记。

鿏(鿏) mài ㄇㄞˋ 人造的放射性金属元素，符号Mt。

卖(賣) mài ㄇㄞˋ ❶拿东西换钱，跟“买”相对：～菜。㉠出卖国家、民族或别人的利益：叛～|～国贼。❷尽量使出(力气)：～力|～劲儿。❸卖弄，显示、表现自己：～功|～乖|～弄才能。

脉(*脈、*衇、*衂) mài ㄇㄞˋ ❶分布在人和动物全身的血管：动～|静～。❷脉搏，动脉的跳动：诊～。❸像血管那样分布的东西：山～|矿～|叶～。

M

另见 351 页 mò。

霡 mài ㄇㄞˋ [霡霂](—mù)小雨。

MAN ㄇㄢ

嫚 mān ㄇㄢ 〈方〉女孩子。

另见 332 页 màn。

颟(顢) mān ㄇㄢ [颟顸](—han)1.不明事理:糊涂~。2.漫不经心:那人太~,做事靠不住。

埋 mán ㄇㄢˊ [埋怨]因为事情不如意而对人或事物表示不满,责怪:他自己不小心,还~别人。

另见 330 页 mái。

蛮(蠻) mán ㄇㄢˊ ❶粗野,不通情理(㊀野—):~横(hèng)|~不讲理|胡搅~缠。㊀ 愣,强悍:~劲|~干。❷我国古代称南方的民族。❸〈方〉副词,很:~好|~快。

谩(謾) mán ㄇㄢˊ 欺骗,蒙蔽。

另见 332 页 màn。

蔓 mán ㄇㄢˊ [蔓菁](—jing)草本植物,即芜菁,叶狭长,花黄色,块根扁圆形。块根也叫蔓菁,可以吃。

另见332页màn;512页wàn。

馒(饅) mán ㄇㄢˊ [馒头](—tou)一种用发面蒸成的食品,无馅。

鳗(鰻) mán ㄇㄢˊ [鳗鲡](—lí)鱼名,又叫白鳝,身体前圆后扁,背鳍、臀鳍和尾鳍连在一起。生活在淡水中,到海里产卵。

鬘 mán ㄇㄢˊ 形容头发美。

瞒(瞞) mán ㄇㄢˊ 隐瞒;隐藏实情,不让别人知道:这事不必~他。

鞔 mán ㄇㄢˊ ❶把皮革固定在鼓框的周围,做成鼓面:牛皮可以~鼓。❷把布蒙在鞋帮上:~鞋。

满(滿) mǎn ㄇㄢˇ ❶全部充实,没有余地:会场里人都~了|~地都是绿油油的庄稼|~口答应。[满意]愿望满足或符合自己的意见:这样办,他很~。[满足]1.觉得够了:他并不~于现有的成绩。2.使人觉得在所需求的方面不缺什么了:~人民的需要。[自满]不虚心,骄傲。❷到了一定的限度:假期已~|~了一年。❸(斟酒)使满:~上一杯。❹副词,十分,完全:积极性~高|~以为不错|~不在乎。

[满族]我国少数民族,参看附表。

螨(蟎) mǎn ㄇㄢˇ 节肢动物,身体小,多为圆形或卵形。种类很多,有的传染疾病,危害农作物。

蔄(蔄) màn ㄇㄢˋ ❶用于地名:~山镇(在山东省文登)。❷姓。

曼 màn ㄇㄢˋ ❶延长:~声而歌。❷柔美:轻歌~舞。

谩(謾) màn ㄇㄢˋ 轻慢,没有礼貌:~骂。

另见 331 页 mán。

墁 màn ㄇㄢˋ 用砖或石块铺地面:花砖~地。

蔓 màn ㄇㄢˋ 义同"蔓"(wàn),多用于合成词,如蔓草、蔓延等。[蔓延]形容像蔓草一样地不断扩展滋生。

另见331页mán;512页wàn。

幔 màn ㄇㄢˋ (一子)悬挂起来用作遮挡的布、绸子等:布~|窗~。

漫 màn ㄇㄢˋ ❶水过满,漾出来:河水~出来了。㉄淹没:水不深,只~到脚面|大水~过房子了。❷满,遍:~山遍野|大雾~天。❸没有限制,没有约束:~谈|~不经心|~无边际。[漫长]时间长或路程远:~的岁月|~的道路。❹莫,不要:~说|~道。

慢 màn ㄇㄢˋ ❶迟缓,速度低,跟"快"相对:~车|~~地走|我的表~五分钟。❷态度冷淡,不热情:怠~|傲~。

嫚 màn ㄇㄢˋ 侮辱,怠慢。

另见 331 页 mān。

缦(縵) màn ㄇㄢˋ 没有彩色花纹的丝织品。

熳 màn ㄇㄢˋ [烂熳]见 285 页"烂"字条"烂漫"。

镘(鏝) màn ㄇㄢˋ 抹(mò)墙用的工具。

MANG ㄇㄤ

牤(**犡) māng ㄇㄤ 〈方〉牤牛,公牛。

邙 máng ㄇㄤˊ [邙山]山名,在河南省西北部。

芒 máng ㄇㄤˊ ❶某些禾本科植物籽实壳上的细刺。❷像芒的东西:光~|锋~。❸草本植物,秋天开花,黄褐色。叶细长有尖,可用来造纸、编鞋。

忙 máng ㄇㄤˊ ❶事情多,没空闲:工作~|~碌。❷急(㊀急一):不慌不~|先别~着下结论。❸急速地做:大家都在~生产。

M

杧 máng ㄇㄤˊ ［杧果］常绿乔木，生长在热带。果实也叫杧果，形状像肾，可以吃。也作“芒果”。

盲 máng ㄇㄤˊ 瞎，看不见东西：～人｜～道｜夜～。喻对某种事物不能辨认的人：文～｜色～｜计算机～｜扫～。［盲从］自己没有原则，没有见地，盲目随着别人。［盲目］喻对事情认识不清楚：～的行动是不会有好结果的。

氓 máng ㄇㄤˊ ［流氓］原指无业游民，后来指品质恶劣，不务正业，为非作歹的坏人。

另见 339 页 méng。

茫 máng ㄇㄤˊ ❶对事理全无所知，找不到头绪：迷～｜～然无知｜～无头绪。❷形容水势浩渺。［茫茫］面积大，看不清边沿：大海～｜雾气～。

硭 máng ㄇㄤˊ ［硭硝］矿物，现作“芒硝”，成分是硫酸钠，无色或白色晶体。可用来制玻璃、造纸等，医药上用作泻剂。

铓（鋩） máng ㄇㄤˊ ❶刀、剑等的尖端。❷铓锣，一种民间打击乐器，流行于云南省傣族和景颇族地区。

龙 máng ㄇㄤˊ ❶毛多而长的狗。❷杂色。

另见 339 页 méng。

庬 máng ㄇㄤˊ ❶大，厚重。❷姓。

牻 máng ㄇㄤˊ 毛色黑白相间的牛。

莽 mǎng ㄇㄤˇ ❶密生的草：草～。❷粗鲁，冒失：～汉｜～撞｜鲁～。

漭 mǎng ㄇㄤˇ ［漭漭］形容水广阔无边。

蟒 mǎng ㄇㄤˇ 一种蛇，又叫蚺蛇，无毒，身体大，背有黄褐色斑纹，腹白色，常生活在近水的森林里。

MAO ㄇㄠ

猫（*貓） māo ㄇㄠ 哺乳动物，面呈圆形，身体长，瞳孔随光线强弱而缩小放大，脚有利爪，善跳跃，会捉老鼠。

另见 334 页 máo。

毛 máo ㄇㄠˊ ❶动植物的皮上所生的丝状物。❷像毛的东西。1. 指谷物等：不～（未开垦不长庄稼）之地。2.

衣物等上长的霉菌：老没见太阳，东西都长～了。❸粗糙，没有加工的：～坯。❹不是纯净的：～重｜～利。❺小：～孩子｜～～雨。❻行动慌忙：～手～脚。❼惊慌失措：把他吓～了｜心里发～。❽货币贬值：钱～了。❾角，一圆钱的十分之一。

［毛南族］我国少数民族，参看附表。

牦（*犛、*氂） máo ㄇㄠˊ ［牦牛］一种牛，身体两旁和四肢外侧有长毛，尾毛很长。产于我国青藏高原地区，当地人用来拉犁、驮运货物。

旄 máo ㄇㄠˊ 古代用牦（máo）牛尾装饰的旗子。〈古〉又同"耄"（mào）。

酕 máo ㄇㄠˊ ［酕醄］（—táo）大醉的样子。

髦 máo ㄇㄠˊ 古代称幼儿垂在前额的短头发。［时髦］时兴的。

矛 máo ㄇㄠˊ 古代兵器，在长柄的一端装有金属枪头。［矛盾］㊕1. 言语或行为前后抵触，对立的事物互相排斥。2. 指事物内部各个对立面之间的互相依赖又互相排斥的关系。

茅 máo ㄇㄠˊ 茅草，草本植物，又叫白茅，叶条形。可用来覆盖屋顶或制绳索。

蝥 máo ㄇㄠˊ ［斑蝥］昆虫，腿细长，鞘翅上有黄黑色斑纹。可入药。

蟊 máo ㄇㄠˊ 吃苗根的害虫。［蟊贼］㊕对人民有害的人。

茆 máo ㄇㄠˊ 同"茅"。

猫（*貓） máo ㄇㄠˊ ［猫腰］弯腰。

另见333页māo。

锚（錨） máo ㄇㄠˊ 铁制的停船器具，有钩爪，用铁链连在船上，抛到水底，可以使船停稳。

冇 mǎo ㄇㄠˇ 〈方〉没有。

卯（*夘、*戼） mǎo ㄇㄠˇ ❶地支的第四位。❷卯时，指早晨五点到七点。❸（—子、—儿）器物接榫（sǔn）的地方凹入的部分：对～眼｜凿个～儿。

峁 mǎo ㄇㄠˇ 〈方〉小山包：下了一道坡，又上一道～。

泖 mǎo ㄇㄠˇ 水面平静的小湖。［泖湖］古湖名，在今上海市松江西部。［泖桥］地名，在上海市。

M

昴 mǎo ㄇㄠˇ 星宿名，二十八宿之一。

铆（鉚） mǎo ㄇㄠˇ 用钉子把金属物连在一起：～钉｜～接｜～工。

芼 mào ㄇㄠˋ 拔取（菜、草）。

眊 mào ㄇㄠˋ 眼睛看不清楚。

耄 mào ㄇㄠˋ 年老，八九十岁的年纪：～耋（dié）之年。

皃 mào ㄇㄠˋ 〈古〉同"貌"。

貌 mào ㄇㄠˋ ❶相貌，长（zhǎng）相（㊣容—）：美～｜不能以～取人。❷外表，表面：～合神离｜～似强大。㊀样子：全～｜概～｜原～。❸古书注解里表示状态用的字，如"飘飘：飞貌"等。

茂 mào ㄇㄠˋ 茂盛（shèng），草木旺盛：～密｜繁～｜根深叶～。㊓丰富而美好：图文并～｜声情并～。

冒（*冐） mào ㄇㄠˋ ❶向外透，往上升：～泡｜～烟｜～火｜～尖｜～头儿。❷不顾（恶劣的环境或危险等）：～雨｜～险。❸不加小心，鲁莽，冲撞：～进｜～昧｜～犯。[冒失]鲁莽，轻率。❹用假的充当真的，假托：～牌｜～名。❺姓。

另见 351 页 mò。

帽（*帽） mào ㄇㄠˋ ❶帽子。❷（一儿）作用或形状像帽子的东西：螺丝～儿｜笔～儿。

瑁 mào ㄇㄠˋ 见 84 页"玳"字条"玳瑁"（dài—）。

贸（貿） mào ㄇㄠˋ ❶交换财物：抱布～丝。[贸易]商业活动：国际～。❷冒冒失失或轻率的样子（叠）：～然参加｜～～然来。

袤 mào ㄇㄠˋ 南北距离的长度：广～数千里。

楙 mào ㄇㄠˋ ❶即木瓜。❷古同"茂"。

瞀 mào ㄇㄠˋ ❶目眩，看不清楚。❷精神昏乱（㊣—乱）。

懋 mào ㄇㄠˋ ❶努力，勉励。❷盛大。

鄚 mào ㄇㄠˋ（旧读 mò）[鄚州]地名，在河北省任丘。

ME ㄇㄜ

么（△麽） me ·ㄇㄜ ❶词尾：怎～｜那～｜多～｜这～｜什～。❷助词，用在句中停顿处：不让你去～，

M

你又偏要去。

另见329页ma；577页yāo。

“麽”另见329页ma“么”；349页mó。

MEI ㄇㄟ

没 méi ㄇㄟˊ ❶没有，无：他～哥哥｜我～那本书。㊀表示估量或比较，不够，不如：他～(不够)一米八高｜汽车～(不如)飞机快。❷副词，没有，不曾，未：事情～处理完｜衣服～干。

另见351页mò。

玫 méi ㄇㄟˊ ［玫瑰］(－gui)落叶灌木，枝上有刺。花有紫红色、白色等多种，香味浓，可以做香料，花和根可入药。

枚 méi ㄇㄟˊ ❶树干：伐其条～。❷古代士兵衔于口中以禁喧声的用具：衔～疾走。❸量词，相当于“个”：三～勋章。［枚举］一件一件地举出来：不胜～。

眉 méi ㄇㄟˊ ❶眉毛，眼上额下的毛：～飞色舞｜～开眼笑。(图见501页“头”)［眉目］借指事情的头绪或事物的条理：有点儿～了｜～不清楚。❷书眉，书页上端的空白：～批。

郿 méi ㄇㄟˊ 郿县，在陕西省。今作“眉县”。

嵋 méi ㄇㄟˊ 见118页“峨”字条“峨嵋”(é－)。

猸 méi ㄇㄟˊ (－子)哺乳动物，即鼬獾，又叫白猸，像猫而小，身体棕灰色，脸上有白斑。

湄 méi ㄇㄟˊ 河岸，水滨。

瑂 méi ㄇㄟˊ 一种像玉的美石。

楣 méi ㄇㄟˊ 门框上边的横木。(图见128页“房屋的构造”)

镅(鎇) méi ㄇㄟˊ 人造的放射性金属元素，符号Am。

鹛(鶥) méi ㄇㄟˊ 鸟名，通常指画眉，羽毛多为棕褐色，翅短，嘴尖，尾巴长，叫的声音好听。

莓 méi ㄇㄟˊ 指某些果实很小、聚生在球形花托上的植物，常见的是草莓。

梅(*楳、*槑) méi ㄇㄟˊ 落叶乔木，初春开花，有白、红等颜色，分五瓣，香味浓，果实味酸。

脢 méi ㄇㄟˊ (－子)〈方〉猪、牛等脊椎两旁的条状瘦肉，即里脊。

酶 méi ㄇㄟˊ 有机化合物的一大类，对生物化学变化起催化作用，消化食物、发酵就是靠酶的作用。

霉（❷黴） méi ㄇㄟˊ ❶衣物、食品等受了潮热长霉菌：～烂｜发～。❷霉菌，真菌的一类，常寄生或腐生在食物或衣物的表面，呈细丝状，有曲霉、青霉等。

媒 méi ㄇㄟˊ 撮合男女婚事的人（㊣一妁 shuò）。㊝使双方发生关系的人或物：～介｜～质｜传～。［媒体］指传播信息的工具，如报刊、广播、电视等。

煤 méi ㄇㄟˊ ❶又叫煤炭，黑色或黑褐色固体，成分以碳为主，是古代植物压埋在地下，在缺氧高压条件下，年久变化而成的，是重要的燃料和化工原料。❷〈方〉（一子）烟气凝结的黑灰：锅～子。

糜（**穈） méi ㄇㄟˊ （一子）即穄。参看 220 页"穄"（jì）。

另见 341 页 mí。

每 měi ㄇㄟˇ ❶指全体中的任何一个或一组：～人｜～回｜～次｜～三天｜～一分钱。❷指反复的动作中的任何一次或一组：～战必胜｜～逢十五日出版。［每每］副词，常常：他工作很忙，～干到深夜。

美 měi ㄇㄟˇ ❶好，善：～德｜～意｜～貌｜～景｜尽善尽～｜物～价廉。❷赞美，称赞，以为好：～称｜～言。❸使美、好看：～容｜～发（fà）。❹〈方〉得意，高兴：～滋滋的｜得了个满分，瞧把他～的。❺指美洲，包括北美洲和南美洲，世界七大洲中的两个洲。

渼 měi ㄇㄟˇ ❶波纹。❷用于地名：～陂（bēi）村（在江西省吉安）。

媄 měi ㄇㄟˇ 女子貌美。

镁（鎂） měi ㄇㄟˇ 金属元素，符号 Mg，银白色，燃烧时能发强光。镁铝合金可制飞机、宇宙飞船等。

浼 měi ㄇㄟˇ ❶污染。❷恳托。

妹 mèi ㄇㄟˋ ❶（一子）称同父母比自己年纪小的女子（叠）。❷对比自己年纪小的同辈女性的称呼：表～。

昧 mèi ㄇㄟˋ ❶昏，糊涂，不明白：愚～｜蒙～｜冒～。❷隐藏，隐瞒：拾金不～。

寐 mèi ㄇㄟˋ 睡着（zháo）：假～｜夜不能～｜梦～以求。

魅 mèi ㄇㄟˋ 传说中的鬼怪：鬼～。[魅力]很能吸引人的力量。

袂 mèi ㄇㄟˋ 衣袖：联～（结伴）赴津。[分袂]离别。

媚 mèi ㄇㄟˋ ❶巴结，逢迎：～俗|献～|奴颜～骨。❷美好，可爱：妩～|春光明～。

MEN ㄇㄣ

闷（悶） mēn ㄇㄣ ❶因气压低或空气不流通而引起的不舒服的感觉：天气～热|这屋子矮，又没有窗子，太～了。❷呆在屋里不出门：别总～在家里，多出去走走。❸密闭：茶刚泡上，～一会儿再喝。❹〈方〉声音不响亮：这人说话～声～气。

另见 338 页 mèn。

门（門） mén ㄇㄣˊ ❶（－儿）建筑物、车船等的出入口。又指安在出入口上能开关的装置：防盗～|～镜。㊀门径，诀窍：摸不着～儿|窍～儿。❷（－儿）形状或作用像门的东西：电～|闸～|球～。❸家族或家族的一支：一～老小|长（zhǎng）～长子。❹一般事物的分类：分～别类。❺生物的分类单位之一，在"界"之下、"纲"之上：被子植物～|脊索动物～。❻学术思想或宗教的派别：儒～|佛～。❼量词，用于炮、功课、技术和亲戚、婚姻等：一～炮|一～手艺|一～功课|两～亲戚。❽事件，多指负面的事件：学历～|考试～。

[门巴族]我国少数民族，参看附表。

扪（捫） mén ㄇㄣˊ 按，摸：～心自问（反省）。

钔（鍆） mén ㄇㄣˊ 人造的放射性金属元素，符号 Md。

璊（瑞） mén ㄇㄣˊ 赤色的玉。

亹 mén ㄇㄣˊ [亹源]回族自治县，在青海省。今作"门源"。

另见 517 页 wěi。

汆 mèn ㄇㄣˋ ❶〈方〉水从地下冒出。❷用于地名：～塘（在广西壮族自治区宾阳）。

另见 397 页 qǐ。

闷（悶） mèn ㄇㄣˋ ❶心烦，不痛快：～得慌|～～不乐。❷密闭，不透气：～子车。

另见 338 页 mēn。

焖（燜） mèn ㄇㄣˋ 盖紧锅盖，用微火把饭

菜煮熟：～饭。

懑（懣） mèn ㄇㄣˋ ❶烦闷。❷愤慨，生气：愤～。

们（們） men ·ㄇㄣ 词尾，表人的复数：你～｜咱～｜他～｜学生～｜师徒～。

MENG ㄇㄥ

蒙（❶❷矇） mēng ㄇㄥ ❶欺骗（㊀一骗）：别～人｜谁也～不住他。❷胡乱猜测：这回叫你～对了。❸昏迷：他被球打～了。

另见339页méng；340页měng。

尨 méng ㄇㄥˊ ［尨茸］（—róng）蓬松。

另见333页máng。

氓（**甿） méng ㄇㄥˊ 〈古〉民（特指外来的）。也作“萌”。

另见333页máng。

虻（*蝱） méng ㄇㄥˊ 昆虫，身体灰黑色，翅透明，生活在野草丛里，雄的吸植物汁液，雌的吸人、畜的血。种类很多：牛～。

鄳（鄸） méng ㄇㄥˊ 古地名，在今河南省罗山一带。

萌 méng ㄇㄥˊ 萌芽，植物生芽。㊁开始发生：知者（有见识的人）见于未～｜故态复～（多用于贬义）。

〈古〉又同“氓”（méng）。

盟 méng ㄇㄥˊ ❶旧时指宣誓缔约，现多指团体和团体、阶级和阶级或国和国的联合：联～｜同～｜～国。❷发（誓）：～个誓。❸内蒙古自治区的行政区划单位。包括若干旗、县、市。

蒙（❹濛、❺矇、❻懞） méng ㄇㄥˊ ❶没有知识，愚昧：启～｜发～｜～昧。❷覆盖：～头盖脑｜～上一张纸。［蒙蔽］隐瞒事实，欺骗。❸受：～难（nàn）｜承～招待，感谢之至。❹形容雨点细小（叠）：～～细雨。［空蒙］形容景色迷茫：山色～。❺眼睛失明。［蒙眬］目不明：睡眼～。❻朴实敦厚。❼姓。

另见339页mēng；340页měng。

𡿪 méng ㄇㄥˊ 山名。

艨 méng ㄇㄥˊ 见388页“帡”字条“帡幪”（píng—）。

檬 méng ㄇㄥˊ 见366页“柠”字条“柠檬”（níng—）。

M

曚 méng ㄇㄥˊ ［曚昽］(—lóng)日光不明。

朦 méng ㄇㄥˊ ［朦胧］(—lóng)1. 月光不明。2. 不清楚，模糊：烟雾～。

鹲(鸏) méng ㄇㄥˊ 鸟名，身体大，嘴大而直，灰色或白色，尾部有长羽毛，生活在热带海洋上，捕食鱼类。

礞 méng ㄇㄥˊ ［礞石］岩石名，有青礞石和金礞石两种，可入药。

艨 méng ㄇㄥˊ ［艨艟］(—chōng)古代的一种战船。

甍 méng ㄇㄥˊ 屋脊：碧瓦飞～|雕～。

瞢 méng ㄇㄥˊ ❶日月昏暗无光。❷目不明。

勐 měng ㄇㄥˇ ❶勇敢。❷云南省西双版纳傣族地区称小块的平地。多用于地名。

猛 měng ㄇㄥˇ ❶气势壮，力量大：～虎|勇～|用力过～|药力～|火力～。❷忽然，突然：～然惊醒|～地摔倒。

锰(錳) měng ㄇㄥˇ 金属元素，符号 Mn，银白色，质硬而脆。锰铁合金叫锰钢，用于工业。

蜢 měng ㄇㄥˇ 见 629 页“蚱”字条“蚱蜢”(zhà—)。

艋 měng ㄇㄥˇ ［舴艋］(zé—)小船。

蒙 měng ㄇㄥˇ ［蒙古族］1. 我国少数民族，参看附表。2. 蒙古国的主要民族。［内蒙古］我国少数民族自治区，1947 年 5 月建立。

另见 339 页 mēng；339 页 méng。

獴 měng ㄇㄥˇ 哺乳动物，身体长，脚短，嘴尖，耳朵小，捕食蛇、蟹等。如蛇獴、蟹獴。

蠓 měng ㄇㄥˇ 蠓虫，昆虫，比蚊子小，褐色或黑色，雌的吸人、畜的血，能传染疾病。

懵(**懞) měng ㄇㄥˇ ［懵懂］(—dǒng)糊涂，不明白事理。

孟 mèng ㄇㄥˋ ❶旧时兄弟姊妹排行(háng)有时用孟、仲、叔、季做次序，孟是老大：～兄|～孙。❷指农历一季中月份在开头的：～春(春季第一月)|～冬(冬季第一月)。

［孟浪］鲁莽，考虑不周到：此事不可～。

梦(夢) mèng ㄇㄥˋ ❶睡眠时体内体外各

M

种刺激或残留在大脑里的外界刺激引起的影像活动。❷做梦：～游|～见。❸比喻空想，幻想：～想|以前的打算最后只成了一场～。❹愿望，理想：儿时的～终于实现了。

MI ㄇㄧ

咪 mī ㄇㄧ 形容猫叫声(叠)。

眯(*瞇) mī ㄇㄧ ❶眼皮微微合拢：～缝(feng)|～着眼笑。❷〈方〉小睡：～一会儿。

另见 341 页 mí。

弥(彌、❶瀰) mí ㄇㄧˊ ❶满，遍：～月(小孩儿满月)|～天大罪。[弥漫] 1.水满。2.到处都是，充满：硝烟～。❷补，合(㊀一补)。❸更加：老而～坚|欲盖～彰。

祢(禰) mí ㄇㄧˊ (旧读 nǐ) 姓。

猕(獼) mí ㄇㄧˊ [猕猴]一种猴，面部红色无毛，有颊囊，尾短，臀疣显著。

迷 mí ㄇㄧˊ ❶分辨不清，失去了辨别、判断的能力：～了路。[迷彩]使人迷惑不易分辨的色彩：～服。[迷信]盲目地信仰和崇拜。特指信仰神仙鬼怪等。❷醉心于某种事物，发生特殊的爱好(hào)：入～|～恋。❸沉醉于某种事物的人：棋～|球～|戏～。❹使人陶醉：景色～人。

眯(*瞇) mí ㄇㄧˊ 尘土入眼，不能睁开看东西。

另见 341 页 mī。

谜(謎) mí ㄇㄧˊ ❶谜语，影射事物或文字的隐语：灯～|～底|猜～。❷比喻还没有弄明白的或难以理解的事物：那件事的真相至今还是个～。

醚 mí ㄇㄧˊ 有机化合物的一类，由一个氧原子连接两个烃基而成。乙醚是医药上常用的麻醉剂。

糜 mí ㄇㄧˊ ❶粥。❷烂(㊀一烂)。❸浪费：～财妨农。❹姓。

另见 337 页 méi。

縻 mí ㄇㄧˊ ❶牛缰绳。❷系(jì)，捆，拴。[羁縻]㊖牵制，笼络。

靡 mí ㄇㄧˊ 浪费(㊀奢一)：不要～费钱财。

M

另见342页mǐ。

蘼 mí ㄇㄧˊ ［蘼芜］（—wú）古书上指芎䓖（xiōngqióng）的苗。

醾 mí ㄇㄧˊ ［酴醾］（tú—）重（chóng）酿的酒。

麋 mí ㄇㄧˊ 麋鹿，哺乳动物，又叫四不像，头像马，身像驴，蹄像牛，角像鹿，身体灰褐色。原产于我国，是珍贵的动物。

米 mǐ ㄇㄧˇ ❶去了壳的谷类或其他植物的籽实：小～｜花生～。特指去了壳的稻的籽实：买一袋～。❷（外）长度单位，符号m，1米等于10分米。

洣 mǐ ㄇㄧˇ 洣水，水名，在湖南省东南部。

脒 mǐ ㄇㄧˇ 有机化合物的一类，如磺胺脒。

敉 mǐ ㄇㄧˇ 安抚，安定：～平。

芈 mǐ ㄇㄧˇ 姓。

弭 mǐ ㄇㄧˇ 止，息：水患消～｜～乱（平息战乱）。

靡 mǐ ㄇㄧˇ ❶无，没有：～日不思。❷倒下：望风披～。［靡靡之音］颓废、趣味低级的乐曲、歌曲。

另见341页mí。

汨 mì ㄇㄧˋ 汨罗江，水名，在湖南省岳阳。

觅（覓、*覔） mì ㄇㄧˋ 找，寻求（㊀寻—）：～食｜～路。

泌 mì ㄇㄧˋ 分泌，从生物体里产生出某种物质：～尿。

另见25页bì。

宓 mì ㄇㄧˋ 安，静。

祕 mì ㄇㄧˋ ❶见342页“秘”。❷姓。

另见25页bì“秘”。

秘（△*祕） mì ㄇㄧˋ （旧读bì）不公开的，不让大家知道的（㊀—密）：～方｜～诀｜～不示人。

另见25页bì。

密 mì ㄇㄧˋ ❶事物间距离短，空隙小，跟“稀”、“疏”相对（㊀稠—）：～植｜～云不雨｜枪声越来越～。㊀精致，细致：精～｜细～。❷关系近，感情好（㊀亲—）：～友｜～切。❸不公开：～谋｜～谈｜～码电报。㊀秘密的事物：保～｜泄～｜告～。

谧（謐） mì ㄇㄧˋ 安静（㊀安—）。

嘧 mì ㄇㄧˋ ［嘧啶］（—dìng）有机化合物，无色晶体，有刺激性气味，溶于水、乙醇和乙醚。可用来制药等。

蜜 mì ㄇㄧˋ ❶蜂蜜，蜜蜂采取花的甜汁酿成的东西。[蜜饯]用蜜、糖浸渍果品。又指用蜜、糖浸渍的果品。❷甜美：～月|甜言～语。

幂（*冪） mì ㄇㄧˋ ❶覆盖东西的巾。❷覆盖，遮盖。❸表示一个数自乘若干次的形式叫幂。如 t 自乘 n 次的幂为 t^n。

蓂 mì ㄇㄧˋ 见 529 页“菥”字条“菥蓂”（xī—）。

另见 348 页 míng。

MIAN ㄇㄧㄢ

眠 mián ㄇㄧㄢˊ ❶睡觉（㊀睡—）：安～|失～|长～（婉指人死）。❷某些动物在一个较长时间内不吃不动的生理现象：冬～|蚕三～了。

绵（緜、*縣） mián ㄇㄧㄢˊ ❶丝绵，蚕丝结成的片或团，可用来絮衣被等。❷性质像丝绵的。1. 软弱，单薄：～薄。2. 延续不断：～延。

棉 mián ㄇㄧㄢˊ ❶棉花，草本植物，叶掌状分裂，果实桃形。种子外有白色的絮，也叫棉花，供纺织及絮衣被用。种子可以榨油。❷棉絮：～衣|～线。

丏 miǎn ㄇㄧㄢˇ 遮蔽，看不见。

沔 miǎn ㄇㄧㄢˇ 沔水，水名，汉江的上游河段，在陕西省南部。

免 miǎn ㄇㄧㄢˇ ❶去掉，除掉：～冠|～职|～费。❷避免：～疫|做好准备，以～临时抓瞎。❸勿，不可：闲人～进。

勉 miǎn ㄇㄧㄢˇ ❶勉力，力量不够还尽力做：～为其难（nán）。[勉强]（—qiǎng）1. 尽力：～支持下去。2. 刚刚够，不充足：这种说法很～（理由不充足）|勉勉强强及格。3. 不是心甘情愿的：～答应。4. 让人去做不愿做的事：不要～他。❷勉励，使人努力：互～|有则改之，无则加～。

娩 miǎn ㄇㄧㄢˇ 分娩，妇女生孩子。

冕 miǎn ㄇㄧㄢˇ 古代大（dà）夫以上的官戴的礼帽。后来专指帝王的礼帽：加～。

鮸（鮸） miǎn ㄇㄧㄢˇ 鱼名，身体侧扁而长，棕褐色，生活在海里。

劻 miǎn ㄇㄧㄢˇ 勉力，勤勉。

M

偭 miǎn ㄇㄧㄢˇ ❶向，面向。❷违背：～规越矩（违背正常的法度）。

湎 miǎn ㄇㄧㄢˇ 沉迷（多指喝酒）：沉～于酒色。

愐 miǎn ㄇㄧㄢˇ ❶思，想。❷勤勉。

缅（緬） miǎn ㄇㄧㄢˇ 遥远：～怀｜～想。

靦（靦） miǎn ㄇㄧㄢˇ ［靦觍］（—tiǎn）旧同"腼腆"。

另见 493 页 tiǎn。

腼 miǎn ㄇㄧㄢˇ ［腼腆］（—tiǎn）害羞，不敢见生人：这孩子太～。

渑（澠） miǎn ㄇㄧㄢˇ ［渑池］地名，在河南省三门峡市。

另见 450 页 shéng。

面（❽—⓫麵、❽—⓫*麪、❶—❼**靣） miàn ㄇㄧㄢˋ ❶面孔，脸，头的前部（㊀脸—、颜—）：～前｜～带笑容。［面子］（—zi）1. 体面：爱～｜丢～。2. 情面：大公无私，不讲～。❷用脸对着，向着：背山～水。❸当面，直接接头的：～谈｜～议。❹（—子、—儿）事物的外表，跟"里"相对：地～｜水～｜被～儿。❺几何学上指线移动所生成的图形，有长有宽，没有厚：平～｜～积。❻方面，边，部：正～｜反～｜上～｜下～｜～～俱到。❼量词，用于扁平的物体：一～旗｜一～镜子｜一～锣。❽粮食磨成的粉：小米～｜玉米～。特指小麦磨成的粉：一袋～。❾（—子、—儿）粉末：药～儿｜粉笔～儿。❿面条：挂～｜炸酱～｜方便～｜一碗～。⓫食物含纤维少而柔软：这种瓜很～。

眄 miàn ㄇㄧㄢˋ 斜着眼睛看：顾～。

MIAO ㄇㄧㄠ

喵 miāo ㄇㄧㄠ 形容猫叫的声音。

苗 miáo ㄇㄧㄠˊ ❶（—儿）指幼小的植株：麦～｜树～。［苗条］人的身材细长、好看。❷（—儿）形状像苗的：笤帚～儿｜火～儿。❸某些初生的饲养的动物：鱼～。❹子孙后代（㊀—裔）。❺疫苗，能使机体产生免疫力的微生物制剂：卡介～。

［苗族］我国少数民族，参看附表。

描 miáo ㄇㄧㄠˊ 依照原样摹画或重复地画（㊀—摹）：

M

～图|～花。[描写]依照事物的情状，用语言或线条、颜色表现出来：他很会～景物。

鹋(鶓) miáo ㄇㄧㄠˊ 见122页"鸸"字条"鸸鹋"(ér—)。

瞄 miáo ㄇㄧㄠˊ 把视力集中在一点上，注意看：枪～得准|眼光～向未来。

杪 miǎo ㄇㄧㄠˇ 树枝的细梢。㊀末尾：岁～|月～。

眇(*䏚) miǎo ㄇㄧㄠˇ ❶瞎了一只眼睛。后也泛指瞎了眼睛。❷细小。

秒 miǎo ㄇㄧㄠˇ ❶谷物种子壳上的芒。❷计量单位。1.圆周的一分的六十分之一。2.经纬度的一分的六十分之一。3.时间的一分钟的六十分之一。

渺(❷△*淼) miǎo ㄇㄧㄠˇ ❶微小：～小|～不足道。❷水势辽远：浩～。[渺茫]离得太远看不清楚。㊀看不见前途的或没有把握的：这件事～得很。

缈(緲) miǎo ㄇㄧㄠˇ 见384页"缥"字条"缥缈"(piāo—)。

淼 miǎo ㄇㄧㄠˇ ❶见345页"渺"。❷用于人名。❸用于地名：～泉(在江苏省常熟)。❹姓。

藐 miǎo ㄇㄧㄠˇ 小(㊀一小)：～视。

邈 miǎo ㄇㄧㄠˇ 远。

妙(*玅) miào ㄇㄧㄠˋ ❶美，好：～品|～不可言。❷奇巧，神奇(㊀巧一)：～计|～诀|～用。

庙(廟) miào ㄇㄧㄠˋ ❶旧时供祖宗神位的地方：家～|宗～。❷供神佛或历史上有名人物的地方：龙王～|孔～。❸庙会，设在寺庙里或附近的集市：赶～。

缪(繆) miào ㄇㄧㄠˋ 姓。另见349页miù；352页móu。

MIE ㄇㄧㄝ

乜 miē ㄇㄧㄝ [乜斜](—xie) 1.眼睛因困倦而眯成一条缝：～的睡眼。2.眼睛略眯而斜着看，多指不满意或看不起的神情。

另见364页niè。

咩(*哔、*咪) miē ㄇㄧㄝ 形容羊叫的声音。

灭(滅) miè ㄇㄧㄝˋ ❶火熄，使火熄(㊀熄一)：

～火器｜～灯｜火～了。❷完，尽，使不存在（㊥消一）：～亡｜磨～｜自生自～｜长自己的志气，～敌人的威风。❸被水漫过：～顶之灾（致命的灾祸）。

蔑（❸衊） miè ㄇㄧㄝˋ ❶无，没有：～以复加。❷小：～视（看不起，轻视）。❸涂染。［诬蔑］［污蔑］造谣毁坏别人的名誉。

篾 miè ㄇㄧㄝˋ（一子、一儿）劈成条的竹片：竹～子。泛指劈成条的芦苇、高粱等茎皮：苇～儿。

蠛 miè ㄇㄧㄝˋ ［蠛蠓］（一měng）古书上指蠓。参看340页“蠓”。

MIN ㄇㄧㄣ

民 mín ㄇㄧㄣˊ ❶人民：为国为～｜以～为本。［民主］1.指人民有管理国家和自由发表意见的权利。2.根据大多数群众意见处理问题的工作方式：作风～。［民生］人民的生计：关注～。［公民］在一国内有国籍，享受法律上规定的公民权利并履行公民义务的人。［国民］指具有某国国籍的人。❷指人或人群。［民族］历史上形成的稳定的人群共同体，其特征是有共同语言、共同地域、共同经济生活和表现于共同文化上的共同心理素质。［居民］在一个地区内较长时期固定居住的人。❸民间的：～俗｜～歌。❹指从事某种职业或具有某种身份、特征的人：农～｜牧～｜渔～｜灾～｜侨～｜股～｜网～。❺非军事的：～用｜～航。❻同“苠”。

苠 mín ㄇㄧㄣˊ 庄稼生长期较长，成熟期较晚：～䅟子（cǎnzi）｜～高粱｜黄谷子比白谷子～。

岷 mín ㄇㄧㄣˊ 岷山，山名，在四川省北部，绵延于四川、甘肃两省边境。

珉 mín ㄇㄧㄣˊ 像玉的石头。

缗（緡） mín ㄇㄧㄣˊ ❶古代穿铜钱用的绳。❷钓鱼用的绳。

玟 mín ㄇㄧㄣˊ 同“珉”。
另见520页wén。

旻 mín ㄇㄧㄣˊ ❶天，天空：～天｜苍～。❷秋天。

忞 mín ㄇㄧㄣˊ 勉力。

皿 mǐn ㄇㄧㄣˇ 器皿，盘、盂一类的东西。

闵（閔） mǐn ㄇㄧㄣˇ ❶同“悯”。❷姓。

悯（憫） mǐn ㄇㄧㄣˇ ❶哀怜（㊀怜—）：其情可～｜悲天～人。❷忧愁。也作"愍"。

闽（閩） mǐn ㄇㄧㄣˇ 福建省的别称。

抿 mǐn ㄇㄧㄣˇ ❶刷，抹：～了～头发。❷收敛：～着嘴笑｜水鸟一～翅，一头扎进水里。㊀收敛嘴唇，少量沾取：他真不喝酒，连～都不～。

泯 mǐn ㄇㄧㄣˇ 消灭（㊀—灭）：童心未～。

湣 mǐn ㄇㄧㄣˇ 古谥号用字。

愍（**惽） mǐn ㄇㄧㄣˇ 同"悯"。

黾（黽） mǐn ㄇㄧㄣˇ ［黾勉］（—miǎn）努力，勉力：～从事。

敏 mǐn ㄇㄧㄣˇ ❶有智慧，反应迅速，灵活（㊀—捷、灵—）：～感｜～锐｜机～｜敬谢不～（婉转表示不愿意做）。❷努力：～行不怠。

鳘（鰵） mǐn ㄇㄧㄣˇ 鱼名，即鳕鱼。

MING ㄇㄧㄥ

名 míng ㄇㄧㄥˊ ❶（—儿）名字，人或事物的称谓：人～｜国～｜起个～儿。［名词］表示人、地、事、物的名称的词，如"学生、北京、戏剧、桌子"等。❷叫出，说出：无以～之｜莫～其妙。❸名誉，声誉：有～｜出～｜不为～，不为利。㊀有声誉的，大家都知道的：～医｜～将｜～胜｜～言｜～产。❹量词。1. 用于人：学生四～。2. 用于名次：第二～。

茗 míng ㄇㄧㄥˊ ❶茶树的嫩芽。❷茶：香～｜品～。

洺 míng ㄇㄧㄥˊ 洺河，水名，在河北省南部。

铭（銘） míng ㄇㄧㄥˊ ❶刻在器物上记述生平、事业或用来警惕、勉励自己的文字：墓志～｜座右～。❷在器物上刻字。㊉形容牢记：～记｜刻骨～心｜～诸肺腑。

明 míng ㄇㄧㄥˊ ❶亮，跟"暗"相对：～亮｜天～了｜～晃晃的刺刀。❷明白，清楚：说～｜表～｜黑白分～｜情况不～｜～～是他搞的。㊀懂得，了解：深～大义｜知书～理。❸公开，不秘密，不隐蔽，跟"暗"相对：～讲｜有话～说｜～码售货｜～枪易躲，暗箭难防。❹视觉，眼力：失～。❺视觉灵敏，能看清事物：英～｜精

～|耳聪目～|眼～手快。❻神明,迷信称神灵。[明器][冥器]殉葬用的器物。❼次(指日或年):～日|～年。❽朝代名,明太祖朱元璋所建立(公元1368—1644年)。

鸣(鳴) míng ㄇㄧㄥˊ ❶鸟兽或昆虫叫:鸟～|驴～|蝉～。❷发出声音,使发出声音:自～钟|孤掌难～|～炮。❸表达,发表(情感、意见、主张):～谢|～不平|百家争～。

冥(*寘、*冥) míng ㄇㄧㄥˊ ❶昏暗。㊀愚昧:～顽不灵。❷深奥,深沉:～想|～思苦想。❸迷信的人称人死以后进入的世界。

[冥蒙][溟濛](—méng)形容烟雾弥漫。

蓂 míng ㄇㄧㄥˊ [蓂荚](—jiá)传说中尧时的一种瑞草。

另见343页mì。

溟 míng ㄇㄧㄥˊ 海:北～有鱼。

暝 míng ㄇㄧㄥˊ ❶日落,天黑。❷黄昏:～色。

瞑 míng ㄇㄧㄥˊ 闭眼:～目(多指人死时心中无牵挂)。

螟 míng ㄇㄧㄥˊ 螟虫,昆虫,即螟蛾的幼虫。种类很多,如三化螟、二化螟、大螟、玉米螟等,危害农作物。

[螟蛉](—líng)一种绿色小虫。㊕义子,抱养的孩子。又叫螟蛉子。参看177页"蜾"字条"蜾蠃"(guǒluǒ)。

酩 mǐng ㄇㄧㄥˇ [酩酊](—dǐng)醉得迷迷糊糊的:～大醉。

命(*侖) mìng ㄇㄧㄥˋ ❶生命,动物、植物的生活能力,也就是跟矿物、水等所以有区别的地方:性～|救～|拼～。❷迷信的人认为生来就注定的贫富、寿数等:算～|～该如此。❸上级指示下级(㊥—令):～你前往|～大军火速前进。❹上级对下级的指示:奉～|遵～|恭敬不如从～。❺给予(名称等):～名|～题。[命中](—zhòng)射中或击中目标。❻指派,使用:～驾|～笔。

MIU ㄇㄧㄡ

谬(謬) miù ㄇㄧㄡˋ ❶错误的,不合情理的:～论|荒～。❷差错:失之毫厘,～以千里。

缪(繆) miù ㄇㄧㄡˋ 见380页“纰”字条“纰缪”(pī—)。

另见345页miào；352页móu。

MO ㄇㄛ

摸 mō ㄇㄛ ❶用手接触或轻轻抚摩：～小孩儿的头｜～～多光滑。❷用手探取：～鱼｜从口袋里～出一张钞票来。㊀1.揣测，试探：～底｜我～准了他的脾气｜～不清他是什么意思。2.在黑暗中行动，在认不清的道路上行走：～营｜～黑｜～了半夜才到家。[摸索]多方面探求、寻找：～经验。

谟(謨、*謩) mó ㄇㄛˊ 计谋，计划：宏～。

馍(饃、*饝) mó ㄇㄛˊ 〈方〉面制食品，通常指馒头(叠)。

嫫 mó ㄇㄛˊ [嫫母]传说中的丑妇。

摹 mó ㄇㄛˊ 仿效，照着样子做：临～｜描～｜把这个字～下来。

模 mó ㄇㄛˊ ❶法式，规范：～式｜楷～。[模型]依照原物或计划中的事物(如建筑)的形式做成的物品。❷仿效(㊀—仿、—拟)。❸模范：劳～｜英～。

[模糊](—hu)不分明，不清楚。

[模特儿](外)写生、雕塑时的描摹对象或参考对象，有时也指某些示范表演者：时装～。

另见352页mú。

膜 mó ㄇㄛˊ ❶(—儿)动植物体内像薄皮的组织：肋～｜耳～｜苇～。❷(—儿)像膜的薄皮：面～｜塑料薄～儿。

麽 mó ㄇㄛˊ ❶[幺麽](yāo—)微小：～小丑。❷姓。

另见329页ma“么”；335页me“么”。

嬷 mó ㄇㄛˊ [嬷嬷](—mo)1.旧时称奶妈为嬷嬷。2.〈方〉称呼老年妇女。

摩 mó ㄇㄛˊ ❶摩擦，蹭(cèng)：～拳擦掌。❷抚摩，摸：～弄｜按～。[摩挲](—suō)用手抚摩。❸研究切磋。[观摩]观察之后，加以研究，吸收别人的优点：～教学。❹物质的量的单位名摩尔的简称，符号mol。

另见328页mā。

蘑 mó ㄇㄛˊ [萝藦]草本植物，蔓生，叶心脏形，花白色带淡紫色斑纹，全草入药。

磨 mó ㄇㄛˊ ❶摩擦：～刀｜～墨。[磨合]新组装的机器经过一定时期的使用，把摩擦面上的加工痕迹磨光而变得更加密合。㊗彼此在合作过程中逐渐适应和协调。[磨炼][磨练]在艰苦环境中锻炼。❷阻碍，困难(㊀一难、折一)：好(hǎo)事多～。㊁纠缠：小孩子～人。❸拖延，耗时间：～工夫。❹逐渐消失，消灭：百世不～｜～灭。[消磨]1.使精力等逐渐消失：～志气。2.消耗：不再用打牌～时光。

另见352页mò。

蘑 mó ㄇㄛˊ 蘑菇，某些可以吃的蕈(xùn)类，如口蘑、松蘑。

魔 mó ㄇㄛˊ ❶宗教或神话中指害人性命、迷惑人的恶鬼：妖～鬼怪｜恶～。❷不平常，奇异：～力｜～术。

劘 mó ㄇㄛˊ 切削。

抹 mǒ ㄇㄛˇ ❶涂(㊀涂一)：伤口上～上点儿药。❷揩，擦：～眼泪｜一～一手黑。❸除去：～零儿(不计算尾数)｜～掉几个字。[抹杀][抹煞]一概不计，勾销：一笔～。

另见328页mā；350页mò。

万 mò ㄇㄛˋ [万俟](一qí)复姓。

另见512页wàn。

末 mò ㄇㄛˋ ❶梢，尖端，跟"本"相对：～梢｜本～倒置｜秋毫之～｜细枝～节(喻事情不重要的部分)。❷最后，终了(liǎo)，跟"始"相对(㊀一尾)：～代｜周～｜十二月三十一日是一年的最～一天。❸(一子、一儿)碎屑(㊀粉一)：粉笔～儿｜茶叶～儿｜把药材研成～儿。❹传统戏曲里扮演中年男子的角色。

抹 mò ㄇㄛˋ 涂抹，泥(nì)：他正在往墙上～石灰。

另见328页mā；350页mǒ。

茉 mò ㄇㄛˋ [茉莉](一li)1.常绿灌木，花白色，香味浓，可用来熏制茶叶。2.紫茉莉，草本植物，又叫草茉莉，花有红、白、黄、紫等颜色。胚乳粉质，可用作化妆粉。

沫 mò ㄇㄛˋ (一子、一儿)液体形成的许多细泡(㊀泡一)：肥皂～儿｜唾～(tuòmo)。

妺 mò ㄇㄛˋ 古人名用字。

秣 mò ㄇㄛˋ ❶牲口的饲料：粮～。❷喂牲口：～马厉兵(喂马、磨兵器，指做战斗准备)。

靺 mò ㄇㄛˋ [靺鞨](—hé)我国古代东北方的民族。

没 mò ㄇㄛˋ ❶隐在水中:沉～|～入水中。㊀隐藏:神出鬼～|出～无常。[没落]衰落,趋向灭亡:～阶级。❷漫过,高过:水～了头顶|庄稼都长得～人了。❸把财物扣下:～收|罚～。❹终,尽:～世(指终身,一辈子)。❺同"殁"。

另见 336 页 méi。

殁 mò ㄇㄛˋ 死:病～|～于异乡。也作"没"。

陌 mò ㄇㄛˋ 田间的小路(㊥阡—):～头杨柳。[陌生]生疏,不熟悉。

貊 mò ㄇㄛˋ 我国古代称东北方的民族。

冒 mò ㄇㄛˋ [冒顿](—dú)汉初匈奴的一个首领名。

另见 335 页 mào。

脉(*脈、**眽) mò ㄇㄛˋ [脉脉]形容用眼神表达爱慕的情意:～含情。

另见 330 页 mài。

莫 mò ㄇㄛˋ ❶不要:闲人～入。❷表示没有谁或没有哪一种东西:～不欣喜|～大的光荣。[莫非]副词,难道:～是他回来了吗?[莫逆]朋友之间感情非常好:～之交。[莫须有]也许有吧。后用来表示凭空捏造。❸不:变化～测|爱～能助。

[莫邪](—yé)古宝剑名。

〈古〉又同"暮"(mù)。

蓦(驀) mò ㄇㄛˋ 突然,忽然:他～地站起来|～然回首。

漠 mò ㄇㄛˋ ❶地面为沙石覆盖,缺乏流水,气候干燥,植物稀少的地区:沙～。[广漠]广大,看不到边际。❷冷淡地,不经心地:～视|～不关心。[漠然]不关心的样子。

寞 mò ㄇㄛˋ 寂静,清静(㊥寂—):～～|～然。

镆(鏌) mò ㄇㄛˋ [镆铘](—yé)同"莫邪"。

瘼 mò ㄇㄛˋ 病:民～(人民的痛苦)。

貘 mò ㄇㄛˋ 哺乳动物,像猪而略大,鼻子圆而长,能伸缩,善游泳。产于热带。

嘿 mò ㄇㄛˋ 同"默"。

另见 188 页 hēi。

墨 mò ㄇㄛˋ ❶写字绘画用的黑色颜料:一锭～|～汁。❷写字、绘画或印刷用的各色颜料:～水|油～。❸名家写的字或画的画:～宝。❹黑色

或近于黑色的：～晶（黑色的水晶）|～菊。❺贪污：贪～|～吏。❻古代在犯人脸上刺刻涂墨的刑罚。

默 mò ㄇㄛˋ 不说话，不出声（叠）：沉～|～～不语|～读|～写（凭记忆写出）|～认（心里承认而不表示出来）。

缧（纆） mò ㄇㄛˋ 绳索。

磨 mò ㄇㄛˋ ❶把粮食弄碎的工具：石～|电～。❷用磨把粮食弄碎：～豆腐|～面。❸〈方〉掉转（多用于狭窄的空间）：～车|～不开身。

另见 350 页 mó。

礳 mò ㄇㄛˋ［礳石渠］地名，在山西省阳城。

耱 mò ㄇㄛˋ 耢（lào）。

MOU ㄇㄡ

哞 mōu ㄇㄡ 形容牛叫的声音。

牟 móu ㄇㄡˊ ❶谋取：～利。❷姓。

另见 354 页 mù。

侔 móu ㄇㄡˊ 相等，齐：超五帝，～三王。

眸 móu ㄇㄡˊ （－子）眼中瞳仁，泛指眼睛：凝～远望。

蛑 móu ㄇㄡˊ 见 603 页“蝤”字条“蝤蛑”（yóu－）。

谋（謀） móu ㄇㄡˊ ❶计划，计策，主意（㊀－略、计－）：阴～|有勇无～。❷设法寻求：～职|另～出路|为人民～幸福。❸商议：不～而合|与虎～皮。

缪（繆） móu ㄇㄡˊ［绸缪］（chóu－）1. 修缮：未雨～（喻事先做好准备）。2. 缠绵：情意～。

另见 345 页 miào；349 页 miù。

鍪 móu ㄇㄡˊ 古代的一种锅。［兜鍪］古代打仗时戴的盔。

某 mǒu ㄇㄡˇ 代词，代替不明确指出的人、地、事、物等：～人|～国|～日|张～|～～学校。

MU ㄇㄨ

毪 mú ㄇㄨˊ 毪子，西藏产的一种氆氇（pǔlu）。

模 mú ㄇㄨˊ （－儿）模子：～具|字～儿|铜～儿。［模子］（－zi）用压制或浇灌的方法制造物品的工具。［模样］形状，容貌。

另见 349 页 mó。

母 mǔ ㄇㄨˇ ❶母亲，妈妈，娘：～系|～性。❷对女性长辈的称呼：姑～|舅～|祖～。❸雌性的：～鸡|这口猪是～的。❹事物所从产生出来的：～校|～株|工作～机|失败为成功之～。㊀一套东西中间可以包含其他部分的：子～环|子～扣|螺丝～。

拇 mǔ ㄇㄨˇ 拇指，手和脚的大指。

姆 mǔ ㄇㄨˇ 保姆，负责照管儿童或料理家务的女工。

钴(鈷) mǔ ㄇㄨˇ [钴锢](gǔ—)古书上指熨斗。

踇 mǔ ㄇㄨˇ 脚的拇指，大脚趾：～外翻。

牡 mǔ ㄇㄨˇ 雄性的(鸟兽)，跟"牝"相对：～牛。又指植物的雄株：～麻。

亩(畝、*畮、*晦、*畆、*畒、*畂) mǔ ㄇㄨˇ 市制地积单位，1亩是10分，约合666.7平方米。

姥 mǔ ㄇㄨˇ 年老的妇人。另见288页lǎo。

木 mù ㄇㄨˋ ❶树木，树类植物的通称：乔～|灌～。[木本植物]具有木质茎的植物，如松、柏、玫瑰等。❷木头，供制造器物或建筑用的木料：～材|枣～|杉～|～器。❸棺材：棺～|行将就～。❹感觉不灵敏：～头～脑|这人太～，怎么说他也不明白。㊀失去知觉(㊥麻—)：手脚麻～|舌头发～。

沐 mù ㄇㄨˋ 洗头：栉(zhì)风～雨(形容奔波辛苦)。[沐浴]洗澡。㊐受润泽：～在阳光雨露下。

霂 mù ㄇㄨˋ 见331页"霡"字条"霡霂"(mài—)。

目 mù ㄇㄨˋ ❶眼睛：～瞪口呆|历历在～|～空一切(自高自大)。[目标]1.射击、攻击或寻求的对象：对准～射击|不要暴露～。2.想达到的境地：这是我们奋斗的～。[目前][目下]眼前，现在。❷看：一～了然。❸大项中再分的小项：大纲细～。❹目录：剧～|书～。❺生物的分类单位之一，在"纲"之下、"科"之上：鸽形～|银耳～。❻计算围棋比赛输赢的单位。

苜 mù ㄇㄨˋ [苜蓿](—xu)草本植物，叶长圆形，花紫色。可以喂牲口、做肥料。

钼(鉬) mù ㄇㄨˋ 金属元素，符号Mo，银白色。可用来制合金钢，也用

M

于制作电器元件。

仫 mù ㄇㄨˋ［仫佬族］（－lǎo－）我国少数民族，参看附表。

牟 mù ㄇㄨˋ ❶用于地名：～平（在山东省烟台）。❷姓。

另见352页móu。

牧 mù ㄇㄨˋ 放养牲口：～羊｜～童｜～场｜畜～业｜游～。［牧师］基督教负责管理教堂及礼拜等事务的专职人员。

募 mù ㄇㄨˋ 广泛征求：～捐｜招～｜～了一笔款。

墓 mù ㄇㄨˋ 埋死人的地方（㊥坟－）：公～｜烈士～｜～碑｜扫～。

幕（*幙） mù ㄇㄨˋ ❶帐。1. 覆盖在上面的（㊥帐－）。2. 垂挂着的：银～｜开～。［黑幕］暗中作弊捣鬼的事情。［内幕］内部的实际情形（多指隐秘的事）。❷古代将帅办公的地方：～府。❸话剧或歌剧的较完整的段落：独～剧。

〈古〉又同沙漠的"漠"。

慕 mù ㄇㄨˋ ❶羡慕，仰慕：～名。❷思念：思～。

暮 mù ㄇㄨˋ ❶傍晚，太阳落的时候：朝（zhāo）～。［暮气］㊦不振作的精神，不求进取的作风：～沉沉。❷晚，将尽：～春｜～年｜天寒岁～。

睦 mù ㄇㄨˋ 和好，亲近（㊥和－）：婆媳不～｜～邻（同邻家或邻国和好相处）。

穆 mù ㄇㄨˋ ❶温和。❷恭敬，严肃（㊥肃－）：静～。

N ㄋ

N ㄋ

唔 ń ㄋˊ（又）同"嗯"（ń）。另见360页ńg；524页wú。

嗯 ń ㄋˊ（又）见360页ńg。

嗯（**叿） ň ㄋˇ（又）见361页ňg。

嗯（**叽） ǹ ㄋˋ（又）见361页ǹg。

NA ㄋㄚ

那 nā ㄋㄚ 姓。

另见355页nà；360页nèi。

拿（*拏） ná ㄋㄚˊ ❶用手取，握在手里：～笔｜～枪｜～张纸来｜～着镰刀割麦子。❷掌握，把握：～主意｜做好做不好，我可

～不稳。[拿手]擅长：～好戏|组织文娱活动，他很～。❸故意做出：～架子|～腔～调。❹刁难，挟(xié)制：你不干有人干，你～不住人。❺侵蚀，侵害：这块木头让药水～白了。❻逮捕，捉(㊀捉—)：～获|猫～老鼠。❼介词。1. 把：我～你当朋友看待。2. 用：～这笔钱买身衣服。

镎(鎿) ná ㄋㄚˊ 放射性金属元素，符号 Np。

乸 nǎ ㄋㄚˇ 〈方〉雌，母的：鸡～(母鸡)。

哪 nǎ ㄋㄚˇ 代词。1. 表示疑问，后面跟量词或数量词，要求在所问范围中有所确定：你喜欢读～种书？[哪儿][哪里]什么地方：你在～住？|～有困难，就到～去。㊕用于反问句：我～知道？(我不知道)|他～笨啊？(他不笨) 2. 表示反问：没有耕耘，～有收获？

另见356页na；359页né；359页něi。

那 nà ㄋㄚˋ 代词，指较远的时间、地方或事物，跟"这"相对：～时|～里|～个|～样|～些。[那么](*那末)(—me)1. 代词，那样：就～办吧|要不了～多|～个人|～个脾气。2. 连词，跟前面"如果"、"若是"等相应，表示申说应有的结果或做出判断：如果敌人不投降，～就消灭他。

另见354页nā；360页nèi。

那 nà ㄋㄚˋ 用于地名：～拔林(在台湾省)。

另见369页nuó。

娜 nà ㄋㄚˋ 用于人名。

另见369页nuó。

呐 nà ㄋㄚˋ [呐喊]大声叫喊：摇旗～|～助威。

纳(納) nà ㄋㄚˋ ❶收入，放进：出～|吐故～新。㊀1. 接受：采～|～谏。2. 享受：～凉。❷缴付(㊀缴—)：～税。❸补缀，缝补，现在多指密密地缝：～鞋底。❹(外)法定计量单位中十进分数单位词头之一，表示10^{-9}，符号n。

[纳西族]我国少数民族，参看附表。

肭 nà ㄋㄚˋ 见509页"腽"字条"腽肭兽"(wà——)。

钠(鈉) nà ㄋㄚˋ 金属元素，符号Na，银白色，质软，燃烧时能发强光。是重要的工业原料。

衲 nà ㄋㄚˋ ❶僧衣。㊕僧人：老～。❷同"纳❸"：百～衣。

N

捺 nà ㄋㄚˋ ❶用手按。❷（—儿）汉字从上向右斜下的一种笔形（㇏）："人"字是一撇一～。

哪 na ·ㄋㄚ 助词，"啊"受到前一字韵母 n 收音的影响而发生的变音：同志们，加油干～！

另见355页nǎ；359页né；359页něi。

NAI ㄋㄞ

乃（△*迺、*廼） nǎi ㄋㄞˇ ❶文言代词，你，你的：～父｜～兄。❷副词，才，就：吾求之久矣，今～得之｜知己知彼，胜～不殆。❸是，就是：失败～成功之母。

［乃至］1.甚至：全班～全校都行动起来了。2.以至于：平日疏于管理，～如此。

艿 nǎi ㄋㄞˇ［芋艿］即芋头。也作"芋奶"。

奶（*嬭） nǎi ㄋㄞˇ ❶乳房，哺乳的器官。❷乳汁：牛～｜～油｜～粉。❸用自己的乳汁喂孩子：～孩子。

［奶奶］1.祖母。2.对老年妇人的尊称：邻居老～。

氖 nǎi ㄋㄞˇ 气体元素，符号Ne，无色、无臭，不易与其他元素化合。把氖装入真空管中通电，能发红光，可做霓虹灯。

迺（*廼） nǎi ㄋㄞˇ ❶见356页"乃"。❷用于地名：～子街村（在吉林省永吉）。❸姓。

奈 nài ㄋㄞˋ 奈何，怎样，如何：无～｜怎～｜无～何（无可奈何，没有办法可想）。

柰 nài ㄋㄞˋ（—子）落叶小乔木，花白色，果实小。可做苹果砧木。

萘 nài ㄋㄞˋ 有机化合物，无色晶体，有特殊气味，易升华。过去用的卫生球就是萘制成的，现已禁用。

佴 nài ㄋㄞˋ 姓。

另见123页èr。

耐 nài ㄋㄞˋ 受得住，禁（jīn）得起：～劳｜～用｜～烦｜～火砖｜忍～｜俗不可～。［耐心］不急躁，不厌烦：～说服。

耏 nài ㄋㄞˋ 古代一种剃除面颊上胡须的刑罚。

另见122页ér。

鼐 nài ㄋㄞˋ 大鼎。

褦 nài ㄋㄞˋ［褦襶］（—dài）不晓事，不懂事。

NAN ㄋㄢ

囝 nān ㄋㄢ 〈方〉同"囡"。另见227页jiǎn。

囡 nān ㄋㄢ 〈方〉小孩儿。

男 nán ㄋㄢˊ ❶男性,男子,男人:~女平等|~学生。❷儿子:长(zhǎng)~。❸古代五等爵位(公、侯、伯、子、男)的第五等:~爵。

南 nán ㄋㄢˊ 方向,早晨面对太阳右手的一边,跟"北"相对:~方|指~针。

萳 nán ㄋㄢˊ 一种草。

喃 nán ㄋㄢˊ [喃喃]小声叨唠:~自语。

楠(*枏、*柟) nán ㄋㄢˊ 楠木,常绿乔木,木质坚固,是贵重的建筑材料,又可用来造船、制器物等。

难(難) nán ㄋㄢˊ ❶不容易(㊣艰一):~事|~题|~写|~产|~得|~免|~保。[难道]副词,加强反问语气:河水~会倒流吗?|他们能完成任务,~我们就不能吗?❷使人不好办:这可真~住他了。[难为](—wei)1.令人为难:他不会跳舞,就别~他了。2.亏得,表示感谢:这么冷的天,~你还来看我|~你把机器修好了。❸不好:~听|~看。

〈古〉又同"傩"(nuó)。

另见357页nàn。

赧 nǎn ㄋㄢˇ 因羞惭而脸红:~然|~颜。

腩 nǎn ㄋㄢˇ 〈方〉牛、鱼等腹部松软的肉:牛~|鱼~。

蝻 nǎn ㄋㄢˇ (一子、一儿)仅有翅芽还没生成翅膀的蝗虫。

难(難) nàn ㄋㄢˋ ❶灾患,困苦(㊣灾一、患一):~民|遭~|逃~|大~临头。❷诘责:非~|责~|刁~|问~。

另见357页nán。

婻 nàn ㄋㄢˋ ❶容貌美丽。❷微胖。

NANG ㄋㄤ

囊 nāng ㄋㄤ [囊膪](—chuài)见69页"膪"字条。

另见357页náng。

囔 nāng ㄋㄤ [囔囔](—nang)小声说话。

囊 náng ㄋㄤˊ 口袋:探~取物(喻极容易)。[囊括]

全部包罗：～四海｜～本次比赛全部金牌。

另见 357 页 nāng。

馕（饢）náng ㄋㄤˊ （维）一种烤制成的面饼，是维吾尔、哈萨克等民族的主食。

另见 358 页 nǎng。

曩 nǎng ㄋㄤˇ 从前的，过去的：～日｜～者（从前）。

攮 nǎng ㄋㄤˇ 用刀刺：～了一刀｜～子（短而尖的刀）。

馕（饢）nǎng ㄋㄤˇ 拼命地往嘴里塞食物。

另见 358 页 náng。

儾 nàng ㄋㄤˋ ❶软弱。❷同“齉”。

齉 nàng ㄋㄤˋ 鼻子堵住，发音不清：～鼻儿。

NAO ㄋㄠ

孬 nāo ㄋㄠ 〈方〉❶不好，坏：人品～。❷怯懦，没有勇气：这人太～｜～种。

呶 náo ㄋㄠˊ 喧哗（叠）：～～不休。

挠（撓）náo ㄋㄠˊ ❶扰乱，使事情不能顺利进行：阻～。❷弯曲：不屈不～（喻不屈服）｜百折不～（喻有毅力）。❸搔，抓：～痒痒。

铙（鐃）náo ㄋㄠˊ ❶铜质圆形的打击乐器，比钹大。❷古代的一种军中乐器，像铃铛，但没有中间的锤。

蛲（蟯）náo ㄋㄠˊ 蛲虫，寄生虫，像线头，白色，寄生在人的肠内，雌虫夜里爬到肛门处产卵。

峱（**嶩）náo ㄋㄠˊ 古山名，在今山东省临淄附近。

硇（**硵）náo ㄋㄠˊ ［硇砂］矿物名，就是天然出产的氯化铵，可入药。［硇洲］岛名，在广东省湛江市东南海中。

猱 náo ㄋㄠˊ 古书上说的一种猴子。

嶩 náo ㄋㄠˊ 同“峱”。用于人名。

垴 nǎo ㄋㄠˇ 〈方〉山岗、丘陵较平的顶部。多用于地名。

恼（惱）nǎo ㄋㄠˇ ❶发怒，使发怒：～怒｜～火｜惹～了他｜～羞成怒｜你别～我。❷烦闷，苦闷（㊀烦一、苦一）：懊～。

脑（腦）nǎo ㄋㄠˇ ❶（一子）人和高等动物

神经系统的主要部分，在颅腔里，分大脑、小脑和脑干等部分，主管全身知觉、运动和思维、记忆等活动。[脑筋][脑子]㊕指思考、记忆等能力：开动～。❷(－儿)形状或颜色像脑子的东西：豆腐～儿。

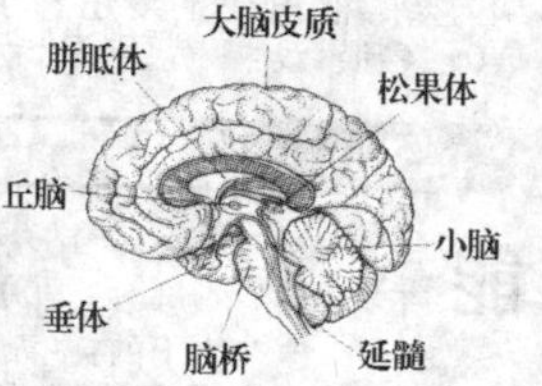

人的脑

瑙 nǎo ㄋㄠˇ 见329页“玛”字条“玛瑙”(mǎ—)。

闹(鬧、*閙) nào ㄋㄠˋ ❶不安静。1.人多声音杂：～市。2.喧哗，搅扰：不要～了！|孙悟空大～天宫。㊢戏耍，耍笑：～着玩儿。❷发生(病、灾等不好的事)：～病|～嗓子|～水灾|～蝗虫|～笑话。❸发泄，发作：～情绪|～脾气。❹搞，弄：～生产|～革命|把问题～清楚。

淖 nào ㄋㄠˋ 烂泥：泥～。

[淖尔](蒙)湖泊：达里～(就是达里泊，在内蒙古自治区)|库库～(就是青海湖)|罗布～(就是罗布泊，在新疆维吾尔自治区)。

臑 nào ㄋㄠˋ 牲畜前肢的下半截。

NE ㄋㄜ

哪 né ㄋㄜˊ [哪吒](－zhā)神话里神的名字。

另见355页nǎ；356页na；359页něi。

讷(訥) nè ㄋㄜˋ 语言迟钝，不善讲话：口～|木～。

呢 ne ·ㄋㄜ 助词。1.表示疑问(句中含有疑问词)：你到哪儿去～？|怎么办～？2.表示确定的语气：早着～|还没有来～。3.表示动作正在进行：他睡觉～。4.用在句中表示停顿：喜欢～，就买下；不喜欢～，就不买。

另见361页ní。

NEI ㄋㄟ

哪 něi ㄋㄟˇ “哪”(nǎ)和“一”的合音，但指数量时不限于一：～个|～些|～年|～儿

年。

另见355页nǎ；356页na；359页né。

馁（餒）　nĕi ㄋㄟˇ ❶饥饿：冻～。⑩没有勇气：气～｜胜不骄，败不～。❷古称鱼腐烂为馁。

内　nèi ㄋㄟˋ ❶里面，跟"外"相对：～室｜～衣｜～情｜国～｜党～。特指体内或内心：～伤｜～功｜～科｜～疚｜～省（xǐng）。［内行］（－háng）对于某种事情有经验。［内务］1．集体生活中室内的日常事务：整理～。2．指国内事务（多指民政）：～部。❷指妻子或妻子的亲属：～人｜～兄｜～侄。

〈古〉又同"纳"（nà）。

那　nèi ㄋㄟˋ "那"（nà）和"一"的合音，但指数量时不限于一：～个｜～些｜～年｜～三年。

另见354页nā；355页nà。

NEN　ㄋㄣ

恁　nèn ㄋㄣˋ 〈方〉代词。❶那么，这么：～大｜～高｜要不了～些。❷那：～时｜～时节。

媆　nèn ㄋㄣˋ 〈古〉同"嫩"。

另见430页ruǎn。

嫩（*嫰）　nèn ㄋㄣˋ ❶初生而柔弱，娇嫩，跟"老"相对：～芽｜肉皮～。㉑1．经火力烧制的时间短：鸡蛋煮得～。2．阅历浅，不老练：他担任主编还～了点儿。❷淡，浅：～黄｜～绿。

NENG　ㄋㄥ

能　néng ㄋㄥˊ ❶能力，才干，本事：各尽其～｜无～｜才～。❷有才干的：～人｜～者多劳｜～手。❸能够，胜任：他～开车｜～完成任务｜～说会道。［能动］自觉努力，积极活动的：主观～性｜～地学习。❹会（表示可能性）：他还～来吗？❺应，该：你不～这样不负责任。❻能量，度量物质运动的一种物理量：电～｜核～。

NG　兀

唔　ńg 兀ˊ ń ㄋˊ（又）同"嗯"（ńg）。

另见354页ń；524页wú。

嗯　ńg 兀ˊ ń ㄋˊ（又）叹词，表示疑问：～？你说什么？

N

嗯(**呃) ňg 兀ˇ ň ㄋˇ(又) 叹词，表示不以为然或出乎意外：～！我看不一定是那么回事｜～！你怎么还没去？

嗯(**叽) ǹg 兀ˋ ǹ ㄋˋ(又) 叹词，表示答应：～，就这么办吧。

NI ㄋ丨

妮 nī ㄋ丨 (一子、一儿)女孩子。

尼 ní ㄋ丨ˊ 梵语音译“比丘尼”的省称。佛教指出家修行的女子。通常叫尼姑。

伲 ní ㄋ丨ˊ 姓。
另见 362 页 nì。

坭 ní ㄋ丨ˊ ❶同“泥”(ní)。❷用于地名：白～(在广东省佛山市)。

呢 ní ㄋ丨ˊ (一子)一种毛织物。
[呢喃](一nán)形容燕子的叫声。
另见 359 页 ne。

泥 ní ㄋ丨ˊ ❶土和水合成的东西。❷像泥的东西：印～(印色)｜枣～｜山药～。
另见 362 页 nì。

怩 ní ㄋ丨ˊ 见 367 页“忸”字条“忸怩”(niǔ一)。

铌(鈮) ní ㄋ丨ˊ 金属元素，旧叫钶(kē)，符号 Nb，钢灰色，质硬。可用来制合金钢、电子管和超导材料。

倪 ní ㄋ丨ˊ 端，边际。[端倪]头绪：事情已略有～。

猊 ní ㄋ丨ˊ 见 473 页“狻”字条“狻猊”(suān一)。

輗(輗) ní ㄋ丨ˊ 古代大车辕端连接、固定横木或车轭的部件。

霓(*蜺) ní ㄋ丨ˊ 见 190 页“虹”。

龅(齯) ní ㄋ丨ˊ 老年人牙齿落尽后又长出的小牙，古时作为长寿的象征。

鲵(鯢) ní ㄋ丨ˊ 两栖动物，有大鲵和小鲵两种。大鲵俗叫娃娃鱼，眼小，口大，四肢短，尾巴扁，叫声像小孩哭，生活在溪水中。

麑 ní ㄋ丨ˊ 小鹿。

拟(擬) nǐ ㄋ丨ˇ ❶打算：～往上海。❷初步设计编制，起草：～稿｜～议｜～定计划。❸仿照(㊀模一)：～作。[拟声词]模拟事物声音的词，如“咚、砰、叮当、哐

N

唧”等。

你 nǐ ㄋㄧˇ 代词,指称对方。

旎 nǐ ㄋㄧˇ 见587页“旖”字条“旖旎”(yǐ—)。

薿 nǐ ㄋㄧˇ (叠)形容茂盛:黍稷～～。

伲 nì ㄋㄧˋ 〈方〉代词,我,我们。

另见361页ní。

泥 nì ㄋㄧˋ ❶涂抹:～墙|～炉子。❷固执,死板(㊀拘—)。

另见361页ní。

昵(*暱) nì ㄋㄧˋ 亲近(㊀亲—):～称。

逆 nì ㄋㄧˋ ❶向着相反的方向,跟“顺”相对:～风|～水行舟|倒行～施。㊀不顺利:～境。❷抵触,不顺从:～反心理|忠言～耳。❸背叛者或背叛者的:～产。❹迎接:～战。㊀预先:～料。

匿 nì ㄋㄧˋ 隐藏,躲避(㊀隐—、藏—):～名信|销声～迹。

隉 nì ㄋㄧˋ [埤隉](pì—)〈古〉同“埤堄”。

堄 nì ㄋㄧˋ 见382页“埤”字条“埤堄”(pì—)。

睨 nì ㄋㄧˋ 斜着眼睛看:～视。

腻(膩) nì ㄋㄧˋ ❶食物油脂过多:油～|肥～。[细腻]1.光滑:质地～。2.细致:描写～。❷腻烦,因过多而厌烦:玩～了|听～了。❸积污,污垢:尘～。

溺 nì ㄋㄧˋ ❶淹没:～死|～水。❷沉迷不悟,过分:～信|～爱。

另见364页niào。

NIAN ㄋㄧㄢ

拈 niān ㄋㄧㄢ 用手指搓捏或拿东西:～须|～花|～阄(抓阄儿)|信手～来。

蔫 niān ㄋㄧㄢ 植物因失去水分而萎缩:花～了|菜～了。㊀精神不振,不活泼。

年(*秊) nián ㄋㄧㄢˊ ❶地球绕太阳一周的时间。公历规定平年365天,闰年366天。㊀1.年节,一年的开始:过～|～画。2.时期:光绪～间|民国初～。[年头儿]1.全年的时间:看看已是三个～。2.时代:那～穷人可真苦哇。3.庄稼的收成:今年～真好,比去年多收一倍。❷每年的:～会|～产量。❸年纪,岁数(㊀一龄、一岁):～老|～轻。㊀人一生所经年

岁的分期:青～|壮～。❹年景,年成,收成:丰～。

粘 nián ㄋㄧㄢˊ ❶同"黏"。❷姓。

另见631页zhān。

鲇(鮎、**鯰) nián ㄋㄧㄢˊ 鱼名,头大,口宽,皮上有黏液,无鳞。生活在淡水中。

黏 nián ㄋㄧㄢˊ 像胶水或糨糊所具有的能使物体粘(zhān)合的性质:～液|这江米很～。

捻 niǎn ㄋㄧㄢˇ ❶用手指搓转(zhuàn):～线|～麻绳。❷(一子、一儿)用纸、布条等搓成的像线绳样的东西:纸～儿|药～儿|灯～儿。

辇(輦) niǎn ㄋㄧㄢˇ (旧读liǎn)古时用人拉着走的车,后来多指皇帝、皇后坐的车。

撵(攆) niǎn ㄋㄧㄢˇ ❶驱逐,赶走:～走|～出去。❷追赶:他～不上我。

碾 niǎn ㄋㄧㄢˇ ❶(一子)把东西轧(yà)碎或压平的器具:石～|汽～。❷轧,滚压:～米|～药。

蹍 niǎn ㄋㄧㄢˇ 〈方〉踩。

廿 niàn ㄋㄧㄢˋ 二十:～四史。

念(❸❹*唸) niàn ㄋㄧㄢˋ ❶惦记,常常地想(㊀惦一):思～|想～|不～旧恶|怀～革命先烈。❷想法(一头):杂～|一～之差。❸诵读:～书|～诗。❹指上学:～高中。❺"廿"的大写。

埝 niàn ㄋㄧㄢˋ 用土筑成的小堤或副堤。

NIANG ㄋㄧㄤ

娘(*孃) niáng ㄋㄧㄤˊ ❶对年轻女子的称呼:渔～|新～。[娘子]1.尊称青年或中年妇女(多见于早期白话)。2.旧称妻。[姑娘](—niang) 1.未婚女子的通称。2.女儿。❷母亲。❸称长(zhǎng)一辈或年长的已婚妇女:大～|婶～|师～。

酿(釀) niàng ㄋㄧㄤˋ ❶利用发酵作用制造:～酒|～造。㊃1.蜜蜂做蜜:～蜜。2.逐渐形成:～成大祸。❷指酒:佳～。

NIAO ㄋㄧㄠ

鸟(鳥) niǎo ㄋㄧㄠˇ 脊椎动物的一类,温血卵生,用肺呼吸,全身有羽毛,后肢能行走，一般前肢变为翅能飞。

茑（蔦） niǎo ㄋㄧㄠˇ 一种小灌木，茎能攀缘其他树木。［茑萝］蔓草，花红色或白色。

袅（裊、*嫋、*嬝、*褭） niǎo ㄋㄧㄠˇ ［袅袅］1. 烟气缭绕上腾的样子：炊烟～。2. 细长柔软的东西随风摆动的样子：垂杨～。3. 声音绵延不绝：余音～。［袅娜］（—nuó）1. 形容草木柔软细长。2. 形容女子姿态优美。

嬲 niǎo ㄋㄧㄠˇ 戏弄，纠缠。

尿 niào ㄋㄧㄠˋ ❶小便，从肾脏滤出、由尿道排泄出来的液体。❷排泄小便。

另见 474 页 suī。

脲 niào ㄋㄧㄠˋ 尿素，有机化合物，无色晶体。广泛用于塑料、药剂和农业等生产中。

溺 niào ㄋㄧㄠˋ 同"尿"（niào）。另见 362 页 nì。

N

NIE ㄋㄧㄝ

捏（*揑） niē ㄋㄧㄝ ❶用拇指和其他手指夹住：～着一粒豆。❷用手指把软的东西做成一定的形状：～饺子｜～泥人儿。❸假造，虚构：～造｜～报。

苶 nié ㄋㄧㄝˊ 〈方〉❶疲倦，精神不振：发～｜～呆呆的。❷呆，傻：～子。

乜 niè ㄋㄧㄝˋ 姓。

另见 345 页 miē。

陧 niè ㄋㄧㄝˋ 见 526 页"杌"字条"杌陧"（wù—）。

涅（*湼） niè ㄋㄧㄝˋ ❶可做黑色染料的矾石。❷染黑：～齿。［涅白］不透明的白色。

［涅槃］梵语音译，佛教代指佛或僧人死亡。

聂（聶） niè ㄋㄧㄝˋ 姓。

嗫（囁） niè ㄋㄧㄝˋ ［嗫嚅］（—rú）口动，吞吞吐吐，想说又停止。

镊（鑷） niè ㄋㄧㄝˋ 镊子，夹取毛发、细刺及其他细小东西的器具。

颞（顳） niè ㄋㄧㄝˋ ［颞颥］（—rú）头颅两侧靠近耳朵上方的部分。

蹑（躡） niè ㄋㄧㄝˋ ❶踩：～足其间（指参加到里面去）。［蹑手蹑脚］行动很轻的样子。❷追随：～踪。

臬 niè ㄋㄧㄝˋ ❶箭靶子的中心。❷古代测日影的标杆。❸标准,法式:圭～。

嵲 niè ㄋㄧㄝˋ 见104页"嵽"字条"嵽嵲"(dié—)。

闑(闑) niè ㄋㄧㄝˋ 〈古〉❶在两扇门相交处所竖的短木。❷指门。

镍(鎳) niè ㄋㄧㄝˋ 金属元素,符号Ni,银白色。可用于制合金钢、铸币、电镀等。

苶 niè ㄋㄧㄝˋ [地苶]草本植物,叶倒卵形或椭圆形,花紫红色,全草入药。

啮(嚙、*齧、*囓) niè ㄋㄧㄝˋ 咬:虫咬鼠～。

孽(*孼) niè ㄋㄧㄝˋ ❶邪恶,也指邪恶的人:～党|妖～。❷恶因,恶事:造～|罪～。❸不忠或不孝:～臣|～子。

蘖(**櫱) niè ㄋㄧㄝˋ 树木砍去后又长出来的芽子:萌～。[分蘖]稻、麦等农作物的种子生出幼苗后,在接近地面主茎的地方分枝。

糵(**糱) niè ㄋㄧㄝˋ 酒曲。

NIN ㄋㄧㄣ

您 nín ㄋㄧㄣˊ 代词,"你"的敬称。

NING ㄋㄧㄥ

宁(寧、❶-❸△*甯、*寍) níng ㄋㄧㄥˊ ❶安宁:～静|鸡犬不～。[归宁]旧时女子出嫁后回娘家看望父母。❷使安宁:息事～人。❸江苏省南京的别称。❹姓。

另见366页nìng。

"甯"另见366页nìng。

拧(擰) níng ㄋㄧㄥˊ 握住物体的两端向相反的方向用力:～毛巾|～绳子。

另见366页nǐng;366页nìng。

苧(薴) níng ㄋㄧㄥˊ 有机化合物,无色液体,有香味。存在于柑橘类的果皮中,可用来制香料。

另见660页zhù"苎"。

咛(嚀) níng ㄋㄧㄥˊ 见104页"叮"字条"叮咛"。

狞(獰) níng ㄋㄧㄥˊ 凶恶:～笑。参看643页

"狰"字条"狰狞"(zhēng—)。

柠(檸) níng ㄋㄧㄥˊ [柠檬](—méng)常绿小乔木,生长在热带、亚热带。果实也叫柠檬,椭圆形,两端尖,淡黄色,味酸,可制饮料。

聍(聹) níng ㄋㄧㄥˊ 见105页"耵"字条"耵聍"(dīng—)。

凝 níng ㄋㄧㄥˊ ❶凝结,液体遇冷变成固体,气体因温度降低或压力增加变成液体:~固|油~住了。❷聚集,集中:~神|~视|独坐~思。

拧(擰) nǐng ㄋㄧㄥˇ ❶扭转,控制住东西的一部分而绞转(zhuàn):~螺丝钉|~墨水瓶盖。❷相反,颠倒,错:我弄~了|意思满~。㉑抵触:两人越说越~。

另见365页 níng;366页 nìng。

宁(寧、△*甯、*寧) nìng ㄋㄧㄥˋ 副词,宁可,表示比较后做出的选择,情愿:~死不屈|~缺毋滥。

另见365页 níng。

拧(擰) nìng ㄋㄧㄥˋ 倔强,别扭,不驯服:~脾气。

另见365页 níng;366页 nǐng。

泞(濘) nìng ㄋㄧㄥˋ 烂泥。[泥泞]1.有烂泥难走:道路~。2.淤积的烂泥:陷入~。

佞 nìng ㄋㄧㄥˋ ❶有才智:不~(旧时谦称自己)。❷善辩,巧言谄媚:~口|~人(有口才而不正派的人)。

甯 nìng ㄋㄧㄥˋ ❶见366页"宁"。❷姓。

另见365页 níng"宁"。

NIU ㄋㄧㄡ

妞 niū ㄋㄧㄡ (—儿)女孩子。

牛 niú ㄋㄧㄡˊ ❶家畜,反刍类,头上有角,力量大,可以耕田或拉车。常见的有黄牛、水牛、牦牛等。❷形容固执或骄傲:~脾气|自打当了经理,就~起来了。❸星宿名,二十八宿之一。❹力的单位名牛顿的简称,符号N。

扭 niǔ ㄋㄧㄡˇ 转动一部分:~过脸来|~转身子。㉑1.走路时身体摇摆转动:~秧歌|一~一~地走。2.拧伤筋骨:~了筋|~了腰。3.扳转,

N

转变情势：～转局面。

狃 niǔ ㄋㄧㄡˇ 因袭，拘泥：～于习俗｜～于成见。

忸 niǔ ㄋㄧㄡˇ ［忸怩］（—ní）不好意思、不大方的样子：～作态。

纽（紐） niǔ ㄋㄧㄡˇ ❶器物上可以提起或系挂的部分：秤～｜印～。❷（—子）纽扣，可以扣合衣物的球状物或片状物。❸枢纽：～带。

杻 niǔ ㄋㄧㄡˇ 古书上说的一种树。

另见65页chǒu。

钮（鈕） niǔ ㄋㄧㄡˇ ❶器物上用手开关或调节的部件：按～｜旋～。❷同“纽❷”。

拗（*抝） niù ㄋㄧㄡˋ 固执，不驯顺：执～｜脾气很～。

另见6页ǎo；6页ào。

NONG ㄋㄨㄥ

农（農、*辳） nóng ㄋㄨㄥˊ ❶种庄稼：务～｜～业｜～机｜～谚。❷农民：菜～｜老～｜工～联盟。

侬（儂） nóng ㄋㄨㄥˊ 代词。❶〈方〉你。❷我（多见于旧诗文）。

哝（噥） nóng ㄋㄨㄥˊ ［哝哝］（—nong）小声说话。

浓（濃） nóng ㄋㄨㄥˊ ❶含某种成分多，跟“淡”相对：～茶｜～烟。❷深厚，不淡薄：兴趣正～｜～厚。

脓（膿） nóng ㄋㄨㄥˊ 化脓性炎症病变所形成的黄白色汁液，是死亡的白细胞、细菌及脂肪等的混合物。

秾（穠） nóng ㄋㄨㄥˊ 花木繁盛：～艳。

醲（醲） nóng ㄋㄨㄥˊ 酒味浓厚。

弄（*挵） nòng ㄋㄨㄥˋ（旧读lòng）❶拿着玩，戏耍（㊀玩—、戏—）：不要～火。❷搞，做：这件事一定要～好｜～点儿水喝｜～饭。❸搅扰：这消息～得人心不安。❹耍，炫耀：～权｜～手段｜舞文～墨。

另见316页lòng。

NOU ㄋㄡ

耨（**鎒） nòu ㄋㄡˋ ❶古代一种锄草

的农具。❷锄草：深耕易～。

NU ㄋㄨ

奴 nú ㄋㄨˊ 旧社会中受剥削阶级压迫、剥削、役使的没有自由的人：～隶|农～|家～。⑯为了支付贷款等而不得不拼命工作的人：房～|车～。[奴役]把人当作奴隶使用。[奴才]1. 旧时奴仆对主人的自称。2. 指甘心供人驱使、帮助作恶的坏人。

孥 nú ㄋㄨˊ 儿子，或指妻和子：妻～。

驽(駑) nú ㄋㄨˊ 驽马，劣马，走不快的马。⑤愚钝无能：～钝。

笯 nú ㄋㄨˊ 用于地名：黄～(在江西省高安)。

努(❷拟)** nǔ ㄋㄨˇ ❶尽量地使出(力量)：～力。❷突出：～嘴。❸〈方〉因用力太过，身体内部受伤：扛太重的东西容易～着腰。

弩 nǔ ㄋㄨˇ 一种利用机械力量射箭的弓。

砮 nǔ ㄋㄨˇ ❶可做箭镞的石头。❷石制箭头。

胬 nǔ ㄋㄨˇ [胬肉]中医指眼球结膜增生而突起的肉状物。

怒 nù ㄋㄨˋ ❶生气，气愤(⑫恼一)：发～|～发(fà)冲冠(形容盛怒)|～容满面。❷气势盛：～涛|～潮|鲜花～放。[怒族]我国少数民族，参看附表。

傉 nù ㄋㄨˋ 用于人名。秃发傉檀，东晋时南凉国君。

NÜ ㄋㄩ

女 nǚ ㄋㄩˇ ❶女性，女子，女人，妇女：～士|～工|男～平等。❷女儿：一儿一～。❸星宿名，二十八宿之一。

〈古〉又同"汝"(rǔ)。

钕(釹) nǚ ㄋㄩˇ 金属元素，符号 Nd，银白色。可用来制合金、激光材料等，也用作催化剂。

恧 nǜ ㄋㄩˋ 惭愧。

衄(*衂、*衂) nǜ ㄋㄩˋ 鼻衄，鼻子流血。

朒 nǜ ㄋㄩˋ 亏缺，不足。

NUAN ㄋㄨㄢ

暖(*煖、*暝、*煗) nuǎn ㄋㄨㄢˇ

N

暖和(huo),不冷(㊀温一):风和日～|～洋洋。㊁使温和(huo):～一～手。

NÜE ㄋㄩㄝ

疟(瘧) nüè ㄋㄩㄝˋ 疟疾(ji),传染病,又叫疟子(yàozi),症状是周期性地发冷发热,热后大量出汗,全身无力。

另见580页yào。

虐 nüè ㄋㄩㄝˋ 残暴(㊀暴一):～待。

NUO ㄋㄨㄛ

挪 nuó ㄋㄨㄛˊ 移动:把桌子～一～|～用款项。

郍 nuó ㄋㄨㄛˊ 用于地名:～溪(在湖南省洞口县)。

另见355页nà。

娜 nuó ㄋㄨㄛˊ 见364页"袅"字条"袅娜"(niǎo—)。

另见355页nà。

傩(儺) nuó ㄋㄨㄛˊ 旧指驱逐瘟疫的迎神赛会。

诺(諾) nuò ㄋㄨㄛˋ ❶答应的声音,表示同意(叠):～～连声。❷应允:～言|慨～。

喏 nuò ㄋㄨㄛˋ ❶〈方〉叹词,表示让人注意自己所指示的事物:～,这不就是你的那把伞?❷同"诺"。

另见424页rě。

锘(鍩) nuò ㄋㄨㄛˋ 人造的放射性金属元素,符号No。

搦 nuò ㄋㄨㄛˋ ❶握,持,拿着:～管(握着笔)。❷挑(tiǎo),惹:～战。

懦 nuò ㄋㄨㄛˋ 怯懦,软弱无能(㊀一弱):～夫。

糯(*稬、*穤) nuò ㄋㄨㄛˋ 糯稻,稻的一种,米粒富于黏性:～米。

O ㄛ

O ㄛ

噢 ō ㄛ 叹词,表示了解:～,就是他!|～,我懂了。

哦 ó ㄛˊ 叹词,表示疑问、惊奇等:～,是这样的吗?|～,是那么一回事。

另见118页é;370页ò。

嚄 ǒ ㄛˇ 叹词,表示惊讶:～,这是怎么搞的?

另见209页huō。

O

哦 ò ㄛ 叹词，表示领会、醒悟：～，我明白了。

另见 118 页 é；369 页 ó。

OU ㄡ

区（區） ōu ㄡ 姓。

另见 415 页 qū。

讴（謳） ōu ㄡ 歌唱。［讴歌］歌颂，赞美。

沤（漚） ōu ㄡ 水泡：浮～。

另见 370 页 òu。

瓯（甌） ōu ㄡ ❶小盆。❷杯：茶～｜酒～。❸瓯江，水名，在浙江省南部。❹浙江省温州的别称。

欧（歐） ōu ㄡ ❶姓。❷指欧洲，世界七大洲之一。❸电阻单位名欧姆的简称，符号 Ω。

殴（毆） ōu ㄡ 打人（㊟—打）：～伤｜斗～。

鸥（鷗） ōu ㄡ 鸟名，羽毛多为白色，翅长而尖，生活在湖海上，捕食鱼、螺等。

𡶒 ǒu ㄡˇ 𡶒山，山名，又地名，都在安徽省枞（zōng）阳。

呕（嘔） ǒu ㄡˇ 吐（tù）（㊟—吐）：～血（xuè）。［作呕］（zuò—）恶心，形容非常厌恶（wù）。

怄（熰） ǒu ㄡˇ ❶烧火时柴草等没有充分燃烧而产生大量的烟：～了一屋子烟。❷使柴草等不起火苗只冒烟地烧：把灶里的柴火～了。❸用燃烧艾草等的烟驱蚊蝇：～蚊子。

偶 ǒu ㄡˇ ❶偶像，用木头或泥土等制成的人形。❷双，成双或成对，跟"奇"（jī）相对：～数｜无独有～。［对偶］文字作品中音调谐和、意义相对、字数相等的语句，骈体文的基本形式。❸偶然：～发事件。［偶然］不经常，不是必然的：～去一次｜这些成就的取得绝不是～的。

耦 ǒu ㄡˇ ❶古代称两个人在一起耕地。❷同"偶❷"。

藕 ǒu ㄡˇ 莲的地下茎，长圆形，肥大有节，中间有许多管状小孔，可以吃。（图见 299 页"莲"）［藕荷］［藕合］淡紫色。

沤（漚） òu ㄡˋ 长时间地浸泡：～麻。

另见 370 页 ōu。

怄（慪） òu ㄡˋ 故意惹人恼怒，或使人发笑，逗弄：你别～人了｜～得他直冒火。[怄气]闹别扭，生闷气：不要为这点儿小事～。

P 夂

PA 夂丫

趴 pā 夂丫 ❶肚子向下卧倒：～在地上射击。❷身体向前靠在东西上：～在桌子上写字。

舥 pā 夂丫 古书上说的一种船。

葩 pā 夂丫 花：奇～。

啪 pā 夂丫 形容放枪、拍掌或东西撞击等的声音。

扒 pá 夂丫́ ❶用耙(pá)搂(lōu)，聚拢：～草｜～土。❷扒窃：～手(小偷)。❸炖烂，煨烂：～猪头。

另见 7 页 bā。

杷 pá 夂丫́ 见 381 页"枇"字条"枇杷"(pípa)。

爬 pá 夂丫́ ❶手和脚一齐着地前行，虫类向前移动：～行｜连滚带～｜小孩子会～了｜不要吃苍蝇～过的东西。[爬虫]爬行动物的旧称，行走时多用腹面贴地，如龟、鳖、蛇等。❷攀登：～山｜～树｜猴子～竿。

钯(鈀) pá 夂丫́ 同"耙"(pá)。

另见 9 页 bǎ。

耙 pá 夂丫́ ❶(一子)聚拢谷物或平土地的用具。❷用耙子平整土地或聚拢、散开柴草、谷物等：～地。

另见 9 页 bà。

筢 pá 夂丫́ (一子)搂(lōu)柴草的竹制器具。

琶 pá 夂丫́ 见 381 页"琵"字条"琵琶"(pípa)。

潖 pá 夂丫́ [潖江口]地名，在广东省清远。

掱 pá 夂丫́ [掱手]从别人身上窃取财物的小偷儿。现作"扒手"。

帕 pà 夂丫̀ ❶(一子)包头或擦手脸用的布或绸：首～｜手～。❷压强单位名帕斯卡的简称，符号 Pa。天气预报中常用"百帕"。

怕 pà 夂丫̀ ❶害怕：老鼠～猫。❷副词，恐怕，或许，表示猜想或疑虑：他～是不会来了｜不提前预防～要出大问题。

PAI 夂历

拍 pāi 夂历 ❶用手掌或片状物打：～球｜～手。㉑

(—子)乐曲的节奏(㊀节—):这首歌每节有四～。❷(—子、—儿)拍打东西的用具:蝇～儿|球～子。❸拍马屁:吹吹～～。❹摄影(㊀—摄):～照片|～电影。❺发:～电报。❻(外)法定计量单位中十进倍数单位词头之一,表示10^{15},符号P。

俳 pái ㄆㄞˊ 古代指杂戏、滑稽戏,也指演这种戏的人:～优。㊕诙谐,玩笑:～谐。

排 pái ㄆㄞˊ ❶摆成行(háng)列(㊀—列):～队|～行|论资～辈。[排场](—chang)铺张的场面:不讲～。❷排成的行列:并～|坐在前～。❸木筏或竹筏,也指为便于水上运送而扎成排的木材或竹材。❹军队的编制单位,是班的上一级。❺量词,用于成行列的:一～椅子。❻除去,推开:～水|～山倒海(形容力量大)|～难(nàn)。[排泄]生物把体内的废物如汗、尿、屎等排出体外。❼排演,练习演戏:～戏|彩～。

另见372页pǎi。

徘 pái ㄆㄞˊ [徘徊](—huái)来回地走:他在那里～了很久。㊂犹疑不决:～观望|左右～。

棑 pái ㄆㄞˊ 同"簰"。

牌 pái ㄆㄞˊ ❶(—子、—儿)用木板或其他材料做的标志或凭信物:招～|指路～|存车～儿。㊂商标:名～|冒～|解放～汽车。❷古代兵士作战时用来遮护身体的东西:挡箭～|藤～。❸娱乐或赌博用的东西:打～|扑克～。❹词或曲的曲调的名称:词～|曲～。

簰(**簿) pái ㄆㄞˊ ❶同"排❸"。❷用于地名:～洲(在湖北省嘉鱼)。

迫(*廹) pǎi ㄆㄞˇ [迫击炮]从炮口装弹,以曲射为主的火炮。

另见389页pò。

排 pǎi ㄆㄞˇ [排子车]〈方〉用人拉的一种搬运东西的车。

另见372页pái。

哌 pài ㄆㄞˋ [哌嗪](—qín)有机化合物,白色晶体,易溶于水。有驱除蛔虫等作用。

派 pài ㄆㄞˋ ❶水的支流。❷一个系统的分支(㊀—系):流～|～生。❸派别。政党和学术、宗教团体等内部因

P

主张不同而形成的分支。❹作风,风度:～头|正～|气～。㊟有气派,有风度:他这身打扮可真～! ❺分配,指定:分～|～人去办。

蒎 pài ㄆㄞˋ [蒎烯](—xī)有机化合物,无色液体,是松节油的主要成分。

湃 pài ㄆㄞˋ 见379页"澎"字条"澎湃"(péng—)。

PAN ㄆㄢ

番 pān ㄆㄢ [番禺](—yú)地名,在广东省广州。

另见124页fān。

潘 pān ㄆㄢ 姓。

攀 pān ㄆㄢ ❶抓住别的东西向上爬:～登|～树|～岩。❷拉拢,拉扯(㊀—扯):～谈|～亲道故。

爿 pán ㄆㄢˊ 〈方〉❶劈开的成片的木柴:柴～。❷量词,用于商店等:一～水果店。

胖 pán ㄆㄢˊ 安泰舒适:心广体～。

另见375页pàng。

盘(盤) pán ㄆㄢˊ ❶(—子、—儿)盛放物品的扁而浅的用具,多为圆形:托～|茶～儿|和～托出(喻全部说出)。[通盘]全面:～打算。❷(—儿)形状像盘或有盘的功用的物品:脸～儿|磨(mò)～|棋～|算～。❸回旋地绕:～香|～杠子(在杠子上旋转运动)|把绳子～起来|～山公路|～根错节。[盘剥]利上加利地剥削。[盘旋]绕着圈地走或飞。❹垒,砌(炕、灶):～炕|～灶。❺盘查,仔细查究:～账|～货|～问|～算(细心打算)。❻(—儿)指市场上成交的价格:开～|收～|平～。❼量词,用于形状像盘子的东西或某些棋类、球类比赛等:一～机器|一～磨(mò)|一～棋|打了一～乒乓球。

[盘费](—fei)[盘缠](—chan)旅途上的费用。

[盘桓](—huán)1.回环旋绕。2.留恋在一个地方,逗留。

槃 pán ㄆㄢˊ 同"盘❶❸"。

磐 pán ㄆㄢˊ 大石头:安如～石。

磻 pán ㄆㄢˊ 磻溪,古水名,在今陕西省宝鸡东南。

蟠 pán ㄆㄢˊ 屈曲,环绕:虎踞龙～。

蹒(蹣) pán ㄆㄢˊ [蹒跚](*盘跚)(—

shān)腿脚不灵便,走路缓慢、摇摆的样子:步履～。

判 pàn ㄆㄢˋ ❶分辨,断定(㊀—断):～别是非。㊁评定:裁～|～卷子。[批判]分析、批驳错误的思想、观点和行为。❷分开。㊕截然不同:～若两人。❸判决,司法机关对案件做出决定:～案|～处徒刑。

泮 pàn ㄆㄢˋ ❶融解,分散。❷泮池,旧时学宫前的水池。

叛 pàn ㄆㄢˋ 背叛,叛离:～徒|～国投敌。

畔 pàn ㄆㄢˋ ❶田地的界限。㊁边:河～|篱～。❷古同"叛"。

袢 pàn ㄆㄢˋ 同"襻"。

拚 pàn ㄆㄢˋ〈方〉舍弃,豁出去:～命。

盼 pàn ㄆㄢˋ ❶盼望,想望。❷看(㊀顾—):左顾右～。

鋬 pàn ㄆㄢˋ〈古〉器物上的提梁。

襻 pàn ㄆㄢˋ ❶(—儿)扣襻,扣住纽扣的套。❷(—儿)功用或形状像襻的东西:鞋～儿。❸扣住,使分开的东西连在一起:～上几针(缝住)。

PANG ㄆㄤ

乓 pāng ㄆㄤ 形容枪声、东西撞击声:～的一声枪响。

雱 pāng ㄆㄤ 雪下得很大。

滂 pāng ㄆㄤ 水涌出的样子。[滂湃](—pài)水势盛大。[滂沱](—tuó)雨下得很大:大雨～。㊗泪流得很多:涕泗～。

膀(**胮) pāng ㄆㄤ 浮肿:他肾脏有病,脸有点儿～。

另见14页bǎng;375页páng。

彷(**徬) páng ㄆㄤˊ [彷徨](*旁皇)(—huáng)游移不定,不知道往哪里走好:～歧途。

另见129页fǎng。

庞(龐) páng ㄆㄤˊ ❶大(指形体或数量):数字～大|～然大物。❷杂乱(㊀—杂)。❸面庞,脸盘。

逄 páng ㄆㄤˊ 姓。

旁 páng ㄆㄤˊ ❶旁边,左右两侧:～观|～若无人|两

～都是大楼。❷其他，另外：～人｜～的话就不说了。❸汉字的偏旁："枯"是"木"字～。

〈古〉又同"傍"(bàng)。

膀 páng ㄆㄤˊ [膀胱](—guāng)俗叫尿脬(suīpāo)，暂存尿液的囊状体，在骨盆腔内。(图见623页"人体内脏")

另见14页 bǎng；374页 pāng。

磅 páng ㄆㄤˊ [磅礴](—bó)1.广大无边际：大气～。2.扩展，充满：正义之气，～宇内。

另见15页 bàng。

螃 páng ㄆㄤˊ [螃蟹](—xiè)见549页"蟹"。

鳑(鰟) páng ㄆㄤˊ [鳑鲏](—pí)鱼名，身体侧扁，形状像鲫鱼，卵圆形。生活在淡水中，卵产在蚌壳里。

嗙 pǎng ㄆㄤˇ 〈方〉夸大，吹牛，信口开河：你别听他瞎～｜胡吹乱～。

耪 pǎng ㄆㄤˇ 用锄翻松地，锄：～地。

胖(**肨) pàng ㄆㄤˋ 人体内含脂肪多，跟"瘦"相对：他长得很～。

另见373页 pán。

PAO ㄆㄠ

抛(**抛) pāo ㄆㄠ ❶扔，投：～球｜～砖引玉。[抛锚]把锚投入水底，使船停稳。㊕1.汽车等因发生故障，中途停止行驶。2.进行中的事情因故停止。[抛售]为争夺市场牟取利润，压价出卖大批商品。❷丢下(㊥一弃)：～开自己的事不管｜把对手～在了后头。

泡 pāo ㄆㄠ ❶(一儿)鼓起而松软的东西：豆腐～儿。❷虚而松软，不坚硬：这块木料发～。❸量词，用于屎尿：一～尿。

另见376页 pào。

脬 pāo ㄆㄠ ❶尿(suī)脬，膀胱(pángguāng)。❷同"泡(pāo)❸"。

刨 páo ㄆㄠˊ ❶挖掘：～花生｜～坑。❷减，除去：～去他还有俩人｜十五天～去五天，只剩下十天了。

另见17页 bào。

咆 páo ㄆㄠˊ [咆哮](—xiào)猛兽怒吼。㊖江河奔腾轰鸣或人暴怒叫喊：黄河在～｜～如雷。

狍(**麅) páo ㄆㄠˊ (一子)一种鹿，毛夏季栗红色，冬季棕褐色，雄的有树枝状的角。

庖 páo ㄆㄠˊ 庖厨，厨房：～人(古代称厨师)。[庖代][代庖]㊕替人处理事情或代做别人分内的工作。

炮 páo ㄆㄠˊ 烧。[炮烙](一luò，旧读一gé)[炮格]古代的一种酷刑。[炮制]用烘、炒等方法把原料加工制成中药。㊀指编造，制作(多含贬义)：如法～｜～假新闻。

另见16页bāo；376页pào。

袍 páo ㄆㄠˊ (一子、一儿)长衣：棉～儿｜～笏(hù)登场(登台演戏，比喻上台做官)。

匏 páo ㄆㄠˊ 匏瓜，葫芦的一种，俗叫瓢葫芦，果实比葫芦大，对半剖开可以做水瓢。

跑 páo ㄆㄠˊ 走兽用脚刨地：～槽(牲口刨槽根)｜虎～泉(在浙江省杭州)。

另见376页pǎo。

跑 pǎo ㄆㄠˇ ❶奔，两只脚或四条腿交互向前跃进：赛～｜～步。㊀物体离开原地，很快地移动：汽车在公路上飞～｜纱巾被风刮～了。❷逃跑，逃走：别让犯人～了。㊌泄漏，挥发：～电｜～油｜～气。❸为某种事务而奔走：～外｜～买卖｜～材料。

另见376页páo。

奅 pào ㄆㄠˋ 虚大。

泡 pào ㄆㄠˋ ❶(一儿)气体在液体内使液体鼓起来形成的球状或半球状体(㊉一沫)：冒～儿。❷(一儿)像泡一样的东西：脚上起了一个～｜电灯～儿。❸用液体浸物品：～茶｜～饭。㊌长时间地待在某处消磨时光或做某事：～吧｜～蘑菇(故意纠缠，拖延时间)。

另见375页pāo。

炮(*砲、*礮) pào ㄆㄠˋ ❶武器的一类，有迫击炮、高射炮、火箭炮等。❷爆竹：鞭～｜～仗(zhang)。

另见16页bāo；376页páo。

疱(*皰) pào ㄆㄠˋ 皮肤上长的像水泡的小疙瘩。也作"泡"。

PEI ㄆㄟ

呸 pēi ㄆㄟ 叹词，表示斥责或唾弃：～！胡说八道。

胚（*肧） pēi ㄆㄟ 初期发育的生物体。[胚胎]初期发育的动物体。㊖事情的开始。

衃 pēi ㄆㄟ 凝聚的血。

醅 pēi ㄆㄟ 没过滤的酒。

陪 péi ㄆㄟˊ 随同，在旁边做伴（㊥一伴）：～同|～读|～练|我～你去|～客人。[陪衬]从旁衬托。

培 péi ㄆㄟˊ 为保护植物或墙堤等，在根基部分加土：～土。[培养]1. 训练教育：～干部。2. 使繁殖：～真菌。[培育]培养幼小的生物，使它发育成长：～树苗。

赔（賠） péi ㄆㄟˊ ❶补还损失（㊥一偿）：～款|～礼（道歉）|～偿。❷亏损，跟"赚"相对：～钱|～本。

锫（錇） péi ㄆㄟˊ 人造的放射性金属元素，符号 Bk。

裴 péi ㄆㄟˊ 姓。

沛 pèi ㄆㄟˋ 盛（shèng），大：充～|丰～。

旆 pèi ㄆㄟˋ 古时接在旗子末端形状像燕尾的装饰。泛指旌旗。

霈 pèi ㄆㄟˋ ❶大雨。❷雨多的样子：油然作云，～然下雨。

帔 pèi ㄆㄟˋ 古代披在肩背上的服饰：凤冠霞～。

佩（❸**珮） pèi ㄆㄟˋ ❶佩带，挂：～戴勋章|腰间～着一支手枪。❷佩服，心悦诚服：可敬可～|钦～|赞～。❸古代衣带上佩带的玉饰：环～。

配 pèi ㄆㄟˋ ❶两性结合。1. 男女结婚：婚～。2. 使牲畜交合：～种|～猪。[配偶]指夫或妻：已有～。❷用适当的标准加以调和：～颜色|～药。㊀相当，合适：夫妻俩很相～|上衣跟裤子不太～。❸有计划地分派，安排：分～|～备人力。❹流放：发～。❺把缺少的补足：～零件|～把钥匙|～一块玻璃。[配套]把若干相关的事物组合成一整套。❻衬托，陪衬：红花～绿叶|～角（jué）。❼够得上：他～称为先进工作者。

辔（轡） pèi ㄆㄟˋ 驾驭牲口的嚼子和缰绳：鞍～。[辔头]辔。

P

PEN ㄆㄣ

喷(噴) pēn ㄆㄣ 散着射出:～壶|～泉|～气式飞机|火山～火。[喷嚏](－tì)因鼻黏膜受刺激而引起的一种猛烈带声的喷气现象。又叫嚏喷(tìpen)。

另见378页pèn。

盆 pén ㄆㄣˊ (－子、－儿)盛放或洗涤东西的用具,通常是圆形,口大,底小,不太深:花～|脸～。[盆地]被山或高地围绕着的平地:四川～|塔里木～。

湓 pén ㄆㄣˊ 湓水,水名,在江西省西北部。

喷(噴) pèn ㄆㄣˋ ❶香气扑鼻:～香|～鼻儿香。❷(－儿)蔬菜、鱼虾、瓜果等上市正盛的时期:西瓜～儿|对虾正在～儿上。❸(－儿)开花结实的次数或成熟收割的次数:头～棉花|二～棉花|绿豆结二～角了。

另见378页pēn。

PENG ㄆㄥ

抨 pēng ㄆㄥ 抨击,攻击对方的短处。

怦 pēng ㄆㄥ 形容心跳声(叠):紧张得心～～跳。

砰 pēng ㄆㄥ 形容撞击声、重物落地声:～的一声,枪响了。

烹 pēng ㄆㄥ ❶煮:～调(tiáo)。[烹饪](－rèn)做饭做菜。❷烹饪方法,用热油略炒之后,再加入液体调味品,迅速翻炒:～对虾。

嘭 pēng ㄆㄥ 形容敲门声等(叠):～～的敲门声。

澎 pēng ㄆㄥ 〈方〉溅:～了一身水。

另见379页péng。

芃 péng ㄆㄥˊ [芃芃]形容草木茂盛。

朋 péng ㄆㄥˊ 彼此友好的人(㊥－友):亲～好友|宾～满座。

堋 péng ㄆㄥˊ 我国战国时期科学家李冰在修建都江堰时所创造的一种分水堤。

淜 péng ㄆㄥˊ 用于地名:普～(在云南省祥云)。

弸 péng ㄆㄥˊ 充满。

棚 péng ㄆㄥˊ (－子、－儿)❶把席、布等搭架支张起来遮蔽风雨或日光的东西:天～|凉～。❷简易的或临时性的建筑物:牲口～|工～|防震～。

P

硼 péng ㄆㄥˊ 非金属元素，符号B，有晶体硼和无定形硼两种形态。可用来制合金钢，也用于核工业。

鹏（鵬）péng ㄆㄥˊ 传说中最大的鸟。[鹏程万里]形容前途远大。

彭 péng ㄆㄥˊ 姓。

澎 péng ㄆㄥˊ [澎湃]（—pài）大浪相激。

[澎湖]我国岛屿，在台湾海峡东南部，与其附近岛屿共有64个，总称“澎湖列岛”。

另见378页pēng。

膨 péng ㄆㄥˊ 胀大。[膨脝]（—hēng）1.肚子胀的样子。2.物体庞大笨重。[膨胀]（—zhàng）物体的体积或长度增加：空气遇热～。㊀数量增加：通货～。

蟛 péng ㄆㄥˊ [蟛蜞]（—qí）一种螃蟹，身体小，生活在水边。对农作物有害。

搒 péng ㄆㄥˊ 用棍子或竹板子打。

另见15页bàng。

蓬 péng ㄆㄥˊ ❶飞蓬，草本植物，叶像柳叶，籽实有毛，随风飞扬。❷散乱（叠）：～头散发｜乱～～的茅草。[蓬松]松散（指毛发或茅草等）。[蓬勃]（—bó）旺盛：～发展｜朝气～。

篷 péng ㄆㄥˊ ❶张盖在上面，遮蔽日光、风、雨的东西，用竹篾、苇席、布等做成：船～。❷船帆：扯起～来。

捧 pěng ㄆㄥˇ ❶两手托着：手～鲜花｜～着一个坛子。[捧腹]捧着肚子，形容大笑：令人～。❷奉承或代人吹嘘：吹～｜用好话～他｜～场（chǎng）。❸量词，用于两手能捧起的东西：一～花生。

椪 pèng ㄆㄥˋ [椪柑]常绿小乔木，又叫芦柑，叶椭圆形，花白色，果实大，皮橙黄色，汁多味甜。

碰（*掽、*踫）pèng ㄆㄥˋ ❶撞击：～杯（表示祝贺）｜～破了皮｜～钉子｜～壁（喻事情做不通）。❷相遇：我在半路上～见他。❸没有把握地试探：～一～机会。

PI ㄆㄧ

丕 pī ㄆㄧ 大：～业｜～变。

伾 pī ㄆㄧ [伾伾]有力的样子。

P

邳 pī ㄆㄧ [邳州]地名,在江苏省。

坯 pī ㄆㄧ ❶没有烧过的砖瓦、陶器等:砖~。特指砌墙用的土坯:打~|脱~。❷(一子、一儿)半成品:钢~|酱~子|面~儿。

狉 pī ㄆㄧ [狉狉]野兽蠢动的样子:鹿豕~。

駓(駓) pī ㄆㄧ 古代指毛色黄白相间的马。

批 pī ㄆㄧ ❶用手掌打。❷写上字句,判定是非、优劣、可否:~示|~准|~改作文。❸(一儿)附注的意见或注意之点:眉~(写在书眉上的批语、批注)|在文后加了一条小~儿。❹批评,批判:~驳|挨了一通~。❺量词,用于大宗的货物或同时行动的许多人:一~货|一~人。[批发]大宗发售货物。

P

纰(紕) pī ㄆㄧ 布帛、丝缕等破坏散开。[纰漏]因疏忽而引起的错误。[纰缪](-miù)错误。

砒 pī ㄆㄧ ❶"砷"(shēn)的旧称。❷砒霜,砷的氧化物,有剧毒,可做杀虫剂。

铍(鈹) pī ㄆㄧ 铍箭,古代的一种箭。

披 pī ㄆㄧ ❶覆盖在肩背上:~红|~着大衣|~星戴月(形容起早贪黑辛勤劳动或昼夜赶路)。❷打开:~襟|~卷(juàn)|~肝沥胆(喻竭诚效忠)。[披露](-lù)发表。[披靡](-mǐ)草木随风散倒。喻敌军溃散:所向~。❸裂开:竹竿~了|指甲~了。❹劈开,劈去:~荆斩棘(喻克服创业中的种种艰难)。

劈 pī ㄆㄧ ❶用刀斧等破开:~木头。❷冲着,正对着:~脸|大雨~头浇下来。❸雷电毁坏或击毙:大树让雷~了。❹尖劈,简单机械,由两斜面合成,刀、斧等都属于这一类。

[劈啪]形容拍打声、爆裂声。

另见 382 页 pǐ。

噼 pī ㄆㄧ [噼啪]同"劈啪"。

霹 pī ㄆㄧ [霹雳](-lì)响声很大的雷,是云和地面之间强烈的雷电现象。

皮 pí ㄆㄧˊ ❶人和动植物体表面的一层组织:牛~|树~|荞麦~|碰破了点儿~。❷皮革:~包|~箱|~鞋。❸表面:地~|水~儿。❹包在外面的东西:书~|封~。❺薄片状的东西:铅~|粉~|海

蜇～。❻韧性大，不松脆：～糖｜饼～了。❼顽皮，淘气：这孩子真～。❽〈外〉法定计量单位中十进分数单位词头之一，表示 10^{-12}，符号 p。

陂 pí ㄆㄧˊ ［黄陂］地名，在湖北省武汉。

另见 18 页 bēi；388 页 pō。

铍（鈹） pí ㄆㄧˊ 金属元素，符号 Be，钢灰色，铍铝合金质硬而轻。可用来制飞机机件等，也用于核工业。

疲 pí ㄆㄧˊ 身体感觉劳累（㊀—乏、—倦、—惫）：精～力尽｜～于奔命。［疲癃］（—lóng）衰老多病。［疲沓］（*疲塌）（—ta）懈怠，不起劲：作风～｜工作～。

鲏（鮍） pí ㄆㄧˊ 见 375 页"鳑"字条"鳑鲏"（páng—）。

芘 pí ㄆㄧˊ ［芘芣］（—fú）古书上指锦葵。

另见 23 页 bǐ。

枇 pí ㄆㄧˊ ［枇杷］（—pa）常绿乔木，叶长椭圆形，花白色。果实也叫枇杷，圆球形，黄色，味甜。叶可入药。

毗（*毘） pí ㄆㄧˊ ❶辅佐。❷接连：～连｜～邻。

蚍 pí ㄆㄧˊ ［蚍蜉］（—fú）大蚂蚁。

琵 pí ㄆㄧˊ ［琵琶］（—pa）弦乐器，用木做成，下部长圆形，上有长柄，有四根弦。

貔 pí ㄆㄧˊ 传说中的一种野兽，似熊。［貔貅］（—xiū）传说中的一种猛兽。㊂勇猛的军队。

郫 pí ㄆㄧˊ 郫县，地名，在四川省。

陴 pí ㄆㄧˊ 城墙上呈⎍⎍形的矮墙。

埤 pí ㄆㄧˊ 〈古〉增加：～益。

另见 382 页 pì。

啤 pí ㄆㄧˊ ［啤酒］用大麦做主要原料制成的酒。

脾 pí ㄆㄧˊ 脾脏，人和高等动物的内脏之一，椭圆形，赤褐色，是个淋巴器官，也是血库。（图见 623 页"人体内脏"）［脾气］（—qi）1. 性情：～好。2. 容易发怒的性情：有～｜发～。［脾胃］借指对事物喜好的习性：不合他的～｜两人～相投。

裨 pí ㄆㄧˊ 副，辅佐的（㊀偏—）：～将。

另见 26 页 bì。

蜱 pí ㄆㄧˊ 节肢动物，身体扁平，种类很多，大部分以吸血为生。对人畜和农作物有害。

鼙 pí ㄆㄧˊ 古代军中用的一种鼓：～鼓（古代军队中用的小鼓）。

罴（羆） pí ㄆㄧˊ 熊的一种，即棕熊，又叫马熊，毛棕褐色，能爬树，会游泳。

匹（❶*疋） pǐ ㄆㄧˇ ❶量词。1. 用于骡、马等：三～马。2. 用于整卷的布或绸缎等：一～红布。❷相当，相敌，比得上。[匹敌]彼此相等。[匹配]1. 婚配。2.（元器件等）配合。

苉 pǐ ㄆㄧˇ 有机化合物，存在于煤焦油中。

庀 pǐ ㄆㄧˇ ❶具备。❷治理。

圮 pǐ ㄆㄧˇ 坍塌，倒塌：倾～。

仳 pǐ ㄆㄧˇ [仳离]夫妻离散。

否 pǐ ㄆㄧˇ ❶恶，坏：～极泰来（坏的到了尽头，好的就来了。否和泰都是《周易》六十四卦中的卦名，分别代表坏和好的事情）。❷贬斥：臧（zāng）～人物（评论人物的优劣）。

另见 136 页 fǒu。

痞 pǐ ㄆㄧˇ ❶痞块，中医指肚子里可以摸得到的硬块。❷（一子）流氓，无赖：地～｜～棍。

嚭（**噽） pǐ ㄆㄧˇ 大。

劈 pǐ ㄆㄧˇ 分开：～柴｜～成两份儿｜～一半给你。

另见 380 页 pī。

擗 pǐ ㄆㄧˇ 分裂，使从原物体上分开：～棒子（玉米）。

癖 pǐ ㄆㄧˇ 对事物的特别爱好：烟～｜洁～｜怪～｜嗜酒成～。

屁 pì ㄆㄧˋ 从肛门排出的臭气。

媲 pì ㄆㄧˋ 并，比：～美。

埤 pì ㄆㄧˋ [埤堄]（—nì）〈古〉城上矮墙。也作"埤院"。

另见 381 页 pí。

睥 pì ㄆㄧˋ bì ㄅㄧˋ（又）[睥睨]（—nì）眼睛斜着看。㊀看不起：～一切。

淠 pì ㄆㄧˋ 淠河，水名，在安徽省西部。

辟（❶—❸闢） pì ㄆㄧˋ ❶开辟，从无到有地开发建设：开天～地｜这一带将～为开发区。❷驳斥，排除：～谣｜～邪说。❸透彻：精～。❹法，法律。[大辟]古代指死刑。

另见 27 页 bì。

僻 pì ㄆㄧˋ ❶偏僻，距离中心地区远的：～静｜穷乡～壤。❷不常见的：冷～｜生～字。❸性情古怪，不合群（㊇乖—）：孤～｜怪～。

澼 pì ㄆㄧˋ 见 388 页“洴”字条“洴澼”（píng—）。

甓 pì ㄆㄧˋ 砖。

䴙（鸊） pì ㄆㄧˋ [䴙䴘]（—tī）鸟名，略像鸭而小，羽毛黄褐色。

譬 pì ㄆㄧˋ 打比方（㊇—喻、—如）。

PIAN ㄆㄧㄢ

片 piān ㄆㄧㄢ （—子、—儿）同“片（piàn）❶”，用于“相片儿、画片儿、唱片儿、电影片儿”等。

另见 384 页 piàn。

扁 piān ㄆㄧㄢ [扁舟]小船：一叶～。

另见 28 页 biǎn。

偏 piān ㄆㄧㄢ ❶歪，不在中间：镜子挂～了｜太阳～西了。㊀不全面，不正确：～于一端｜～听～信｜～差（chā）。[偏向]1. 无原则地支持，袒护：妈妈总是～弟弟。2. 不正确的倾向：纠正～。❷副词，表示跟愿望、预料或一般情况不相同（叠）：不让他干，他～干｜我去看他，～～他没在家。

犏 piān ㄆㄧㄢ 犏牛，牦牛和黄牛杂交生的牛。

篇 piān ㄆㄧㄢ ❶首尾完整的文章（㊇—章）：名～。❷（—儿）量词。1. 用于文章：一～论文。2. 用于纸张、书页（一篇是两页）。[篇幅]文章的长短，书籍报刊篇页的数量：～不长｜～太大。

翩 piān ㄆㄧㄢ 很快地飞。[翩翩]轻快地飞舞的样子：舞姿～。形容风流潇洒：风度～。

[翩跹]（—xiān）形容轻快地跳舞：～起舞。

便 pián ㄆㄧㄢˊ [便便]肚子肥大的样子：大腹～。

[便宜]（—yi）物价较低：这些花布都很～。㊀小利，私利：不要占～。（另 biànyí 见 29 页“便”biàn）

另见 29 页 biàn。

媥 pián ㄆㄧㄢˊ [媥娟]1. 美好的样子。2. 回环曲折的样子。

楩 pián ㄆㄧㄢˊ ❶古书上说的一种树。❷用于地名：～树岔（在福建省福鼎）。

骈（駢） pián ㄆㄧㄢˊ 两物并列成双的，对偶的（㊀—俪）：～句。［骈文］旧时的一种文体，文中用对偶的句子，讲究声韵和谐，辞藻华丽。

胼 pián ㄆㄧㄢˊ ［胼胝］（—zhī）俗叫膙（jiǎng）子。手上、脚上因摩擦而生成的硬皮。

蹁 pián ㄆㄧㄢˊ ［蹁跹］（—xiān）形容旋转舞动。

谝（諞） piǎn ㄆㄧㄢˇ 显示，夸耀：～能。

媥 piǎn ㄆㄧㄢˇ 用于地名：长河～（在四川省安岳）。

片 piàn ㄆㄧㄢˋ ❶（—子、—儿）平而薄的物体：明信～｜铁～｜玻璃～｜肉～。❷切削成薄片：～肉片｜把豆腐干～一～。❸少，零星：～言（几句话）｜～纸只（zhī）字｜～刻（短时间）。［片面］不全面，偏于一面的：观点～｜不要～看问题。❹指较大地区内划分的较小地区：分～儿开会。❺量词。1.用于地面、水面或成片的东西等：一大～绿油油的庄稼｜一～汪洋｜两～儿药。2.用于景色、气象、声音、语言、心意等（前面用“一”字）：一～好心｜一～欢呼声。

另见383页piān。

骗（騙） piàn ㄆㄧㄢˋ ❶欺蒙（㊀欺—）：～人｜诈～。❷用欺蒙的手段谋得（㊀诓—）：～钱｜～取信任。❸侧身抬腿跨上：一～腿骑上自行车。

PIAO ㄆㄧㄠ

剽 piāo ㄆㄧㄠ ❶抢劫，掠夺（㊀—掠）。［剽窃］抄袭他人著作。❷轻快而敏捷：～悍。

漂 piāo ㄆㄧㄠ 浮在液体上面不沉下去：树叶在水上～着。［漂泊］（—bó）㊒为了生活、职业而流浪奔走：～在外。

另见385页piǎo；385页piào。

慓 piāo ㄆㄧㄠ 同“剽❷”。

缥（縹） piāo ㄆㄧㄠ ［缥缈］［飘渺］（—miǎo）形容隐隐约约，若有若无：山在虚无～间。

另见385页piǎo。

飘(飃、*飄) piāo ㄆㄧㄠ 随风飞动或摆动:～雪花|～起了炊烟|～扬|红旗～～。[飘零]花、树叶等坠落。喻流落在外,无依无靠:～异乡|半世～。[飘摇](*飘飖)(—yáo)随风摆动:烟云～上升。

薸 piāo ㄆㄧㄠ (又)见 385 页 piáo。

螵 piāo ㄆㄧㄠ [螵蛸](—xiāo)螳螂的卵块。

朴 piáo ㄆㄧㄠˊ 姓。

另见 388 页 pō;389 页 pò;391 页 pǔ。

嫖(**闞) piáo ㄆㄧㄠˊ 男子玩弄妓女:～娼。

瓢 piáo ㄆㄧㄠˊ (—儿)舀(yǎo)水或取东西的用具,多用瓢葫芦或木头制成。

薸 piáo ㄆㄧㄠˊ piāo ㄆㄧㄠ(又)[大薸]水草,又叫水浮莲,叶子可用作猪饲料。

莩 piǎo ㄆㄧㄠˇ 同"殍"。

另见 139 页 fú。

殍 piǎo ㄆㄧㄠˇ 饿死的人:饿～。也作"莩"。

漂 piǎo ㄆㄧㄠˇ ❶用水加药品使东西退去颜色或变白:～白。❷用水淘去杂质:用水～一～|～朱砂。

另见 384 页 piāo;385 页 piào。

缥(縹) piǎo ㄆㄧㄠˇ ❶青白色。❷青白色丝织品。

另见 384 页 piāo。

瞟 piǎo ㄆㄧㄠˇ 斜着眼看一下:～了他一眼。

票 piào ㄆㄧㄠˋ ❶(—子、—儿)钞票,纸币。❷印的或写的凭证:车～|股～|选～。❸称非职业的演戏:～友|玩儿～。❹被绑匪挟持借以勒取赎金的人质:绑～儿|撕～儿(指杀死人质)。

蔈 piào ㄆㄧㄠˋ 用于地名:～草乡(在重庆市云阳)。

嘌 piào ㄆㄧㄠˋ [嘌呤](—lìng)有机化合物,无色晶体,易溶于水,在人体内嘌呤氧化而变成尿酸。

漂 piào ㄆㄧㄠˋ [漂亮](—liang)1.美,好看。2.出色:活儿干得很～。

另见 384 页 piāo;385 页 piǎo。

骠(驃) piào ㄆㄧㄠˋ ❶勇猛:～勇。❷马快跑的样子。[骠骑]古代将军的名号:～将军。

另见 30 页 biāo。

P

PIE ㄆㄧㄝ

氕 piē ㄆㄧㄝ 氢的同位素之一，符号^{1}H，质量数1，是氢的主要成分。

撇 piē ㄆㄧㄝ ❶丢开，抛弃：～开｜～弃。[撇脱]〈方〉1.简便。2.爽快，洒脱。❷由液体表面舀取：～油。

另见386页piě。

瞥 piē ㄆㄧㄝ 很快地大略看一下：朝他～了一眼。

苤 piě ㄆㄧㄝˇ [苤蓝](－lan)草本植物，甘蓝的一种，叶有长柄。茎扁球形，也叫苤蓝，可用作蔬菜。

撇 piě ㄆㄧㄝˇ ❶平着向前扔：～砖头｜～球。❷(－儿)汉字从上向左斜下写的一种笔形(丿)：八字先写一～儿。❸(－儿)量词，用于像汉字的撇形的东西：两～儿胡子。

另见386页piē。

锹(鐅) piě ㄆㄧㄝˇ 烧盐用的敞口锅。用于地名：曹～(在江苏省东台)。

PIN ㄆㄧㄣ

拼 pīn ㄆㄧㄣ ❶连合，凑合(㊀－凑)：～音｜东～西凑｜把两块板子～起来。❷不顾一切地干，豁(huō)出去：～命｜～到底。

姘 pīn ㄆㄧㄣ 一方或双方已婚的、非夫妻关系的男女非法同居：～夫｜～妇。

玭 pín ㄆㄧㄣˊ 珍珠。

贫(貧) pín ㄆㄧㄣˊ ❶穷，收入少，生活困难，跟"富"相对(㊀－穷)：～困｜清～。❷缺乏，不足(㊀－乏)：～血。❸絮烦可厌：他的嘴太～。

频(頻) pín ㄆㄧㄣˊ 屡次，连次(㊀－繁、－数 shuò)(叠)：～～招手｜捷报～传。[频率](－lǜ)在一定的时间或范围内事物重复出现的次数。

蘋(蘋) pín ㄆㄧㄣˊ 蕨类植物，又叫田字草，茎横卧在浅水的泥中，四片小叶，像"田"字。

"蘋"另见387页píng"苹"。

颦(顰) pín ㄆㄧㄣˊ 皱眉头。[效颦]㊕模仿他人而不得当。

嫔(嬪) pín ㄆㄧㄣˊ 封建时代皇宫里的女官。

品 pǐn ㄆㄧㄣˇ ❶物品，物件：～名｜商～｜赠～｜非卖～。[品牌]产品的牌子。特指知名产品的牌子：～效应。❷等级，种类：上～｜下～｜精～。❸性质：人～｜～质。❹辨别好坏、优劣等：～茶｜我～出他的为人来了。

榀 pǐn ㄆㄧㄣˇ 量词，房架一个叫一榀。

牝 pìn ㄆㄧㄣˋ 雌性的（鸟兽），跟"牡"相对：～马｜～鸡。

聘 pìn ㄆㄧㄣˋ ❶请人担任工作：～书｜～请｜～他当编辑。❷指女子订婚或出嫁：行～｜出～。

PING ㄆㄧㄥ

乒 pīng ㄆㄧㄥ ❶形容枪声或物体撞击声：～的一声枪响。❷指乒乓球：～协｜～坛。[乒乓]（—pāng）1.形容物体撞击声：雹子打在玻璃上～乱响。2.指乒乓球。

俜 pīng ㄆㄧㄥ 见309页"伶"字条"伶俜"。

涄 pīng ㄆㄧㄥ 水流的样子。

娉 pīng ㄆㄧㄥ [娉婷]（—tíng）形容女子姿态美好的样子。

平 píng ㄆㄧㄥˊ ❶不倾斜，无凹凸，像静止的水面那样：～地｜把纸铺～了。㊀均等：～分｜公～。❷使平：把地～一～。❸安定，安静：～心静气｜风～浪静。❹经常的，一般的：～日｜～淡。❺平声，汉语四声之一。普通话的平声分阴平和阳平两类：阴平调子高而平，符号作"ˉ"；阳平调子向高扬起，符号作"ˊ"。

评（評） píng ㄆㄧㄥˊ 议论或评判（㊥—论、—议）：～语｜～理｜～比｜～阅。㊀指评论的话或文章：书～｜短～。[评价]对事物估定价值：客观～｜予以新的～。[评介]评论介绍。[评判]判定胜负或优劣。[批评]1.指出工作、思想、作风上的错误或缺点：～与自我～｜～了保守思想。2.评论：文学～。

坪 píng ㄆㄧㄥˊ 平坦的场地：草～｜～坝｜停机～。

苹（△蘋） píng ㄆㄧㄥˊ [苹果]落叶乔木，叶椭圆形，花白色，果实也叫苹果，球形，红色、青色或黄色，味甜。

"蘋"另见386页pín"蘋"。

泙 píng ㄆㄧㄥˊ ❶河谷。❷姓。

玶 píng ㄆㄧㄥˊ 一种玉。

枰 píng ㄆㄧㄥˊ 棋盘：棋～|推～认输。

萍 píng ㄆㄧㄥˊ 浮萍，草本植物，浮生在水面，茎扁平像叶子，根垂在水里：～踪（喻漂泊不定的行踪）|～水相逢（喻偶然遇见）。

蚲 píng ㄆㄧㄥˊ 古书上指米中的小黑虫。

鲆（鮃） píng ㄆㄧㄥˊ 鱼名，身体侧扁，两眼都在身体的左侧，有眼的一侧灰褐色或深褐色，无眼的一侧白色。常见的有牙鲆、斑鲆等。

凭（憑、*凴） píng ㄆㄧㄥˊ ❶靠着：～栏|～几（jī）。❷依靠，仗恃：劳动人民～着双手创造世界|光～武器不能打胜仗。❸证据（逢一证、一据）：真～实据|口说无～。❹介词，根据：～票入场|～大家的意见做出决定。❺连词，任凭，无论：～你怎么说，我也不信。

荓 píng ㄆㄧㄥˊ 古书上指马蔺（一种草本植物）。

帡 píng ㄆㄧㄥˊ ［帡幪］（一méng）古代称覆盖用的东西，指帐幕等。

洴 píng ㄆㄧㄥˊ ［洴澼］（一pì）漂洗（丝绵）。

屏 píng ㄆㄧㄥˊ ❶遮挡，遮挡物：～藩|～蔽|～障|～风（挡风或阻隔视线用的家具）|围～。❷字画的条幅，通常以四幅或八幅为一组：四扇～。

另见34页bǐng。

瓶（*缾） píng ㄆㄧㄥˊ （一子、一儿）口小腹大的器皿，多为瓷或玻璃做成，通常用来盛液体：酒～子|花～儿|一～子油。

PO ㄆㄛ

朴 pō ㄆㄛ ［朴刀］旧式兵器，刀身狭长，刀柄略长，双手使用。

另见385页piáo；389页pò；391页pǔ。

钋（釙） pō ㄆㄛ 放射性金属元素，符号Po。

陂 pō ㄆㄛ ［陂陀］（一tuó）不平坦。

另见18页bēi；381页pí。

坡 pō ㄆㄛ （一子、一儿）倾斜的地方：山～|高～|上～|下～。［坡度］斜面与地平面所成的角度。

颇(頗) pō ㄆㄛ ❶偏，不正：偏～。❷副词，很，相当地：离别～久｜～为不易。

泊 pō ㄆㄛ 湖：湖～｜血～（一大摊血）。

另见 36 页 bó。

泺(濼) pō ㄆㄛ 同"泊"(pō)，湖泊。

另见 326 页 luò。

泼(潑) pō ㄆㄛ ❶猛力倒水使散开：～水｜～街。❷野蛮，不讲理：撒(sā)～。［泼辣］凶悍。㊟有魄力，不怕困难：他做事很～。

钹(鏺) pō ㄆㄛ 〈方〉❶用镰刀、钐(shàn)刀等抡开来割(草、谷物等)。❷一种镰刀。

酦(醱) pō ㄆㄛ 在原酒的基础上再酿(酒)。

婆 pó ㄆㄛˊ 年老的妇人(叠)：老太～｜苦口～心。㊀1.丈夫的母亲(叠)。2.祖母(叠)。

［婆娑］(－suō)1.盘旋舞蹈的样子：～起舞。2.树枝纷披的样子：杨柳～。3.泪水下滴的样子：泪眼～。

鄱 pó ㄆㄛˊ ［鄱阳］1.湖名，在江西省北部。2.地名，在江西省。

皤 pó ㄆㄛˊ 形容白色：须发～然。

繁 pó ㄆㄛˊ 姓。

另见 125 页 fán。

叵 pǒ ㄆㄛˇ 不可：～信｜居心～测。

钷(鉕) pǒ ㄆㄛˇ 人造的放射性金属元素，符号 Pm。

笸 pǒ ㄆㄛˇ ［笸箩］(－luo)盛谷物等的一种器具，用柳条或篾条编成。

朴 pò ㄆㄛˋ 朴树，落叶乔木，花淡黄色。木材可制家具。［厚朴］落叶乔木，树皮厚，花白色。树皮可入药。

另见 385 页 piáo；388 页 pō；391 页 pǔ。

迫(*廹) pò ㄆㄛˋ ❶用强力压制，硬逼(㊥逼－)：～害｜饥寒交～｜被～同意。❷急促(㊥急－)：～切｜从容不～｜～不及待。❸接近：～近。

另见 372 页 pǎi。

珀 pò ㄆㄛˋ 见 195 页"琥"字条"琥珀"(hǔ－)。

粕 pò ㄆㄛˋ 米渣滓。参看 623 页"糟❶［糟粕］"。

魄 pò ㄆㄛˋ ❶迷信指依附形体而存在的精神(㊥魂

一)：失魂落～。❷精神，精力：气～|体～|～力。

破 pò ㄆㄛˋ ❶碎，不完整：碗打～了|衣服～了|手～了|牢不可～。[破绽](—zhàn)衣服的裂口，比喻做事或说话露出的漏洞：他话里有～。❷分裂(连一裂)：势如～竹|一～两半。㉄化整为零：一元的票子～成两张五角的。❸使损坏(连一坏)：～釜沉舟。㊃破除，批判：～旧立新|不～不立。❹超出：～例|～格|打～纪录|突～定额。❺冲开，打败：～阵|大～敌军。❻揭穿：～案|说～|～除迷信。❼花费，耗费：～费|～工夫。[破产]企业或个人处于资不抵债的状态。㉄丧失全部财产。㊃失败，破灭：敌人的阴谋～了。❽不好的，令人鄙视的：～戏|～货|这样的～差事谁也不愿意干。

P

桲 po ·ㄆㄛ 见519页"榅"字条"榅桲"(wēn—)。

POU ㄆㄡ

剖 pōu ㄆㄡ ❶破开(连解一)：把瓜～开。[剖面]东西切开后现出的平面：横～|纵～。❷分析，分辨：～析|～明事理。

抔 póu ㄆㄡˊ ❶用手捧东西：～饮(两手捧起而饮)。❷量词，把，捧：一～土。

裒 póu ㄆㄡˊ ❶聚。❷减少：～多益寡(减有余补不足)。

掊 pǒu ㄆㄡˇ 掊击，抨击。

PU ㄆㄨ

仆 pū ㄆㄨ 向前跌倒：前～后继。

另见391页pú。

扑(撲) pū ㄆㄨ ❶轻打，拍：～粉|～打～打衣服上的土。❷冲：向敌人猛～|香气～鼻。

[扑哧]形容笑声或水、气挤出来的声音。

铺(鋪) pū ㄆㄨ 把东西散开放置，平摆：～轨|平～直叙(说话作文简单直接地叙述，没有精彩处)|～平道路。[铺张]为了在形式上好看而多用人力物力：反对～浪费。

另见392页pù。

噗 pū ㄆㄨ 形容水或气喷出的声音：～的一声吹灭了

蜡烛。[噗嗤](—chī)同"扑哧"。

潽 pū ㄆㄨ 液体沸腾溢出：牛奶～出来了。

仆(僕) pú ㄆㄨˊ ❶被雇到家里做杂事、供役使的人：～人|女～。[仆从]旧时指跟随在身边的仆人。㊉受人控制并追随别人的：～国。❷旧时男子谦称自己。

另见 390 页 pū。

匍 pú ㄆㄨˊ [匍匐](—fú)爬，手足并行：～前进。也作"匍伏"。

葡 pú ㄆㄨˊ [葡萄](—tao)藤本植物，茎有卷须，叶掌状分裂，花黄绿色，果实也叫葡萄，圆形或椭圆形，可以吃，也可酿酒。

莆 pú ㄆㄨˊ [莆田]地名，在福建省。

脯 pú ㄆㄨˊ (—子、—儿)胸脯，胸部：鸡～子。

另见 141 页 fǔ。

蒱 pú ㄆㄨˊ 见 66 页"摴"字条"摴蒱"(chū—)。

蒲 pú ㄆㄨˊ 香蒲，草本植物，生长在浅水或池沼中，叶长而尖。可用来编席、蒲包和扇子：～扇。

酺 pú ㄆㄨˊ 〈古〉朝廷特许的聚会饮酒，也泛指聚会饮酒。

菩 pú ㄆㄨˊ [菩萨](—sà)梵语音译"菩提萨埵(duǒ)"的省称。佛教中指地位仅次于佛的人。泛指佛和某些神。

墣 pú ㄆㄨˊ 土块。

璞 pú ㄆㄨˊ 含玉的石头或没有雕琢过的玉石：～玉浑金(喻品质好)。

镤(鏷) pú ㄆㄨˊ 放射性金属元素，符号 Pa。

穙 pú ㄆㄨˊ ❶谷类作物堆积。❷禾或草等稠密。

濮 pú ㄆㄨˊ [濮阳]地名，在河南省。

朴(樸) pǔ ㄆㄨˇ 没有细加工的木料。㊉朴实，朴素：俭～|质～。

另见 385 页 piáo；388 页 pō；389 页 pò。

埔 pǔ ㄆㄨˇ [黄埔]地名，在广东省广州。

另见 40 页 bù。

圃 pǔ ㄆㄨˇ 种植蔬菜、花草、瓜果的园子：花～|苗～。

浦 pǔ ㄆㄨˇ 水边或河流入海的地区。

P

溥 pǔ ㄆㄨˇ ❶广大。❷普遍。

普 pǔ ㄆㄨˇ 普遍，全，全面：～天同庆|～查。[普及]传布和推广到各方面：～教育。[普通]通常，一般：～人|～读物。

[普米族]我国少数民族，参看附表。

谱（譜） pǔ ㄆㄨˇ ❶依照事物的类别、系统编制的表册：年～|家～(记载家族世系的表册)|食～。❷记录音乐、棋局等的符号或图形：歌～|乐(yuè)～|棋～。❸编写歌谱：～曲。❹(一儿)大致的准则，把握：他做事有～儿。

氆 pǔ ㄆㄨˇ [氆氇](—lu)(藏)藏族地区出产的一种毛织品。

镨（鐠） pǔ ㄆㄨˇ 金属元素，符号Pr，淡黄色。它的化合物多呈绿色，可用作颜料等。

蹼 pǔ ㄆㄨˇ 青蛙、乌龟、鸭子、水獭等动物脚趾中间的膜。也指像蹼的用具：脚～|～泳。

铺（鋪、*舖） pù ㄆㄨˋ ❶(一子、一儿)商店：饭～|杂货～。❷床(㊀床一)：上下～|临时搭～。❸旧时的驿站，现在用于地名：三十里～。

另见390页pū。

堡 pù ㄆㄨˋ 旧时的驿站，现多用于地名：十里～。

另见17页bǎo；39页bǔ。

暴 pù ㄆㄨˋ 晒，晒干。后作"曝"(pù)。

另见18页bào。

瀑 pù ㄆㄨˋ 瀑布，水从高山上陡直地流下来，远看好像垂挂着的白布。

另见18页bào。

曝 pù ㄆㄨˋ 晒：一～十寒(喻没有恒心)。

另见18页bào。

Q ㄑ

QI ㄑㄧ

七 qī ㄑㄧ 数目字。

柒 qī ㄑㄧ "七"字的大写。

沏 qī ㄑㄧ 用开水冲茶叶或其他东西：～茶。

妻 qī ㄑㄧ (一子)男子的配偶，跟"夫"、"丈夫(—fu)"相对。

另见398页qì。

郪 qī ㄑㄧ 郪江,水名,在四川省东部,涪(fú)江支流。

凄(❶❸*淒、❷*悽) qī ㄑㄧ ❶寒凉:~风苦雨。❷悲伤(㊀一惨)。❸冷落寂静:~清|~凉。

萋 qī ㄑㄧ [萋萋]形容草生长得茂盛:芳草~。

栖(*棲) qī ㄑㄧ 鸟停留在树上。㊀居住,停留:两~|~身之处。[栖霞]地名,在山东省。

另见527页xī。

桤(榿) qī ㄑㄧ 桤木,落叶乔木,木质轻软,可制器具,嫩枝叶可入药。

戚(❷*慼、❷*慽) qī ㄑㄧ ❶亲戚,因婚姻联成的关系。❷忧愁,悲哀:休~相关。[戚戚]忧愁的样子:君子坦荡荡,小人常~。

嘁 qī ㄑㄧ [嘁嘁喳喳]形容细碎的说话声:~地说个不停。

期 qī ㄑㄧ ❶规定的时间或一段时间:定~|分~|过~|学~|~中|~限。㊀刊物出版的号数。❷约定时日:不~而遇。[期货交易]一种非现金、非现货的买卖。双方按约定的条件、时间交割货物、外汇或有价证券等。❸盼望,希望(㊀一望):~盼|~待|~许|反复试验,以~得到良好的效果。

另见214页jī。

欺 qī ㄑㄧ ❶欺骗,蒙混:自~~人。[欺世盗名]欺骗世人,窃取名誉。❷欺负,压迫,侮辱(㊀一侮):仗势~人。

攲 qī ㄑㄧ 同"欹"(qī)。

欹 qī ㄑㄧ 倾斜,歪向一边:~侧|~倾。

另见584页yī。

缉(緝) qī ㄑㄧ 一针对一针地缝:~鞋口。

另见214页jī。

漆 qī ㄑㄧ ❶黏液状涂料的统称。可分为天然漆和人造漆两类。❷用漆涂。

蹊 qī ㄑㄧ [蹊跷](-qiāo)奇怪,可疑:这事有点儿~。也说"跷蹊"(qiāoqi)。

另见529页xī。

㗱 qī ㄑㄧ 〈方〉❶东西湿了之后要干未干:雨过天晴,路上渐渐~了。❷用沙土等吸收水分:地上有水,铺上点儿沙子～一～。

亓 qí ㄑㄧˊ 姓。

郊 qí ㄑㄧˊ ❶古地名，在今陕西省岐山县东北。❷姓。

岐 qí ㄑㄧˊ ❶岐山，山名，又地名，在陕西省。❷同“歧”。

歧 qí ㄑㄧˊ ❶岔道，大路分出的小路：～路亡羊。［歧途］比喻错误的道路：误入～。❷不相同，不一致：～视｜～义。

跂 qí ㄑㄧˊ 多生出的脚趾。另见 397 页 qǐ。

齐（齊） qí ㄑㄧˊ ❶整齐，东西一头平或排成一条直线：参差不～｜庄稼长得很～｜纸叠得很～。❷达到，跟什么一般平：河水～腰深。❸同时，同样，一起：～心｜～声高唱｜百花～放，推陈出新｜一～用力。❹全，完全（㊀一全）：材料都预备～了｜代表都到～了。❺周代诸侯国名，在今山东省北部、东部和河北省东南部。❻朝代名。1. 南朝之一，萧道成所建立（公元 479—502 年）。2. 北朝之一，高洋所建立（公元 550—577 年），史称北齐。

〈古〉又同斋戒的“斋”（zhāi）。

荠（薺） qí ㄑㄧˊ 见 23 页“荸”字条“荸荠”（bí—）。

另见 219 页 jì。

脐（臍） qí ㄑㄧˊ ❶肚脐，胎儿肚子中间有一条管子，跟母体的胎盘连着，这个管子叫脐带，出生以后，脐带脱落的地方就是肚脐。❷螃蟹腹部下面的甲壳：公蟹为尖～，母蟹为团～。

蛴（蠐） qí ㄑㄧˊ ［蛴螬］（—cáo）金龟子的幼虫，约 3 厘米长，圆筒形，白色，身上有褐色毛，生活在土里，吃农作物的根和茎。

祁 qí ㄑㄧˊ 盛大：～寒（严寒，极冷）。

圻 qí ㄑㄧˊ 地的边界。〈古〉又同“垠”（yín）。

祈 qí ㄑㄧˊ 向神求福（㊀一祷）。㊁请求：敬～照准。

颀（頎） qí ㄑㄧˊ 身子高（叠）：～长。

旂 qí ㄑㄧˊ ❶古代指有铃铛的旗子。❷见 395 页“旗”。

蕲（蘄） qí ㄑㄧˊ ❶祈求，请求。❷用于地名：～春（在湖北省）。

芪 qí ㄑㄧˊ 黄芪，草本植物，茎横卧在地面上，花淡黄色，根可入药。

軝（軝） qí ㄑㄧˊ 古代车毂（gǔ）上的装饰。

祇 qí ㄑㄧˊ 古代称地神：神～。

另见 649 页 zhǐ“只”。

其 qí ㄑㄧˊ ❶代词。1. 他，他们：不能任～自流｜劝～努力学习。2. 他的，他们的：各得～所｜人尽～才，物尽～用。❷那，那个，那些：～他｜～次｜本无～事｜～中有个原因。［其实］实在的，事实上：他说不懂，～早就懂了。❸文言副词。1. 表示揣测、反诘：岂～然乎？｜～奈我何？2. 表示命令、劝勉：子～勉之！❹词尾：极～快乐｜尤～伟大。

萁 qí ㄑㄧˊ 〈方〉豆茎。

淇 qí ㄑㄧˊ 淇河，源出河南省林州，流入卫河。

骐（騏） qí ㄑㄧˊ 有青黑色纹理的马。

琪 qí ㄑㄧˊ ❶一种玉。❷珍异：～花瑶草。

棋（*棊、*碁） qí ㄑㄧˊ 文娱用品名，有象棋、围棋等。

祺 qí ㄑㄧˊ 吉祥，福气。

綦 qí ㄑㄧˊ ❶青黑色：～巾。❷极：～难｜言之～详。

蜞 qí ㄑㄧˊ 见 379 页“蟛”字条“蟛蜞”（péng－）。

旗（❶△*旂） qí ㄑㄧˊ ❶（－子、－儿）用布、纸、绸子或其他材料做成的标志，多半是长方形或方形：国～｜校～。❷清代满族的军队编制和户口编制，共分八旗。后又建立蒙古八旗、汉军八旗。㉁属于八旗的，特指属于满族的：～人｜～袍｜～装。❸内蒙古自治区的行政区划单位，相当于县。

鲯（鯕） qí ㄑㄧˊ ［鲯鳅］鱼名，体长而侧扁，头大，眼小，黑褐色，生活在海洋里。

璂 qí ㄑㄧˊ 古代弁（帽子）上的玉饰。

麒 qí ㄑㄧˊ ［麒麟］见 308 页“麟”。

奇 qí ㄑㄧˊ ❶特殊的，稀罕，不常见的：～事｜～闻｜～冷｜～丑。㉁出人意料的，令人不测的：～兵｜～计｜～袭｜出～制胜。❷惊异，引以为奇:世人~之。❸姓。

另见 213 页 jī。

埼(**碕) qí ㄑㄧˊ 弯曲的岸。

蓍 qí ㄑㄧˊ [蓍莱主山]山名,在台湾省。

崎 qí ㄑㄧˊ [崎岖](—qū)形容山路不平。

骑(騎) qí ㄑㄧˊ ❶跨坐在牲畜或其他东西上:~马|~自行车。㊀兼跨两边:~缝盖章。❷(旧读 jì)骑兵,也泛指骑马的人:车~|轻~|铁~。❸(旧读 jì)骑的马:坐~。

琦 qí ㄑㄧˊ 美玉。㊐珍奇。

锜(錡) qí ㄑㄧˊ ❶古代一种带三足的锅。❷古代的一种凿子。

Q

俟 qí ㄑㄧˊ [万俟](mò—)复姓。

另见 469 页 sì。

耆 qí ㄑㄧˊ 年老,六十岁以上的人:~年。

愭 qí ㄑㄧˊ ❶恭顺。❷畏惧。

鳍(鰭) qí ㄑㄧˊ 鱼类和其他水生脊椎动物的运动器官,由薄膜、柔软分节的鳍条和坚硬不分节的鳍棘组成。

鬐 qí ㄑㄧˊ 马脖子上部的长毛。又叫马鬃、马鬣。

畦 qí ㄑㄧˊ 田园中分成的小区:种一~菜。

乞 qǐ ㄑㄧˇ 乞求,向人讨、要、求:~怜|~恕|~食|行~。

芑 qǐ ㄑㄧˇ 古书上说的一种植物。

屺 qǐ ㄑㄧˇ 没有草木的山。

岂(豈) qǐ ㄑㄧˇ 副词,表示反诘。1. 哪里,怎么:~敢!|~有此理? 2. 难道:~非怪事?

〈古〉又同"恺"(kǎi)、"凯"(kǎi)。

玘 qǐ ㄑㄧˇ 古代佩带的玉。

杞 qǐ ㄑㄧˇ ❶植物名。1. 即枸(gǒu)杞。2. 杞柳,落叶灌木,生长在水边,叶长椭圆形,枝条可编箱、笼、筐、篮等器物。❷周代诸侯国名,在今河南省杞县:~人忧天(指不必要的忧虑)。

起 qǐ ㄑㄧˇ ❶由躺而坐或由坐而立等:~床|~立。㊀离开原来的位置。1. 移开,搬开:~身|~运。2. 拔出,取

出：～钉子｜～货。[起居]日常生活：～有恒。❷由下向上升，由小往大里涨：一～一落｜～劲｜面～了。[起色]好转的形势，转机：病有～。❸长出：～燎泡｜～痱子。❹开始：～笔｜～点｜从今天～。[起码]最低限度，最低的：～要十天才能完工。❺发生，发动：～疑｜～意｜～火｜～风｜～兵。[起义]发动武装革命，也指脱离反革命集团投入革命阵营。❻拟定：～草。❼建造，建立：～房子｜白手～家。❽〈方〉介词，从：～南到北｜～这里剪开。❾量词。1. 批，群：一～人走了，又来一～。2. 件，宗：三～案件｜两～事故。❿在动词后，表示动作的趋向、关涉等：抱～｜拿～｜扛～大旗｜提～精神｜引～大家注意｜想不～什么地方见过他。⓫在动词后，跟"来"连用，表示动作开始：大声念～来｜唱～歌来。⓬在动词后，常跟"不"、"得"连用。1. 表示力量够得上或够不上：买不～｜经得～考验。2. 表示够不够格，达到没达到某种标准：看不～｜瞧得～。

企 qǐ ㄑㄧˇ ❶踮着脚跟：～踵｜～足而待。❷希望，盼望：～望｜～盼。[企图]图谋，打算（多含贬义）：～逃跑｜政治～。

[企业]从事生产、运输、贸易等经济活动的部门，如工厂、矿山、铁路、贸易公司等。

杏 qǐ ㄑㄧˇ 〈古〉明星。

另见 338 页 mèn。

启（啓、*啟、*唘） qǐ ㄑㄧˇ ❶打开：～封｜～门。㊀开导：～蒙（méng）｜～发｜～示。❷开始：～用。❸陈述：敬～者。[启事]向群众说明事情的文字，现在多登在报纸上：寻人～｜征婚～。❹书信：书～｜小～。

棨 qǐ ㄑㄧˇ ❶古时用木头做的一种通行证：～信。❷古代官吏出行时用作前导的一种仪仗，用木头做成，略如戟形。

䏿 qǐ ㄑㄧˇ 〈古〉腓肠肌（小腿肚子）。

跂 qǐ ㄑㄧˇ 踮着脚站着：～望。

另见 394 页 qí。

婍 qǐ ㄑㄧˇ 容貌美丽。

绮（綺） qǐ ㄑㄧˇ ❶有花纹或图案的丝织品：～罗。❷美丽：～丽｜～思。

稽 qǐ ㄑㄧˇ 稽首，古时跪下叩头的礼节。

另见 214 页 jī。

气（氣） qì ㄑㄧˋ ❶没有一定的形状、体积，能自由流动的物体：煤～｜蒸～。特指空气：～压｜给自行车打～。❷（－儿）气息，呼吸：没～儿了｜上～不接下～。❸自然界寒、暖、阴、晴等等现象：天～｜节～。❹（－儿）鼻子闻到的味儿：香～｜臭～｜烟～。❺人的精神状态：勇～｜朝～蓬勃。[气势]（人和事物）表现出的某种力量和态势。❻作风，习气：官～｜俗～｜骄娇二～。❼怒或使人发怒：他生～了｜别～我了。❽欺压：受～。❾中医指能使人体器官正常发挥功能的原动力：～血｜～虚｜元～。❿中医指某种症象：湿～｜脚～｜痰～。

汽 qì ㄑㄧˋ 液体或某些固体变成的气体，特指水蒸气：～船。

讫（訖） qì ㄑㄧˋ ❶完结，终了：收～｜付～｜验～。❷截止：起～。

迄 qì ㄑㄧˋ ❶到：～今未至。❷始终：～未成功。

汔 qì ㄑㄧˋ 庶几，差不多。

弃（*棄） qì ㄑㄧˋ 舍（shě）去，扔掉：抛～｜丢～｜遗～｜～权｜前功尽～。

妻 qì ㄑㄧˋ 〈古〉以女嫁人。另见 392 页 qī。

炁 qì ㄑㄧˋ 同“气”。[坎炁]（kǎn－）中药上指干燥的脐带。

泣 qì ㄑㄧˋ ❶无声或小声哭：抽～｜啜（chuò）～｜～不成声。❷眼泪：～下如雨。

亟 qì ㄑㄧˋ 屡次：～来问讯。另见 215 页 jí。

契（契）** qì ㄑㄧˋ ❶用刀雕刻。❷刻的文字：书～。❸契约，证明买卖、抵押、租赁等关系的合同、文书、字据：地～｜房～｜卖身～。❹相合，情意相投：默～｜相～｜～友。

[契丹]我国古代东北地区的一个民族，曾建立辽国。

另见 548 页 xiè。

碶 qì ㄑㄧˋ 用石头砌的水闸。

砌 qì ㄑㄧˋ 建筑时垒砖石，用泥灰黏合：～墙｜～炕。

湆 qì ㄑㄧˋ 古水名，在今甘肃省。

葺 qì ㄑㄧˋ 用茅草覆盖房子：修～（修补）房屋。

碛（磧） qì ㄑㄧˋ 浅水中的沙石。[沙碛]沙漠。

槭 qì ㄑㄧˋ 落叶小乔木，叶掌状分裂，秋季变成红色或黄色。种类很多。

磜 qì ㄑㄧˋ 用于地名：黄～（在广东省新丰）。

器（**噐） qì ㄑㄧˋ ❶用具的总称：武～｜容～。［器官］生物体中具有某种独立生理机能的部分，如耳、眼、花、叶等：消化～｜生殖～。❷人的度量、才干：～量｜成～。❸器重，看重，看得起。

憩（*憇） qì ㄑㄧˋ 休息（㊀休一）：小～。

QIA ㄑㄧㄚ

掐 qiā ㄑㄧㄚ ❶用手指用力捏，用指甲按或截断：～掉豆芽菜的根。㊀割断，截去：～电线。❷用手的虎口及手指紧紧握住：一把～住。❸（一子、一儿）量词，拇指和食指或中指相对握着的数量：一小～儿韭菜｜一～子青菜。

袷 qiā ㄑㄧㄚ ［袷袢］（一pàn）（维）维吾尔、塔吉克等民族所穿的对襟长袍。

另见 223 页 jiá“夹”。

葜 qiā ㄑㄧㄚ 见 8 页“菝”字条“菝葜”（bá一）。

拤 qiá ㄑㄧㄚˊ 用两手掐住。

卡 qiǎ ㄑㄧㄚˇ ❶（一子）在交通要道设置的检查或收税的地方：关～。❷（一子）夹东西的器具：头发～子。❸夹在中间，堵塞：鱼刺～在嗓子里｜纸～在打印机里拿不出来了。

另见 262 页 kǎ。

洽 qià ㄑㄧㄚˋ ❶跟人联系，商量（事情）：接～｜～谈｜商～。❷谐和：融～。

恰 qià ㄑㄧㄚˋ ❶正巧，刚刚：～巧｜～到好处｜～如其分（fèn）｜～好。❷合适，适当：～当。

髂 qià ㄑㄧㄚˋ ［髂骨］腰部下面腹部两侧的骨，下缘与耻骨、坐骨联成髋（kuān）骨。（图见 165 页“人体骨骼”）

QIAN ㄑㄧㄢ

千（❷韆） qiān ㄑㄧㄢ ❶数目，十个一百。㊀表示极多，常跟“万”、“百”连用：～言万语｜～军万马｜～锤百炼。［千万］副词，务必：～不要铺张浪费。❷见 414 页“秋”字条“秋千”。❸法定计量单位中十进倍数单位词

Q

头之一，表示 10^3，符号 k。

仟 qiān ㄑㄧㄢ “千”字的大写。

阡 qiān ㄑㄧㄢ ❶田间的小路(㊀一陌 mò)。❷通往坟墓的道路。

圩 qiān ㄑㄧㄢ 用于地名：清～|平～(都在安徽省青阳)。

扦 qiān ㄑㄧㄢ ❶(一子、一儿)用金属或竹、木制成的像针的东西。❷插，插进去：～花|用针～住。

芊 qiān ㄑㄧㄢ 草木茂盛(叠)：郁郁～～。[芊绵][芊眠]草木茂密繁盛。

迁(遷) qiān ㄑㄧㄢ ❶机关、住所等另换地点(㊀一移)：～都(dū)|～居。[迁就]不坚持自己的意见，凑合别人：不能～|～应该是有原则的。[迁延]拖延：已经～了一个多月了。❷变动，改变(㊀变一)：事过境～。

Q

杄 qiān ㄑㄧㄢ ❶青杄、白杄等的统称，常绿乔木，木材可供建筑用。❷用于地名：～树底(在河北省涞源)|～木沟(在山西省宁武)。

瓩 qiānwǎ ㄑㄧㄢㄨㄚˇ 现写作“千瓦”，功率单位，1 瓩等于1 000瓦。

钎(釬) qiān ㄑㄧㄢ (一子)一头尖的长钢棍，多用来在岩石上打洞：打～|扶～|钢～。

岍 qiān ㄑㄧㄢ 岍山，山名，在陕西省宝鸡。今作“千山”。

汧 qiān ㄑㄧㄢ [汧阳]地名，在陕西省。今作“千阳”。

佥(僉) qiān ㄑㄧㄢ 〈古〉全，都。

签(簽、❸-❻籤) qiān ㄑㄧㄢ ❶亲自写上姓名或画上符号：～名|请你～个字。❷简要地写出(意见)：～注。❸(一子、一儿)用竹木等物做成的细棍或片状物：牙～儿|竹～儿。❹(一儿)书册里做标志的纸片或其他物件上做标志的东西：书～|标～|浮～。❺粗粗地缝合：～上花边。❻旧时用于占卜或赌博的细长竹片或细棍。

牵(牽) qiān ㄑㄧㄢ ❶拉，引领向前：～着一头牛|～牲口|手～着手。❷连带，带累(㊀一连)：～扯|～涉|～累|～制。[牵强](一qiǎng)勉强把两件无关或关系很远的事物拉在一起：这话太～|～附会。❸缠连，挂念：

～挂｜～记｜意惹情～。

铅（鉛） qiān ㄑㄧㄢ ❶金属元素，符号Pb，银灰色，质软，熔点低，有毒。可用来制合金、蓄电池等。❷石墨制的铅笔芯：～笔。

另见571页yán。

悭（慳） qiān ㄑㄧㄢ 吝啬（㊣—吝）。

谦（謙） qiān ㄑㄧㄢ 虚心，不自高自大：～虚｜～让｜满招损，～受益。

磏 qiān ㄑㄧㄢ 用于地名：大～（在贵州省遵义）。

另见300页lián。

愆（*諐） qiān ㄑㄧㄢ ❶罪过，过失：～尤｜罪～。❷错过，耽误：～期。

鹐（鵮） qiān ㄑㄧㄢ 尖嘴的家禽或鸟啄东西：鸡～麦穗｜乌鸦把瓜～了。

骞（騫） qiān ㄑㄧㄢ 高举。多用于人名，如西汉有张骞。

搴 qiān ㄑㄧㄢ ❶拔取：斩将～旗。❷同"褰"。

褰 qiān ㄑㄧㄢ 把衣服提起来：～裳。

荨（蕁、**藜） qián ㄑㄧㄢˊ［荨麻］草本植物，茎叶生细毛，皮肤接触时会引起刺痛。茎皮纤维可做纺织原料。

另见564页xún。

钤（鈐） qián ㄑㄧㄢˊ ❶印章。［钤记］旧时印的一种。❷盖印章：～印｜～章。

黔 qián ㄑㄧㄢˊ ❶黑色：～首（古代称老百姓）。❷贵州省的别称。

前 qián ㄑㄧㄢˊ ❶跟"后"相对。1.指空间，人脸所向的一面，在正面的：～面｜向～走｜天安门～｜楼～｜床～。2.指时间，往日的，过去的：～天｜史无～例。3.指次序，靠头里的：～五名。❷向前行进：勇往直～｜畏缩不～。❸未来的（用于展望）：～景｜向～看。

虔 qián ㄑㄧㄢˊ 恭敬：～诚｜～心。

钱（錢） qián ㄑㄧㄢˊ ❶货币：铜～。㊀费用：车～｜饭～。❷圆形像钱的东西：纸～｜榆～儿。❸财物：有～有势。❹市制重量单位，1两的十分之一，合5克。

钳（鉗、**箝、❶**拑） qián ㄑㄧㄢˊ ❶用东西夹住。［钳制］用强力限制。❷（—

子)夹东西的用具:火～|老虎～。

掮 qián ㄑㄧㄢˊ 用肩扛(káng)东西。[掮客]〈方〉指替买卖货物的双方介绍交易,从中取得佣钱的人。

乾 qián ㄑㄧㄢˊ ❶八卦之一,符号是☰,代表天。❷乾县,在陕西省。

另见146页gān"干"。

墘 qián ㄑㄧㄢˊ 用于地名:车路～(在台湾省)|田～(在广东省汕尾)。

靬 qián ㄑㄧㄢˊ 骊靬(lí—),古代县名,在今甘肃省永昌。

犍 qián ㄑㄧㄢˊ [犍为](—wéi)地名,在四川省。

另见227页jiān。

潜(*濳) qián ㄑㄧㄢˊ ❶隐在水面下活动:～水艇|鱼～鸟飞。❷隐藏,隐蔽:～伏|～藏|～力|～移默化。[潜心]十分专心而深入:～研究。❸秘密地,不声张:～行|～逃。

肷(**膁) qiǎn ㄑㄧㄢˇ 身体两旁肋骨和胯骨之间的部分(多指兽类的):～窝。

浅(淺) qiǎn ㄑㄧㄢˇ ❶从表面到底或从外面到里面距离小,跟"深"相对(❸❹同):这条河很～|这个院子太～。❷不久,时间短:年代～|相处的日子还～。❸程度不深:～见|阅历～|交情～|这篇文章很～|～近。❹颜色淡:～红|～绿。

另见225页jiān。

遣 qiǎn ㄑㄧㄢˇ ❶派,差(chāi),打发(㊀派—、差—):特～|～送。❷排解,发泄:～闷(mèn)|消～。

谴(譴) qiǎn ㄑㄧㄢˇ 责备(㊀—责)。

缱(繾) qiǎn ㄑㄧㄢˇ [缱绻](—quǎn)情意缠绵,感情好得离不开。

嗛 qiǎn ㄑㄧㄢˇ 颊囊,猴子等嘴里两腮上暂时贮存食物的地方。

〈古〉又同"谦"(qiān)、"歉"(qiàn)。

欠 qiàn ㄑㄧㄢˋ ❶借别人的财物还(hái)没归还(huán):～债|我～他十块钱。❷缺乏,不够(㊀—缺):文章～通|身体～安。❸身体稍稍向上移动:～身|～脚。❹哈欠(qian),疲倦时张口出气:～伸|打哈～。

芡 qiàn ㄑㄧㄢˋ ❶草本植物,又叫鸡头,生长在水中,

茎叶都有刺，花紫色。果实叫芡实。种仁可以吃，也可制淀粉。❷烹饪时用淀粉调成的浓汁：勾～|汤里加点儿～。

嵌 qiàn ㄑㄧㄢˋ 把东西卡在空隙里：镶～|～入|匣子上～着象牙雕的花。

伣（俔） qiàn ㄑㄧㄢˋ ❶譬如，如同。❷古代船上用来观测风向的羽毛。

纤（縴） qiàn ㄑㄧㄢˋ 拉船的绳。[纤手]给人介绍买卖并从中取利的人。[拉纤]1.拉着纤绳使船前进。2.给人介绍买卖以从中取利。

另见535页xiān。

茜 qiàn ㄑㄧㄢˋ ❶茜草，草本植物，茎有刺毛，秋天开花，黄色。根红色，可做染料，也可入药。❷红色。

另见527页xī。

倩 qiàn ㄑㄧㄢˋ ❶美好：～影。❷请人代做：～人代笔。

绮（綪） qiàn ㄑㄧㄢˋ 青赤色丝织品。

蒨 qiàn ㄑㄧㄢˋ ❶同"茜"（qiàn）。多用于人名。❷姓。

堑（塹） qiàn ㄑㄧㄢˋ 防御用的壕沟：天～（天然的壕沟，指险要）。喻挫折：吃一～，长一智。

椠（槧） qiàn ㄑㄧㄢˋ ❶古代写字用的木板。❷古书的雕版，版本：古～|宋～。

慊 qiàn ㄑㄧㄢˋ 不满，怨恨。

另见409页qiè。

歉 qiàn ㄑㄧㄢˋ ❶觉得对不住人：抱～|道～|深致～意。❷收成不好：～收|～年。

QIANG ㄑㄧㄤ

抢（搶） qiāng ㄑㄧㄤ 同"戗（qiāng）❶"。

另见405页qiǎng。

呛（嗆） qiāng ㄑㄧㄤ ❶水或食物进入气管而引起不适或咳嗽：喝水～着了|吃饭吃～了。❷〈方〉咳嗽。

另见405页qiàng。

玱（瑲） qiāng ㄑㄧㄤ 玉相击声。

枪（槍、*鎗） qiāng ㄑㄧㄤ ❶刺击用的长矛：长～|红缨～。❷发射子弹的武器：手～|机关～。❸形状或性能像枪的器具：焊～|水～。

戗（戧） qiāng ㄑㄧㄤ ❶逆，反方向：～风|～水。❷（言语）冲突：说～了。

另见 405 页 qiàng。

羌(*羌、*羗) qiāng ㄑㄧㄤ 我国古代西部的民族。

[羌族]我国少数民族,参看附表。

蜣 qiāng ㄑㄧㄤ [蜣螂](—láng)昆虫,俗叫屎壳郎(shǐkelàng),全身黑色,有光泽,会飞,吃粪尿或动物的尸体。

戕 qiāng ㄑㄧㄤ 杀害:自～。[戕贼]摧残,伤害:～身体。

斨 qiāng ㄑㄧㄤ 古代一种斧子。

腔 qiāng ㄑㄧㄤ ❶(一子)动物身体中空的部分:胸～|口～。㉁器物中空的部分:炉～|锅台～子。❷(一儿)说话的语调,乐曲的调子:开～(说话)|南～北调|离～走板|梆子～。[京腔]北京语音:一口～。

锖(錆) qiāng ㄑㄧㄤ [锖色]某些矿物表面因氧化作用而形成的薄膜所呈现的色彩,常跟矿物固有的颜色不同。

锵(鏘) qiāng ㄑㄧㄤ 形容金属或玉石的撞击声(叠):锣声～～。

跄(蹌) qiāng ㄑㄧㄤ [跄跄]形容行走合乎礼节。

另见 405 页 qiàng。

镪(鏹) qiāng ㄑㄧㄤ [镪水]强酸的俗称:硝～。

另见 405 页 qiǎng。

强(*強、*彊) qiáng ㄑㄧㄤˊ ❶健壮,有力,跟"弱"相对(㊀一壮、一健):～大|身～力壮。㉁有余:四分之一～。[强调]特别重视,用坚决的口气提出。[强梁]强横不讲理。❷程度高:责任心很～。❸好:要～|他写的字比你的～。❹使用强力:～制|～占|～索财物。❺使强大或强壮:～身之道|富国～兵。❻姓。

另见 233 页 jiàng;405 页 qiǎng。

蔃 qiáng ㄑㄧㄤˊ 用于地名:黄～(在广东省阳春)。

墙(墻、*牆) qiáng ㄑㄧㄤˊ 用砖、石等砌成承架房顶或隔开内外的建筑物(㊀一壁):砖～|城～|院～。

蔷(薔) qiáng ㄑㄧㄤˊ [蔷薇](—wēi)落叶或常绿灌木,茎上多刺,花有红、黄、白等颜色。可制香料,也可入药。

嫱（嬙）qiáng ㄑㄧㄤˊ 古时宫廷里的女官名：妃～。

樯（檣、*艢）qiáng ㄑㄧㄤˊ 帆船上挂风帆的桅杆。

抢（搶）qiǎng ㄑㄧㄤˇ ❶夺，硬拿（㊥—夺）：～球｜～劫｜他把我的相片～去了。❷赶在前头，争先：～着把活儿做了｜～修河堤。❸刮，擦（去掉表面的一层）：磨剪子～菜刀｜摔了一跤，把膝盖上的皮～去一块。

另见 403 页 qiāng。

羟（羥）qiǎng ㄑㄧㄤˇ 羟基，又叫氢氧基，有机化合物中含有氢和氧的基。

强（*強、*彊）qiǎng ㄑㄧㄤˇ ❶硬要，迫使：～迫｜～词夺理｜～人所难。❷勉强：牵～｜～颜欢笑。

另见 233 页 jiàng；404 页 qiáng。

镪（鏹）qiǎng ㄑㄧㄤˇ 〈古〉指成串的钱。［白镪］银子。

另见 404 页 qiāng。

襁（*繈）qiǎng ㄑㄧㄤˇ ［襁褓］（—bǎo）包婴儿的被、毯等：在～中。

呛（嗆）qiàng ㄑㄧㄤˋ 有刺激性的气体使鼻子、嗓子等器官感到不舒服：烟～嗓子｜辣椒味～得难受。［够呛］形容十分厉害，很难支持：这一阵子忙得真～｜他病得～。也作"够戗"。

另见 403 页 qiāng。

戗（戧）qiàng ㄑㄧㄤˋ 支持，支撑：墙要倒，拿杠子～住。［够戗］同"够呛"。

另见 403 页 qiāng。

炝（熗）qiàng ㄑㄧㄤˋ 烹饪方法。1.油锅热后，放主菜前先放入葱等急炒一下，使有香味：～锅。2.把原料放在沸水中焯（chāo）一下，取出后再用香油等调料拌：～豆芽。

跄（蹌）qiàng ㄑㄧㄤˋ 见 303 页"踉"字条"踉跄"（liàng—）。

跷（蹡）qiàng ㄑㄧㄤˋ ［踉蹡］（liàng—）同"踉跄"。

另见 404 页 qiāng。

QIAO ㄑㄧㄠ

悄 qiāo ㄑㄧㄠ ［悄悄］没有声音或声音很低：静～｜部

队～地出动。

另见 407 页 qiǎo。

硗（磽） qiāo ㄑㄧㄠ 地坚硬不肥沃（㊀—薄、—瘠、—确）：地有肥～。

跷（蹺、*蹻） qiāo ㄑㄧㄠ ❶脚向上抬：～脚｜～腿。❷竖起（指头）：～起大拇指称赞。

[跷蹊]（—qi）见 393 页“蹊”字条“蹊跷”（qīqiāo）。

“蹻”另见 258 页 juē“屩”。

雀 qiāo ㄑㄧㄠ 雀子，雀（què）斑。

另见 407 页 qiǎo；421 页 què。

锹（鍬、*鍫） qiāo ㄑㄧㄠ 挖土或铲其他东西的器具：铁～。

劁 qiāo ㄑㄧㄠ 骟（shàn），割去牲畜的睾丸或卵巢：～猪｜～羊。

敲 qiāo ㄑㄧㄠ ❶打，击：～锣｜～边鼓（喻从旁帮人说话）。❷敲竹杠，讹诈财物或抬高价格：～诈｜被人～了一笔。

橇 qiāo ㄑㄧㄠ ❶古代在泥路上行走所乘的用具。❷雪橇，在冰雪上滑行的工具。

缲（繰、**幧） qiāo ㄑㄧㄠ 做衣服边儿或带子时藏着针脚的缝法：～一根带子｜～边。

另见 434 页 sāo。

乔（喬） qiáo ㄑㄧㄠ ❶高。[乔木]树干和树枝有明显区别的大树，如松、柏、杨、柳等。[乔迁]称人迁居的客气话。❷作假，装。[乔装][乔妆]改变服装面貌，掩蔽身份：～打扮。

侨（僑） qiáo ㄑㄧㄠ ❶寄居在国外（从前也指寄居在外乡）：～居。❷寄居在祖国以外的人：华～。

荞（蕎、△*荍） qiáo ㄑㄧㄠ 荞麦，谷类作物，茎紫红色，叶三角形，花白色。籽实黑色，磨成粉供食用。

峤（嶠） qiáo ㄑㄧㄠ 山尖而高。

另见 236 页 jiào。

桥（橋） qiáo ㄑㄧㄠ 架在水上（或空中）便于通行的建筑物：拱～｜天～｜独木～｜立交～｜长江大～。

硚（礄） qiáo ㄑㄧㄠ [硚口]地名，在湖北省武汉。

鞒（鞽） qiáo ㄑㄧㄠ 马鞍拱起的地方：鞍～。

荍 qiáo ㄑㄧㄠ ❶草本植物，即锦葵，叶掌状，花紫色或白色，可供观赏。❷见 406 页“荞”。

翘（翹） qiáo ㄑㄧㄠˊ ❶举起，抬起，向上：～首｜～望。❷翘棱（leng），板状物体因由湿变干而弯曲不平：桌面～棱了。

另见 407 页 qiào。

谯（譙） qiáo ㄑㄧㄠˊ 谯楼，古代城门上建筑的瞭望楼。

憔（*顦） qiáo ㄑㄧㄠˊ ［憔悴］（－cuì）黄瘦，脸色不好：面容～。

樵 qiáo ㄑㄧㄠˊ ❶〈方〉柴：砍～。❷打柴：～夫。

瞧 qiáo ㄑㄧㄠˊ 看：～见｜～得起｜～不起。

巧 qiǎo ㄑㄧㄠˇ ❶技巧，技术。❷灵巧，灵敏，手的技能好：心灵手～｜他很～。❸虚浮不实（指话）：花言～语｜～取豪夺。❹恰好，正遇在某种机会上：～合｜～遇｜凑～｜碰～｜赶～。

悄 qiǎo ㄑㄧㄠˇ ❶忧愁（叠）：忧心～～。❷寂静无声或声音很低：～然无声｜低声～语。

另见 405 页 qiāo。

雀 qiǎo ㄑㄧㄠˇ 义同“雀”（què），用于“家雀儿”等口语词。

另见 406 页 qiāo；421 页 què。

愀 qiǎo ㄑㄧㄠˇ 脸色改变：～然作色。

壳（殼） qiào ㄑㄧㄠˋ 坚硬的外皮：甲～｜地～。

另见 268 页 ké。

俏 qiào ㄑㄧㄠˋ ❶漂亮，相貌美好：俊～。❷货物的销路好：～货｜走～｜紧～。❸〈方〉烹饪方法，做菜时为增加滋味、色泽，加上少量的青蒜、香菜、木耳之类。

诮（誚） qiào ㄑㄧㄠˋ 责备，讥讽：～责｜讥～。

峭（*陗） qiào ㄑㄧㄠˋ 山又高又陡（连陡－）：～壁。喻严峻：～直（严峻刚直）。

鞘 qiào ㄑㄧㄠˋ 装刀、剑的套子：刀～。

另见 443 页 shāo。

窍（竅） qiào ㄑㄧㄠˋ ❶窟窿，孔洞：七～（耳、目、口、鼻）｜一～不通（喻一点儿也不懂）。❷（－儿）事情的关键：诀～儿｜～门儿｜开～儿。

翘（翹、**蹺） qiào ㄑㄧㄠˋ 一头向上

仰起：板凳～起来了。[翘尾巴]㊗傲慢或自鸣得意。

另见 407 页 qiáo。

撬 qiào ㄑㄧㄠˋ 用棍、棒等拨、挑(tiǎo)东西：把门～开。

QIE ㄑㄧㄝ

切 qiē ㄑㄧㄝ ❶用刀从上往下割：～成片｜把瓜～开。[切磋](－cuō)㊗在业务、思想等方面互相研究讨论，取长补短。❷几何学上指直线与弧线或两个弧线相接于一点：～线｜～点｜两圆相～。

另见 408 页 qiè。

伽 qié ㄑㄧㄝˊ [伽蓝]梵语音译"僧伽蓝摩"的省称，指僧众所住的园林，后指佛寺。

另见 144 页 gā；221 页 jiā。

茄 qié ㄑㄧㄝˊ (－子)草本植物，花紫色。果实也叫茄子，紫色，也有白色或绿色的，可用作蔬菜。

另见 221 页 jiā。

且 qiě ㄑㄧㄝˇ ❶连词，表示并列或进一层：既高～大。❷连词，尚且，表示让步：死～不怕，还怕困难吗？❸副词，表示暂时：～慢｜～住。❹文言副词，将要：年～九十。❺且……且……，表示两个动作同时进行：～走～说｜～行～想。❻副词，且……呢，表示经久：这双鞋～穿呢。❼姓。

另见 252 页 jū。

切 qiè ㄑㄧㄝˋ ❶密合，贴近：～身利害｜不～实际。[切齿]咬牙表示痛恨。❷紧急：急～｜迫～｜回国心～。❸切实，实在，着实：～记｜～忌｜恳～。❹旧时汉语标音的一种方法，取上一字的声母与下一字的韵母和声调，拼成一个音，又叫反切，如"同"字是徒红切。

另见 408 页 qiē。

窃(竊) qiè ㄑㄧㄝˋ ❶偷盗：～案｜行～。㊗用不合法不合理的手段取得：～位｜～国。❷私自，暗中：～听｜～笑。旧时用作谦辞：～谓｜～以为。

郄 qiè ㄑㄧㄝˋ 姓。

〈古〉又同"郤"(xì)。

妾 qiè ㄑㄧㄝˋ ❶旧时男子在正妻以外娶的女子：纳～。❷谦辞，旧时女人自称。

怯 qiè ㄑㄧㄝˋ ❶胆小，没勇气(㊀－懦)：胆～｜～场。❷〈方〉俗气，见识不广，不合时宜：露～｜衣服的颜色有点儿～。

朅 qiè ㄑㄧㄝˋ ❶离去。❷勇武。

挈 qiè ㄑㄧㄝˋ ❶用手提着：提纲～领（喻简明扼要地把问题提示出来）。❷带，领：～眷。

锲（鍥） qiè ㄑㄧㄝˋ 用刀子刻：镂金～玉｜～而不舍（喻做事坚持不懈，有恒心，有毅力）。

惬（愜、*慊） qiè ㄑㄧㄝˋ 满足，畅快：～意｜～心。［惬当］（-dàng）恰当。

箧（篋） qiè ㄑㄧㄝˋ 箱子一类的东西：箱～｜书～。

趄 qiè ㄑㄧㄝˋ 倾斜：～着身子。

另见 252 页 jū。

慊 qiè ㄑㄧㄝˋ 满足，满意：不～（不满）。

另见 403 页 qiàn。

QIN ㄑㄧㄣ

钦（欽） qīn ㄑㄧㄣ ❶恭敬：～佩｜～仰。❷封建时代指有关皇帝的：～定｜～赐｜～差（chāi）大臣。

嵚（嶔） qīn ㄑㄧㄣ ［嵚崟］（-yín）山高的样子。

侵 qīn ㄑㄧㄣ ❶侵犯，夺取别人的权利：～略｜～害｜～吞。❷渐近：～晨。

骎（駸） qīn ㄑㄧㄣ ［骎骎］马跑得很快的样子。㉑渐行渐进的样子：～日上。

亲（親） qīn ㄑㄧㄣ ❶有血统或夫妻关系的：～人｜～兄弟。特指父母：双～｜养～。❷婚姻：定～｜～事。❸特指新妇：娶～。❹亲戚，因婚姻联成的亲属关系：姑表～。❺本身，自己的：～笔信｜～眼见的｜～手做的。❻感情好，关系密切：～密｜兄弟相～。❼用嘴唇接触，表示喜爱：他～了～孩子的小脸蛋。

另见 413 页 qìng。

衾 qīn ㄑㄧㄣ 被子：～枕。

芹 qín ㄑㄧㄣˊ 芹菜，草本植物，羽状复叶，叶柄肥大，茎、叶可用作蔬菜。

芩 qín ㄑㄧㄣˊ 植物名。1.古书上指芦苇一类的植物。2.黄芩，草本植物，花淡紫色，根黄色，可入药。

矜（**殣） qín ㄑㄧㄣˊ 〈古〉矛、戟的柄。

另见 169 页 guān;242 页 jīn。

梣 qín ㄑㄧㄣˊ （又）见 56 页 chén。

琴（*栞） qín ㄑㄧㄣˊ ❶古琴，一种弦乐器，用梧桐等木料做成，有五根弦，后来增加为七根。❷某些乐器的统称，如风琴、钢琴、胡琴等。

秦 qín ㄑㄧㄣˊ ❶周代诸侯国名，在今陕西省和甘肃省一带。❷朝代名，秦始皇嬴政所建立（公元前 221—公元前 206 年），建都咸阳（在今陕西省咸阳东）。秦是我国历史上第一个统一的中央集权的封建王朝。❸陕西省的别称。

嗪 qín ㄑㄧㄣˊ 见 372 页“哌”字条“哌嗪”（pài—）。

溱 qín ㄑㄧㄣˊ ［溱潼］（—tóng）地名，在江苏省泰州。

另见 641 页 zhēn。

螓 qín ㄑㄧㄣˊ 一种形体较小的蝉。

覃 qín ㄑㄧㄣˊ 姓。

另见 482 页 tán。

禽 qín ㄑㄧㄣˊ ❶鸟类的总称：家～｜飞～。❷〈古〉鸟兽的总称。❸古同“擒”。

擒 qín ㄑㄧㄣˊ 捕捉：～获｜束手就～｜～贼先～王。

噙 qín ㄑㄧㄣˊ 含在里面：嘴里～了一口水｜眼里～着泪水。

檎 qín ㄑㄧㄣˊ ［林檎］落叶小乔木，即花红，花粉红色，果实像苹果而小，可以吃。

勤（❹*懃、❶△**廑） qín ㄑㄧㄣˊ ❶做事尽力，不偷懒，跟“懒”、“惰”相对：～快｜～劳｜～学苦练。㉈经常，次数多：～洗澡｜夏天雨～｜房子要～打扫。❷按规定时间上班的工作：出～｜缺～｜考～。❸勤务，公家分派的公共事务：内～｜外～。❹见 592 页“殷”字条“殷勤”。

“廑”另见 243 页 jǐn。

懄 qín ㄑㄧㄣˊ 勇敢。

梫 qǐn ㄑㄧㄣˇ 古书上指肉桂。参看 175 页“桂”。

锓（鋟） qǐn ㄑㄧㄣˇ 雕刻：～版。

寝（寢、*寑） qǐn ㄑㄧㄣˇ ❶睡觉：～室｜废～忘食。❷睡觉的地方：就～｜寿终正～。❸停止进行：事～。❹面貌难看：貌～。

吣（**唚、**唚） qìn ㄑㄧㄣˋ

猫狗呕吐。⑩用脏话骂人：满嘴胡～。

沁 qìn ㄑㄧㄣˋ ❶渗入，浸润：香气～人心脾。❷〈方〉纳入水中。❸〈方〉头向下垂：～着头。

揿（撳、*搇） qìn ㄑㄧㄣˋ 〈方〉用手按：～电铃。

QING ㄑㄧㄥ

青 qīng ㄑㄧㄥ ❶颜色。1.绿色：～草。2.蓝色：～天。3.黑色：～布｜～线。❷青草或没有成熟的庄稼：看(kān)～｜踏～｜～黄不接(陈粮已经吃完，新庄稼还没有成熟)。❸青年：共～团｜老中～相结合。

[青史]原指竹简上的记事，后指史书：～留名。

圊 qīng ㄑㄧㄥ 厕所：～土｜～肥。

清 qīng ㄑㄧㄥ ❶纯净透明，没有混杂的东西，跟"浊"相对：～水｜天朗气～。㉑1.单纯地：～唱(不化装的戏曲演唱)。2.安静(㉒—静)：～夜。❷明白，不混乱：分～｜～楚｜说不～。❸一点儿不留，净尽：～除。❹清除不纯成分以纯洁组织：～党。❺查点(清楚)：～仓。❻公正廉明：～官。❼朝代名(公元1616—1911年)，公元1616年女真族首领爱新觉罗·努尔哈赤建立后金，1636年国号改为清，1644年建都北京。

蜻 qīng ㄑㄧㄥ [蜻蜓](—tíng)昆虫，俗叫蚂螂(mālang)，胸部有翅两对，腹部细长，常在水边捕食蚊子等，是益虫。

鲭（鯖） qīng ㄑㄧㄥ 鱼名，身体呈梭形，头尖，口大。种类很多。

轻（輕） qīng ㄑㄧㄥ ❶分量小，跟"重"相对：这块木头很～。❷程度浅：口～(味淡)｜～伤。❸数量少：年纪～｜他的工作很～。❹用力小：物品易碎，注意～放｜手～一点儿。❺认为没价值，不以为重要：～视｜～敌｜人皆～之。❻随便，不庄重：～薄(bó)｜～率(shuài)｜～举妄动。[轻易]随便：不要～下结论。

氢（氫） qīng ㄑㄧㄥ 气体元素，符号H，是已知元素中最轻的，无色、无味、无臭，跟氧化合成水。工业上用途很广。

Q

倾（傾） qīng ㄑㄧㄥ ❶歪，斜（㊀一斜）：身体稍向前～。❷倾向，趋向：左～｜右～。［倾心］一心向往，爱慕。❸倒塌：～颓。［倾轧］（一yà）互相排挤。❹使器物反转或歪斜，倒（dào）出里面的东西：～盆大雨｜～箱倒箧。㊁尽数拿出，毫无保留：～吐（tǔ）。［倾销］一种以低于成本的价格大量抛售商品的不正当竞争手段。

卿 qīng ㄑㄧㄥ ❶古时高级官名：上～｜三公九～。❷古代用作称呼，君称臣，夫称妻或夫妻对称。

勍 qíng ㄑㄧㄥˊ 强：～敌。

黥（**剠） qíng ㄑㄧㄥˊ 古代在犯人脸上刺刻涂墨的刑罚。又叫墨刑。

Q

情 qíng ㄑㄧㄥˊ ❶感情，情绪，外界事物所引起的爱、憎、愉快、不愉快、惧怕等的心理状态：无～｜温～。❷爱情：谈～说爱。❸情面，情分：说～｜求～。❹状况：实～｜真～｜军～｜～况｜～形。［情报］关于各种情况的报告（多带机密性质）。

晴 qíng ㄑㄧㄥˊ 天空中没有云或云量很少，跟"阴"相对：～天｜天～了。

赗（賙） qíng ㄑㄧㄥˊ 承受财产等（㊀一受）。

氰 qíng ㄑㄧㄥˊ 碳与氮的化合物，无色气体，有杏仁味，有剧毒，燃烧时发桃红色火焰。

檠（**檠） qíng ㄑㄧㄥˊ ❶灯架。也指灯。❷矫正弓弩的器具。

擎 qíng ㄑㄧㄥˊ 向上托，举：～天柱｜众～易举。

苘（**檾、**蘔） qǐng ㄑㄧㄥˇ 苘麻，草本植物，茎直立，茎皮纤维可制绳索。

顷（頃） qǐng ㄑㄧㄥˇ ❶市制地积单位，1顷是100亩，约合6.666 7公顷（66 666.7平方米）。❷短时间：有～｜俄～｜～刻。㊁刚才，不久以前：～闻｜～接来信。

〈古〉又同"倾"（qīng）。

庼（廎、**高） qǐng ㄑㄧㄥˇ 小厅堂。

请（請） qǐng ㄑㄧㄥˇ ❶求（㊀一求）：～假｜～示。敬辞（放在动词前面）：～坐｜～教｜～问｜～进来。❷延聘，邀，约人来：～医生｜～

专家做报告。

謦 qǐng ㄑㄧㄥˇ 咳嗽。[謦欬](-kài)指谈笑:亲聆~。

庆(慶) qìng ㄑㄧㄥˋ ❶祝贺(㊣-贺):~功|~祝。❷可祝贺的事:国~|大~。

亲(親) qìng ㄑㄧㄥˋ [亲家]夫妻双方的父母彼此的关系和称呼。

另见 409 页 qīn。

碃 qìng ㄑㄧㄥˋ 用于地名:大金~|西金~(都在山东省海阳)。

箐 qìng ㄑㄧㄥˋ 〈方〉山间的大竹林,泛指树木丛生的山谷。

綮 qìng ㄑㄧㄥˋ 相结合的地方。参看 270 页"肯❷[肯綮]"。

磬 qìng ㄑㄧㄥˋ ❶古代的一种打击乐器,用玉或石做成,悬在架上,形略如曲尺。❷和尚敲的铜铁铸的钵状物。

罄 qìng ㄑㄧㄥˋ 器皿已空,尽,用尽:告~|售~|~竹难书(诉说不完,多指罪恶)。

QIONG ㄑㄩㄥ

邛 qióng ㄑㄩㄥˊ [邛崃](-lái)山名,在四川省。又叫崃山。

筇 qióng ㄑㄩㄥˊ 古书上说的一种竹子,可以做手杖:~杖。

穷(窮) qióng ㄑㄩㄥˊ ❶缺乏财物,跟"富"相对(㊣贫-):~人|他过去很~。❷到尽头,没有出路:理屈辞~|日暮途~。❸达到极点:~凶极恶。❹推究到极限:~物之理|~原竟委。

䓖(藭) qióng ㄑㄩㄥˊ 见 554 页"芎"字条"芎䓖"(xiōng-)。

茕(煢、**惸) qióng ㄑㄩㄥˊ ❶没有弟兄,孤独。❷忧愁。

穹 qióng ㄑㄩㄥˊ 高起成拱形的,隆起:~苍(苍天)。

琼(瓊) qióng ㄑㄩㄥˊ ❶美玉。㊀美好,精美:~浆(美酒)|~楼玉宇(华丽的建筑)。❷海南省的别称。

蛩 qióng ㄑㄩㄥˊ 〈古〉❶蟋蟀。❷蝗虫。

跫 qióng ㄑㄩㄥˊ 形容脚踏地的声音:足音~然。

銎 qióng ㄑㄩㄥˊ 斧子上安柄的孔。

QIU ㄑㄧㄡ

丘(❸*坵) qiū ㄑㄧㄡ ❶土山，土堆：土～|沙～|～陵。❷坟墓(㊀一墓)。❸〈方〉量词，用于水田分隔开的块：一～五亩大的稻田。❹用砖石封闭有尸体的棺材，浮厝(cuò)。

邱 qiū ㄑㄧㄡ ❶同"丘❶"。❷姓。古也作"丘"。

蚯 qiū ㄑㄧㄡ [蚯蚓](—yǐn)环节动物，身体圆而长，生活在土壤里，能翻松土壤，对农作物有益。

龟(龜) qiū ㄑㄧㄡ [龟兹](—cí)汉代西域国名，在今新疆维吾尔自治区库车一带。

另见 173 页 guī；260 页 jūn。

秋(❺鞦、❶—❹*烁、❶—❹*穐) qiū ㄑㄧㄡ ❶四季中的第三季。[三秋] 1. 秋收、秋耕、秋播的合称。2. 指三年：一日不见，如隔～。❷庄稼成熟的时期：麦～。❸年：千～万代。❹指某个时期(多指不好的)：多事之～。❺[秋千]运动和游戏用具，架子上系(jì)两根长绳，绳端拴一块板，人在板上前后摆动。

萩 qiū ㄑㄧㄡ 古书上说的一种蒿类植物。

湫 qiū ㄑㄧㄡ 水池：大龙～(瀑布名，在浙江省北雁荡山)。

另见 235 页 jiǎo。

楸 qiū ㄑㄧㄡ 楸树，落叶乔木，树干高，叶大，木质致密，耐湿，可用来造船，也可做器具。

鹙(鶖) qiū ㄑㄧㄡ 秃鹙，古书上说的一种水鸟，头颈上没有毛，性贪暴，好吃蛇。

鳅(鰍) qiū ㄑㄧㄡ 泥鳅，鱼名，身体圆，尾侧扁，口小，有须，皮上有黏液，常钻在泥里。

鳝(鰌) qiū ㄑㄧㄡ 同"鳅"。

鞧(**鞦) qiū ㄑㄧㄡ ❶后鞧，套车时拴在驾辕牲口屁股上的皮带子。❷〈方〉收缩：～着眉头|大辕马～着屁股向后退。

仇 qiú ㄑㄧㄡˊ 姓。

另见 64 页 chóu。

犰 qiú ㄑㄧㄡˊ [犰狳](—yú)哺乳动物，头尾、躯干和四肢有鳞片，腹部有毛，爪锐利，穴居土中，吃杂食。产于南美洲等地。

馗 qiú ㄑㄧㄡˊ 逼迫。

鼽 qiú ㄑㄧㄡˊ 鼻子堵塞不通。

囚 qiú ㄑㄧㄡˊ ❶拘禁(㊣—禁):~犯|~在牢里。❷被拘禁的人:死~|阶下~。

泅 qiú ㄑㄧㄡˊ 游泳。

求 qiú ㄑㄧㄡˊ ❶设法得到:不~名,不~利|~学|~出百分比。❷恳请,乞助:~教(jiào)|~人。❸需要:供~。

俅 qiú ㄑㄧㄡˊ ❶恭顺的样子(叠)。❷俅人,我国少数民族独龙族的旧称。

逑 qiú ㄑㄧㄡˊ 匹配,配偶。

球(❷*毬) qiú ㄑㄧㄡˊ ❶(—儿)圆形的立体物:~体。❷(—儿)指某些球形的体育用品,也指球类运动:足~|乒乓~儿|~赛|~迷。❸指地球,也泛指星体:全~|北半~|星~|月~。

赇(賕) qiú ㄑㄧㄡˊ 贿赂:枉法受~。

铼(銶) qiú ㄑㄧㄡˊ 古代的一种凿子。

裘 qiú ㄑㄧㄡˊ 皮衣:集腋成~(喻积少成多)。

虬(*虯) qiú ㄑㄧㄡˊ ❶虬龙,传说中的一种龙。❷蜷曲的:~须|~髯。

酋 qiú ㄑㄧㄡˊ ❶酋长,部落的首领。❷(盗匪、侵略者的)头子:匪~|敌~。

遒 qiú ㄑㄧㄡˊ 强健,有力(㊣—劲、—健)。

蝤 qiú ㄑㄧㄡˊ [蝤蛴](—qí)天牛的幼虫,身长足短,白色。

另见603页yóu。

巯(巰) qiú ㄑㄧㄡˊ 巯基,有机化合物中含硫和氢的基。

璆 qiú ㄑㄧㄡˊ 美玉。

糗 qiǔ ㄑㄧㄡˇ ❶干粮,炒米粉或炒面。❷〈方〉饭或面食粘(zhān)连成块状或糊状:面条儿~了。

QU ㄑㄩ

区(區) qū ㄑㄩ ❶分别(㊣—别、—分)。❷地域:山~|工业~|开发~|自然保护~。❸行政区划单位,有跟省平级的自治区和比市低一级的市辖区等。

[区区]小,细微:~小事。

另见370页ōu。

坵（**塸**） qū ㄑㄩ 用于地名：邹～（在江苏省常州）。

岖（**嶇**） qū ㄑㄩ 见396页“崎”字条“崎岖”（qí—）。

驱（**驅**、*__敺__、*__駈__） qū ㄑㄩ ❶赶牲口：～马前进。㉄赶走（㊀—逐）：～散｜～除。[驱使]差遣，支使别人为自己奔走。❷快跑（㊀驰—）：并驾齐～｜长～直入。

躯（**軀**） qū ㄑㄩ 身体（㊀身—）：七尺之～｜为国捐～。

曲（❹**麯**、❹△*__麴__） qū ㄑㄩ ❶弯，跟“直”相对（㊀弯—）：～线｜～径通幽｜山间小路～～弯弯。㊊不公正，不合理：～解｜是非～直。❷弯曲的地方：河～。❸偏僻的地方：乡～。❹酿酒或制酱时引起发酵的块状物，用某种霉菌和大麦、大豆、麸皮等制成：酒～。❺姓。

另见418页qǔ。

“麴”另见417页“麹”。

岫 qū ㄑㄩ 用于地名：岞（zuò）～（在河南省内乡）。

蛐 qū ㄑㄩ ［蛐蛐儿］（—qur）〈方〉蟋蟀。

诎（**詘**） qū ㄑㄩ ❶缩短。❷嘴笨。❸屈服，折服。

屈 qū ㄑㄩ ❶使弯曲，跟“伸”相对：～指可数。❷低头，使屈服：宁死不～｜威武不能～。❸委屈：受～。㉄冤枉（㊀冤—）：叫～。

蔰 qū ㄑㄩ 有机化合物，白色或带银灰色晶体，有毒，在紫外线照射下可发荧光。

坥 qū ㄑㄩ 混杂蚯蚓排泄物的土。

岨 qū ㄑㄩ（又）见252页jū。

蛆 qū ㄑㄩ 苍蝇的幼虫，白色，身体柔软，有环节，多生在不洁净的地方。

袪 qū ㄑㄩ 古代放在驴背上驮东西用的木板。

胠 qū ㄑㄩ ❶从旁边撬开：～箧（偷东西）。❷腋下。

祛 qū ㄑㄩ 除去，驱逐：～疑｜～暑｜～痰剂。

袪 qū ㄑㄩ 袖口。

焌 qū ㄑㄩ ❶把燃烧着的东西弄灭。❷用不带火苗的火烧烫。❸烹饪方法，在热锅里加油，油热后先放作料，然后放菜：～锅儿。

另见 261 页 jùn。

黢 qū ㄑㄩ 形容黑：～黑的头发｜屋子里黑～～的，什么也看不见。

趋（趨）qū ㄑㄩ ❶快走：～而迎之。㊀迎合：～奉｜～炎附势。❷情势向着某方面发展、进行：～势｜大势所～｜意见～于一致。

〈古〉又同"促"（cù）。

麹（麴）qū ㄑㄩ 姓。

"麴"另见 416 页"曲"（qū）。

劬 qú ㄑㄩˊ 劳累（㊀—劳）。

朐 qú ㄑㄩˊ ［临朐］地名，在山东省。

鸲（鴝）qú ㄑㄩˊ 鸟名，身体小，尾巴长，嘴短而尖，羽毛美丽。［鸲鹆］（—yù）鸟名，又叫八哥儿，全身黑色，头和背部微呈绿色光泽，能模仿人说话。

鼩 qú ㄑㄩˊ ［鼩鼱］（—jīng）哺乳动物，像老鼠，嘴长而尖，头部和背部棕褐色。多生活在山林中。

渠（❸**佢）qú ㄑㄩˊ ❶水道。特指人工开的河道、水沟：沟～｜水到～成｜挖一条～。❷大：～帅｜～魁。❸〈方〉他：不知～为何人。

蕖 qú ㄑㄩˊ ［芙蕖］（fú—）荷花的别名。

磲 qú ㄑㄩˊ 见 55 页"砗"字条"砗磲"（chē—）。

璩 qú ㄑㄩˊ 〈古〉耳环。

蘧 qú ㄑㄩˊ ❶［蘧麦］草本植物，叶子狭披针形，花淡红色或白色。全草可入药。❷［蘧然］惊喜的样子。❸姓。

籧 qú ㄑㄩˊ ［籧篨］（—chú）古代指用竹子或苇子编的粗席。

瞿 qú ㄑㄩˊ 姓。

灈 qú ㄑㄩˊ 用于地名：～阳（在河南省遂平）。

氍 qú ㄑㄩˊ ［氍毹］（—shū）毛织的地毯。古代演剧多在地毯上，因此又用氍毹代指舞台。

臞 qú ㄑㄩˊ 同"癯"。

癯 qú ㄑㄩˊ 瘦：清～。

衢 qú ㄑㄩˊ 大路，四通八达的道路：通～。

蠼（**蠷）qú ㄑㄩˊ ［蠼螋］（—sōu）

Q

昆虫，身体扁平狭长，黑褐色，腹端有铗状尾须一对，生活在潮湿的地方，危害家蚕等。

曲 qǔ ㄑㄩˇ（一子、一儿）❶歌，能唱的文辞（㊀歌一）：戏～｜小～儿｜唱～儿。❷歌的乐调（yuèdiào）：这支歌是他作的～。❸元代盛行的一种韵文体裁，可以入乐。

另见416页qū。

苣 qǔ ㄑㄩˇ［苣荬菜］（一mai一）草本植物，叶长椭圆披针形，花黄色。茎叶嫩时可以吃。

另见255页jù。

取 qǔ ㄑㄩˇ ❶拿到手里：～书｜到银行～款。❷获得，招致：～暖｜～笑（开玩笑）｜～保就医｜自～灭亡。❸挑选，采用：～材｜～景｜录～｜～个名儿｜～道天津｜听～意见｜吸～经验。［取消］废除，撤销：～参赛资格。

娶 qǔ ㄑㄩˇ 把女子接过来成亲，跟"嫁"相对：～妻。

竘 qǔ ㄑㄩˇ 雄健，雄壮。

龋（齲） qǔ ㄑㄩˇ［龋齿］俗叫虫牙，因口腔里的食物渣滓发酵，产生酸类，侵蚀牙齿的釉质而形成空洞，这样的牙齿叫作龋齿。

去 qù ㄑㄩˋ ❶离开所在的地方到别处，由自己一方到另一方，跟"来"相对：我要～工厂｜马上就～｜给他～封信。❷距离，差别：相～不远。❸已过的。特指刚过去的一年：～年｜～冬今春。❹除掉，减掉：～皮｜～病｜太长了，～一段。❺扮演（戏曲里的角色）：他在《西游记》里～孙悟空。❻在动词后，表示趋向：上～｜进～。❼在动词后，表示持续：信步走～｜让他说～。❽去声，汉语四声之一。普通话去声的调子是下降的，符号作"丶"。

阒（闃） qù ㄑㄩˋ 形容寂静：～无一人。

趣 qù ㄑㄩˋ ❶意向：旨～｜志～。❷趣味，兴味：有～｜～事｜自讨没～（自寻不愉快、没意思）。

〈古〉又同"促"（cù）。

觑（覷、**覰、**覻） qù ㄑㄩˋ 看，窥探：偷～｜面面相～。［小觑］小看，轻视：后生不可～。

QUAN ㄑㄩㄢ

悛 quān ㄑㄩㄢ 悔改：怙（hù）恶不～（坚持作恶，

不肯悔改)。

圈 quān ㄑㄩㄢ ❶(一子、一儿)环形,环形的东西:画一个～儿|铁～。㉄1.周,周遭:跑了一～儿|兜了个大～子。2.范围:这话说得出～儿了。❷画环形:～阅|～个红圈当记号。❸包围:打一道墙把这块地～起来。

另见257页juān;257页juàn。

棬 quān ㄑㄩㄢ 曲木制成的饮器。

鄄 quān ㄑㄩㄢ 用于地名:柳树～(在河北省唐山)|蒙～(在天津市蓟县)。

权(權) quán ㄑㄩㄢˊ ❶权力,权柄,职责范围内支配和指挥的力量:政～|掌～|有～处理这件事。❷权利:选举～|人～|版～。❸势力,有利形势:主动～|制海～。❹变通,不依常规:～变|～且如此。❺衡量,估计:～衡|～其轻重。❻〈古〉秤锤。

全 quán ㄑㄩㄢˊ ❶完备,齐备,完整,不缺少(㊀齐一):百货公司的货很～|这部书不～了。❷整个,遍:～国|～校|～力以赴。[全面]顾到各方面的,不片面:～规划|看问题要～。❸保全,成全,使不受损伤:两～其美。❹副词,都:代表们～来了。

佺 quán ㄑㄩㄢˊ 用于人名。

诠(詮) quán ㄑㄩㄢˊ ❶解释(㊀一释)。❷事物的理:真～。

荃 quán ㄑㄩㄢˊ 古书上说的一种香草。

辁(輇) quán ㄑㄩㄢˊ ❶古代指木制的没有辐条的小车轮。❷小,浅薄:～才。

牷 quán ㄑㄩㄢˊ 古指供祭祀用的毛色纯的牛。

铨(銓) quán ㄑㄩㄢˊ ❶衡量轻重。❷旧时称量才授官,选拔官吏:～选。

痊 quán ㄑㄩㄢˊ 病好了,恢复健康(㊀一愈)。

筌 quán ㄑㄩㄢˊ 捕鱼的竹器:得鱼忘～(喻达到目的后就忘了原来凭借的东西)。

醛 quán ㄑㄩㄢˊ 有机化合物的一类,由醛基和烃基(或氢原子)连接而成。

泉 quán ㄑㄩㄢˊ ❶泉水:清～|甘～。❷水源(㊀源一)。[黄泉][九泉]称人死后所在的地方。❸钱币的古称。

Q

琼 quán ㄑㄩㄢˊ 一种玉。

鳈(鰁) quán ㄑㄩㄢˊ 鱼名,体长十几厘米,深棕色,有斑纹,口小,生活在淡水中。种类较多。

拳 quán ㄑㄩㄢˊ ❶(一头)屈指卷握起来的手:双手握~|赤手空~。❷拳术,一种徒手的武术:打~|太极~。❸肢体弯曲:~腿坐在炕上。[拳拳]形容恳切:情意~。

婘 quán ㄑㄩㄢˊ 美好的样子。

蜷(**踡) quán ㄑㄩㄢˊ 身体弯曲:~缩|身体~作一团。

鬈 quán ㄑㄩㄢˊ ❶头发美好。❷头发卷曲。

Q

颧(顴) quán ㄑㄩㄢˊ 眼睛下面、两腮上面突出的部分。(图见501页"头")

犬 quǎn ㄑㄩㄢˇ 狗:家~|警~|牧羊~。

畎 quǎn ㄑㄩㄢˇ 田地中间的小沟。[畎亩]田间。

绻(綣) quǎn ㄑㄩㄢˇ 见402页"缱"字条"缱绻"(qiǎn—)。

劝(勸) quàn ㄑㄩㄢˋ ❶劝说,讲明事理使人听从:规~|好言相~|~他不要喝酒。❷勉励(㊀—勉):~学|惩恶~善。

券 quàn ㄑㄩㄢˋ ❶票据或用作凭证的纸片:债~|入场~。❷"拱券"的"券"(xuàn)的又音。

另见561页xuàn。

QUE ㄑㄩㄝ

炔 quē ㄑㄩㄝ 炔烃(tīng),有机化合物的一类,分子中含有三键结构。乙炔是重要的工业原料。

缺 quē ㄑㄩㄝ ❶短少,不够(㊀—乏、—少):东西齐全,什么也不~。❷残破(㊀残—):~口|完整无~。[缺点]工作或行为中不完美、不完备的地方。[缺陷]残损或不圆满的地方。❸该到未到:~席|~勤|~考。❹空额(指职位):补~|肥~。

阙(闕) quē ㄑㄩㄝ ❶古代用作"缺"字。[阙如]空缺:尚付~。[阙疑]有怀疑的事情暂时不下断语,留待查考。❷过错:~失。❸姓。

另见421页què。

瘸 qué ㄑㄩㄝˊ 腿脚有毛病,走路时身体不平衡:一~

一拐|他是摔～的。

却(*卻、*却) què ㄑㄩㄝˋ ❶后退(⑧退一):望而～步。❷退还,不受:盛情难～。❸和"去"、"掉"用法相近:失～力量|了～一件心事。❹副词,表示转折:这个道理大家都明白,他～不知道。

埆 què ㄑㄩㄝˋ 土地不肥沃。

确(❶-❸確、❶-❸**塙、❶-❸**碻) què ㄑㄩㄝˋ ❶符合事实的,真实(⑧一实):千真万～|正～。[确切]1.准确,恰当。2.真实可靠。❷副词,的确,确实:～有其事|～系实情。❸坚固,固定:～定不移|～保丰收。❹同"埆"。

岩(礐) què ㄑㄩㄝˋ 大石多的山,也指大石头,多用于地名:～石(在广东省汕头)。

悫(慤、**愨) què ㄑㄩㄝˋ 诚实,谨慎(⑧一诚)。

雀 què ㄑㄩㄝˋ 鸟名,身体小,翅膀长,雌雄羽毛颜色多不相同,吃粮食粒和昆虫。种类很多,特指麻雀,泛指小鸟。[雀跃]㊜高兴得像麻雀那样跳跃。

另见406页qiāo;407页qiǎo。

阕(闋) què ㄑㄩㄝˋ ❶停止,终了:乐～(奏乐终了)。❷量词,用于词或歌曲。

阙(闕) què ㄑㄩㄝˋ 〈古〉❶皇宫门前两边的楼:宫～。❷墓道外所立的石牌坊。

另见420页quē。

搉 què ㄑㄩㄝˋ ❶敲击。❷见421页"榷"。

榷(△*搉、*榷) què ㄑㄩㄝˋ ❶专利,专卖:～盐|～茶。❷商讨(⑧商一)。

鹊(鵲) què ㄑㄩㄝˋ 喜鹊,鸟名,背部黑褐色,肩、颈、腹等部白色,翅有大白斑,尾长。民间传说听见喜鹊叫,将有喜事来临。

碏 què ㄑㄩㄝˋ ❶用于人名,石碏,春秋时卫国大夫。❷用于地名:～下(在浙江省仙居)。

QUN ㄑㄩㄣ

囷 qūn ㄑㄩㄣ 古代一种圆形的谷仓。

逡 qūn ㄑㄩㄣ 退。[逡巡]有所顾虑而徘徊或退却。

裙(*帬、*裠) qún ㄑㄩㄣˊ (一子、一儿)一种围在下身的服装:连衣～。

群(*羣) qún ㄑㄩㄣˊ ❶聚集在一起的人或物:人～|羊～|楼～|成～结队。㉿众多的:～岛|～山|～居|～集|博览～书。❷众人:～策～力|～起而攻之。❸量词,用于成群的人或物:一～娃娃|一～牛。

麇(**麏) qún ㄑㄩㄣˊ 成群。[麇集]许多人或物聚集在一起:记者～会场。

另见 261 页 jūn。

R ㄖ

RAN ㄖㄢ

蚺 rán ㄖㄢˊ [蚺蛇]即蟒蛇。

髯(*髥) rán ㄖㄢˊ 两颊上的胡子。泛指胡子。

然 rán ㄖㄢˊ ❶是,对:不以为～。❷代词,这样,如此:不尽～|知其～,不知其所以～。[然后]连词,以后(表示两件事前后承接):先研究一下,～再决定。[然则]连词,既然这样,那么……:是进亦忧,退亦忧,～何时而乐耶?[然而]连词,但是(表示转折):他虽然失败了多次,～并不灰心。❸词尾,表示状态:突～|忽～|显～|欣～。❹古同"燃"。

燃 rán ㄖㄢˊ ❶烧起火焰(㊥一烧):～料|自～。❷引火点着(zháo):～灯|～放花炮。

冉(*冄) rǎn ㄖㄢˇ 姓。[冉冉]慢慢地:红旗～上升。

苒 rǎn ㄖㄢˇ [荏苒](rěn一)时间不知不觉地过去:光阴～。

翑 rǎn ㄖㄢˇ 鸟翅膀下的细毛,绒羽。

染 rǎn ㄖㄢˇ ❶用染料使东西着色:～布|～色|～头发。❷感受疾病或沾上坏习惯:传～|～病|一尘不～。[染指]指从中分取非分的利益或插手本分以外的事情。

RANG ㄖㄤ

嚷 rāng ㄖㄤ ［嚷嚷］（—rang）1. 吵闹：大家别乱～。2. 声张：这事先别～出去。

另见 423 页 rǎng。

儴 ráng ㄖㄤˊ 因循，沿袭。

勷 ráng ㄖㄤˊ 见 276 页"劻"字条"劻勷"（kuāng—）。

蘘 ráng ㄖㄤˊ ［蘘荷］草本植物，花白色或淡黄色，花穗和嫩芽可以吃，根状茎可入药。

瀼 ráng ㄖㄤˊ 瀼河，水名，又地名，都在河南省鲁山县。

另见 423 页 ràng。

禳 ráng ㄖㄤˊ 迷信的人祈祷消除灾殃：～灾。

穰 ráng ㄖㄤˊ ❶庄稼的茎秆。❷丰盛(叠)：五谷蕃熟，～～满家。❸同"瓤"。

瓤 ráng ㄖㄤˊ ❶（一子、一儿）瓜、橘等内部包着种子的肉、瓣：西瓜～儿｜橘子～儿。㉑东西的内部：秫秸～儿｜信～儿。❷〈方〉身体软弱，技术差：病了一场，身子骨～了｜你修车的技术真不～。

纕 ráng ㄖㄤˊ 衣服脏。

壤 rǎng ㄖㄤˇ ❶松软的土。［土壤］陆地表面的一层疏松物质，有养分，能生长植物。❷地：天～之别。

攘 rǎng ㄖㄤˇ ❶侵夺（㉐一夺）。❷排斥：～除。❸窃取：～取｜～窃。

［攘攘］纷乱的样子：熙熙～～。

嚷 rǎng ㄖㄤˇ 大声喊叫：大～大叫｜你别～了，大家都睡觉了。

另见 423 页 rāng。

让（讓） ràng ㄖㄤˋ ❶不争，尽（jǐn）着别人：～步｜谦～。㉑1. 请：把他～进屋里来。2. 避开：～开｜～路。❷索取一定代价，把东西给人：出～｜转～。❸许，使：不～他来｜～他去取。㉑任凭：～他闹去。❹介词，被：那个碗～他摔坏了。

瀼 ràng ㄖㄤˋ 瀼渡河，水名，在重庆。

另见 423 页 ráng。

R

RAO ㄖㄠ

荛（蕘） ráo ㄖㄠˊ 柴草：薪～。

饶（饒） ráo ㄖㄠˊ ❶富足，多（㉐富一）：

丰～|～舌(多话)。❷额外增添:～上一个。❸宽恕,免除处罚(㊀—恕):不依不～|～了他吧|不能轻～。❹〈方〉尽管:～这么检查还有漏洞呢。

娆(嬈) ráo ㄖㄠˊ [妖娆][娇娆]娇艳,美好:花枝～|妆容～。

另见424页rǎo。

桡(橈) ráo ㄖㄠˊ 〈方〉船桨。[桡骨]前臂靠拇指一侧的骨头。(图见165页"人体骨骼")

扰(擾) rǎo ㄖㄠˇ 扰乱,打搅(㊀搅—)。

娆(嬈) rǎo ㄖㄠˇ 烦扰,扰乱。

另见424页ráo。

绕(繞、❷❸*遶) rào ㄖㄠˋ ❶缠:～线。㊀纠缠,弄迷糊:这句话一下子把他～住了。❷走弯曲、迂回的路:～远|～过暗礁|～了一个大圈子。❸围着转:鸟～着树飞|～场一周。

RE ㄖㄜ

喏 rě ㄖㄜˇ 古代表示敬意的呼喊:唱～(对人作揖,同时出声致敬)。

另见369页nuò。

惹 rě ㄖㄜˇ 招引,挑逗(㊀招—):～事|～人注意。

热(熱) rè ㄖㄜˋ ❶物理学上把能使物体的温度升高的那种能叫"热"。❷温度高,跟"冷"相对:炎～|天～|～水。❸使热(多指食物):把菜～一～。❹情意深:亲～|～情|～心。❺衷心羡慕:眼～|～衷。❻受人欢迎:～门儿|～货。❼指某种事物风行,形成热潮:旅游～|集邮～。

REN ㄖㄣ

人 rén ㄖㄣˊ ❶能制造工具并能使用工具进行劳动的高等动物。[人口]1.人的数目:～普查。2.泛指人:拐卖～。[人类]人的总称:造福～。[人手]指参加某项工作的人:缺～|～齐全。❷指某种人:工～|客～|商～|媒体～。❸别人:～云亦云|助～为乐。❹指人的品质、性情:老张～不错。㊀人格或面子:丢～。❺指人的身体或意识:我今天～不大舒服。

壬 rén ㄖㄣˊ 天干的第九位,用作顺序的第九。

任 rén ㄖㄣˊ 姓。

[任县][任丘]地名,都

在河北省。

另见425页rèn。

仁 rén ㄖㄣˊ ❶同情，友爱：～慈|～厚|～心|～至义尽。❷敬辞，用于对对方的尊称：～兄|～弟。❸（－儿）果核的最里面的部分：杏～儿。

［不仁］1.不仁慈，无仁德：～不义。2.手足丧失感觉，不能运动：麻木～|四体～。

忍 rěn ㄖㄣˇ ❶耐，把感觉或感情压住不表现出来（㊀一耐）：～痛|～受|容～。［忍俊不禁］（－－－jīn）忍不住笑。❷狠心，残酷（㊀残一）：～心。

荏 rěn ㄖㄣˇ ❶草本植物，即白苏，叶卵圆形，花白色。种子可入药。❷软弱：色厉内～（外貌刚强，内心懦弱）。

稔 rěn ㄖㄣˇ ❶庄稼成熟。㊉年：离家凡五～。❷熟悉：～知|素～。

刃 rèn ㄖㄣˋ ❶（－儿）刀剑等锋利的部分：刀～儿。❷刀：利～|白～战。❸用刀杀：若遇此贼，必手～之。

仞 rèn ㄖㄣˋ 古时以八尺或七尺为一仞。

讱（訒） rèn ㄖㄣˋ 言语迟钝。

纫（紉） rèn ㄖㄣˋ ❶引线穿针：～针。❷缝缀：缝～。

韧（韌、*靭、*韌、*韧） rèn ㄖㄣˋ 又柔软又结实，不易折断，跟"脆"相对：～性|坚～|柔～。

轫（軔、*轫） rèn ㄖㄣˋ 支住车轮不让它转动的木头。［发轫］㊖事业开始：新文学运动～于五四时期。

牣 rèn ㄖㄣˋ 充满（㊀充一）。

认（認） rèn ㄖㄣˋ ❶分辨，识别（㊀一识）：～字|～明|～不出。［认真］仔细，不马虎。❷承认，表示同意：～可|～错|公～|否～。❸跟本来没有关系的人建立某种关系：～老师|～了一门干亲。

任 rèn ㄖㄣˋ ❶相信，依赖（㊀信一）。❷任命，使用，给予职务：～用|委～。❸负担或担当（㊀担一）：～课|连选连～|～劳～怨。❹职务，任务：到～|重～|一身而二～。❺由着，听凭：～意|～性|放～|不能～其自然发展。❻连词，不论：～谁说也不听|～什

R

么都不懂。㊂任何,无论什么:~人皆知。❼量词,用于任同一官职的前后次序或次数:首~大使|为官一~,造福一方。

另见 424 页 rén。

饪(飪、*餁) rèn ㄖㄣˋ 烹饪,做饭做菜。

妊(*姙) rèn ㄖㄣˋ 妊娠(shēn),怀孕:~妇。

纴(紝、**絍) rèn ㄖㄣˋ 〈古〉❶织布帛的丝缕:抽茧作~。❷纺织(㊥一织)。

衽(*袵) rèn ㄖㄣˋ 〈古〉❶衣襟。❷衽席,睡觉用的席子。

葚 rèn ㄖㄣˋ [桑葚儿]桑树结的果实,用于口语。

另见 449 页 shèn。

RENG ㄖㄥ

扔 rēng ㄖㄥ ❶抛,投掷:~球|~砖。❷丢弃,舍(shě)弃:把这些破烂东西~了吧。

仍 réng ㄖㄥˊ 副词,仍然,依然,还,照旧:吃了几服(fù)药,病~不见好|他虽然忙,~每天坚持学习。

礽 réng ㄖㄥˊ 福。

RI ㄖ

日 rì ㄖˋ ❶太阳:~光。[日食](*日蚀)月亮运行到太阳和地球的中间,遮住太阳照到地球上的光,致使部分或完全看不见太阳的现象。❷白天,跟"夜"相对:~班|~场。❸天,一昼夜:阳历平年一年三百六十五~。㊂某一天:纪念~|生~。[日子](-zi) 1. 天:这些~工作很忙。2. 指某一天:今天是喜庆的~。3. 生活:如今过上了好~。❹一天天,每天:~益强大|~新月异|~理万机。❺时候:春~|往~|来~方长。

驲(馹) rì ㄖˋ ❶古代驿站用的马车。❷用于地名:~面(在广西壮族自治区灵山县)。

RONG ㄖㄨㄥ

戎 róng ㄖㄨㄥˊ ❶武器。❷军队,军事:从~|~装。❸我国古代称西部的民族。

狨 róng ㄖㄨㄥˊ 古书上指金丝猴。

绒(絨、*羢、*毧) róng ㄖㄨㄥˊ ❶柔软细小的毛:~毛|驼~|鸭~被。❷带绒毛的纺织品:丝~|天鹅~。

肜 róng ㄖㄨㄥˊ ❶古代指在祭祀后的第二天又进行的祭祀。❷姓。

茸 róng ㄖㄨㄥˊ ❶草初生纤细柔嫩的样子:绿~~的草地。❷鹿茸,带细毛的才生出来的鹿角,可入药。

荣(榮) róng ㄖㄨㄥˊ ❶草木茂盛:欣欣向~。㉠兴盛:繁~。❷光荣,跟"辱"相对:~誉|~耀|~获冠军。

嵘(嶸) róng ㄖㄨㄥˊ 见643页"峥"字条"峥嵘"(zhēng—)。

蝾(蠑) róng ㄖㄨㄥˊ [蝾螈](—yuán)两栖动物,像蜥蜴。

容 róng ㄖㄨㄥˊ ❶容纳,包含:~器|~量|屋子小,~不下。❷对人度量大,不计较:宽~|~忍|大度~人。❸让,允许:~许|不~人说话|不~他胡来。❹相貌,仪表(㊀—貌):笑~|面~。㉠样子:军~|市~。❺或许,也许(㊀—或):~有异同。

蓉 róng ㄖㄨㄥˊ ❶用瓜果豆类等制成的粉状物,常用来做糕点馅儿:椰~|莲~|豆~。❷四川省成都的别称。

溶 róng ㄖㄨㄥˊ 在水或其他液体中化开(㊀—化):樟脑~于酒精而不~于水。

瑢 róng ㄖㄨㄥˊ 见75页"玐"字条"玐瑢"(cōng—)。

榕 róng ㄖㄨㄥˊ ❶榕树,常绿乔木,生长在热带和亚热带,树冠大,有气根,叶和气根可入药。❷福建省福州的别称。

熔 róng ㄖㄨㄥˊ 固体受热到一定温度时变成液体(㊀—化):~炼|~炉。

镕(鎔) róng ㄖㄨㄥˊ ❶铸造用的模型。㊥陶冶(思想品质):习礼仪,~气质。❷旧同"熔"。

融(*螎) róng ㄖㄨㄥˊ ❶固体受热变软或变为流体(㊀—化):太阳一晒,雪就~了。❷融合,调和:~洽|通~|水乳交~。[融会贯通]参合多方面的道理而得到全面透彻的领悟。❸流通。[金融]货币的流通,即汇兑、借贷、储蓄等经济活动的总

R

称。

冗(*宂) rǒng ㄖㄨㄥˇ ❶闲散的，多余无用的：～员｜文辞～长。❷繁忙，繁忙的事：～务缠身｜拨～(客套话，从繁忙的事务中抽出时间)。❸烦琐：～杂。

氄(**氃) rǒng ㄖㄨㄥˇ 鸟兽细软的毛。

ROU ㄖㄡ

柔 róu ㄖㄡˊ ❶软，不硬(㊀—软)：～枝｜～嫩。❷柔和，跟"刚"相对：温～｜～情｜刚～相济｜以～克刚。

揉 róu ㄖㄡˊ ❶用手来回搓：～一～腿｜沙子到眼里可别～。❷团弄：～面｜～馒头。❸使东西弯曲：～以为轮。

辋(輮) róu ㄖㄡˊ ❶车轮的外周。❷使弯曲。

煣 róu ㄖㄡˊ 用火烤木材使弯曲。

糅 róu ㄖㄡˊ 混杂：～合｜真伪杂～。

蹂 róu ㄖㄡˊ [蹂躏](—lìn)践踏，踩。㊗用暴力欺压、侮辱、侵害：惨遭～。

鞣 róu ㄖㄡˊ 制造皮革时，用栲胶、鱼油等使兽皮柔软：～皮子。

肉 ròu ㄖㄡˋ ❶人或动物体内红色、柔软的物质。某些动物的肉可以吃。[肉搏]徒手或用短兵器搏斗：跟敌人～。❷果肉，果实中可以吃的部分：桂圆～。❸〈方〉果实不脆，不酥：～瓤西瓜。❹〈方〉行动迟缓，性子慢：做事真～｜～脾气。

RU ㄖㄨ

如 rú ㄖㄨˊ ❶依照：～法炮(páo)制｜～期完成。❷像，如，同：～此｜坚强～钢｜整旧～新。[如今]现在，现代。❸及，比得上(只用于否定式，表示比较)：我不～他｜自以为不～｜与其这样，不～那样。❹到，往：～厕。❺连词，如果，假使：～不同意，可提意见。❻词尾，表示状态：空空～也｜突～其来。❼表示举例：他兴趣广泛，～游泳、集邮、书法等他都喜欢。

茹 rú ㄖㄨˊ 吃：～素｜～毛饮血。㊗忍：～痛｜含辛～苦。

铷(鉫) rú ㄖㄨˊ 金属元素，符号 Rb，银白色，质软。可用来制光电管等。

儒 rú ㄖㄨˊ ❶旧时指读书的人：～生｜～商｜腐～（迂腐的书生）。❷儒家，春秋战国时代以孔子、孟子为代表的一个学派。提倡以仁为中心的道德观念，主张德治：～学｜～术。

薷 rú ㄖㄨˊ ［香薷］草本植物，茎四棱形，紫色，叶卵形，花粉红色，果实棕色。茎和叶可提取芳香油。

嚅 rú ㄖㄨˊ 见364页“嗫”字条“嗫嚅”（niè—）。

濡 rú ㄖㄨˊ ❶沾湿，润泽：～笔｜耳～目染（由于听得多、看得多，无形中受到影响）。❷停留，迟滞：～滞。❸容忍：～忍。

孺 rú ㄖㄨˊ 小孩子，幼儿：～子｜妇～。

嬬 rú ㄖㄨˊ 柔弱的样子。

襦 rú ㄖㄨˊ 短衣，短袄。

颥（顬） rú ㄖㄨˊ 见364页“颞”字条“颞颥”（niè—）。

蠕（*蝡） rú ㄖㄨˊ（旧读ruǎn）像蚯蚓那样慢慢地行动：～动。

汝 rǔ ㄖㄨˇ 文言代词，你：～等｜～将何往？

乳 rǔ ㄖㄨˇ ❶乳房，分泌奶汁的器官。❷乳房中分泌出来的白色奶汁：母～。❸像乳汁的东西：豆～。❹生，繁殖：孳（zī）～。❺初生的，幼小的：～燕｜～鸭｜～猪。

辱 rǔ ㄖㄨˇ ❶羞耻，跟“荣”相对：屈～｜奇耻大～。❷使受到羞耻：中国人民不可～｜丧权～国。❸玷辱：～命。❹谦辞，表示承蒙：～承｜～蒙。

擩 rǔ ㄖㄨˇ 〈方〉插，塞：一脚～进泥里｜把钱～给他。

入 rù ㄖㄨˋ ❶跟“出”相对。1. 从外面进到里面：～场｜～夜｜纳～轨道。2. 收进，进款：量～为出｜～不敷出。❷参加：～学｜～会。❸合乎，合于：～时｜～情～理。❹入声，古汉语四声之一。普通话没有入声。有的方言有入声，发音一般比较短促。

洳 rù ㄖㄨˋ 见256页“沮”字条“沮洳”（jù—）。

蓐 rù ㄖㄨˋ 草席，草垫子。［坐蓐］临产。

溽 rù ㄖㄨˋ 湿：～暑（夏天潮湿闷热的气候）。

R

缛(縟) rù ㄖㄨˋ 繁多,烦琐:～礼|繁文～节。

褥 rù ㄖㄨˋ (一子)装着棉絮铺在床上的东西:被～。

RUA ㄖㄨㄚ

挼 ruá ㄖㄨㄚˊ 〈方〉❶(纸、布等)折皱,不平展:纸～了。❷(布)快要磨破:裤子穿了好多年,都～了。

另见 431 页 ruó。

RUAN ㄖㄨㄢ

R

堧(**壖) ruán ㄖㄨㄢˊ ❶城郭旁、宫殿庙宇外或河边的空地。❷用于地名:坑～(在江西省万年)。

阮 ruǎn ㄖㄨㄢˇ ❶一种弦乐器,四根弦。西晋阮咸善弹此乐器,故名阮咸,简称阮。❷姓。

朊 ruǎn ㄖㄨㄢˇ 蛋白质的旧称。

软(軟、*輭) ruǎn ㄖㄨㄢˇ ❶物体组织疏松,容易改变形状,跟"硬"相对(㊀柔一):绸子比布～。[软件]1.与计算机系统的运行有关的程序、文件、数据等的统称,是计算机系统的组成部分。2.借指生产、科研、经营等过程中的人员素质、管理水平、服务质量等。❷柔和:～风|～语。❸懦弱(㊀一弱):欺～怕硬。㊁1.容易被感动或动摇:心～|耳朵～。2.不用强硬的手段进行:～磨(mó)|～求。❹没有气力:两腿发～。❺质量差的,不高明的:功夫～。

媆 ruǎn ㄖㄨㄢˇ 柔美的样子。另见 360 页 nèn。

瑌 ruǎn ㄖㄨㄢˇ 一种次于玉的美石。

RUI ㄖㄨㄟ

蕤 ruí ㄖㄨㄟˊ 见 514 页"葳"字条"葳蕤"(wēi—)。

蕊(*蕋、*蘂、△*橤) ruǐ ㄖㄨㄟˇ 花蕊,种子植物有性生殖器官的一部分。分雄蕊和雌蕊两种。

橤 ruǐ ㄖㄨㄟˇ ❶下垂的样子。❷见 430 页"蕊"。

芮 ruì ㄖㄨㄟˋ 周代诸侯国名,在今陕西省大荔东南。

汭 ruì ㄖㄨㄟˋ 河流汇合的地方,河流弯曲的地方。

枘 ruì ㄖㄨㄟˋ〈古〉榫（sǔn）。[枘凿]（－záo）方枘圆凿，比喻意见不合。

蚋 ruì ㄖㄨㄟˋ 昆虫，略像蝇而较小，黑色，胸背隆起，雌的吸人畜的血，能传播疾病。

锐（鋭） ruì ㄖㄨㄟˋ ❶快或尖（指刀枪的锋刃），跟“钝”相对（㊀－利、尖－）：其锋甚～。❷感觉灵敏：敏～｜眼光～利。❸锐气，勇往直前的气势：～不可当｜养精蓄～。❹骤，急剧：～减｜～增。

瑞 ruì ㄖㄨㄟˋ 吉祥，好预兆：～雪兆丰年｜祥～。

睿（*叡） ruì ㄖㄨㄟˋ 通达，看得深远：～智。

RUN ㄖㄨㄣ

闰（閏） rùn ㄖㄨㄣˋ 地球公转一周的时间为365天5时48分46秒。公历规定一年365天，所余的时间约每四年积累成一天，加在二月里。农历规定一年354天或355天，所余的时间约每三年积累成一个月，加在某一年里。这样的办法在历法上叫作闰：～年｜～月。

润（潤） rùn ㄖㄨㄣˋ ❶湿，不干枯：湿～｜～泽。❷加油或水，使不干枯：～肠｜～～嗓子。❸细腻光滑：珠圆玉～｜皮肤光～。❹使有光彩，修饰文字（㊀－饰）：～色。❺利益：分～｜利～。

RUO ㄖㄨㄛ

挼 ruó ㄖㄨㄛˊ 揉搓（㊀－搓）：把纸条～成团。

另见430页ruá。

若 ruò ㄖㄨㄛˋ ❶连词。若是，如果，假如：～不努力，就要落后。❷如，像：～无其事｜旁～无人｜年相～｜～有～无。❸文言代词，你：～辈。

[若干]（－gān）代词，多少（问数量或指不定量）：价值～？｜关于农业的～问题。

鄀 ruò ㄖㄨㄛˋ ❶春秋时楚国的都城，在今湖北省宜城东南。❷用于地名：～太（在广西壮族自治区武鸣）。

偌 ruò ㄖㄨㄛˋ 这么，那么：～大年纪。

婼 ruò ㄖㄨㄛˋ [婼羌]（－qiāng）地名，在新疆维吾尔自治区。今作“若羌”。

箬（*篛） ruò ㄖㄨㄛˋ ❶箬竹，竹子的一

R

种，叶大而宽，可编竹笠，又可用来包粽子。❷箬竹的叶子。

弱 ruò ㄖㄨㄛˋ ❶力气小，势力差，跟"强"相对：身体～|～小|～势群体|不甘示～。㊀不够，差一点儿：三分之二～。❷年纪小：老～病残。❸丧失（指人死）：又～一个。

蒻 ruò ㄖㄨㄛˋ 古书上指嫩的香蒲，也指用这种草编的席子。

爇 ruò ㄖㄨㄛˋ 点燃，焚烧：焚香～烛。

S ㄙ

SA ㄙㄚ

仨 sā ㄙㄚ 三个（本字后面不能再用"个"字或其他量词）：他们哥儿～。

撒 sā ㄙㄚ ❶放，放开：～网|～手|～腿就跑。❷尽量施展或表现出来（多含贬义）：～娇|～泼。

［撒拉族］我国少数民族，参看附表。

另见432页sǎ。

洒（灑） sǎ ㄙㄚˇ ❶把水散布在地上：扫地先～些水。❷东西散落：～了一地粮食。

［洒脱］（—tuo）言谈、举止自然，不拘束：这个人很～。

靸 sǎ ㄙㄚˇ 〈方〉把布鞋后帮踩在脚后跟下，穿（拖鞋）：～着鞋。

撒 sǎ ㄙㄚˇ ❶散播，散布：～种。❷散落，洒：小心点，别把汤～了。

另见432页sā。

潵 sǎ ㄙㄚˇ 潵河，水名，在河北省迁西、兴隆一带。

卅 sà ㄙㄚˋ 三十：五～运动。

挲（摋） sà ㄙㄚˋ 侧手击。

脎 sà ㄙㄚˋ 有机化合物的一类，由同一个分子内的两个羰基和两个分子的苯肼缩合而成。

飒（颯、*䬃） sà ㄙㄚˋ 形容风声（叠）：秋风～～。［飒爽］豪迈而矫健：～英姿。

萨（薩） sà ㄙㄚˋ 姓。

挲（*抄） sa ·ㄙㄚ 见328页"摩"字条"摩挲"（mā—）。

另见437页sha；476页suō。

SAI ㄙㄞ

揌（^{**}攓） sāi ㄙㄞ 同"塞（sāi）❶"。

腮（^{*}顋） sāi ㄙㄞ 两颊的下半部：尖嘴猴～。

鳃（鰓） sāi ㄙㄞ 鱼的呼吸器官，在头部两边。

塞 sāi ㄙㄞ ❶堵，填入：把窟窿～住｜往书包里～了一本书。❷（一子、一儿）堵住器物口的东西：瓶～儿｜软木～儿。

另见433页sài；435页sè。

噻 sāi ㄙㄞ ［噻唑］（一zuò）有机化合物，无色液体，易挥发。可用来制药物和染料。

塞 sài ㄙㄞˋ 边界上的险要地方：要～｜～外。

另见433页sāi；435页sè。

赛（賽） sài ㄙㄞˋ ❶比较好坏、强弱：～跑｜～歌会｜田径～。❷胜似：一个～一个。㊕比得上：小玩意儿～真的｜那人足智多谋，人称～诸葛。❸旧时举行祭典酬报神灵：～神｜～会。

SAN ㄙㄢ

三 sān ㄙㄢ 数目字。㊀表示再三、多次：～令五申｜～番五次。

弎 sān ㄙㄢ 同"三"。

叁 sān ㄙㄢ "三"字的大写。

毵（毿） sān ㄙㄢ ［毵毵］毛发、枝条等细长的样子：柳枝～。

伞（傘、^{*}繖、❶^{*}繖） sǎn ㄙㄢˇ ❶挡雨或遮太阳的用具，可张可收：雨～｜阳～。❷像伞的东西：灯～｜降落～｜滑翔～。

散（^{*}散） sǎn ㄙㄢˇ ❶没有约束，松开：披～着头发｜绳子～了。［散漫］随随便便，不守纪律：自由～｜生活～。［散文］文体的名称，对"韵文"而言，不用韵，字句不求整齐。现多指杂文、随笔、特写等文学作品。❷零碎的，不集中的：～装｜～居｜零零～～。❸药末（多用于中药名）：丸～膏丹｜健胃～。

另见434页sàn。

馓（饊） sǎn ㄙㄢˇ 馓子，一种油炸食品。

S

糁(糝) sǎn ㄙㄢˇ 〈方〉米粒(指煮熟的)。

另见 447 页 shēn。

散(*散) sàn ㄙㄢˋ ❶分开,由聚集而分离:~会|云彩~了。❷分布,分给:~传单|撒种(zhǒng)~粪。❸排遣:~心|~闷。

另见 433 页 sǎn。

SANG ㄙㄤ

丧(喪、**丧) sāng ㄙㄤ 跟死了人有关的事:~事|治~。

另见 434 页 sàng。

桑(*桒) sāng ㄙㄤ 落叶乔木,叶卵形,花黄绿色。果实叫桑葚,味甜可吃。叶可喂蚕,木材可制器具,皮可造纸。

搡 sǎng ㄙㄤˇ 猛推:连推带~|把他~一个跟头。

嗓 sǎng ㄙㄤˇ ❶(一子)喉咙。❷(一儿)发音器官的声带及发出的声音:~门儿|哑~儿。

磉 sǎng ㄙㄤˇ 柱子底下的石礅。

颡(顙) sǎng ㄙㄤˇ 额,脑门子。

丧(喪、**丧) sàng ㄙㄤˋ 丢掉,失去(㊀一失):~命|~失立场。[丧气] 1. 情绪低落:灰心~。2.(一qi)不吉利,倒霉:钱包丢了,真~!

另见 434 页 sāng。

SAO ㄙㄠ

搔 sāo ㄙㄠ 用指甲挠:~痒。

溞 sāo ㄙㄠ 水蚤。

骚(騷) sāo ㄙㄠ ❶扰乱,不安定(㊀一扰):~动|~乱。❷同“臊”(sāo)。❸指屈原著的《离骚》。[骚人]诗人。[风骚] 1.泛指文学。2.妇女举止轻佻。

缫(繅) sāo ㄙㄠ 把蚕茧浸在滚水里抽丝:~丝|~车(缫丝用的器具)。

缲(繰) sāo ㄙㄠ 同“缫”。

另见406页qiāo。

臊 sāo ㄙㄠ 像尿那样难闻的气味:尿~气|狐~。

另见 435 页 sào。

扫(掃) sǎo ㄙㄠˇ ❶拿笤帚等除去尘土:~地。❷像扫一样的动作或作用。1.消除:~兴(xìng)|~

雷|～盲。2. 左右快速移动：～射|眼睛四下里一～。3. 全，所有的：～数归还。

另见 435 页 sào。

嫂 sǎo ㄙㄠˇ（－子）哥哥的妻子（叠）：二～|～夫人。

扫（掃） sào ㄙㄠˋ［扫帚］（－zhou）一种用竹枝等做的扫地用具。

另见 434 页 sǎo。

埽 sào ㄙㄠˋ ❶治理河道的工程上用的材料，以竹木为框架，用树枝、石子、土填实其中，做成柱形，用以堵水。❷用许多埽修成的临时性堤坝或护堤。

瘙 sào ㄙㄠˋ［瘙痒］皮肤发痒。

臊 sào ㄙㄠˋ 难为情，害羞：害～|～得脸通红|不知羞～。

另见 434 页 sāo。

SE ㄙㄜ

色 sè ㄙㄜˋ ❶颜色，由物体发射、反射的光通过视觉而产生的印象：日光有七～|红～。❷脸色，脸上表现出的神情、样子：和颜悦～|喜形于～。❸情景，景象：行～匆匆。❹种类：各～用品|货～齐全。❺成色，品质，质量：足～纹银|成～。❻妇女的容貌：姿～。❼指情欲：～情|好～|贪～。

另见 438 页 shǎi。

铯（銫） sè ㄙㄜˋ 金属元素，符号 Cs，银白色，质软。用于制光电池和火箭推进器等。

涩（澀、*澁、*濇） sè ㄙㄜˋ ❶不光滑，不滑溜：轮轴发～，该上点儿油了。❷一种使舌头感到不滑润不好受的味道：这柿子很～。❸文章难读难懂：文字艰～。

啬（嗇） sè ㄙㄜˋ 小气，当用的财物舍不得用（㊥吝－）。

穑（穡） sè ㄙㄜˋ 收割庄稼。

瑟 sè ㄙㄜˋ 古代的一种弦乐器，通常有二十五根弦。［瑟瑟］1. 形容轻微的声音：秋风～。2. 形容颤抖：～发抖。

璱 sè ㄙㄜˋ 玉色鲜明洁净。

塞 sè ㄙㄜˋ 义同“塞（sāi）❶”，用于某些合成词或成语中，如“闭塞、堵塞、阻塞、塞责、闭目塞听”等。

S

另见433页sāi;433页sài。

SEN ㄙㄣ

森 sēn ㄙㄣ 树木众多:～林。[森森]形容树木众多,深密:林木～。㊥气氛寂静可怕:阴～的。

[森严]整齐严肃,防备严密:戒备～。

SENG ㄙㄥ

僧 sēng ㄙㄥ 梵语音译“僧伽”的省称。佛教指出家修行的男人,和尚。

SHA ㄕㄚ

杀(殺) shā ㄕㄚ ❶使人或动物失去生命:～敌立功|～虫药|～鸡焉用牛刀。❷战斗:厮～|搏～|～出重(chóng)围。❸消减:～价|～暑气|拿别人～气。❹〈方〉药物等刺激身体感觉疼痛:这药上在疮口上～得慌。❺收束:～尾|～账。❻勒紧,扣紧:～车(把车上装载的东西用绳勒紧)|～一～腰带。❼在动词或形容词后,表示程度深:气～|急～|笑～人。

刹 shā ㄕㄚ 止住(车、机器等):～车。

另见48页chà。

铩(鎩) shā ㄕㄚ ❶古代一种兵器,长柄,锋端有双刃。❷摧残,伤害:～羽之鸟(伤了翅膀的鸟,喻失意的人)。

杉 shā ㄕㄚ 义同“杉”(shān),用于“杉木、杉篙”等。

另见438页shān。

沙 shā ㄕㄚ ❶(－子)非常细碎的石粒:～土|～滩。❷像沙子的东西:蚕～(桑蚕的粪)|豆～|～瓤西瓜。❸声音不清脆不响亮:～哑。❹姓。

另见437页shà。

莎 shā ㄕㄚ 多用于人名、地名。[莎车]地名,在新疆维吾尔自治区。

另见476页suō。

痧 shā ㄕㄚ 中医指霍乱、中暑、肠炎等急性病:发～|绞肠～|刮～。

裟 shā ㄕㄚ 见222页“袈”字条“袈裟”(jiā－)。

鲨(鯊) shā ㄕㄚ 鱼名,又叫鲛,身体近纺锤形,性凶猛,捕食其他鱼类,生活在海洋里。种类很多。鳍制成的食物叫鱼翅。肝可制鱼肝油。

纱(紗) shā ㄕㄚ ❶用棉花、麻等纺成的细缕,可以用它捻成线或织成布:纺～。❷经纬线稀疏或有小孔的织品:羽～|～布。㊁像纱布的制品:铁～|塑料窗～。

砂 shā ㄕㄚ 同"沙(shā)❶❷"。

煞 shā ㄕㄚ ❶同"杀❸❺❻❼"。❷同"刹"(shā)。

另见437页shà。

啥 shá ㄕㄚˊ 〈方〉代词,什么:干～?|你姓～?|他是～地方人?

傻(**傻) shǎ ㄕㄚˇ ❶愚蠢,糊涂:说～话|吓～了。❷死心眼:这样好的事你都不干,真～。

沙 shà ㄕㄚˋ 经过摇动把东西里的杂物集中,以便清除:把小米里的沙子～一～。

另见436页shā。

唼 shà ㄕㄚˋ [唼喋](—zhá)形容鱼、鸟等吃东西的声音。

厦(*廈) shà ㄕㄚˋ ❶大屋子:广～|高楼大～。❷房子后面突出的部分:前廊后～。

另见535页xià。

嗄 shà ㄕㄚˋ 嗓音嘶哑。

另见1页á。

歃 shà ㄕㄚˋ 用嘴吸取。[歃血]古人盟会时饮牲畜的血,表示诚意。

煞 shà ㄕㄚˋ ❶极,很:～费苦心|脸色～白。❷迷信的人指凶神:～气|凶～。

另见437页shā。

箑 shà ㄕㄚˋ 扇子。

霎 shà ㄕㄚˋ 小雨。也指轻微的风雨声。

[霎时]极短的时间,一会儿。

挲(*抄) sha ·ㄕㄚ 见627页"挓"字条"挓挲"(zhā—)。

另见432页sa;476页suō。

SHAI ㄕㄞ

筛(篩) shāi ㄕㄞ ❶(—子)用竹子等做成的一种有孔的器具,可以把细的东西漏下去,粗的留下。❷用筛子过东西:～米|～煤。㊓挑选后淘汰:把不合格的人～出去。❸敲(锣):～了三下锣。

[筛酒]1.斟酒。2.把酒弄热。

S

酾（釃） shāi ㄕㄞ （又）见452页shī。

色 shǎi ㄕㄞˇ （－儿）义同“色”（sè），用于一些口语词：落（lào）～儿｜掉～｜不变～儿。

另见435页sè。

晒（曬） shài ㄕㄞˋ ❶把东西放在太阳光下使它干燥，人或物在阳光下吸收光和热：～衣服｜～太阳。㊥对人置之不理：把来访者～在一旁。❷（外）展示，多指在网络上公开透露（自己的信息）：～工资｜～隐私。

SHAN ㄕㄢ

山 shān ㄕㄢ ❶地面上由土石构成的高起的部分：爬～｜～高水深｜人～人海（形容人多）。❷蚕蔟：蚕上～了。❸山墙，房屋两头的墙：房～。

舢 shān ㄕㄢ ［舢板］（*舢舨）一种用桨划的小船。

芟 shān ㄕㄢ 割草：～草。㊀除去：～剪繁枝。

杉 shān ㄕㄢ 常绿乔木，树干高而直，叶呈针状，果实球形。木材供建筑和制器具用。

另见436页shā。

钐（釤） shān ㄕㄢ 放射性金属元素，符号Sm，银白色，质硬。可用来制激光材料，也用于核工业、陶瓷工业。

另见439页shàn。

衫 shān ㄕㄢ 上衣，单褂：长～｜衬～。

删（*刪） shān ㄕㄢ 除去，去掉文字中不妥当的部分：～改｜～除｜这个字应～去。

姗（*姍） shān ㄕㄢ ［姗姗］形容走路缓慢从容：～来迟。

珊（*珊） shān ㄕㄢ ［珊瑚］一种腔肠动物所分泌的石灰质的东西，形状像树枝，有红、白等色，可以做装饰品。这种腔肠动物叫珊瑚虫。

栅（*柵） shān ㄕㄢ ［栅极］电子管靠阴极的一个电极。

另见629页zhà。

跚 shān ㄕㄢ 见373页“蹒”字条“蹒跚”（pán－）。

苫 shān ㄕㄢ 草帘子，草垫子：草～子。

另见439页shàn。

痁 shān ㄕㄢ 〈古〉疟疾。

埏 shān ㄕㄢ 用水和(huó)泥。

另见 570 页 yán。

煽 shān ㄕㄢ 闪光的样子。另见 574 页 yàn。

扇(❶❷**搧) shān ㄕㄢ ❶摇动扇子或其他东西,使空气加速流动生风:~扇子。❷用手掌打:~了他一耳光。❸同"煽❷"。

另见 440 页 shàn。

煽 shān ㄕㄢ ❶同"扇(shān)❶"。❷鼓动(别人做不应该做的事):~动|~惑。

潸(**潸) shān ㄕㄢ 流泪的样子(叠):不禁(jīn)~~|~然泪下。

膻(*羶、*羴) shān ㄕㄢ 像羊肉的气味:~气|~味儿。

闪(閃) shǎn ㄕㄢˇ ❶天空的电光:打~。❷突然显现或忽明忽暗:灯光一~|~念|山后~出一条小路来|~得眼发花。❸光辉闪耀:~金光|电~雷鸣。❹侧转身体躲避:~开。❺因动作过猛,筋肉扭伤而疼痛:~了腰。

陕(陝) shǎn ㄕㄢˇ 陕西省的简称。

晱(**睒) shǎn ㄕㄢˇ 眨,眼睛很快地开闭:飞机一~眼就不见了。

睒 shǎn ㄕㄢˇ ❶闪电。❷晶莹的样子。

讪(訕) shàn ㄕㄢˋ ❶讥笑:~笑。❷难为情的样子:脸上发~|他~~地走了。[搭讪]为了想跟人接近或把尴尬的局面敷衍过去而找话说。

汕 shàn ㄕㄢˋ [汕头]地名,在广东省。

疝 shàn ㄕㄢˋ 疝气,病名,指某一脏器通过周围组织较薄弱的地方鼓起来。种类很多,通常指小肠疝气。

赸 shàn ㄕㄢˋ ❶躲开,走开。❷同"讪❷"。

苫 shàn ㄕㄢˋ 用席、布等遮盖:拿席~上点儿。

另见 438 页 shān。

钐(釤、**鐥、**鐥) shàn ㄕㄢˋ 抡开镰刀或钐镰割:~草|~麦。[钐镰][钐刀]一种把儿很长的大镰刀。

另见 438 页 shān。

单(單) shàn ㄕㄢˋ ❶单县,在山东省。❷姓。

另见49页chán;86页dān。

墠(壇) shàn ㄕㄢˋ 古代祭祀用的平地。

掸(撣) shàn ㄕㄢˋ ❶我国史书上对傣族的一种称呼。❷掸族,缅甸民族之一,大部分居住在掸邦(缅甸自治邦之一)。

另见87页dǎn。

禅(禪) shàn ㄕㄢˋ 禅让,指古代帝王让位给别人,如尧让位给舜,舜让位给禹。

另见49页chán。

剡 shàn ㄕㄢˋ 剡溪,水名,在浙江省东北部。

另见572页yǎn。

掞 shàn ㄕㄢˋ 舒展,铺张。

另见574页yàn。

扇 shàn ㄕㄢˋ ❶(一子)摇动、转动以生风取凉或换气的用具:折~|蒲~|电~。❷量词,用于门窗等:一~门|两~窗户|一~磨(mò)。

另见439页shān。

骟(騸) shàn ㄕㄢˋ 割掉牲畜的睾丸或卵巢:~马|~猪。

善 shàn ㄕㄢˋ ❶善良,品质或言行好:心~|~举|~事。❷好的事情、行为、品质,跟"恶"相对:行~|劝~规过。❸交好,和好:友~|相~。㉄熟习:面~。❹高明的,良好的:~策。[善后]妥善地料理和解决事故、事件发生以后的问题。❺长(cháng)于,能做好:勇敢~战|~辞令(长于讲话)。㉄好好地:~待|~为说辞。❻爱,容易:~变|~疑。

鄯 shàn ㄕㄢˋ [鄯善] 1. 古代西域国名。2. 地名,在新疆维吾尔自治区。

墡 shàn ㄕㄢˋ 白色黏土。

缮(繕) shàn ㄕㄢˋ ❶修缮,修补,整治。❷抄写:~写。

膳(*饍) shàn ㄕㄢˋ 饭食:晚~|~费。

蟮 shàn ㄕㄢˋ [曲蟮](qū—)蚯蚓。也作"蛐蟮"。

鳝(鱔、*鱓) shàn ㄕㄢˋ 鱼名,通常指黄鳝,外形像蛇,身体黄色有黑斑。

擅 shàn ㄕㄢˋ ❶超越职权,独断独行:专~|~自|~离职守。❷专于某种学术或技能:~长数学|不~辞令。

嬗 shàn ㄕㄢˋ 更替,变迁:~变。

嶦 shàn ㄕㄢˋ 山坡。

赡(贍) shàn ㄕㄢˋ ❶供给人财物：～养父母。❷富足，足够：家道颇～。

SHANG ㄕㄤ

伤(傷) shāng ㄕㄤ ❶身体受损坏的地方：腿上有块～|内～|外～。❷损害：～了筋骨|～脑筋(费思索)。❸因某种致病因素而得病：～风|～寒。❹因过度而感到厌烦：吃糖吃～了。❺妨碍：无～大雅。❻悲哀(㊄悲～)：～感|～心。❼得罪：～众|开口～人。

汤(湯) shāng ㄕㄤ [汤汤]水流大而急：浩浩～，横无际涯。

另见 484 页 tāng。

殇(殤) shāng ㄕㄤ ❶还没到成年就死了。❷指战死者：国～。

觞(觴) shāng ㄕㄤ 古代喝酒用的器物：举～称贺。

商 shāng ㄕㄤ ❶商量，两个以上的人在一起计划，讨论：面～|有事相～。❷生意，买卖：～业|～品|通～|经～。[商标]企业用来使自己的产品或服务与其他企业的产品或服务相区别的具有明显特征的标志。❸商人，做买卖的人：布～|富～。❹商数，除法运算的得数：八被二除～数是四。❺用某数做商：二除八～四。❻商代，成汤所建立(公元前 1600—公元前 1046 年)，盘庚迁殷后，又称殷代(公元前 1300—公元前 1046 年)。❼古代五音"宫、商、角(jué)、徵(zhǐ)、羽"之一。❽星宿名，即心宿，二十八宿之一。

墒(**䵿) shāng ㄕㄤ 田地里土壤的湿度：抢～|保～|底～|～情。

熵 shāng ㄕㄤ 为了衡量热力体系中不能利用的热能，用温度除热能所得的商。

上 shǎng ㄕㄤˇ "上声"(shàng—)的"上"的又音。见 442 页"上(shàng)❿"。

垧 shǎng ㄕㄤˇ 旧时地积单位，各地不同。在东北地区 1 垧一般合 15 亩。

晌 shǎng ㄕㄤˇ ❶一天内的一段时间，一会儿：工作了半～|停了一～。❷晌午(wu)，正午：睡～觉|歇～。

赏(賞) shǎng ㄕㄤˇ ❶指地位高的人或长

辈给地位低的人或晚辈财物(㊟—赐):～给他一匹马。❷敬辞:～光(请对方接受自己的邀请)|～脸。❸奖励(㊟奖—):～罚分明。❹奖赏的东西:领～|悬～。❺玩赏,因爱好(hào)某种东西而观看:欣～|鉴～|雅俗共～。[赏识]认识到别人的才能或作品的价值而予以重视或赞扬。

上 shàng ㄕㄤˋ ❶位置在高处的,跟"下"相对:山～|～面。㊀1.次序在前的:～篇|～卷|～星期。2.等级高的:～等|～级。3.质量高的,好的:～策|～等货。❷由低处到高处:～山|～楼。㊀1.去,到:你～哪儿? ～北京|～街去。2.向前进:同志们快～啊!3.进呈:～书|谨～。❸增加。1.添补:～水|～货。2.安装:～刺刀|～螺丝。3.涂上:～颜色|～药。4.登载,记上:～报|～光荣榜|～账。❹按规定时间进行某种活动:～课|～班。❺拧紧发条:～弦|表该～了。❻放在名词后。1.表示在某一物体的表面:地～|墙～|桌子～。2.表示在中间:半路～|心～。3.表示在某一事物的范围内:会～|书～。4.表示方面:组织～|思想～|理论～。❼在动词后,表示完成:选～代表|排～队。❽在动词后。1.跟"来"、"去"连用,表示趋向:骑～去|爬～来。2.表示要求达到目标或已达到目标:锁～锁|沏～茶|考～大学。❾达到一定程度或数量:～档次|成千～万。❿(又 shǎng)上声,汉语四声之一。普通话上声的调子是拐弯的,先降低再升高,符号作"ˇ"。

尚 shàng ㄕㄤˋ ❶还(hái):年纪～小|～不可知。[尚且]连词,常跟"何况"连用,表示进一层的意思:你～不行,何况是我|细心～难免出错,何况粗枝大叶。❷尊崇,注重:～武|崇～。[高尚]崇高。❸风气习惯:时～|风～。

绱(緔、**鞝) shàng ㄕㄤˋ 把鞋帮、鞋底缝合成鞋:～鞋。

裳 shang ·ㄕㄤ [衣裳]衣服。

另见 52 页 cháng。

SHAO ㄕㄠ

捎 shāo ㄕㄠ 捎带,顺便给别人带东西:～封信去。

梢 shāo ㄕㄠ (一儿)树枝的末端:树～。㉁末尾:眉～。

稍 shāo ㄕㄠ 副词,略微(㊥一微):～有不同|请～等一下。

另见 444 页 shào。

蛸 shāo ㄕㄠ 见 544 页"蠨"字条"蠨蛸"(xiāo一)、8 页"蚆"字条"蚆(bā)蛸岛"。

另见 544 页 xiāo。

筲(*箾) shāo ㄕㄠ ❶一种竹器。❷桶:水～|一～水。

艄 shāo ㄕㄠ ❶船尾。❷舵:掌～。[艄公]掌舵的人,泛指船夫。

鞘 shāo ㄕㄠ 鞭鞘,拴在鞭子头上的细皮条。

[乌鞘岭]岭名,在甘肃省天祝。

另见 407 页 qiào。

烧(燒) shāo ㄕㄠ ❶使东西着火(㊥燃一、焚一)。❷用火或发热的东西使物品受热起变化:～水|～砖|～炭。❸烹饪方法,先用油炸再加入汤汁炒或炖,或先煮熟再炸:～茄子|～羊肉。❹发烧,体温增高:打完针就不～了。㉁比正常体温高的体温:～退了。❺施肥过多,使植物枯萎、死亡。❻因富有而忘乎所以:有俩钱,看把他～的。

勺 sháo ㄕㄠˊ ❶(一子、一儿)一种有柄的可以舀(yǎo)取东西的器具:饭～|铁～。❷市制容量单位,1 升的百分之一。

芍 sháo ㄕㄠˊ [芍药](一yao)草本植物,花像牡丹,供观赏,根可入药。

杓 sháo ㄕㄠˊ 同"勺❶"。

另见 30 页 biāo。

苕 sháo ㄕㄠˊ 〈方〉红苕,即甘薯。

另见 494 页 tiáo。

玿 sháo ㄕㄠˊ 一种美玉。

柖 sháo ㄕㄠˊ ❶树摇动的样子。❷箭靶。

韶 sháo ㄕㄠˊ ❶古代的乐曲名。❷美:～光|～华(指青年时代)。

少 shǎo ㄕㄠˇ ❶跟"多"相对。1. 数量小的:～数|～有|～见|稀～。2. 缺(㊥缺一):文娱活动～不了他。❷短暂:～等|～待。❸丢,遗失:屋里～了东西。

另见 443 页 shào。

少 shào ㄕㄠˋ 年纪轻,跟"老"相对:年～|～年|～女|男女老～。

另见 443 页 shǎo。

召 shào ㄕㄠˋ ❶周代诸侯国名，在陕西省凤翔一带。❷姓。

另见 636 页 zhào。

卲 shào ㄕㄠˋ 同"劭❷"。

邵 shào ㄕㄠˋ 姓。

劭 shào ㄕㄠˋ ❶劝勉。❷美好：年高德～。

绍（紹） shào ㄕㄠˋ 接续，继续。

哨 shào ㄕㄠˋ ❶巡逻，侦察：～探。❷警戒防守的岗位：放～|～兵|观察～。❸（一子、一儿）一种小笛：吹～集合。❹鸟叫：黄莺～得真好听。

睄 shào ㄕㄠˋ 〈方〉略看一眼。

稍 shào ㄕㄠˋ ［稍息］军事或体操的口令，命令队伍从立正姿势变为休息的姿势。

另见 443 页 shāo。

潲 shào ㄕㄠˋ ❶雨点被风吹得斜洒：雨往南～。㊀洒水：马路上～些水。❷〈方〉泔水：～水|猪～。

SHE ㄕㄜ

畲（畬） shē ㄕㄜ 同"畲"。多用于地名。

奢 shē ㄕㄜ ❶挥霍财物，过分享受（㊥一侈）：～华|～靡|穷～极欲。❷过分的：～望。

赊（賒） shē ㄕㄜ ❶买卖货物时延期付款或延期收款：～账|～购。❷远：江山蜀道～。❸古同"奢❶"。

畲 shē ㄕㄜ ［畲族］我国少数民族，参看附表。

畬 shē ㄕㄜ 焚烧田地里的草木，用草木灰做肥料耕种。

另见 606 页 yú。

猞 shē ㄕㄜ ［猞猁］（一lì）哺乳动物，像狸猫，毛多棕黄色，有灰褐色斑点。四肢粗长，善爬树，性凶猛。

舌 shé ㄕㄜˊ ❶舌头，人和动物嘴里辨别滋味、帮助咀嚼和发音的器官。［舌战］激烈辩论。❷像舌头的东西：帽～|火～。❸铃或铎（duó）中的锤。

折 shé ㄕㄜˊ ❶断：绳子～了|棍子～了。❷亏损：～本。［折耗］损耗，损失：青菜～太大。❸姓。

另见637页zhē；637页zhé。

佘 shé ㄕㄜˊ 姓。

蛇（*虵） shé ㄕㄜˊ 爬行动物，俗叫长虫(chong)，身体细长，有鳞，没有四肢，种类很多，有的有毒，捕食蛙等小动物。

另见585页yí。

阇（闍） shé ㄕㄜˊ ［阇梨］梵语音译"阿阇梨"的省称。佛教指高僧，泛指僧。

另见110页dū。

舍（捨） shě ㄕㄜˇ ❶放弃，不要了：～已为人｜～近求远｜四～五入。❷施舍：～粥｜～药。

另见445页shè。

厍（厙） shè ㄕㄜˋ 〈方〉村庄（多用于村庄名）。

设（設） shè ㄕㄜˋ ❶布置，安置：～岗｜办事处～在北京。［设备］为某一目的而配置的建筑与器物等：车间里～很完善。❷筹划：～法。［设计］根据一定的目的要求预先制定方法、程序、图样等。❸假定：～$x=a$。❹假使（㊎一若）。

社 shè ㄕㄜˋ ❶古代指祭祀土地神的地方。［社火］民间在节日扮演的各种杂戏。❷指某些团体或机构：合作～｜通讯～｜集会结～。［社会］1. 指由一定的经济基础和上层建筑构成的整体：封建～｜社会主义～。2. 指由于共同的物质条件和生活方式而联系起来的人群：上层～｜～思潮。［社交］指社会上人与人的交际往来。［社区］社会上有一定区域、人群、组织形式、生活服务设施等的居住区。

舍 shè ㄕㄜˋ ❶居住的房子：旅～｜宿～。❷养家畜的圈：猪～｜牛～。❸古代行军三十里叫一舍：退避三～（喻对人让步）。❹谦辞，用于对别人称自己的亲戚或年纪小辈分低的亲属：～亲｜～弟｜～侄。❺姓。

另见445页shě。

拾 shè ㄕㄜˋ 轻步而上：～级（逐步登上梯级）。

另见454页shí。

射（*䠶） shè ㄕㄜˋ ❶放箭，用推力或弹(tán)力送出子弹等：～箭｜扫～｜高～炮。❷液体受到压力迅速挤出：喷～｜注～。❸放出光、热等：反～｜光芒四～。❹有所指：暗～｜影～。

麝 shè ㄕㄜˋ 哺乳动物，又叫香獐子，像鹿而小，没有角，有獠牙。雄的脐部有香腺，能分泌麝香。

S

涉 shè ㄕㄜˋ ❶蹚着水走，泛指渡水：跋山～水|远～重洋。❷经历：～险|～世。❸牵连，关联(㊣牵一)：～案|～嫌|～外|～及。

赦 shè ㄕㄜˋ 免除刑罚：大～|～免|～罪。

摄(攝) shè ㄕㄜˋ ❶吸取：～取养分|～食。❷摄影：～制|这组照片～于南沙群岛。❸保养：珍～。❹代理(多指统治权)：～政|～位。

滠(灄) shè ㄕㄜˋ 滠水，水名，在湖北省。

慑(懾、*慴) shè ㄕㄜˋ 恐惧，害怕：～服|震～。[威慑]用武力或威势使对方感到恐惧。

歙 shè ㄕㄜˋ 歙县，在安徽省。另见 530 页 xī。

SHEI ㄕㄟ

谁(誰) shéi ㄕㄟˊ shuí ㄕㄨㄟˊ (又) 代词。❶表示问人：～来啦？❷任指，表示任何人，无论什么人：～都可以做。

SHEN ㄕㄣ

申 shēn ㄕㄣ ❶地支的第九位。❷申时，指下午三点到五点。❸陈述，说明：～请|～辩|～冤|重～|三令五～。[申斥]斥责。❹上海的别称。

伸 shēn ㄕㄣ ❶舒展开，跟"屈"相对：～手|～缩。❷表白：～冤。

呻 shēn ㄕㄣ 吟诵。[呻吟](一yín)哼哼，病痛时发出声音：无病～。

绅(紳) shēn ㄕㄣ ❶古代士大夫束在腰间的大带子。❷绅士，旧称地方上有势力、有地位的人，一般是地主或退职官僚：乡～|土豪劣～|开明士～。[绅士]1.同"绅❷"。2.称有教养、有风度的男子。也指男子有教养，有风度。

珅 shēn ㄕㄣ 一种玉。

砷 shēn ㄕㄣ 非金属元素，旧叫砒(pī)，符号 As，有黄、灰、黑褐三种颜色，有金属光泽，质脆有毒。可用来制合金，它的化合物可做杀菌剂和杀虫剂。

屾 shēn ㄕㄣ 并立的两山。

身 shēn ㄕㄣ ❶人、动物的躯体(㊣一体、一躯)：全～|上～|半～不遂|人～自

由。㊀物体的主要部分：船～|河～|树～。❷指生命：以～殉职|舍～炸碉堡。❸亲身，亲自，本人：～临其境|～体力行（亲身努力去做）|以～作则。❹指人的地位：～败名裂。［身份］［身分］（－fen）1. 指在社会上及法律上的地位：验明～。2. 特指受人尊敬的地位：有失～|这是位有～的人。❺（－儿）量词，用于衣服：我做了一～儿新衣服。

侁 shēn ㄕㄣ ❶［侁侁］形容众多。❷姓。

诜（詵） shēn ㄕㄣ ❶［诜诜］形容众多。❷姓。

骁（駪） shēn ㄕㄣ ［骁骁］形容众多。

参（參、❷*葠、❷*蓡） shēn ㄕㄣ ❶星宿名，二十八宿之一。［参商］参和商都是二十八宿之一，两者不同时在天空出现。㊃1. 分离不得相见。2. 不和睦。❷人参，草本植物。根肥大，肉质；略像人形，可入药。

另见42页cān；45页cēn。

糁（糝、**粈） shēn ㄕㄣ （－儿）谷类制成的小渣：玉米～儿。

另见434页sǎn。

鲹（鰺） shēn ㄕㄣ 鱼名，身体侧扁，呈卵圆形，鳞细，生活在海洋里。

莘 shēn ㄕㄣ ❶莘县，在山东省。❷姓。

［莘莘］形容众多：～学子。

另见550页xīn。

甡 shēn ㄕㄣ ❶［甡甡］形容众多。❷姓。

娠 shēn ㄕㄣ 胎儿在母体中微动。泛指怀孕：妊～。

深（*湥） shēn ㄕㄣ ❶从上到下或从外面到里面距离大，跟"浅"相对（❹❺同）：～水|这条河很～|～山|这个院子很～。❷从上到下或从外面到里面的距离，深度：水～一米。［深浅］1. 深度。2. 说话的分寸：他说话不知道～。❸久，时间长：～秋|～更半夜|年～日久。❹程度高的：～信|～知|～谋远虑|情谊很～|这本书内容太～|～入浅出。❺（颜色）重：～红|颜色太～。

棽 shēn ㄕㄣ chēn ㄔㄣ（又）［棽棽］形容繁盛茂密。

燊 shēn ㄕㄣ 旺盛。

什 shén ㄕㄣˊ ［什么］（－me）代词。1. 表示疑问：

S

想～？|～人？2.指不确定的或任何事物：我想吃点儿～|～事都难不住他。3.表示惊讶或不满：～！明天就走？|这是～话！

另见453页shí。

甚 shén ㄕㄣˊ 同“什”(shén)。另见448页shèn。

神 shén ㄕㄣˊ ❶宗教指天地万物的创造者和统治者，迷信的人指神仙或被他们崇拜的人死后的精灵：无～论|不信鬼～。㉑1.不平凡的，特别高超的：～力|～医。2.不可思议的，特别稀奇的(㉠一秘)：这事真是越说越～了。[神通]特殊的手段或本领：大显～|～广大。❷心力，心思，注意力：劳～|留～|看得出了～|聚精会～。❸(一儿)神气，表情：你瞧他这个～儿，有点儿不对劲儿|～色。

砷(鉮) shén ㄕㄣˊ 一类具有特定结构的含砷的有机化合物。

沈(❶❷瀋) shěn ㄕㄣˇ ❶汁：墨～未干。❷沈阳，地名，在辽宁省。❸姓。

另见56页chén。

审(審) shěn ㄕㄣˇ ❶详细，周密：～慎|精～。㉑仔细思考，反复分析、推究：～查|～核|这份稿子～完了。[审计]专设机关对国家各级政府、金融机构、企业事业组织的财务收支情况进行监督、审查并提出意见。❷审问，讯问案件：～案|～判|公～。❸知道：不～近况何如？也作“谂”。❹的确，果然：～如其言。

婶(嬸) shěn ㄕㄣˇ ❶(一子、一儿)叔叔的妻子(叠)。❷称呼跟母亲同辈而年纪较小、没有亲属关系的已婚妇女：张大～儿。

哂 shěn ㄕㄣˇ 微笑：～存|～纳|聊博一～。

矧 shěn ㄕㄣˇ 文言连词，况，况且。

谂(諗) shěn ㄕㄣˇ ❶同“审❸”。❷劝告。

瞫 shěn ㄕㄣˇ 往深处看。

肾(腎) shèn ㄕㄣˋ 肾脏，俗叫腰子，人和高等动物的排泄器官之一，能滤出尿液。

甚 shèn ㄕㄣˋ ❶很，极：进步～快|他说得未免过～。[甚至][甚至于]连词，表示更进一层：不学习就会落后，～会犯错误|这件事扰乱了他的

生活，～影响了他的工作。❷超过，胜过：更有～者｜日～一日。❸〈方〉代词，什么：要它做～？｜姓～名谁？

另见 448 页 shén。

葚 shèn ㄕㄣˋ ［桑葚］桑树结的果实。

另见 426 页 rèn。

椹 shèn ㄕㄣˋ 同"葚"(shèn)。另见 641 页 zhēn。

昚 shèn ㄕㄣˋ ❶见 449 页"慎"。❷用于人名。赵昚，南宋孝宗。

胂 shèn ㄕㄣˋ 有机化合物的一类，是砷化氢分子中的氢被烃基替换而成的。多有剧毒。

渗（滲） shèn ㄕㄣˋ 液体慢慢地透入或漏出：水～到土里去了｜天很热，汗～透了衣服。

瘆（瘮） shèn ㄕㄣˋ 使人害怕：～人｜夜里走山路，有点儿～得慌。

蜃 shèn ㄕㄣˋ 大蛤蜊。［蜃景］又叫海市蜃楼，光线通过密度不同的空气层时，由于折射作用，把远处景物反映在天空或地面而形成的幻景。在沿海或沙漠地带有时能看到。古人误认为是蜃吐气而成。

慎（△*昚） shèn ㄕㄣˋ 小心，加小心（㊟谨一）：不～｜～重。

SHENG ㄕㄥ

升（❸❹△*昇、❹△*陞） shēng ㄕㄥ ❶容积单位，符号L(l)，1 升等于 1 000 毫升。❷量粮食的器具，容量为 1 斗的十分之一。❸向上移动，使向上移动：～旗｜太阳～起来了。❹提高：～级。

昇 shēng ㄕㄥ ❶见 449 页"升"。❷用于人名。毕昇，宋代人，首创活字版印刷术。❸姓。

陞 shēng ㄕㄥ ❶见 449 页"升"。❷姓。

生 shēng ㄕㄥ ❶出生，诞生：～辰｜孙中山～于公元 1866 年。❷可以发育的物体在一定的条件下发展长大：种子～芽｜～根。㊎发生，产生：～病｜～疮｜～事。［生产］1. 人们使用工具来创造各种生产资料和生活资料。2. 生小孩儿。❸活，跟"死"相对：～老病死｜贪～怕死｜苟且偷～。㊎ 1. 生计：谋～｜营～。2. 生命：杀～｜丧～｜众～。3.

S

有生命力的：～物|～龙活虎。4.整个生活阶段：平～|一～。❹使柴、煤等燃烧起来：～火|～炉子。❺没有经过烧煮的或烧煮没有熟的：夹～饭|～肉|不喝～水。❻植物果实没有成长到熟的程度：～瓜。❼不常见的，不熟悉的（㊣—疏）：陌～|～人|～字。❽不熟练：～手。❾没有经过炼制的：～皮子|～药。❿生硬，硬，强（qiǎng）：～拉硬拽|～不承认。⓫表示程度深：～疼|～怕。⓬指正在学习的人：学～|师～|实习～。旧时又指读书人：书～。⓭传统戏曲里扮演男子的一种角色：老～|小～。⓮词尾：好～|怎～是好？

牲 shēng ㄕㄥ 牲口，普通指牛、马、驴、骡等家畜。古代特指供宴飨祭祀用的牛、羊、猪。

胜 shēng ㄕㄥ “肽”（tài）的旧称。

另见451页shèng。

笙 shēng ㄕㄥ 管乐器，用若干根长短不同的簧管制成，用口吹奏。

甥 shēng ㄕㄥ ❶外甥，姊妹的儿子。❷〈方〉外甥，女儿的儿子。

声（聲） shēng ㄕㄥ ❶声音，物体振动时所产生的能引起听觉的波：～如洪钟|大～说话。❷声母，字音开头的辅音，如“报（bào）告（gào）”、“丰（fēng）收（shōu）”里的b、g、f、sh都是声母。❸声调（diào），字音的高低升降。参看102页“调（diào）❹”。❹说出来使人知道，扬言：～明|～讨|～张|～东击西。❺名誉：名～|～望。❻量词，用于声音：一～巨响|喊了两～。

渑（澠） shéng ㄕㄥˊ 古水名，在今山东省淄博一带。

另见344页miǎn。

绳（繩） shéng ㄕㄥˊ ❶（一子）用两股以上的棉、麻纤维或棕、草等拧成的条状物。［绳墨］木工取直用的器具。㊞规矩，法度。❷约束，制裁：～之以法。

省 shěng ㄕㄥˇ ❶行政区划单位，直属中央。❷节约，耗费少，跟“费”相对：～钱|～时间|～事。❸简略（㊣—略）：～称|～写。

另见553页xǐng。

眚 shěng ㄕㄥˇ ❶眼睛生翳（yì）。❷灾祸。❸过错。

圣（聖） shèng ㄕㄥˋ ❶最崇高的，最有智慧的：～火｜～地｜～明。［圣人］旧时称具有最高智慧和道德的人。❷称学问、技术有特殊成就的人：诗～｜棋～。❸封建时代尊称帝王：～上｜～旨。

胜（勝） shèng ㄕㄥˋ ❶赢，胜利，跟“败”、“负”相对：打～仗｜得～。❷打败（对方）：以少～多。❸超过：今～于昔｜一个～似一个。❹优美的：～地｜～景。㊀优美的地方或境界：名～｜引人入～。❺（旧读 shēng）能担任，能承受：～任｜不～其烦。❻（旧读 shēng）尽：不～感激｜不～枚举。

另见 450 页 shēng。

晟 shèng ㄕㄥˋ ❶光明。❷旺盛，兴盛。

盛 shèng ㄕㄥˋ ❶兴旺：旺～｜茂～｜繁荣昌～｜梅花～开。❷炽烈：年轻气～｜火势很～。❸丰富，华美：～宴｜～装。❹热烈，大规模的：～会｜～况。❺深厚：～意｜～情。❻姓。

另见 58 页 chéng。

乘 shèng ㄕㄥˋ ❶春秋时晋国的史书叫乘，后因称一般的史书为乘：史～。❷量词，古代称一辆四匹马拉的兵车为一乘：千～之国。

另见 59 页 chéng。

剩（*賸） shèng ㄕㄥˋ 多余，余留下来（㊥一余）：～饭｜～货。

嵊 shèng ㄕㄥˋ ［嵊州］地名，在浙江省。

SHI ㄕ

尸（❶*屍） shī ㄕ ❶尸体，人或动物死后的身体。❷古代祭祀时代表死者受祭的人。❸不做事情，空占职位：～位。

鸤（鳲） shī ㄕ ［鸤鸠］（—jiū）古书上指布谷鸟。

失 shī ㄕ ❶丢（㊥遗一）：～物招领｜机不可～｜～而复得。㊀1. 违背：～信｜～约。2. 找不着：～踪｜～群之雁｜迷～。❷没有掌握住：～足｜～言｜～火。❸没有达到目的：～意｜～望｜～策。［失败］1. 被打败。2. 计划或希望没能实现。❹错误，疏忽：千虑一～。❺改变常态：～色｜～声痛哭。

师(師) shī ㄕ ❶老师，传授知识技能的人。㊀榜样：前事不忘，后事之～。[师傅]1. 传授技艺的老师。2. 对有实践经验的工人的尊称。❷由师徒关系而产生的：～兄。❸掌握专门学术或技艺的人：工程～|医～|律～|理发～。❹仿效：～法。❺军队：誓～|百万雄～。❻军队的编制单位，是团的上一级。

狮(獅) shī ㄕ 狮子，兽名，毛黄褐色，雄的颈上有长鬣，性凶猛，有兽王之称。多生活在非洲和亚洲西部。

浉(溮) shī ㄕ 浉河，在河南省信阳，入淮河。

鲺(鰤) shī ㄕ 鱼名，身体纺锤形，稍侧扁，背部蓝褐色，鳞小而圆，尾鳍分叉。生活在海里。

鸤(鳲) shī ㄕ 鸟名，背部青灰色，腹部淡褐色，嘴长而尖，脚短爪硬，生活在树林中。

邿 shī ㄕ 用于地名：大～城(在山东省济阳)。

诗(詩) shī ㄕ 一种文体，形式很多，多用韵，可以歌咏朗诵。

虱(*蝨) shī ㄕ (一子)昆虫，身体小，寄生在人畜身上，吸食血液，能传染疾病。

鲺(鯴) shī ㄕ 节肢动物，身体扁圆形，像臭虫，头上有一对吸盘。寄生在鱼类身体的表面。

施 shī ㄕ ❶实行：～工|无计可～|倒行逆～。[施展]发挥能力。❷用上，加上：～肥|～粉。❸给予：～礼|～恩。❹施舍，把财物送给穷人或出家人：～主|布～。

湿(濕、*溼) shī ㄕ 沾了水或是含的水分多，跟"干"相对：地很～|手～了。

蓍 shī ㄕ 蓍草，草本植物，俗叫蚰蜒草或锯齿草，茎直立，花白色。全草可入药，也可制香料。

酾(釃) shī ㄕ shāi ㄕㄞ(又)❶滤酒。❷斟酒。❸疏导河渠。

嘘 shī ㄕ 叹词，表示反对、制止、驱逐等：～，小点儿声！

另见557页xū。

十 shí ㄕˊ ❶数目字。㊀表示达到顶点：～足|～分|

～全～美。❷法定计量单位中十进倍数单位词头之一，表示 10^1，符号 da。

什 shí ㄕˊ ❶同"十❶"（多用于分数或倍数）：～一（十分之一）|～百（十倍或百倍）。❷各种的，杂样的：～物|家～（家用杂物）。［什锦］各种各样东西凑成的（多指食品）：～糖|素～。

另见 447 页 shén。

石 shí ㄕˊ ❶（一头）构成地壳的坚硬物质，是由矿物集合而成的：花岗～|～磨|～砚。❷指石刻：金～。❸古代容量单位，一石为十斗。❹古代重量单位，一石为一百二十斤。❺姓。

另见 87 页 dàn。

炻 shí ㄕˊ［炻器］介于陶器和瓷器之间的陶瓷制品，如水缸、砂锅等。

祏 shí ㄕˊ 古时宗庙中藏神主的石匣。

鼫 shí ㄕˊ 古书上指鼯（wú）鼠一类的动物。

时（時、*旹） shí ㄕˊ ❶时间，一切物质不断变化或发展所经历的过程。❷时间的一段。1. 比较长期的（㊀一代）：古～|唐～|盛极一～。2. 一年中的一季：四～。3. 时辰，一昼夜的十二分之一：子～。4. 小时，一昼夜的二十四分之一。5. 时候：平～|到～叫我一声。6. 钟点：八～上班。［不时］1. 不定时：～之需。2. 常常：联欢会上～爆发出笑声和掌声。❸时机：待～而动。❹规定的时间：准～起飞。❺现在的，当时的：～髦|～事。［时装］式样最新的服装，当代流行的服装。❻时常，常常（叠）：学而～习之|～～帮助他人。❼有时候：天气～阴～晴|身体～好～坏。

埘（塒） shí ㄕˊ 古代称在墙壁上挖洞做成的鸡窝。

鲥（鰣） shí ㄕˊ 鱼名，背部黑绿色，腹部银白色，鳞下多脂肪。肉味鲜美。

识（識） shí ㄕˊ ❶知道，认得，能辨别：～货|～字|～别真假。❷知识，所知道的道理：常～|学～。❸见识，辨别是非的能力：卓～|有～之士。

另见 651 页 zhì。

实（實、❶❷△*寔） shí ㄕˊ ❶充满：虚～|～心球|～足年龄。❷真，真诚，跟"虚"相对：～心～意|

～话～说|～事求是。[实词]能够单独用来回答问题，有比较实在意义的词，跟"虚词"相对，如名词、动词等。[实践]1.实行(自己的主张)，履行(自己的诺言)。2.人们改造自然和改造社会的有意识的活动。[实在]1.真，的确：～好。2.(—zai)不虚：他的学问很～|话说得挺～。❸种子，果子：开花结～。

拾 shí 𠂤 ❶捡，从地下拿起来：～麦子|～了一支笔。❷"十"字的大写。

[拾掇](—duo)1.整理：把屋子～一下|把院子～～。2.修理：～钟表|～机器|～房子。

另见445页shè。

食 shí 𠂤 ❶吃：～肉。[食言]指失信：决不～。❷吃的东西：素～|零～|面～|丰衣足～。❸日月亏缺或完全看不见的现象：日～|月～。

另见469页sì。

蚀(蝕) shí 𠂤 ❶损伤，亏缺：侵～|腐～。❷旧同"食(shí)❸"。

湜 shí 𠂤 形容水清见底(叠)。

寔 shí 𠂤 ❶放置。❷见453页"实"。

史 shǐ 𠂤 ❶历史，自然或社会以往发展的过程。也指记载历史的文字和研究历史的学科。❷古代掌管记载史事的官。

驶(駛) shǐ 𠂤 ❶车马快跑。❷开动交通工具(多指有发动机的)，使行动：驾～|轮船～入港口。

矢 shǐ 𠂤 ❶箭：有的(dì)放～。❷发誓：～口抵赖。❸古同"屎"：遗～。

豕 shǐ 𠂤 猪。

使 shǐ 𠂤 ❶用：～劲|～拖拉机耕种|这支笔很好～。❷派，差(chāi)遣：支～|～人前往。❸让，令，叫：～人高兴|迫～。❹假若，假使。❺驻外国的外交长官：大～|公～。[使命]奉命去完成的某种任务。泛指重大的任务：历史～|外交～。

始 shǐ 𠂤 ❶开始，起头，最初，跟"末"、"终"相对：～祖|不知～于何时|自～至终|原～社会。[未始]未尝，本来没有：这样做～不可。❷才：参观至下午五时～毕。

屎 shǐ 𠂤 大便，粪。㉛眼、耳等的分泌物：眼～|耳～。

S

士 shì ㄕˋ ❶古代介于卿大夫和庶民之间的一个阶层。❷古代指未婚的男子，泛指男子：～女。❸指读书人：学～|～农工商。❹对人的美称：志～|壮～|烈～。❺军人的一级，在尉以下，也泛指军人：上～|中～|～气。❻称某些专业人员：护～|助产～。

仕 shì ㄕˋ 旧称做官：出～|～途。[仕女] 1. 宫女。2. 传统绘画中的美女。

氏 shì ㄕˋ ❶姓。古代姓和氏有区别，氏从姓分出，后来姓和氏不分了，姓、氏可以混用。❷旧时称已婚的妇女，通常在夫姓后再加父姓，父姓后加"氏"：张王～(夫姓张，父姓王)。❸后世对有影响的人的称呼：神农～|太史～|摄～温度。

另见 646 页 zhī。

舐 shì ㄕˋ 舔：老牛～犊(喻人疼爱儿女)。

示 shì ㄕˋ 表明，把事物拿出来或指出来使别人知道：～众|～威|表～|暗～|～范|以目～意。

眎 shì ㄕˋ 有机化合物，溶于水，遇热不凝固，是食物蛋白和蛋白胨的中间产物。

世(**卋) shì ㄕˋ ❶一个时代：近～。❷一辈一辈相传的：～袭|～医。❸人的一生：一～为人|今生今～。❹指从先辈起就有交往、友谊的：～伯|～兄。❺世界，宇宙，全球：～上|～人。

贳(貰) shì ㄕˋ ❶出赁，出借。❷赊欠。❸宽纵，赦免。

市 shì ㄕˋ ❶做买卖或集中做买卖的地方：开～|菜～|牲口～。[超市]超级市场的简称。一种任顾客自选商品的综合性零售商店。❷买：～恩|沽酒～脯(fǔ)。❸卖：转以～人。❹人口密集的行政中心或工商业、文化发达的地方：城～|都～。❺行政区划单位，有直辖市和省(或自治区)辖市等：北京～|唐山～。❻属于我国度量衡市用制的：～尺|～升|～斤。

柿(*柹) shì ㄕˋ 柿树，落叶乔木，花黄白色。果实叫柿子，扁圆形，红黄色，可以吃。木材可用来制器具。

铈(鈰) shì ㄕˋ 金属元素，符号 Ce，铁灰色，质软。可用来制合金。

S

式 shì ㄕˋ ❶物体外形的样子：新～。[形式]事物的外表。❷特定的规格：格～｜程～。❸仪式，典礼：开幕～｜阅兵～。❹自然科学中表明某些规律的一组符号：公～｜方程～｜分子～。

试(試) shì ㄕˋ ❶按照预定想法非正式地做：～验｜～用｜～一～看。❷考，测验(㊖考一、测一)：～题｜口～｜～金石。

拭 shì ㄕˋ 擦：～泪｜～目以待(形容殷切期待)。

栻 shì ㄕˋ 古代占卜用的器具。

轼(軾) shì ㄕˋ 古代车厢前面用作扶手的横木。

弑 shì ㄕˋ 古时候指臣杀君、子杀父母等行为：～君｜～父。

似 shì ㄕˋ [似的][是的](一de)助词，表示跟某种事物或情况相似：肤色像雪～那么白｜瓢泼～大雨。

另见 468 页 sì。

势(勢) shì ㄕˋ ❶势力，权力，威力：倚～欺人。❷表现出来的情况，样子。1.属于自然界的：地～｜山～险峻。2.属于动作的：姿～｜手～。3.属于政治、军事或其他方面的：时～｜大～所趋｜乘～追击。❸雄性生殖器：去～。

事 shì ㄕˋ ❶(一儿)事情，自然界和社会中的一切现象和活动。[事变]突然发生的重大政治、军事性事件：七七～。[事态]形势或局面：～严重。❷职业：谋～｜他现在做什么～？❸关系或责任：你回去吧，没有你的～了｜这件案子里还有他的～呢。❹变故，事故：出～｜平安无～。[事故]出于某种原因而发生的不幸事情，如工作中的死伤等。❺做，治：大～宣扬｜不～生产。❻旧指侍奉：～亲。

侍 shì ㄕˋ 服侍，伺候，在旁边陪着：～立。

峙 shì ㄕˋ [繁峙]地名，在山西省。

另见 652 页 zhì。

恃 shì ㄕˋ 依赖，仗着：有～无恐。

饰(飾) shì ㄕˋ ❶修饰，装饰，装点得好看：油～门窗。㊕假托，遮掩：～辞｜文过～非。❷装饰用的东西：首～｜窗～。❸装扮，扮演角色。

视(視、*眎、*眡) shì ㄕˋ ❶看：～点｜近～眼｜～而不见。❷视察，观察：巡～一周｜监～。❸看待：重～｜～死如归｜一～同仁。

昰 shì ㄕˋ ❶见457页“是”。❷用于人名。赵昰，南宋端宗。

是(△*昰) shì ㄕˋ ❶表示判断：他～工人｜这朵花～红的。❷表示存在：满身～汗｜山上全～树。❸表示让步，先承认所说的，再转入正意：东西旧～旧，可是还能用｜话～说得很对，可是得(děi)认真去做。❹表示适合：来的～时候｜放的～地方。❺表示凡是，任何：～重活儿他都抢着干。❻用于选择问句：你～坐轮船～坐火车？❼加重语气：～谁告诉你的？｜天气～冷。❽对，合理，跟“非”相对：懂得～非｜他说的～。㊀认为对：～其所是。[是非] 1. 正确和错误：辨明～。2. 纠纷，争执：挑拨～｜惹～。❾文言代词，这，此：如～｜～日天气晴朗。[国是]国家大计：共商～。

谡(諟) shì ㄕˋ 订正。

媞 shì ㄕˋ 聪慧。

适(適) shì ㄕˋ ❶切合，相合(㊥一合)：～宜｜～意｜～用。❷舒服：安～｜稍觉不～。❸刚巧：～逢其会。❹刚才，方才：～从何处来？❺往，到：无所～从。㊀旧指女子出嫁：～人。

另见281页kuò。

室 shì ㄕˋ ❶屋子：～内｜教～。㊀1. 妻子：妻～｜继～。2. 家，家族：皇～｜十～九空。❷机关团体内的工作单位：会计～。❸星宿名，二十八宿之一。

逝 shì ㄕˋ ❶过去：光阴易～。❷死，多用于表示对死者的敬意：～世｜不幸病～。

誓 shì ㄕˋ ❶当众表示，决心依照说的话实行：～不两立｜～为共产主义奋斗终身。❷表示决心的话：宣～｜发～｜～言。

莳(蒔) shì ㄕˋ 移栽植物：～秧。

释(釋) shì ㄕˋ ❶说明，解说(㊥解一、注一)：解～字句｜古诗浅～。❷消散：冰～(喻怀疑、误会等完全消除)｜～疑。❸放开，放下：～放｜手不～卷｜如～重

负。❹把坐监服刑的人释放：保～|开～。❺佛教创始人"释迦牟尼"的省称，泛指佛教：～氏(佛家)|～子(和尚)|～教。

谥(謚、*諡) shì ㄕˋ 我国古代，在最高统治者或其他有地位的人死后，依其生前事迹给予的称号，如"武"帝、"哀"公等。又叫谥号。

嗜 shì ㄕˋ 喜爱，特别爱好：～学|～睡。[嗜好](-hào)对于某种东西特别爱好，爱好成癖。也指特殊的爱好。

筮 shì ㄕˋ 古代用蓍草占卦(迷信)。

噬 shì ㄕˋ 咬：吞～|～脐莫及(喻后悔无及)。

奭 shì ㄕˋ 盛大。

襫 shì ㄕˋ 见37页"袯"字条"袯襫"(bó-)。

螫 shì ㄕˋ 有毒腺的虫子刺人或牲畜。

匙 shi ·ㄕ 见580页"钥"字条"钥匙"(yào-)。
另见61页chí。

殖 shi ·ㄕ [骨殖](gǔ-)尸骨。
另见648页zhí。

S

SHOU ㄕㄡ

收(**収) shōu ㄕㄡ ❶接到，接受，跟"发"相对：～发|～信|～条|接～|招～|～账(受款记账)。❷藏或放置妥当：这是重要东西，要～好了。❸割取成熟的农作物：秋～|～麦子。❹获得(经济利益)：～益|～支相抵。❺招回：～兵。❻聚，合拢：疮～口了。❼结束：～尾|～工|～场。❽控制，收敛：～住脚步|把心～一～。❾逮捕拘禁：～监。

熟 shóu ㄕㄡˊ 义同"熟"(shú)，用于口语。
另见461页shú。

手 shǒu ㄕㄡˇ ❶人体上肢前端能拿东西的部分。(图见491页"人体")[手足]比喻兄弟。❷拿着：人～一册。❸(-儿)量词，用于技能、本领等：有两～儿。❹亲手：～书|～植。❺做某种事情或擅长某种技能的人：选～|生产能～|水～|神枪～。❻小巧易拿的：～机|～包|～册。

守 shǒu ㄕㄡˇ ❶防卫，守卫，跟"攻"相对：～城|坚～阵地。[墨守]依照老法子不

肯改进：～成规。❷看守，看护：～门|～着病人。❸遵守，依照：因循～旧|～时间|～纪律|～法。❹靠近，依傍：～着水的地方，要多种稻子。

首 shǒu ㄕㄡˇ ❶头，脑袋：昂～|～饰。[首领]某些团体的领导人。❷领导人，带头的：～长。❸第一，最高的：～要|～席。❹最先，最早：～次|～创|～播。❺出头告发：自～|出～。❻量词，用于诗歌、乐曲等：一～诗|一～歌。

艏 shǒu ㄕㄡˇ 船体的前部。

寿(壽) shòu ㄕㄡˋ ❶活得岁数大：人～年丰。❷年岁，生命：长～|～命。❸寿辰，生日：祝～|～礼。❹婉辞，装殓死人的：～材|～衣。

受 shòu ㄕㄡˋ ❶接纳，接受：～贿|～教育。❷忍耐某种遭遇(㊣忍一)：～不了|～罪。❸遭到：～批评|～害|～风。❹适合：～听(听着入耳)|～看(看着舒服)。

授 shòu ㄕㄡˋ ❶给，与：～旗|～奖|～意(把自己的意思告诉别人让别人照着办)。❷传授：～课。

绶(綬) shòu ㄕㄡˋ 一种丝质带子，古代常用来拴在印纽上：～带|印～。

狩 shòu ㄕㄡˋ 打猎，古代指冬天打猎：～猎。

售 shòu ㄕㄡˋ 卖：～票|零～|销～。㊀施展：以～其奸。

兽(獸) shòu ㄕㄡˋ ❶哺乳动物的通称，一般指有四条腿、全身生毛的哺乳动物。❷形容野蛮，下流：～欲|～行。

瘦 shòu ㄕㄡˋ ❶含脂肪少，跟"胖"、"肥"相对：～肉|身体很～。❷衣服鞋袜等窄小，跟"肥"相对：这件衣裳穿着～了。❸土地瘠薄：～田。❹笔画细：～硬|钟书体～|～金体。

SHU ㄕㄨ

殳 shū ㄕㄨ 古代一种竹、木制成的兵器，顶端有棱无刃。有的在顶端装有刺球和矛。

书(書) shū ㄕㄨ ❶成本儿的著作：读～|著～。❷信(㊣一信)：家～|～札|来～已悉。❸文件：证明～|申请～。❹写字(㊣一写)：～

法。㊕字体：楷～|隶～。

抒 shū ㄕㄨ 抒发，尽量表达：～情|各～己见。

纾（紓） shū ㄕㄨ 缓和，解除：～难(nàn)。

舒 shū ㄕㄨ ❶展开，伸展：～眉展眼。[舒服][舒坦]身心愉快。❷从容，缓慢。

枢（樞） shū ㄕㄨ ❶门上的转轴：户～不蠹。❷指重要的或中心的部分。[枢纽]重要的部分，事物相互联系的中心环节：交通～。[中枢]中心，中央：神经～。

S

叔 shū ㄕㄨ ❶兄弟排行常用伯、仲、叔、季为次序，叔是老三。❷叔父，父亲的弟弟。又称跟父亲同辈而年纪较小、没有亲属关系的男子(叠)：大～。❸（一子）丈夫的弟弟：小～子。

菽（**尗） shū ㄕㄨ 豆类的总称。

淑 shū ㄕㄨ 善，美：贤～|～女。

陎 shū ㄕㄨ 姓。

姝 shū ㄕㄨ 美丽，美好。也指美女：名～。

殊 shū ㄕㄨ ❶不同：特～情况|～途同归。❷特别突出：～荣|～勋。❸极，很：～佳|～可钦佩。❹断，绝。[殊死]1. 古代指斩首的死刑。2. 拼着性命：～战斗。

倏（*倐、*儵） shū ㄕㄨ 极快地，忽然：～忽|～尔而逝。

梳 shū ㄕㄨ ❶（一子）整理头发的用具。又叫拢子。❷用梳子整理头发：～头。

疏（❶－❹*踈） shū ㄕㄨ ❶清除阻塞，使畅通(㊐一通)：～导。❷分散：～散。❸事物间距离大，空隙大，跟“密”相对(㊐稀一)：～林|～密不均。㊀1. 不亲密，关系远的：亲～|～远。2. 不细密，粗心：～神|～忽。❹空虚：志大才～。❺粗：～食。❻不熟悉：生～|人生地～。❼分条说明的文字：上～|奏～(封建时代臣下向皇帝陈述事情的文章)。❽对古书旧有注文做的阐释：注～。

蔬 shū ㄕㄨ 蔬菜，可以做菜的植物(多属草本)：～食。

鄃 shū ㄕㄨ 古县名，在今山东省夏津附近。

输（輸） shū ㄕㄨ ❶从一个地方运送到另

一个地方(㊥运一):～出|～血。❷送给,捐献:捐～|～财助学。❸败,负,跟“赢”相对:认～|～了官司|～了两个球。

毹 shū ㄕㄨ 见417页“氍”字条“氍毹”(qú—)。

摅(攄) shū ㄕㄨ 发表或表示出来:各～已见。

秫 shú ㄕㄨˊ 高粱,多指黏高粱:～米|～秸(高粱秆)。

孰 shú ㄕㄨˊ 文言代词。❶谁:～谓不可?❷什么:是(这个)可忍,～不可忍?❸哪个:～胜～负,尚未可知。

塾 shú ㄕㄨˊ 旧时私人设立的教学的地方:私～|村～。

熟 shú ㄕㄨˊ ❶食物烧煮到可吃的程度:饭～了|～菜。❷成熟,植物的果实或种子长成:麦子～了。❸程度深:深思～虑|～睡。❹因常接触而知道得清楚:～悉|～人|这条路我～。❺熟练,对某种工作精通而有经验:～手|纯～|～能生巧。❻经过加工或炼制的:～铁|～皮子。

另见458页shóu。

婌 shú ㄕㄨˊ 宫廷女官名。

赎(贖) shú ㄕㄨˊ ❶用财物换回抵押品:～当(dàng)|把东西～回来。❷用行动抵消、弥补罪过(旧时特指用财物减免刑罚):自～|立功～罪。

暑 shǔ ㄕㄨˇ 热:中(zhòng)～|～天。

署 shǔ ㄕㄨˇ ❶办公的处所:海关总～。❷布置:部～。❸签名,题字:签～|～名。❹暂代:～理。

薯(*藷) shǔ ㄕㄨˇ 植物名。1.甘薯,草本植物,又叫白薯、红薯或番薯,茎细长,块根可以吃。2.马铃薯,草本植物,又叫土豆、山药蛋,块茎可以吃。3.[薯蓣](—yù)草本植物,又叫山药,块根圆柱形,可以吃,也可入药。

曙 shǔ ㄕㄨˇ 天刚亮:～色|～光。

黍 shǔ ㄕㄨˇ (—子)谷类作物,籽实碾成米叫黄米,性黏,可以吃,也可酿酒。

属(屬) shǔ ㄕㄨˇ ❶同一家族的成员:家～|眷～|亲～。❷类别:金～。❸生物的分类单位之一,在“科”之下、“种”之上:梨～|狐～。❹有管辖关系,也指有管辖关系的人或单位(㊥隶—):直～|～局|～员|下～。

S

❺归类：～于自然科学。❻为某人或某方所有：这本书现在～你了｜胜利终～甲队。❼是：查明～实。❽用属相记生年(用干支纪年，十二支配合十二种动物，人生在哪年，就属哪种动物叫"属相")：甲子、丙子等子年生的都～鼠。

另见 659 页 zhǔ。

蜀 shǔ ㄕㄨˇ ❶古国名。1.周代诸侯国名，在今四川省成都一带。2.蜀汉，三国之一，刘备所建立(公元 221—263 年)，在今四川省，后来扩展到贵州省、云南省和陕西省汉中一带。❷四川省的别称。

鼠 shǔ ㄕㄨˇ 老鼠，哺乳动物，俗叫耗子，体小尾长，门齿发达，繁殖力强，能传染疾病。

数(數) shǔ ㄕㄨˇ ❶一个一个地计算：～一～。㉠比较起来最突出：就～他有本领。❷责备，列举过错：～落(luo)｜～说。

另见463页shù；466页shuò。

术(術) shù ㄕㄨˋ ❶技艺，学问：武～｜技～｜美～｜不学无～。[术语]学术和各种工艺上的专门用语。❷方法：战～｜防御之～。

另见 658 页 zhú。

述 shù ㄕㄨˋ 讲说，陈说(㊀叙—、陈—、—说)：口～。

沭 shù ㄕㄨˋ 沭河，发源于山东省，流至江苏省入新沂河。

钵(鉥) shù ㄕㄨˋ ❶长针。❷刺。

戍 shù ㄕㄨˋ 军队防守：卫～｜～边。

束 shù ㄕㄨˋ ❶捆住：～发(fà)｜～手～脚。[束缚](—fù)捆绑。㊉使受到限制：不要～群众的创造性。❷成捆儿或成条的东西：花～｜光～。❸量词，捆儿：一～鲜花。❹控制(㊀约—)：拘～｜管～｜～身自爱。

树(樹) shù ㄕㄨˋ ❶木本植物的通称。❷种植，栽培。❸立，建立(㊀—立)：～雄心，立壮志。

竖(豎、*竪) shù ㄕㄨˋ ❶直立，跟地面垂直的，跟"横"相对：把棍子～起来。❷从上到下的或从前到后的，跟"横"相对：～着写｜～着挖道沟。❸直，汉字自上往下写的一种笔形(丨)："十"字是一横一～。❹竖子，古时指未成年的仆人，也用于对人的一种蔑称。

俞 shù ㄕㄨˋ 同"腧"。

另见 606 页 yú。

隃 shù ㄕㄨˋ 古地名，在今山西省代县西北。

腧 shù ㄕㄨˋ 腧穴，人体上的穴道：肺～|胃～。

恕 shù ㄕㄨˋ 宽恕，原谅：饶～|～罪|～我直言。

庶（*庻） shù ㄕㄨˋ ❶众多：～民（旧指老百姓）|富～。❷庶几（jī），将近，差不多：～乎可行。❸宗法制度下指家庭的旁支：～出。

裋 shù ㄕㄨˋ 古代仆役穿的一种粗布衣服。

数（數） shù ㄕㄨˋ ❶数目，划分或计算出来的量：基～|序～|岁～|次～|人～。[数词]表示数目的词，如"一、九、千、万"等。❷几，几个：～次|～日|～人。❸（迷信）劫数，命运：在～难逃|气～已尽。

另见462页shǔ；466页shuò。

墅 shù ㄕㄨˋ 别墅，住宅以外供游玩休养的园林房屋。

漱（*潄） shù ㄕㄨˋ 含水荡洗口腔：～口|洗～。㊀洗涤，冲刷：悬泉瀑布，飞～其间。

澍 shù ㄕㄨˋ 及时的雨。

SHUA ㄕㄨㄚ

刷 shuā ㄕㄨㄚ ❶（一子、一儿）用成束的毛、棕等制成的清除东西或涂抹东西的用具。❷用刷子或类似刷子的用具来清除或涂抹：～牙|～鞋|～锅|用石灰～墙。㊀淘汰：第一轮比赛就被～掉了。❸同"唰"。

另见 463 页 shuà。

唰 shuā ㄕㄨㄚ 形容迅速擦过去的声音：小雨～～地下起来了。

耍 shuǎ ㄕㄨㄚˇ ❶〈方〉玩（㊉玩一）：孩子们在院子里～。❷玩弄，表演：～猴|～大刀。❸戏弄：别～人。❹弄，施展：～手艺|～威风|～手腕（指使用不正当的方法）。

刷 shuà ㄕㄨㄚˋ [刷白]色白而略微发青。

另见 463 页 shuā。

SHUAI ㄕㄨㄞ

衰 shuāi ㄕㄨㄞ 事物发展转向微弱（㊉一微）：～败|～老|～弱。[衰变]指放射性元素放射出粒子后变成另一种元素。

另见 78 页 cuī。

摔(❹**踤) shuāi ㄕㄨㄞ ❶用力往下扔:把帽子往床上一～就走了。❷很快地掉下:从树上～了下来。❸因掉下而毁坏:把碗～了。❹跌跤:他～倒了|～了一跤。

甩 shuǎi ㄕㄨㄞˇ ❶抡,扔:～袖子|～手榴弹。❷抛开,抛弃:～车(使列车的车厢与机车分开)|被～在后面|～掉了跟踪的特务。

帅(帥) shuài ㄕㄨㄞˋ ❶军队中最高一级的指挥官:元～|统～。❷英俊,潇洒,漂亮:这个小伙儿很～|他的动作～极了|字写得～。

率 shuài ㄕㄨㄞˋ ❶带领,统领(㊀一领):～队|～师出征。❷轻易地,不细想,不慎重(㊀轻一、草一):粗～。❸爽直坦白(㊀直一)。❹大率,大概,大略:～皆如此。❺遵循:～由旧章。❻模范:表～。

另见 322 页 lǜ。

蟀 shuài ㄕㄨㄞˋ 见 529 页"蟋"字条"蟋蟀"(xī—)。

SHUAN ㄕㄨㄢ

闩(閂、**櫺) shuān ㄕㄨㄢ ❶门闩,横插在门后使门推不开的棍子。❷用闩插上门:把门～上。

拴 shuān ㄕㄨㄢ 用绳子系(jì)上:～马|～车。㊕被事物缠住而不能自由行动:被琐事～住了|能～住他的人,却～不住他的心。

栓 shuān ㄕㄨㄢ ❶器物上可以开关的机件:枪～|消火～。❷塞子或作用跟塞子相仿的东西:～塞|～剂|血～。

涮 shuàn ㄕㄨㄢˋ ❶放在水中摆动,略微洗洗:～～手|把毛笔～一～。❷把水放在器物中摇动,冲洗:～瓶子。❸把肉片等在滚水里放一下就取出来(蘸作料吃):～锅子|～羊肉。❹〈方〉耍弄,骗:被人～了。

腨 shuàn ㄕㄨㄢˋ 腿肚子。

SHUANG ㄕㄨㄤ

双(雙、**雙) shuāng ㄕㄨㄤ ❶两个,一对,跟"单"相对:～管齐下|好事成～。❷量词,用于成对的东西:一～鞋|两～筷子。❸偶数的:～数(二、

四、六、八等)。❹加倍的:~份|~料。

泷(瀧) shuāng ㄕㄨㄤ 泷水,水名,在广东省。

另见 315 页 lóng。

漴 shuāng ㄕㄨㄤ 用于地名:~缺(在上海市奉贤)。

另见 63 页 chóng。

霜 shuāng ㄕㄨㄤ ❶附着在地面或靠近地面的物体上的白色微细冰粒,是接近地面的水蒸气降至0℃以下凝结而成的。喻白色:~鬓。❷像霜的东西:柿~|盐~。

孀 shuāng ㄕㄨㄤ 寡妇,死了丈夫的妇人:遗~|~居。

骦(驦) shuāng ㄕㄨㄤ 见 472 页"骕"字条"骕骦"(sù—)。

礵 shuāng ㄕㄨㄤ 北礵岛,岛名,在福建省霞浦。

鹴(鸘) shuāng ㄕㄨㄤ 见 472 页"鹔"字条"鹔鹴"(sù—)。

爽 shuǎng ㄕㄨㄤˇ ❶明朗,清亮:秋高气~|~目。❷清凉,清洁:凉~|清~。❸痛快,率直:豪~|直~|~快。[爽性]索性,干脆:既然晚了,~不去吧。❹舒适,畅快:身体不~|人逢喜事精神~。❺不合,违背:~约|毫厘不~。

SHUI ㄕㄨㄟ

谁(誰) shuí ㄕㄨㄟˊ (又)见 446 页 shéi。

水 shuǐ ㄕㄨㄟˇ ❶一种无色无味无臭透明的液体,化学成分是 H_2O:雨~|喝~。❷河流:赤~|汉~。❸江、河、湖、海的通称:~产|~陆交通|~旱码头。[水平] 1.静水的平面。2.达到的程度:文化~。❹汁液:药~|橘子~。❺额外附加的费用:贴~。❻量词,衣服洗的次数:这衣服不禁(jīn)穿,洗了两~就破了。

[水族]我国少数民族,参看附表。

说(説) shuì ㄕㄨㄟˋ 用话劝说别人,使他听从自己的意见:游~。

另见466页shuō;616页yuè。

帨 shuì ㄕㄨㄟˋ 古代的佩巾。

税 shuì ㄕㄨㄟˋ 政府依法向纳税人征收的货币或实物:纳~|营业~|个人所得~。

睡 shuì ㄕㄨㄟˋ 闭目安息,大脑皮质处于休息状态(连一眼)：～着(zháo)了｜～午觉。

SHUN ㄕㄨㄣ

吮 shǔn ㄕㄨㄣˇ 聚拢嘴唇来吸(㊀一吸)：～乳。

楯 shǔn ㄕㄨㄣˇ 栏干。另见116页dùn。

顺(順) shùn ㄕㄨㄣˋ ❶向着同一个方向，跟“逆”相对：～风｜～水｜通～。❷沿，循：～河边走。㊁依次往上往下或依次往后：～着楼梯｜～着台阶｜～着坡｜遇雨～延。❸随，趁便：～手关门｜～口说出来。❹整理，理顺：～一～头发｜文章太乱，得～一～。❺服从，不违背：～从｜归～。❻适合，不别扭：～心｜～眼｜～耳。

舜 shùn ㄕㄨㄣˋ 传说中上古帝王名。

瞬 shùn ㄕㄨㄣˋ 一眨(zhǎ)眼，转眼：～息万变(形容在极短时间内变化极多)｜转～即逝。

SHUO ㄕㄨㄛ

说(説) shuō ㄕㄨㄛ ❶用话来表达自己的意思。❷解释：～明｜解～。❸说合，介绍：～亲。❹言论，主张：学～｜著书立～。❺责备：他挨～了｜～了他一顿。

另见465页shuì；616页yuè。

妁 shuò ㄕㄨㄛˋ 旧指媒人。

烁(爍) shuò ㄕㄨㄛˋ 光亮的样子：闪～。

铄(鑠) shuò ㄕㄨㄛˋ ❶熔化金属：～金｜～石流金(形容天气极热)。❷销毁，消损。❸同“烁”。

朔 shuò ㄕㄨㄛˋ ❶农历每月初一日。❷北：～风｜～方。

搠 shuò ㄕㄨㄛˋ 扎，刺。

蒴 shuò ㄕㄨㄛˋ 蒴果，果实的一种，由两个以上的心皮构成，成熟后裂开，内含许多种子，如芝麻、棉花、百合等的果实。

槊 shuò ㄕㄨㄛˋ 长矛，古代的一种兵器。

硕(碩) shuò ㄕㄨㄛˋ 大：～果｜～大无朋(形容无比的大)。[硕士]学位名，在学士之上，博士之下。

数(數) shuò ㄕㄨㄛˋ 屡次(㊀频—)：～见不鲜(xiān)。

另见462页shǔ;463页shù。

SI ㄙ

厶 sī ㄙ “私”的古字。

私 sī ㄙ ❶属于个人的或为了个人的,跟“公”相对:~事|~信。㊀为自己的:~心|自~|假公济~|大公无~。❷秘密而不公开,不合法,也指不合法的货物:~货|~自|走~|缉~。❸暗地里,偷偷地:~语。

司 sī ㄙ ❶主管,主持,经办:各~其职|~令|~法。❷中央各部中所设立的分工办事的单位:外交部礼宾~|~长。

峒 sī ㄙ 峒峿(wú),地名,在江苏省新沂。

丝(絲) sī ㄙ ❶蚕吐出的像线的东西,是织绸缎等的原料。㊁细微,极少:纹~不动。❷(一儿)像丝的东西:铁~|萝卜~儿。❸计量单位名,10忽是1丝,10丝是1毫。[丝毫]极少,极小,一点(多和否定词连用):~不错。❹量词,表示极少、极小的量:一~笑容|一~风也没有。

咝(噝) sī ㄙ 形容枪弹等很快地在空中飞过的声音(叠):子弹~~地从身旁飞过。

鸶(鷥) sī ㄙ 见321页“鹭”字条“鹭鸶”(lù—)。

思 sī ㄙ ❶想,考虑,动脑筋(㊂—想):事要三~|不假~索|~前想后。[思维]在表象、概念的基础上进行分析、综合、判断、推理等认识活动的过程。❷想念,挂念:相~|~家心切|~念。❸思路,想法:文~|构~。

偲 sī ㄙ [偲偲]互相切磋,互相督促。

另见41页cāi。

缌(緦) sī ㄙ 细的麻布。

楒 sī ㄙ 用于地名:~栗(在重庆市)。

飔(颸) sī ㄙ 凉风。

罳 sī ㄙ 见139页“罘”字条“罘罳”(fú—)。

锶(鍶) sī ㄙ 金属元素,符号Sr,银白色,质软。可用来制合金、光电管、烟火、药品等。

虒 sī ㄙ [虒亭]地名,在山西省襄垣。

斯 sī ㄙ ❶文言代词，这，这个，这里：～人｜～时｜生于～，长于～。❷文言连词，乃，就：有备～可以无患矣。

厮（*廝） sī ㄙ ❶旧时对服杂役的男子的蔑称：小～。㊀对人轻慢的称呼（宋以来的小说中常用）：这～｜那～。❷互相：～守｜～打｜～混（hùn）。

凘 sī ㄙ 随水流动的冰。

撕 sī ㄙ 扯开，用手使分开：把布～成两块。

嘶 sī ㄙ ❶马叫：人喊马～。❷声音哑：～哑｜声～力竭。

澌 sī ㄙ 尽：～灭。

蛳（螄） sī ㄙ [螺蛳]（luó —）淡水螺的通称。

鬖 sī ㄙ chí ㄔ（又）口水，涎沫。

死 sǐ ㄙˇ ❶生物失去生命，跟"活"相对（㊟—亡）。㊀1.不顾性命，拼死：～守｜～战。2.至死，表示坚决：～不认账。3.表示达到极点：乐～了｜笑～人。❷不可调和的：～敌。❸不活动，不灵活：～水｜～心眼｜把门钉～了。[死机]计算机等在运行中因程序错误等原因，显示屏上图像静止不动，无法继续操作。㊕不通的：～胡同｜把洞堵～了。

巳（**巳） sì ㄙˋ ❶地支的第六位。❷巳时，指上午九点到十一点。

汜 sì ㄙˋ 汜河，水名，在河南省郑州。

祀（*禩） sì ㄙˋ ❶祭祀。❷〈古〉殷代人指年：十有三～。

四 sì ㄙˋ 数目字。

泗 sì ㄙˋ ❶鼻涕：涕～（眼泪和鼻涕）。❷泗河，水名，在山东省济宁。

驷（駟） sì ㄙˋ 古代同驾一辆车的四匹马，或者套着四匹马的车：一言既出，～马难追（喻话说出后无法再收回）。

寺 sì ㄙˋ ❶古代官署名：太常～。❷寺院，佛教出家人居住的地方。❸伊斯兰教徒礼拜、讲经的地方：清真～。

似（△*佀） sì ㄙˋ ❶像，相类（㊟类—）：相～｜～是而非。❷副词，似乎，好像，表示不确定：～应再

行研究|这个建议～欠妥当。❸介词,表示比较,有超过的意思:一个高～一个|生活一天好～一天。

另见456页shì。

姒 sì ㄙˋ 古代称丈夫的嫂子:娣～(妯娌)。

兕 sì ㄙˋ 古书上指雌的犀牛。

佀 sì ㄙˋ ❶见468页"似"。❷姓。

耜 sì ㄙˋ ❶古代的一种农具,形状像锹。❷耒下端的起土部分,类似铧。

伺 sì ㄙˋ 守候,观察:窥～|～机而动。

另见75页cì。

饲(飼、*飤) sì ㄙˋ 喂养:～鸡|～蚕|～养|～料|鼻～。

觋(覗) sì ㄙˋ 窥视。

笥 sì ㄙˋ 盛饭或盛衣物的方形竹器。

嗣 sì ㄙˋ ❶接续,继承:～位。❷子孙:后～。

俟(*竢) sì ㄙˋ 等待:～机|～该书出版后即寄去。

另见396页qí。

涘 sì ㄙˋ 水边。

食 sì ㄙˋ 拿东西给人吃。

另见454页shí。

肆 sì ㄙˋ ❶不顾一切,任意去做:放～|～无忌惮|～意妄为。❷旧时指铺子,商店:茶坊酒～。❸"四"字的大写。

SONG ㄙㄨㄥ

忪 sōng ㄙㄨㄥ 见551页"惺"字条"惺忪"(xīng－)。

另见654页zhōng。

松(❷－❺鬆) sōng ㄙㄨㄥ ❶常绿乔木,树皮多鳞片状,叶针形。种类很多,木材用途很广。❷松散,不紧密,不靠拢,跟"紧"相对:捆得太～|土质～。❸宽,不紧张,不严格:规矩太～|～懈。❹放开,使松散:～手|～绑|～一～马肚带。❺用瘦肉做成的茸毛状或碎末状的食品:肉～。

凇 sōng ㄙㄨㄥ [雾凇]通称"树挂",寒冷天水汽在树枝上结成的白色松散冰晶。

菘 sōng ㄙㄨㄥ 〈方〉菘菜,草本植物,即大白菜。

崧 sōng ㄙㄨㄥ ❶旧同"嵩"。❷用于地名:～厦镇(在浙江省上虞)。

淞 sōng ㄙㄨㄥ 吴淞江，发源于太湖，到上海市与黄浦江汇合流入长江。

娀 sōng ㄙㄨㄥ 有娀，古国名，在今山西省运城一带。

嵩 sōng ㄙㄨㄥ ❶嵩山，又叫嵩高，五岳中的中岳，在河南省。❷高。

㧐（**摗**） sǒng ㄙㄨㄥˇ ❶挺立。❷〈方〉推。

怂（**慫**） sǒng ㄙㄨㄥˇ ❶惊惧。❷鼓动。［怂恿］（-yǒng）鼓动别人去做。

S

耸（**聳**） sǒng ㄙㄨㄥˇ ❶高起，直立：高～｜～立。❷耸动，惊动：～人听闻（故意说夸大或吓人的话使人震惊）。

悚 sǒng ㄙㄨㄥˇ 害怕，恐惧：毛骨～然。

竦 sǒng ㄙㄨㄥˇ ❶恭敬，肃敬。❷同"悚"。

讼（**訟**） sòng ㄙㄨㄥˋ ❶在法庭争辩是非曲直，打官司：诉～｜～事。❷争辩是非：聚～纷纭。

颂（**頌**） sòng ㄙㄨㄥˋ ❶颂扬，赞扬别人的好处：歌～。❷祝颂，祝愿：敬～时绥。❸古代祭祀时用的舞曲：周～｜鲁～。❹以颂扬为内容的文章或诗歌。

宋 sòng ㄙㄨㄥˋ ❶周代诸侯国名，在今河南省商丘一带。❷朝代名。1.南朝之一，刘裕所建立（公元420—479年）。2.宋太祖赵匡胤所建立（公元960—1279年）。❸指宋刊本或宋体字：影～｜老～｜仿～。

送 sòng ㄙㄨㄥˋ ❶把东西从甲地运到乙地：～信｜～货。❷赠给：他～了我一支钢笔。❸送行，陪伴人到某一地点：～孩子上学｜把客人～到门口｜欢～。❹丢掉，丧失：～命｜断～｜葬～。

诵（**誦**） sòng ㄙㄨㄥˋ ❶用有高低抑扬的腔调念：朗～｜～诗。❷背诵，凭记忆读出：熟读成～。❸称述，述说：传～。

SOU ㄙㄡ

鄋 sōu ㄙㄡ ［鄋瞒］春秋时小国，也称长狄，在今山东省济南北。一说在今山东省高青。

搜（❶△*蒐） sōu ㄙㄡ ❶寻求，寻找：～集｜～罗｜～救。❷搜索检

查:～身。

嗖 sōu ㄙㄡ 形容迅速通过的声音:标枪～的一声过去了|子弹～～地飞过。

馊(餿) sōu ㄙㄡ 食物等因受潮热引起质变而发出酸臭味:饭～了。㉑坏:～主意。

廋 sōu ㄙㄡ 隐藏,藏匿。

溲 sōu ㄙㄡ 排泄大小便。特指排泄小便。

飕(颼) sōu ㄙㄡ ❶风吹(使变干或变冷):洗的衣服被风～干了。❷同"嗖"。

锼(鎪) sōu ㄙㄡ 镂刻,用钢丝锯挖刻木头:椅背的花是～出来的。

螋 sōu ㄙㄡ 见417页"蠼"字条"蠼螋"(qú—)。

艘 sōu ㄙㄡ 量词,用于船只:大船五～|军舰十～。

蒐 sōu ㄙㄡ ❶草名,即茜草。❷春天打猎。❸见470页"搜"。

叟 sǒu ㄙㄡˇ 老头儿:童～无欺。

瞍 sǒu ㄙㄡˇ ❶眼睛没有瞳仁。❷盲人。

嗾 sǒu ㄙㄡˇ ❶指使狗时发出的声音。❷教唆指使:～使。

擞(擻) sǒu ㄙㄡˇ [抖擞]振作,振奋:～精神|精神～。

另见471页sòu。

薮(藪) sǒu ㄙㄡˇ ❶生长着很多草的湖泽。❷人或物聚集的地方:渊～。

嗽(*嗽) sòu ㄙㄡˋ 咳嗽。参看268页"咳"(ké)。

擞(擻) sòu ㄙㄡˋ 用通条插到火炉里,把灰抖掉:把炉子～一～。

另见471页sǒu。

SU ㄙㄨ

苏(❶—❹蘇、❺囌、❷△*甦、❶—❹*蘓) sū ㄙㄨ ❶植物名。1.紫苏,草本植物,叶紫黑色,花紫红色,叶和种子可入药。2.白苏,草本植物,茎四棱形,花白色,茎、叶、种子可入药。❷假死后再活过来:～醒|死而复～。❸指江苏或江苏苏州:～剧|～绣。❹(外)苏维埃,前苏联国家权力机关。我国第二次国内革命战争时期曾把工农民主政权也叫苏维埃:～区。❺见318页"噜"字条"噜

苏”(lū—)。

甦 sū ㄙㄨ ❶见471页“苏❷”。❷用于人名。

酥 sū ㄙㄨ ❶酪，用牛羊奶凝成的薄皮制成的食物。❷松脆，多指食物：～糖。❸含油多而松脆的点心：桃～。❹软弱无力：～软｜站了一天，腿都～了。

稣(穌) sū ㄙㄨ 同“苏❷”。

窣 sū ㄙㄨ 见529页“窸”字条“窸窣”(xī—)。

俗 sú ㄙㄨˊ ❶风俗，社会上长期形成的风气、习惯等：移风易～。❷大众化的，最通行的，习见的：～语｜通～。❸趣味低，不高雅：～不可耐｜这张画儿画得太～。[庸俗]平庸，鄙俗。❹指没出家的人，区别于出家的佛教徒等：僧～。

夙 sù ㄙㄨˋ ❶早：～兴夜寐(早起晚睡)。❷一向有的，旧有的：～愿｜～志。

诉(訴、△*愬) sù ㄙㄨˋ ❶叙说(㊀—说)：告～｜～苦。❷控告(㊀控—)：～讼｜起～｜上～｜公～。[投诉]公民或单位认为其合法权益遭受侵犯，向有关部门请求依法处理。

肃(肅) sù ㄙㄨˋ ❶恭敬：～立｜～然起敬。❷严正，认真：严～｜～穆。❸清除：～反｜～贪。[肃清]彻底清除：～流毒｜～土匪。

骕(驌) sù ㄙㄨˋ [骕骦](—shuāng)古书上说的一种良马。

鹔(鷫) sù ㄙㄨˋ [鹔鹴](—shuāng)古书上说的一种水鸟。

素 sù ㄙㄨˋ ❶本色，白色：～服｜～丝。㉢颜色单纯，不艳丽：～雅｜这块布花色很～。❷本来的：～质｜～性。㉢事物的基本成分：色～｜毒～｜因～。❸蔬菜类的食物，跟“荤”相对：～食｜吃～。❹平素，向来：～日｜～不相识。❺古代指洁白的生绢：尺～(写在绢帛上的信)。

傃 sù ㄙㄨˋ ❶面向，向着。❷平常，平素。

嗉(❶膆)** sù ㄙㄨˋ ❶(—子)嗉囊，鸟类食管下储存食物的地方：鸡～子。❷(—子)装酒的小壶。

愫 sù ㄙㄨˋ 情愫，真实的心情。

速 sù ㄙㄨˋ ❶快(㊀迅—)：～成｜～冻｜火～。[速度]

运动的物体在单位时间内所通过的距离。[速记]用简便的符号快速记录话语。❷邀请:不～之客。

馃(餗) sù ㄙㄨˋ 鼎中的食物。

涑 sù ㄙㄨˋ 涑水河,水名,在山西省西南部。

觫 sù ㄙㄨˋ 见 195 页“觳”字条“觳觫”(hú—)。

宿(*宿) sù ㄙㄨˋ ❶住,过夜,夜里睡觉:住～|～舍。❷年老的,长久从事某种工作的:～将(经历多、老练的指挥官)。❸旧有的,素有的:～疾|～愿得偿。❹姓。

另见555页xiǔ;556页xiù。

缩(縮) sù ㄙㄨˋ [缩砂密]草本植物,花白色,种子可入药,叫砂仁。

另见 476 页 suō。

蹜 sù ㄙㄨˋ [蹜蹜]小步快走。

粟 sù ㄙㄨˋ 谷子,见“谷❸”。旧时泛称谷类。

僳 sù ㄙㄨˋ 见 298 页“傈”字条“傈僳族”(lì——)。

谡(謖) sù ㄙㄨˋ 起,起来。

塑 sù ㄙㄨˋ 用泥土等做成人物的形象:～像|泥～木雕。[塑料]具有可塑性的高分子化合物的统称。

溯(*泝、*遡) sù ㄙㄨˋ 逆着水流的方向走:～河而上。㊀追求根源或回想:推本～源|回～|追～。

愬 sù ㄙㄨˋ ❶见472页“诉”。❷用于人名。李愬,唐代人。

蔌 sù ㄙㄨˋ 菜肴,野菜:山肴野～。

簌 sù ㄙㄨˋ [簌簌]1.形容风吹叶子等的声音:忽然听见芦苇里～地响。2.纷纷落下的样子:泪珠～地往下落。

SUAN ㄙㄨㄢ

狻 suān ㄙㄨㄢ [狻猊](—ní)传说中的一种猛兽。

酸(❸**痠) suān ㄙㄨㄢ ❶化学上称能在水溶液中产生氢离子的物质,分为无机酸、有机酸两类:盐～|硝～|醋～|～雨。❷像醋的气味或味道:～菜|这个梨真～。❸微痛无力:腰～腿痛|腰有点儿发～。❹悲痛,伤心:心～|十分悲～。❺讥讽读书人的迂腐:～秀才。

[寒酸]指文人的贫苦或不大方的样子。

蒜 suàn ㄙㄨㄢˋ 大蒜，草本植物，花白色，叶和花轴(蒜薹)嫩时可以吃。地下茎通常分瓣，味辣，可供调味用。

筭 suàn ㄙㄨㄢˋ ❶计算用的筹码。❷同"算"。

算(**祘) suàn ㄙㄨㄢˋ ❶核计，计数：～～多少钱|～账。❷打算，计划：失～。㉂推测：我～着他今天该来。❸作为，当作：这个～我的。㉂算数，承认：不能说了不～。❹作罢，不再提起：～了，不要再啰唆了。❺副词，总算：今天～把问题弄清楚了。

SUI ㄙㄨㄟ

尿 suī ㄙㄨㄟ 义同"尿(niào)❶"：尿(niào)～。

另见 364 页 niào。

虽(雖) suī ㄙㄨㄟ 连词，虽然，用在上半句，表示"即使"、"纵然"的意思，下半句多有"可是"、"但是"相应：为人民而死，～死犹生|工作～忙，可是学习也没有放松。

荽 suī ㄙㄨㄟ [胡荽]即芫荽(yánsui)，俗叫香菜。

眭 suī ㄙㄨㄟ 〈古〉目光紧紧注视。

睢 suī ㄙㄨㄟ 睢县，在河南省。

濉 suī ㄙㄨㄟ 濉河，水名，在安徽省北部。

绥(綏) suí ㄙㄨㄟˊ ❶安抚：～靖。❷平安：顺颂台～(书信用语。台，敬称对方)。

隋 suí ㄙㄨㄟˊ 朝代名，隋文帝杨坚所建立(公元 581—618 年)。

随(隨) suí ㄙㄨㄟˊ ❶跟着：～说～记|我～着大家走。[随即]副词，立刻。❷顺从，任凭，由：～意|～他的便。❸顺便，就着：～手关门。❹〈方〉像：他长(zhǎng)得～他父亲。

遂 suí ㄙㄨㄟˊ 义同"遂(suì)❶"，用于"半身不遂"(身体一侧发生瘫痪)。

另见 475 页 suì。

髓 suǐ ㄙㄨㄟˇ ❶骨髓，骨头里的像脂肪的物质：敲骨吸～(喻残酷地剥削)。[精髓]事物精要的部分。❷像髓的东西：脑～。

岁（歲、*嵗、**嵗）suì ㄙㄨㄟˋ ❶量词，计算年龄的单位，一年为一岁：三～的孩子。❷年：去～｜～月。❸年成：歉～｜富～。

谇（誶）suì ㄙㄨㄟˋ ❶责骂。❷问。❸直言规劝。

碎 suì ㄙㄨㄟˋ ❶完整的东西破坏成零片零块，使变碎：粉～｜碗打～了｜～纸机。❷零星，不完整：～布｜琐～。❸说话唠叨：嘴～。

祟 suì ㄙㄨㄟˋ 迷信说法指鬼神带给人的灾祸。［鬼祟］行为不光明，常说“鬼鬼祟祟”：行动～。［作祟］暗中捣鬼：从中～。

遂 suì ㄙㄨㄟˋ ❶顺，如意：～心｜～愿。❷成功，实现：未～｜所谋不～。❸于是，就：服药后腹痛～止。

另见474页suí。

隧 suì ㄙㄨㄟˋ 隧道，在山中或地下开凿而成的通路。

璲 suì ㄙㄨㄟˋ 一种玉制的信物。

䍁（䡵）suì ㄙㄨㄟˋ 古书上说的一种车饰。

燧 suì ㄙㄨㄟˋ ❶上古取火的器具。❷古代告警燃点的烟火。

鐩（鐩）suì ㄙㄨㄟˋ 古代利用日光取火的凹镜。

穟 suì ㄙㄨㄟˋ 同“穗❶”。

邃 suì ㄙㄨㄟˋ 深远。1. 指空间（㊇深一）。2. 指时间：～古。3. 指程度：精～｜～密。

襚 suì ㄙㄨㄟˋ 古代指赠死者的衣被。

旞 suì ㄙㄨㄟˋ 古代导车的旗杆顶上用完整彩色羽毛做装饰的旗子。

穗（❷**繐）suì ㄙㄨㄟˋ ❶（一儿）谷类植物聚生在一起的花或果实：高粱～儿｜麦～儿。❷（一子、一儿）用丝线、布条或纸条等结扎成的装饰品：大红旗上挂着金黄的～子。❸广东省广州的别称。

SUN ㄙㄨㄣ

孙（孫）sūn ㄙㄨㄣ ❶（一子）儿子的儿子。［子孙］后代。❷孙子以后的各代：玄～。❸跟孙子同辈的亲属：外～｜侄～。❹植物再生的：稻～｜～竹。

〈古〉又同“逊”（xùn）。

荪（蓀） sūn ㄙㄨㄣ 古书上说的一种香草。

狲（猻） sūn ㄙㄨㄣ 见194页“猢”字条“猢狲”(hú—)。

飧（*飱） sūn ㄙㄨㄣ 晚饭。

损（損） sǔn ㄙㄨㄣˇ ❶减少：～失｜～益｜增～。❷损坏，伤害：破～｜完好无～｜～伤｜～人利己。❸用刻薄话挖苦人：别～人啦！❹刻薄，毒辣：说话太～｜这法子真～。

笋（*筍） sǔn ㄙㄨㄣˇ 竹子刚从土里长出的嫩芽，可用作蔬菜。㊀幼嫩的：～鸡。

隼 sǔn ㄙㄨㄣˇ 鸟名，又叫鹘(hú)，一般为灰褐色，性凶猛，捕食鼠、兔和鸟类。种类很多。

榫 sǔn ㄙㄨㄣˇ（一子、一儿、一头）器物两部分利用凹凸相接的凸出的部分。

SUO ㄙㄨㄛ

莎 suō ㄙㄨㄛ 莎草，草本植物，茎三棱形，花黄褐色。地下的块茎叫香附子，黑褐色，可入药。

另见436页shā。

娑 suō ㄙㄨㄛ 见389页“婆”字条“婆娑”(pó—)。

桫 suō ㄙㄨㄛ［桫椤］(—luó)蕨类植物，木本，茎高而直，叶片大，羽状分裂。

挲（*抄） suō ㄙㄨㄛ 见349页“摩”字条“摩挲”(mó—)。

另见432页sa；437页sha。

唆 suō ㄙㄨㄛ 调唆，挑动别人去做坏事：～使｜～讼｜教(jiào)～。

梭 suō ㄙㄨㄛ（一子）织布时牵引纬线（横线）的工具，两头尖，中间粗，像枣核的形状。

睃 suō ㄙㄨㄛ 斜着眼睛看。

羧 suō ㄙㄨㄛ 羧基，有机化合物中含碳、氧和氢的基。

蓑（*簑） suō ㄙㄨㄛ 蓑衣，用草或棕毛制成的雨衣。

嗍 suō ㄙㄨㄛ 用唇舌裹食，吮吸。

趖 suō ㄙㄨㄛ〈方〉移动：日头～西。

缩（縮） suō ㄙㄨㄛ ❶向后退：畏～｜退～。

❷由大变小，由长变短，由多变少：热胀冷～|～了半尺|～短|节衣～食|紧～开支。［缩影］比喻可以代表同一类型的具体而微的人或事物。

另见473页sù。

所（**听）suǒ ㄙㄨㄛˇ ❶处所，地方：住～|各得其～。❷机关或其他办事的地方：研究～|派出～|诊疗～。❸明代驻兵防边的地点，因大小不同有千户所、百户所。现在多用于地名：海阳～（在山东省乳山市）。❹量词。1.用于房屋：两～房子。2.用于学校等：一～学校|两～医院。❺助词，放在动词前，代表接受动作的事物。1.动词后不再用表事物的词：耳～闻，目～见|我们对人民要有～贡献|各尽～能，按劳分配。2.动词后再用"者"或"的"字代表事物：吾家～寡有者|这是我们～反对的。3.动词后再用表事物的词：他～提的意见。❻助词，放在动词前，跟前面"为"字相应，表示被动：为人～笑。［所以］连词，表因果关系，常跟"因为"相应：他有要紧的事，～不能等你了|他～进步得这样快，是因为能刻苦学习。

索 suǒ ㄙㄨㄛˇ ❶（一子）大绳子：绳～|船～|铁～桥。❷搜寻，寻求（㊀搜一）：按图～骥|遍～不得。［索引］把书籍或报刊里边的要项摘出来，按一定次序排列，标明页数，以便查检的资料。❸讨取，要：～钱|～价|～赔。❹尽，空：～然无味。❺单独：离群～居。

［索性］副词，直截了当，干脆：发现对方毫无诚意，他～走了。

溹 suǒ ㄙㄨㄛˇ 溹泸河，即索泸河，水名，在河北省东南部，清凉江支流。

唢（嗩）suǒ ㄙㄨㄛˇ ［唢呐］（一nà）管乐器，形状像喇叭。

琐（瑣、*瑣）suǒ ㄙㄨㄛˇ ❶细小，零碎（㊀一碎）：～事|～闻|繁～。❷卑微：猥～。

锁（鎖、*鎻）suǒ ㄙㄨㄛˇ ❶加在门、箱等上面使人不能随便打开的器具：门上上～。❷用锁关住：把门～上|拿锁～上箱子。❸链子：枷～|～镣。❹一种缝纫法，多用在衣物边沿上，针脚很密，线斜交或钩连：～扣眼|～边。

S

莎 suǒ ㄙㄨㄛˇ 姓。

另见 261 页 jùn。

嗦 suo ·ㄙㄨㄛ 见 116 页“哆”字条“哆嗦”(duō—)、325 页“啰”字条“啰嗦”(luō—)。

T 去

TA ㄊㄚ

他 tā ㄊㄚ 代词。❶称你、我以外的第三人,一般指男性,有时泛指,不分性别。❷别的:~人|~乡。[其他]别的。❸虚指(用于动词和数量词之间):睡~一觉|干~一场。❹指另外的地方:久已~往。

她 tā ㄊㄚ 代词,称你、我以外的女性第三人。也用以代称祖国、国旗等令人敬爱、珍爱的事物。

它(*牠) tā ㄊㄚ 代词,专指人以外的事物。[其它]同“其他”(用于事物)。

铊(鉈) tā ㄊㄚ 金属元素,符号 Tl,银白色,质软。可用来制合金等。铊的化合物有毒。

另见 507 页 tuó。

趿 tā ㄊㄚ 趿拉(la),穿鞋只套上脚的前半部:~拉着一双旧布鞋|~拉着木板鞋。

塌 tā ㄊㄚ ❶倒(dǎo),下陷:墙~了|房顶子~了|人瘦得两腮都~下去了。❷下垂:这棵花晒得~秧了。❸安定,镇定:~下心来。

溻 tā ㄊㄚ 出汗把衣服、被褥等弄湿:天太热,我的衣服都~了。

褟 tā ㄊㄚ 〈方〉在衣物上缝缀花边:~一道绦(tāo)子。[汗褟儿]贴身衬衣。

踏 tā ㄊㄚ [踏实](—shi)1.切实,不浮躁:他工作很~。2.(情绪)安定,安稳:事情办完就~了。

另见 479 页 tà。

㳠(𥖁) tǎ ㄊㄚˇ 用于地名:~石(在浙江省龙泉市)。

另见 82 页 dá。

塔(*墖) tǎ ㄊㄚˇ ❶佛教特有的建筑物,尖顶,有很多层。❷像塔形的建筑物:水~|灯~|纪念~。

[塔吉克族]1.我国少数民族,参看附表。2.塔吉克斯坦的主要民族。

[塔塔尔族]我国少数民族,参看附表。

溚 tǎ ㄊㄚˇ 〈外〉焦油的旧称，用煤或木材制得的一种黏稠液体，黑褐色，是化学工业上的重要原料。

獭（獺） tǎ ㄊㄚˇ 水獭，哺乳动物，毛棕色，穴居水边，能游泳，捕食鱼类等。另有旱獭，生活在陆地上，善掘土。

鳎（鰨） tǎ ㄊㄚˇ 鱼名，又叫鳎目鱼，身体形状像舌头，两眼都在身体的一侧，有眼的一侧褐色。生活在海洋里，种类很多。

拓（*搨） tà ㄊㄚˋ 在刻铸文字、图像的器物上，蒙一层纸，捶打后使凹凸分明，涂上墨，显出文字、图像来：～本｜～片。

另见 508 页 tuò。

沓 tà ㄊㄚˋ 多，重复：杂～｜纷至～来。

另见 82 页 dá。

踏 tà ㄊㄚˋ 踩：～步｜一脚～空了。㉠亲自到现场去：～看｜～勘。

另见 478 页 tā。

闼（闥） tà ㄊㄚˋ 见 493 页 "佻"字条"佻闼"(tiāo—)。

挞（撻） tà ㄊㄚˋ 打，用鞭、棍等打人：鞭～。

闼（闥） tà ㄊㄚˋ 门，小门：排～直入（推开门就进去）。

嗒 tà ㄊㄚˋ 失意的样子：～丧｜～然若失。

另见 81 页 dā。

鞳 tà ㄊㄚˋ [鞺鞳](tāng—)〈古〉形容钟鼓声。

遝 tà ㄊㄚˋ ❶趁着。❷纷多：～集。[杂遝] 行人很多，拥挤纷乱。现作"杂沓"。

阘（闒） tà ㄊㄚˋ [阘茸](—róng) 卑贱，低劣。

榻 tà ㄊㄚˋ 狭长而低的床。[下榻]寄居，住宿。

蹋 tà ㄊㄚˋ ❶踏，踩。❷踢。

漯 tà ㄊㄚˋ 漯河，古水名，在今山东省。

另见 327 页 luò。

遢 ta ·ㄊㄚ 见 281 页"邋"字条"邋遢"(lā—)。

TAI ㄊㄞ

台 tāi ㄊㄞ [天台] 山名，在浙江省东部。

另见 480 页 tái。

苔 tāi ㄊㄞ [舌苔] 舌头上面的垢腻，由衰死的上皮细胞和黏液等形成，观察它的颜色可以帮助诊断病症。

另见 480 页 tái。

胎 tāi ㄊㄞ ❶人或其他哺乳动物母体内的幼体：怀～|～儿|～生。㊀事情的开始，根源：祸～。❷器物的粗坯或衬在内部的东西：这个帽子是软～儿的|泥～|铜～（塑像、做漆器等用）。❸轮胎：内～|外～。

台（❶❸❹❻臺、❹檯、❺颱） tái ㄊㄞˊ ❶高而平的建筑物：戏～|讲～|主席～|楼阁亭～。㊀1.（一儿）像台的东西：井～|窗～儿。2.器物的座子：灯～|蜡～。❷敬辞：～鉴|～启|兄～。❸量词，用于整场演出的节目或机器、仪器等：唱一～戏|一～机器。❹桌子，案子：写字～|柜～。❺台风，发生在太平洋西部热带海洋上的一种极猛烈的风暴，中心附近风力达 12 级以上，同时有暴雨。❻指台湾省：～商|港～。

另见 479 页 tāi。

邰 tái ㄊㄞˊ 姓。

抬（＊＊擡） tái ㄊㄞˊ ❶举，提高：～手|～脚|～起头来。㊀使上升：～价。[抬头] 1.（一儿）信函上另起一行或空格书写，表示尊敬。2.发票、收据上写的户头。❷共同用手或肩搬运东西：一个人搬不动两个人～|把桌子～过来。[抬杠]㊁争辩。

苔 tái ㄊㄞˊ 隐花植物的一类，根、茎、叶的区别不明显，绿色，生长在阴湿的地方。

另见 479 页 tāi。

骀（駘） tái ㄊㄞˊ 劣马。[驽骀]（nú—）劣马。㊁庸才。

另见 85 页 dài。

炱 tái ㄊㄞˊ 烟气凝积而成的黑灰，俗叫烟子或煤子：煤～|松～（松烟）。

跆 tái ㄊㄞˊ 用脚踩踏。[跆拳道]一种拳脚并用的搏击运动。

鲐（鮐） tái ㄊㄞˊ 鱼名，俗叫鲐巴鱼，身体纺锤形，背部青蓝色，腹部淡黄色，生活在海里。

薹 tái ㄊㄞˊ ❶草本植物，生长在水田里，茎扁三棱形，叶扁平而长，可用来制蓑衣等。❷韭菜、油菜、蒜等蔬菜长出的花莛（tíng）。

太 tài ㄊㄞˋ ❶副词，过于：～长|～热。❷副词，极端，

最：～好｜人民的事业～伟大了。［太古］最古的时代。［太平］平安无事。❸对大两辈的尊长的称呼所加的字：～老伯。❹高，大：～空｜～学。❺〈外〉法定计量单位中十进倍数单位词头之一，表示 10^{12}，符号 T。

汰 tài ㄊㄞˋ 淘汰，除去没有用的成分：优胜劣～。

态（態） tài ㄊㄞˋ 形状，样子（㊀形一、状一、姿一）：丑～｜变～。㊁情况：事～。［态度］1. 指人的举止神情：～大方。2. 对于事情采取的立场或看法：～鲜明｜表明～。

肽 tài ㄊㄞˋ 有机化合物，旧叫胜（shēng），由氨基酸脱水而成，含有羧基和氨基。

钛（鈦） tài ㄊㄞˋ 金属元素，符号 Ti，银灰色，质硬而轻，耐腐蚀，熔点高。钛合金可用于航空、航天和航海工业。

酞 tài ㄊㄞˋ 有机化合物的一类，由一个分子的邻苯（běn）二酸酐（gān）与两个分子的酚（fēn）缩合而成，如酚酞。

泰 tài ㄊㄞˋ ❶平安，安定：国～民丰｜～然处之。❷极：～西（旧指欧洲）。

［泰山］五岳中的东岳，在山东省中部。㊁称岳父。

TAN ㄊㄢ

坍 tān ㄊㄢ 崖岸、建筑物或堆起的东西倒塌，从基部崩坏（㊀一塌）：墙～了。

贪（貪） tān ㄊㄢ ❶贪图，求多，不知足：～玩｜～便宜（piányi）｜～得无厌。❷爱财：～财｜～墨（贪污）。［贪污］利用职权非法地取得财物。

怹 tān ㄊㄢ 〈方〉"他"的敬称。

啴（嘽） tān ㄊㄢ［啴啴］形容牲畜喘息的样子。

另见 50 页 chǎn。

摊（攤） tān ㄊㄢ ❶摆开，展开：～场（cháng）（把庄稼晾在场上）｜把问题～到桌面上来。㊁烹饪方法，把糊状物放在锅上使成薄片：～鸡蛋｜～煎饼。❷（一子、一儿）摆在地上或用席、板等摆设的售货处：～位｜地～儿｜水果～儿。❸量词，用于摊开的糊状物：一～泥。❹分担财物：～派｜每人～五元。

T

❺遇到，碰上：他一向爱躲清静，这件事偏偏让他～上了。

滩（灘） tān ㄊㄢ ❶河海边淤积成的平地或水中的沙洲：～地。❷水浅多石而水流很急的地方：险～。

瘫（癱） tān ㄊㄢ 瘫痪（huàn），神经功能发生障碍，肢体不能活动。

坛（❶❷壇、❸罈、❸*壜、❸*罎） tán ㄊㄢˊ ❶古代举行祭祀、誓师等大典用的土、石等筑的高台：天～｜先农～。㊀指文艺界、体育界或舆论阵地：文～｜乒～｜论～。❷用土堆成的平台，多在上面种花：花～。❸（一子）一种口小肚大的陶器。

昙（曇） tán ㄊㄢˊ 云彩密布，多云。

［昙花］灌木状常绿植物，花大，白色，开的时间很短。

［昙花一现］比喻事物一出现很快就消失。

倓 tán ㄊㄢˊ 安然不疑。多用于人名。

郯 tán ㄊㄢˊ ［郯城］地名，在山东省。

谈（談） tán ㄊㄢˊ ❶说，对话：面～｜请你来～一～｜～天（闲谈）。❷言论：奇～｜无稽之～。

惔 tán ㄊㄢˊ 燃烧。

锬（錟） tán ㄊㄢˊ 长矛。

痰 tán ㄊㄢˊ 肺泡、支气管和气管分泌的黏液。

弹（彈） tán ㄊㄢˊ ❶被其他手指压住的手指用力伸开：用手指～他一下｜把帽子上的土～下去。❷使弦振动：～弦子｜～琵琶｜～棉花。❸利用一个物体的弹性把另一个物体放射出去：～射。［弹性］物体因受外力暂变形状，外力一去即恢复原状的性质。㊀事物的伸缩性。❹指检举违法失职的官吏（㊥一劾）。

另见 88 页 dàn。

覃 tán ㄊㄢˊ ❶深：～思。❷延伸：葛之～兮。❸姓。

另见 410 页 qín。

谭（譚） tán ㄊㄢˊ ❶同"谈"。❷姓。

潭 tán ㄊㄢˊ 深水池，深水坑：清～｜泥～。㊀深：～渊。

磹 tán ㄊㄢˊ 用于地名：～口（在福建省华安）。

镡(鐔) tán ㄊㄢˊ 姓。另见50页chán；550页xín。

錟 tán ㄊㄢˊ 〈方〉坑，水塘。多用于地名。

澹 tán ㄊㄢˊ [澹台](—tái)复姓。

另见88页dàn。

檀 tán ㄊㄢˊ 植物名。1.檀香，常绿乔木，生长在热带和亚热带。木质坚硬，有香味，可制器物及香料，又可入药。2.紫檀，常绿乔木，生长在热带和亚热带。木质坚硬，可做器具。3.黄檀，落叶乔木，果实豆荚状，木质坚硬。4.青檀，落叶乔木，果实有翅，木质坚硬。

忐 tǎn ㄊㄢˇ [忐忑](—tè)心神不定：～不安。

坦 tǎn ㄊㄢˇ ❶平坦，宽而平：～途。❷心地平静：～然。❸直率：～诚。[坦白]1.直爽，没有隐私：襟怀～。2.如实地说出(自己的错误或罪行)。

钽(鉭) tǎn ㄊㄢˇ 金属元素，符号Ta，钢灰色，质硬，耐腐蚀，熔点高。可用于航天工业及核工业等。

袒(*襢) tǎn ㄊㄢˇ ❶脱去或敞开上衣，露出身体的一部分：～胸露臂。❷袒护，不公正地维护一方面：左～|偏～。

菼 tǎn ㄊㄢˇ 古书上指荻。

毯 tǎn ㄊㄢˇ (—子)厚实有毛绒的织品：地～|毛～。

璮 tǎn ㄊㄢˇ 一种玉。

叹(嘆、*歎) tàn ㄊㄢˋ ❶吟咏：一唱三～。❷因忧闷悲痛而呼出长气：～了一口气|仰天长～|～息。❸因高兴而发出长声：赞～|～为观止。[叹词]表示喜、怒、哀、乐各种情感以及应答、招呼的词，如“嗯、喂、哎呀”等。

炭 tàn ㄊㄢˋ ❶木炭，把木材和空气隔绝，加高热烧成的黑色燃料。燃烧时无烟。❷像炭的东西：山楂～(中药)。❸〈方〉煤：挖～。

碳 tàn ㄊㄢˋ 非金属元素，符号C，无定形碳有焦炭、木炭等，晶体碳有金刚石、石墨等。碳是构成有机物的主要成分。碳和它的化合物在工业和医药上用途极广。

探 tàn ㄊㄢˋ ❶寻求，探索：～源。❷探测：～矿。❸侦察，暗中考察：～案|～听。❹

试探：先～一～口气。❺做侦察工作的人：密～。❻探望，访问：～亲|～视。❼(头或上体)伸出：～出头来|车行时不要～身车外。

TANG ㄊㄤ

汤(湯) tāng ㄊㄤ ❶热水：赴～蹈火。❷煮东西的汁液：米～|鸡～|～药。❸烹调后汁特别多的副食：白菜～。❹姓。

另见441页shāng。

铴(鐋) tāng ㄊㄤ 铴锣，小铜锣。

瑬(璗) tāng ㄊㄤ (又)见90页dàng。多用于人名。

耥 tāng ㄊㄤ tǎng ㄊㄤˇ (又) 用耥耙弄平田地、清除杂草。[耥耙](－bà)清除杂草、弄平田地的农具。

趟 tāng ㄊㄤ 旧同"蹚"。

另见486页tàng。

嘡 tāng ㄊㄤ 形容打钟、敲锣、放枪等的声音：～的一声，锣响了。

镗(鏜) tāng ㄊㄤ 同"嘡"。

另见485页táng。

蹚(*踼) tāng ㄊㄤ ❶从有水、草等的地方走过去：他～着水过去了。❷用犁、锄等把土翻开，把草锄去：～地。

羰 tāng ㄊㄤ 羰基，有机化合物中含碳和氧的基。

唐 táng ㄊㄤˊ ❶夸大，虚夸：荒～|～大无验。❷空，徒然：～捐(白费)。❸朝代名。1.唐高祖李渊所建立(公元618—907年)。2.五代之一，李存勖所建立(公元923—936年)，史称后唐。

[唐突]1.冲撞，冒犯：～尊长。2.莽撞，冒失。

鄌 táng ㄊㄤˊ [鄌郚](－wú)地名，在山东省昌乐。

塘 táng ㄊㄤˊ ❶堤岸，堤防：河～|海～。❷水池(㊀池－)：水～|荷～|苇～。❸浴池：澡～。

搪 táng ㄊㄤˊ ❶挡，抵拒：～饥。❷敷衍，应付：～差事(敷衍了事)。[搪塞](－sè)敷衍塞(sè)责：做事情要认真，不要～。❸用泥土或涂料抹上或涂上：～炉子|～瓷(一种用石英、长石等制成的像釉子的物质)。

溏 táng ㄊㄤˊ 泥浆。㊀不凝结半流动的：～心鸡蛋。

瑭 táng ㄊㄤˊ 古书上指一种玉。

螗 táng ㄊㄤˊ 古书上指一种较小的蝉。

糖（❶*餹、❷**醣） táng ㄊㄤˊ ❶从甘蔗、甜菜、米、麦等提制出来的甜的东西。❷有机化合物的一类，又叫碳水化合物，是人体内产生热能的主要物质，如蔗糖、淀粉等。

赯 táng ㄊㄤˊ 赤色（指人的脸色）：紫～脸。

堂 táng ㄊㄤˊ ❶正房，高大的屋子：～屋|礼～。[令堂]对对方母亲的尊称。❷专供某种用途的房屋：课～。❸过去官吏审案办事的地方：大～|过～。❹指同宗但不是嫡亲的（亲属）：～兄弟。❺量词，用于分节的课程、审案的次数等：一～课|审过两～。

[堂皇] 盛大，大方：冠冕～|富丽～。

[堂堂]仪容端正，有威严：相貌～。

棠 táng ㄊㄤˊ 植物名。1. 棠梨树，即杜树。2. 海棠树，落叶小乔木，花白色或粉红色。果实也叫海棠，球形，黄色或红色，味酸甜。

鄌 táng ㄊㄤˊ 古地名，在今江苏省六合。

樘 táng ㄊㄤˊ ❶门框或窗框：门～|窗～。❷量词，用于一套门（窗）框和门（窗）扇：一～玻璃门。

另见 57 页 chēng。

膛 táng ㄊㄤˊ ❶体腔：胸～|开～。❷（一儿）某些器物中空的部分：炉～|枪～。

镗（鏜） táng ㄊㄤˊ 加工切削机器零件上已有的钻孔：～床。

另见 484 页 tāng。

螳 táng ㄊㄤˊ 螳螂，昆虫，俗叫刀螂，头三角形，触角呈丝状，前足发达，像镰刀：～臂当（dāng）车（喻做事不自量力必然失败）。

帑 tǎng ㄊㄤˇ 古时指收藏钱财的府库和府库里的钱财。

〈古〉又同“孥”（nú）。

倘 tǎng ㄊㄤˇ 连词，假使，如果：～若|～能努力，定可成功。

另见 52 页 cháng。

埫 tǎng ㄊㄤˇ 〈方〉山间平地，平坦的地，多用于地名：贾～（在宁夏回族自治区海原）|都家～（在陕西省安康）。

淌 tǎng ㄊㄤˇ 流：～眼泪｜汗珠直往下～｜流～。

惝 tǎng ㄊㄤˇ （又）见 53 页 chǎng。

耥 tǎng ㄊㄤˇ （又）见 484 页 tāng。

躺 tǎng ㄊㄤˇ 身体横倒，也指车辆、器具等倒在地上：～在床上｜一棵大树～在路边。

傥（儻） tǎng ㄊㄤˇ ❶同"倘"（tǎng）。❷见 491 页"倜"字条"倜傥"（tì—）。

镋（钂） tǎng ㄊㄤˇ 古代一种兵器，跟叉相似。

烫（燙） tàng ㄊㄤˋ ❶温度高，皮肤接触温度高的物体感觉疼痛或受伤：开水很～｜～手｜～伤｜小心～着！❷用热的物体使另外的物体起变化：～酒（使热）｜～衣服（使平）。❸烫头发：电～。

趟 tàng ㄊㄤˋ 量词。1. 来往的次数：他来了一～｜这～火车去上海。2.（一儿）用于成行的东西：屋里摆着两～桌子｜用线把这件衣服缝上一～。

另见 484 页 tāng。

TAO ㄊㄠ

叨 tāo ㄊㄠ 受到（好处）：～光｜～教（jiào）。［叨扰］谢人款待的客套话。

另见 90 页 dāo。

弢 tāo ㄊㄠ ❶见 487 页"韬"。❷用于人名。

涛（濤） tāo ㄊㄠ 大波浪（㊀波一、浪一）。

焘（燾） tāo ㄊㄠ （又）见 92 页 dào。多用于人名。

绦（縧、*絛、*縚） tāo ㄊㄠ （一子）用丝线编织成的花边或扁平的带子，可以装饰衣物。［绦虫］寄生在人或家畜、家禽、鱼等动物肠道内的虫子，身体长而扁，像绦子，由节片组成。

掏（*搯） tāo ㄊㄠ ❶挖：在墙上～一个洞。❷伸进去取：把口袋里的钱～出来｜～耳朵。

滔 tāo ㄊㄠ 漫，充满：波浪～天｜罪恶～天。［滔滔］1. 大水漫流：海水～。2. 话语连续不断：～不绝｜议论～。

慆 tāo ㄊㄠ 喜悦。

韬(韜、△**弢) tāo ㄊㄠ ❶弓或剑的套子。[韬略]指六韬、三略,古代的兵书。㊕用兵的计谋。❷隐藏,隐蔽(多指才能):~晦。

饕 tāo ㄊㄠ 贪婪,贪食:老~(贪吃的人)。[饕餮](—tiè)传说中一种凶恶的兽,古代铜器上多刻它的头部形状做装饰。㊖1.凶恶的人。2.贪吃的人。

咷 táo ㄊㄠˊ 哭。[号咷](háo—)同"号啕"。

逃(**迯) táo ㄊㄠˊ ❶逃跑,逃走:~脱|望风而~|追歼~敌。❷逃避,避开:~荒|~难|在劫难~。

洮 táo ㄊㄠˊ 洮河,水名,在甘肃省南部。

桃 táo ㄊㄠˊ ❶桃树,落叶乔木,花白色或红色,果实叫桃子或桃儿,略呈球形,有绒毛,味甜,可以吃。❷(—儿)形状像桃子的东西:棉~儿。❸核桃:~仁|~酥。

鼗 táo ㄊㄠˊ 长柄的摇鼓,俗叫拨浪鼓。

陶 táo ㄊㄠˊ ❶用黏土烧制的器物。❷制造陶器:~铸|~冶(制陶器和炼金属,喻造就良好的品格、情操等)。❸陶然,快乐的样子:~醉。❹姓。

另见578页yáo。

萄 táo ㄊㄠˊ 见391页"葡"字条"葡萄"(pú—)。

啕 táo ㄊㄠˊ 见182页"号"字条"号啕"(háo—)。

淘 táo ㄊㄠˊ ❶洗去杂质:~米|~金。[淘汰]去坏的留好的,去不合适的留合适的:自然~。❷消除泥沙、渣滓等,挖浚:~井|~缸。❸淘气,顽皮:这孩子真~。

騊(騊) táo ㄊㄠˊ [騊駼](—tú)古代良马名。

绹(綯) táo ㄊㄠˊ ❶绳索。❷〈方〉用绳索捆。

醄 táo ㄊㄠˊ 见334页"酕"字条"酕醄"(máo—)。

梼(檮) táo ㄊㄠˊ [梼杌](—wù)1.古代传说中的恶兽,恶人。2.春秋时楚国史书名。

讨(討) tǎo ㄊㄠˇ ❶查究,处治。㊕征伐,发动攻击:南征北~。[声讨]宣布罪行而加以抨击。❷研究,推求:~论|研~。❸索取:~

T

债。❹求，请求：～饶｜～教(jiào)。❺招惹：～厌｜～人欢喜。

套 tào ㄊㄠˋ ❶(一子、一儿)罩在外面的东西：褥～｜外～儿｜手～儿｜书～。[河套]地域名，被黄河三面环绕，在内蒙古自治区和宁夏回族自治区境内。❷加罩：～鞋｜～上一件毛背心。❸(一子、一儿)装在衣物里的棉絮：被～｜袄～｜棉花～子。❹事物配合成的整体：～餐｜～装｜成～。❺量词，同类事物合成的一组：一～制服｜一～茶具。❻模拟，照做：这是从那篇文章上～下来的。[套语][套话]1.客套话，如"劳驾、借光、慢走、留步"等。2.行文、说话中的一些不解决实际问题的现成的、公式化的语句。❼(一儿)用绳子等做成的环：双～结｜活～儿｜牲口～。[圈套]陷害人的诡计：他不小心上了～｜那是敌人的～。❽用套拴系：～车(把车上的套拴在牲口身上)。㊀用计骗取：用话～他｜～出他的话来。❾互相衔接或重叠：～耕｜～种。❿拉拢，表示亲近：～交情｜～近乎。

TE ㄊㄜ

忑 tè ㄊㄜˋ 见483页"忐"字条"忐忑"(tǎn—)。

忒 tè ㄊㄜˋ 差错：差～。另见504页tuī。

铽(鋱) tè ㄊㄜˋ 金属元素，符号Tb，银灰色，质软。可用来制荧光物质及某些元件等。

特 tè ㄊㄜˋ ❶特殊，不平常的，超出一般的：～色｜～效｜～产。㊀格外，非常：身体～棒｜天气～冷。[特别]1.特殊，与众不同：样式很～。2.副词，尤其：～聪明｜～是数学学得好。❷专，单一：～为｜～设｜～意来看你。❸只，但：不～此也。

慝 tè ㄊㄜˋ 奸邪，罪恶：隐～(别人不知道的罪恶)。

脦 te ·ㄊㄜ (又)见93页de。

TENG ㄊㄥ

熥 tēng ㄊㄥ 把熟的食物蒸热：～馒头。

鼟 tēng ㄊㄥ 形容敲鼓声。

疼 téng ㄊㄥˊ ❶人、动物因病、刺激或创伤而引起的

难受的感觉(㊀一痛):肚子～|腿摔～了。❷喜爱,爱惜(㊀一爱):他奶奶最～他。

腾(騰) téng ㄊㄥˊ ❶奔跑,跳跃(㊀奔一):欢～|龙～虎跃。❷上升:～空|蒸～|～云驾雾。[腾腾]形容气势旺盛:雾气～|热气～。❸空出来,挪移:～出两间房来|～不出空来。❹(teng)词尾(在动词后,表示动作的反复连续):倒～|翻～|折(zhē)～|闹～。

誊(謄) téng ㄊㄥˊ 照原稿抄写:～写|～清|这稿子太乱,要～一遍。

滕 téng ㄊㄥˊ 周代诸侯国名,在今山东省滕州。

螣 téng ㄊㄥˊ 螣蛇,古书上说的一种能飞的蛇。

縢 téng ㄊㄥˊ ❶封闭,约束。❷绳子。

藤(*籐) téng ㄊㄥˊ ❶植物名。1.紫藤,藤本植物,俗叫藤萝,花紫色。2.白藤,木本植物,俗叫藤子,茎细长,柔软而坚韧,可用来编篮、椅、箱等。❷蔓:葡萄～|顺～摸瓜。

䲢(鰧) téng ㄊㄥˊ 鱼名,身体近圆筒形,青灰色,有褐色网状斑纹,头大眼小,常生活在海底。

TI ㄊㄧ

体(體) tī ㄊㄧ [体己][梯己](－ji) 1.家庭成员个人积蓄的财物。2.亲近的:～话。

另见491页tǐ。

剔 tī ㄊㄧ ❶把肉从骨头上刮下来:～骨肉|把肉～得干干净净。㊁从缝隙或孔洞里往外挑(tiǎo)拨东西:～牙|～指甲。❷把不好的挑(tiāo)出来(㊀一除):把有伤的果子～出去|～庄(旧指挑出有缺点的货品廉价出卖)。

踢 tī ㄊㄧ 用脚撞击:～球|～毽子|一脚～开。

梯 tī ㄊㄧ ❶(一子)登高用的器具或设备:楼～|软～|电～。❷像梯子的:～形。[梯田]在山坡上开辟的一层一层像阶梯的田地。

䏲 tī ㄊㄧ 化合物的一类,是锑化氢中的氢原子部分或全部被烃基取代而成,大多有毒。

锑(銻) tī ㄊㄧ 金属元素,符号Sb,银白色,有光泽,质硬而脆,有毒。用于工业和医药中。

鹈(鷉) tī ㄊㄧ 见383页"䴙"字条"䴙鹈"(pì—)。

擿 tī ㄊㄧ 揭发:发奸～伏(揭发奸邪,使无可隐藏)。

另见653页zhì。

荑 tí ㄊㄧˊ ❶草木初生的叶芽。❷稗子一类的草。

另见585页yí。

绨(綈) tí ㄊㄧˊ 光滑厚实的丝织品。

另见491页tì。

鹈(鵜) tí ㄊㄧˊ [鹈鹕](—hú)鸟名,俗叫淘河、塘鹅,体大嘴长,嘴下有皮囊可以伸缩,捕食鱼类。

提 tí ㄊㄧˊ ❶垂手拿着(有环、柄或绳套的东西):～着一壶水|～着一个篮子|～心吊胆(形容担心或害怕)|～纲挈(qiè)领(喻扼要提出)。❷使事物由低往高、由后往前移动:～升|～高|～前|～早。❸舀取油、酒等液体的工具:油～|醋～。❹说起,举出:经他一～,大家都想起来了|～意见|～供。❺取出(㊀—取):把款～出来。㉛把被关押的人带出来:～审|～犯人。❻汉字的一种笔形(㇀),即"挑"(tiǎo)。❼姓。

另见95页dī。

騠(騠) tí ㄊㄧˊ 见258页"駃"字条"駃騠"(jué—)。

缇(緹) tí ㄊㄧˊ 橘红色。

瑅 tí ㄊㄧˊ 一种玉。

题(題) tí ㄊㄧˊ ❶古指额头。❷题目,写作或讲演内容的总名目:命～|出～|难～(喻不容易做的事情)|离～太远。㉛练习或考试时要求解答的问题:试～|算～|出两道～|问答～。[题材]写作内容的主要材料。❸写上,签署:～名|～字|～词。

醍 tí ㄊㄧˊ [醍醐](—hú)精制的奶酪。

鳀(鯷) tí ㄊㄧˊ 鱼名,身体侧扁,长10—13厘米,眼和口都大,趋光性强,生活在海里。

啼(*嗁) tí ㄊㄧˊ ❶哭,出声地哭(㊀—哭):悲～|用不着哭哭～～。❷某些鸟兽叫:鸡～|猿～。

遆 tí ㄊㄧˊ ❶用于地名:北～(在山西省临汾)。❷姓。

蹄(*蹏) tí ㄊㄧˊ (～子、～儿)马、牛、羊等生在趾端的角质保护物。又指有角质保护物的脚:马不停～。

体(體) tǐ ㄊㄧˇ ❶人、动物的全身(㊥身～):～重|～温(身体的温度)。㊀身体的一部分:四～|上～|肢～。[体面](—mian) 1.身份:有失～。2.光彩,光荣:张口骂人很不～。3.好看:长得～。[体育]指锻炼身体增强体质的教育:～课|发展～运动,增强人民体质。❷事物的本身或全部:物～|全～|个～|～积。❸形式,规格:字～|得～(合宜)。❹作品的体裁:文～|骚～|骈～|古～。❺亲身,设身处地:～验|～会|～味|～谅。[体贴]揣度(duó)别人的处境和心情,给予关心、照顾:～入微。

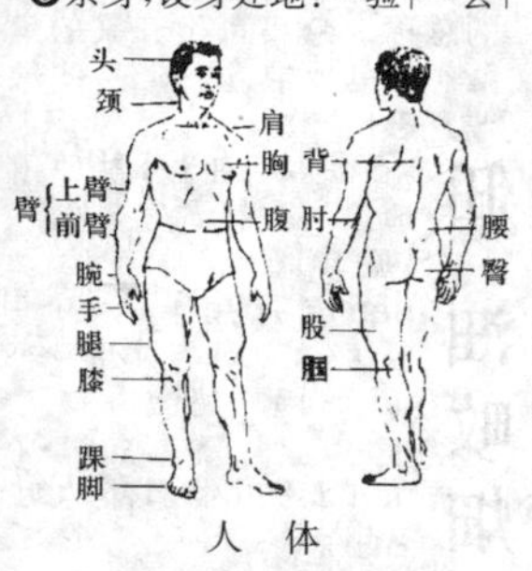

人 体

另见489页tī。

屉(**屜) tì ㄊㄧˋ 器物中可以随意拿出的盛放东西的部分,常常是匣形或是分层的格架:抽～|笼～。

剃(*鬀、△*薙) tì ㄊㄧˋ 用特制的刀刮去毛发:～头|～光。

涕 tì ㄊㄧˋ ❶眼泪。❷鼻涕,鼻子里分泌的液体。

悌 tì ㄊㄧˋ 指弟弟敬爱哥哥:孝～。

绨(綈) tì ㄊㄧˋ 比绸子厚实、粗糙的纺织品,用丝做经,棉线做纬。

另见490页tí。

俶 tì ㄊㄧˋ [俶傥](—tǎng)同"倜傥"。

另见68页chù。

倜 tì ㄊㄧˋ [倜傥](—tǎng)洒脱,不拘束:风流～。

逖(**逷) tì ㄊㄧˋ 远。

惕 tì ㄊㄧˋ 小心谨慎。[警惕]对可能发生的危险情况或错误倾向保持警觉:提高～,保卫祖国|～贪图享乐思

想的侵蚀。

裼 tì ㄊㄧˋ 婴儿的包被。

另见 530 页 xī。

替 tì ㄊㄧˋ ❶代，代理（㊣一代、代一）：～班｜我～你洗衣服。❷介词，为（wèi），给：大家都～他高兴。❸衰废：兴～｜隆～。

殢（殢） tì ㄊㄧˋ ❶困倦。❷滞留。❸困扰，纠缠。

薙 tì ㄊㄧˋ ❶除去野草。❷见 491 页"剃"。

嚏 tì ㄊㄧˋ [嚏喷]（一pen）见 378 页[喷嚏]。

趯 tì ㄊㄧˋ ❶跳跃。❷汉字的一种笔形（亅），今称钩。

TIAN ㄊㄧㄢ

天 tiān ㄊㄧㄢ ❶在地面以上的高空。㊛在上的：～头（书页上部空白部分）｜～桥（架在空中的高桥，桥下可以通行）。[天文]日月星辰等天体在宇宙间分布、运行等现象。❷自然的，天生的：～生｜～性｜～险｜～然。❸日，一昼夜，或专指昼间：今～｜一整～｜白～黑夜。㊀一日之内的某一段时间：～不早了。❹气候：～冷｜阴～。[天气] 1. 冷、热、阴、晴等现象：～要变。2. 时间：～不早了。❺季节，时节：春～｜热～。❻迷信的人指神佛仙人或他们所住的地方：～堂｜老～爷。[天子]古代指统治天下的帝王。

添 tiān ㄊㄧㄢ 增加（㊣增一）：再～几台机器｜锦上～花。

黇 tiān ㄊㄧㄢ [黇鹿]一种鹿，角的上部扁平或呈掌状，尾略长，性温顺。

田 tián ㄊㄧㄢˊ ❶种植农作物的土地：水～｜稻～｜种～。㊀和农业有关的：～家。[田地] 1. 同"田❶"。2. 地步，境遇（多指坏的）：怎么弄到这步～了？[田赛]田径运动中各种跳跃、投掷项目比赛的总称。❷指可供开采的蕴藏矿物的地带：煤～｜油～｜气～。❸同"畋"。

佃 tián ㄊㄧㄢˊ 佃作，耕种田地。

另见 101 页 diàn。

沺 tián ㄊㄧㄢˊ 用于地名：～泾镇（在江苏省苏州）。

畋 tián ㄊㄧㄢˊ 打猎。

畑 tián ㄊㄧㄢˊ （外）日本人姓名用字。

钿(鈿) tián ㄊㄧㄢˊ 〈方〉钱，硬币：铜～|洋～。

另见101页diàn。

眮 tián ㄊㄧㄢˊ 眼珠转动。

恬 tián ㄊㄧㄢˊ 安静(㊀一静)。㊁安然，坦然，不在乎：～不知耻|～不为怪。

甜 tián ㄊㄧㄢˊ 像糖或蜜的味道，跟"苦"相对：～食。㊐使人感觉舒服的：～美|～言蜜语|睡得真～。

湉 tián ㄊㄧㄢˊ [湉湉]形容水面平静。

填 tián ㄊㄧㄢˊ ❶把空缺的地方塞满或补满：～平洼地。❷填写，在空白表格上按照项目写：～志愿书|～表。

阗(闐) tián ㄊㄧㄢˊ 充满：喧～。[和阗]地名，在新疆维吾尔自治区。今作"和田"。

忝 tiǎn ㄊㄧㄢˇ 辱没(mò)。谦辞：～属知己|～列门墙(愧在师门)。

舔 tiǎn ㄊㄧㄢˇ 用舌头接触东西或取东西。

殄 tiǎn ㄊㄧㄢˇ 尽，绝：暴～天物(任意糟蹋东西)。

掭 tiǎn ㄊㄧㄢˇ ❶撑，推。❷拨。

另见55页chēn。

淟 tiǎn ㄊㄧㄢˇ 污浊，肮脏。

惧 tiǎn ㄊㄧㄢˇ 惭愧。

晪 tiǎn ㄊㄧㄢˇ 明亮。

觍(覥) tiǎn ㄊㄧㄢˇ ❶形容惭愧：～颜。❷厚着脸皮：～着脸(不知羞)。❸见344页"腼"字条"腼觍"(miǎn—)。

腆 tiǎn ㄊㄧㄢˇ ❶丰厚。❷胸部或腹部挺起：～胸脯|～着个大肚子。❸见344页"腼"字条"腼腆"(miǎn—)。

靦(靦) tiǎn ㄊㄧㄢˇ ❶同"觍"。❷形容人脸的样子：～然人面。

另见344页miǎn。

掭 tiàn ㄊㄧㄢˋ 用毛笔蘸墨汁在砚台上弄均匀：～笔。

瑱 tiàn ㄊㄧㄢˋ 古时冠冕两侧垂到耳旁的玉饰，可以用来塞耳。

另见642页zhèn。

TIAO ㄊㄧㄠ

佻 tiāo ㄊㄧㄠ 轻薄，不庄重。[佻佻](—tà)轻佻。

挑 tiāo ㄊㄧㄠ ❶用肩担着：～水|别人～一担，他～两担。❷(一子、一儿)挑、担的东西：挑着空～子。❸(一儿)量词，用于成挑儿的东西：一～儿水|两～儿粪。❹选，拣(㊀一选、一拣)：～好的送给他|～错|～毛病。[挑剔]过于严格地指摘细微差错。

另见495页tiǎo。

祧 tiāo ㄊㄧㄠ 古代称远祖的庙。在封建宗法制度中指承继先代：承～。

条(條) tiáo ㄊㄧㄠˊ ❶(一子、一儿)植物的细长枝：柳～儿|荆～。❷(一子、一儿)狭长的东西：面～儿|布～儿|纸～儿。❸细长的形状：～纹|花～儿布|～绒。❹项目，分项目的：宪法第一～|～例。[条件]1.双方规定应遵守的事项。2.事物产生或存在的因素：自然～|有利～|一切事物都依着～、地点和时间起变化。❺条理，秩序，层次：井井有～|有～不紊。❻量词。1.用于长形的东西：一～河|两～大街|三～绳|四～鱼|两～腿。2.用于分项目的事物：这一版上有五～新闻。

鲦(鰷) tiáo ㄊㄧㄠˊ 鱼名，身体小，呈条状，银白色，生活在淡水中。

苕 tiáo ㄊㄧㄠˊ ❶古书上指凌霄花，藤本植物，又叫紫葳，花红色。❷苕子，草本植物，花紫色。可用作绿肥。❸苇子的花。

另见443页sháo。

岧 tiáo ㄊㄧㄠˊ [岧峣](一yáo)山高。

迢 tiáo ㄊㄧㄠˊ 远(叠)：千里～～。

笤 tiáo ㄊㄧㄠˊ [笤帚](一zhou)扫除尘土的用具，用脱去籽粒的高粱穗、黍子穗或棕等做成。

龆(齠) tiáo ㄊㄧㄠˊ 儿童换牙：～年(童年)。

髫 tiáo ㄊㄧㄠˊ 古时小孩子头上扎起来的下垂的短发：垂～|～年(指幼年)。

调(調) tiáo ㄊㄧㄠˊ ❶配合均匀：～色|～味|风～雨顺。㉁使和谐：～剂|～解|～整。[调停]使争端平息。❷挑拨；挑逗(㊀一唆)：～嘴弄舌|～笑|～戏。[调皮]好开玩笑，顽皮。

另见102页diào。

蜩 tiáo ㄊㄧㄠˊ 古书上指蝉。

蓨 tiáo ㄊㄧㄠˊ 草本植物，即羊蹄草，叶子椭圆形。根茎叶浸出的汁液，可防治棉蚜、红蜘蛛、菜青虫等。

挑 tiǎo ㄊㄧㄠˇ ❶用竿子等把东西举起或支起：～起帘子来｜把旗子～起来。❷用条状物或有尖的东西拨开或弄出：把火～开｜～了～灯心｜～刺。❸一种刺绣方法：～花。❹拨弄，引动（㊀一拨）：～衅｜～动｜～起矛盾。［挑战］1.激怒敌人出来打仗。2.鼓动对方和自己竞赛：甲乙两队互相～。❺汉字由下斜着向上写的一种笔形（㇀）。

另见494页tiāo。

朓 tiǎo ㄊㄧㄠˇ 古代称农历月底月亮在西方出现。多用于人名。

窕 tiǎo ㄊㄧㄠˇ 见579页“窈”字条“窈窕”（yǎo—）。

嬥 tiǎo ㄊㄧㄠˇ 身材匀称美好。

眺（*覜） tiào ㄊㄧㄠˋ 眺望，往远处看：登高远～。

跳 tiào ㄊㄧㄠˋ ❶用力使脚离地，全身向上或向前（㊀一跃）：～高｜～远｜～绳。㊁越过：～级｜这一课书～过去不学。［跳板］1.一头搭在车、船上的长板，便于上下。㊇作为过渡的途径、工具。2.供游泳跳水的长板。❷一起一伏地动：心～｜眼～。

粜（糶） tiào ㄊㄧㄠˋ 卖粮食，跟“籴”相对。

TIE ㄊㄧㄝ

帖 tiē ㄊㄧㄝ ❶妥当，合适：妥～｜安～。❷顺从，驯服：～伏｜俯首～耳（含贬义）。

另见495页tiě；496页tiè。

怗 tiē ㄊㄧㄝ 平定，安宁。

贴（貼） tiē ㄊㄧㄝ ❶粘（zhān），把一种薄片状的东西粘在另一种东西上（㊀粘一）：～布告｜～邮票。❷靠近，紧挨：～身｜～着墙走。［贴切］恰当，确切。❸添补，补助（㊀一补）：房～｜每月～给他一些钱。❹同“帖（tiē）”。❺量词，用于膏药。

萜 tiē ㄊㄧㄝ 有机化合物的一类，多为有香味的液体。

帖 tiě ㄊㄧㄝˇ ❶（一儿）便条：字～儿。❷（一子）邀请客人的纸片：请～｜喜～。❸旧时写着生辰八字等内容的纸片：庚～｜换～。

另见495页tiē；496页tiè。

铁(鐵、**銕) tiě ㄊㄧㄝˇ 金属元素,符号 Fe,纯铁灰白色,质硬,在潮湿空气中易生锈。是重要的工业原料,用途极广。㊞1.坚硬:~蚕豆|~拳。2.意志坚定:~人|~姑娘队。3.确定不移:~的纪律|~案如山。4.残暴或精锐:~蹄|~骑。5.借指兵器:手无寸~。

帖 tiè ㄊㄧㄝˋ 学习写字时模仿的样本:碑~|字~。

另见495页tiē;495页tiě。

餮 tiè ㄊㄧㄝˋ 见487页“饕”字条“饕餮”(tāo—)。

TING ㄊㄧㄥ

厅(廳) tīng ㄊㄧㄥ ❶聚会或招待客人用的大房间:客~|餐~。❷政府机关的办事单位:办公~。

汀 tīng ㄊㄧㄥ 水边平地,小洲。[汀线]海岸被海水侵蚀而成的线状的痕迹。

听(聽) tīng ㄊㄧㄥ ❶用耳朵接受声音:~广播|你~~外面有什么响声。❷顺从,接受意见:行动~指挥|我告诉他了,他不~。❸(旧读 tìng)任凭,随:~其自然|~便|~凭。❹治理,判断:~政(指封建帝王临朝处理政事)。❺(外)马口铁筒:~装啤酒|一~饼干。

烃(烴) tīng ㄊㄧㄥ 碳氢化合物。

绖(綎) tīng ㄊㄧㄥ 用来系佩玉的绶带。

桯 tīng ㄊㄧㄥ ❶锥子等中间的杆子:锥~子。❷古代放在床前的小桌子。

鞓 tīng ㄊㄧㄥ 皮革制的腰带。

廷 tíng ㄊㄧㄥˊ 朝廷,封建时代君主受朝问政的地方。[宫廷]1.帝王的住所。2.由帝王及其大臣构成的统治集团。

莛 tíng ㄊㄧㄥˊ (一儿)某些草本植物的茎:麦~儿|油菜~儿。

庭 tíng ㄊㄧㄥˊ ❶正房前的院子:~院|前~。[家庭]以婚姻和血统关系为基础的社会单位,包括父母、子女和其他共同生活的亲属。❷厅堂:大~广众。❸法庭,审判案件的处所或机构:开~|~长。

蜓 tíng ㄊㄧㄥˊ 见411页“蜻”字条“蜻蜓”(qīng—)、572页“蝘”字条“蝘蜓”(yǎn—)。

霆 tíng ㄊㄧㄥˊ 霹雷，霹雳：雷～。

蝏 tíng ㄊㄧㄥˊ 古无脊椎动物，又叫纺锤虫，长3—6毫米，外壳多呈纺锤形。生活在海洋里，现已灭绝。

亭 tíng ㄊㄧㄥˊ ❶（一子）有顶无墙、供休息用的建筑物，多建筑在路旁或花园里。㊀建筑得比较简单的小房子：书～｜邮～。❷适中，均匀：～匀｜～午（正午，中午）。

［亭亭］1. 形容高耸。2. 美好：～玉立。也作"婷婷"。

停 tíng ㄊㄧㄥˊ ❶止住，中止不动（㊥一顿、一止）：一辆汽车～在门口｜钟～了。❷停留：我去天津，在北京～了两天。❸妥当：～妥。［停当］（一dang）齐备，妥当。❹（一儿）总数分成几份，其中一份叫一停儿：三～儿中的两～儿｜十～儿有九～儿是好的。

葶 tíng ㄊㄧㄥˊ ［葶苈］（一lì）草本植物，花黄色，种子可入药。

渟 tíng ㄊㄧㄥˊ 水停止不动：渊～。

婷 tíng ㄊㄧㄥˊ （叠）美好。

圢 tǐng ㄊㄧㄥˇ 用于地名：上～坂｜南～坂（都在山西省垣曲）。

町 tǐng ㄊㄧㄥˇ 〈古〉❶田界。❷田地。

另见105页dīng。

侹 tǐng ㄊㄧㄥˇ 平直。

挺 tǐng ㄊㄧㄥˇ ❶笔直：笔～｜～进（勇往直前）｜直～～地躺着不动。［挺拔］1. 直立而高耸。2. 坚强有力：笔力～。❷撑直或凸出：～起腰来｜～胸抬头｜～身而出。㊀勉强支撑：有病早治，不能硬～着。❸副词，很：～好｜～和气｜～爱学习｜这花～香。❹量词，用于机枪。

珽 tǐng ㄊㄧㄥˇ 古代天子所持的玉笏（hù）。

梃 tǐng ㄊㄧㄥˇ 棍棒。

另见497页tìng。

烶 tǐng ㄊㄧㄥˇ 火焰燃烧的样子。

铤（鋌） tǐng ㄊㄧㄥˇ 快步跑：～而走险（指走投无路而采取冒险行动）。

颋（頲） tǐng ㄊㄧㄥˇ 正直，直。

艇 tǐng ㄊㄧㄥˇ 轻便的小船，小型的军用船只：游～｜汽～｜赛～｜舰～｜潜～。

梃 tìng ㄊㄧㄥˋ ❶梃猪，杀猪后，在猪腿上割一个口子，用铁棍贴着腿皮往里捅。❷梃猪用的铁棍。

另见 497 页 tǐng。

TONG ㄊㄨㄥ

恫（**痌）tōng ㄊㄨㄥ 病痛：～瘝(guān)在抱（把人民的疾苦放在心里）。

另见 108 页 dòng。

通 tōng ㄊㄨㄥ ❶没有阻碍，可以穿过，能够达到：～行｜条条大路～北京｜四～八达｜～车｜～风。㊀1. 顺，指文章合语法，合事理。2. 彻底明了(liǎo)，懂得：精～业务｜他～三种语言。3. 四通八达的，不闭塞的：～都大邑。［通过］1. 穿过去，走过去：火车～南京长江大桥。2. 介词，经过：～学习提高了认识。3.（提案）经过讨论大家同意：～一项议案。［通货］在社会经济活动中作为流通手段的货币：～膨胀。［通融］破例迁就。㊀临时借用：购房款不够，只得向亲戚～几万。❷传达：～报｜～告｜～信。❸往来交接：～商｜互～情报。❹普遍，全：～病｜～共｜～盘计划｜～力合作。［通俗］浅显的，适合于一般文化程度的：～读物。❺量词，用于电报、电话等：发一～电报｜打一～电话。❻姓。

另见 500 页 tòng。

嗵 tōng ㄊㄨㄥ 形容脚步声、心跳声等：心～～地跳。

樋 tōng ㄊㄨㄥ 古书上说的一种树。

仝 tóng ㄊㄨㄥˊ ❶见 498 页"同"。❷姓。

砼 tóng ㄊㄨㄥˊ 混凝土。

同（△*仝）tóng ㄊㄨㄥˊ ❶一样，没有差异：～等｜～岁｜～感｜大～小异。［同化］使不同的事物变成相同或相近的事物。［同时］1. 在同一个时候。2. 表示进一层，并且：修好淮河可以防止水灾，～还可以防止旱灾。［同志］一般指志同道合的人，为共同的理想、事业而奋斗的人。特指同一个政党的成员。❷跟……相同：～上｜～前｜情～手足。❸共同：会～｜陪～。❹副词，同，一起：～吃～住～劳动｜一路～行。❺介词，跟：他～哥哥一样勤奋｜～坏人做斗争。❻连词，和：我～你都去。

另见 500 页 tòng。

侗 tóng ㄊㄨㄥˊ 旧指童蒙无知。

另见 107 页 dòng；500 页 tǒng。

诇(詷) tóng ㄊㄨㄥˊ 共同。

垌 tóng ㄊㄨㄥˊ ［垌冢］(—zhǒng)地名，在湖北省汉川。

另见 107 页 dòng。

茼 tóng ㄊㄨㄥˊ ［茼蒿］(—hāo)草本植物，花黄色或白色，茎、叶有特殊香味，嫩时可吃。

哃 tóng ㄊㄨㄥˊ 用于地名：哃～(在上海市崇明)。

峒(*峝) tóng ㄊㄨㄥˊ 见 271 页"崆"字条"崆峒"(kōng—)。

另见 108 页 dòng。

桐 tóng ㄊㄨㄥˊ 植物名。1. 泡(pāo)桐，落叶乔木，花白色或紫色，生长快，是较好的固沙防风树木。木质疏松，可做琴、箱、船模等物。2. 油桐，落叶乔木，又叫桐油树，花白色，有红色斑点，果实近球形。种子榨的油叫桐油，可用作涂料。3. 梧桐。

烔 tóng ㄊㄨㄥˊ ［烔炀］(—yáng)地名，在安徽省巢湖市。

铜(銅) tóng ㄊㄨㄥˊ 金属元素，符号 Cu，淡紫红色，在潮湿空气中易生锈，遇醋起化学作用生乙酸铜，有毒。是重要的工业原料，用途很广。

酮 tóng ㄊㄨㄥˊ 有机化合物的一类，由羰基和两个烃基连接而成。

鲖(鮦) tóng ㄊㄨㄥˊ ［鲖城］地名，在安徽省临泉县。

佟 tóng ㄊㄨㄥˊ 姓。

峂 tóng ㄊㄨㄥˊ ［峂峪］地名，在北京市海淀。

彤 tóng ㄊㄨㄥˊ 红色。

童 tóng ㄊㄨㄥˊ ❶儿童，小孩子：～谣。㊀ 1. 未长成的，幼：～牛(没有生角的小牛)。2. 未有过性生活的：～男|～女。3. 秃的：～山(没有草木的山)。［童话］专给儿童编写的故事。❷旧时指未成年的男仆：家～|书～。

僮 tóng ㄊㄨㄥˊ 古同"童❷"。

另见 664 页 zhuàng。

潼 tóng ㄊㄨㄥˊ ［潼关］地名，在陕西省。

橦 tóng ㄊㄨㄥˊ 古书上指木棉树。

曈 tóng ㄊㄨㄥˊ ［曈昽］（—lóng）天将亮的样子。

瞳 tóng ㄊㄨㄥˊ 瞳孔，俗叫瞳仁，眼球中央的小孔，可以随着光线的强弱缩小或扩大。（图见573页“人的眼睛”）

穜 tóng ㄊㄨㄥˊ 古代指早种晚熟的谷类。

翾 tóng ㄊㄨㄥˊ 飞翔的样子。

侗 tǒng ㄊㄨㄥˇ ［侊侗］（lǒng—）同“笼统”。

另见107页dòng；499页tóng。

筒（*筩） tǒng ㄊㄨㄥˇ 粗大的竹管。㊀1.较粗的中空而高的器物：烟～（tong）｜邮～｜笔～。2.（—儿）衣服等的筒状部分：袖～｜袜～｜靴～。

统（統） tǒng ㄊㄨㄥˇ ❶总括，总起来：～率｜～一｜～筹。❷事物的连续关系（㊀系—）：血～｜传～。

捅（**搑） tǒng ㄊㄨㄥˇ 戳，刺，碰：把窗户～破了｜～马蜂窝（喻惹祸）。㊉揭露：把问题全～出来了。

埇 tǒng ㄊㄨㄥˇ 用于地名：黄～铺（在江西省德安）。

桶 tǒng ㄊㄨㄥˇ 盛水或其他东西的器具，深度较大：水～｜煤油～。［皮桶子］做皮衣用的成件的毛皮。

同（*衕） tòng ㄊㄨㄥˋ ［胡同］巷，较窄的街道。

另见498页tóng。

恸（慟） tòng ㄊㄨㄥˋ ❶极悲哀：～泣｜～切。❷指痛哭：悲极而～。

通 tòng ㄊㄨㄥˋ 量词，用于某些动作：打了三～鼓｜详详细细说了一～。

另见498页tōng。

痛 tòng ㄊㄨㄥˋ ❶疼（㊀疼—）：头～｜不～不痒｜～定思～。［痛苦］身体或精神感到非常难受。❷悲伤（㊀悲—、哀—）：～心｜～不欲生。❸极，尽情地，深切地，彻底地：～恨｜～饮｜～惜｜～改前非。［痛快］（—kuai）1.爽快，爽利：他是个～人。2.尽兴，舒畅，高兴：这活儿干得真～｜看他的样子好像有点儿不～。

TOU ㄊㄡ

偷（❸*媮） tōu ㄊㄡ ❶窃取，趁人

不知道拿人东西据为己有。[小偷]偷东西的人。❷行动瞒着人(叠):～看|～拍|～～地走了|～懒(趁人不知道少做事)。❸苟且:～安|～生。❹抽出(时间):～空(kòng)|～闲。

头(頭) tóu ㄊㄡˊ ❶脑袋,人身体的最上部分或动物身体的最前面的部分(㊟一颅)。㊕头发:剃～|分～。[头脑]1.脑筋,思想:他～清楚|不要被胜利冲昏～。2.要领,门路:这事我摸不着～。❷(一儿)事情的起点或终点:开～儿|从～儿说起|什么时候才是个～儿呀!❸物体的顶端:山～|笔～。㊕(一儿)物品的残余部分:烟～儿|蜡～儿|布～儿。[头绪]条理,处理事物的门径:我找不出～来。❹以前,在前面的:～两年|我在～里走。❺次序在最前,第一:～等|～号|～班。❻接近,临:～睡觉最好洗洗脚。❼(一子、一儿)首领("头子"含贬义):特务～子|选他当～儿。❽(一儿)方面:他们两个是一～儿的。❾量词。1.用于牛驴等牲畜:一～牛|两～驴。2.用于像头的东西:两～蒜。❿表示约计、不定数量的词:三～五百|十～八块。⓫(tou)名词词尾。1.放在名词性语素后:木～|

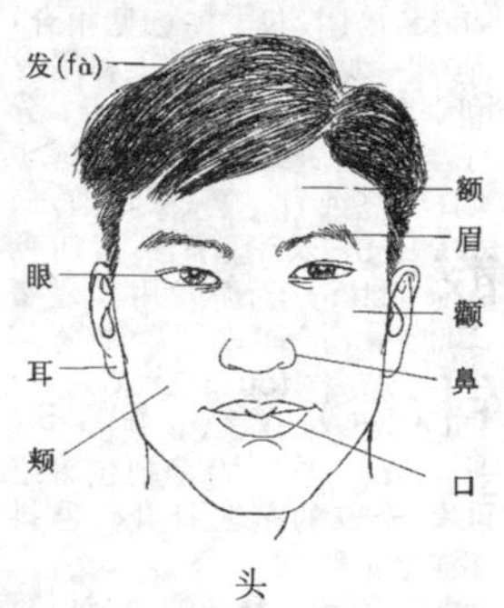

头

石～|拳～。2.放在形容词性语素后:甜～儿|苦～儿。3.放在动词性语素后:有听～儿|没个看～儿。⓬(tou)方位词词尾:前～|上～|外～。

投 tóu ㄊㄡˊ ❶抛,掷,扔(多指有目标的):～石|～入江中。㊀1.跳进去:～河|～井|～火。2.放进去:～放。[投资]在生产等事业上投入资金,也指投入的资金。❷投射:影子～在窗户上。❸走向,进入:～宿|弃暗～明|～入新战斗。[投奔](－bèn)归向,前去依靠:～亲友|～祖

国。❹寄,递送(连一递):~书|~稿。❺合。1.相合:情~意合。2.迎合:~其所好(hào)。[投机]1.意见相合:他俩一见就很~。2.利用时机,谋取私利:~取巧|~分子。❻临近,在……以前:~明(天亮前)|~暮(天黑前)。

骰 tóu ㄊㄡˊ 骰子,一般叫色(shǎi)子,游戏用具或赌具。

钭(鈄) tǒu ㄊㄡˇ dǒu ㄉㄡˇ(又) 姓。

敨 tǒu ㄊㄡˇ〈方〉❶把包着或卷着的东西打开。❷抖搂(尘土等)。

透 tòu ㄊㄡˋ ❶穿通,通过:钉~了|这种纸厚,扎不~|~光|~气|~过现象看本质。㉿1.很通达,极明白:~彻|理讲~了。2.泄漏:~露|~底|~个信儿。[透支]支款超过存款的数目。❷极度:恨~了。❸显露:他~着很老实|这朵花白里~红。❹达到饱满的、充分的程度:雨下~了。

TU ㄊㄨ

凸 tū ㄊㄨ 高出,跟"凹"(āo)相对:~出|~透镜。

秃 tū ㄊㄨ ❶没有头发:~顶。❷(树木)没有枝叶,(山)没有树木:~树|山是~的。❸羽毛等脱落,物体失去尖端:~尾巴鸡|~针。❹表示不圆满,不周全:这篇文章写得有点儿~。

突 tū ㄊㄨ ❶忽然:~变|~发|~击。[突然]急速而出乎意外:~事件|来得很~|~停止。❷超出,冲破:~出|~破纪录|~围。❸古时灶旁的出烟口,相当于今天的烟筒:灶~|曲~徙(xǐ)薪(喻防患未然)。

葖 tū ㄊㄨ 见163页"蓇"字条"蓇葖"(gū—)。

瑹 tū ㄊㄨ [瑹琈](—fú)一种玉。

图(圖) tú ㄊㄨˊ ❶用绘画表现出来的形象:~画|~解|地~|蓝~|插~。❷画:画影~形。❸计谋,计划:良~|宏~。❹谋取,希望得到(连—谋):唯利是~。

[图腾](外)原始社会的人用动物、植物或其他自然物作为其氏族血统的标志,并把它当作祖先来崇拜,这种被崇拜的对象叫图腾。

荼 tú ㄊㄨˊ ❶古书上说的一种苦菜。[荼毒]毒害:百姓惨遭～。❷古书上指茅草的白花:如火如～。

途 tú ㄊㄨˊ 道路(㊀一径、道一、路一、一程):坦～|道听～说|半～而废。[前途]㊁未来的境地,发展的前景。

涂(❶-❹塗、❺**涂) tú ㄊㄨˊ ❶使颜色、油漆等附着(zhuó)在物体上:～上一层油。❷用笔等抹上或抹去:～写|乱～乱画|写错了可以～掉|～改。[涂鸦]比喻书法拙劣或胡乱写作。❸泥泞。[涂炭]比喻极为困苦的境地:生灵～。❹同"途"。❺姓。

骖(駼) tú ㄊㄨˊ 见487页"駒"字条"駒駼"(táo—)。

梌 tú ㄊㄨˊ 用于地名:～圩(xū)村(在广东省惠东)。

稌 tú ㄊㄨˊ 稻子。

酴 tú ㄊㄨˊ ❶酒曲。❷酴酒,重(chóng)酿的酒。

徒 tú ㄊㄨˊ ❶步行(不用车、马):～行。❷空:～手。㊂徒然,白白地:～劳往返|～劳无益。❸只,仅仅:～托空言|不～无益,反而有害。❹徒弟:学～。❺同一派系或信仰同一宗教的人:教～。❻人(今多指坏人):匪～|不法之～。❼徒刑,剥夺犯人自由的刑罚,分有期徒刑和无期徒刑两种。

菟 tú ㄊㄨˊ [於菟](wū—)〈古〉老虎的别称。

另见504页tù。

屠 tú ㄊㄨˊ ❶宰杀牲畜(㊀一宰):～狗|～户。❷残杀人:～杀|～城。

腯 tú ㄊㄨˊ 肥(指猪)。

土 tǔ ㄊㄨˇ ❶地面上的沙、泥等混合物(㊀一壤):沙～|黏～|～山。❷土地:国～|领～。❸本地的:～产|～话。❹指民间生产的,出自民间的:～布|～专家。❺不开通,不时兴:～里～气|～头～脑。

[土家族][土族]都是我国少数民族,参看附表。

吐 tǔ ㄊㄨˇ 使东西从嘴里出来:不要随地～痰|～唾沫。㊂1.说出:～露(lù)|坚不～实。2.露出,放出:高粱～穗了|蚕～丝。

另见504页tù。

钍(釷) tǔ ㄊㄨˇ 放射性金属元素,符号Th,

银灰色，质软，可作为核燃料用于核工业中。

吐 tù ㄊㄨˋ 消化道或呼吸道里的东西从嘴里涌出(㊀呕—)：上～下泻|～血。㊁喻 退还(侵吞的财物)：～出赃款。

另见503页tǔ。

兔(*兎、*兔) tù ㄊㄨˋ (一子、一儿)哺乳动物，耳长，尾短，上唇中间裂开，后腿较长，跑得快。

堍 tù ㄊㄨˋ 桥两头靠近平地的地方：桥～。

菟 tù ㄊㄨˋ 植物名。1.菟丝子，寄生的蔓草，茎细长，常缠绕在别的植物上，对农作物有害。籽实可入药。2.菟葵，草本植物，花淡紫红色，多生长在山地树丛里。

另见503页tú。

TUAN ㄊㄨㄢ

猯 tuān ㄊㄨㄢ 用于地名：～卧梁(在陕西省米脂)。

湍 tuān ㄊㄨㄢ 水流得很急，也指急流的水。

煓 tuān ㄊㄨㄢ 火势旺盛的样子。

团(團、❸糰) tuán ㄊㄨㄢˊ ❶圆形(叠)：～扇|雌蟹是～脐的。❷(一子、一儿)圆形或球形的东西：纸～|云～|蒲～。❸指球形的食品：饭～儿|菜～子。㊀引 量词，用于成团的东西或抽象的事物：一～线|两～废纸|一～和气|一～糟。❹把东西揉弄成球形：～泥球|～饭团子。❺会合在一起：～聚|～圆。[团结]为了实现共同理想或完成共同任务而联合或结合：～起来，争取胜利。❻工作或活动的集体组织：文工～|代表～|～体。❼在我国特指共产主义青年团。❽军队的编制单位，是营的上一级。

抟(摶) tuán ㄊㄨㄢˊ 同"团❹"。

疃 tuǎn ㄊㄨㄢˇ ❶禽兽践踏的地方。❷村庄，屯。多用于地名。

彖 tuàn ㄊㄨㄢˋ 论断，推断：～凶吉。[彖辞]《易经》中总括一卦含义的言辞。

TUI ㄊㄨㄟ

忒 tuī ㄊㄨㄟ 〈方〉副词，太：风～大|路～滑。

另见488页tè。

推 tuī ㄊㄨㄟ ❶用力使物体顺着用力的方向移动：～

车|～了他一把|～磨。㉥使工具向前移动进行工作：用刨子～光|～头(理发)。[推敲]㉦斟酌文章字句：仔细～|一字费～。❷使事情开展：～广|～销|～动。❸进一步想，由已知推断其余：～求|～测|～理|～算|类～。❹辞让，推卸。1. 辞退，让给：～辞|～让。2. 推卸责任，托辞：～诿|～三阻四|～病不来。❺往后挪动(时间)：再往后～几天。❻举荐，选举：公～一个人做代表。❼指出某人某物的优点：～许(称赞)|～重(重视、钦佩)|～崇。

隤(隤) tuí ㄊㄨㄟˊ ❶同“颓”。❷[虺隤](huī—)同“虺𬯎”。

𬯎(𬯎) tuí ㄊㄨㄟˊ 见205页“虺”字条“虺𬯎”(huī—)。

颓(頹、*穨) tuí ㄊㄨㄟˊ ❶崩坏，倒塌：～垣断壁。[颓废]1. 建筑物倒坏。2. 精神萎靡不振。❷败坏：～风败俗。[颓唐]精神不振，情绪低落。

魋 tuí ㄊㄨㄟˊ ❶古书上说的一种兽，像小熊。❷姓。

腿(❶*骽) tuǐ ㄊㄨㄟˇ ❶人和动物用来支持身体和行走的部分：大～|后～。(图见491页“人体”)[火腿]用盐腌制的猪腿。❷(～儿)器物下部像腿的部分：桌子～儿|凳子～儿。

退 tuì ㄊㄨㄟˋ ❶向后移动，跟“进”相对：败～|敌人已经～了。[退步]1. 逐渐向下，落后：学习不努力，成绩怎能不～？2. 后退的余地：话没有说死，留了～。❷使向后移动：～兵|～敌。❸离开，辞去：～席|～职。❹送还，不接受，撤销：～货|～票|～钱|～婚。❺减退，下降：～色|～烧。

煺(**燇、**㷟) tuì ㄊㄨㄟˋ 已宰杀的猪、鸡等用滚水烫后去掉毛。

褪 tuì ㄊㄨㄟˋ 脱落，脱去：兔子正～毛。[褪色]退色，颜色变淡或消失。

另见506页tùn。

蜕 tuì ㄊㄨㄟˋ ❶蛇、蝉等脱下来的皮。❷蛇、蝉等动物脱皮。[蜕化]㉦变质，腐化堕落。

TUN ㄊㄨㄣ

吞 tūn ㄊㄨㄣ 不经咀嚼，整个咽到肚子里：囫囵～枣|

狼～虎咽。㉦1.忍受不发作出来：忍气～声（不敢作声）。2.兼并，侵占：～没｜～并。

焞 tūn ㄊㄨㄣ 光明。

暾 tūn ㄊㄨㄣ 刚出来的太阳：朝～。

屯 tún ㄊㄨㄣˊ ❶聚集，储存：～粮。㉦（军队）驻扎：～兵。❷（－子、－儿）村庄，多用于地名：皇姑～（在辽宁省沈阳）。

另见665页zhūn。

坉 tún ㄊㄨㄣˊ 寨子，多用于地名：大～（在广东省吴川）。

囤 tún ㄊㄨㄣˊ 囤积，积存，存储货物、粮食：～货。

另见115页dùn。

饨（飩） tún ㄊㄨㄣˊ 见208页“馄”字条“馄饨”（húntun）。

忳 tún ㄊㄨㄣˊ 忧伤，烦闷。

鲀（魨） tún ㄊㄨㄣˊ 河豚，鱼名，头圆形，口小，生活在海里，有些也进入淡水。种类很多。肉味鲜美，但血液和内脏有剧毒。

豚 tún ㄊㄨㄣˊ 小猪，也泛指猪。

臀（*臋） tún ㄊㄨㄣˊ 屁股：～部。（图见491页“人体”）

氽 tǔn ㄊㄨㄣˇ 〈方〉❶漂浮：木头在水上～。❷用油炸：油～花生米。

褪 tùn ㄊㄨㄣˋ 使穿着、套着的东西脱离：把袖子～下来｜狗～了套跑了。㉦向内移动而藏起来：把手～在袖子里｜袖子里～着一封信。

另见505页tuì。

TUO ㄊㄨㄛ

圫 tuō ㄊㄨㄛ 用于地名：黎～（在湖南省长沙）。

托（❹－❻*託） tuō ㄊㄨㄛ ❶用手掌向上承受着东西：～着枪。❷衬，垫：烘云～月。❸（－儿）承托器物的东西：茶～儿｜花～儿。❹（－儿）帮行骗者诱人上当的人：当～儿｜医～儿。❺寄，暂放：～儿所。❻请别人代办（㊀委－）：～你买本书。❼推托，借故推诿或躲闪：～病｜～故。❽（外）压强的非法定计量单位，1托合133.322帕。

饦（飥） tuō ㄊㄨㄛ 见37页“馎”字条“馎

饦”(bó—)。

侂 tuō ㄊㄨㄛ 委托,寄托。

拖(*拕) tuō ㄊㄨㄛ ❶牵引,拉,拽:~车|~泥带水(形容做事不爽利)|~拉机。❷拖延,拉长时间:~沓|~腔|这件事应赶快结束,不能再~。

脱 tuō ㄊㄨㄛ ❶离开,落掉:~节|~逃|走~|~皮。㊉遗漏(文字):~误|这中间~去了几个字。❷取下,去掉:~衣裳|~帽。

驮(馱、*䭾) tuó ㄊㄨㄛˊ 用背(多指牲口)负载人或物:那匹马~着两袋粮食。

另见117页duò。

佗 tuó ㄊㄨㄛˊ 负荷。[华佗]东汉末名医。

陀 tuó ㄊㄨㄛˊ 山冈。[陀螺](—luó)1.一种儿童玩具,呈圆锥形,用绳绕上后抽拉或用鞭子抽打,可以在地上旋转。2.陀螺仪的简称,测量运动物体角速度和角位移的装置。用于飞机、舰船等的控制。

坨 tuó ㄊㄨㄛˊ ❶(—子、—儿)成块或成堆的东西:泥~子。❷面食煮熟后黏结在一起:饺子~了。❸露天盐堆。

沱 tuó ㄊㄨㄛˊ ❶〈方〉可以停放船的水湾。多用于地名。❷沱江,长江的支流,在四川省东部。

驼(駝、*馳) tuó ㄊㄨㄛˊ ❶骆驼:~绒|~峰。❷身体向前曲,背脊突起:~背|背都~了。

柁 tuó ㄊㄨㄛˊ 房柁,屋架前后两个柱子之间的大横梁。

另见117页duò。

砣 tuó ㄊㄨㄛˊ ❶秤锤。❷碾砣,碾子上的碌子。

铊(鉈) tuó ㄊㄨㄛˊ 同“砣❶”。

另见478页tā。

鸵(鴕) tuó ㄊㄨㄛˊ 鸵鸟,鸟名,现代鸟类中最大的鸟,颈长,翅膀小,不能飞,腿长,走得很快,生活在沙漠中。

酡 tuó ㄊㄨㄛˊ 喝了酒,脸色发红:~颜。

跎 tuó ㄊㄨㄛˊ 见80页“蹉”字条“蹉跎”(cuō—)。

鮀(鮀) tuó ㄊㄨㄛˊ 生活在淡水中的小型鱼类。也用于地名:~莲(在广东省汕头)。

T

鼧 tuó ㄊㄨㄛˊ [鼧鼥](—bá)哺乳动物，即旱獭，俗叫土拨鼠，耳短，毛灰黄色，爪善掘土。

橐(**槖) tuó ㄊㄨㄛˊ 一种口袋。

鼍(鼉) tuó ㄊㄨㄛˊ 鼍龙，一种鳄，即扬子鳄，俗叫猪婆龙，是我国特有的动物。

W

妥 tuǒ ㄊㄨㄛˇ ❶适当，合适(㊀—当)：已经商量～了|～为保存|这样做不～。[妥协]在发生争执或斗争时，一方让步或双方让步：在原则性问题上决不能～。❷齐备，完毕：事已办～。

庹 tuǒ ㄊㄨㄛˇ 成人两臂左右伸直的长度(约5尺)。

椭(橢) tuǒ ㄊㄨㄛˇ 椭圆，长圆形，把一个圆柱体或正圆锥体斜着用一个平面截开，所成的截口就是椭圆形。

拓 tuò ㄊㄨㄛˋ ❶开辟，扩充。❷姓。❸见327页"落"字条"落拓"(luò—)。

另见479页tà。

柝(**欜) tuò ㄊㄨㄛˋ 〈古〉打更用的梆子。

跅 tuò ㄊㄨㄛˋ [跅弛](—chí)放荡。

萚(蘀) tuò ㄊㄨㄛˋ 草木脱落的皮或叶。

箨(籜) tuò ㄊㄨㄛˋ 竹笋上一片一片的皮。

唾 tuò ㄊㄨㄛˋ ❶唾液，通称唾沫，口腔里分泌的液体，有湿润口腔、帮助消化等作用。❷啐(cuì)，从嘴里吐(tǔ)出来：～手可得(形容极容易得到)|～弃(轻视、鄙弃)。

W ㄨ

WA ㄨㄚ

坬 wā ㄨㄚ 用于地名：朱家～(在陕西省佳县)|王～子(在陕西省吴起)。

呱 wā ㄨㄚ 用于地名：～底(在山西省闻喜)。

窊 wā ㄨㄚ 同"洼"，用于地名：薛家～(在山西省宁武)。

挖(**空) wā ㄨㄚ 掘，掏：～个坑|～战壕|～潜力。

[挖苦](—ku)用尖刻的话讥笑人：你别～人。

哇 wā ㄨㄚ 形容哭叫声、呕吐声等：哭得～～的|～的

一声吐了一地。

另见 509 页 wa。

洼(窪) wā ㄨㄚ ❶(一儿)凹陷的地方：水～儿|山～儿。❷低凹，深陷：～地|这地太～|眼眶～进去。

蛙(*鼃) wā ㄨㄚ 两栖动物，卵孵化后为蝌蚪，逐渐变化成蛙。种类很多，青蛙是常见的一种，捕食害虫，对农作物有益。

娲(媧) wā ㄨㄚ [女娲]神话中的女神，传说她曾经炼五色石补天。

娃 wá ㄨㄚˊ ❶(一子、一儿)小孩子：女～儿|胖～～。❷旧称美女：娇～。❸〈方〉某些幼小的动物：猪～|鸡～。

瓦 wǎ ㄨㄚˇ ❶用陶土烧成的：～盆|～器。❷用陶土烧成的覆盖房顶的东西：～房。[瓦解]喻溃散：土崩～。❸(外)功率单位名瓦特的简称，符号W。

另见 509 页 wà。

佤 wǎ ㄨㄚˇ[佤族]我国少数民族，参看附表。

瓦 wà ㄨㄚˋ 盖(瓦)：～瓦(wǎ)。[瓦刀]瓦工用来砍断砖瓦并涂抹泥灰的工具。

另见 509 页 wǎ。

袜(襪、*韈、*韤) wà ㄨㄚˋ (一子)穿在脚上、不直接着(zháo)地的东西，一般用布、纱线等制成。

腽 wà ㄨㄚˋ [腽肭兽](一nà一)哺乳动物，即海狗。生活在海洋里。阴茎和睾丸叫腽肭脐，可入药。

哇 wa ·ㄨㄚ 助词(前面紧挨着的音一定是u、ao、ou等结尾的)：你别哭～|多好～|快走～。

另见 508 页 wā。

WAI ㄨㄞ

歪 wāi ㄨㄞ ❶不正，偏斜：～着头|这张画挂～了。[歪曲]故意颠倒是非：～事实。❷不正当的，不正派的：～门邪道|～风。

崴(❷**踒) wǎi ㄨㄞˇ ❶〈方〉(一子)山、水弯曲处。多用于地名：三道～子(在吉林省靖宇)。❷(脚)扭伤。❸山路不平。

另见 514 页 wēi。

外 wài ㄨㄞˋ ❶外面，外部，跟"内"、"里"相对：国～|～伤。[外行](一háng)对某

种业务或事情不懂，缺乏经验。❷不是自己这方面的：～国|～乡|～人。❸指外国：对～贸易|古今中～|～宾。❹关系疏远的：这里没～人|见～。❺称母亲、姐妹或女儿方面的亲戚：～祖母|～甥|～孙。❻(除此)另外，以外：～加|此～。❼非正式的：～号|～史。❽旧时戏曲角色名，多演老年男子。

W

WAN ㄨㄢ

弯(彎) wān ㄨㄢ ❶屈曲不直(㊀一曲)：～路。❷使弯曲：～腰。❸(一子、一儿)曲折的部分：转～抹角|这根竹竿有个～儿。❹拉(弓)：～弓。

塆(壪) wān ㄨㄢ 山沟里的小块平地。多用于地名。

湾(灣) wān ㄨㄢ ❶水流弯曲的地方：汾河～。❷海湾，海洋伸入陆地的部分：胶州～|港～。❸使船停住：把船～在那边。

剜 wān ㄨㄢ 用刀挖，挖去：～肉补疮(喻只顾眼前，不惜用有害的方法来救急)。

帵 wān ㄨㄢ 〈方〉(一子)裁衣服剩下的大片布料。

蜿 wān ㄨㄢ [蜿蜒](一yán)蛇爬行的样子。㊁弯弯曲曲：一条～的小路。

豌 wān ㄨㄢ [豌豆]草本植物，花白色或紫色，种子和嫩茎、叶都可用作蔬菜。

婠 wān ㄨㄢ 美丽，美好。

丸 wán ㄨㄢˊ ❶(一子、一儿)小而圆的东西：弹～|药～儿|肉～子。❷专指丸药：～散膏丹。❸量词，用于丸药。

芄 wán ㄨㄢˊ 芄兰，多年生蔓(màn)草，叶对生，心脏形，花白色，有紫红色斑点。茎、叶和种子可入药。

汍 wán ㄨㄢˊ [汍澜](一lán)流泪的样子。

纨(紈) wán ㄨㄢˊ 白色的细绢。[纨绔](一kù)古代贵族子弟的华美衣着(zhuó)：～子弟(指专讲吃喝玩乐的富家子弟)。

完 wán ㄨㄢˊ ❶齐全(㊀一整)：～美|～善。❷尽，没有了：用～了|卖～了|事情做～了。❸做成，了结：～成任务|～工|～婚。❹交纳：～粮|～税。

玩（❸—❺*翫） wán ㄨㄢˊ ❶（—儿）游戏，做某种游戏（㊀—耍）：出去～|～皮球。［玩弄］1.摆弄着玩：上课不要～手机。2.要弄，搬弄：～手段|～辞藻。3.戏弄：～女性。［玩意儿］1.玩具。2.〈方〉指杂技、曲艺，如魔术、大鼓等。3.指东西、事物。❷（—儿）要弄，使用：～花招儿。❸观赏：游～|～物丧志。❹可供观赏、把玩的东西：古～。❺轻视，用不严肃的态度来对待（㊀—忽）：～世不恭|～视（忽视）。（❸❹❺旧读 wàn）

顽（頑） wán ㄨㄢˊ ❶愚蠢无知：～钝|愚～。❷固执，不容易变化：～梗|～疾。［顽固］1.思想保守，不愿意接受新鲜事物。2.坚持自己的错误观点或做法，不加改变。［顽强］坚强，不屈服：～地工作着|他很～，没有被困难吓倒。❸顽皮，小孩淘气：～童。❹同"玩❶❷"。

烷 wán ㄨㄢˊ 烷烃（tīng），有机化合物的一类，分子中只含有单键结构。烷系化合物是构成石油的主要成分。

宛 wǎn ㄨㄢˇ ❶曲折。［宛转］1.辗转。2.同"婉转"。❷宛然，仿佛：音容～在。

菀 wǎn ㄨㄢˇ 紫菀，草本植物，叶子椭圆状披针形，花蓝紫色。根和根状茎可入药。

另见 610 页 yù。

惋 wǎn ㄨㄢˇ 叹惜：～惜。

婉 wǎn ㄨㄢˇ ❶和顺，温和：～言|委～。［婉转］［宛转］说话温和而曲折，但不失本意：措辞～。❷美好。

琬 wǎn ㄨㄢˇ 美玉。［琬圭］上端浑圆、没有棱角的圭。

椀 wǎn ㄨㄢˇ ❶用于科技术语：橡～（橡树果实的碗状外壳）。❷见 511 页"碗"。

碗（*盌、△*椀、*瓮） wǎn ㄨㄢˇ 盛饮食的器皿。

畹 wǎn ㄨㄢˇ 古代地积单位，三十亩（一说十二亩）为一畹。

［畹町］（—dīng）地名，在云南省瑞丽。

挽（❸*輓） wǎn ㄨㄢˇ ❶拉：～弓|手～着手。❷设法使局势好转或恢复原状：～救|力～狂澜。❸追悼死人：～歌|～联。❹卷：～起袖子。

晚 wǎn ㄨㄢˇ ❶太阳落了的时候：从早到～|～饭|～会。㊀夜间：昨～没睡好。❷

时间靠后的，比合适的时间居后：～年（老年）|～秋|来～了|赶快努力还不～。❸后来的：～辈。❹晚辈对长辈的自称（多用于书信）。

莞 wǎn ㄨㄢˇ［莞尔］微笑的样子：～而笑。

另见170页guǎn。

W

脘 wǎn ㄨㄢˇ 胃脘，中医指胃的内部。

皖 wǎn ㄨㄢˇ 安徽省的别称。

绾（綰） wǎn ㄨㄢˇ 把长条形的东西盘绕起来打成结：～结|～个扣儿|把头发～起来。

万（萬） wàn ㄨㄢˋ ❶数目，十个一千。㉁表示极多：～物|气象～千|～能胶。［万岁］千秋万代永远存在（祝颂语）：人民～|祖国～。［万一］㊕意外，意外地：以防～|～下雨也不要紧，我带着伞呢。❷极，很，绝对：～难|～全|～不得已。❸姓。

另见350页mò。

沥（澫） wàn ㄨㄢˋ 用于地名：～尾（在广西壮族自治区东兴）。

妧 wàn ㄨㄢˋ 形容女子美好。

另见612页yuán。

腕 wàn ㄨㄢˋ（一子）胳膊下端跟手掌，或小腿跟脚相连的部分。（图见491页"人体"）

蔓 wàn ㄨㄢˋ（一儿）细长能缠绕的茎：瓜～儿。

另见331页mán；332页màn。

WANG ㄨㄤ

尢 wāng ㄨㄤ 同"尪"。

另见601页yóu。

尪（**尩） wāng ㄨㄤ ❶胫、脊或胸部弯曲的病。❷瘦弱。

汪 wāng ㄨㄤ ❶深广：～洋大海。❷液体聚集在一个地方：地上～着水。［汪汪］1. 充满水或眼泪的样子：水～|泪～。2. 形容狗叫声。❸量词，用于液体：一～水。

亡（*亾） wáng ㄨㄤˊ ❶逃（㊥逃一）：～命|流～。㉁失去：～羊补牢（喻事后补救）|唇～齿寒（喻利害相关）。❷死（㊥死一）：伤～。㉁死去的：～弟。❸灭（㊥灭一）：～国|兴～。

另见524页wú。

王 wáng ㄨㄤˊ ❶古代指帝王或最高的爵位。❷一族

或一类中的首领：兽～|蜂～|花中之～。❸大，辈分高：～父（祖父）|～母（祖母）。❹姓。

另见513页wàng。

网（網） wǎng ㄨㄤˇ ❶用绳线等结成的捕鱼捉鸟的器具：渔～。［网罗］搜求，设法招致：～人才。❷用网捕捉：～鱼|～鸟。❸像网的东西：～兜儿|铁丝～。❹像网样的组织或系统：通信～|宣传～。特指互联网：～页|～站|上～。

罔（*囧） wǎng ㄨㄤˇ ❶蒙蔽，诬：欺～。❷无，没有：置若～闻（放在一边不管，好像没听见一样）。

惘 wǎng ㄨㄤˇ 不得意（㊥怅—）：～然。

辋（輞） wǎng ㄨㄤˇ 车轮外周的框子。（图见324页"旧式车轮"）

魍 wǎng ㄨㄤˇ ［魍魉］（—liǎng）传说山林中的一种怪物。

枉 wǎng ㄨㄤˇ ❶曲，不直：矫～过正。❷使歪曲：～法。❸受屈，冤屈（㊥冤—、屈—）。❹徒然，白白地：～然|～费心机。

往（*徃） wǎng ㄨㄤˇ ❶去，到：来～|～返|一个～东，一个～西。❷过去（㊥—昔）：～年|～事。❸介词，朝，向：～东走|～前看|此车开～上海。

［往往］副词，常常：这些小事情～被人忽略。

王 wàng ㄨㄤˋ ❶统一天下：以德行仁者～。❷统治：～此大邦。

另见512页wáng。

旺 wàng ㄨㄤˋ 盛，兴盛（㊥—盛、兴—）：火很～|～季。

望（*朢） wàng ㄨㄤˋ ❶看，往远处看：登高远～|～尘莫及。❷探访问候（㊥看—）：拜～。❸希图，盼（㊥盼—、希—）：～子成龙|喜出～外|丰收有～。❹怨恨，责怪。❺名望，声誉：德高～重|威～。❻农历每月十五日。❼介词，向：～东走|～上瞧。

妄 wàng ㄨㄤˋ 乱，荒诞不合理：～动|～想|勿～言。

忘 wàng ㄨㄤˋ 忘记，不记得，遗漏：别～了拿书|喝水不～掘井人。

WEI ㄨㄟ

危 wēi ㄨㄟ ❶不安全，跟"安"相对（㊥—险）：～

急|～重|转～为安。[危言耸听]故意说吓人的话使听的人吃惊。[临危]将死，面临生命危险。❷损害(㊀一害)：～及家国。❸高的，陡的：～楼。❹端正：正襟～坐。❺星宿名，二十八宿之一。

委 wēi ㄨㄟ [委蛇](一yí) 1.周旋，应付：虚与～(假意敷衍)。2.同"逶迤"。

另见517页wěi。

逶 wēi ㄨㄟ [逶迤](一yí)道路、河道等弯曲而长：山路～。

巍 wēi ㄨㄟ 高大(叠)：～峨|～～高山。

威 wēi ㄨㄟ ❶使人敬畏的气魄：示～|～力|～望|权～|狐假虎～。❷凭借力量或势力：～胁|～逼。

葳 wēi ㄨㄟ [葳蕤](一ruí)草木茂盛的样子。

崴 wēi ㄨㄟ [崴嵬](一wéi)山高的样子。

另见509页wǎi。

偎 wēi ㄨㄟ 紧挨着，亲密地靠着：小孩儿～在母亲的怀里。

隈 wēi ㄨㄟ 山、水等弯曲的地方。

煨 wēi ㄨㄟ ❶在带火的灰里把东西烧熟：～白薯。❷用微火慢慢地煮：～鸡|～肉。

鳂(鰃) wēi ㄨㄟ 鱼名，身体侧扁，眼大，口大而斜，多为红色。生活在热带海洋里。

微 wēi ㄨㄟ ❶小，细小(㊀细一)：防～杜渐。❷轻微，稍(㊀稍一)(叠)：～感不适|～～一笑。❸衰落，低下：衰～。❹精深，精妙：～妙。❺法定计量单位中十进分数单位词头之一，表示10^{-6}，符号μ。

溦 wēi ㄨㄟ 小雨。

薇 wēi ㄨㄟ 草本植物，又叫巢菜、野豌豆，花紫红色，是优良饲料，可入药。

韦(韋) wéi ㄨㄟˊ 熟皮子，去毛加工鞣制的兽皮。

违(違) wéi ㄨㄟˊ ❶背(bèi)，反，不遵守(㊀一背、一反)：～法|～章|阳奉阴～。❷不见面，离别：久～。

围(圍) wéi ㄨㄟˊ ❶环绕，四周拦挡起来：～巾|～墙|包～。❷四周：四～|周～。❸(一子)圈起来用作拦阻或遮挡的东西：

土～子|床～子。❹量词。1.两只手的拇指和食指合拢起来的长度：腰大十～。2.两只胳膊合拢起来的长度：树大十～。

帏（幃） wéi ㄨㄟˊ 帐子，幔幕。

闱（闈） wéi ㄨㄟˊ ❶古代宫室的旁门：宫～（宫殿里边）。❷科举时代称考试或考场：秋～|入～。

沩（湋） wéi ㄨㄟˊ 用于地名：～源口（在湖北省阳新）。

涠（潿） wéi ㄨㄟˊ ［涠洲］岛名，在广西壮族自治区北海市南部海域。

为（爲、**為） wéi ㄨㄟˊ ❶做，行：事在人～|所作所～。㉑作为，做事的能力：年轻有～。❷做，当：他被选～人大代表|拜他～师。❸成为，变成：一分～二|高岸～谷，深谷～陵。❹是：十二个～一打。❺介词，被：～人所笑。❻文言助词，常跟"何"相应，表疑问：何以家～？❼附于单音形容词后，构成表示程度、范围的副词：大～增色|广～传播。❽附于表程度的单音副词后，加强语气：极～重要|尤～出色。

另见518页wèi。

沩（溈、**溈） wéi ㄨㄟˊ 沩水，水名，在湖南省长沙。

圩 wéi ㄨㄟˊ ❶低洼地区周围防水的堤。❷有圩围住的地区：～田|盐～。❸（一子）围绕村落四周的障碍物：土～子|树～子。也作"围子"。

另见556页xū。

峗 wéi ㄨㄟˊ 用于地名：～家湾（在四川省乐至）。

浘 wéi ㄨㄟˊ 浘水，水名，在湖北省南部，松滋河支流。

桅 wéi ㄨㄟˊ 桅杆，船上挂帆的杆子。

鮠（鮠） wéi ㄨㄟˊ 鱼名，身体前部扁平，后部侧扁，有四对须，无鳞。生活在淡水中。

硙（磑） wéi ㄨㄟˊ ［硙硙］形容很高的样子。

另见518页wèi。

唯 wéi ㄨㄟˊ ❶单单，只：～有|～恐|～利是图。❷文言叹词，表示答应。［唯唯诺诺］形容一味顺从别人的意见。

帷 wéi ㄨㄟˊ （一子）围在四周的帐幕：车～子｜运筹～幄。

惟 wéi ㄨㄟˊ ❶同"唯❶"。❷但是：雨虽止，～路途仍甚泥泞。❸文言助词，用在句首，有加强语气的作用：～二月既望。❹思，想。"思惟"通常写作"思维"。

W

维（維） wéi ㄨㄟˊ ❶连接（㊀一系）。［维护］保全，保护。［维持］设法使继续存在。❷文言助词：步履～艰。❸思考：思～。

［维吾尔族］我国少数民族，参看附表。

琟 wéi ㄨㄟˊ 古代指一种像玉的石头。

潍（濰） wéi ㄨㄟˊ 潍河，水名，在山东省潍坊。

嵬 wéi ㄨㄟˊ 高大耸立。

伟（偉） wěi ㄨㄟˇ 大（㊀一大）：魁～｜～人（对人民有大功绩的人）｜宏～｜～业。

苇（葦） wěi ㄨㄟˇ （一子）芦苇。参看318页"芦"。

纬（緯） wěi ㄨㄟˇ ❶纬线，织布时用梭穿织的横纱，编织物的横线，跟"经"相对。❷地理学上假定的沿地球表面跟赤道平行的线，从赤道起，以北称北纬，以南称南纬，各为90°。❸指纬书（东汉神学迷信附会儒家经义的一类书）。

玮（瑋） wěi ㄨㄟˇ 玉名。

晴（暐） wěi ㄨㄟˇ 形容光很盛。

炜（煒） wěi ㄨㄟˇ 光明。

韡（韡） wěi ㄨㄟˇ（叠）盛，光明。

韪（韙） wěi ㄨㄟˇ 是，对（常和否定词连用）：冒天下之大不～。

伪（僞、**偽） wěi ㄨㄟˇ ❶假，不真实：去～存真｜～造｜～装。❷不合法的：～政府。

芳（蔿、**蒍） wěi ㄨㄟˇ 姓。

尾 wěi ㄨㄟˇ ❶（一巴）鸟、兽、虫、鱼等身体末端突出的部分：虎头蛇～。❷末端：排～。❸尾随，在后面跟：～其后。❹量词，用于鱼。❺星宿名，二十八宿之一。

另见587页yǐ。

娓 wěi ㄨㄟˇ［娓娓］形容谈论不倦或说话动听：～道来｜～动听。

艉 wěi ㄨㄟˇ 船体的尾部。

委 wěi ㄨㄟˇ ❶任，派，把事交给人办（㊥一任）：～以重任。❷抛弃，舍弃（㊥一弃）：～之于地。❸推诿：～罪。❹曲折，婉转：话说得很～婉。［委屈］（一qu）含冤受屈或心里苦闷：心里有～，又不肯说。❺末，尾：原～。❻确实：～系实情｜～实。❼委员或委员会的简称：编～｜体～｜市～。

另见514页wēi。

诿（諉） wěi ㄨㄟˇ 推托，推卸：～过｜推～。

萎 wěi ㄨㄟˇ 干枯衰落：枯～｜～谢｜气～。［萎缩］1.体积缩小，表面变皱：肌肉～。2.衰退：经济～。［萎靡］［委靡］（一mǐ）颓丧，不振作：精神～。

痿 wěi ㄨㄟˇ 中医指身体某部分萎缩或丧失功能的病：阳～。

洧 wěi ㄨㄟˇ［洧川］地名，在河南省尉氏。

痏 wěi ㄨㄟˇ ❶瘢痕。❷创伤。

鲔（鮪） wěi ㄨㄟˇ ❶古书上指鲟（xún）鱼。❷鱼名，身体纺锤形，背部蓝黑色，生活在海洋里。

隗 wěi ㄨㄟˇ 姓。

另见278页kuí。

廆 wěi ㄨㄟˇ 用于人名。慕容廆，西晋末年鲜卑族的首领。

另见173页guī。

颜（頠） wěi ㄨㄟˇ 安静。

猥 wěi ㄨㄟˇ ❶鄙陋，下流：～辞。［猥亵］（一xiè）1.淫秽，下流：言辞～。2.做下流的动作：～妇女。❷杂，多：～杂。

蒍 wěi ㄨㄟˇ ❶草名。❷姓。

亹 wěi ㄨㄟˇ［亹亹］❶形容勤勉不倦。❷形容向前推移、行进。

另见338页mén。

卫（衛、**衞） wèi ㄨㄟˋ ❶保护，防护（㊥保一）：保家～国｜自～。［卫生］有益于身体的健康，能预防疾病：院内不太～。也指合乎卫生的情况：讲～｜环境～。❷防护人员：警～｜

后～。❸明代驻兵的地点：～所。❹周代诸侯国名，在今河南省北部和河北省南部一带。

为（爲、**為） wèi ㄨㄟˋ ❶介词，表示行为的对象：～人民服务。❷介词，表示原因、目的（可以和“了”连用）：别～一点儿小事而争吵｜～了美好的明天而努力。❸介词，对，向：且～诸君言之。❹帮助，卫护。

另见 515 页 wéi。

未 wèi ㄨㄟˋ ❶地支的第八位。❷未时，指下午一点到三点。❸副词，表示否定。1. 不：～知可否。2. 没有，不曾：～成年｜此人～来。❹放在句末，表示疑问：君知其意～？

味 wèi ㄨㄟˋ ❶（一儿）味道，滋味，舌头尝东西所得到的感觉：五～｜带甜～儿｜～同嚼蜡。❷（一儿）气味，鼻子闻东西所得到的感觉：香～儿｜臭～儿。❸指某些菜肴、食物：海～｜野～。❹（一儿）意味，情趣：趣～｜意～深长。❺体会，研究：细～其言｜体～。❻量词，用于中药的种类：这个方子一共七～药。

位 wèi ㄨㄟˋ ❶位置，所在的地方：座～｜到～｜就～。❷职位，地位。❸特指皇位：即～｜在～｜篡～。❹一个数中，每个数码所占的位置：个～｜十～。❺量词，用于人（含敬意）：诸～同志｜三～客人。

畏 wèi ㄨㄟˋ ❶怕（㊥一惧）：大无～｜不～艰险｜～首～尾。❷敬佩：后生可～。

喂（❷❸*餵、❷❸*餧） wèi ㄨㄟˋ ❶叹词，打招呼时用：～，是谁？｜～，快来呀！❷把食物送进人嘴里：～小孩儿。❸给动物东西吃：～牲口。㊀畜（xù）养：～鸡｜～猪。

硙 wèi ㄨㄟˋ 〈方〉石磨（mò）。

碨（磑） wèi ㄨㄟˋ 同“硙”。另见 515 页 wéi。

胃 wèi ㄨㄟˋ ❶胃脏，人和高等动物消化器官之一，能分泌胃液、消化食物。（图见 623 页“人体内脏”）❷星宿名，二十八宿之一。

谓（謂） wèi ㄨㄟˋ ❶说：可～恰到好处｜勿～言之不预。❷称，叫作：称～｜何～人工呼吸法？［所谓］所说的：～分析，就是分析事物的矛盾。［无谓］没意义，说不出道理：这种争论太～了。

猬（*蝟） wèi ㄨㄟˋ 刺猬，哺乳动物，嘴很尖，身上长着硬刺，昼伏夜出，捕食昆虫、鼠、蛇等。

渭 wèi ㄨㄟˋ 渭河，发源于甘肃省，横贯陕西省入黄河。

煟 wèi ㄨㄟˋ ❶光明。❷旺盛。

尉 wèi ㄨㄟˋ ❶古官名：太～。❷军衔名，在校级之下：上～。

［尉氏］地名，在河南省。

另见 610 页 yù。

蔚 wèi ㄨㄟˋ ❶草木茂盛。㊀盛大：～为大观。［蔚蓝］晴天天空的颜色：～的天空。❷云气弥漫：云蒸霞～。

另见 611 页 yù。

慰 wèi ㄨㄟˋ ❶使人心里安适：安～｜～问｜～劳。［慰藉］（－jiè）安慰，抚慰。❷心安：欣～｜甚～。

螱 wèi ㄨㄟˋ 昆虫，即白蚁，外形像蚂蚁，蛀食木材。

霨 wèi ㄨㄟˋ 形容云起的样子。

鳚（鰨） wèi ㄨㄟˋ 鱼名，身体小而侧扁，无鳞，生活在近海。

遗（遺） wèi ㄨㄟˋ 赠与：～之千金。

另见 585 页 yí。

锴（鏏） wèi ㄨㄟˋ huì ㄏㄨㄟˋ（又）古代的一种鼎。

魏 wèi ㄨㄟˋ ❶古国名。1.战国国名，在今河南省北部，山西省西南部一带。2.三国之一，曹丕所建立（公元 220—265 年），在今黄河流域甘肃省以下各省和湖北、安徽、江苏三省北部及辽宁省南部。❷北魏，北朝之一，鲜卑族拓跋珪所建立（公元 386—534 年），后分裂为东魏和西魏。

WEN ㄨㄣ

温 wēn ㄨㄣ ❶不冷不热（㊥－暖）：～水。［温饱］衣食充足。❷温度，冷热的程度：气～｜低～｜体～。❸性情柔和（㊥－柔、－和）。❹使东西热：～酒。❺复习：～课｜～故知新。❻中医指温热病：春～｜冬～。❼同"瘟"。

榅 wēn ㄨㄣ ［榅桲］（－po）落叶灌木或小乔木，叶椭圆形，花淡红色或白色。果实也叫榅桲，有香气，味酸，可制蜜饯，也可入药。

辒（轀） wēn ㄨㄣ ［辒辌］（－liáng）古代

可以卧的车，也用作丧车。

瘟 wēn ㄨㄣ 瘟疫，流行性急性传染病：～病｜春～｜鸡～｜猪～。

蕰 wēn ㄨㄣ ［蕰草］〈方〉指水中生长的杂草，可用作肥料。

鳁（鰛） wēn ㄨㄣ ［鳁鲸］鲸的一种，体长可达 18 米，背部黑色，腹部白色。

W

文 wén ㄨㄣˊ ❶事物错综所成的纹理或形象：天～｜水～。❷在身上、脸上刺画字或花纹：断发～身。❸文字，记录语言的符号：甲骨～｜外～｜～盲。［文言］以古汉语为基础的书面语，跟“白话”相对：半～半白。❹文章，用文字写成的有条理的篇章：作～｜古～｜应用～。❺旧时指礼节仪式：虚～｜繁～缛节。［文化］1. 人类在社会历史发展过程中所创造的物质财富和精神财富的总和，特指精神财富，如哲学、科学、教育、文学、艺术等。2. 考古学用语，指同一个历史时期的不依分布地点为转移的遗迹、遗物的综合体。同样的工具、用具，同样的制作技术等，是同一种文化的特征，如仰韶文化等。3. 运用文字的能力和一般知识：～水平｜学～。❻非军事的，非武力的，跟“武”相对：～职｜能～能武｜～臣武将。㊕柔和：～雅｜～绉绉。［文火］不猛烈的火。❼量词，用于旧时的铜钱：一～钱｜一～不值。❽（旧读 wèn）文饰，掩饰：～过饰非。

芠 wén ㄨㄣˊ 古代指一种草。

驳（駁） wén ㄨㄣˊ 赤鬣白身黄目的马。

纹（紋） wén ㄨㄣˊ 条纹（㊀一理）：水～｜指～｜有一道～儿。

另见 521 页 wèn。

玟 wén ㄨㄣˊ 玉的纹理。

另见 346 页 mín。

炆 wén ㄨㄣˊ 〈方〉用微火焖食物。

蚊（*螡、*蟁） wén ㄨㄣˊ （一子）昆虫，幼虫叫孑孓，生活在水里。成虫身体细长，雄的吸植物汁液，雌的吸人畜的血。能传染疟疾、流行性乙型脑炎等。种类很多。

雯 wén ㄨㄣˊ 有花纹的云彩。

闻（聞） wén ㄨㄣˊ ❶听见：风～｜耳～不

如目见。❷听见的事情，消息：新～｜奇～。❸（旧读 wèn）出名，有名望：～人｜默默无～。❹名声：令～｜丑～。❺用鼻子嗅气味：你～～这是什么味？｜我～见香味了。

阌（閿） wén ㄨㄣˊ ［阌乡］地名，在河南省灵宝。

刎 wěn ㄨㄣˇ 割脖子：～颈｜自～。

吻（*脗） wěn ㄨㄣˇ ❶嘴唇（㊀唇一）：接～。［吻合］相合。❷用嘴唇接触表示喜爱。❸动物的嘴。

抆 wěn ㄨㄣˇ 擦：～泪。

紊 wěn ㄨㄣˇ （旧读 wèn）乱（㊀一乱）：有条不～。

稳（穩） wěn ㄨㄣˇ ❶稳固，安定：站～｜～步前进。㊉沉着，不轻浮：～重。❷使稳定：～住局势。❸准确，可靠：十拿九～。

问（問） wèn ㄨㄣˋ ❶有不知道或不明白的请人解答：～事处｜～一道题。❷慰问：～候。❸审讯，追究：～口供。㊄问罪，惩办：胁从不～。❹管，干预：概不过～。

汶 wèn ㄨㄣˋ 汶河，水名，在山东省。汶川，地名，在四川省。

纹（紋） wèn ㄨㄣˋ 同"璺"。另见520页wén。

揾 wèn ㄨㄣˋ ❶用手指按住。❷擦：～泪。

璺 wèn ㄨㄣˋ 器物上的裂痕：这个碗有一道～｜打破砂锅～（谐"问"）到底。

WENG ㄨㄥ

翁 wēng ㄨㄥ ❶老头儿：渔～｜老～。❷父亲。❸丈夫的父亲或妻子的父亲：～姑（公婆）｜～婿。

嗡 wēng ㄨㄥ 形容昆虫飞动等声音（叠）：蜜蜂～～地飞｜飞机～～响。

滃 wēng ㄨㄥ 滃江，水名，在广东省北部。

另见521页wěng。

鎓（鎓） wēng ㄨㄥ ［鎓盐］在水溶液中离解出有机正离子的含氧、氮或硫的盐类。

鹟（鶲） wēng ㄨㄥ 鸟名，身体小，嘴稍扁平，吃害虫，是益鸟。

蓊 wěng ㄨㄥˇ 形容草木茂盛：～郁｜～茸。

滃 wěng ㄨㄥˇ ❶形容水盛。❷形容云起。

W

另见 521 页 wēng。

瓮(*甕、*罋) wèng ㄨㄥˋ 一种盛水、酒等的陶器。

蕹 wèng ㄨㄥˋ 蕹菜，草本植物，俗叫空心菜，茎中空，叶心脏形，叶柄长，花白色，漏斗状。嫩茎叶可用作蔬菜。

齆 wèng ㄨㄥˋ 鼻子堵塞不通气：～鼻。

WO ㄨㄛ

挝(撾) wō ㄨㄛ ［老挝］国名，在中南半岛。

另见 661 页 zhuā。

莴(萵) wō ㄨㄛ ［莴苣］(—ju)草本植物，叶多长形，花黄色，分叶用和茎用两种。叶用的叫莴苣菜或生菜，茎用的叫莴笋，都可用作蔬菜。

涡(渦) wō ㄨㄛ 旋涡，水流旋转形成的中间低洼的地方：卷入旋～(喻被牵入纠纷里)。

另见 176 页 guō。

窝(窩) wō ㄨㄛ ❶(—儿)禽兽或其他动物的巢穴：鸡～|马蜂～|狼～。㊝人的安身处，人或物所占的位置：安乐～|挪个～儿。❷藏匿犯法的人或东西：～贼|～赃|～藏。❸坏人聚集之处：贼～。❹(—儿)洼陷的地方：山～|酒～儿。❺弄弯：把铁丝～个圆圈。❻郁积不得发作或发挥：～火|～心。［窝工］因调配不好，工作人员没有充分发挥作用。❼量词，用于一胎所生或一次孵出的动物：一～小猪。

蜗(蝸) wō ㄨㄛ 蜗牛，软体动物，有螺旋形扁圆的硬壳，头部有两对触角，吃嫩叶，对农作物有害。［蜗居］㊝窄小的住所。也指在窄小的处所居住：～斗室。

倭 wō ㄨㄛ 古代称日本。

踒 wō ㄨㄛ (手、脚等)猛折而筋骨受伤：手～了。

喔 wō ㄨㄛ 形容公鸡的叫声。

我 wǒ ㄨㄛˇ 代词，自称，自己：～国|自～批评|忘～。

肟 wò ㄨㄛˋ 有机化合物的一类，由羟胺与醛或酮缩合而成。

沃 wò ㄨㄛˋ ❶土地肥(㊟肥—)：～土|～野。❷灌溉，浇：雪～大地|～灌。

卧(**臥) wò ㄨㄛˋ ❶睡倒，躺或趴：仰～|～倒|～病。❷睡觉用的：～室|～铺。❸趴伏(指动物)：鸡～在窝里|藏龙～虎。

偓 wò ㄨㄛˋ 用于人名。偓佺(quán)，古代传说中的仙人。

握 wò ㄨㄛˋ 攥(zuàn)，手指弯曲合拢来拿：～手。

幄 wò ㄨㄛˋ 帐幕：帷～。

渥 wò ㄨㄛˋ ❶沾湿，沾润。❷厚，重：优～(优厚)。

龌(齷) wò ㄨㄛˋ [龌龊](－chuò)肮脏，不干净。㊇人的品质恶劣。

涴 wò ㄨㄛˋ 〈方〉弄脏，泥、油等沾在衣服、器物上。

另见612页yuān。

硪 wò ㄨㄛˋ (一子)一种砸实地基的工具。

斡 wò ㄨㄛˋ 转，旋。[斡旋]居中调停，把弄僵了的局面扭转过来：从中～。

WU ㄨ

乌(烏) wū ㄨ ❶乌鸦，鸟名，有的地区叫老鸹(gua)、老鸦，羽毛黑色，嘴大而直。[乌合]㊇无组织地聚集：～之众。❷黑色：～云|～木。❸文言代词，表示疑问，哪，何：～足道哉？❹姓。

[乌呼]同"呜呼1"。

[乌孜别克族]我国少数民族，参看附表。

另见526页wù。

邬(鄔) wū ㄨ 姓。

呜(嗚) wū ㄨ 拟声词(叠)：工厂汽笛～～地叫。

[呜呼]1.文言叹词，旧时祭文常用"呜呼"表示叹息。2.借指死亡：一命～。

钨(鎢) wū ㄨ 金属元素，符号W，灰黑色，质硬而脆，熔点高。钨丝可以做电灯泡中的细丝，含钨的钢叫钨钢，可制机器、钢甲等。

圬(**杇) wū ㄨ ❶泥瓦工人用的抹(mǒ)子。❷抹(mò)墙。

污(*汚、*汙) wū ㄨ ❶肮脏(㊀一秽)：～泥。㊇不廉洁：贪～。❷弄脏：玷～|～染。[污辱]用无理的言行给人以难堪。

巫 wū ㄨ 专以祈祷求神骗取财物的人。

W

诬(誣) wū ㄨ 硬说别人做了某种坏事(㊀一赖):～告|～蔑|～陷。

於 wū ㄨ 文言叹词。[於乎][於戏](一hū)同“呜呼 1”。

另见605页yū;606页yú。

洿 wū ㄨ ❶低洼的地方:～池。❷掘成水池。

屋 wū ㄨ ❶房(㊀房一)。㊀〈方〉家。❷房间:他俩住一～。

恶(惡) wū ㄨ ❶古同“乌(wū)❸”。❷文言叹词,表示惊讶:～,是何言也!

另见 119 页 ě;119 页 è;526 页 wù。

亡 wú ㄨˊ 古同“无”。

另见 512 页 wáng。

无(無) wú ㄨˊ ❶没有,跟“有”相对:～限|从～到有。❷不:～须|～论|～妨。[无非]不过是,不外如此:他批评你,～是想帮助你进步。[无论]连词,不拘,不管,常跟“都”连用:～是谁都要遵守纪律。

芜(蕪) wú ㄨˊ 长满乱草(㊀荒一):～城。㊁杂乱:～杂|～词。

毋 wú ㄨˊ 文言副词,不要,不可以:宁缺～滥。

吾 wú ㄨˊ 文言代词,我,我的:～爱～师。

郚 wú ㄨˊ 见 484 页“鄌”字条“鄌郚”(táng一)。

唔 wú ㄨˊ 见 583 页“咿”字条“咿唔”(yī一)。

另见 354 页 ń;360 页 ńg。

峿 wú ㄨˊ 见 467 页“峒”字条“峒峿”(sī一)。

浯 wú ㄨˊ 浯河,水名,在山东省东部。

珸 wú ㄨˊ [琨珸](kūn一)一种次于玉的美石。

梧 wú ㄨˊ 梧桐,落叶乔木,树干很直,叶掌状分裂,木质坚韧而轻,可用来制乐器或器具。

铻(鋙) wú ㄨˊ 见 280 页“锟”字条“锟铻”(kūn一)。

鼯 wú ㄨˊ 鼯鼠,哺乳动物,像松鼠,前后肢之间有薄膜,能从树上滑翔下来。住在树洞中,昼伏夜出。

吴 wú ㄨˊ ❶古国名。1. 周代诸侯国名,在今江苏省南部和浙江省北部,后来扩展到淮河下游一带。2. 三国之一,孙权所建立(公元 222—

280年),在今长江中下游和东南沿海一带。❷指江苏省南部和浙江省北部一带。

蜈 wú ㄨˊ [蜈蚣](—gong)节肢动物,身体长而扁,由许多环节构成,每节有脚一对,头部的脚像钩子,能分泌毒液。捕食小昆虫,可入药。

鹀(鵐) wú ㄨˊ 鸟名,像麻雀,雄鸟羽毛颜色较鲜艳,吃种子和昆虫。

五 wǔ ㄨˇ 数目字。

伍 wǔ ㄨˇ ❶古代军队的编制,五个人为一伍。㊀军队:入~。❷一伙:相与为~。❸"五"字的大写。

午 wǔ ㄨˇ ❶地支的第七位。❷午时,指白天十一点到一点:~饭。特指白天十二点:~前|下~。[午夜]半夜。

仵 wǔ ㄨˇ 仵作,旧时官署中负责检验死伤的人员。

迕 wǔ ㄨˇ ❶相遇。❷逆,违背:违~。

忤(*啎) wǔ ㄨˇ 逆,不顺从:~逆。

旿 wǔ ㄨˇ 光明。

庑(廡) wǔ ㄨˇ 古代堂下周围的屋子。

潕(潕) wǔ ㄨˇ 潕水,水名,在湖南省。

怃(憮) wǔ ㄨˇ 怃然,失意的样子。

妩(嫵、**娬) wǔ ㄨˇ [妩媚](女子)姿态美好:~多姿。

武 wǔ ㄨˇ ❶关于军事或技击的,跟"文"相对:~装|~术|动~|文~双全。❷勇猛:英~。[武断]只凭主观判断:你这种看法太~。❸半步:行不数~。泛指脚步:步~整齐。

珷 wǔ ㄨˇ [珷玞](—fū)一种像玉的石块。

鹉(鵡) wǔ ㄨˇ 见596页"鹦"字条"鹦鹉"(yīng—)。

侮 wǔ ㄨˇ 欺负,轻慢(㊀—辱、欺—):中国人民是不可~的|抵御外~。

捂(**摀) wǔ ㄨˇ 严密地遮盖住或封闭起来:用手~着嘴|放在罐子里~起来免得走味儿。

牾 wǔ ㄨˇ 抵触,冲突,不顺从:抵~。

舞 wǔ ㄨˇ ❶按一定的节奏转动身体表演各种姿势:手~足蹈|~剑|秧歌~。[鼓舞]激励,使人奋发振作:~人

心。❷要弄：～弊｜～文弄墨。

潕 wǔ ㄨˇ 潕阳河，水名，发源于贵州，流到湖南叫沅水。

兀 wù ㄨˋ ❶高而上平。❷高耸特出：突～。

屼 wù ㄨˋ 形容山秃。

杌 wù ㄨˋ 杌凳，较矮的凳子。[杌陧]（－niè）（局势、心情等）不安。

靰 wù ㄨˋ [靰鞡]（－la）东北地区冬天穿的一种用皮革做的鞋，里面垫着靰鞡草。也作"乌拉"。

勿 wù ㄨˋ 副词，别，不要：请～动手！｜闻声～惊。

芴 wù ㄨˋ 有机化合物，白色片状晶体，存在于煤焦油中。可用来制染料和药物等。

物 wù ㄨˋ ❶东西：～价｜万～｜事～。㊂具体内容：言之有～。[物质] 1. 独立于人们意识之外，能为人们的意识所反映的客观存在：～不灭｜～是可以被认识的。2. 指金钱，供吃、穿、用的东西等：～丰富。❷"我"以外的人或环境，多指众人：～我两忘｜待人接～。

乌（烏） wù ㄨˋ [乌拉]（－la）同"靰鞡"。

另见 523 页 wū。

坞（塢、*隖） wù ㄨˋ ❶小障蔽物，防卫用的小堡。❷四面高中间凹下的地方：山～｜花～。[船坞]在水边建筑的停船或修造船只的地方。

戊 wù ㄨˋ 天干的第五位，用作顺序的第五。

务（務） wù ㄨˋ ❶事情（㊥事－）：任～｜公～｜医～室。❷从事，致力：～农。❸追求：～实｜不～虚名。❹务必，必须，一定：～请准时出席｜除恶～尽。

雾（霧） wù ㄨˋ ❶接近地面的水蒸气，遇冷凝结后飘浮在空气中的微小水珠。❷像雾的东西：喷～器。

误（誤、**悮） wù ㄨˋ ❶错（㊥错－）：～解｜讹～。❷耽误，耽搁：～事｜～点｜生产学习两不～。❸因自己做错而使人受害：～人子弟。❹不是故意而做错事：～伤｜～入歧途。

恶（惡） wù ㄨˋ 讨厌，憎恨：可～｜深～痛绝。

另见 119 页 ě；119 页 è；524 页 wū。

悟 wù ㄨˋ 理解，明白，觉醒（㊀醒一）：领～｜恍然大～。[觉悟] 1. 由迷惑而明白。2. 指政治认识：提高～。

晤 wù ㄨˋ 遇，见面：～面｜～谈｜会～。

焐 wù ㄨˋ 用热的东西接触凉的东西，使它变暖：用热水袋～一～手。

痦（**瘑） wù ㄨˋ [痦子] 突起的痣。

寤 wù ㄨˋ 睡醒。

婺 wù ㄨˋ 婺水，古水名，在江西省东北部。

骛（鶩） wù ㄨˋ ❶乱跑：驰～。❷追求，致力：好（hào）高～远｜旁～。

鹜（鶩） wù ㄨˋ 鸭子：趋之若～（像鸭子一样成群地跑过去，形容很多人争着去，含贬义）。

鋈 wù ㄨˋ ❶白色金属。❷镀。

X ㄒ

XI ㄒㄧ

夕 xī ㄒㄧ ❶日落的时候：朝（zhāo）～｜～照。❷夜：除～｜风雨之～。

汐 xī ㄒㄧ 夜间的海潮：潮～。

矽 xī ㄒㄧ 非金属元素硅（guī）的旧称。

穸 xī ㄒㄧ [窀穸]（zhūn—）墓穴。

兮 xī ㄒㄧ 文言助词，相当于现代的“啊”：大风起～云飞扬｜魂～归来！

西 xī ㄒㄧ ❶方向，太阳落下的一边，跟“东”相对：由～往东｜～房｜～南角。❷事物的样式或方法属于西方（多指欧、美两洲）的：～餐｜～服。

茜 xī ㄒㄧ 多用于人名（人名中也有读 qiàn 的）。

另见 403 页 qiàn。

恓 xī ㄒㄧ [恓惶]（—huáng）惊慌烦恼的样子。

栖 xī ㄒㄧ [栖栖] 忙碌不安定的样子。

另见 393 页 qī。

牺（犧） xī ㄒㄧ 古代指用作祭品的毛色纯一的牲畜：～牛。[牺牲] 古代为祭祀宰杀的牲畜。㊕ 1. 为人民、为正义事业而献出自己的生命。2. 泛指为某种目的舍弃权利或利益等。

硒 xī ㄒㄧ 非金属元素，符号 Se，灰色晶体或红色粉末，导电能力随光的照射强度的增减而改变。可用来制晶体管和光电管等。

舾 xī ㄒㄧ 船舶装备品。［舾装］1.船舶装置和舱室设备（如锚、舵、缆、桅杆、救生设备、航行仪器、管路、电路等）的统称。2.船体下水后，装备上述设备和刷油漆等工作。

粞 xī ㄒㄧ 碎米：糠～。

吸 xī ㄒㄧ ❶从口或鼻把气体引入体内，跟“呼”相对：～气｜～烟。❷引取液体、固体：棉花能～水｜～墨纸｜～铁石｜～尘器。［吸收］摄取，采纳：植物由根～养分｜～先进经验。

希 xī ㄒㄧ ❶少：物以～为贵。❷盼望（㊀一望）：～准时出席｜～早日归来。

俙 xī ㄒㄧ 当面对质。

郗 xī ㄒㄧ （旧读 chī）姓。

唏 xī ㄒㄧ 叹息。［唏嘘］［嘘唏］抽搭，哭泣后不自主地急促呼吸。

浠 xī ㄒㄧ 浠河，水名，在湖北省黄冈。

晞 xī ㄒㄧ ❶干，干燥：晨露未～。❷破晓，天亮：东方未～。

欷 xī ㄒㄧ ［欷歔］（一xū）同“唏嘘”。

烯 xī ㄒㄧ 烯烃，有机化合物的一类，分子中含有双键结构。

睎 xī ㄒㄧ ❶瞭望。❷仰慕。

稀 xī ㄒㄧ ❶事物间距离远、空隙大，跟“密”相对（㊀一疏）：棉花种得太～了｜～客。❷浓度小，含水分多的，跟“稠”相对（㊀一薄）：～饭｜～米汤｜～泥｜～释。❸少（㊀一少、一罕）：～有金属。

豨 xī ㄒㄧ 古书上指猪。［豨莶］（一xiān）草本植物，茎上有灰白的毛，花黄色。全草可入药。

昔 xī ㄒㄧ 从前：～日｜今～。

惜 xī ㄒㄧ ❶爱惜，重视，不随便丢弃：～阴（爱惜时间）｜～墨如金。［怜惜］爱惜，同情。❷舍不得（㊀吝一）：～别｜不～牺牲｜～指失掌（喻因小失大）｜在所不～。❸可惜，感到遗憾：痛～｜～未成功。

腊 xī ㄒㄧ 干肉。

另见 282 页 là。

析 xī ㄒㄧ 分开：条分缕～｜分崩离～。㊀解释：～

疑|分～。

菥 xī ㄒㄧ［菥蓂］（－mì）草本植物，又叫遏蓝菜，叶匙形，花白色，果实扁圆形。叶可用作蔬菜，种子可榨油，全草可入药。

淅 xī ㄒㄧ 淘米。

［淅沥］（－lì）形容轻微的风雨声或落叶声等。

晰（*晳） xī ㄒㄧ 明白，清楚：清～|明～。

晳 xī ㄒㄧ 人的皮肤白：白～。

蜥 xī ㄒㄧ［蜥蜴］（－yì）爬行动物，俗叫四脚蛇，身上有细鳞，尾巴很长，脚上有钩爪，生活在草丛里。

肸 xī ㄒㄧ 用于人名。羊舌肸，春秋时晋国大夫。

饻（餏） xī ㄒㄧ 老解放区一种计算工资的单位，一饻等于几种实物价格的总和。

息 xī ㄒㄧ ❶呼吸时进出的气：鼻～|喘～|叹～。❷停止，歇：～怒|经久不～|按时作～。❸消息：信～|声～。❹利钱：年～|无～贷款。❺儿女：子～。❻繁殖，滋生：生～|蕃～。

熄 xī ㄒㄧ 火灭，使灭（㊀－灭）：炉火已～|～灯。

螅 xī ㄒㄧ［水螅］腔肠动物，身体圆筒形，上端有小触手，附着（zhuó）在池沼、水沟中的水草上。

奚 xī ㄒㄧ ❶古代指奴隶。❷文言代词，表示疑问，相当于"何"。

［奚落］讥诮，嘲笑。

傒 xī ㄒㄧ［傒倖］（－xìng）烦恼，焦躁。

徯 xī ㄒㄧ ❶等待。❷同"蹊"。

溪（△*谿） xī ㄒㄧ 山里的小河沟。

蹊 xī ㄒㄧ 小路（㊀－径）。另见 393 页 qī。

谿 xī ㄒㄧ ❶见 529 页"溪"。❷姓。

鸂（鸂） xī ㄒㄧ［鸂鶒］（－chì）古书上指像鸳鸯的一种水鸟。

鼷 xī ㄒㄧ［鼷鼠］小家鼠。

悉 xī ㄒㄧ ❶知道：获～|熟～此事。❷尽，全：～心|～数捐献|～听尊便。

窸 xī ㄒㄧ［窸窣］（－sū）形容细小的摩擦声。

蟋 xī ㄒㄧ［蟋蟀］（－shuài）昆虫，身体黑褐色，雄的好斗，两翅摩擦能发声。

翕 xī ㄒㄧ ❶合，收敛：～动|～张。❷和顺。

[翕忽]迅速的样子。

噏 xī ㄒㄧ 同“吸”。

歙 xī ㄒㄧ 吸气。

另见446页shè。

熻 xī ㄒㄧ ❶燃烧。❷火光，光亮。

犀 xī ㄒㄧ ❶犀牛，哺乳动物，略像牛，皮粗厚多皱纹，几乎无毛，鼻子上长一个角或两个角，产于亚洲和非洲。❷坚固：～利（锐利）。

樨 xī ㄒㄧ [木樨]即桂花。

锡（錫） xī ㄒㄧ ❶金属元素，符号Sn，银白色，质软，在空气中不易起变化。可用来制合金或焊接金属等。❷赏赐。

[锡伯族]（－bó－）我国少数民族，参看附表。

裼 xī ㄒㄧ 敞开或脱去上衣，露出身体的一部分（㊣袒－）。

另见492页tì。

熙（*煕、*熈） xī ㄒㄧ ❶光明。❷和乐（叠）：众人～～。❸古同“嬉”。

[熙攘]（－rǎng）形容人来人往，非常热闹：熙熙攘攘。

僖 xī ㄒㄧ 快乐。

嘻 xī ㄒㄧ 喜笑的样子或声音（叠）：笑～～|～～哈哈。

嬉 xī ㄒㄧ 游戏，玩耍：～闹|～皮笑脸。

熹 xī ㄒㄧ 光明。[熹微]日光微明。

暿 xī ㄒㄧ 炽热。

巂 xī ㄒㄧ [越巂]地名，在四川省。今作“越西”。

酅 xī ㄒㄧ ❶古地名。春秋时纪国乡邑，在今山东省临淄东。又，春秋时齐国属地，在今山东省东阿南。❷姓。

觿 xī ㄒㄧ 古代用骨头等制的解绳结的锥子。

膝（*厀） xī ㄒㄧ 膝盖，大腿和小腿相连的关节的前部。（图见491页“人体”）

羲 xī ㄒㄧ 姓。

曦 xī ㄒㄧ 阳光：晨～。

爔 xī ㄒㄧ 同"曦"。

鼶 xī ㄒㄧ ❶〈古〉同"鑴"。❷姓。

另见 293 页 lí"厘"。

醯 xī ㄒㄧ ❶醋。❷酰(xiān)的旧称。

巇 xī ㄒㄧ [险巇]形容山险。㊀道路艰难。

习(習) xí ㄒㄧˊ ❶学过后再温熟,反复地学使熟练:自～|复～|～字|～作。❷对某事熟悉:～兵(熟于军事)。㊀常常:～见|～闻。❸习惯,长期重复地做,逐渐养成的不自觉的行为:积～|～气|恶～|相沿成～。

嶍 xí ㄒㄧˊ [嶍峨](-é)山名,在云南省玉溪。

鳛(鰼) xí ㄒㄧˊ ❶古书上指泥鳅。❷鳛水,地名,在贵州省。今作"习水"。

席(❶*蓆) xí ㄒㄧˊ ❶(-子)用草或苇子等编成的东西,通常用来铺(pū)床或炕。❷座位:出～(到场)|缺～(不到场)|入～。❸特指议会中的席位,表示当选的人数。❹酒席,成桌的饭菜:摆了两桌～。

觋(覡) xí ㄒㄧˊ 男巫。

袭(襲) xí ㄒㄧˊ ❶袭击,趁敌人不备给以攻击:夜～|空～。❷照样做,照样继续下去:因～|沿～|世～。❸量词,用于成套的衣服:衣一～。

郎 xí ㄒㄧˊ 姓。

媳 xí ㄒㄧˊ 儿媳,儿子的妻子。[媳妇]儿子的妻子。[媳妇儿](-fur)1.妻子:兄弟～。2.已婚的年轻妇女:新～。

骙(騱) xí ㄒㄧˊ 前足全白的马。

隰 xí ㄒㄧˊ ❶低湿的地方。❷新开垦的田地。

檄 xí ㄒㄧˊ 檄文,古代用于征召或声讨等的文书。

洗 xǐ ㄒㄧˇ ❶用水去掉污垢(㊥-涤):～衣服|～脸。[洗礼]1.基督教接受人入教时所举行的一种仪式。2.指经受的锻炼和考验:战斗的～。[洗手]比喻盗贼等不再偷抢。❷清除干净:清～。❸冲洗,照相的显影定影:～相片。❹洗雪:～冤。❺如水洗一样抢光,杀光:～城|～劫一空。❻掺和整理:～牌。

另见 537 页 xiǎn。

铣（銑） xǐ ㄒㄧˇ 用能旋转的多刃刀具切削加工金属工件：～床|～刀。

另见 538 页 xiǎn。

枲 xǐ ㄒㄧˇ 枲麻，大麻的雄株，只开花，不结果实。

玺（璽） xǐ ㄒㄧˇ 印，自秦代以后专指皇帝的印：玉～。

徙 xǐ ㄒㄧˇ 迁移（㊥迁一）。

蓰 xǐ ㄒㄧˇ 五倍：倍～（数倍）。

屣 xǐ ㄒㄧˇ 鞋。

喜 xǐ ㄒㄧˇ ❶高兴，快乐（㊥一欢、欢一）：～出望外。❷可庆贺的，特指关于结婚的：要节约办～事。❸妇女怀孕叫"有喜"。❹爱好：～闻乐见。❺适于：海带～荤|植物一般都～光。

憙 xǐ ㄒㄧˇ ❶喜悦。❷喜好。

禧 xǐ ㄒㄧˇ ❶（旧读 xī）福，吉祥。❷喜庆：新～。

𬭳（鐯） xǐ ㄒㄧˇ 人造的放射性金属元素，符号 Sg。

蟢 xǐ ㄒㄧˇ 蟢子（也作"喜子"），又叫喜蛛、蟏蛸（xiāoshāo），一种长（cháng）腿的小蜘蛛。

鳍（鱚） xǐ ㄒㄧˇ 鱼名，又叫沙钻（zuàn），身体近圆筒形，银灰色，嘴尖，眼大。生活在近海沙底。

葸 xǐ ㄒㄧˇ 害怕，畏惧：畏～不前。

戏（戲、*戲） xì ㄒㄧˋ ❶玩耍：游～|儿～。❷嘲弄，开玩笑：～言|～弄。❸戏剧，也指杂技：一出～|唱～|听～|马～|皮影～。

另见 193 页 hū。

饩（餼） xì ㄒㄧˋ ❶古代指赠送人的粮食。❷赠送（谷物、饲料、牲畜等）。

系（❸❺係、❸❹❻繫） xì ㄒㄧˋ ❶系统，有连属关系的：～列|水～|世～。❷高等学校中按学科分的教学单位：中文～|化学～。❸关联：干～。❹联结，拴：～马。㊁牵挂：～念|情～于民。［联系］联络，接头：时常和他～。❺是：确～实情。❻把人或东西捆住往上提或向下送：从房上把东西～下来。❼地层系统分类的第三级，在"界"之下，是在地质年代"纪"的时期内形成的

地层：第四～|侏罗～|寒武～。

另见 219 页 jì。

屃（屓、**屭） xì ㄒㄧˋ 见 26 页“赑”字条“赑屃”（bì—）。

细（細） xì ㄒㄧˋ ❶跟“粗”相对。1. 颗粒小的：～沙|～末。2. 长条东西直径小的：～竹竿|～铅丝。3. 精细：江西～瓷|这块布真～。4. 声音小：嗓音～。5. 周密：胆大心～|精打～算|深耕～作。❷细小的，不重要的：～节|事无巨～。

盻 xì ㄒㄧˋ 怒视：瞋目～之。

咥 xì ㄒㄧˋ 大笑的样子。

另见 103 页 dié。

郤 xì ㄒㄧˋ ❶同“隙”。❷姓。

绤（綌） xì ㄒㄧˋ 粗葛布。

阋（鬩） xì ㄒㄧˋ 争吵。[阋墙]弟兄们在家里互相争吵。㊉内部不和。

舄 xì ㄒㄧˋ 鞋。

潟 xì ㄒㄧˋ 咸水浸渍的土地：～卤（盐碱地）。

隙 xì ㄒㄧˋ ❶裂缝（㊃缝—）：墙～|门～。㊉1. 感情上的裂痕：嫌～。2. 空（kòng）子，机会：乘～。❷空（kòng），没有东西的：～地。

禊 xì ㄒㄧˋ 古代春秋两季在水边举行的意在除去所谓不祥的祭祀。

滃 xì ㄒㄧˋ 水急流的声音。

XIA ㄒㄧㄚ

呷 xiā ㄒㄧㄚ 小口儿地喝：～茶|～一口酒。

虾（蝦） xiā ㄒㄧㄚ 节肢动物，身体长，有壳，腹部有很多环节，生活在水里。种类很多。

另见 178 页 há。

瞎 xiā ㄒㄧㄚ ❶眼睛看不见东西。❷副词，胡乱地，没来由地：～忙|～说八道。❸〈方〉乱：把线弄～了。❹〈方〉农作物籽粒不饱满：～穗|～高粱。

匣 xiá ㄒㄧㄚˊ （—子、—儿）收藏东西的器具，通常指小型的，有盖可以开合。[话匣子]1. 留声机的俗称。2. 指话多的人（含讽刺义）。

狎 xiá ㄒㄧㄚˊ 亲近而态度不庄重：～昵|～侮。

柙 xiá ㄒㄧㄚˊ 关猛兽的木笼。旧时也指押解犯人的囚笼或囚车。

翈 xiá ㄒㄧㄚˊ 羽毛主干两侧的部分。

侠(俠) xiá ㄒㄧㄚˊ 旧称依仗个人力量帮助被欺侮者的人或行为：武～｜～客｜～义｜～骨｜～肝义胆。

峡(峽) xiá ㄒㄧㄚˊ 两山夹水的地方：～谷｜长江三～。[地峡] 海洋中连接两块陆地的狭窄陆地。[海峡] 两块陆地之间连接两个海域的狭窄水道：台湾～。

狭(狹、*陿) xiá ㄒㄧㄚˊ 窄，不宽阔(㊀一窄、一隘)：地方太～｜～路相逢(指仇敌相遇)。

硖(硤) xiá ㄒㄧㄚˊ [硖石] 地名，在浙江省海宁。

叚 xiá ㄒㄧㄚˊ 姓。另见 224 页 jiǎ“假”。

遐 xiá ㄒㄧㄚˊ ❶远：～迩(远近)｜～方｜～想。❷长久：～龄(高龄)。

瑕 xiá ㄒㄧㄚˊ 玉上面的斑点。㊁缺点(㊀一疵)：～瑜互见｜纯洁无～｜～不掩瑜。

暇 xiá ㄒㄧㄚˊ 空(kòng)闲，没有事的时候：得～｜无～｜自顾不～(连自己都顾不过来)。

霞 xiá ㄒㄧㄚˊ 因受日光斜照而呈现红、橙、黄等颜色的云：～光｜朝(zhāo)～｜晚～。

辖(轄、❶**鎋、❶**舝) xiá ㄒㄧㄚˊ ❶车轴头上穿着的小铁棍，可使轮不脱落。(图见 324 页“旧式车轮”) ❷管理(㊀管一)：直～｜统～｜～区。

黠 xiá ㄒㄧㄚˊ 聪明而狡猾：狡～｜慧～。

下 xià ㄒㄧㄚˋ ❶位置在低处的，跟“上”相对：～面｜楼～｜山～。㊀1. 次序靠后的：～篇｜～卷｜～月。2. 等级低的：～级服从上级。谦辞：正中(zhòng)～怀(正合自己的心意)。3. 质量低的：～品｜～策。❷由高处到低处：～山｜～楼。㊀1. 进：～水游泳。2. 离开：～班｜～课。3. 往……去：～乡｜～江南。4. 投送，颁布：～书｜～令。5. 向下面：～达｜权力～放。6. 降落：～雨｜～雪。❸方面，方位：两～里都同意｜向四～一看。❹减除。1. 卸掉：～货。2. 除去：～火｜～泥。❺用：～工夫。❻攻克，攻陷：连～数城｜攻～。❼退让：各不相

～。❽用在名词后。1.表示在里面：言～|意～|都～（京城之内）。2.表示当某个时节：年～|节～。❾用在动词后。1.表示属于一定范围、情况、条件等：属～|鼓舞～|在老师指导～。2.表示动作的完成或结果：打～基础|准备～材料。3.跟"来"、"去"连用表示趋向或继续：滑～去|慢慢停～来|念～去。❿（一子、一儿）量词，指动作的次数：打十～|轮子转了两～子。⓫（动物）生产：猫～小猫了|鸡～蛋。⓬少于（某数）：不～三百人。

吓（嚇） xià ㄒㄧㄚˋ 使害怕：困难～不倒英雄汉。[吓唬]（—hu）使人害怕，威胁：你别～人。

另见187页hè。

夏 xià ㄒㄧㄚˋ ❶四季中的第二季，气候最热。❷华夏，中国的古名。❸朝代名。1.夏代，传说是禹（一说启）建立的（约公元前2070—公元前1600年）。2.西夏，党项族元昊建立（公元1038—1227年）。

厦（*廈） xià ㄒㄧㄚˋ [厦门]地名，在福建省。

另见437页shà。

唬 xià ㄒㄧㄚˋ 同"吓"。

另见195页hǔ。

罅 xià ㄒㄧㄚˋ 裂缝：云～。

XIAN ㄒㄧㄢ

仙（*僊） xiān ㄒㄧㄢ 神话中称有特殊能力，可以长生不死的人。

氙 xiān ㄒㄧㄢ 气体元素，符号Xe，无色、无味、无臭，不易跟其他元素化合。把氙装入真空管中通电，能发蓝色的光。

籼（*秈） xiān ㄒㄧㄢ 籼稻，水稻的一种，米粒细而长。

先 xiān ㄒㄧㄢ ❶时间在前的，次序在前的：占～|首～|领～|争～恐后。[先进]进步快，水平高，值得推广和学习的。❷副词，暂时：这件事～放一放，以后再考虑。❸祖先，上代：～人|～辈。❹对死去的人的尊称：～父|～烈。

酰 xiān ㄒㄧㄢ 酰基，由含氧酸的分子失去一个羟基而成的原子团。

纤（纖） xiān ㄒㄧㄢ 细小。[纤尘]细小的灰尘：～不染。[纤维]细长像丝的物质。一般分成天然纤维和合成纤维两大类。

另见403页qiàn。

跹（躚） xiān ㄒㄧㄢ 见384页“蹁”字条“蹁跹”（pián—）。

X

忺 xiān ㄒㄧㄢ 高兴，适意。

掀 xiān ㄒㄧㄢ 揭起，打开：～锅盖｜～帘子。㊀翻动，兴起：白浪～天｜～起生产热潮。

锨（鍁、**杴、**枮） xiān ㄒㄧㄢ 铲东西用的一种工具，用钢铁或木头制成板状的头，后面安把儿：木～｜铁～。

祆 xiān ㄒㄧㄢ ［祆教］拜火教，公元前6世纪波斯人创立，崇拜火，南北朝时传入我国。

莶（薟） xiān ㄒㄧㄢ 见528页“豨”字条“豨莶”（xī—）。

婡（嬐） xiān ㄒㄧㄢ ❶敏捷快速。❷庄重恭敬。

铦（銛） xiān ㄒㄧㄢ ❶古代一种兵器。❷锋利。

鲜（鮮、❶-❹*鱻） xiān ㄒㄧㄢ ❶新的，不陈的，不干枯的（㊀新—）：～果｜～花｜～肉｜～血。❷滋味美好（㊀—美）：这汤真～。❸有光彩的：～红｜～艳｜～明。❹新鲜的食物：尝～。❺姓。

［鲜卑族］（—bēi—）我国古代北方民族。

另见538页xiǎn。

暹 xiān ㄒㄧㄢ ［暹罗］泰国的旧称。

鶱（鶱） xiān ㄒㄧㄢ 高飞的样子。

孅 xiān ㄒㄧㄢ 〈古〉细小。

伭 xián ㄒㄧㄢˊ xuán ㄒㄩㄢˊ（又）姓。

弦（❶❹*絃） xián ㄒㄧㄢˊ ❶弓上发箭的绳状物。❷月亮半圆：上～｜下～。❸数学名词。1.连接圆周上任意两点的线段。2.我国古代称不等腰直角三角形中的斜边。❹（—儿）乐器上发声的线。❺钟表等的发条：表～断了。

玹 xián ㄒㄧㄢˊ 姓。

另见560页xuán；561页xuàn。

舷 xián ㄒㄧㄢˊ 船、飞机等左右两侧的边儿。

闲(閑、❶-❸*閒) xián ㄒㄧㄢˊ ❶没有事情做(㊀—暇):没有～工夫。㊀放着,不使用:～房|机器别～着。❷没有事情做的时候:农～|忙里偷～。❸与正事无关的:～谈|～人免进。[闲话]与正事无关的话,背后不负责的议论:讲别人的～。❹栅栏。❺防御:防～。

"閒"另见226页jiān"间";229页jiàn"间"。

娴(嫻、*嫺) xián ㄒㄧㄢˊ ❶熟练(㊀—熟):～于辞令。❷文雅:～静|～雅。

痫(癇) xián ㄒㄧㄢˊ 癫痫,俗叫羊痫风或羊角风,一种时犯时愈的暂时性大脑功能紊乱的病,病发时突然昏倒,口吐泡沫,手足痉挛。

鹇(鷳) xián ㄒㄧㄢˊ 白鹇,鸟名,尾巴长,雄的背部白色,有黑纹,腹部黑蓝色,雌的全身棕绿色。

贤(賢) xián ㄒㄧㄢˊ ❶有道德的,有才能的,也指有道德、有才能的人:～明|选～与能|任人唯～。❷敬辞,用于平辈或晚辈:～弟|～侄。

挦(撏) xián ㄒㄧㄢˊ 扯,拔(毛发):～鸡毛。

咸(❷鹹) xián ㄒㄧㄢˊ ❶全,都:少(shào)长(zhǎng)～集|～知其不可。❷像盐的味道,含盐分多,跟"淡"相对。

诚(諴) xián ㄒㄧㄢˊ ❶和洽,和谐。❷诚恳,真诚。

涎(*次) xián ㄒㄧㄢˊ 口水:流～|垂～三尺(形容羡慕,很想得到)。

衔(銜、❶❷*啣、*衘) xián ㄒㄧㄢˊ ❶马嚼子。❷用嘴含,用嘴叼:燕子～泥。㊀1.心里怀着:～恨|～冤。2.奉,接受:～命。[衔接]互相连接。❸(—儿)职务和级别的名号:职～|军～|授～。

嫌 xián ㄒㄧㄢˊ ❶嫌疑,可疑之点:避～。❷厌恶(wù),不满意:讨人～|这种布很结实,就是～太厚。❸怨恨:前～|夙无仇～|挟～报复。

狝(獮) xiǎn ㄒㄧㄢˇ 古代指秋天打猎。

冼 xiǎn ㄒㄧㄢˇ 姓。

洗 xiǎn ㄒㄧㄢˇ 同"冼"。另见531页xǐ。

铣(銑) xiǎn ㄒㄧㄢˇ 有光泽的金属。[铣铁]铸铁的旧称。

另见 532 页 xǐ。

筅(**箲) xiǎn ㄒㄧㄢˇ〈方〉筅帚,炊帚,用竹子等做成的刷锅、碗的用具。

跣 xiǎn ㄒㄧㄢˇ 光着脚:～足。

显(顯) xiǎn ㄒㄧㄢˇ ❶露在外面容易看出来:明～|～而易见|道理很～然。❷表现,露出:～示|～微镜|没有高山,不～平地。❸有名声、地位、权势的:～贵|～宦。❹敬辞(称先人):～考|～妣。

险(險) xiǎn ㄒㄧㄢˇ ❶可能遭受的灾难(㊀危—):冒～|保～|脱～。❷可能发生灾难的:～症|～境|好～。❸要隘,不易通过的地方:天～。❹存心狠毒:阴～|～诈。❺几乎,差一点儿:～遭不幸|～些掉在河里。

崄(嶮) xiǎn ㄒㄧㄢˇ 见 580 页"崾"字条"崾崄"(yào—)。

猃(獫) xiǎn ㄒㄧㄢˇ 古指长(cháng)嘴的狗。[猃狁](—yǔn)我国古代北方的民族,战国后称匈奴。

蚬(蜆) xiǎn ㄒㄧㄢˇ 软体动物,介壳形状像心脏,有环状纹,生活在淡水软泥里。

㺬(玁) xiǎn ㄒㄧㄢˇ [㺬狁](—yǔn)同"猃狁"。

禒 xiǎn ㄒㄧㄢˇ 祭祀剩余的肉。

㬎 xiǎn ㄒㄧㄢˇ ❶同"显❶"。❷用于人名。赵㬎,南宋恭帝。

鲜(鮮、*尟、*尠) xiǎn ㄒㄧㄢˇ 少:～见|～有|寡廉～耻。

另见 536 页 xiān。

藓(蘚) xiǎn ㄒㄧㄢˇ 隐花植物的一类,茎叶很小,没有真根,生长在阴湿的地方。

燹 xiǎn ㄒㄧㄢˇ 火,野火。[兵燹]指战乱所造成的焚烧毁坏等灾害。

檍 xiǎn ㄒㄧㄢˇ 常绿乔木,又叫蚬木,叶椭圆卵形,花白色,果实椭圆形,木质坚实细致,是我国珍贵的树种。

见(見) xiàn ㄒㄧㄢˋ 同"现❶"。

另见 228 页 jiàn。

苋（莧） xiàn ㄒㄧㄢˋ 苋菜，草本植物，茎细长，叶椭圆形，茎叶可用作蔬菜。

岘（峴） xiàn ㄒㄧㄢˋ 岘山，山名，在湖北省。

现（現） xiàn ㄒㄧㄢˋ ❶显露：出～｜～了原形。［现象］事物的表面状态。❷现在，目前：～况｜～代。㊀当时：～趸～卖｜～成的。❸实有的，当时就有的：～金｜～钱｜～货。❹现款：兑～｜贴～。

晛（晛） xiàn ㄒㄧㄢˋ 太阳出现。

睍（睍） xiàn ㄒㄧㄢˋ 用于人名。嵬名（嵬名，复姓）睍，西夏末帝。

县（縣） xiàn ㄒㄧㄢˋ 行政区划单位，由直辖市、地级市、自治州等领导。

〈古〉又同"悬"（xuán）。

限 xiàn ㄒㄧㄢˋ ❶指定的范围：以三天为～。❷限制（范围）：～三天完工｜作文不～字数。［限制］规定范围，不许超过。也指规定的范围。❸〈古〉门槛：门～｜户～。

线（綫、△*線） xiàn ㄒㄧㄢˋ ❶用丝、金属、棉或麻等制成的细长的东西：棉～｜电～｜毛～。［一线］1. 表示极少：～光明｜～希望。2. 指战争的最前线或直接从事生产、教学等工作的岗位：在～作战｜深入生产～。［线索］㊁事物发展的脉络或据以解决问题的头绪：那件事情有了～。❷几何学上指点移动所生成的图形，有长，没有宽和厚：直～｜曲～。❸像线的东西：光～｜紫外～｜航～｜京广～｜战～｜生命～。❹边缘交界处：防～｜国境～。

"線"另见 540 页"線"。

宪（憲） xiàn ㄒㄧㄢˋ ❶法令：～令。❷指宪法：～章｜立～｜违～｜修～。［宪法］国家的根本法。具有最高的法律效力，是其他立法工作的根据。通常规定一个国家的社会制度、国家制度、国家机构和公民的基本权利和义务等。

陷 xiàn ㄒㄧㄢˋ ❶掉进，坠入，沉下：～到泥里去了｜地～下去了。［陷阱］为捉野兽或敌人而挖的坑。㊁害人的阴谋。❷凹进：两眼深～。❸设计害人：～害｜诬～。❹被攻破，被占领：失～｜～落。❺缺点：缺～。

X

馅(餡) xiàn ㄒㄧㄢˋ (一子、一儿)包在面食、点心等食物里面的肉、菜、糖等东西：饺子～儿。

羡 xiàn ㄒㄧㄢˋ ❶羡慕，因喜爱而希望得到：艳～(十分羡慕)。❷多余的：～余。

缐(線) xiàn ㄒㄧㄢˋ 姓。"線"另见539页"线"。

腺 xiàn ㄒㄧㄢˋ 生物体内由腺细胞组成的能分泌某些化学物质的组织：汗～|泪～|乳～|蜜～。

镍(鎳) xiàn ㄒㄧㄢˋ 金属线。

献(獻) xiàn ㄒㄧㄢˋ 恭敬庄严地送给：～花|～礼|把青春～给祖国。㊀表现出来给人看：～技|～殷勤。

霰 xiàn ㄒㄧㄢˋ 水蒸气在高空中遇冷凝结成的白色小冰粒，在下雪花以前往往先下霰。

XIANG ㄒㄧㄤ

乡(鄉) xiāng ㄒㄧㄤ ❶城市外的区域：下～|城～交流。❷自己生长的地方或祖籍：故～|还～|同～|背井离～。[老乡]生长在同一地方的人。❸行政区划单位，由县或区等领导。

芗(薌) xiāng ㄒㄧㄤ ❶古书上指用以调味的香草。❷芳香。

相 xiāng ㄒㄧㄤ ❶交互，动作由双方来(㊀互一、一互)：～助|～亲～爱|言行～符。㊀加在动词前面，表示一方对另一方的动作：～信|好言～劝。[相当]1.对等，等于：年纪～。2.合适：找个～的人。3.副词，表示有一定的程度：这首诗写得～好。[相对]依靠一定条件而存在，随着一定条件而变化的，跟"绝对"相对。❷看：～中|左～右看。

另见542页xiàng。

厢(*廂) xiāng ㄒㄧㄤ ❶厢房，正房前面两旁的房屋：东～|西～。㊀边，方面：这～|两～。❷靠近城的地区：城～|关～。❸包厢，戏院里特设的单间座位。❹车厢，车里容纳人或东西的地方。

葙 xiāng ㄒㄧㄤ [青葙]草本植物，叶卵形至披针形，花淡红色。种子叫青葙子，可入药。

湘 xiāng ㄒㄧㄤ ❶湘江，源出广西壮族自治区，流至湖南省入洞庭湖。❷湖南省的别称。

缃(緗) xiāng ㄒㄧㄤ 浅黄色。

箱 xiāng ㄒㄧㄤ ❶(一子)收藏衣物等的方形器具，通常是上面有盖儿扣住。❷像箱子的东西：信～|风～。

香 xiāng ㄒㄧㄤ ❶气味好闻，跟"臭"相对：～花。㊙1.舒服：睡得～|吃得真～。2.受欢迎：这种货物在农村～得很。❷味道好：饭～。❸称一些天然有香味的东西：檀～。特指用香料做成的细条：线～|蚊～。

襄 xiāng ㄒㄧㄤ 帮助：～办|～理。

骧(驤) xiāng ㄒㄧㄤ 马抬着头快跑。

缞(纕) xiāng ㄒㄧㄤ 佩带。

瓖 xiāng ㄒㄧㄤ 同"镶"。

镶(鑲) xiāng ㄒㄧㄤ 把东西嵌进去或在外围加边：～牙|在衣服上～一道红边|金～玉嵌。

详(詳) xiáng ㄒㄧㄤˊ ❶细密，完备，跟"略"相对(㊄一细)：～谈|～情|不厌其～。❷清楚地知道：内容不～。❸说明，细说：余容再～|内～。❹(仪态)从容稳重：安～|举止～雅。

庠 xiáng ㄒㄧㄤˊ 庠序，古代的乡学，也泛指学校。

祥 xiáng ㄒㄧㄤˊ ❶吉利(㊄吉一)：～瑞|不～。㊕和善，友善：慈～|～和。❷指吉凶的预兆(迷信)。

降 xiáng ㄒㄧㄤˊ ❶投降，归顺：宁死不～。❷降服，使驯服：～龙伏虎。

另见 232 页 jiàng。

翔 xiáng ㄒㄧㄤˊ 盘旋地飞而不扇动翅膀：滑～。

[翔实][详实] 详细而确实。

享(*亯) xiǎng ㄒㄧㄤˇ 享受，受用：～福|久～盛誉|资源共～。

响(響) xiǎng ㄒㄧㄤˇ ❶(一儿)声音：听不见～儿了。❷发出声音：大炮～了|钟～了|一声不～。❸响亮，声音高，声音大：这个铃真～。❹回声：如～斯应(形容反应迅速)。[响应](-yìng) 回声相应。比喻用言语、行动表示赞同：～祖国的号召。

饷(餉、*饟) xiǎng ㄒㄧㄤˇ ❶过去指军警的薪给(jǐ):领～|关～。❷用酒食等款待。

蚃(蠁) xiǎng ㄒㄧㄤˇ 蚃虫,即知声虫,又叫地蛹。

飨(饗) xiǎng ㄒㄧㄤˇ ❶用酒食款待:以～读者(用来满足读者的需要)。❷同"享"。

想 xiǎng ㄒㄧㄤˇ ❶动脑筋,思索:我～出一个办法来了。㊀1.推测,认为:我～他不会来了|我～这么做才好。2.希望,打算:他～去学习|要～学习好,就得努力。❷怀念,惦记:～家|时常～着前方的战士。

鲞(鯗、**鮝) xiǎng ㄒㄧㄤˇ 剖开晾干的鱼。

向(❶❸❹❻嚮、❻*曏) xiàng ㄒㄧㄤˋ ❶对着,朝着,特指脸部或胸部对着,跟"背"相对:这间房子～东。[向导]引路的人。❷介词,表示动作的方向或对象:～前看|～雷锋同志学习。❸方向:我转(zhuàn)～(认错了方向)了。㊀意志所趋:志～|意～。❹近,临:～晚|～晓雨停。❺偏袒,袒护:偏～。❻从前:～日|～者。㊀从开始到现在:本处～无此人。[向来][一向]副词,从来,表示从很早到现在:他～不喝酒。

珦 xiàng ㄒㄧㄤˋ 一种玉。

项(項) xiàng ㄒㄧㄤˋ ❶颈的后部。❷事物的种类或条目:事～|～目|义～|强～。㊁钱,经费(㊂款～):用～|进～|欠～。❸量词,用于分项目的事物:两～任务|三大纪律八～注意。❹代数中不用加号、减号连接的单式,如 $4a^2b$,ax^3。

巷 xiàng ㄒㄧㄤˋ 较窄的街道:大街小～。

另见 182 页 hàng。

相 xiàng ㄒㄧㄤˋ ❶(一儿)样子,容貌(㊂一貌):长(zhǎng)得很喜～(xiang)|狼狈～|照～。❷察看:～马|～机行事|人不可以貌～。❸辅助,也指辅佐的人,古代特指最高级的官:吉人天～|宰～。❹姓。

另见 540 页 xiāng。

象 xiàng ㄒㄧㄤˋ ❶哺乳动物,耳朵大,鼻子圆筒形,可以伸卷。多有一对特长的门

牙,突出唇外。多产于亚洲的印度、非洲等热带地方。❷形状,样子(㊀形一):景~|万~更新。[象征]用具体的东西表现事物的某种意义,例如鸽子象征和平。

像 xiàng ㄒㄧㄤˋ ❶相似:他很~他母亲。[好像]1.相似。2.似乎,仿佛:我~见过他。❷比照人物做成的图形:画~|塑~。❸比如,比方:这件事很多人不知道,~我就是一个。

橡 xiàng ㄒㄧㄤˋ ❶橡树,即栎树。❷橡胶树,常绿乔木,花白色,树的乳状汁液可制橡胶。

XIAO ㄒㄧㄠ

肖 xiāo ㄒㄧㄠ 姓。
另见545页xiào。

削 xiāo ㄒㄧㄠ 用刀平着或斜着去掉物体外面的一层:~铅笔|把梨皮~掉。
另见562页xuē。

逍 xiāo ㄒㄧㄠ [逍遥](—yáo)自由自在,无拘无束:~自在。

消 xiāo ㄒㄧㄠ ❶溶化,散失(㊀一溶):冰~|烟~火灭。[消化]胃肠等器官把食物变成可以吸收的养料。㊄理解、吸收所学的知识。❷灭掉,除去(㊀一灭):~毒|~炎。[消费]为了满足生产、生活的需要而消耗物质财富。[消极]起反面作用的,不求进取的,跟"积极"相对:~因素|态度~。[消息]音信,新闻。❸消遣,把时间度过去:~夜|~夏。❹〈方〉需要:不~说。

宵 xiāo ㄒㄧㄠ 夜:通~|~禁。[元宵]1.元宵节,农历正月十五日晚上。2.一种江米(糯米)面做成的球形有馅儿食品,多在元宵节吃。

绡(綃) xiāo ㄒㄧㄠ 生丝。又指用生丝织的东西。

硝 xiāo ㄒㄧㄠ ❶矿物名。1.硝石,无色或白色晶体,成分是硝酸钾或硝酸钠,可制肥料或炸药。2.芒硝,无色透明晶体,成分是硫酸钠,是工业原料,也可做泻剂。❷用芒硝加黄米面等处理毛皮,使皮板儿柔软:~皮子。

销(銷) xiāo ㄒㄧㄠ ❶熔化金属。[销毁]毁灭,常指烧掉。❷去掉:~假(jià)|报~|撤~。❸卖出(货物):一天~了不少的货|

供(gōng)～|脱～|～路。❹开支,花费:花～|开～。❺(一子)机器上像钉子的零件。❻把机器上的销子或门窗上的插销推上。

X

蛸 xiāo ㄒㄧㄠ [螵蛸](piāo—)螳螂的卵块。
另见443页shāo。

霄 xiāo ㄒㄧㄠ ❶云(㊀云—)。❷天空:重(chóng)～|九～|～壤之别(形容相去很远)。

魈 xiāo ㄒㄧㄠ [山魈]1.一种猴,脸蓝色,鼻子红色,嘴上有白须,全身毛黑褐色,腹部白色,尾巴很短。2.传说中山里的鬼怪。

枭(梟) xiāo ㄒㄧㄠ ❶即鸮(xiāo)。❷勇健(常有不驯顺的意思):～将|～雄。❸魁首,首领:毒～。❹〈古〉悬挂(砍下的人头):～首|～示。

枵 xiāo ㄒㄧㄠ ❶空虚:～腹从公。❷布的丝缕稀而薄:～薄。

鸮(鴞) xiāo ㄒㄧㄠ 猫头鹰一类的鸟。

哓(嘵) xiāo ㄒㄧㄠ [哓哓]形容争辩声或鸟类因恐惧而发出的鸣叫声。

骁(驍) xiāo ㄒㄧㄠ ❶好马。❷勇健(㊀—勇):～将。

虓 xiāo ㄒㄧㄠ 猛虎怒吼。

猇 xiāo ㄒㄧㄠ ❶同"虓"。❷猇亭,地名,在湖北省宜昌。

萧(蕭) xiāo ㄒㄧㄠ ❶冷落、没有生气的样子:～然|～瑟|～索。[萧条]寂寞冷落:晚景～。㊗不兴旺:经济～。❷姓。
[萧萧]形容马叫声或风声。

潇(瀟) xiāo ㄒㄧㄠ 水清而深。
[潇洒](—sǎ)行动举止自然大方,不呆板,不拘束。

蟏(蠨) xiāo ㄒㄧㄠ [蟏蛸](—shāo)即蟢子。

箫(簫) xiāo ㄒㄧㄠ 管乐器。古代的排箫是许多管子排在一起的,后世用一根管子做成,竖着吹的叫洞箫。

翛 xiāo ㄒㄧㄠ 〈古〉无拘无束,自由自在:～然。
[翛翛]羽毛残破的样子。

嚣(囂) xiāo ㄒㄧㄠ 喧哗:叫～。[嚣张]

放肆，邪恶势力上升：气焰～。

洨 xiáo ㄒㄧㄠˊ 洨河，水名，在河北省西南部。

崤 xiáo ㄒㄧㄠˊ 崤山，山名，在河南省西部。又叫崤陵。

淆（△*殽）xiáo ㄒㄧㄠˊ 混淆，错杂，混乱：～乱｜混～不清。

殽 xiáo ㄒㄧㄠˊ ❶见 545 页"淆"。❷同"崤"。用于古地名：～之战。

小 xiǎo ㄒㄧㄠˇ ❶跟"大"相对。1.面积少的，体积占空间少的，容量少的：～山｜地方～。2.数量少的：数目～｜一～半。3.程度浅的：学问～｜～学。4.声音低的：～声说话。5.年幼，排行最末的：他比你～｜他是我的～弟弟。6.年幼的人：一家老～。7.谦辞：～弟｜～店。［小看］轻视，看不起：别～人。❷时间短：～坐｜～住。❸稍微：牛刀～试。❹略微少于，将近：这里离石家庄有～三百里。

晓（曉）xiǎo ㄒㄧㄠˇ ❶天刚亮的时候：～行夜宿｜鸡鸣报～。❷晓得，知道，懂得（㊀知一）：家喻户～｜通～。❸使人知道：～以利害。

谀（謏）xiǎo ㄒㄧㄠˇ 小：～才｜～闻（小有名声）。

筱（**篠）xiǎo ㄒㄧㄠˇ ❶小竹子。❷同"小"。多用于人名。

皛 xiǎo ㄒㄧㄠˇ ❶明亮。❷用于地名：～店（在河南省中牟）。

孝 xiào ㄒㄧㄠˋ ❶指尊敬、奉养父母：～顺｜～敬。❷指居丧的礼俗：守～。❸丧服：戴～。

哮 xiào ㄒㄧㄠˋ 吼叫：咆～。［哮喘］呼吸急促困难的症状。

涍 xiào ㄒㄧㄠˋ ❶古水名，在今河南省。❷姓。

肖 xiào ㄒㄧㄠˋ 像，相似：子～其父。［肖像］画像，相片。

另见 543 页 xiāo。

恔 xiào ㄒㄧㄠˋ 畅快，满意。

另见 235 页 jiǎo。

校 xiào ㄒㄧㄠˋ ❶学校。❷军衔名，在尉和将之间。

另见 236 页 jiào。

效（❶*傚、❸*効）xiào ㄒㄧㄠˋ ❶模仿（㊀一法、仿一）：上行下～。❷效验，功用，成果：这药吃了很见～｜～果｜无～。［效率］1.物理学上指有用的功在总功中所占的百分比。2.单位时间内所完成的工作量：生产～｜工作～。❸尽，献

出：～力|～劳。

潇 xiào ㄒㄧㄠˋ 用于地名：五～（在上海市崇明）。

笑（*咲） xiào ㄒㄧㄠˋ ❶露出愉快的表情，发出欢喜的声音：逗～|眉开眼～|啼～皆非。［笑话］（—hua）1.（——儿）能使人发笑的话或事。2. 轻视，讥讽：别～人。❷讥笑，嘲笑：见～|耻～|五十步～百步。

啸（嘯） xiào ㄒㄧㄠˋ ❶人撮口发出长而清脆的声音，打口哨：长～一声，山鸣谷应。❷禽兽拉长声音叫：虎～|猿～。❸自然界发出的或飞机、子弹等飞掠而过的声音：海～|子弹尖～着掠过头上。

敩（斅） xiào ㄒㄧㄠˋ 教导，使觉悟。

XIE ㄒㄧㄝ

些 xiē ㄒㄧㄝ ❶量词，表示不定的数量：有～工人|炉子里要添～煤|看～书|长(zhǎng)～见识。❷跟"好"、"这么"连用表示很多：好～人|这么～天|制造出这么～个机器。❸用在形容词后表示略微：病轻～了|学习认真～，理解就深刻～。［些微］略微。

揳 xiē ㄒㄧㄝ 捶，打。特指把钉、橛等捶打到其他东西里面去：在墙上～钉子|把桌子～一～。

楔 xiē ㄒㄧㄝ （—儿）填充器物的空隙使其牢固的木橛、木片等：这个板凳腿活动了，加个～儿吧。［楔子］（—zi）1. 义同"楔"。2. 杂剧里加在第一折前头或插在两折之间的小段，近代小说的引子。

歇 xiē ㄒㄧㄝ ❶休息：坐下～一会儿。❷停止：～工|～业|～枝（果树在一定年限内停止结果或结果很少）。❸〈方〉很短的一段时间，一会儿：过了一～。

［歇斯底里］（外）即癔(yì)病。喻情绪激动，举止失常。

蝎（*蠍） xiē ㄒㄧㄝ （—子）节肢动物，卵胎生。口部两侧有螯，胸脚四对，后腹狭长，末端有毒钩，用来防敌和捕虫。干制后可入药。

叶 xié ㄒㄧㄝˊ 和洽，合：～韵。另见 582 页 yè。

协（協） xié ㄒㄧㄝˊ ❶共同合作，辅助：～

商|～办|～查。❷调和，和谐：～调|～和。

胁（脅、*脇） xié ㄒㄧㄝˊ ❶从腋下到腰的部分：～下。❷逼迫恐吓（hè）：威～|～制。［胁从］被胁迫而随从别人做坏事。❸收敛：～肩谄笑（谄媚人的丑态）。

邪（*衺） xié ㄒㄧㄝˊ ❶不正当：歪风～气|改～归正。㊀奇怪，不正常：～门|一股～劲。❷中医指引起疾病的环境因素：风～|寒～。㊀迷信的人指鬼神给予的灾祸：驱～|避～。

另见581页yé。

挟（挾） xié ㄒㄧㄝˊ ❶夹在胳膊底下：～山跨海逞英雄。❷倚仗势力或抓住人的弱点强迫使服从：要（yāo）～|～制。❸心里怀着（怨恨等）：～嫌|～恨。

偕 xié ㄒㄧㄝˊ （旧读jiē）共同，在一块（㊥一同）：～老|～行。

谐（諧） xié ㄒㄧㄝˊ ❶协调，配合得适当（㊥和一）：～音|～调（tiáo）。❷诙谐，滑稽：～趣|～谈|亦庄亦～。

斜 xié ㄒㄧㄝˊ 不正，跟平面或直线既不平行也不垂直的：歪～|～坡|纸裁～了|～对过。

䊦 xié ㄒㄧㄝˊ 用于地名：麦～（在江西省新干）。

絜 xié ㄒㄧㄝˊ 量度物体周围的长度，泛指量度：度（duó）长～大。

另见239页jié。

颉（頡） xié ㄒㄧㄝˊ ❶鸟往上飞。［颉颃］（－háng）1.鸟向上向下飞。2.不相上下：他的书法与名家相～。㊀对抗：～作用。❷姓。

另见239页jié。

撷（擷） xié ㄒㄧㄝˊ ❶摘下，取下（㊥采－）。❷用衣襟兜东西。

缬（纈） xié ㄒㄧㄝˊ 有花纹的丝织品。

携（*攜、*擕、*攜、*攜） xié ㄒㄧㄝˊ ❶带（㊥－带）：～眷|～款潜逃。❷拉着手：扶老～幼。［携手］手拉着手。㊁合作。

鞋（*鞵） xié ㄒㄧㄝˊ 穿在脚上走路时着地的东西：皮～|拖～|旅游～。

勰 xié ㄒㄧㄝˊ 和谐，协调。多用于人名。刘勰，南朝人。

写(寫) xiě ㄒㄧㄝˇ ❶用笔在纸或其他东西上做字：～字｜～对联。❷写作：～诗｜～文章。❸描写：～景｜～情。❹绘画：～生。

血 xiě ㄒㄧㄝˇ 义同"血"(xuè)，用于口语。多单用，如"流了点儿血"。也用于口语常用词，如"鸡血"、"血块子"。

另见 563 页 xuè。

灺(**炧) xiè ㄒㄧㄝˋ 蜡烛烧剩下的部分。

泄(*洩) xiè ㄒㄧㄝˋ ❶液体、气体排出：～洪道｜水～不通。[泄劲][泄气]丧失干劲、勇气。❷透露：～漏秘密｜～底(泄露内幕)。❸发泄：～恨｜～私愤。

绁(紲、*絏) xiè ㄒㄧㄝˋ ❶绳索。❷系，拴。

渫 xiè ㄒㄧㄝˋ ❶除去。❷泄，疏通。

泻(瀉) xiè ㄒㄧㄝˋ ❶液体很快地流下：一～千里。❷拉稀屎：～肚。

契(△**偰) xiè ㄒㄧㄝˋ 商朝的祖先，传说是舜的臣。

另见 398 页 qì。

偰 xiè ㄒㄧㄝˋ ❶见 548 页"契"。❷姓。

卨(卨、**禼) xiè ㄒㄧㄝˋ 用于人名。万俟卨(mòqí—)，宋代人。

卸 xiè ㄒㄧㄝˋ ❶把东西去掉或拿下来：～货｜～车｜大拆大～。❷解除：～责｜～任｜推～。

屑 xiè ㄒㄧㄝˋ 碎末：煤～｜木～。[琐屑]细小的事情。[不屑]由于轻视而不肯做或不接受：他～于做这件事。

榍 xiè ㄒㄧㄝˋ [榍石]矿物名，晶体，多呈褐色或绿色，有光泽，是提炼钛的原料。

械 xiè ㄒㄧㄝˋ ❶器物，家伙：机～｜器～。❷武器：缴～｜～斗。❸刑具。

齘(齘) xiè ㄒㄧㄝˋ ❶上下牙齿相磨。❷物体相接处参差不密合。

亵(褻) xiè ㄒㄧㄝˋ ❶轻慢，亲近而不庄重：～渎。❷指贴身的衣服：～衣。❸淫秽：猥～。

谢(謝) xiè ㄒㄧㄝˋ ❶表示感激(叠)：～～你！❷道歉或认错：～罪。❸辞去，拒绝：～客｜～绝参观。❹凋落，衰退：花～了｜新陈代～。

榭 xiè ㄒㄧㄝˋ 台上的屋子：水～。

解 xiè ㄒㄧㄝˋ ❶明白，懂得：～不开这个理。❷姓。❸解县，旧县名，在山西省运城。

另见240页jiě；241页jiè。

薢 xiè ㄒㄧㄝˋ［薢茩］(—hòu)即菱。

獬 xiè ㄒㄧㄝˋ［獬豸］(—zhì)传说中的异兽名。

邂 xiè ㄒㄧㄝˋ［邂逅］(—hòu)没有约定而遇到，偶然遇到。

廨 xiè ㄒㄧㄝˋ 古代通称官署：官～｜公～。

澥 xiè ㄒㄧㄝˋ ❶糊状物或胶状物由稠变稀：糨糊～了。❷加水使糊状物或胶状物变稀：粥太稠，加点儿水～一～。❸渤澥，古代海的别称，也指渤海。

懈 xiè ㄒㄧㄝˋ 松懈，不紧张(㉔—怠)：始终不～。㉕漏洞：无～可击。

蟹(*蠏) xiè ㄒㄧㄝˋ 螃蟹，节肢动物，水陆两栖，全身有甲壳。前面的一对脚呈钳状，叫螯。横着走。腹部分节，俗叫脐，雄的尖脐，雌的团脐。种类很多：河～｜海～。

薤 xiè ㄒㄧㄝˋ 草本植物，又叫藠头(jiàotou)，叶细长，花紫色。鳞茎和嫩叶可用作蔬菜。

瀣 xiè ㄒㄧㄝˋ 见182页"沆"字条"沆瀣"(hàng—)。

燮(*爕) xiè ㄒㄧㄝˋ 谐和，调和。

瓂 xiè ㄒㄧㄝˋ 一种像玉的石头。

躞 xiè ㄒㄧㄝˋ 见104页"蹀"字条"蹀躞"(dié—)。

XIN ㄒㄧㄣ

心 xīn ㄒㄧㄣ ❶心脏，人和高等动物体内推动血液循环的器官。(图见623页"人体内脏")［心腹］㊗1.最要紧的部位：～之患。2.亲信的人。［心胸］指气量：～宽阔。❷习惯上也指思想器官和思想感情等：～思｜～得｜用～｜～情｜开～(快乐)｜伤～｜谈～｜全～全意。❸中央，在中间的地位或部分：掌～｜江～｜圆～。［中心］1.心❸。2.主要部分：政治～｜文化～｜～任务｜～环节。❹星宿名，又叫商，二十八宿之一。

芯 xīn ㄒㄧㄣ 去皮的灯心草：灯～。㊀某些物体的中心部分：机～｜岩～。

另见551页xìn。

䜣(訢) xīn ㄒㄧㄣ 姓。

忻 xīn ㄒㄧㄣ ❶同“欣”。❷忻州，地名，在山西省。

昕 xīn ㄒㄧㄣ 太阳将要出来的时候。

欣 xīn ㄒㄧㄣ 快乐，喜欢：欢～鼓舞｜～然前往。[欣赏]用喜爱的心情来领会其中的意味，喜欢。[欣欣]1. 高兴的样子：～然有喜色。2. 草木生机旺盛的样子：～～向荣。

炘 xīn ㄒㄧㄣ 形容热气炽盛。

焮 xīn ㄒㄧㄣ xìn ㄒㄧㄣˋ(又)烧，灼。

辛 xīn ㄒㄧㄣ ❶辣。❷劳苦，艰难：～勤。❸悲伤：～酸。❹天干的第八位，用作顺序的第八。

莘 xīn ㄒㄧㄣ 古指细辛。草本植物，根细，有辣味，花暗紫色，可入药。

[莘庄]地名，在上海市。

另见447页shēn。

锌(鋅) xīn ㄒㄧㄣ 金属元素，符号Zn，蓝白色，质脆。可用来制合金等。

廞(廞) xīn ㄒㄧㄣ 陈设。

歆 xīn ㄒㄧㄣ ❶鬼神享用祭品的香气：～享。❷喜爱，羡慕：～羡。

新 xīn ㄒㄧㄣ ❶跟“旧”相对。1. 刚有的或刚经验到的：～办法｜万象更～｜～事物。2. 没有用过的：～笔｜～房子。3. 性质上改变得更好的，使变成新的：～社会｜～文艺｜粉刷一～。[自新]改掉以往的过错，使思想行为向好的方面发展。❷新近：这支钢笔是我～买的｜他是～来的。❸结婚时的(人或物)：～郎｜～房。

薪 xīn ㄒㄧㄣ 柴火：杯水车～。[薪水][薪金]工资。

馨 xīn ㄒㄧㄣ 散布很远的香气：～香｜芳～。

鑫 xīn ㄒㄧㄣ 财富兴盛。常用于商店字号、人名。

镡(鐔) xín ㄒㄧㄣˊ ❶古代剑身与剑柄连接处突出的部分。❷古代兵器，似剑而小。

另见50页chán；483页tán。

伈 xǐn ㄒㄧㄣˇ [伈伈]形容恐惧。

囟(**顖) xìn ㄒㄧㄣˋ 囟门，婴儿头顶骨未合缝(fèng)的地方。

芯 xìn ㄒㄧㄣˋ ❶（－子）装在器物中心的捻子之类的东西，如蜡烛的捻子、爆竹的引线等。❷（－子）蛇的舌头。

另见549页xīn。

信 xìn ㄒㄧㄣˋ ❶诚实，不欺骗：～用｜失～。❷信任，不怀疑，认为可靠：～赖｜这话我不～。㊊信仰，崇奉：～徒。❸（－儿）消息（㊥－息）：报～｜喜～儿。［信号］传达消息、命令、报告等的记号：放～枪。❹函件（㊥书－）：给他写封～。❺随便：～步｜～口开河（随便乱说）。❻信石，砒霜。❼同"芯"（xìn）。

〈古〉又同"伸"（shēn）。

衅（釁） xìn ㄒㄧㄣˋ ❶古代祭祀礼仪，用牲畜的血涂器物的缝隙：～钟｜～鼓。❷缝隙，争端：挑～｜寻～。

焮 xìn ㄒㄧㄣˋ（又） 见550页xīn。

XING ㄒㄧㄥ

兴（興） xīng ㄒㄧㄥ ❶举办，发动：～工｜～利除弊｜～修水利。❷起来：夙～夜寐（早起晚睡）｜闻风～起。❸旺盛（㊥－盛、－旺）：复～。［兴奋］精神振作或激动。❹流行，盛行：时～。❺准许：不～胡闹。❻〈方〉或许：他～来，～不来。❼姓。

另见553页xìng。

星 xīng ㄒㄧㄥ ❶天空中发光的或反射光的天体，如太阳、地球、北斗星等。通常指夜间天空中闪烁发光的天体：卫～｜～罗棋布｜月明～稀。㊫称有名的演员、运动员等：明～｜球～｜歌～。❷（－子、－儿）细碎或细小的东西：～火燎原｜火～儿｜唾沫～子。❸星宿名，二十八宿之一。

猩 xīng ㄒㄧㄥ 猩猩，哺乳动物，略像人，毛赤褐色或黑色，前肢长，无尾。吃野果。产于苏门答腊等地。

惺 xīng ㄒㄧㄥ 醒悟。［惺惺］1.清醒，聪明。2.聪明的人：～惜～（指同类的人互相怜惜）。［假惺惺］虚情假意的样子。

［惺忪］（*惺松）刚睡醒尚未清醒的样子。

瑆 xīng ㄒㄧㄥ 玉的光彩。

腥 xīng ㄒㄧㄥ ❶腥气，像鱼的气味：血～｜～膻（shān）。❷鱼、肉一类的食品：辈～。

煋 xīng ㄒㄧㄥ ❶火势猛烈。❷火光四射。

骍（騂） xīng ㄒㄧㄥ 赤色的马或牛。

刑 xíng ㄒㄧㄥˊ ❶刑罚，对犯人各种处罚的总称：判～｜死～｜徒～｜缓～。❷特指对犯人的体罚，如拷打、折磨等：受～｜动～｜严～逼供。

邢 xíng ㄒㄧㄥˊ 姓。

形 xíng ㄒㄧㄥˊ ❶样子：三角～｜地～｜～式｜～象。[形成]逐渐发展成为（某种事物、状况或局面等）：爱护公物已～一种风气。[形势]1.地理上指地势的高低，山、水的样子。2.事物发展的状况：国际～。❷体，实体：～体｜无～｜～影不离。❸表现：喜怒不～于色。[形容]1.面容：～枯槁。2.对事物的样子、性质加以描述。[形容词]表示事物的特征、性质、状态的词，如"大、小、好、坏、快、慢"等。❹对照，比较：相～之下｜相～见绌（chù）。

型 xíng ㄒㄧㄥˊ ❶铸造器物用的模子：砂～。❷样式：新～｜小～汽车。

钘（鈃） xíng ㄒㄧㄥˊ 古代盛酒器。又用于人名。

硎 xíng ㄒㄧㄥˊ ❶磨刀石。❷磨制。

铏（鉶） xíng ㄒㄧㄥˊ 古代盛羹的器具。

行 xíng ㄒㄧㄥˊ ❶走：日～千里｜步～。㊀出外时用的：～装｜～箧（qiè）。[行李]（—li）出外时所带的包裹、箱子等。[一行]一组（指同行（xíng）的人）。[行书]汉字的一种字体，形体和笔势介于草书和楷书之间。❷流通，传递：～销｜通～全国｜发～报刊、书籍。❸流动性的，临时性的：～灶｜～商｜～营。❹进行：另～通知｜即～查处。❺实做，办：～礼｜举～｜实～。❻（旧读 xìng）足以表明品质的举止行动：言～｜品～｜德～｜操～｜罪～。❼可以：不学习不～。❽能干：你真～，这么快就解决了问题。❾将要：～将毕业。❿乐府和古诗的一种体裁。⓫姓。

另见 182 页 háng。

饧（餳） xíng ㄒㄧㄥˊ ❶糖稀。❷糖块、面团等变软：刚和（huó）好的面～一会儿好擀（gǎn）。❸精神不振，眼睛半睁半闭：眼睛发～。

陉（陘） xíng ㄒㄧㄥˊ 山脉中断的地方。

娙（娙） xíng ㄒㄧㄥˊ 女子身材高而美。

荥（滎） xíng ㄒㄧㄥˊ ［荥阳］地名，在河南省。

另见 596 页 yíng。

省 xǐng ㄒㄧㄥˇ ❶检查自己：反～。❷感觉：不～人事。❸省悟，觉悟：猛～前非。❹看望，问候（父母、尊长）：～亲。

另见 450 页 shěng。

醒 xǐng ㄒㄧㄥˇ ❶睡完或还没睡着（zháo）。❷头脑由迷糊而清楚（㊀一悟）：清～｜惊～。［醒目］鲜明，清楚，引人注意的。❸酒醉之后恢复常态：酒～了。也指使醉酒的人恢复常态：～酒。

擤（＊＊揝） xǐng ㄒㄧㄥˇ 捏住鼻子，用气排出鼻涕：～鼻涕。

兴（興） xìng ㄒㄧㄥˋ 兴趣，对事物喜爱的情绪：游～｜助～｜～高采烈。［高兴］愉快，喜欢。

另见 551 页 xīng。

杏 xìng ㄒㄧㄥˋ 杏树，落叶乔木，花白色或淡红色，果实叫杏儿或杏子，球形，味酸甜，可吃。核中的仁叫杏仁，甜的可吃，苦的供药用。

幸（❶❺❻＊倖） xìng ㄒㄧㄥˋ ❶意外地得到成功或免去灾害：～存｜～免。［幸亏］［幸而］副词，多亏：～你来了。❷幸福，幸运：荣～｜三生有～。❸高兴：庆～｜欣～。❹希望：～勿推却。❺旧指宠爱：宠～｜得～。❻旧指封建帝王到达某地：巡～。

倖 xìng ㄒㄧㄥˋ ❶见 553 页“幸”。❷见 529 页“傒”字条“傒倖”。

悻 xìng ㄒㄧㄥˋ ［悻悻］怨恨，怒：～而去。

婞 xìng ㄒㄧㄥˋ 倔强，固执。

性 xìng ㄒㄧㄥˋ ❶事物本身所具有的性质或性能：碱～｜弹（tán）～｜向日～｜药～｜斗争～。［性命］生命。❷性格：个～｜天～｜～情｜本～难移。❸男女或雌雄的特质：～别｜男～｜女～｜～器官｜～教育。❹在思想、感情等方面的表现：党～｜组织纪律～。

姓 xìng ㄒㄧㄥˋ 表明家族系统的字：～名｜复～“欧阳”。

荇（＊＊莕） xìng ㄒㄧㄥˋ 荇菜，草本植物，叶浮在水面，花黄色。茎可以吃，全草可入药。

XIONG ㄒㄩㄥ

凶(❸—❺*兇) xiōng ㄒㄩㄥ ❶不幸的，跟“吉”相对：～事(丧事)|吉～。❷庄稼收成不好：～年。❸恶，暴(连—恶、—暴)：～狠|穷～极恶。❹指杀伤人的行为，也指行凶作恶的人：～器|行～|～手|帮～。❺厉害，过甚：你闹得太～了|雨来得很～。

匈 xiōng ㄒㄩㄥ 古同“胸”。[匈奴]我国古代北方的民族。

讻(訩、**詾) xiōng ㄒㄩㄥ 争辩。[讻讻]形容争论的声音或纷扰的样子。

汹(*洶) xiōng ㄒㄩㄥ 水向上翻腾(连—涌)。[汹汹] 1. 形容水声或争吵声。2. 形容声势很大：来势～。

胸(*胷) xiōng ㄒㄩㄥ 胸膛，躯干前部颈下腹上的部分。(图见491页“人体”)[胸襟]指气量，抱负。

兄 xiōng ㄒㄩㄥ 哥哥：～嫂。敬辞：老～|仁～|某某～。[兄弟] 1. 兄和弟的统称：～三人。㉇有亲密关系的：～单位。2.(—di)弟弟。

芎 xiōng ㄒㄩㄥ [芎䓖](—qióng)草本植物，又叫川芎，叶像芹菜，秋天开花，花白色，全草有香味，地下茎可入药。

雄 xióng ㄒㄩㄥˊ ❶公的，阳性的，跟“雌”相对：～鸡|～蕊。❷强有力的：～师|～辩。❸宏伟，有气魄的：～心|～伟。❹强有力的人或国家：英～|战国七～。

熊 xióng ㄒㄩㄥˊ ❶兽名，身体大，尾短，能直立行走，也能爬树。种类很多。[大熊猫]哺乳动物，又叫熊猫、猫熊，像熊而略小，尾短，眼周、耳、前后肢和肩部黑色，其余白色，耐寒。喜食竹叶、竹笋。生活在我国西南地区，是我国特有的珍贵动物。❷〈方〉斥责：～了他一顿。❸〈方〉怯懦，没有能力：这人真～，一上场就败了下来。
[熊熊]形容火势旺盛：烈火～。

诇(詗) xiòng ㄒㄩㄥˋ 刺探。

敻 xiòng ㄒㄩㄥˋ 远，辽阔：～古。

XIU ㄒㄧㄡ

休 xiū ㄒㄧㄡ ❶歇息：～假｜～养。❷停止：～业｜～学｜～会｜争论不～。㊀完结（多指失败或死亡）。❸旧社会丈夫把妻子赶回娘家，断绝夫妻关系：～书｜～妻。❹副词，不要，别：～想｜～要这样性急。❺吉庆，美善：～咎（吉凶）｜～戚（喜和忧）相关。

咻 xiū ㄒㄧㄡ 吵，乱说话。［咻咻］1. 形容喘气的声音。2. 形容某些动物的叫声：小鸭～地叫着。

庥 xiū ㄒㄧㄡ 庇荫，保护。

鸺（鵂） xiū ㄒㄧㄡ 见60页"鸱"字条"鸱鸺"（chī—）、313页"鹠"字条"鸺鹠"（—liú）。

貅 xiū ㄒㄧㄡ 见381页"貔"字条"貔貅"（pí—）。

髹（**髤） xiū ㄒㄧㄡ 把漆涂在器物上。

修（△*脩） xiū ㄒㄧㄡ ❶使完美或恢复完美：～饰｜～理｜～辞｜～车。❷建造：～铁道｜～桥。❸写，编写：～书｜～史。❹钻研学习，研究（㊀研一）：～业｜自～。❺长（cháng）（㊀—长）：茂林～竹。

脩 xiū ㄒㄧㄡ ❶干肉。［束脩］一束干肉。㊕旧时指送给老师的薪金。❷见555页"修"。

蛸 xiū ㄒㄧㄡ 昆虫，即竹节虫，外形像竹节或树枝，头小，无翅。生活在树上，吃树叶。

羞 xiū ㄒㄧㄡ ❶耻辱，感到耻辱（㊀—耻）：～辱｜遮～布｜～与为伍。❷难为情，害臊：害～｜～得脸通红。㊀使难为情：你别～我。❸同"馐"。

馐（饈） xiū ㄒㄧㄡ 美味的食品：珍～。也作"羞"。

朽 xiǔ ㄒㄧㄡˇ ❶腐烂，多指木头（㊀腐—）：～木。［不朽］（精神、功业等）不磨灭：永垂～。❷衰老：老～。

宿（*宿） xiǔ ㄒㄧㄡˇ 夜：住了一～｜谈了半～。

另见473页sù；556页xiù。

滫 xiǔ ㄒㄧㄡˇ 泔水。

秀 xiù ㄒㄧㄡˋ ❶植物吐穗开花，多指庄稼：高粱～穗

了|六月六看谷～。❷特别优异的(㊀优一):～异|～挺。㊁特别优异的人才:新～|后起之～。[秀才](—cai)封建时代科举初考合格的人。泛指书生。❸聪明,灵巧:聪～|内～|心～。❹美丽(㊀一丽):眉清目～|山明水～|～美。[秀气](—qi)1.清秀:小姑娘很～。2.(器物)灵巧轻便:这个东西做得很～。❺(外)表演,展示:作～|服装～。

绣(綉、*繡) xiù ㄒㄧㄡˋ ❶用丝线等在绸、布上缀成花纹或文字:～花|～字。❷绣成的物品:湘～|苏～。

琇 xiù ㄒㄧㄡˋ 像玉的石头。

锈(銹、*鏽) xiù ㄒㄧㄡˋ ❶金属表面所生的氧化物:铁～|铜～|这把刀子长(zhǎng)～了。❷生锈:门上的锁～住了。

岫 xiù ㄒㄧㄡˋ ❶山洞。❷山。

袖 xiù ㄒㄧㄡˋ ❶(一子、一儿)衣服套在胳膊上的部分。(图见583页"上衣")[袖珍]小型的:～字典|～收录机。❷藏在袖子里:～着手|～手旁观。

琇 xiù ㄒㄧㄡˋ 一种有瑕疵的玉。

臭 xiù ㄒㄧㄡˋ ❶气味:空气是无色无～的。❷同"嗅"。

另见65页chòu。

嗅 xiù ㄒㄧㄡˋ 闻,用鼻子辨别气味:～觉。

溴 xiù ㄒㄧㄡˋ 非金属元素,符号Br,赤褐色液体,能侵蚀皮肤和黏膜。可用来制染料、镇静剂等。

宿(*宿) xiù ㄒㄧㄡˋ 我国古代的天文学家把天上某些星的集合体叫作宿:星～|二十八～。

另见473页sù;555页xiǔ。

XU ㄒㄩ

讦(訏) xū ㄒㄩ ❶夸口。❷大:～谟(大计)。

圩 xū ㄒㄩ 闽粤等地区称集市。古书里作"虚"。

另见515页wéi。

吁 xū ㄒㄩ ❶叹息:长～短叹。❷文言叹词,表示惊疑:～,是何言欤!

另见609页yù。

旴 xū ㄒㄩ ❶太阳刚出时的样子。❷旴江,水名,又地名,都在江西省抚州。

盱 xū ㄒㄩ 睁开眼向上看。[盱眙](—yí)地名，在江苏省。

戌 xū ㄒㄩ ❶地支的第十一位。❷戌时，指晚上七点到九点。

砉 xū ㄒㄩ 形容皮骨相离声。另见197页huā。

须(須、❸❹鬚) xū ㄒㄩ ❶必须，必得(děi)，应当：这事～亲自动手|务～。❷等待：～晴日，看红装素裹，分外妖娆。❸胡子(㊀胡～)。❹像胡须的东西：触～|花～|～根。

[须臾](—yú)片刻，一会儿。

嬃(嬃) xū ㄒㄩ 古代楚国人对姐姐的称呼。

胥 xū ㄒㄩ ❶古代的小官：～吏。❷全，都：民～然矣|万事～备。

谞(諝) xū ㄒㄩ ❶才智。❷计谋。

顼(頊) xū ㄒㄩ 见662页“颛”字条“颛顼”(zhuān—)。

虚 xū ㄒㄩ ❶空(㊀空～)：弹不～发|座无～席。[虚心]不自满，不骄傲：～使人进步，骄傲使人落后。❷不真实的，跟“实”相对：～名|～荣|～张声势。[虚词]意义比较抽象，有帮助造句作用的词，如副词、介词、连词等。❸心里怯懦：心里发～|做贼心～。❹衰弱：～弱|他身子太～了。❺徒然，白白地：～度年华|不～此行。❻指政治思想、方针、政策等方面的道理：务～|以～带实。❼星宿名，二十八宿之一。

墟 xū ㄒㄩ ❶有人住过而现在已经荒废的地方：废～|殷～。[墟里][墟落]村落。❷〈方〉集市，同“圩”(xū)。

嘘 xū ㄒㄩ ❶从嘴里慢慢地吐气，呵气。❷叹气：仰天而～。❸火或汽的热力熏炙：小心别～着手|把馒头放在锅里～一～。

[嘘唏]见528页“唏”字条“唏嘘”。

另见452页shī。

歔 xū ㄒㄩ 见528页“欷”字条“欷歔”(xī—)。

欻 xū ㄒㄩ 忽然：风雨～至。另见68页chuā。

需 xū ㄒㄩ ❶需要，必得用：必～|急～钱用|按～分配。❷必用的财物：军～。

繻(繻) xū ㄒㄩ ❶彩色的丝织品。❷古代一种用帛制的通行证。

魆 xū ㄒㄩ [黑魆魆]形容黑暗:山洞里~的。

徐 xú ㄒㄩˊ 缓,慢慢地(叠):~步|清风~来|火车~~开动了。

X

许(許) xǔ ㄒㄩˇ ❶应允,认可(㊀允一、准一):特~|不~。㊁称赞,承认其优点:赞~|推~|~为佳作。❷预先答应给予:~配|我~给他一份礼物|以身~国。❸或者,可能:也~|或~|他下午~来。❹处,地方:先生不知何~人也。❺表示约数:少~(少量)|年三十~(三十岁左右)。❻这样:如~。[许多]1.这样多,这么多。2.很多。[许久]1.时间这么长。2.时间很长。

浒(滸) xǔ ㄒㄩˇ [浒墅关]地名,在江苏省苏州。[浒浦]地名,在江苏省常熟。

另见 195 页 hǔ。

诩(詡) xǔ ㄒㄩˇ 说大话,夸张:自~。

珝 xǔ ㄒㄩˇ 一种玉。

栩 xǔ ㄒㄩˇ [栩栩] 形容生动的样子:~如生。

姁 xǔ ㄒㄩˇ (叠)安乐,和悦。

冔 xǔ ㄒㄩˇ 商代的一种帽子。

湑 xǔ ㄒㄩˇ ❶滤过的酒。㊁清澈。❷茂盛。

另见 559 页 xù。

糈 xǔ ㄒㄩˇ ❶粮食。❷古代祭神用的精米。

醑 xǔ ㄒㄩˇ ❶美酒。❷醑剂(挥发性药物的乙醇溶液)的简称:樟脑~|氯仿~。

旭 xù ㄒㄩˋ 光明,早晨太阳才出来的样子。[旭日]才出来的太阳。

序 xù ㄒㄩˋ ❶次第(㊀次一):顺~|工~|前后有~。❷排列次第:~齿(按年龄排次序)。❸在正式内容之前的:~文|~曲|~幕。特指序文:写一篇~。❹庠序,古代的学校。

垿 xù ㄒㄩˋ 古时放食物、酒器等东西的土台子,又叫坫(diàn)或反坫。多用于人名。

昫 xù ㄒㄩˋ ❶旧同"煦"。❷用于人名。

煦 xù ㄒㄩˋ 温暖:春风和~。

叙(*敘、*敍) xù ㄒㄩˋ ❶述说

(㊣一述):～旧|～家常。❷记述:～事|记～。❸同"序❶❷❸"。

溆 xù ㄒㄩˋ 水边。[溆浦]地名,在湖南省。

淢 xù ㄒㄩˋ 水流动的样子。

洫 xù ㄒㄩˋ 田间的水道、沟渠。

恤(*卹、*賉、*䘏) xù ㄒㄩˋ ❶对别人表同情,怜悯:体～|怜～。❷救济:～金|抚～。❸忧虑。

畜 xù ㄒㄩˋ 饲养:～产|～牧业。

另见68页chù。

蓄 xù ㄒㄩˋ 积聚,储藏(㊣储一):～财。㊀1.保存:～电池|～洪|养精～锐。2.心里存着:～意|～志|～谋。

滀 xù ㄒㄩˋ [滀仕](—shì)越南地名。

另见68页chù。

酗 xù ㄒㄩˋ 撒酒疯:～酒(没有节制地喝酒)。

勖(*勗) xù ㄒㄩˋ 勉励(㊣一勉)。

绪(緒) xù ㄒㄩˋ ❶丝的头。㊖开端:千头万～。[绪论]著作开头叙述内容要点的部分。❷前人留下的事业:续未竟之～。❸指心情、思想等:情～|思～。❹残余:～余。

续(續) xù ㄒㄩˋ ❶连接,接下去(㊣继一):～假(jià)|～编|～家谱。❷在原有的上面再加:把茶～上|炉子该～煤了。

[手续]办事的程序。

湑 xù ㄒㄩˋ 湑水河,水名,在陕西省汉中。

另见558页xǔ。

婿(*壻) xù ㄒㄩˋ ❶夫婿,丈夫。❷女婿,女儿的丈夫。

絮 xù ㄒㄩˋ ❶棉絮,棉花的纤维:被～|吐～。❷像棉絮的东西:柳～|芦～。❸在衣物里铺棉花:～被子|～棉袄。❹连续重复,惹人厌烦:～烦。[絮叨](—dao)说话啰唆。

蓿 xu ·ㄒㄩ 见353页"苜"字条"苜蓿"(mù—)。

XUAN ㄒㄩㄢ

轩(軒) xuān ㄒㄩㄢ ❶古代的一种有围棚而前顶较高的车。[轩昂]1.高扬,高举。2.气度不凡:气宇～。[轩轾](—zhì)车前高后低叫轩，前低后高叫轾。喻高低优劣：不分～。❷有窗的长廊或小室。

宣 xuān ㄒㄩㄢ ❶发表，公开说出：～誓｜～传｜心照不～。❷疏通：～泄。❸指宣纸，安徽省宣城等地产的一种高级纸张，吸墨均匀，能长期存放：生～｜虎皮～。

揎 xuān ㄒㄩㄢ 捋(luō)起袖子露出胳膊：～拳捋袖。

萱(*藼、*萲、*蕿、*蘐) xuān ㄒㄩㄢ ❶萱草，草本植物，叶细长，花红黄色。花蕾可以吃，根可入药。❷萱堂，代指母亲：椿～(父母)。

喧(*諠) xuān ㄒㄩㄢ 大声说话，声音大而杂乱(连一哗)：～闹｜锣鼓～天｜～宾夺主。

愃 xuān ㄒㄩㄢ ❶心广体胖的样子。❷忘记。

瑄 xuān ㄒㄩㄢ 古代祭天用的璧。

暄 xuān ㄒㄩㄢ ❶太阳的温暖。[寒暄]转见面时谈天气冷暖之类的应酬话：彼此～了几句。❷〈方〉松散，松软：～土｜馒头又大又～。

煊 xuān ㄒㄩㄢ 同"暄❶"。

谖(諼) xuān ㄒㄩㄢ ❶欺诈，欺骗。❷忘记。

铜(銅) xuān ㄒㄩㄢ 一种盆形有环耳的加热用的器具。

儇 xuān ㄒㄩㄢ 轻薄而有点儿小聪明。

譞(譞) xuān ㄒㄩㄢ 聪慧。

翾 xuān ㄒㄩㄢ 飞翔。

禤 xuān ㄒㄩㄢ 姓。

玄 xuán ㄒㄩㄢˊ ❶深奥不容易理解的：～理｜～妙。❷虚伪，不真实，不可靠：那话太～了，不能信。[玄虚]1.虚幻，不真实。2.欺骗的手段：故弄～。❸黑色：～狐｜～青(深黑色)。

伭 xuán ㄒㄩㄢˊ (又)见536页xián。

骇(駭) xuán ㄒㄩㄢˊ 黑色的马。

玹 xuán ㄒㄩㄢˊ ❶一种次于玉的美石。❷玉的颜色。

另见536页xián；561页xuàn。

痃 xuán ㄒㄩㄢˊ [横痃]由下疳(gān，一种性病)引起的腹股沟淋巴结肿胀、发炎的症状。

悬(懸) xuán ㄒㄩㄢˊ ❶挂,吊在空中:~灯结彩。⑲没有着落,没有结果:~案|那件事还~着呢。[悬念]1.挂念。2.欣赏戏剧、电影或小说等文艺作品时,观众或读者对故事发展和人物命运关切和期待的心情。也泛指人们对事物发展关注和期待的心情:他毫无~地夺得了冠军。❷凭空设想:~拟|~揣。❸距离远:~隔|~殊。❹〈方〉危险:真~!差点儿掉下去。

旋 xuán ㄒㄩㄢˊ ❶旋转,转动:螺~|回~。㉑圈子:打~儿。❷回,归:~里|凯~。❸不久:~即离去。❹姓。

另见562页xuàn。

漩 xuán ㄒㄩㄢˊ (一儿)水流旋转的圆窝:~涡。

璇(*璿) xuán ㄒㄩㄢˊ 美玉。[璇玑](—jī)古代天文仪器。

暶 xuán ㄒㄩㄢˊ ❶明亮。❷容貌美丽。

咺 xuǎn ㄒㄩㄢˇ ❶哭泣不止。❷姓。

晅 xuǎn ㄒㄩㄢˇ ❶日光。❷光明。❸晒干。

烜 xuǎn ㄒㄩㄢˇ ❶火盛。❷光明,盛大。[烜赫]声威昭著。❸晒干。

选(選) xuǎn ㄒㄩㄢˇ ❶挑拣,择(㉔挑一、一择):~种(zhǒng)。[选举]多数人推举认为合适的人担任代表或负责人:~代表。❷被选中了的人或物:人~。❸被选出来编在一起的作品:文~|诗~。

癣(癬) xuǎn ㄒㄩㄢˇ 由真菌引起的皮肤病,有头癣、体癣、甲癣(灰指甲)等多种,患处常发痒。

券 xuàn ㄒㄩㄢˋ 拱券,门窗、桥梁等的弧形部分。

另见420页quàn。

泫 xuàn ㄒㄩㄢˋ 水珠下滴:~然流涕。

琁 xuàn ㄒㄩㄢˋ 一种玉。另见536页xián;560页xuán。

昡 xuàn ㄒㄩㄢˋ 日光。

炫(❷△**衒) xuàn ㄒㄩㄢˋ ❶强光照耀:~目。❷夸耀。[炫耀]1.照耀。2.夸耀:~武力。

眩 xuàn ㄒㄩㄢˋ ❶眼睛昏花看不清楚:头晕目~。❷迷惑,迷乱:~于名利。

铉（鉉） xuàn ㄒㄩㄢˋ 横贯鼎耳以举鼎或抬鼎的器具。

衒 xuàn ㄒㄩㄢˋ ❶沿街叫卖。❷见 561 页"炫"。

绚（絢） xuàn ㄒㄩㄢˋ 有文彩的，色彩华丽：～烂｜～丽。

琄 xuàn ㄒㄩㄢˋ 佩玉。

旋（❸❹鏇） xuàn ㄒㄩㄢˋ ❶旋（xuán）转的：～风。❷临时（做）：～吃～做。❸（一子）温酒的器具。❹用车床或刀子转（zhuàn）着圈地削：用车床～零件｜～皮。

另见 561 页 xuán。

渲 xuàn ㄒㄩㄢˋ 中国画的一种画法，把水墨淋在纸上再擦得浓淡适宜。［渲染］用水墨或淡的色彩涂抹画面。㊀夸大地形容。

楦（*楥） xuàn ㄒㄩㄢˋ ❶（一子、一头）做鞋用的模型。❷拿东西把物体中空的部分填满使物体鼓起来：用鞋楦子～鞋｜把这个猫皮～起来。

碹 xuàn ㄒㄩㄢˋ ❶桥梁、涵洞等工程建筑的弧形部分。❷用砖、石等筑成弧形。

XUE ㄒㄩㄝ

削 xuē ㄒㄩㄝ 义同"削"（xiāo），用于一些复合词：～除｜～减｜～弱｜剥～。

另见 543 页 xiāo。

靴（*鞾） xuē ㄒㄩㄝ （一子）有长筒的鞋：马～｜皮～｜雨～。

薛 xuē ㄒㄩㄝ 周代诸侯国名，在今山东省滕州、薛城一带。

穴 xué ㄒㄩㄝˊ ❶窟窿，洞：不入虎～，焉得虎子？｜～居野处。❷墓穴：坟地里有五个～。❸穴位，又叫穴道，人体或某些动物体可以进行针灸的部位，多为神经末梢密集或较粗的神经纤维经过的地方：太阳～。

茓 xué ㄒㄩㄝˊ （一子）做囤用的窄而长的席，通常是用秫秸篾或芦苇篾编成的。也作"踅"。

岦（嶨） xué ㄒㄩㄝˊ ［岦口］地名，在浙江省文成。

学（學、**斈） xué ㄒㄩㄝˊ ❶学习：～本领｜活到老，～到老。［学生］1. 在校学习的人。2. 向前

辈学习的人。3.对前辈谦称自己。[学徒]在工厂或商店里学习技能的人。❷模仿：他～赵体字，～得很像。❸学问，学到的知识：饱～|博～多能。[学士]1.学位名，在硕士之下。2.古代官名。[学术]比较专门而有系统的学问。❹分门别类的有系统的知识：哲～|物理～|语言～。❺学校：中～|大～|上～。

鸴（鷽） xué ㄒㄩㄝˊ 鸟名，像雀而羽毛颜色不同，叫声很好听。

踅 xué ㄒㄩㄝˊ ❶折回，旋(xuán)转：～来～去|这群鸟飞向东去又～回来落在树上了。❷同“茓”。

噱 xué ㄒㄩㄝˊ 〈方〉笑：发～。[噱头]逗笑的话或举动。

另见260页jué。

雪 xuě ㄒㄩㄝˇ ❶寒冷天天空落下的白色晶体，多为六角形，是空气中的水蒸气降至0℃以下凝结而成的：～花|冰天～地。❷洗去，除去：～耻|～恨。

鳕（鱈） xuě ㄒㄩㄝˇ 鱼名，又叫鳘，俗称大头鱼。头大，尾小，下颌有一条须，肝可制鱼肝油。

血 xuè ㄒㄩㄝˋ ❶血液，人和高等动物体内的红色液体（由红细胞、白细胞、血小板和血浆组成），周身循环，输送养分给各组织，同时把废物带到排泄器官内：～压|～泊(pō)。❷同一祖先的：～统|～族。❸指刚强热烈：～性|～气方刚。（读xuè时用于复音词及成语，如“贫血”、“呕心沥血”等。）

另见548页xiě。

谑（謔） xuè ㄒㄩㄝˋ 开玩笑：戏～|谐～。

XUN ㄒㄩㄣ

勋（勛、*勳） xūn ㄒㄩㄣ ❶特殊功劳（㊀功一）：～章|屡建奇～。❷勋章：授～。

埙（塤、*壎） xūn ㄒㄩㄣ 古代用陶土烧制的一种吹奏乐器。

熏（❶❷*燻） xūn ㄒㄩㄣ ❶气味或烟气接触物品：～豆腐|～肉|把墙～黑了|用茉莉花～茶叶。❷气味刺激人：臭气～人。❸和暖：～风。

另见566页xùn。

薰 xūn ㄒㄩㄣ ❶薰草，古书上说的一种香草。㊀花草的香气。❷同"熏(xūn)❶"。

獯 xūn ㄒㄩㄣ ［獯鬻］(—yù)我国古代北方民族，战国后称匈奴。

纁(纁) xūn ㄒㄩㄣ 浅红色。

曛 xūn ㄒㄩㄣ 日没(mò)时的余光：～黄(黄昏)。

醺 xūn ㄒㄩㄣ 醉。［醺醺］醉的样子：喝得醉～的。

窨 xūn ㄒㄩㄣ 同"熏"，用于窨茶叶。把茉莉花等放在茶叶中，使茶叶染上花的香味。

另见595页yìn。

旬 xún ㄒㄩㄣˊ ❶十天叫一旬，一个月有三旬，分称上旬、中旬、下旬。❷指十岁：三～上下年纪|年过六～。

郇 xún ㄒㄩㄣˊ ❶周代诸侯国名，在今山西省临猗西南。❷姓。

另见200页huán。

询(詢) xún ㄒㄩㄣˊ 问，征求意见(㊃—问)：探～|查～。

荀 xún ㄒㄩㄣˊ 姓。

峋 xún ㄒㄩㄣˊ 见308页"嶙"字条"嶙峋"(lín—)。

洵 xún ㄒㄩㄣˊ 诚然，实在：～属可敬。

恂 xún ㄒㄩㄣˊ ❶诚信，信实。❷恐惧。

珣 xún ㄒㄩㄣˊ 一种玉。

栒 xún ㄒㄩㄣˊ ［栒邑］地名，在陕西省。今作"旬邑"。

寻(尋、*尋) xún ㄒㄩㄣˊ ❶找，搜求(㊃—找、—觅)：～人|自～烦恼|～求|搜～。［寻思］(—si)想，考虑。❷古代长度单位，八尺(一说七尺或六尺)为一寻。［寻常］㊄平常，素常：这不是～的事情。

鄩(鄩) xún ㄒㄩㄣˊ 姓。

荨(蕁) xún ㄒㄩㄣˊ ［荨麻疹］俗叫风疹疙瘩，一种过敏性皮疹，症状是局部皮肤突然红肿，成块状，发痒。

另见401页qián。

㖊(㖊) xún ㄒㄩㄣˊ 又读yīngxún，现写作"英寻"，英美制计量水深的单位，1㖊是6英尺，合1.828米。

浔(潯) xún ㄒㄩㄣˊ ❶水边：江～。❷江西省九江市的别称。

珣(璕) xún ㄒㄩㄣˊ 一种美石。

焊(燖) xún ㄒㄩㄣˊ ❶把肉放在沸水中使半熟。也泛指煮肉。❷把宰后的猪、鸡等用热水烫后去毛。

鲟(鱘、**鱏) xún ㄒㄩㄣˊ 鱼名，身体纺锤形，背部和腹部有大片硬鳞，其余各部无鳞，生活在淡水中。

纠(紃) xún ㄒㄩㄣˊ 圆绦子。

巡(*廵) xún ㄒㄩㄣˊ ❶往来查看：～夜|～哨。[巡回]按一定路线到各处：～医疗队|～演出。❷量词，遍(用于给所有在座的人斟酒)：酒过三～。

循 xún ㄒㄩㄣˊ 遵守，依照：～规蹈矩|～序渐进|遵～。[循环]周而复始地运动：血液～|～演出。

训(訓) xùn ㄒㄩㄣˋ ❶教导，教诲：～话|教～。❷训练：集～|冬～。❸可以作为法则的话：遗～|不足为～。❹解释词的意义：～诂。

驯(馴) xùn ㄒㄩㄣˋ 驯服，顺从，使驯服：～顺|～良|～马|～养。

讯(訊) xùn ㄒㄩㄣˋ ❶问。特指法庭中的审问：审～。❷消息，音信：通～|新华社～。

汛 xùn ㄒㄩㄣˋ 江河定期的涨水：防～|秋～|桃花～。

迅 xùn ㄒㄩㄣˋ 快(㊀一速)：～跑|～猛|～雷不及掩耳。

徇(*狥) xùn ㄒㄩㄣˋ ❶依从，曲从：～私舞弊。❷同"殉❶"。

殉 xùn ㄒㄩㄣˋ ❶为达到某种目的而牺牲性命：～国(为国捐躯)|～难(nàn)。❷古代逼迫活人陪葬，也指用偶人或器物随葬：～葬。

逊(遜) xùn ㄒㄩㄣˋ ❶退避，退让：～位(让出帝王的位子)。❷谦让，恭顺：谦～|出言不～。❸不及，差：～色|稍～一筹。

浚(*濬) xùn ㄒㄩㄣˋ 浚县，在河南省。

另见 261 页 jùn。

巽 xùn ㄒㄩㄣˋ 八卦之一，符号是☴。代表风。

噀(**潠) xùn ㄒㄩㄣˋ 把含在口中的液体喷出来：～水|～酒。

熏 xùn ㄒㄩㄣˋ〈方〉(煤气)使人窒息中毒:炉子安上烟筒,就不至于～着了。

另见563页xūn。

蕈 xùn ㄒㄩㄣˋ 生长在树林里或草地上的某些菌类,形状略像伞,种类很多,无毒的可以吃:松～|香～。

Y |

YA |Y

丫(❶△*椏、❶*枒) yā |Y ❶上端分杈的东西:～杈|树～巴。❷〈方〉女孩子:小～。[丫头](—tou)1.女孩子。2.旧时称供人役使的女孩子。

"椏"另见566页"桠"。

压(壓) yā |Y ❶从上面加重力,也指压力:～住|～碎|减～。㊀搁置不动:积～。❷用威力制服,镇服:镇～|～制。㊀胜过,超过:～倒一切|技～群芳。❸抑制,控制:～咳嗽|～住气|～不住火。❹逼近:～境|太阳～树梢。❺赌博时在某一门上下注:～宝。

另见568页yà。

呀 yā |Y ❶叹词,表示惊疑:～,这怎么办!❷拟声词:门～的一声开了。

另见568页ya。

鸦(鴉、*鵶) yā |Y 乌鸦,鸟名,身体黑色,嘴大,翼长,种类很多:～雀无声(形容寂静)。

押 yā |Y ❶在文书契约上签字或画符号,也指签的字或画的符号:～尾|画～|签～。❷把财物交给有关的人做担保:～金|抵～。❸拘留:看～|关～|～起来。❹跟随看管:～车|～运货物。

鸭(鴨) yā |Y (—子)水鸟名。通常指家鸭,嘴扁腿短,趾间有蹼,善游泳,不能高飞。

垭(埡) yā |Y yà |Yˋ(又)〈方〉两山之间的狭窄地方。多用于地名:黄桷(jué)～(在重庆市)。

哑(啞) yā |Y 同"呀"(yā)。[哑哑]形容乌鸦叫声或小儿学语声。

另见567页yǎ。

桠(椏) yā |Y ❶用于科技术语:五～果科。❷用于地名:～溪镇(在江苏省高淳)。

"椏"另见566页"丫"。

牙 yá ㄧㄚˊ ❶牙齿，人和高等动物嘴里咀嚼食物的器官：门～。❷（一子）像牙齿形状的东西：抽屉～子。❸旧社会介绍买卖从中取利的人：～侩(kuài)｜～行(háng)。

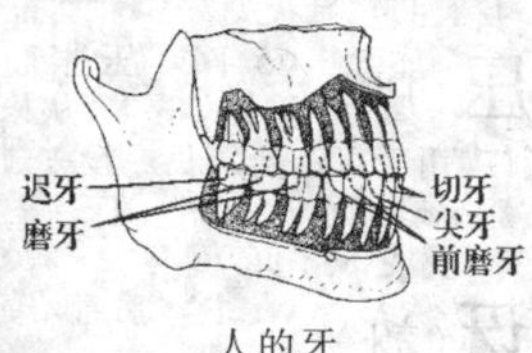

人的牙

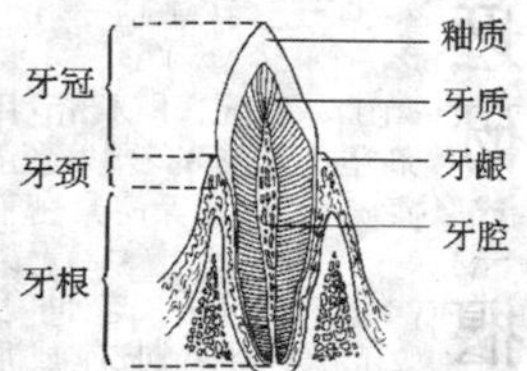

牙的纵切面结构

伢 yá ㄧㄚˊ 〈方〉（一子、一儿）小孩子。

芽 yá ㄧㄚˊ ❶（一儿）植物的幼体，可以发育成茎、叶或花的那一部分：豆～儿｜发～儿｜～茶。［萌芽］喻事情的开端。❷像芽的东西：肉～｜银～（银矿苗）。

岈 yá ㄧㄚˊ 见47页"嵖"字条"嵖岈"(chá—)。

玡 yá ㄧㄚˊ ［琅玡］(láng—) 1.山名，在安徽省滁州。2.山名，在山东省胶南。

琊 yá ㄧㄚˊ ❶用于地名：～川（在贵州省凤冈）。❷同"玡"。

蚜 yá ㄧㄚˊ 蚜虫，昆虫，俗叫腻虫，身体小，绿色或棕色带紫红色，生活在植物嫩茎、叶片、花蕾上，吸食嫩芽的汁液，是害虫。

堐 yá ㄧㄚˊ 用于地名：～东｜～西（都在山东省利津）。

崖（**崕、**厓） yá ㄧㄚˊ（旧读ái）高地或山石陡立的侧面：山～｜悬～勒马（喻到了危险的地步赶紧回头）。

涯 yá ㄧㄚˊ 水边。引边际，极限：天～海角｜一望无～。

睚 yá ㄧㄚˊ 眼角。［睚眦］(—zì)发怒瞪眼。引小的怨恨：～必报。

衙 yá ㄧㄚˊ 衙门，旧时指官署：官～。

哑（啞） yǎ ㄧㄚˇ ❶由于生理缺陷或疾病而不能说话：聋～｜～口无言（喻无话可说）。❷嗓子干涩发音困难或不清楚：沙～｜嗓子喊

～了。❸无声的：～剧|～铃（一种运动器械）。❹（旧读è）笑声：～然失笑（不由自主地笑出声来）。

另见566页yā。

雅 yǎ ㄧㄚˇ ❶正规的，标准的：～声（指诗歌）|～言。❷高尚不俗，美好大方：优～|～致|～观。❸敬辞，用于称对方的情意、行动等：～意|～鉴|～教(jiào)。❹平素，素来：～善鼓琴。❺极，甚：～以为美|～不欲为。❻交往：无一日之～。❼周代朝廷上的乐歌，《诗经》中诗篇的一类，分为大雅和小雅。

轧(軋) yà ㄧㄚˋ ❶圆轴或轮子等在东西上面滚压：把马路～平了|～棉花|～花机。❷排挤：倾～。❸姓。

另见145页gá；628页zhá。

亚(亞) yà ㄧㄚˋ ❶次，次一等的：～军|～热带。❷指亚洲，世界七大洲之一。

垭(埡) yà ㄧㄚˋ（又）见566页yā。

挜(掗) yà ㄧㄚˋ〈方〉硬把东西送给或卖给别人。

娅(婭) yà ㄧㄚˋ 连襟：姻～。

氩(氬) yà ㄧㄚˋ 气体元素，符号Ar，无色、无臭，不易跟其他元素化合。可用来充入电灯泡或真空管中。

压(壓) yà ㄧㄚˋ［压根儿］副词，根本，从来（多用于否定句）：我～没去过那个地方。

另见566页yā。

讶(訝) yà ㄧㄚˋ 惊奇，奇怪：惊～。

迓 yà ㄧㄚˋ 迎接（㊀迎一）：～之于门。

砑 yà ㄧㄚˋ 碾压。［砑光］用卵形或弧形的石块碾压或摩擦皮革、布帛等使紧密而光亮。

揠 yà ㄧㄚˋ 拔：～苗助长(zhǎng)（喻欲求速成反而做坏）。

猰(貏)** yà ㄧㄚˋ［猰貐］（—yǔ）古代传说中的一种凶兽。

呀 ya·ㄧㄚ 助词，"啊"受前一字韵母a、e、i、o、ü收音的影响而发生的变音：大家快来～！|你怎么不学一学～？|这个瓜～，甜得很！

另见566页yā。

YAN ㄧㄢ

咽 yān ㄧㄢ 咽头，食物和气体的共同通道，位于鼻腔、口腔和喉腔的后方，通常混称咽喉。

另见 573 页 yàn；582 页 yè。

胭（*臙） yān ㄧㄢ ［胭脂］（— zhi） 一种红色颜料，多用作化妆品。

烟（*煙、❺*菸） yān ㄧㄢ ❶（—儿）物质燃烧时所产生的混有残余颗粒的气体：冒～｜～筒。［烟火］1. 道教指熟食：不食人间～（现喻脱离现实）。2. 在火药中掺上某些金属盐类制成的一种燃放物，燃烧时能发出灿烂的火花或呈现种种景物供人观赏。又叫烟花、焰火。［烟幕弹］能放出大量烟雾的炸弹，供军事上做掩护用。㊥用来掩盖真相或本意的言论或行为。❷（—子）烟气中间杂有碳素的微细颗粒，这些颗粒附着在其他物体上凝结成的黑灰：松～｜锅～子。❸像烟的东西：过眼云～｜～霞。❹烟气刺激（眼睛）：一屋子烟，～眼睛。❺烟草，草本植物，叶大有茸毛，可以制香烟和农业上的杀虫剂等。❻烟草制成品：香～｜旱～｜请勿吸～。❼指鸦片：～土。

恹（懨、**懕） yān ㄧㄢ ［恹恹］有病而衰弱无力、精神不振的样子：病～。

殷 yān ㄧㄢ 黑红色：～红｜朱～。

另见 592 页 yīn。

焉 yān ㄧㄢ 文言虚词。❶跟介词"于"加代词"是"相当：心不在～｜罪莫大～。❷连词，乃，才：必知疾之所自起，～能攻之。❸代词，表示疑问，怎么，哪儿：～能如此？｜其子～往？❹助词，表示肯定语气：因以为号～｜有厚望～。

鄢 yān ㄧㄢ 用于地名：～陵（在河南省）。

墕 yān ㄧㄢ 用于地名：梁家～（在山西省灵石）。

另见 574 页 yàn。

漹 yān ㄧㄢ 用于地名：～城（在四川省夹江县）。

嫣 yān ㄧㄢ 美好，鲜艳：～然一笑｜姹紫～红。

崦 yān ㄧㄢ ［崦嵫］（— zī） 1. 山名，在甘肃省。2. 古代指太阳落山的地方：日薄～。

Y

阉(閹) yān ㄧㄢ ❶阉割,割去生殖腺:~鸡|~猪。❷封建时代的宦官,太监:~官。

淹(❶**渰) yān ㄧㄢ ❶浸没(mò):被水~了。❷皮肤被汗液浸渍。❸广:~博。

腌(*醃) yān ㄧㄢ 用盐等浸渍食品:~肉|~咸菜。

另见1页 ā。

阏(閼) yān ㄧㄢ [阏氏](—zhī)汉代匈奴称君主的正妻。

湮 yān ㄧㄢ 埋没(㊀—没):~灭。

另见593页 yīn。

燕 yān ㄧㄢ ❶周代诸侯国名,在今河北省北部和辽宁省西南部。❷姓。

另见574页 yàn。

延 yán ㄧㄢˊ ❶伸展变长:~长|~年|蔓(màn)~。❷展缓,推迟:~期|顺~|迟~。❸引进,请:~请|~师|~医。

埏 yán ㄧㄢˊ ❶大地的边沿。❷墓道。

另见439页 shān。

綖(綖) yán ㄧㄢˊ 古代指覆盖在冠冕上的装饰。

蜒 yán ㄧㄢˊ 见602页"蚰"字条"蚰蜒"(yóuyan)、510页"蜿"字条"蜿蜒"(wān—)。

筵 yán ㄧㄢˊ ❶竹席。❷酒席:喜~|~席。

闫(閆) yán ㄧㄢˊ 姓。

芫 yán ㄧㄢˊ [芫荽](—sui)草本植物,俗叫香菜,又叫胡荽(—suī),花白色。果实球形,有香味,可以制药和香料,茎、叶可供调味用。

另见612页 yuán。

严(嚴) yán ㄧㄢˊ ❶紧密,没有空隙:把罐子盖~了|场地上的草都长(zhǎng)~了|嘴~(不乱说话)。❷认真,不放松:规矩~|~厉|~格|~办。㊕指父亲:家~。[严肃]郑重,庄重:态度很~。❸程度深,厉害:~冬|~寒。[严重]紧急,重大:事态~|~的错误。

言 yán ㄧㄢˊ ❶话(㊀语—):发~|格~|名~|谣~|有~在先|一~为定|一~以蔽之。❷说(㊀—语):知无不~。❸汉语的字:五~诗|七~绝句|洋洋万~。

菅 yán ㄧㄢˊ ❶古书上说的一种草。❷姓。

阽 yán ㄧㄢˊ（又）见 101 页 diàn。

妍 yán ㄧㄢˊ 美丽：百花争～。

研 yán ㄧㄢˊ ❶细磨：～药｜～墨。❷研究，深入地探求：钻～｜～求。

〈古〉又同“砚”（yàn）。

岩（*巗、*巖、*嵒） yán ㄧㄢˊ ❶高峻的山崖。❷岩石，构成地壳的石头：沉积～｜火成～。

炎 yán ㄧㄢˊ ❶天气热（㊣一热）：～夏｜～暑｜～凉。❷炎症，身体的某部位发生红、肿、热、痛、痒的现象：发～｜咽～｜皮～。❸指炎帝，传说中的我国上古帝王：～黄子孙。

沿 yán ㄧㄢˊ ❶顺着（道路、江河的边）：～路｜～江｜铁路～线。❷按照以往的规矩、式样等：～袭｜积习相～。[沿革]事物发展和变化的历程。❸（一儿）边（㊣边一）：炕～儿｜缸～儿｜盆～儿｜河～儿｜井～儿。❹在衣服等物的边上再加一条边：～鞋口｜～个边。

铅（鉛） yán ㄧㄢˊ ［铅山］地名，在江西省。

另见 401 页 qiān。

盐（鹽） yán ㄧㄢˊ ❶食盐，味咸，化学成分是氯化钠，有海盐、池盐、井盐、岩盐等。❷盐类，化学上指酸类中的氢离子被金属离子（包括铵离子）置换而成的化合物。

阎（閻） yán ㄧㄢˊ ❶里巷的门。❷姓。

颜（顏） yán ㄧㄢˊ ❶颜面，脸面：无～见人｜喜笑～开。❷颜色，色彩：～料｜五～六色。

虤 yán ㄧㄢˊ 老虎发怒的样子。

檐（*簷） yán ㄧㄢˊ ❶（一儿）房顶伸出的边沿：房～儿｜飞～走壁。❷（一儿）覆盖物的边沿或伸出部分：帽～儿。

沇 yǎn ㄧㄢˇ ❶沇水，古水名，即济水。❷用于地名：～河村（在河南省孟州）。

兖 yǎn ㄧㄢˇ ［兖州］地名，在山东省。

奄 yǎn ㄧㄢˇ ❶覆盖。❷忽然，突然：～忽。

[奄奄]气息微弱：～一息（生命垂危，快要断气）。

〈古〉又同“阉”（yān）。

Y

Y

掩（**揜） yǎn ㄧㄢˇ ❶遮蔽，遮盖（㊀一盖、遮一）：～鼻｜～饰。［掩护］1. 用炮火等压住敌方火力，或利用自然条件的掩蔽，以便进行军事上的活动。2. 采取某种方式暗中保护。❷关，合：把门～上｜～卷。❸门窗箱柜等关闭时夹住东西：关门～住手了。❹乘其不备（进行袭击）：～杀｜～取。

罨 yǎn ㄧㄢˇ ❶覆盖，掩盖：冷～法｜热～法（医疗的方法）。❷捕鱼或捕鸟的网。

龑（龔） yǎn ㄧㄢˇ 人名，五代时南汉刘龑为自己名字造的字。

俨（儼） yǎn ㄧㄢˇ 恭敬，庄严。㊟很像真的，活像：～如白昼。［俨然］1. 庄严：望之～。2. 整齐：屋舍～。3. 副词，表示很像：这孩子说起话来～是个大人。

衍 yǎn ㄧㄢˇ ❶延长，展开：推～。❷多余的（指文字）：～文（书籍中因缮写、刻版、排版错误而多出来的字句）。

弇 yǎn ㄧㄢˇ 覆盖，遮蔽。

渰 yǎn ㄧㄢˇ 云兴起的样子。

剡 yǎn ㄧㄢˇ〈古〉❶尖，锐利。❷削，刮。

另见 440 页 shàn。

琰 yǎn ㄧㄢˇ 美玉。

棪 yǎn ㄧㄢˇ ❶古书上说的一种树，果实像柰。❷用于地名：～树村（在福建省云霄）。

扊 yǎn ㄧㄢˇ［扊扅］（－yí）门闩。

厣（厴） yǎn ㄧㄢˇ 螺类介壳口圆片状的盖。蟹腹下面的薄壳有时也叫厣。

魇（魘） yǎn ㄧㄢˇ 做可怕的梦，梦中觉得有什么东西压住不能动弹（tan）。

黡（黶） yǎn ㄧㄢˇ 黑色的痣。

郾 yǎn ㄧㄢˇ［郾城］地名，在河南省。

偃 yǎn ㄧㄢˇ ❶仰面倒下，放倒：～卧｜～旗息鼓。❷停止：～武修文。

鶠（鶠） yǎn ㄧㄢˇ 古书上说的凤的别名。

蝘 yǎn ㄧㄢˇ 古书上指蝉一类的昆虫。

［蝘蜓］（－tíng）古书上指壁虎。

眼 yǎn ㄧㄢˇ ❶眼睛,人和动物的视觉器官。[眼光]见识,对事物的看法:把~放远点儿。❷(-儿)孔洞,窟窿:炮~|耳朵~儿|针~儿。❸(-儿)指事物的关键处:节骨~儿|字~。❹戏曲中的节拍:一板三~。❺量词,用于井、窑洞等:一~井|两~窑洞。

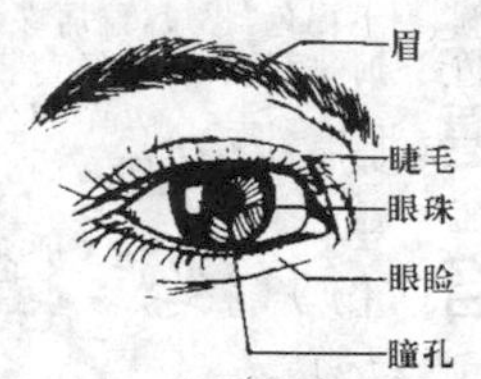

人的眼睛

演 yǎn ㄧㄢˇ ❶把技艺当众表现出来:~戏|~奏|~唱。❷根据一件事理推广、发挥:~说|~义。[演绎]1.由普遍到特殊的推演过程。2.发挥。❸演习,依照一定程式练习:~武|~算习题。❹不断变化:~变|~进|~化。

缜(縯) yǎn ㄧㄢˇ 延长。

戭 yǎn ㄧㄢˇ 长枪,长戈。

巘(巚) yǎn ㄧㄢˇ 〈古〉❶形状像甑(zèng,蒸锅)的山。❷山峰,山顶:绝~(极高的山顶)。

甗 yǎn ㄧㄢˇ 古代蒸煮用的炊具,陶制或青铜制。

鼹(*鼴) yǎn ㄧㄢˇ 鼹鼠,哺乳动物,像老鼠,趾有钩爪,善掘土,生活在土中。

厌(厭) yàn ㄧㄢˋ ❶嫌恶,憎恶(㊃-恶):讨~|~弃。❷满足:贪得无~。

餍(饜) yàn ㄧㄢˋ 吃饱。㊀满足:~足(多指私欲)。

赝(贋) yàn ㄧㄢˋ [赝口]地名,在浙江省富阳。

砚(硯) yàn ㄧㄢˋ 砚台,写毛笔字研墨用的文具。

咽(*嚥) yàn ㄧㄢˋ 使嘴里的食物等通过咽喉到食道里去:细嚼慢~|狼吞虎~。[咽气]人死时断气。

另见569页yān;582页yè。

彦 yàn ㄧㄢˋ 古指有才学、德行的人:俊~。

谚(諺) yàn ㄧㄢˋ 谚语,社会上流传的固定语句,用简单通俗的话反映出某种经验和道理:农~|古~。

艳(艷、*豔、*豓、**艶) yàn ㄧㄢˋ ❶鲜艳,色彩鲜明:~丽|~阳天。❷旧时指关于爱情方面的:~情|~史。

[艳羡]非常羡慕。

滟(灧、**灩) yàn ㄧㄢˋ [滟滪堆](—yùduī)长江瞿塘峡口的巨石,为便利长江航运,1958年将它炸除。

晏 yàn ㄧㄢˋ ❶晚,迟:~起。❷同"宴❹"。

鹌(鴳、**鷃) yàn ㄧㄢˋ 鹌雀(què),古书中说的小鸟。

唁 yàn ㄧㄢˋ 吊丧(sāng),对遭遇丧事的人表示慰问(㊥吊—):~电(吊丧的电报)。

焱 yàn ㄧㄢˋ 光炽烈的样子。另见439页shān。

宴(❶—❸*醼) yàn ㄧㄢˋ ❶用酒饭招待:~客。❷聚会在一起吃酒饭:~会。❸酒席:设~。❹安乐:~安鸩(zhèn)毒(贪图享受等于喝毒酒自杀)。

堰 yàn ㄧㄢˋ 挡水的低坝:塘~|围~。

验(驗、*騐) yàn ㄧㄢˋ ❶检查,察看:~血|~收|考~。❷有效果:屡试屡~|应~。

掞 yàn ㄧㄢˋ ❶光照。❷美艳。

另见440页shàn。

焱 yàn ㄧㄢˋ 火焰。

雁(*鴈) yàn ㄧㄢˋ 大雁,鸟名,多指鸿雁。羽毛褐色,腿短,群居在水边,飞时排列成行。是候鸟。

赝(贋、*贗) yàn ㄧㄢˋ 假的,伪造的:~品。

焰(*燄) yàn ㄧㄢˋ 火苗:火~。[气焰]气势:~万丈。

墕 yàn ㄧㄢˋ ❶〈方〉两山之间的山地。❷同"堰"。

另见569页yān。

酽(釅) yàn ㄧㄢˋ 浓,味厚:这碗茶太~。

谳(讞) yàn ㄧㄢˋ 审判定罪:定~。

燕(❶*鷰) yàn ㄧㄢˋ ❶(—子)鸟名,背部黑色,翅膀长,尾巴像张开的剪刀,常在人家屋内或屋檐下用泥做巢,捕食昆虫。是候鸟。❷古同"宴":~居|~好|~乐。

另见570页yān。

谳(讞) yàn ㄧㄢˋ ❶相聚叙谈。❷同“宴❶❷❸”。

嬿 yàn ㄧㄢˋ 美好。

YANG ㄧㄤ

央 yāng ㄧㄤ ❶中心:大厅中~。❷恳求(㊀—求):只好~人去找|~告。❸尽,完了:夜未~。

咉 yāng ㄧㄤ 应答声。

另见576页yǎng。

泱 yāng ㄧㄤ 深广,弘大(叠):河水~~|~~大国。

殃 yāng ㄧㄤ ❶祸害(㊀灾—):遭~|城门失火,~及池鱼(喻牵连受害)。❷使受祸害:祸国~民。

鸯(鴦) yāng ㄧㄤ 见611页“鸳”字条“鸳鸯”(yuān—)。

秧 yāng ㄧㄤ ❶(—儿)植物的幼苗:树~儿|茄子~。特指稻苗:插~。[秧歌](—ge)我国民间歌舞的一种。❷某些植物的茎:瓜~|豆~。❸(—子)某些初生的饲养的动物:鱼~子|猪~子。❹〈方〉栽植,畜养:~几棵树|~一池鱼。

鞅 yāng ㄧㄤ 古代用马拉车时套在马颈上的皮子。

另见577页yàng。

扬(揚、❷△*颺、*敭) yáng ㄧㄤˊ ❶高举,向上升:~手|~帆|趾高气~(骄傲的样子)。[扬弃]事物在发展过程中,一面把积极因素提升到更高阶段,一面把消极因素抛弃。[扬扬]得意的样子:~自得。[扬汤止沸(fèi)]比喻办法不能根本解决问题。❷在空中飘动:飘~|飞~。❸向上播撒:~场(cháng)。㊁传布(㊀宣—):~名|赞~|颂~。[扬长而去]大模大样地离去。

“颺”另见575页“飏”。

玚(瑒) yáng ㄧㄤˊ 玉名。

杨(楊) yáng ㄧㄤˊ 杨树,落叶乔木,种类很多,有白杨、大叶杨、小叶杨等,有的木材可制器物。

旸(暘) yáng ㄧㄤˊ ❶太阳出来。❷晴天。

飏(颺) yáng ㄧㄤˊ 用于人名。

“颺”另见575页“扬”。

炀(煬) yáng ㄧㄤˊ ❶熔化金属。❷火旺。

钖(鍚) yáng ㄧㄤˊ 古代装饰在马额、盾牌上的金属饰物。

疡(瘍) yáng ㄧㄤˊ ❶疮。❷溃烂：溃～。

羊 yáng ㄧㄤˊ 家畜，反刍类，头上有角。常见的有山羊、绵羊等。

〈古〉又同"祥"(xiáng)。

佯 yáng ㄧㄤˊ 假装：～攻｜～作不知。

垟 yáng ㄧㄤˊ 〈方〉田地。多用于地名：翁～(在浙江省乐清)。

徉 yáng ㄧㄤˊ 见52页"徜"字条"徜徉"(cháng—)。

洋 yáng ㄧㄤˊ ❶地球表面上比海更大的水域：海～｜太平～。❷广大，多(叠)：～溢｜～～大观。❸外国，外国的：留～｜～货｜～为中用。❹现代化的：土～结合。❺洋钱，银元。

烊 yáng ㄧㄤˊ 熔化金属。㊀〈方〉溶化：糖～了。

另见577页yàng。

蛘 yáng ㄧㄤˊ 〈方〉生在米里的一种小黑甲虫。

阳(陽) yáng ㄧㄤˊ ❶明亮。❷跟"阴"相对。1.阳性，男性的。2.太阳：～历｜～光。3.带正电的：～电｜～极。4.山的南面，水的北面(多用于地名)：衡～(地名，在湖南省衡山之南)｜洛～(地名，在河南省洛河之北)。5.外露的，明显的：～沟｜～奉阴违。6.凸出的：～文图章。7.关于活人的(迷信)：～间。❸指男性生殖器。❹古同"佯"。

卬 yǎng ㄧㄤˇ 同"仰"。

另见5页áng。

仰 yǎng ㄧㄤˇ ❶脸向上，跟"俯"相对：～起头来｜～天大笑｜人～马翻。❷敬慕：久～｜信～｜敬～。❸依赖(㊟一赖)：～人鼻息(指依赖人，看人的脸色行事)。❹旧时公文用语，对上行文用在"恳、祈、请"等之前，表示尊敬；对下行文表命令，如"仰即遵照"(指示下属机关遵照公文内容办事)。

泱 yǎng ㄧㄤˇ [泱咽](—yè)水流阻滞的样子。

另见575页yāng。

养(養) yǎng ㄧㄤˇ ❶抚育，供给生活品(㊟一育)：～家｜抚～｜赡～。❷饲养(动物)，培植(花草)：～鸡｜～鱼｜～花。❸生育：～了个儿子。❹(非血亲)抚养的：～女｜～父。❺使身心得到滋

补和休息：～神|～精蓄锐|～病|休～。㉖保护修补：～路。❻培养：他～成了劳动习惯。❼(品德学业等)良好的积累：修～|涵～|教～|学～。❽扶持，帮助：以农～牧，以牧促农。

氧 yǎng |尢 气体元素，符号O，无色、无味、无臭，比空气重。能助燃，是动植物呼吸所必需的气体。

痒(癢) yǎng |尢 皮肤或黏膜受刺激想要抓挠的感觉(叠)：蚊子咬得身上直～～|痛～相关。㉖想做某事的愿望强烈：看见别人打球他心里发～。[技痒]极想把自己的技能显出来。

瀁 yǎng |尢 见204页“滉”字条“滉瀁”(huàng—)。

怏 yàng |尢 不服气，不满意：～～不乐|～然不悦。

鞅 yàng |尢 牛、马等拉东西时架在脖子上的器具。
另见575页yāng。

样(樣) yàng |尢 ❶(—子、—儿)形状：模～|这～|不像～儿。❷(—儿)量词，用于事物的种类：两～儿菜|四～儿果品|～～儿都行。❸(—子、—儿)做标准的东西：～品|货～|～本。

恙 yàng |尢 病：偶染微～|安然无～(没受损伤或没发生意外)。

烊 yàng |尢 [打烊]〈方〉商店晚上关门停止营业。
另见576页yáng。

羕 yàng |尢 形容水流很长。

漾 yàng |尢 ❶水面微微动荡：荡～。❷液体溢出来：～奶|～酸水|汤太满，都～出来了。

YAO |么

么 yāo |么 同“幺”。
另见329页ma；335页me。

幺 yāo |么 ❶〈方〉小，排行最末的：～叔|～妹|～儿。❷在某些场合说数字时用来代替1。

吆(吆)** yāo |么 [吆喝](—he)喊叫，用于叫卖东西、赶牲口等。

夭(❷*殀) yāo |么 ❶茂盛(叠)：桃之～～。❷未成年的人死去：～亡|～折。

妖 yāo |么 ❶神话传说中称有妖术而害人的东西：～魔鬼怪。㉖邪恶，荒诞，迷惑

人的：～术|～风|～言惑众。❷装束、神态不正派：～里～气。❸媚，艳丽：～娆。

约(約) yāo ㄧㄠ 用秤称：你～～这条鱼有多重？

另见615页yuē。

要 yāo ㄧㄠ ❶求。[要求]提出具体事项，希望实现：～大家认真学习|～入党。❷强求，有所仗恃而强硬要求：～挟(xié)。❸古同"邀"、"腰"。❹姓。

另见580页yào。

墺 yāo ㄧㄠ 用于地名：打石～(在山西省永和)。

腰 yāo ㄧㄠ ❶胯上胁下的部分，在身体的中部。(图见491页"人体")❷裤、裙等围在腰上的部分：裤～。❸事物的中段，中间：山～|大树拦～折断。❹中间狭小像腰部的地势：土～|海～。

邀 yāo ㄧㄠ ❶约请：～他来谈谈|特～代表。❷求得：～赏|～准|～功。❸阻留：～截|～击。

爻 yáo ㄧㄠˊ(旧读xiáo)组成八卦中每一个卦的长短横道，如"—"(阳爻)、"--"(阴爻)。

肴(*餚) yáo ㄧㄠˊ (旧读xiáo)做熟的鱼肉等：佳～|酒～。

尧(堯) yáo ㄧㄠˊ 传说中上古帝王名。

侥(僥) yáo ㄧㄠˊ 见234页"僬"字条"僬侥"(jiāo—)。

另见235页jiǎo。

峣(嶢) yáo ㄧㄠˊ [岧峣](tiáo—)山高。

垚 yáo ㄧㄠˊ 高。多用于人名。

轺(軺) yáo ㄧㄠˊ 轺车，古代一种轻便的小马车。

姚 yáo ㄧㄠˊ 姓。

珧 yáo ㄧㄠˊ 江珧，软体动物，又叫玉珧，壳三角形，生活在海里。肉柱叫江珧柱，干制后称干贝。

铫(銚) yáo ㄧㄠˊ ❶古代一种大锄。❷姓。

另见103页diào。

陶 yáo ㄧㄠˊ [皋陶](gāo—)传说中上古人名。

另见487页táo。

窑(*窯、*窰) yáo ㄧㄠˊ ❶烧砖、

瓦、陶瓷等的建筑物。❷为采煤而凿的洞：煤～。❸窑洞，在土坡上特为住人挖成的洞。❹（一子）旧指妓院。

谣（謠） yáo ㄧㄠˊ ❶歌谣，随口唱出、没有伴奏的韵语：民～｜童～。❷谣言，凭空捏造的话：造～｜辟～。

摇 yáo ㄧㄠˊ 摆动（㊀一摆、一晃）：～头｜～船。［摇曳］（一yè）摇摆动荡。［动摇］变动，不坚定：思想～。

徭（**傜） yáo ㄧㄠˊ 徭役，古时统治者强制人民承担的无偿劳动。

遥 yáo ㄧㄠˊ 远（叠）（㊀一远）：～望｜～控｜路～知马力｜～～相对。［遥感］利用现代电子、光学仪器远距离探测、识别研究对象。

猺 yáo ㄧㄠˊ ［黄猺］哺乳动物，即青鼬，又叫黄喉貂，外形略像家猫，喉部及前胸部黄色。吃鼠类、蜜蜂等。

媱 yáo ㄧㄠˊ ❶美好，美艳。❷逍遥游乐。

瑶 yáo ㄧㄠˊ 美玉。㊗美好，珍贵：～函。

［瑶族］我国少数民族，参看附表。

飖（颻） yáo ㄧㄠˊ ［飘飖］旧同“飘摇”。参看385页“飘”（piāo）。

繇 yáo ㄧㄠˊ 同“徭”。另见603页 yóu；657页 zhòu。

鳐（鰩） yáo ㄧㄠˊ 鱼名，身体扁平，略呈圆形或菱形，有的种类有一对能发电的器官，生活在海里。

杳 yǎo ㄧㄠˇ 无影无声：～无音信｜音容已～。

咬（*齩、**鱙） yǎo ㄧㄠˇ ❶上下牙对住，压碎或夹住东西：～了一口馒头。❷钳子等夹住或螺丝齿轮等卡住：螺丝勚（yì）了，～不住扣。❸受责问或审讯时拉扯上不相关的人：不许乱～好人。❹狗叫：鸡叫狗～。❺读字音：这个字我～不准。

舀 yǎo ㄧㄠˇ 用瓢、勺等取东西（多指流质）：～水｜～汤。［舀子］（一zi）舀取液体的器具。

窅 yǎo ㄧㄠˇ 眼睛眍（kōu）进去。㊗深远。

窈 yǎo ㄧㄠˇ ❶深远。❷昏暗。❸美好。［窈窕］（一tiǎo）1.形容女子文静而美好。2.（宫室、山水）幽深。

疟(瘧) yào ㄧㄠˋ 疟子,即疟(nüè)疾。

另见 369 页 nüè。

药(藥) yào ㄧㄠˋ ❶可以治病的东西。❷有一定作用的化学物品:火~|焊~|杀虫~。❸用药物医治:不可救~。❹毒死:~老鼠。

要 yào ㄧㄠˋ ❶索取,希望得到:~账|我~这一本书。㉑希望保留:这东西他还~呢。[要强]好胜心强,不愿落后。❷重大,值得重视的:~事|~点。[要紧][紧要]急切重要。❸重大的值得重视的东西:纲~|提~|纪~。❹应该,必须:~努力学习。❺将要,将:我们~去学习了。❻连词,要是,若,如果:明天~下雨,我就不去了|他~来了,你就交给他。❼请求,叫:他~我给他买本书。

另见 578 页 yāo。

崾 yào ㄧㄠˋ [崾崄](—xiǎn)〈方〉两山之间像马鞍子的地方,多用于地名:~乡(在陕西省黄龙)|白马~(在陕西省定边)。

钥(鑰) yào ㄧㄠˋ [钥匙](—shi)开锁的用具。

另见 615 页 yuè。

靿 yào ㄧㄠˋ 靴筒、袜筒:高~靴子。

鹞(鷂) yào ㄧㄠˋ (—子)鹞鹰,鸟名,即雀鹰,像鹰而小,背部灰褐色,腹部白色,性凶猛,捕食鼠、兔和小鸟。[纸鹞]风筝。

曜 yào ㄧㄠˋ ❶照耀。❷日、月、星都称"曜",一个星期的七天用日、月、火、水、木、金、土七个星名排列,因此星期几也叫什么"曜日",如星期日是"日曜日",星期六是"土曜日"。

耀(*燿) yào ㄧㄠˋ ❶光线强烈地照射(㊀照—):~眼。❷显扬,显示出来:~武扬威。❸光荣:荣~。

YE ㄧㄝ

耶 yē ㄧㄝ 用于译音,如耶路撒冷。

另见 581 页 yé。

倻 yē ㄧㄝ [伽倻琴](jiā——)朝鲜族弦乐器,像筝。

椰 yē ㄧㄝ 椰子树,常绿乔木,树干很高,生长在热带。果实叫椰子,球形,里面有汁,可做饮料。果肉可吃,也可榨油。树干可做建筑材料。

掖 yē ㄧㄝ 把东西塞在衣袋或夹缝里：把钱～在兜里｜把书～在书包里。

另见 582 页 yè。

暍 yē ㄧㄝ 中暑，伤暑。

噎 yē ㄧㄝ 食物堵住食道：吃得太快，～住了｜因～废食（喻因为偶然出毛病而停止正常的活动）。㊞用话顶撞人，使对方说不出话来：说话别～人。

邪 yé ㄧㄝˊ ❶见 351 页“莫”字条“莫邪”。❷古同“耶（yé）❶”。

另见 547 页 xié。

铘（鋣） yé ㄧㄝˊ 见 351 页“镆”字条“镆铘”（mò—）。

爷（爺） yé ㄧㄝˊ ❶父亲：～娘。❷祖父（叠）：～～奶奶。❸对长辈或年长男子的敬称：张大～（ye）｜李～。❹旧时对官僚、财主等的称呼：老～｜少～｜县太～。❺迷信的人对神的称呼：土地～｜财神～。

耶 yé ㄧㄝˊ ❶文言助词，表示疑问：是～非～？❷古同“爷”。

另见 580 页 yē。

揶 yé ㄧㄝˊ ［揶揄］（—yú）耍笑，嘲弄：被人～。

也 yě ㄧㄝˇ ❶副词。1. 表示同样、并行等意义：你去，我～去｜～好，～不好。2. 跟“再”、“一点儿”、“连”等连用表示语气的加强（多用在否定句里）：再～不敢闹了｜这话一点儿～不错｜连一个人影～没找到。3.（跟前文的“虽然、即使”连用）表示转折或让步：我虽然没仔细读过这本书，～略知内容梗概｜即使天下雨，我～要出门。4. 表示委婉语气：我看～只好如此了｜节目倒～不错。❷文言助词。1. 用在句末，表示判断语气：环滁皆山～。2. 表示疑问或感叹语气：何～？｜何为不去～？｜是何言～？3. 用在句中，表示停顿：向～不怒而今～怒，何也？

冶 yě ㄧㄝˇ ❶熔炼（金属）：～炼｜～金。❷装饰、打扮得过分艳丽（含贬义）：～容｜妖～。

野（*埜） yě ㄧㄝˇ ❶郊外，村外：～营｜～地。［野战军］适应广大区域机动作战的正规军。［分野］划分的范围，界限。❷指不当政的地位，跟“朝”相对：朝～｜下～｜在～。❸不讲情理，没

有礼貌，蛮横：撒～|粗～。❹不驯顺，狂妄非分：狼子～心（狂妄狠毒的用心）。❺不受约束或难于约束：～性|这孩子心都玩～了。❻不是人所驯养或培植的（动物或植物）：～兽|～菜|～草。

业（業） yè ㄧㄝˋ ❶事业，事情，所从事的工作。1.国民经济中的部门：农～|工～|渔～|运输～。2.职业，工作岗位：就～。3.学业，学习的功课：毕～。❷从事某种工作：～农|～商。❸产业，财产：～主。❹已经（㊀一已）：～经公布。❺佛教称人的行为、言语、思想为业，分别叫作身业、口业、意业，合称三业，有善恶之分，一般指恶业。

邺（鄴） yè ㄧㄝˋ 古地名，在今河北省临漳西，河南省安阳北。

叶（葉） yè ㄧㄝˋ ❶（一子、一儿）植物的营养器官之一，多呈片状、绿色，长在茎上：树～|菜～。❷像叶子的东西：铜～|铁～。❸同"页"。❹较长时期的分段：明代末～|20世纪中～。❺姓。

另见546页xié。

页（頁、**葉） yè ㄧㄝˋ ❶篇，张（指书、画、纸等）：活～。❷指互联网网页：主～|～面。❸量词，旧指书本中的一张纸，现多指书本中一张纸的一面。

曳（**拽） yè ㄧㄝˋ 拖，拉，牵引：～光弹|弃甲～兵。

拽 yè ㄧㄝˋ 同"曳"。

另见662页zhuāi；662页zhuài。

夜（*亱） yè ㄧㄝˋ 从天黑到天亮的一段时间，跟"日"、"昼"相对：日日～～|白天黑～|昼～不停。

掖 yè ㄧㄝˋ 用手扶着别人的胳膊。㊁扶助，提拔：奖～。

[掖县]旧县名，今莱州，在山东省。

另见581页yē。

液 yè ㄧㄝˋ 液体，能流动、有一定体积而没有一定形状的物质：血～|溶～。[液晶]一种同时具有液体的流动性和晶体的光学特性的有机化合物。

腋 yè ㄧㄝˋ ❶腋窝，上肢同肩膀相连处靠里凹入的部分。❷其他生物体上跟腋类似的部分：～芽。

咽 yè ㄧㄝˋ 呜咽，哽咽，悲哀得说不出话来。

另见 569 页 yān；573 页 yàn。

晔（曄） yè ㄧㄝˋ ❶光明，多用于人名。❷同“烨”。

烨（燁、*爗） yè ㄧㄝˋ 火光很盛的样子。

谒（謁） yè ㄧㄝˋ 拜见：～见｜拜～。

馌（饁） yè ㄧㄝˋ 给在田里耕作的人送饭。

靥（靨） yè ㄧㄝˋ 酒窝儿，嘴两旁的小圆窝儿：脸上露出笑～。

YI ㄧ

一 yī ㄧ ❶数目字，最小的正整数。❷纯，专：～心～意。［一定］1. 特定：～的程序。2. 相当的：取得～的成绩。3. 副词，必定：～按期完成。❸满，全：～屋子人｜～冬｜～生。❹相同：～样｜大小不～。❺另外的：番茄～名西红柿。❻放在重叠的动词中间，表示稍微，轻微：看～看｜摸～摸。❼与“就”呼应。1. 表示两事时间紧接：天～亮他就起来。2. 表示每逢：～想起大家的期望，就感到自己的责任重大。❽起加强语气的作用：～至于此！｜～何怒｜～何悲。

弌 yī ㄧ 同“一”。

伊 yī ㄧ ❶代词，彼，他，她。❷文言助词，用在某些词语前，加强语气：下车～始。［伊斯兰教］宗教名。公元7世纪初阿拉伯人穆罕默德所创。

咿（*吚） yī ㄧ ［咿呀］（—yā）小孩子学话的声音，摇桨的声音。［咿唔］（—wú）读书的声音：～吟诵。

洢 yī ㄧ ❶洢水，水名，在湖南省益阳，资水支流。❷古水名，即今伊河，在河南省洛阳。

衣 yī ㄧ ❶衣服（fu），衣裳（shang）。❷披在或包在物体外面的东西：炮～｜糖～炮弹。❸姓。

另见 588 页 yì。

依 yī ㄧ ❶靠，仰赖（㊥—靠）：相～为命｜孤独无～。❷介词，按照（㊥—照）：～次前进｜～我看，你最好不去。❸顺从，答应：不～不饶。

［依依］1. 形容留恋，不忍分离：～不舍。2. 柔软的东西摇动的样子：杨柳～。

铱（鉱） yī ㄧ 金属元素，符号 Ir，银白色，熔点高，质硬而脆。可用来制科学仪器等。

医（醫、**毉） yī ㄧ ❶医生，治病的人：老中～｜名～｜军～。❷医学，增进健康、预防和治疗疾病的科学：中～｜西～｜学～。❸治病（㊥—疗、—治）：～术｜有病早～。

鷖（鷖） yī ㄧ 古书上指鸥。

繄 yī ㄧ 文言助词，惟：～我独无。

祎（禕） yī ㄧ 美好。多用于人名。

猗 yī ㄧ ❶文言助词，相当于"啊"：河水清且涟～。❷文言叹词，表示赞美：～欤休哉。

椅 yī ㄧ 落叶乔木，又叫山桐子，花黄色，果实球形，红色。木材可用来制器物。

另见 587 页 yǐ。

欹 yī ㄧ 同"猗❷"。

另见 393 页 qī。

漪 yī ㄧ 水波纹：清～｜涟～｜～澜。

揖 yī ㄧ 拱手礼：作～。

壹 yī ㄧ "一"字的大写。

噫 yī ㄧ 文言叹词。［噫嘻］（—xī）表示悲痛或叹息。

黟 yī ㄧ 黟县，在安徽省。

匜 yí ㄧˊ〈古〉❶一种洗手用的器具。❷一种盛酒的器具。

迤（**迆） yí ㄧˊ 见 514 页"逶"字条"逶迤"（wēi—）。

另见 587 页 yǐ。

椸（**箷） yí ㄧˊ 衣架。

仪（儀） yí ㄧˊ ❶人的容貌、举止：～表｜～容｜威～。❷仪式，按程序进行的礼节：司～。❸礼物：贺～｜谢～。❹仪器，供测量、绘图、实验等用的有一定准则的器具：～表｜光谱～｜地动～。

圯 yí ㄧˊ 桥。

夷 yí ㄧˊ ❶我国古代称东方的民族。❷旧指外国或外国的。❸平坦,平安:化险为~。❹弄平:~为平地。㊀消灭:~灭。

荑 yí ㄧˊ 割去田地里的野草。

另见490页tí。

咦 yí ㄧˊ 叹词,表示惊讶:~!这是怎么回事?

姨 yí ㄧˊ ❶姨母,母亲的姊妹。❷(-子)妻的姊妹:大~子|小~子。❸称跟母亲年纪相近的无亲属关系的妇女:阿~|张~。

胰 yí ㄧˊ 胰腺,旧叫膵(cuì)脏,人和高等动物的腺体之一,能分泌胰液,帮助消化,还分泌一种激素(胰岛素),起调节糖类代谢作用。[胰子]〈方〉肥皂:香~|药~。

痍 yí ㄧˊ 伤,创伤:疮~满目(喻到处是灾祸景象)。

沂 yí ㄧˊ 沂河,源出山东省,至江苏省入海。

诒(詒) yí ㄧˊ 传给:~训。

饴(飴) yí ㄧˊ ❶糖浆,糖稀:甘之如~。❷饴糖,一种质软的糖:高粱~。

怡 yí ㄧˊ 和悦,愉快:心旷神~|~然自得。

贻(貽) yí ㄧˊ ❶赠给。❷遗留:~害|~笑大方(让内行人笑话)。

眙 yí ㄧˊ 见557页"盱"字条"盱眙"(xū-)。

宜 yí ㄧˊ ❶适合,适当(㊀适-):老少皆~|相~。❷应该,应当(多用于否定式):不~如此|不~操之过急。❸当然,无怪:~其无往而不利也!

宧 yí ㄧˊ 古代称屋子里的东北角。

颐(頤) yí ㄧˊ ❶面颊,腮:解~(开颜而笑)。❷休养,保养:~神|~养天年。

扅 yí ㄧˊ 见572页"扊"字条"扊扅"(yǎn-)。

移(*迻) yí ㄧˊ ❶挪动(㊀迁-):~植|愚公~山|转~。[移录]抄录,过录。[移译]翻译。❷改变,变动:~风易俗|坚定不~。

簃 yí ㄧˊ 楼阁旁边的小屋。

蛇 yí ㄧˊ 见514页"委"字条"委蛇"(wēi-)。

另见445页shé。

遗(遺) yí ㄧˊ ❶丢失(㊀-失)。❷漏掉(㊀-漏):~忘。❸丢失的东西,漏掉的部分:路不拾~|补~。❹余,留:不~余力|~

憾。特指死人留下的：～嘱｜～产｜～像。[遗传]生物体的构造和生理机能由上一代传给下一代。❺不自觉地排泄大小便或精液：～尿｜～精。

另见 519 页 wèi。

疑 yí ㄧˊ ❶不信，因不信而猜度(duó)(㊀一惑)：可～｜半信半～｜～不能决。❷不能解决的，不能断定的：～问｜～案｜～义｜存～(对怀疑的问题暂不做决定)。

嶷 yí ㄧˊ [九嶷]山名，在湖南省宁远。

彝(**𢑴) yí ㄧˊ ❶古代盛酒的器具。也泛指古代宗庙的祭器：～器｜鼎～。❷常规，法度：～训｜～宪。

[彝族]我国少数民族，参看附表。

乙 yǐ ㄧˇ ❶天干的第二位，用作顺序的第二：～等。❷画乙字形的符号，作用有二：1.古时没有标点符号，遇有大的段落用墨笔勾一个∠符号，形似乙字。2.遇有颠倒、遗漏的文字用∠符号改正过来或把遗漏的字勾进去。

钇(釔) yǐ ㄧˇ 金属元素，符号 Y，暗灰色。可用来制特种玻璃和合金等。

已 yǐ ㄧˇ ❶止，罢了：学不可以～｜如此而～。❷副词，已经，已然，表过去：时间～过。❸后来，过了一会儿，不多时：～而｜～忽不见。❹太，过：其细～甚。❺古同"以❸"：～上｜～下｜自汉～后。

以(*㠯) yǐ ㄧˇ ❶介词。1.用，拿，把，将：～少胜多｜晓之～利害｜～身作则｜～理论为行动的指南｜～劳动为荣。[以为]心里想，认为：意～未足｜我～应该这样做。2.依，顺，按照：众人～次就座｜～时启闭。3.因，由于：不～失败自馁，不～成功自满。4.在，于(指时日)：中华人民共和国～1949 年 10 月 1 日宣告成立。❷连词。1.表示目的关系：大力发展生产，～提高人民生活水平。2.表示并列关系，跟"而"用法相同：其责己也重～周，其待人也轻～约。❸放在方位词前表明时间、地位、方向或数量的界限：中等水平～上｜五岭～南，古称百粤｜十天～后交货｜三日～内完成。

苡 yǐ ㄧˇ 见 591 页"薏"字条"薏苡"(yì—)。

佁 yǐ ㄧˇ ❶痴呆的样子。❷静止的样子。

尾 yǐ ㄧˇ （—儿）❶马尾（wěi）上的长毛：马～罗。❷蟋蟀等尾部的针状物：三～儿（雌蟋蟀）。

另见 516 页 wěi。

矣 yǐ ㄧˇ 文言助词。1. 直陈语气，与“了（le）❷”相当：艰难险阻，备尝之～。2. 感叹语气：大～哉。3. 命令语气：往～，毋多言！

苢 yǐ ㄧˇ 见 139 页“芣”字条“芣苢”（fú—）。

迤（**迆） yǐ ㄧˇ ❶地势斜着延长。❷介词，表示延伸，向（专指方位）：天安门～东（向东延伸）。

［迤逦］（—lǐ）曲折连绵：沿着蜿蜒的山势～而行。

另见 584 页 yí。

酏 yǐ ㄧˇ 酏剂，含有糖和挥发油或另含有主要药物的酒精溶液的制剂。

蚁（蟻、**螘） yǐ ㄧˇ 蚂蚁：雌～｜雄～｜工～｜兵～。

舣（艤、**檥） yǐ ㄧˇ 停船靠岸。

倚 yǐ ㄧˇ ❶靠着：～门。❷仗恃：～势欺人。❸偏，歪：不偏不～。

椅 yǐ ㄧˇ （—子）有靠背的坐具。

另见 584 页 yī。

旖 yǐ ㄧˇ ［旖旎］（—nǐ）柔和美丽：风光～。

踦 yǐ ㄧˇ 抵住。

齮（齮） yǐ ㄧˇ 咬：～龁（hé）。

扆 yǐ ㄧˇ 古代一种屏风。

颤（顗） yǐ ㄧˇ 安静。古时多用于人名。

乂 yì ㄧˋ 治理，安定。

刈 yì ㄧˋ 割（草或谷类）：～麦｜～除杂草。

艾 yì ㄧˋ 治理。［自怨自艾］本义是悔恨自己的错误，自己改正。现在只指悔恨。

另见 3 页 ài。

弋 yì ㄧˋ 用带着绳子的箭来射鸟：～凫与雁。

杙 yì ㄧˋ 小木桩。

钱（釴） yì ㄧˋ ❶古代的一种方鼎。❷姓。

亿（億） yì ㄧˋ 数目，一万万。旧时也指十万。

Y

忆(憶) yì ㄧˋ ❶回想,想念:回～|～苦思甜|～故人。❷记得:记～力。

义(義) yì ㄧˋ ❶公正合宜的道理或举动(㊊正一):见～勇为|～不容辞。㊀指合乎正义或公益的:～举。[义务]1.应尽的责任。2.不受报酬的:～劳动。❷感情的联系:朋友的情～。❸意义,意思:定～|字～|歧～。❹指认作亲属的:～父|～子。㊀人工制造的(人体的某部分):～齿(假牙)|～肢(假肢)。

议(議) yì ㄧˋ ❶表明意见的言论(㊊一论):提～|建～|无异～。❷商议,讨论:会～|～定。

艺(藝) yì ㄧˋ ❶才能,技能(㊊技一):手～|～高人胆大。[艺术]1.用形象来反映现实但比现实更有典型性的社会意识形态,包括音乐、舞蹈、美术、雕塑、文学、曲艺、戏剧、电影等。2.指富有创造性的方式、方法:领导～。❷限度:贪贿无～。

呓(囈、**讛) yì ㄧˋ 梦话:梦～|～语。

仡 yì ㄧˋ [仡仡]1.强壮勇敢。2.高大。

另见152页gē。

屹 yì ㄧˋ 山势高耸。㊍坚定不可动摇:～立|～然不动。

亦 yì ㄧˋ 文言副词,也(表示同样),也是:人云～云|反之～然|～步～趋(喻自己没有主张,跟着别人走)。

㑊 yì ㄧˋ [解㑊](xiè—)中医指困倦无力、懒得说话、抑郁不欢的症状。

弈 yì ㄧˋ ❶古代称围棋。❷下棋:对～。

奕 yì ㄧˋ ❶大。❷美丽。[奕奕]精神焕发的样子:神采～。

衣 yì ㄧˋ 穿(衣服),给人穿(衣服):～布衣|解衣(yī)～我。

另见583页yī。

裔 yì ㄧˋ ❶后裔,后代子孙。❷边,边远的地方:四～。

异(*異) yì ㄧˋ ❶不相同的:～议|～口同声|求同存～。❷分开:离～|分居～爨(cuàn)。❸另外的,别的:～日|～地。❹特别的:～味|奇才～能。❺奇怪:惊～|深以为～。

抑 yì ㄧˋ ❶压,压制:～制|～扬|～强扶弱。[抑郁]

忧闷。❷文言连词。1.表选择，还是：求之欤，～与之欤？2.表转折，只是。3.表递进，而且：非惟天时，～亦人谋也。

邑 yì ❶都城，城市：通都大～。❷县。

挹 yì ❶舀，把液体盛出来。[挹注]㊉从有余的地方取出来，以补不足。❷牵引，拉。

浥 yì 沾湿。

悒 yì 愁闷，不安(叠)：忧～|～～不乐。

裛 yì 〈古〉书套。

佚 yì 同"逸"。

泆 yì ❶放纵。❷同"溢❶"。

轶(軼) yì ❶超过：～群(比一般的强)|～材(突出的才干)。❷散失：～事(史书没有记载的事)。

昳 yì [昳丽]美丽：形貌～。

另见103页dié。

役 yì ❶战事：战～。❷指需要出劳力的事：劳～。❸兵役：现～|预备～。❹使唤(㊀一使)：奴～。❺旧时称被役使的人：杂～|差(chāi)～。

疫 yì 瘟疫，流行性急性传染病：～情|防～|鼠～。

毅 yì 果决，志向坚定而不动摇：刚～|～力|～然决然。

译(譯) yì 把一种语言文字依照原义改变成另一种语言文字：翻～|～文。也指把代表语言文字的符号、数码转换成相应的语言文字：～电员|破～。

峄(嶧) yì 峄山，山名，在山东省。峄县，旧县名，在山东省枣庄。

怿(懌) yì 欢喜。

驿(驛) yì 古代传递政府文书的人中途休息的地方：～站。

绎(繹) yì 寻究，理出头绪：寻～|演～。

枍 yì 古书上说的一种树。

易 yì ❶容易，不费力：通俗～懂|轻而～举。❷平和：平～近人。❸改变：移风～俗。❹交易，交换：以物～物。❺轻视。❻芟治草木：～

其田畴。

埸 yì 丨 ❶田界。❷边境：疆～。

蜴 yì 丨 见529页“蜥”字条“蜥蜴”(xī—)。

佾 yì 丨 古时乐舞的行列。

诣(詣) yì 丨 到。特指到尊长那里去：～前请教。[造诣]学问或技术所达到的程度：他对于医学～很深。

猗 yì 丨 [林狎]即猞猁(shēlì)。

羿 yì 丨 后羿，传说是夏代有穷国的君主，善于射箭。

翊 yì 丨 辅佐，帮助：～戴(辅佐拥戴)。

翌 yì 丨 次于今日、今年的：～日|～年|～晨。

翳(❷*瞖) yì 丨 ❶遮盖：～蔽|树林荫～。❷(一子)眼角膜上所生障蔽视线的白斑。

翼 yì 丨 ❶翅膀或像翅膀的东西：鸟～|蝉～|机～。❷左右两侧中的一侧：侧～|左～|右～。❸帮助，辅佐。❹星宿名，二十八宿之一。

益 yì 丨 ❶增加：进～|延年～寿。❷利，有好处的(㊀利一)：～处|～虫|良师～友。❸更(gèng)：日～壮大|精～求精|多多～善。

嗌 yì 丨 咽喉。
另见3页ài。

溢 yì 丨 ❶充满而流出来：河水四～|～美(过分夸奖)。㊀超出：～出此数。❷古同“镒”。

缢(縊) yì 丨 用绳子勒死：～杀|自～。

镒(鎰) yì 丨 古代重量单位，一镒为二十两，一说是二十四两。

鹢(鷁) yì 丨 ❶古书上说的一种水鸟。❷船头画有鹢的船，后泛指船。

螠 yì 丨 无脊椎动物，雌雄异体，身体呈圆筒状，不分节，生活在海底泥沙中。

谊(誼) yì 丨 交情：友～|深情厚～。

勚(勩) yì 丨 ❶劳苦。❷器物逐渐磨损，失去棱角、锋芒等：螺丝扣～了。

逸 yì 丨 ❶跑，逃跑：逃～。❷散失(㊀亡一)：～书(已经散失的古书)。❸安闲，安乐(㊀安一)：一劳永～|劳～结合。❹避世隐居：～民|隐～。❺超过一般：～群绝伦。

肄 yì 丨 学习：～业（指没能毕业或尚未毕业）。

意 yì 丨 ❶意思，心思：来～|词不达～。[意见]见解，对事物的看法。❷心愿，愿望：中（zhòng）～|任～|好～。❸料想：～外|出其不～。

薏 yì 丨 [薏苡]（－yǐ）草本植物，茎叶略像高粱，果实椭圆形，坚硬而光滑，种仁白色，叫薏仁米，可以吃，又可入药。

缢（繶） yì 丨 古代鞋上装饰用的圆丝带。

臆（**肊） yì 丨 ❶胸：胸～（指心里的话或想法）。❷主观的，缺乏客观证据的：～见|～说|～造|～测|～断。

镱（鐿） yì 丨 金属元素，符号Yb，银白色，质软。可用来制特种合金，也用作激光材料等。

癔 yì 丨 [癔病]精神病的一种，又叫歇斯底里，发病时喜怒无常，感觉过敏，严重时手足或全身痉挛，说胡话，可出现类似昏迷的状态。

蓺 yì 丨 种植：树～五谷|～菊。

廙 yì 丨 [廙廙]恭敬的样子。

潩 yì 丨 清潩河，水名，在河南省中部，颍河支流。

瘗（瘞） yì 丨 掩埋，埋葬。

嫕 yì 丨 性情和善可亲：婉～（和婉柔顺）。

鹝（鷊） yì 丨 古书中说的一种水鸟。

虉（虉） yì 丨 虉草，草本植物，叶条形，嫩时可用作饲料，茎秆可用来编织器物。

熠 yì 丨 光耀，鲜明（叠）：光彩～～。

殪 yì 丨 ❶死。❷杀死。

懿 yì 丨 美，好（多指德、行）：～行|～德。

劓 yì 丨 古代割掉鼻子的酷刑。

燚 yì 丨 人名用字。

YIN 丨ㄣ

因（*囙） yīn 丨ㄣ ❶原因，缘故，事物发生前已具备的条件：事出有～|内～|外～。❷介词，因为，由于：会议～故改期|～病缺席。❸连词，连接分句，表示因果关系：～雾气太重，高

速路暂时关闭。[因为]连词，表示因果关系：～今天下雨，我没有出门。❹沿袭(㊀—袭)：陈陈相～。[因循]1.沿袭，不改变：～守旧|～成规。2.拖沓(tà)：～误事。❺凭借，根据：～势利导|～陋就简|～地制宜。

茵 yīn ㄧㄣ 古代车子上的席、垫。㊀铺(pū)的东西：～褥|绿草如～。

洇 yīn ㄧㄣ 液体接触纸张等向周围渗透散开：这种纸写起来有些～。

姻(*婣) yīn ㄧㄣ ❶婚姻：联～|～缘。❷姻亲，由婚姻关系而结成的亲戚。古代专指婿家。

骃(駰) yīn ㄧㄣ 浅黑带白色的杂毛马。

细(絪) yīn ㄧㄣ [细缊](—yūn)同"氤氲"。

氤 yīn ㄧㄣ [氤氲](—yūn)烟云弥漫的样子。也作"细缊"。

铟(銦) yīn ㄧㄣ 金属元素，符号In，银白色，质软。可用来制低熔点合金等。

阴(陰、*隂) yīn ㄧㄣ ❶黑暗。❷云彩遮住太阳或月、星，跟"晴"相对：天～了。❸跟"阳"相对。1.阴性，女性的。2.太阴，月亮：～历。3.带负电的：～电|～极。4.水的南面，山的北面(多用于地名)：江～(地名，在江苏省长江之南)|蒙～(地名，在山东省蒙山之北)。5.暗藏的，不露出来的：～沟|～私。6.凹下的：～文。7.关于人死后的或鬼魂的(迷信)：～宅|～间。❹(—儿)光线被东西遮住所成的影：树～|背～。❺背面：碑～。❻诡诈，不光明：～谋诡计|这家伙够～的。[阴险]表面和善而内心险恶。❼生殖器。

荫(蔭) yīn ㄧㄣ 同"阴❹"。

另见595页yìn。

音 yīn ㄧㄣ ❶声(㊀声—)：口～|扩～器。❷消息：佳～|～信。❸指音节：多～词。

喑(*瘖) yīn ㄧㄣ ❶哑，不能说话：～哑。❷沉默不语，又指动物不鸣叫：～默|万马齐～。

愔 yīn ㄧㄣ [愔愔]1.形容安静和悦。2.形容沉默寡言。

殷(❷*慇) yīn ㄧㄣ ❶深厚，丰盛：情意

甚～|～切。[殷实]富足，富裕：家道～。❷[殷勤]周到，尽心：做事～|～招待。❸殷代，商代的后期，由盘庚起称殷(公元前1300—公元前1046年)。❹姓。

另见569页yān。

溵 yīn 丨ㄣ [溵溜](—liù)地名，在天津市蓟县。

禋(諲) yīn 丨ㄣ 恭敬。

堙(*陻) yīn 丨ㄣ ❶堵塞。❷土山。

闉(闉) yīn 丨ㄣ ❶瓮城，也指瓮城的门。❷堵塞。

湮 yīn 丨ㄣ 同"洇"。

另见570页yān。

歅 yīn 丨ㄣ 用于人名。九方歅，春秋时人，善相马。

禋 yīn 丨ㄣ ❶古祭祀名，指祭天。❷泛指祭祀。

吟(*唫) yín 丨ㄣˊ ❶唱，声调抑扬地念：～诗。❷古代诗歌的一种：梁甫～。❸呻吟，叹息。

垠 yín 丨ㄣˊ 边，岸，界限：一望无～的麦田。

珢 yín 丨ㄣˊ 像玉的石头。

硍 yín 丨ㄣˊ 用于地名：六～(在广西壮族自治区浦北)。

银(銀) yín 丨ㄣˊ ❶金属元素，符号Ag，白色有光泽，质软，是热和电的良导体。可用来制货币、器皿、感光材料等。❷(一子)旧时一种用银铸成块的货币：～两。❸像银子的颜色：～发|～燕(指银白色的飞机，也泛指飞机)|～河(天河)。

龈(齦) yín 丨ㄣˊ 牙龈，牙床，牙根上的肉。

另见270页kěn。

狺 yín 丨ㄣˊ [狺狺]狗叫的声音。

訚(誾) yín 丨ㄣˊ (叠)和颜悦色地进行辩论。

崟(崯)** yín 丨ㄣˊ 见409页"嵚"字条"嵚崟"(qīn—)。

淫(❷*婬、*滛) yín 丨ㄣˊ ❶过多，过甚：～威|～雨。❷在男女关系上不正当的：～乱|～荡。❸放纵：骄奢～逸。❹迷惑，使昏乱：富贵不能～。

霪 yín 丨ㄣˊ [霪雨]连绵不断下得过量的雨。现作"淫雨"。

寅 yín 丨ㄣˊ ❶地支的第三位。❷寅时，指夜里三点到五点。

夤 yín ㄧㄣˊ ❶深：～夜。❷恭敬。

［夤缘］攀缘上升。⑥拉拢关系，向上巴结。

龂（齗） yín ㄧㄣˊ ❶同"龈"（yín）。❷（叠）争辩的样子。

鄞 yín ㄧㄣˊ 鄞州，地名，在浙江省宁波。

蟫 yín ㄧㄣˊ 古书上指衣鱼，一种咬衣服、书籍的小虫。又叫蠹鱼。

嚚 yín ㄧㄣˊ ❶愚蠢而顽固。❷奸诈。

尹 yǐn ㄧㄣˇ 旧时官名：令～｜府～｜道～。

引 yǐn ㄧㄣˇ ❶领，招来（㊥一导）：～路｜～火｜抛砖～玉。㊀古时文体名，跟"序"差不多。［引子］（一zi）1. 乐曲、戏剧开始的一段。2. 中医称主药以外的副药：这剂药用姜做～。❷拉，伸：～弓｜～颈（伸长脖子）。［引申］字、词由原义产生他义。❸用来做证据、凭借或理由：～书｜～证｜～以为荣。❹诱发，惹：一句俏皮话，～得大家哄堂大笑。❺退却：～退｜～避。❻市制长度单位，1引是10丈。❼古代柩车的绳索：发～（出殡）。

吲 yǐn ㄧㄣˇ［吲哚］（一duǒ）有机化合物，无色或淡黄色的片状晶体。可用来制香料和化学试剂等。

蚓 yǐn ㄧㄣˇ 指蚯（qiū）蚓。参看414页"蚯"字条"蚯蚓"。

饮（飲、*㱃） yǐn ㄧㄣˇ ❶喝，特指喝酒：～水思源｜畅～。❷可喝的东西：冷～。❸含忍：～恨。

另见595页yìn。

隐（隱） yǐn ㄧㄣˇ ❶藏匿，不显露（㊥一藏）：～蔽｜～痛｜～患。❷指隐秘的事：难言之～。

瘾（癮） yǐn ㄧㄣˇ 特别深的嗜好（shìhào）：烟～｜看书看上～啦。

绹（縯） yǐn ㄧㄣˇ 〈方〉绗（háng）：～棉袄｜在褥子中间～一行。

印 yìn ㄧㄣˋ ❶图章，戳记：盖～｜钢～｜～信｜～把（bà）子（也借指政权）。❷（一子、一儿）痕迹：脚～儿｜烙～。❸留下痕迹。特指把文字或图画等留在纸上或器物上：～书｜翻～｜排～。［印刷］把文字图画等制成版，加油墨印在纸上，可以连续印出很多的复制品。印刷术是我国古代四大发明之一。❹合，符合：～

证(互相证明)|心心相～。

茚 yìn ㄧㄣˋ 有机化合物，无色液体，容易产生聚合反应。是制造合成树脂的原料。

鮣(鮣) yìn ㄧㄣˋ 鱼名，身体细长，圆柱形，前半身扁平，背上有吸盘，可以吸在大鱼或船底上，生活在海洋里。

饮(飲、*㱃) yìn ㄧㄣˋ 给牲畜水喝：～马|～牛。

另见594页yǐn。

荫(蔭、❷❸*廕) yìn ㄧㄣˋ ❶不见日光，又凉又潮：地下室很～。❷封建时代帝王给功臣的子孙读书或做官的特权：封妻～子。❸保佑，庇护：～庇。

另见592页yīn。

胤 yìn ㄧㄣˋ 后代。

窨 yìn ㄧㄣˋ 地窨子，地下室。

另见564页xūn。

憖(憖) yìn ㄧㄣˋ〈古〉❶宁愿。❷损伤。

[憖憖]谨慎的样子。

YING ㄧㄥ

应(應) yīng ㄧㄥ ❶该，当(㊀一当、一该)：～有尽有。❷答应，应承(㊀一许、一允)：我喊他喊不～|～他十天之内完工。❸姓。

另见598页yìng。

英 yīng ㄧㄥ ❶花：落～。❷才能出众：～俊。又指才能出众的人：群～会。[英明]有远见卓识。[英雄]1.为人民利益英勇斗争而有功绩的人。2.英武过人的人。

媖 yīng ㄧㄥ 妇女的美称。

瑛 yīng ㄧㄥ ❶似玉的美石。❷玉的光彩。

锳(鍈) yīng ㄧㄥ 形容铃声。

莺(鶯、*鸎) yīng ㄧㄥ 鸟名，身体小，褐色，嘴短而尖，叫的声音清脆。吃昆虫，是益鸟。[黄莺]鸟名，即黄鹂(lí)。

罂(罃) yīng ㄧㄥ ❶古书上指一种长颈的瓶子。❷同"罂"。

罂(罌、*甖) yīng ㄧㄥ 大腹小口的瓶子。[罂粟]草本植物，花有红、紫、白等颜色，果实球形，未成熟时有白浆，是制鸦片的原料，也可入药。

婴(嬰) yīng ㄧㄥ ❶婴儿，才生下来的小

孩儿：男～|女～。❷触，缠绕：～疾（得病）。

撄（攖） yīng ㄧㄥ ❶接触，触犯：～其锋|～怒。❷扰乱，纠缠。

蘡（蘡） yīng ㄧㄥ ［蘡薁］（—yù）落叶藤本植物，枝条细长有棱角，叶子阔卵形，圆锥花序。茎、叶可入药。

嘤（嚶） yīng ㄧㄥ 鸟叫的声音（叠）。

缨（纓） yīng ㄧㄥ ❶（—子、—儿）用线、绳等做的穗状装饰品：帽～子|红～枪。❷（—子、—儿）像缨的东西：萝卜～子|芥菜～儿。❸带子，绳子：长～。

璎（瓔） yīng ㄧㄥ 似玉的美石。［璎珞］（—luò）古代一种用珠玉穿成的戴在颈项上的装饰品。

樱（櫻） yīng ㄧㄥ 樱花，落叶乔木，花淡红色或白色。［樱桃］樱桃树，落叶乔木，花淡红色或白色，果实也叫樱桃，成熟时为红色，可以吃。

鹦（鸚） yīng ㄧㄥ ［鹦鹉］（—wǔ）鸟名，又叫鹦哥，羽毛美丽，嘴弯曲，能模仿人说话的声音。产于热带、亚热带。

膺 yīng ㄧㄥ ❶胸：义愤填～。❷承受，当：～选|荣～英雄称号。❸伐，打击：～惩。

鹰（鷹） yīng ㄧㄥ 鸟名，嘴弯曲而锐利，四趾有钩爪，性凶猛，食肉。种类很多。

迎 yíng ㄧㄥˊ ❶迎接，接：欢～。［迎合］为了讨好，使自己的言行符合别人的心意。❷向着：～面|～头赶上。

茔（塋） yíng ㄧㄥˊ 坟墓，坟地：～地。

荥（滎） yíng ㄧㄥˊ ［荥经］地名，在四川省。

另见553页xíng。

荧（熒） yíng ㄧㄥˊ ❶微弱的光亮。［荧光］物理学上称某些物质受光或其他射线照射时所发出的可见光：～屏|～灯。❷眼光迷乱。［荧惑］迷惑。

莹（瑩） yíng ㄧㄥˊ ❶光洁像玉的石头。❷光洁，透明：晶～。

萤（螢） yíng ㄧㄥˊ 萤火虫，昆虫，身体黄褐色，尾部有发光器，能发绿色的光。

营（營） yíng ㄧㄥˊ ❶军队驻扎的地方：军

～|安～扎寨|露(lù)～。㊀为某种目的设置的集中居住的场所(多为临时性的):夏令～|集中～|难民～。❷军队的编制单位,是连的上一级。❸筹划管理(㊀经一):～业|～造防风林。❹谋求:～生|～救。

萦(縈) yíng 丨ㄥˊ 缠绕:～怀(挂心)|琐事～身。

滢(瀅) yíng 丨ㄥˊ [滢湾]地名,在湖南省长沙。

蓥(鎣) yíng 丨ㄥˊ [华蓥]山名,在四川省东南和重庆市交界处。

滢(瀅) yíng 丨ㄥˊ 清澈。

潆(瀠) yíng 丨ㄥˊ [潆洄]水流回旋。

盈 yíng 丨ㄥˊ ❶充满:恶贯满～|热泪～眶。❷多余(㊀一余):～利。

楹 yíng 丨ㄥˊ 堂屋前部的柱子:～联。

蝇(蠅) yíng 丨ㄥˊ (一子)苍蝇,昆虫,种类很多,通常指家蝇,幼虫叫蛆。能传染痢疾等疾病:蚊～|～头微利。

嬴 yíng 丨ㄥˊ 姓。

瀛 yíng 丨ㄥˊ 大海:～寰(五洲四海)|东～(指日本)。

籯 yíng 丨ㄥˊ ❶箱笼之类的器具。❷筷笼子。

赢(贏) yíng 丨ㄥˊ ❶获利,赚钱。❷胜,跟"输"相对:那个篮球队～了|～了三个球。㊀因成功而获得:～得全场欢呼喝(hè)彩。

郢 yǐng 丨ㄥˇ 郢都,楚国的都城,在今湖北省荆州。

颍(潁) yǐng 丨ㄥˇ 颍河,发源于河南省登封,东南流至安徽省注入淮河。

颖(穎、*頴) yǐng 丨ㄥˇ ❶禾的末端,指某些禾本科植物小穗基部的苞片。❷东西末端的尖锐部分:短～羊毫笔|脱～而出。㊉才能出众:聪～|～悟。[新颖]新奇,与一般的不同:花样～。

影 yǐng 丨ㄥˇ ❶(一子、一儿)物体挡住光线时所形成的四周有光中间无光的形象。㊉不真切的形象或印象:这件事在我脑子里没有一点～子了。[影响]一件事物对其他事物发生作用,也指所发生的作用。❷描摹:～宋本。❸形

象,图像:摄~|造~|留~|剪~。[影印]用照相方法制版印刷。❹指电影:~视|~评。

Y

瘿(癭) yǐng ㄧㄥˇ ❶中医指生在脖子上的一种囊状的瘤子,多指甲状腺肿。❷虫瘿的简称,植物组织由于受害虫侵害发生变化而形成的瘤状物。

应(應) yìng ㄧㄥˋ ❶回答或随声相和:~声虫|山鸣谷~|呼~。[反应]1.又叫化学反应,指物质发生化学变化,产生性质和成分与原来不同的新物质。2.人及动植物有机体受到刺激而发生的活动和变化:病人对外界毫无~。3.回响,反响:观众对影片~强烈。❷应付,对待:~战|随机~变|~接不暇。[供应]供给。❸适合,配合(㊀适—):~时|得心~手。❹接受,答应:~承|~征|~邀|有求必~。

另见595页yīng。

映(❶*暎) yìng ㄧㄥˋ ❶照射而显出:影子倒~在水里|夕阳把湖水~得通红。[反映]反照。㊀1.把客观事物的实质表现出来:文艺作品要~现实生活。2.向上级转达:及时~群众的意见。❷放映电影或播放电视节目:上~|播~|首~式。

硬 yìng ㄧㄥˋ ❶物体组织紧密,性质坚固,跟"软"相对:~煤|~木。[硬件]1.构成计算机的各个元件、部件和固定装置。是计算机系统的组成部分。2.借指生产、科研、经营等过程中的机器设备、物质材料等。❷刚强有力,也指刚强不屈服的人或势力(㊀强—):~汉子|态度很~|欺软怕~。❸副词,强横地,固执地(多指不顾实际地):~抢|~不承认|别干(gàn)不了~干(gàn)。❹能力强,质量好:~手|货色~。❺勉强:这苦日子,他~熬过来了。

媵 yìng ㄧㄥˋ〈古〉❶陪送出嫁。❷随嫁的人。❸妾。

YO ㄧㄛ

哟(喲) yō ㄧㄛ 同"唷"。另见598页yo。

唷 yō ㄧㄛ 叹词,表示惊讶或疑问:~,这是怎么了?

哟(喲) yo ·ㄧㄛ ❶助词,用在句末或句中停顿处:大家齐用力~!|话剧~,京戏~,他都很喜欢。

❷歌词中做衬字：呼儿嗨～！

另见 598 页 yō。

YONG ㄩㄥ

佣（傭） yōng ㄩㄥ ❶雇用，受雇用：～工。❷受雇用的人：女～。

另见 600 页 yòng。

拥（擁） yōng ㄩㄥ ❶抱（㊖一抱）。❷围着：～被而眠｜前呼后～。❸拥护：～戴｜～军优属。[拥护]忠诚爱戴，竭力支持：～改革开放。❹聚到一块儿：～挤｜一～而入。❺持有：～有｜～兵百万。

痈（癰） yōng ㄩㄥ 中医指一种毒疮，局部红肿，形成硬块并化脓。

邕 yōng ㄩㄥ ❶邕江，水名，在广西壮族自治区。❷广西壮族自治区南宁的别称。

澭 yōng ㄩㄥ 澭水，水名，在江西省。

庸 yōng ㄩㄥ ❶平常，不高明的（㊖平一）：～言｜～俗。❷用：毋～讳言。❸岂，怎么：～可弃乎？

鄘 yōng ㄩㄥ 周代诸侯国名，在今河南省卫辉一带。

墉（**隴） yōng ㄩㄥ ❶城墙。❷高墙。

慵 yōng ㄩㄥ 困倦，懒。

镛（鏞） yōng ㄩㄥ 大钟，古代的一种乐器。

鳙（鱅） yōng ㄩㄥ 鱼名，俗叫胖头鱼，头很大，生活在淡水中。

雍（*雝） yōng ㄩㄥ 和谐。

[雍容]文雅大方、从容不迫的样子：～华贵。

壅 yōng ㄩㄥ ❶堵塞（sè）（㊖一塞）：水道～塞。❷把土或肥料培在植物根上。

灉 yōng ㄩㄥ 古水名，一在今山东省菏泽东北，一在今河南省商丘一带。

臃 yōng ㄩㄥ [臃肿]（一zhǒng）过于肥胖，动作不灵便。㊥1. 衣服穿得太多。2. 机构太庞大，妨碍工作。

饔 yōng ㄩㄥ ❶熟食。❷早饭。

喁 yóng ㄩㄥˊ 鱼口向上，露出水面。[喁喁]众人景仰归向的样子。

另见 606 页 yú。

颙（顒） yóng ㄩㄥˊ ❶大头。㊀大。❷仰

慕：～望。

永 yǒng ㄩㄥˇ ❶长：江之～矣。❷长久，久远（㊀一久、一远）：～不掉队｜～记历史的教训。

咏（*詠）yǒng ㄩㄥˇ ❶声调抑扬地念，唱（㊀歌一、吟一）。❷用诗词等来叙述：～梅｜～雪。

泳 yǒng ㄩㄥˇ 在水里游动（㊀游一）：仰～｜蛙～。

栐 yǒng ㄩㄥˇ 古书上说的一种树，木材可以做笏板。

甬 yǒng ㄩㄥˇ 浙江省宁波的别称。

［甬道］1. 院落中用砖石砌成的路。又叫甬路。2. 走廊，过道。

俑 yǒng ㄩㄥˇ 古时殉葬用的木制或陶制的偶人。

勇 yǒng ㄩㄥˇ ❶有胆量，敢干：～敢｜英～｜～气｜奋～。㊁不畏避，不推诿：～于承认错误。❷清代称战争时期临时招募，不在平时编制之内的兵：散兵游～。

埇 yǒng ㄩㄥˇ 用于地名：～桥（在安徽省宿州）。

涌（*湧）yǒng ㄩㄥˇ ❶水或云气冒出：～泉｜泪如泉～｜风起云～。❷像水涌般地出现：许多人从里面～出来｜往事～上心头。

另见 63 页 chōng。

恿（*慂、*悀）yǒng ㄩㄥˇ 见 470 页“怂”字条“怂恿”（sǒng一）。

蛹 yǒng ㄩㄥˇ 某些昆虫从幼虫过渡到成虫时的一种形态，在这个期间，不食不动，外皮变厚，身体缩短：蚕～。

踊（踴）yǒng ㄩㄥˇ 跳，跳跃。［踊跃］1. 跳跃：～欢呼。2. 争先恐后：～发言。

鲬（鯒）yǒng ㄩㄥˇ 鱼名，身体长，扁而平，黄褐色，有黑色斑点，无鳔，生活在海洋里。

用 yòng ㄩㄥˋ ❶使用，使人、物发挥其功能：～电｜～拖拉机耕田｜公～电话｜～笔写字。❷进饭食：～茶｜～饭。❸费用，花费的钱财：家～｜零～。❹物质使用的效果（㊀功一、效一）：有～之材。❺需要（多用于否定或反问）：不～说｜还～你操心吗？❻因：～此｜～特函达。

佣 yòng ㄩㄥˋ 佣金，佣钱，买卖东西时给介绍人的钱。

另见 599 页 yōng。

㶲 yòng ㄩㄥˋ 热力学上的一个参数，用来反映在实际状态变化过程中有用功的损失。

YOU ㄧㄡ

优(優) yōu ㄧㄡ ❶美好的，跟“劣”相对：～等|～良|～胜劣汰。❷充足，宽裕：～裕|～厚。❸优待：拥军～属。❹旧时指演戏的人(㊀一伶)：名～。

[优柔] 1. 从容。2. 犹豫不决：～寡断。

忧(憂) yōu ㄧㄡ ❶发愁(㊀一愁)：杞人～天(指过虑)。❷使人忧愁的事：高枕无～。

攸 yōu ㄧㄡ 所：责有～归|性命～关。

悠 yōu ㄧㄡ ❶长久(㊀一久)：～远|～长。❷闲适，闲散：～闲|～然。❸在空中摆动：站在秋千上来回～。❹稳住，控制：～着点儿劲儿。

[悠悠] 1. 闲适，自由自在：白云～。2. 忧郁：～我思。3. 长久，遥远：～岁月。

呦 yōu ㄧㄡ 叹词，表示惊异：～，你怎么也来了？|～，碗怎么破了！

[呦呦] 形容鹿叫声：～鹿鸣。

幽 yōu ㄧㄡ ❶形容地方很僻静、光线暗：～谷|～林|～室。㊀隐藏，不公开的：～居|～会。❷使人感觉沉静、安闲的：～香|～美|～雅。❸幽禁，把人关起来不让跟外人接触。❹指阴间：～灵|～明(阳间)永隔。❺幽州，古地名，大致在今河北省北部和辽宁省西南部：～燕(yān)。

[幽默] (外)有趣或可笑而意味深长：～画。

麀 yōu ㄧㄡ 古书上指母鹿。

耰 yōu ㄧㄡ ❶古代一种农具，用来弄碎土块，使田地平整。❷播种后用耰使土覆盖种子。

尢 yóu ㄧㄡˊ ❶同“尤”。❷姓。另见512页wāng。

尤 yóu ㄧㄡˊ ❶特异的，突出的：拔其～。❷尤其，更，格外：～甚|～妙。❸过失：勿效～(不要学着做坏事)。❹怨恨，归咎：怨天～人。

犹(猶) yóu ㄧㄡˊ ❶如同(㊀一如)：虽死～生|过～不及。❷还(hái)，尚且：记忆～新|困兽～斗。

[犹豫] (—yù) 迟疑不决。

疣(**肬) yóu ㄧㄡˊ 皮肤病，俗叫瘊子，症状是皮肤上出现黄褐色的小疙瘩，不痛不痒。[赘疣]比

Y

喻多余而无用的东西。

莸(蕕) yóu ㄧㄡˊ ❶古书上说的一种有臭味的草：薰～不同器(喻好人和坏人搞不到一起)。❷落叶小灌木，花蓝色，供观赏。

鱿(魷) yóu ㄧㄡˊ 鱿鱼，软体动物，又叫枪乌贼，头像乌贼，尾端呈菱形，身体白色，有淡褐色斑点，生活在海洋里。

由 yóu ㄧㄡˊ ❶经过：必～之路｜观其所～。❷原因(㊀原一)：情～｜理～。❸顺随，听从：～着性子｜～不得自己。❹介词。1. 自，从：～哪儿来？｜～上到下｜～浅入深。2. 凭借：～此可知。3. 归(某人去做)：这事～你安排。

[由于] 1. 介词，表示原因：这项任务～大家的努力才圆满完成了。2. 连词，跟"所以"、"因而"等呼应，表示因果关系：～天气炎热，因而用电量猛增。

邮(郵) yóu ㄧㄡˊ ❶邮递，由国家专设的机构传递信件：～信。❷有关邮务的：～票｜～费｜～局。

油 yóu ㄧㄡˊ ❶动植物体内所含的脂肪物质：猪～｜花生～。❷各种碳氢化合物的混合物，一般不溶于水，容易燃烧：煤～｜汽～。❸用油涂抹：用桐油一～就好了。❹被油弄脏：衣服～了一大片。❺狡猾(㊀一滑)：～腔滑调｜这个人太～。

[油然] 1. 充盛地：天～作云，沛然下雨。2. (思想感情)自然而然地产生：敬慕之情～而生。

柚 yóu ㄧㄡˊ [柚木]落叶乔木，叶大，花白色。木质坚硬耐久，可用来造船、车等。

另见 604 页 yòu。

铀(鈾) yóu ㄧㄡˊ 放射性金属元素，符号 U，银白色，质硬。可用作核燃料。

蚰 yóu ㄧㄡˊ [蚰蜒](－yan)节肢动物，像蜈蚣而略小，足细长，触角长，多生活在阴湿的地方。

鲉(鮋) yóu ㄧㄡˊ 鱼名，身体侧扁，头部有许多棘状突起，生活在近海。

莜 yóu ㄧㄡˊ [莜麦]谷类作物，叶细长，花绿色。籽实可以吃，茎、叶可用作牧草。也作"油麦"。

滺 yóu ㄧㄡˊ ❶[滺滺]水流动的样子。❷姓。

游(❷❹❺*遊) yóu ㄧㄡˊ ❶人或动

物在水里行动(㊀—泳):～水|～鱼可数(shǔ)。❷不固定:～资|～牧|～击战。[游移]主意摇摆不定。❸河流的一段:上～|下～。❹游逛,观赏:～玩|～人|～园|旅～|春～。❺交游,交往。❻同"圝"(yóu)。

蝣 yóu 丨又 见139页"蜉"字条"蜉蝣"(fú—)。

輶(輶) yóu 丨又 ❶古代一种轻便的车。❷轻。

猷 yóu 丨又 计谋,打算:鸿～(宏伟的计划)。

蝤 yóu 丨又 [蝤蛑](—móu)一种螃蟹,又叫梭子蟹,甲壳略呈梭形,生活在浅海里。

另见415页 qiú。

繇 yóu 丨又 古书里同"由❹1.2."。

另见579页 yáo;657页 zhòu。

圝 yóu 丨又 (—子)捕鸟时用来引诱同类鸟的鸟:鸟～子。也作"游"。

友 yǒu 丨又 ❶朋友:好～|战～|网～。㊀有友好关系的:～军|～邦。❷相好,互相亲近:～爱|～好往来。

有 yǒu 丨又 ❶跟"无"、"没"相对。1.表所属:他～一本书|现在～时间。2.表存在:那里～十来个人|～困难|～办法|～意见。3.表示发生或出现:～病了|形势～了新的发展。4.表示估量或比较:水～一丈多深|他～他哥哥那么高了。5.表示大,多:～学问|～经验。[有的是]有很多,多得很。❷用在某些动词前面表示客气:～劳|～请。❸跟"某"相近:～一天晚上|～人不赞成。❹用在"人、时候、地方"前面,表示一部分:～人性子急,～人性子慢。❺古汉语词头:～夏|～周。

另见604页 yòu。

铕(銪) yǒu 丨又 金属元素,符号 Eu,铁灰色。用于核工业,也可制彩色显像管中的荧光粉。

酉 yǒu 丨又 ❶地支的第十位。❷酉时,指下午五点到七点。

槱 yǒu 丨又 聚积木柴以备燃烧。

卣 yǒu 丨又 古代一种盛酒的器皿。

羑 yǒu 丨又 [羑里]古地名,在今河南省汤阴。

莠 yǒu 丨又 (—子)狗尾草,草本植物,略像谷子,穗上有毛,像狗的尾巴。㊣品质坏的,不好的人:良～不齐。

Y

牖 yǒu ㄧㄡˇ 窗户。

黝 yǒu ㄧㄡˇ 黑色：一张～黑的脸。

又 yòu ㄧㄡˋ 副词。❶重复，连续，指相同的：他～立功了｜今天～下雨了。❷表示加重语气，更进一层：他～不傻，怎么会不懂？｜你～不是不会。❸表示并列关系：～高～大｜～多～快｜～好～省｜我～高兴，～着急。❹再加上，还有：十～五年｜一～二分之一。❺表示某种范围之外另有补充：穿上了棉袄～加了一件皮背心。❻表示转折：刚还想说什么，可～把它忘了。

右 yòu ㄧㄡˋ ❶面向南时靠西的一边，跟"左"相对：～手｜～边。㊕西方（以面向南为准）：江～｜山～。❷政治思想上属于保守的或反动的：～倾。❸古以右为上，品质等级高的称右：无出其～。❹崇尚，重视：～文。❺古同"佑"。

佑 yòu ㄧㄡˋ ❶辅助，保护：～助｜～护｜庇～。❷姓。

祐 yòu ㄧㄡˋ ❶保佑，迷信的人指神帮助。❷用于地名：吉～（在广东省顺德）。❸姓。

幼 yòu ㄧㄡˋ ❶年纪小，初出生的，跟"老"相对（㊥一小）：～儿｜～虫｜～苗。[幼稚]年纪小的。㊓知识见解浅薄、缺乏经验的：思想～。❷小孩儿：扶老携～｜～有所养。

蚴 yòu ㄧㄡˋ 绦虫、血吸虫等的幼体：毛～｜尾～。

有 yòu ㄧㄡˋ 古同"又❹"。

另见 603 页 yǒu。

侑 yòu ㄧㄡˋ 在筵席旁助兴，劝人吃喝：～食。

囿 yòu ㄧㄡˋ ❶养动物的园子：鹿～。❷局限，被限制：～于成见｜不为陈规所～。

宥 yòu ㄧㄡˋ ❶宽容，饶恕，原谅（㊥原一、宽一）：还请～我。❷帮助。

狖 yòu ㄧㄡˋ 古书上说的一种猴子。

柚 yòu ㄧㄡˋ 常绿乔木，种类很多。果实叫柚子，也叫文旦，比橘子大，多汁，味酸甜。

另见 602 页 yóu。

釉 yòu ㄧㄡˋ （一子）以石英、长石、硼砂、黏土等为原料制成的物质，涂在瓷器、陶器外面，烧制后发出玻璃光泽，可增加陶瓷的机械强度和绝缘性能。

鼬 yòu ㄧㄡˋ [黄鼬]哺乳动物，俗叫黄鼠狼，身体细长，毛黄褐色，遇见敌人能由肛门附近分泌臭气自卫，常捕食田鼠。

诱（誘） yòu ㄧㄡˋ（旧读 yǒu）❶劝导，教导：循循善～。❷引诱，使用手段引人：～敌｜利～。❸引发，导致：～发｜～因。

YU ㄩ

迂 yū ㄩ ❶曲折，绕远：～回前进。❷言行、见解陈旧，不合时宜（㊀一腐）：～论｜～见｜思想太～。

纡（紆） yū ㄩ ❶弯曲，绕弯。❷系，结：～金佩紫（指地位显贵）。

於 yū ㄩ 姓。

另见 524 页 wū；606 页 yú。

淤 yū ㄩ ❶水里泥沙沉积：～了好些泥。❷河沟中沉积的泥沙：河～｜清～。❸同"瘀"。

瘀 yū ㄩ 血液凝滞：～血。

于 yú ㄩˊ 介词。1.在：写～北京｜生～1949 年。2.对于，对：～人民有益｜忠～祖国｜勇～负责。3.给：勿诿过～人｜光荣归～党｜取之于民，用之～民。4.自，由：出～自愿｜取之～民，用之于民。5.向：问道～盲。6.在形容词后，表示比较，跟"过"的意思相同：霜叶红～二月花｜人民的利益高～一切。7.在动词后，表示被动：见笑～大方。［于是］连词，表示两件事前后紧接：他听完报告，～就回去了。

邘 yú ㄩˊ ❶周代诸侯国名，在今河南省沁阳西北。❷姓。

盂 yú ㄩˊ 一种盛液体的器皿：痰～｜漱口～。

竽 yú ㄩˊ 古代的一种管乐器，像现在的笙。［滥竽充数］一个不会吹竽的人混在乐队里充数。㊁没有真本领，在行家里充数或以次充好。

与（與） yú ㄩˊ 同"欤"。

另见 607 页 yǔ；608 页 yù。

玙（璵） yú ㄩˊ 玙璠（fán），美玉。也说璠玙。

欤（歟） yú ㄩˊ 文言助词。❶表示疑问语气：在齐～？在鲁～？❷表示感叹语气：论者之言，一似管窥虎～！

予 yú ㄩˊ 文言代词，我。

另见 608 页 yǔ。

妤 yú ㄩˊ 见 239 页"婕"字条"婕妤"（jié—）。

Y

余(❶-❸△餘) yú ㄩˊ ❶剩下，多出来(㊥剩一)：～粮｜～兴(xìng)｜业～｜不遗～力。❷十、百、千等整数或度量单位后面的零头：十～人｜三百～米｜两吨～。❸后：兴奋之～，高歌一曲。❹文言代词，我。❺姓。

"餘"另见606页"馀"。

馀(餘) yú ㄩˊ ❶同"余❶-❸"。("餘"简化为"余"，用"余"意义可能混淆时，用"馀"。如文言句"馀年无多"。)❷姓。

"餘"另见606页"余"。

狳 yú ㄩˊ 见414页"犰"字条"犰狳"(qiú—)。

畲 yú ㄩˊ 开垦过两年的地。另见444页shē。

艅 yú ㄩˊ [艅艎](—huáng)古代一种大船。

臾 yú ㄩˊ [须臾]片刻，一会儿。

谀(諛) yú ㄩˊ 谄媚，奉承：～辞｜阿(ē)～。

萸 yú ㄩˊ 见657页"茱"字条"茱萸"(zhū—)。

腴 yú ㄩˊ ❶肥，胖：丰～。❷肥沃：土地膏～。

鱼(魚) yú ㄩˊ 脊椎动物的一类，通常身体侧扁，大都有鳞和鳍，用鳃呼吸，体温随外界温度而变化，生活在水中。种类很多。

渔(漁、❶**魰) yú ㄩˊ ❶捕鱼：～船｜～业。❷谋取(不应得的东西)：～利。

於 yú ㄩˊ 同"于"。另见524页wū；605页yū。

禺 yú ㄩˊ ❶古书上说的一种猴子。❷见373页"番"字条"番禺"(pān—)。

隅 yú ㄩˊ ❶角落：城～。[隅反]由此知彼，能够类推，举一反三。[向隅]对着屋子的一个角落，比喻孤立或得不到机会而失望。❷靠边的地方：海～。

喁 yú ㄩˊ [喁喁]形容低声细语：～私语。

另见599页yóng。

嵎 yú ㄩˊ ❶山弯曲的地方。❷同"隅"。

愚 yú ㄩˊ ❶傻，笨(㊥—蠢)：～人｜～昧。❷谦辞：～见。❸愚弄，欺骗：为人所～｜～民政策。

髃 yú ㄩˊ 肩髃，针灸穴位名。

舁 yú ㄩˊ 〈古〉共同抬东西。

俞 yú ㄩˊ ❶文言叹词，表示允许。❷姓。

另见 463 页 shù。

揄 yú ㄩˊ 拉，引。[揄扬]称赞。

崳 yú ㄩˊ [昆嵛]山名，在山东省东部。

逾（❶*踰） yú ㄩˊ ❶越过，超过（㊀一越）：～期。❷更，越发：～甚。

渝 yú ㄩˊ ❶变（多指感情或态度）：始终不～。❷重庆市的别称：成～铁路。

愉 yú ㄩˊ 喜欢，快乐（㊀一快）：～快|～悦。

瑜 yú ㄩˊ ❶美玉。❷玉石的光彩。㊃优点：瑕（xiá）不掩～。

榆 yú ㄩˊ 榆树，落叶乔木，果实外面有膜质的翅，叫榆荚或榆钱。木质坚硬，可供建筑或制器具用。

覦（覦） yú ㄩˊ 见 220 页"觊"字条"觊觎"（jì一）。

窬（❷*踰） yú ㄩˊ ❶门边小洞。❷从墙上爬过去：穿～之盗（穿墙和爬墙的贼）。

褕 yú ㄩˊ ❶（衣服）华美。❷见 49 页"襜"字条"襜褕"（chān一）。

蝓 yú ㄩˊ 见 281 页"蛞"字条"蛞蝓"（kuò一）。

娱 yú ㄩˊ 快乐或使快乐（㊀一乐）：文～活动|自～|～亲（使父母快乐）。

虞 yú ㄩˊ ❶预料：以备不～。❷忧虑：无～。❸欺骗：尔～我诈（互相欺骗）。❹周代诸侯国名，在今山西省平陆东北。

雩 yú ㄩˊ 古代求雨的一种祭祀。

舆（輿） yú ㄩˊ ❶车中载人载物的部分。❷车：舍～登舟。[肩舆]轿子。❸众人：～论。[舆情]群众的意见和态度：洞察～。❹地，疆域：～地|方～|～图。

与（與） yǔ ㄩˇ ❶介词，跟：～疾病做斗争|～虎谋皮。❷连词，和：批评～自我批评|父亲～母亲都来。❸给：赠～|交～本人|～人方便。❹交往，交好：此人易～|相～|～国（相交好的国家）。❺赞助：～人为善（原指赞助人学好，后多指善意助人）。

[与其]连词，常跟"宁"、"宁可"、"不如"、"不若"等连用，表示比较：～坐车，不如坐船。

另见 605 页 yú；608 页 yù。

屿(嶼) yǔ ㄩˇ(旧读 xù)小岛(㊀岛—)。

予 yǔ ㄩˇ 给予:授～奖状|～以协助|～以处分。

另见 605 页 yú。

伛(傴) yǔ ㄩˇ 驼背:～人|～偻(lǚ)。

宇 yǔ ㄩˇ ❶屋檐。㊁房屋:庙～。[眉宇]㊃仪表,风度。❷上下四方,所有的空间:～内。[宇宙]1.同"宇❷"。2.指所有的空间和时间。❸地层系统分类的最高一级,在"界"之上,是在地质年代"宙"的时期内形成的地层:显生～|元古～|太古～。

羽 yǔ ㄩˇ ❶羽毛,鸟的毛:～翼。㊁翅膀:振～高飞。❷量词,用于鸟类:一～信鸽。❸古代五音"宫、商、角(jué)、徵(zhǐ)、羽"之一。

雨 yǔ ㄩˇ 云层中的小水滴体积增大到不能悬浮在空气中时,就滴落下来成为雨。

另见 609 页 yù。

俣 yǔ ㄩˇ 大。

禹 yǔ ㄩˇ 传说中的古代部落联盟首领,曾治服洪水。

鄅 yǔ ㄩˇ 周代诸侯国名,在今山东省临沂。

瑀 yǔ ㄩˇ 像玉的石头。

语(語) yǔ ㄩˇ ❶话(㊀—言):成～|～文|外国～。❷谚语或古语:～云。❸代替语言的动作或信号:手～|旗～。❹说:不言不～|默默不～。

另见 610 页 yù。

圄 yǔ ㄩˇ 见 309 页"图"字条"图圄"(líng—)。

敔 yǔ ㄩˇ 古代的一种打击乐器,击敔使演奏停止。

龉(齬) yǔ ㄩˇ 见 254 页"龃"字条"龃龉"(jǔ—)。

圉 yǔ ㄩˇ 养马的地方,也指养马的人。

庾 yǔ ㄩˇ 露天的谷仓。

瘐 yǔ ㄩˇ 瘐死,旧时称囚犯在监狱里因受刑、冻饿、生病而死。

猰(**貐) yǔ ㄩˇ 见 568 页"猰"字条"猰貐"(yà—)。

窳 yǔ ㄩˇ 恶劣,坏:～劣|～败(败坏)。

与(與) yù ㄩˋ 参与,参加:～会|～闻此事(参与并且得知此事的内情)。

另见 605 页 yú;607 页 yǔ。

玉 yù ㄩˋ ❶矿物名,又叫玉石,质细而坚硬,有光泽,略透明,可制装饰品或做雕刻材料。❷⑱洁白或美丽:~颜|亭亭~立。❸敬辞,指对方的身体、言行等:~体|~言|敬候~音。

钰(鈺) yù ㄩˋ 宝物。

驭(馭) yù ㄩˋ ❶驾驭(车马):~车|~马|~手。❷统率,控制:~下无方。

芋 yù ㄩˋ 芋头,草本植物,叶略呈卵形,地下茎椭圆形,可以吃。

吁(籲) yù ㄩˋ 为某种要求而呼喊:~求|~请|呼~。

另见 556 页 xū。

聿 yù ㄩˋ 文言助词,用在一句话的开头,起顺承作用。

谷 yù ㄩˋ [吐谷浑](tǔ—hún)我国古代西部民族名。

另见 164 页 gǔ。

峪 yù ㄩˋ 山谷,多用于地名:马兰~(在河北省)。

浴 yù ㄩˋ 洗澡:~室|沐~。

欲(❶*慾) yù ㄩˋ ❶欲望,想得到某种东西或想达到某种目的的要求:食~|求知~。❷想要,希望:~盖弥彰(想要掩饰反而弄得更显明了)。❸需要:胆~大而心~细。❹副词,将要,在动词前,表示动作就要开始:摇摇~坠|山雨~来风满楼。

鹆(鵒) yù ㄩˋ 见 417 页"鸲"字条"鸲鹆"(qú—)。

裕 yù ㄩˋ ❶丰富,宽绰(㊀富—、宽—):充~。❷使富足:富国~民。

[裕固族]我国少数民族,参看附表。

饫(飫) yù ㄩˋ 饱。

妪(嫗) yù ㄩˋ 年老的女人:老~。

雨 yù ㄩˋ 下(雨、雪):~雪。

另见 608 页 yǔ。

郁(❶❷鬱、❶❷*鬰、❶❷*欝) yù ㄩˋ ❶草木茂盛(叠):~~葱葱。❷忧愁,愁闷(㊀忧—)(叠):~~不乐。❸有文采(叠):文采~~。❹形容香气浓:馥(fù)~。

育 yù ㄩˋ ❶生养(㊀生—):生儿~女|~龄。❷养活

(㊀养一)：～婴｜～蚕｜～林。❸教育：德～｜智～｜体～。

堉 yù ㄩˋ〈古〉肥沃的土地。

淯 yù ㄩˋ 淯河，水名，在河南省栾川。

昱 yù ㄩˋ ❶日光。❷光明。

煜 yù ㄩˋ 照耀。

狱(獄) yù ㄩˋ ❶监禁罪犯的地方(㊀监一)。❷官司，罪案：冤～｜断～｜文字～。

语(語) yù ㄩˋ 告诉：不以～人。

另见608页yǔ。

彧 yù ㄩˋ 有文采。

域 yù ㄩˋ ❶在一定疆界内的地方：地～｜疆～｜～外。❷泛指某种范围：音～。

阈(閾) yù ㄩˋ ❶门槛。❷界限：视～。

棫 yù ㄩˋ 古书上说的一种树。

蜮(魊)** yù ㄩˋ 传说中一种害人的动物：鬼～(喻阴险的人)。

预(預) yù ㄩˋ ❶预先，事前：～备｜～见｜～防｜～约。❷加入到里面去：干～。

蓣(蕷) yù ㄩˋ 见461页"薯"字条"薯蓣"(shǔ一)。

滪(澦) yù ㄩˋ 见574页"滟"字条"滟滪堆"(yàn—duī)。

豫 yù ㄩˋ ❶欢喜，快乐：面有不～之色。❷同"预❶"。❸安闲，舒适：忧劳兴国，逸～亡身。❹河南省的别称。

菀 yù ㄩˋ 茂盛的样子。

另见511页wǎn。

悆 yù ㄩˋ ❶喜悦。❷舒适。

谕(諭) yù ㄩˋ ❶告诉，使人知道(旧指上级对下级或长辈对晚辈)：面～｜手～｜上～(皇帝的命令)。❷〈古〉同"喻"。

喻 yù ㄩˋ ❶比方(㊀比一)：用花朵～儿童。❷明白，了解：不言而～｜家～户晓。❸说明，使人了解：～之以理。

愈(❸*瘉、❸*癒) yù ㄩˋ ❶更，越：～来～好｜病情～甚。❷贤，好：孰～(哪个好)？❸病好了(㊀痊一)：病～。

尉 yù ㄩˋ [尉迟]复姓。[尉犁]地名，在新疆维吾尔自治区。

另见 519 页 wèi。

蔚 yù ㄩˋ ❶蔚县，在河北省。❷姓。

另见 519 页 wèi。

熨 yù ㄩˋ［熨帖］（—tiē）1. 妥帖舒服。2.〈方〉（事情）完全办妥。

另见 619 页 yùn。

遇 yù ㄩˋ ❶相逢，会面，碰到（㊀遭—）：～雨｜百年不～｜不期而～。❷机会：际～｜佳～。❸对待，款待：可善～之。

寓（*庽） yù ㄩˋ ❶居住：～所｜暂～友人家。❷住的地方：张～｜公～。❸寄托，隐含在内：～言｜～意深刻。［寓目］过目，看。

御（❹禦） yù ㄩˋ ❶驾驶（车马）：～车｜～者（赶车的人）。❷称与皇帝有关的：～用。❸封建社会指上级对下级的管理、使用：～下。❹抵挡：防～｜～敌｜～寒。

矞 yù ㄩˋ 矞云，象征祥瑞的彩云。

潏 yù ㄩˋ 水涌出。

遹 yù ㄩˋ 遵循。多用于人名。

燏 yù ㄩˋ 火光。多用于人名。

鹬（鷸） yù ㄩˋ 鸟名，羽毛茶褐色，嘴、腿都很长，趾间无蹼，常在水边或田野中捕食小鱼、昆虫和贝类。［鹬蚌相争，渔翁得利］比喻两败俱伤，便宜了第三者。

誉（譽） yù ㄩˋ ❶名誉，名声：荣～。特指好的名声：～满中外。❷称赞（㊀称—、赞—）：～不绝口。

毓 yù ㄩˋ 同"育"。多用于人名。

隩 yù ㄩˋ 河岸弯曲的地方。

薁 yù ㄩˋ 见 596 页"蘡"字条"蘡薁"（yīng—）。

另见 7 页 ào。

燠 yù ㄩˋ 暖，热：～热（闷热）｜寒～失时。

鬻 yù ㄩˋ 卖：～文为生｜卖官～爵。

YUAN ㄩㄢ

鸢（鳶） yuān ㄩㄢ 鸟名，即老鹰。［纸鸢］风筝。

眢 yuān ㄩㄢ 眼睛枯陷，失明。㊀干枯：～井。

鸳（鴛） yuān ㄩㄢ ［鸳鸯］（—yang）鸟名，像凫（fú）而小，雄的羽毛

美丽，雌雄常在一起。文学上用来比喻夫妻。

涴 yuān ㄩㄢ 用于地名：～市（在湖北省松滋）。

另见523页wò。

鹓（鵷） yuān ㄩㄢ ［鹓鸰］（—chú）古代传说中的一种像凤凰的鸟。

箢 yuān ㄩㄢ 箢箕，用竹篾等编成的盛东西的器具。

冤（*寃、*寃） yuān ㄩㄢ ❶冤枉，屈枉（㊀—屈）：鸣～｜伸～｜不白之～。❷仇恨（㊀—仇）：～家｜～孽。❸欺骗：不许～人。❹上当，不合算：白跑一趟，真～｜别花～钱。

渊（淵） yuān ㄩㄢ 深水，潭：鱼跃于～。㊒深：～博（学识深而广）。

蜎 yuān ㄩㄢ 古书上指孑孓。

元 yuán ㄩㄢˊ ❶开始，第一（㊀—始）：～旦｜～月｜～年。［元音］发音的时候，从肺里出来的气使声带颤动，在口腔的通路上不受阻碍而发出的声音。汉语拼音字母 a、o、u 等都是元音。❷为首的：～首｜～帅｜～勋。❸构成一个整体的：单～｜～件。❹朝代名（公元1206—1368年），公元1206年蒙古孛儿只斤·铁木真称成吉思汗，建蒙古汗国。1271年忽必烈改国号为元，1279年灭南宋。❺同“圆❹”。

芫 yuán ㄩㄢˊ 芫花，落叶灌木，花紫色，有毒，花蕾可入药。

另见570页yán。

园（園） yuán ㄩㄢˊ ❶（—子、—儿）种植菜蔬花果等的地方。［园地］1.菜园、花园、果园等的统称。2.借指开展某些活动的地方：艺术～。❷供人游玩或娱乐的地方：公～｜动物～。

沅 yuán ㄩㄢˊ 沅江，发源于贵州省，东北流至湖南省注入洞庭湖。

妧 yuán ㄩㄢˊ 人名用字。

另见512页wàn。

鼋（黿） yuán ㄩㄢˊ 鼋鱼（也作“元鱼”），爬行动物，像龟而吻短，背甲暗绿色，上有许多小疙瘩。生活在水中。

员（員） yuán ㄩㄢˊ ❶指工作或学习的人：演～｜学～。❷指团体组织中的成员：党～｜团～｜会～。❸量词，用于武将等：一～大将

❹周围：幅～(指疆域)。

另见 617 页 yún；618 页 yùn。

圆(圓) yuán ㄩㄢˊ ❶圆形，从它的中心点到周边任何一点的距离都相等。❷形状像球的：滚～|滴溜儿～。❸完备，周全：～满|话说得不～。㊀使之周全(多指掩饰矛盾)：自～其说|～谎。❹我国的本位货币单位。也作"元"。

垣 yuán ㄩㄢˊ ❶墙，矮墙：断瓦颓～。❷城：省～(省城)。

爰 yuán ㄩㄢˊ ❶文言连词，于是：～书其事以告。❷文言代词，何处，哪里：～其适归？

援 yuán ㄩㄢˊ ❶引，牵(㊉一引)。❷帮助，救助(㊉一助)：支～|孤立无～。❸引用：～例。

湲 yuán ㄩㄢˊ 见 49 页"潺"字条"潺湲"(chán—)。

媛 yuán ㄩㄢˊ [婵媛] 1.(姿态)美好。2.牵连，相连。

另见 614 页 yuàn。

袁 yuán ㄩㄢˊ 姓。

猿(*猨、*蝯) yuán ㄩㄢˊ 哺乳动物，像猴而大，颊下没有囊，没有尾巴。如猩猩、大猩猩、长臂猿等。

辕(轅) yuán ㄩㄢˊ ❶车辕子，车前驾牲畜的部分：用牛驾～。❷辕门，旧时称军营的门。㊀旧时军政大官的衙门。

原 yuán ㄩㄢˊ ❶最初的，开始的(㊉一始)：～稿|～创。㊀没有经过加工的：～油|～煤。❷原来，本来：这话～不错|～打算去请他|放还～处。❸谅解，宽容(㊉一谅)：情有可～。❹宽广平坦的地方：～野|平～|高～|大草～。❺同"塬"。

塬 yuán ㄩㄢˊ 我国西北部黄土高原地区因流水冲刷而形成的高地，四边陡，顶上平。

源 yuán ㄩㄢˊ ❶水流所从出的地方：泉～|河～。[源源] 继续不断：～而来。❷事物的根由，来路：来～|货～。

嫄 yuán ㄩㄢˊ 用于人名。姜嫄，传说是周代祖先后稷的母亲。

騵(騵) yuán ㄩㄢˊ 腹部白色，其他部位红色的马。

Y

螈 yuán ㄩㄢˊ 见427页“蝾”字条“蝾螈”(róng—)。

羱 yuán ㄩㄢˊ 羱羊，即北山羊，像山羊而大，生活在高山地带。

缘(緣) yuán ㄩㄢˊ ❶因由，原因(㊀—故、—由)：无～无故。❷缘分，宿命论者指人与人命中注定的遇合机会，泛指人与人或人与事物之间结成关系的可能性：姻～|有～相见。❸沿，顺着：～流而上|～木求鱼(喻必然得不到)。❹边(㊀边—)。❺因为：～何至此？

橼(櫞) yuán ㄩㄢˊ 见254页“枸”字条“枸橼”(jǔ—)。

圜 yuán ㄩㄢˊ 同“圆”。
另见200页huán。

远(遠) yuǎn ㄩㄢˇ ❶跟“近”相对。1.距离长：路～|住得～。2.时间长(㊀永—、长—)：做长～打算。❷不亲密，不接近：～亲|敬而～之。❸(差别)大：差得～。❹深远：言近旨～。

苑 yuàn ㄩㄢˋ ❶养禽兽植林木的地方，旧时多指帝王的园林：鹿～。❷(学术、文艺)荟萃之处：文～|艺～奇葩。

怨 yuàn ㄩㄢˋ ❶仇恨(㊀—恨)。❷不满意，责备：毫无～言|任劳任～|这事不能～他。

院 yuàn ㄩㄢˋ ❶(—子、—儿)围墙里房屋四周的空地。❷某些机关和公共场所的名称：法～|医～|戏～。❸特指学院：高等～校。

垸 yuàn ㄩㄢˋ〈方〉(—子)湖南省、湖北省在江湖地带挡水用的堤圩(wéi)。

掾 yuàn ㄩㄢˋ 古代官署属员的通称。

媛 yuàn ㄩㄢˋ 美女。
另见613页yuán。

瑗 yuàn ㄩㄢˋ 大孔的璧。

愿(❶-❸願) yuàn ㄩㄢˋ ❶乐意：甘心情～|自觉自～。❷希望(㊀—望)：生平之～|如～以偿。[愿景]所向往的前景。❸迷信的人对神佛许下的酬谢：许～|还～。❹恭谨。

YUE ㄩㄝ

曰 yuē ㄩㄝ ❶说：子～：学而时习之|其谁～不然？❷叫作：名之～文化室。

约(約) yuē ㄩㄝ ❶拘束,限制(㊥—束)。❷共同议定的要遵守的条款:条～|立～|公～。❸预先说定:预～|和他～好了。❹请:～他来|特～记者。❺约分,用公约数去除分子和分母使分数简化:5/10 可以～成1/2。❻俭省:节～。❼简单,简要:简～|由博返～。❽大约,大概,不十分确定的:～计|～数|～有五十人。

另见 578 页 yāo。

彟 yuē ㄩㄝ 尺度,标准。

彠(彠) yuē ㄩㄝ 尺度。

哕(噦) yuě ㄩㄝˇ 呕吐:刚吃完药,都～出来了。[干哕](gānyue)要吐(tù)而吐(tù)不出东西来。

月 yuè ㄩㄝˋ ❶月亮,地球的卫星,本身不发光,它的光是反射太阳的光。[月食](*月蚀)地球运行到太阳和月亮中间,遮住太阳照到月亮上的光,使得月亮看上去有亏缺或完全看不见的现象。❷计时单位,一年分十二个月。❸形状像月亮的,圆的:～饼|～琴。❹按月出现或完成的:～经|～刊|～票|～报表。

[月氏](—zhī)我国古代西部民族名。

刖(**跀) yuè ㄩㄝˋ 古代把脚砍掉的酷刑。

玥 yuè ㄩㄝˋ 古代传说中的一种神珠。

钥(鑰) yuè ㄩㄝˋ ❶锁:门～。❷钥匙。[锁钥]㊖1.做好事情的关键:动员民众是革命的～。2.边防要地:北门～。

另见 580 页 yào。

乐(樂) yuè ㄩㄝˋ ❶音乐:奏～。[乐清]地名,在浙江省。❷姓。

另见 289 页 lè。

栎(櫟) yuè ㄩㄝˋ [栎阳]古地名,在今陕西省临潼。

另见 298 页 lì。

轫(軏) yuè ㄩㄝˋ 古代车辕与车衡相连接的部件。

岳(❶*嶽) yuè ㄩㄝˋ ❶高大的山。[五岳]我国五座名山,即东岳泰山,西岳华山,南岳衡山,北岳恒山,中岳嵩山。❷称妻的父母或妻的叔伯:～父|叔～。

娍 yuè ㄩㄝˋ 轻扬。

钺（鉞、**戉）yuè ㄩㄝˋ 古代兵器名，像斧，比斧大些。

Y

越 yuè ㄩㄝˋ ❶度过，超出。1. 度过阻碍：爬山～岭。2. 不按照一般的次序，超出范围：～级｜～权｜～俎（zǔ）代庖（páo）（喻越职做别人应做的事）。3. 经过：～冬作物。❷扬起，昂扬：声音清～。❸副词，越……越……，表示程度加深：～快～好｜～跑～有劲儿｜～战～强｜天气～来～暖和。［越发］副词，更加：由于水肥充足，今年的收成～好了。❹抢夺：杀人～货。❺周代诸侯国名，在今浙江省东部，后扩展到浙江省北部、江苏全省、安徽省南部及山东省南部。后来用作浙江省东部的别称：～剧。

樾 yuè ㄩㄝˋ 树阴凉儿。

说（説）yuè ㄩㄝˋ 古同"悦"。

另见 465 页 shuì；466 页 shuō。

阅（閱）yuè ㄩㄝˋ ❶看，察看（㊀一览）：～报｜传～｜检～。❷经历，经过：～历｜～世。

悦 yuè ㄩㄝˋ ❶高兴，愉快（㊀喜一）：和颜～色｜心～诚服。❷使愉快：～耳｜赏心～目。

跃（躍）yuè ㄩㄝˋ 跳（㊀跳一）：飞～｜龙腾虎～（形容生气勃勃、威武雄壮的姿态）｜～～欲试。［跃进］1. 跳着前进。2. 极快地前进：经济建设向前～。

粤 yuè ㄩㄝˋ 广东省的别称。［两粤］指广东省和广西壮族自治区。

鸑（鷟）yuè ㄩㄝˋ ［鸑鷟］（一zhuó）古书上指一种水鸟。

龠 yuè ㄩㄝˋ ❶古代的一种管乐器。❷古代容量单位，两龠为一合（gě）。

瀹 yuè ㄩㄝˋ ❶煮：～茗（烹茶）。❷疏导（河道）：～济（jǐ）漯（tà）（济、漯是古水名）。

爚 yuè ㄩㄝˋ 火光。

籥 yuè ㄩㄝˋ 同"龠❶"。

YUN ㄩㄣ

晕（暈）yūn ㄩㄣ 昏迷：～厥（jué）｜～

倒|～过去了。㊀头脑不清：头～|～头转向。

另见618页yùn。

缊（緼） yūn ㄩㄣ 见592页"细"字条"细缊"（yīn—）。

另见619页yùn。

氲 yūn ㄩㄣ 见592页"氤"字条"氤氲"（yīn—）。

煴 yūn ㄩㄣ 微火，无焰的火。

馧 yūn ㄩㄣ 香，香气。

赟（頵） yūn ㄩㄣ 头大的样子。

赟（贇） yūn ㄩㄣ 美好。多用于人名。

云（❸雲） yún ㄩㄣˊ ❶说：诗～|人～亦～。❷文言助词，句首、句中、句末都用：～谁之思？|岁～暮矣|盖记时也～。❸由微小的水滴或冰晶聚集形成的、在空中飘浮的成团的物体：～彩|～消雾散|～集（形容许多人或事物聚集在一起）。

芸（❷蕓） yún ㄩㄣˊ ❶芸香，草本植物，花黄色，花、叶、茎有香味，可入药。❷芸薹（tái），又叫油菜，草本植物，花黄色，种子可榨油。

[芸芸]形容众多：～众生。

沄（❷澐） yún ㄩㄣˊ ❶[沄沄]形容水流动。❷大波浪。

妘 yún ㄩㄣˊ 姓。

纭（紜） yún ㄩㄣˊ [纷纭]（fēn—）（言论、事情等）多而杂乱：众说～。

耘 yún ㄩㄣˊ 除草：～田|春耕夏～。

匀 yún ㄩㄣˊ ❶平均，使平均（㊀均—）：颜色涂得不～|这两份儿多少不均，～一～吧。❷从中抽出一部分给别人或做他用：把你买的纸～给我一些|先～出两间房来给新来的同志。

昀 yún ㄩㄣˊ 日光。多用于人名。

畇 yún ㄩㄣˊ 田地平坦整齐的样子（叠）。

筠 yún ㄩㄣˊ ❶竹皮。❷竹子。

另见260页jūn。

鋆 yún ㄩㄣˊ （在人名中也读jūn）金子。

员（員） yún ㄩㄣˊ 用于人名。伍员（即伍子胥），春秋时人。

另见 612 页 yuán；618 页 yùn。

Y

郧（鄖） yún ㄩㄣˊ 郧县，地名，在湖北省。

涢（溳） yún ㄩㄣˊ 涢水，水名，在湖北省北部。

筼（篔） yún ㄩㄣˊ ［筼筜］（－dāng）生长在水边的大竹子。

允 yǔn ㄩㄣˇ ❶答应，认可（㊀－许）：～诺｜应～｜不～。❷公平得当（dàng）：公～。

狁 yǔn ㄩㄣˇ 见 538 页"猃"字条"猃狁"（xiǎn－）。

陨（隕） yǔn ㄩㄣˇ 坠落：～石。

殒（殞） yǔn ㄩㄣˇ 死亡：～命。

孕 yùn ㄩㄣˋ ❶怀胎：～妇｜～期｜～育。❷胎，身孕：有～｜怀～。

运（運） yùn ㄩㄣˋ ❶旋转，循序移动：日月～行。［运动］1. 物体的位置不断变化的现象。2. 哲学上指物质的存在形式和根本属性。3. 体育活动，如体操、游泳等。4. 政治、文化、生产等方面开展的有组织的群众性活动：五四～｜增产节约～。5.（－dong）为求达到某种目的而钻营奔走。❷搬送（㊀－输）：～货｜客～｜陆～。❸运用，灵活使用：～笔｜～思｜～筹。❹指人生死、福祸等一切的遭遇。特指迷信的人所说的命中注定的遭遇：幸～｜～气｜走好～。

酝（醞） yùn ㄩㄣˋ 酿酒，也指酒：佳～（好酒）。［酝酿］（－niàng）造酒材料加工后的发酵过程。㊉事前考虑或磋商使条件成熟：表决前要进行～。

员（員） yùn ㄩㄣˋ 姓。另见 612 页 yuán；617 页 yún。

郓（鄆） yùn ㄩㄣˋ ［郓城］地名，在山东省。

恽（惲） yùn ㄩㄣˋ 姓。

晕（暈） yùn ㄩㄣˋ ❶日光或月光通过云层时因折射作用而在太阳或月亮周围形成的光圈：日～｜月～而风。❷头发昏：一坐船就～。

另见 616 页 yūn。

愠 yùn ㄩㄣˋ 怒，怨恨：面有～色。

缊(緼) yùn ㄩㄣˋ ❶新旧混合的丝绵:~袍。❷碎麻。

另见 617 页 yūn。

韫(韞) yùn ㄩㄣˋ 藏,收藏:~椟而藏诸(收在柜子里藏起来吗)?|石~玉而山辉。

蕴(藴) yùn ㄩㄣˋ ❶包含,储藏(㊀一藏):~含。❷事理的深奥之处:底~|精~。

韵(*韻) yùn ㄩㄣˋ ❶语音名词。1. 韵母,字音中声母、声调以外部分,包括介音在内,如"堂"(táng)的韵母是 ang,"皇"(huáng)的韵母是 uang。2. 字音中声母、介音、声调以外的部分,如"堂皇"(táng huáng)都是 ang 韵。又如 an、ian、uan、üan 是四个韵母,同是 an 韵:~文|押~|叶(xié)~。❷有节奏的声音:琴~悠扬。❸风致,情趣:风~|~味|神~。

熨 yùn ㄩㄣˋ 用烙铁、熨斗把衣布等烫平。[熨斗](—dǒu)加热后用来烫平衣服的金属器具。

另见 611 页 yù。

Z ㄗ

ZA ㄗㄚ

扎(*紥、*紮) zā ㄗㄚ ❶捆,缠束:~辫子|~裤腿。❷把儿,捆儿:一~线。

另见 627 页 zhā;628 页 zhá。

匝(*帀) zā ㄗㄚ ❶周:绕树三~。❷满,环绕:~地|~月。

咂 zā ㄗㄚ ❶舌尖与腭接触发声:~嘴。❷吸,呷:~一口酒。❸仔细辨别:~滋味。

拶 zā ㄗㄚ 逼迫:债务~逼。

另见 621 页 zǎn。

杂(雜、*襍) zá ㄗㄚˊ ❶多种多样的,不单纯的:~色|~事|~技|人多手~。[杂志]把许多文章集在一起印行的期刊。❷掺杂,混合:夹~。❸正项或正式以外的:~费|~牌儿军。

砸 zá ㄗㄚˊ ❶打,捣:~钉子|~地基。❷打坏,打破:碗~了|~碎铁锁链。㊕失败:这件事搞~了。

Z

咋(**咗) zǎ ㄗㄚˇ 〈方〉代词，怎，怎么：不知～好｜这可～办？

另见625页zé；627页zhā。

臜(臢) za ·ㄗㄚ 见1页“腌”字条“腌臜”(ā—)。

ZAI ㄗㄞ

灾(*災、*烖) zāi ㄗㄞ ❶水、火、荒旱等所造成的祸害：战胜～害｜旱～。❷个人的不幸遭遇：飞～｜招～惹祸。

甾 zāi ㄗㄞ 有机化合物的一类，又叫类固醇，广泛存在于动植物体内。胆固醇和许多种激素都属于甾类化合物。

哉 zāi ㄗㄞ 文言助词。1. 表疑问或反问语气：有何难～？｜岂有他～？2. 表感叹语气：呜呼哀～！｜诚～斯言！

栽 zāi ㄗㄞ ❶种植：～菜｜～树。㊀安上，插上：～绒｜～赃。❷(一子)秧子，可以移植的植物幼苗：桃～｜树～子。❸跌倒：～跟头｜～了一跤。

仔 zǎi ㄗㄞˇ 〈方〉同“崽”。另见668页zī；670页zǐ。

载(載) zǎi ㄗㄞˇ ❶年：一年半～。❷记在书报上(㊎记一)：登～｜刊～｜转～｜～入史册。

另见621页zài。

宰 zǎi ㄗㄞˇ ❶杀牲畜(㊎一杀、屠一)：～猪｜～鸡。㊕向买东西或接受服务的人索取高价：挨～｜～人。❷主管，主持：主～｜～制。❸古代官名：太～。[宰相]古代辅佐君王掌管国家大事的最高的官。

崽 zǎi ㄗㄞˇ ❶〈方〉小孩子。❷(一子、一儿)幼小的动物：猪～儿｜虎～儿。

再(*再、*再) zài ㄗㄞˋ ❶两次，第二次：一而～，～而三。❷第二次出现，重复发生：良辰难～｜青春不～。❸副词。1. 表示又一次：～版｜～接～厉｜一错～错。[再三]副词，不止一次地，一次又一次地：～考虑。2. 表示事情或行为重复、继续，多指未然(与“又”不同)：明天～来｜雨不会～下了。3. 用在两个动词之间，表示动作的先后关系：吃完饭～去学习｜把材料整理好了～动笔写。4. 更，更加：～好没有了｜字～大一点儿就好了。5. 表示另外有所补充：～则｜盘里放着葡萄、鸭梨，～就是苹果。

在 zài ㄗㄞˋ ❶存在：革命者青春常～｜人～阵地～。❷存在于某地点：书～桌子上呢｜我今天晚上～家。㉑留在，处在：～职。❸在于，决定于：事～人为｜学习进步，主要～自己努力。［在乎］(—hu) 1.在于。2.在意，介意：满不～｜不要～别人的看法。❹副词，正在，表示动作的进行：会议～进行｜我～看报。❺介词，表示事情的时间、地点、情形、范围等：～晚上读书｜～礼堂开会｜～这种条件之下工作。❻"在"和"所"连用，表示强调：～所不辞｜～所不计｜～所难免。

载(載) zài ㄗㄞˋ ❶用交通工具装：装～｜～货｜～重汽车｜满～而归。❷充满：怨声～道｜风雨～途。❸载……载……，用在动词前，表示两个动作同时进行：～歌～舞。❹姓。

另见620页zǎi。

ZAN ㄗㄢ

糌 zān ㄗㄢ ［糌粑］(—ba) 青稞麦炒熟后磨成的面，是藏族的主食。

簪(*簮) zān ㄗㄢ ❶(—子、—儿)用来绾(wǎn)住头发的一种首饰，古时也用它把帽子别在头发上。❷插，戴：～花。

咱(*喒、*偺) zán ㄗㄢˊ 代词。❶我：～不懂他的话。❷咱们：～村全都富起来了。［咱们］"我"的多数，跟"我们"不同，包括听话的人在内：同志，你别客气，～军民是一家嘛！

拶 zǎn ㄗㄢˇ 压紧。［拶指］旧时用拶子夹手指的酷刑。［拶子］旧时夹手指的刑具。

另见619页zā。

昝 zǎn ㄗㄢˇ 姓。

寁 zǎn ㄗㄢˇ jié ㄐㄧㄝˊ (又)迅速，快捷。

噆 zǎn ㄗㄢˇ ❶叮，衔。❷咬。

攒(攢、**儹) zǎn ㄗㄢˇ 积聚，积蓄(㊊积—)：～粪｜～钱。

另见78页cuán。

趱(趲) zǎn ㄗㄢˇ ❶赶，快走：～路｜紧～了一程。❷催促，催逼：～马向前。

Z

暂（暫、*蹔） zàn ㄗㄢˋ ❶时间短，跟"久"相对：短～。❷副词，暂时：～停|会议～不举行。

錾（鏨） zàn ㄗㄢˋ ❶（一子）凿石头的小凿子。❷在金石上雕刻：～花|～字。

赞（贊、*賛、❷❸*讚） zàn ㄗㄢˋ ❶帮助：～助。［赞成］1. 表示同意：大家都～他的意见。2. 助人成功。❷夸奖，称扬（㊃一许、一扬、称一）：～不绝口。❸旧时文体的一种，以颂扬人物为主旨：像～|小～。

酂（酇） zàn ㄗㄢˋ 古地名，在今湖北省老河口一带。

另见78页 cuán；80页 cuó。

瓒（瓚） zàn ㄗㄢˋ 古代祭祀时用的一种像勺的玉器。

ZANG ㄗㄤ

赃（贜、**臓） zāng ㄗㄤ 赃物，贪污受贿或偷盗所得的财物：追～|退～|人～俱获。

脏（髒） zāng ㄗㄤ 不干净：衣服～了|把～东西清除出去。

另见 622 页 zàng。

牂 zāng ㄗㄤ 母羊。

臧 zāng ㄗㄤ 善，好。［臧否］（一pǐ）褒贬，评论，说好说坏：～人物。

驵（駔） zǎng ㄗㄤˇ 好马，壮马。［驵侩］（一kuài）马侩，进行牲畜交易的中间人，也泛指经纪人。

脏（臟） zàng ㄗㄤˋ 身体内部器官的总称：内～（见 623 页图）|五～六腑（五脏：心、肝、脾、肺、肾）。

另见 622 页 zāng。

奘 zàng ㄗㄤˋ ❶壮大，多用于人名。玄奘，唐代一位高僧的法名。❷〈方〉说话粗鲁，态度生硬。

另见 664 页 zhuǎng。

葬（*塟、*葖） zàng ㄗㄤˋ 掩埋死人，泛指处理死者遗体：埋～|火～。［葬送］㊃断送，毁灭：～前程|～幸福。

藏 zàng ㄗㄤˋ ❶储放东西的地方：宝～。❷佛教、道教经典的总称：大～经|道～。［三藏］佛教经典，包括"经"、"律"、"论"三部分，总称三藏。❸西藏自治区的简称。

［藏族］我国少数民族，参看附表。

另见 43 页 cáng。

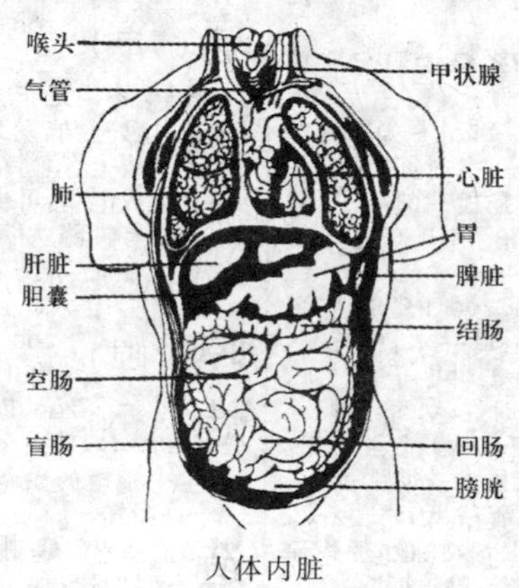

人体内脏

ZAO ㄗㄠ

遭 zāo ㄗㄠ ❶遇见，碰到(㊊一遇)：～灾|～难|～殃。❷(一儿)量词。1.圈儿，周：用绳子绕两～|转了一～。2.回，次：一～生，两～熟。

糟 zāo ㄗㄠ ❶做酒剩下的渣子。[糟粕] ㊑无价值的东西：取其精华，去其～。❷用酒或酒糟腌制食品：～鱼|～豆腐。❸腐烂，朽烂：木头～了|布～了。❹坏：事情～了。[糟蹋][糟踏](-ta)作践，不爱惜：不许～粮食。

凿(鑿) záo ㄗㄠˊ ❶(一子)挖槽或穿孔用的工具。❷穿孔，挖掘：～个眼儿|～井。[穿凿(旧读zuò)]对于讲不通的道理，牵强附会，以求其通。❸(旧读zuò)〈古〉器物上的孔，是容纳枘(ruì)的。❹(旧读zuò)明

Z

确，真实（叠）（㊀确一）：言之～～。

早 zǎo ㄗㄠˇ ❶太阳出来的时候（㊀一晨）：一大～就开会去了｜～饭｜～操。❷时间靠前，在一定时间以前：～起～睡｜那是很～的事了｜我～就预备好了｜开车还～着呢。

枣（棗） zǎo ㄗㄠˇ 枣树，落叶乔木，枝有刺，花黄色，果实叫枣子或枣儿，椭圆形，熟时红色，可以吃。

蚤 zǎo ㄗㄠˇ ❶蛇蚤（gè-zao），昆虫，即跳蚤，身体赤褐色，善跳跃，寄生在人畜的身体上，吸血液，能传染鼠疫等疾病。❷古同"早"。

澡 zǎo ㄗㄠˇ 洗澡，沐浴，洗全身：～盆｜～堂。

璪 zǎo ㄗㄠˇ ❶古代刻有水藻花纹的玉制饰物。❷古代垂在冕上穿玉的五彩丝绦。

藻 zǎo ㄗㄠˇ ❶藻类植物，没有真正的根、茎、叶的分化，有叶绿素，可以自己制造养料。种类很多，大多生活在水里。❷华丽的文辞：～饰｜辞～。[藻井]我国传统建筑中的一种顶棚形式，一般呈方形、多边形或圆形的凹面，上有各种花纹、雕刻和彩画。

皂（*皁） zào ㄗㄠˋ ❶黑色：～鞋｜不分～白（喻不问是非）。❷差役：～隶。❸皂角，落叶乔木，即皂荚。枝上有刺，结的长荚也叫皂角或皂荚，可供洗衣去污用。❹有洗涤去污作用的日用化工制品：肥～｜香～｜药～。

唣（*啅） zào ㄗㄠˋ ［啰唣］吵闹。

灶（竈） zào ㄗㄠˋ 用土坯、砖或金属等制成的生火做饭的设备：～台｜垒个～｜煤气～。

造 zào ㄗㄠˋ ❶制作，做（㊀制一）：～船｜～林｜～预算。㊁瞎编：～谣｜捏～。❷成就：～诣（yì）。❸培养：深～｜可～之材。❹到，去：～访｜登峰～极。❺相对两方面的人，特指诉讼的两方：两～｜甲～｜乙～。❻〈方〉稻子等作物从播种到收割一次叫一造：一年两～。

［造次］仓卒，匆促：～之间。㊁鲁莽，草率：不敢～。

慥 zào ㄗㄠˋ （叠）忠厚诚实的样子。

簉 zào ㄗㄠˋ 副，附属的。

噪(❷ *譟) zào ㄗㄠˋ ❶许多鸟或虫子乱叫：鹊～|蝉～。㊂声音杂乱：～音。❷许多人大声吵嚷：聒～|鼓～而进。❸(名声)广为传扬：名～一时。

燥 zào ㄗㄠˋ 干(gān)(㊥干一)：～热|口干舌～。

磲 zào ㄗㄠˋ 用于地名：～都(在江西省靖安)。

躁 zào ㄗㄠˋ 急躁，性急，不冷静：暴～|浮～|戒骄戒～。

ZE ㄗㄜ

则(則) zé ㄗㄜˊ ❶模范，规范：准～|以身作～。❷规则，制度，规程：细～|原～|守～。[法则]又叫规律，事物之间内在的必然的联系。[四则]指加、减、乘、除四种运算方法。❸效法：～先烈之言行。❹连词。1.表示因果关系，就，便：兼听～明，偏信～暗。2.表示转折，却：今～不然。3.表示两件事在时间上前后相承：预备铃一响，～学生陆续走进教室。❺副词，表示肯定的判断，就是：此～余之罪也。❻用在"一、二(再)、三"等后面，列举原因或理由：一～房子小，二～人太多，所以室内拥挤不堪。❼量词，用于成文的条数：试题三～|新闻两～|随笔一～。

责(責) zé ㄗㄜˊ ❶责任，分(fèn)内应做的事：负～|尽～|爱护公物，人人有～。❷要求：求全～备|～己严于～人。[责成]要求某人负责办好：这个问题已～专人研究解决。❸指摘过失，责备：～罚|斥～。❹责问，质问，诘(jié)问。❺旧指为惩罚而打：鞭～|杖～。

〈古〉又同"债"(zhài)。

啧(嘖) zé ㄗㄜˊ 争辩：～有烦言(很多人说不满意的话)。[啧啧]1.形容咂嘴或说话声：～称羡|人言～。2.形容鸟鸣声。

帻(幘) zé ㄗㄜˊ 古代的一种头巾。

箦(簀) zé ㄗㄜˊ 床席。

赜(賾) zé ㄗㄜˊ 深奥：探～索隐。

咋 zé ㄗㄜˊ ❶大声呼叫。❷咬，啃。[咋舌]形容因惊讶、害怕而说不出话来。

另见620页zǎ；627页zhā。

迮 zé ㄗㄜˊ ❶〈古〉狭窄：～狭。❷姓。

Z

笮 zé ㄗㄜˊ 姓。

另见 676 页 zuó。

舴 zé ㄗㄜˊ [舴艋](—měng)小船。

择(擇) zé ㄗㄜˊ 挑拣,挑选(㊀选—):不～手段|～善而从|～友|～业。

另见 630 页 zhái。

泽(澤) zé ㄗㄜˊ ❶水积聚的地方:大～|水乡～国。❷光泽,金属或其他物体发出的光亮:色～。❸湿:润～。❹恩惠:恩～。

仄 zè ㄗㄜˋ ❶倾斜。[仄声]古汉语里上声、去声、入声的总称。❷狭窄:逼～。❸心里不安:歉～。

昃 zè ㄗㄜˋ 太阳偏西。

侧(側) zè ㄗㄜˋ 同"仄"。[侧声]同"仄声"。

另见 44 页 cè;630 页 zhāi。

ZEI ㄗㄟ

贼(賊) zéi ㄗㄟˊ ❶偷东西的人,盗匪。㊀严重危害人民和国家的坏人:奸～|卖国～。❷伤害:戕(qiāng)～。❸邪的,不正派的:～眼|～头～脑。❹〈方〉狡猾:老鼠真～。❺〈方〉很,非常:～冷|～亮。

鲗(鰂) zéi ㄗㄟˊ 乌鲗,同"乌贼",软体动物,又叫墨鱼、墨斗鱼,有墨囊,遇危险时能放出黑色液体逃走,生活在海里。

ZEN ㄗㄣ

怎 zěn ㄗㄣˇ 如何:～样?|～办?[怎么](—me)代词,询问性质、状态、方式、原因等:你～也知道了?|这是～回事?|"难"字～写?

谮(譖) zèn ㄗㄣˋ 说坏话诬陷别人:～言|～害|～毁。

ZENG ㄗㄥ

曾 zēng ㄗㄥ ❶重(chóng),用来指与自己中间隔着两代的亲属:～祖|～孙。❷古同"增"。❸姓。

另见 45 页 céng。

鄫 zēng ㄗㄥ 周代诸侯国名,故城在今山东省苍山县。

增 zēng ㄗㄥ 加多,添(㊀—加):为国～光|～产节

约。[增殖]繁殖：～耕牛。㉑大量地增添：～财富。

憎 zēng ㄗㄥ 厌恶（wù），嫌，跟"爱"相对（㊥一恶、一恨）：爱～分明｜面目可～。

缯（繒） zēng ㄗㄥ 古代丝织品的总称。

另见 627 页 zèng。

罾 zēng ㄗㄥ 一种用竹竿或木棍做支架的方形渔网。

矰 zēng ㄗㄥ 古代射鸟用的一种拴着丝绳的箭。

翾 zēng ㄗㄥ 高飞。

综（綜） zèng ㄗㄥˋ 织布机上使经线交错着上下分开以便梭子通过的装置。

另见 672 页 zōng。

锃（鋥） zèng ㄗㄥˋ 器物等经过擦磨或整理后闪光耀眼：～亮｜～光。

缯（繒） zèng ㄗㄥˋ〈方〉捆，扎：把那根裂了的棍子～起来。

另见 627 页 zēng。

赠（贈） zèng ㄗㄥˋ 把东西无代价地送给别人：～品｜～阅。

甑 zèng ㄗㄥˋ（旧读 jìng）❶古代蒸饭的一种瓦器。现在称蒸饭用的木制桶状物。❷蒸馏或使物体分解用的器皿：曲颈～。

ZHA ㄓㄚ

扎（❷*紮、❷*紥） zhā ㄓㄚ ❶刺：～针｜～花（刺绣）。❷驻扎：～营。❸钻：～猛子（游泳时头朝下钻入水中）。

[扎煞]（—sha）同"挓挲"。

另见 619 页 zā；628 页 zhá。

吒 zhā ㄓㄚ ❶用于神话中的人名，如金吒、木吒。❷用于地名：～祖村（在广西壮族自治区东兴）。

另见 629 页 zhà"咤"。

挓 zhā ㄓㄚ [挓挲]〈方〉（—sha）张开：～着手。

咋 zhā ㄓㄚ [咋呼]（—hu）〈方〉1.吆喝。2.炫耀。

另见 620 页 zǎ；625 页 zé。

哳 zhā ㄓㄚ 见 635 页"啁"字条"啁哳"（zhāo—）。

查（*査） zhā ㄓㄚ ❶同"楂"（zhā）。❷姓。

另见 47 页 chá。

揸（**摣、**叡） zhā ㄓㄚ ❶用手指撮东西。❷把手指

Z

伸张开。

喳 zhā ㄓㄚ 鸟叫声：唧唧～～｜喜鹊～～叫。

另见 46 页 chā。

渣 zhā ㄓㄚ （一子、一ㄦ）提出精华或汁液后剩下的东西（㊀一滓）：豆腐～。㊁碎屑：点心～ㄦ。

楂（**樝） zhā ㄓㄚ ［山楂］（*山查）落叶乔木，花白色，果实也叫山楂，深红色有白点，味酸，可以吃，也可入药。

另见 47 页 chá。

奓 zhā ㄓㄚ 奓山，地名，在湖北省武汉。

另见 629 页 zhà。

劄 zhā ㄓㄚ 旧同"扎❶❷"。另见 628 页 zhá；628 页 zhá"札"。

齇（**皻） zhā ㄓㄚ 鼻子上长的红色小疮，就是酒糟鼻上的红斑。

扎 zhá ㄓㄚˊ ［扎挣］（一zheng）〈方〉勉强支持。

另见 619 页 zā；627 页 zhā。

札（❸△*劄、❸*剳） zhá ㄓㄚˊ ❶古代写字用的木片。［札记］读书时记下的要点和心得。❷信件（㊀信一、书一）：手～｜来～。❸（一子）旧时的一种公文。

"劄"另见 628 页 zhā；628 页 zhá。

轧（軋） zhá ㄓㄚˊ 义同"轧"（yà），用于轧辊、轧钢、轧钢机等。

另见 145 页 gá；568 页 yà。

闸（閘、*牐） zhá ㄓㄚˊ ❶拦住水流的建筑物，可以随时开关：～口｜河里有一道～。❷把水截住。❸使机械减速或停止运行的装置，也指较大型的电源开关：刹～｜自行车～｜拉～限电。

炸（**煠） zhá ㄓㄚˊ 把食物放在煮沸的油或水里弄熟：～糕｜～鱼｜把菠菜～一～。

另见 629 页 zhà。

铡（鍘） zhá ㄓㄚˊ ❶铡刀，一种切草或切其他东西的器具。❷用铡刀切：～草。

喋 zhá ㄓㄚˊ 见 437 页"唼"字条"唼喋"（shà一）。

另见 104 页 dié。

劄 zhá ㄓㄚˊ ❶［目劄］中医指不停地眨眼的病，多见于儿童。❷见 628 页"札"。

另见 628 页 zhā。

拃 zhǎ ㄓㄚˇ ❶张开大拇指和中指量长度。❷张开大拇指和中指两端的距离：两～宽。

苲 zhǎ ㄓㄚˇ 苲草，指金鱼藻等水生植物。

砟 zhǎ ㄓㄚˇ（一子）某些坚硬成块的东西：煤～子|炉灰～子。

鲊（鮓） zhǎ ㄓㄚˇ 一种用盐和红曲（调制食品的材料）腌（yān）的鱼。

眨 zhǎ ㄓㄚˇ（一巴）眼睛很快地一闭一开：一～眼（时间极短）就看不见了|杀人不～眼（形容凶残）。

鲝（鮺） zhǎ ㄓㄚˇ ❶同"鲊"。❷[鲝草滩]地名，在四川省乐山。

乍 zhà ㄓㄚˋ ❶忽然：～冷～热。❷刚刚：新来～到。❸张开：～翅。

诈（詐） zhà ㄓㄚˋ ❶假装：～死|～降（xiáng）。❷使手段诓（kuāng）骗（㊥欺一、一骗）：～财|你不必拿话～我。

柞 zhà ㄓㄚˋ［柞水］地名，在陕西省。

另见 677 页 zuò。

炸 zhà ㄓㄚˋ ❶突然破裂（㊥爆一）：～弹|玻璃杯～了。❷用炸药、炸弹爆破：～碉堡。❸发怒：他一听就～了。❹因受惊而四处逃散：～市|～窝。

另见 628 页 zhá。

痄 zhà ㄓㄚˋ［痄腮］（—sai）流行性腮腺炎的俗称。

蚱 zhà ㄓㄚˋ［蚱蜢］（—měng）昆虫，像蝗虫，身体绿色或褐色，触角短，不能远飞，吃稻叶等。

榨（❶*搾） zhà ㄓㄚˋ ❶用力压出物体里的汁液：～油|压～|～汁机。❷压出物体里汁液的器具：油～|酒～。

栅（*柵） zhà ㄓㄚˋ 栅栏，用竹、木、铁条等做成的阻拦物：篱笆～|木～|铁～。

另见 438 页 shān。

奓 zhà ㄓㄚˋ 张开：头发～着|这件衣服下摆太～了。

另见 628 页 zhā。

䃎 zhà ㄓㄚˋ［大水䃎］地名，在甘肃省景泰。

咤（△*吒） zhà ㄓㄚˋ 生气时对人大声嚷。

"吒"另见 627 页 zhā。

Z

溠 zhà ㄓㄚˋ 溠水，水名，在湖北省随州。

蜡（＊＊禚） zhà ㄓㄚˋ 古代年终的一种祭祀名。

另见 282 页 là。

霅 zhà ㄓㄚˋ 霅溪，水名，在浙江省。

ZHAI ㄓㄞ

侧（側） zhāi ㄓㄞ 〈方〉倾斜。［侧棱］（一leng）向一边倾斜：～着身子睡觉。［侧歪］（一wai）倾斜：车在山坡上～着走。

另见 44 页 cè；626 页 zè。

斋（齋） zhāi ㄓㄞ ❶书房或校舍：书～｜第一～。❷祭祀前整洁身心，以示虔诚：～戒。㉠佛教、道教等教徒吃的素食：吃～。❸舍饭给僧人：～僧。

摘 zhāi ㄓㄞ ❶采下，拿下：～瓜｜～梨｜～帽子。❷选取：～要｜～记。［指摘］指出缺点。❸临时借：东～西借。

宅 zhái ㄓㄞˊ 住所：住～｜深～大院。

择（擇） zhái ㄓㄞˊ 义同“择”（zé），用于口语：～菜｜～席（换个地方就睡不安稳）。

另见 626 页 zé。

翟 zhái ㄓㄞˊ 姓。

另见 96 页 dí。

窄 zhǎi ㄓㄞˇ ❶狭，不宽，宽度小，跟“宽”相对（㊀一狭、狭一）：路太～｜地方太～，放不下双人床。㉠气量小，心胸不开阔：他的心眼儿太～。❷生活不宽裕：以前的日子很～，现在可好了。

鉙 zhǎi ㄓㄞˇ（一儿）〈方〉器物残缺损坏的痕迹，水果伤损的痕迹：碗上有块～儿｜苹果没～儿。

豸 zhài ㄓㄞˋ ［冠豸山］（guàn— —）山名，在福建省连城。

另见 651 页 zhì。

债（債） zhài ㄓㄞˋ 所欠下的钱财：还～｜公～。

砦 zhài ㄓㄞˋ ❶见 630 页“寨”。❷姓。

寨（❶—❸△＊砦） zhài ㄓㄞˋ ❶防守用的栅栏。［鹿寨］军事上常用的一种障碍物，古代多用削尖的竹木，现多用铁蒺藜等做成。❷旧时军营：安营扎～。❸村子：山～｜村村～～。❹姓。

攦 zhài ㄓㄞˋ 〈方〉缝纫方法，把衣服上附加的物件缝上：～纽扣儿|～花边。

瘵 zhài ㄓㄞˋ 病，多指痨病。

ZHAN ㄓㄢ

占 zhān ㄓㄢ 古代用龟甲、蓍(shī)草等，后世用铜钱或牙牌等判断吉凶：～卦|～课。

另见632页zhàn。

沾(❶❷*霑) zhān ㄓㄢ ❶浸湿：泪流～襟|汗出～背。❷因接触而附着(zhuó)上：～水|～了一身泥。㊀1.染上：～染了坏习气。2.凭借某种关系而得到好处：～光。❸稍微碰上或接触上：～边儿|脚不～地。

[沾沾自喜]形容自己觉得很好而得意的样子。

毡(氈、*氊) zhān ㄓㄢ (－子)用兽毛砑(yà)成的片状物，可做防寒用品和工业上的垫衬材料：炕～|～靴|油毛～。

粘 zhān ㄓㄢ ❶黏的东西互相连接或附着在别的东西上：几块糖都～在一起了|不～锅。❷用胶水或糨糊等把一种东西胶合在另一种东西上：～贴|～上信封。

另见363页nián。

栴 zhān ㄓㄢ [栴檀]古书上指檀香。

旃 zhān ㄓㄢ ❶文言助词，等于"之焉"两字的合音：勉～。❷古同"毡"。

詹 zhān ㄓㄢ 姓。

谵(譫) zhān ㄓㄢ 多说话。特指病中说胡话：～语|～妄。

瞻 zhān ㄓㄢ 往上或往前看：～仰|高～远瞩。

饘(饘、**飦) zhān ㄓㄢ 稠粥。

邅 zhān ㄓㄢ ❶难走。❷转，改变方向：～彼南道兮。

鹯(鸇) zhān ㄓㄢ 古书中说的一种猛禽，似鹞(yào)鹰。

鳣(鱣) zhān ㄓㄢ 古书上指鳇(huáng)鱼。

〈古〉又同"鳝"(shàn)。

斩(斬) zhǎn ㄓㄢˇ 砍断：～首|～草除根|～钉截铁。

崭(嶄、*嶃) zhǎn ㄓㄢˇ ❶高峻，突出：～露头角。❷非常，极：～新。

Z

晰（𥈇） zhǎn ㄓㄢˇ〈方〉眨眼皮开合，眨眼。

飐（颭） zhǎn ㄓㄢˇ 风吹物体使颤动：风～竹枝。

盏（盞、❶*琖、*醆） zhǎn ㄓㄢˇ ❶小杯子：酒～｜茶～。❷量词，用于灯：一～灯。

展 zhǎn ㄓㄢˇ ❶张开，舒张开：～翅｜～望｜～开｜舒～。［展览］把物品陈列起来让人参观。❷施展：一筹莫～。❸放宽：～缓｜～期｜～限。

搌 zhǎn ㄓㄢˇ 轻轻地擦抹或按压，以吸去液体：～布｜用药棉花～一～。

辗（輾） zhǎn ㄓㄢˇ［辗转］（*展转）（—zhuǎn）1.身体翻来覆去地来回转动：～反侧。2.经过许多人或许多地方：～传说｜～于大半个中国。

黵 zhǎn ㄓㄢˇ 弄脏，染上污点：墨水把纸～了｜这种布颜色暗，禁（jīn）～（脏了不容易看出来）。

占（*佔） zhàn ㄓㄢˋ ❶据有，用强力取得（㊇一据）：～领｜强～｜攻～。❷处于某种地位或情势：～上风｜～优势｜～多数。

另见 631 页 zhān。

战（戰） zhàn ㄓㄢˋ ❶战争，通常指打仗（㊇一斗）：宣～｜～时｜～役｜持久～｜作～｜百～百胜。［战略］1.指导战争全局的计划和策略。2.比喻决定全局的策略。［战术］进行战斗的原则和方法。㊃解决局部问题的方法。［战国］我国历史上的一个时代（公元前 475—公元前 221 年）。❷发抖：～栗（害怕发抖）｜打冷～｜寒～。

站 zhàn ㄓㄢˋ ❶直立：～岗｜中国人民～起来了。❷停：不怕慢，就怕～。❸为乘客上下或货物装卸而设的停车的地方：车～｜起点～。❹分支办事处：工作～｜保健～。

栈（棧） zhàn ㄓㄢˋ ❶储存货物或供旅客住宿的房屋：货～｜客～。❷养牲畜的竹木棚或栅栏：马～。［栈道］在悬崖峭壁上凿孔架木桩，铺上木板而成的道路。

偡 zhàn ㄓㄢˋ 齐整。

湛 zhàn ㄓㄢˋ ❶深：精～的演技。❷清澈：清～。

绽（綻） zhàn ㄓㄢˋ 裂开：破～｜鞋开～了。

颤（顫） zhàn ㄓㄢˋ 同"战❷"。另见 51 页 chàn。

蘸 zhàn ㄓㄢˋ 在汁液、粉末或糊状物里沾一下就拿出来：～墨水｜～酱。

ZHANG ㄓㄤ

张（張） zhāng ㄓㄤ ❶展开，打开：～嘴｜～弓搭箭｜纲举目～｜～牙舞爪。㊀1.扩大，夸大：虚～声势｜～大其词。2.放纵，无拘束：乖～｜嚣（xiāo）～。［开张］开始营业。❷铺排陈设：～灯结彩。❸看，望（㊁一望）：东～西望。❹量词。1.用于纸、皮子、床、桌子等：一～画｜两～纸｜一～桌子。2.用于嘴、脸：一～嘴。3.用于弓：一～弓。❺星宿名，二十八宿之一。

章 zhāng ㄓㄤ ❶诗歌文辞的段落：乐（yuè）～｜篇～｜第一～。❷奏章，臣子呈给皇帝的意见书。❸章程，法规：简～｜党～｜规～制度。㊀1.条理：杂乱无～。2.条目：约法三～。❹戳记：图～｜盖～。❺佩带在身上的标志：徽～｜袖～。

鄣 zhāng ㄓㄤ 周代诸侯国名，在今山东省东平东。

獐（*麞） zhāng ㄓㄤ 哺乳动物，又叫牙獐，像鹿而小，头上无角。雄的犬齿发达，露出嘴外。

彰 zhāng ㄓㄤ ❶明显，显著：欲盖弥～｜相得益～。❷表彰：～善瘅（dàn）恶。

漳 zhāng ㄓㄤ 漳河，发源于山西省，流至河北省入卫河。

嫜 zhāng ㄓㄤ 丈夫的父亲。［姑嫜］古时女子称丈夫的母亲和父亲。

璋 zhāng ㄓㄤ 一种玉器，形状像半个圭。

樟 zhāng ㄓㄤ 樟树，常绿乔木，树干高大，木质坚硬细致，有香味，做成箱柜，可以防蠹虫。

暲 zhāng ㄓㄤ 明亮。

蟑 zhāng ㄓㄤ ［蟑螂］（－láng）昆虫，又叫蜚蠊（fěilián），黑褐色，有光泽，常咬坏衣物、污染食物，能发臭气。

长（長） zhǎng ㄓㄤˇ ❶生，发育：～疮｜庄稼～得很旺。❷增加：～见识｜增～。❸排行中第一的：～

Z

兄|～孙。[长子] 1. 排行第一的儿子。2. 地名，在山西省。❹辈分高或年纪大的：～者|～辈。也指辈分高或年纪大的人：师～。敬辞：学～。❺主持人，机关、团体等单位的负责人：部～|校～。

另见 51 页 cháng。

涨（漲） zhǎng ㄓㄤˇ ❶水量增加，水面高起来：水～船高|河里～水了。❷价格提高：～钱|～价。

另见 635 页 zhàng。

仉 zhǎng ㄓㄤˇ 姓。

掌 zhǎng ㄓㄤˇ ❶巴掌，手心，握拳时指尖触着的一面：鼓～。㉰脚的底面：脚～|熊～。❷用巴掌打：～嘴。❸把握，主持，主管：～印|～舵|～权|～管。[掌故]关于古代人物、典章、制度等的故事。[掌握]把握，拿稳：～政策|～原则。❹（一儿）鞋底前后钉或缀上的皮子等：钉两块～儿。❺马蹄铁，钉在马、驴、骡子等蹄子底下的铁：马～。❻同"礃"。

礃 zhǎng ㄓㄤˇ [礃子]煤矿里采煤或隧道工程中掘进的工作面。也作"掌子"。

丈 zhàng ㄓㄤˋ ❶市制长度单位，1 丈是 10 尺，约合 3.33米。❷测量长度、面积：～量|～地。❸对成年或老年男子的尊称：老～。[丈夫] 1. 成年男子的通称。2.（一fu）妇女的配偶，跟"妻子"相对。[丈人] 1. 旧称老年男子。2.（一ren）称妻子的父亲。

仗 zhàng ㄓㄤˋ ❶古代兵器的总称：兵～|仪～|明火执～。㉺战争：打～|胜～|败～。❷凭借，依靠（㉠倚一、一恃）：～着大家的力量|～势欺人。❸拿着（兵器）：～剑。

杖 zhàng ㄓㄤˋ ❶拐杖，扶着走路的棍子：手～|扶～而行。❷泛指棍棒：擀面～。

帐（帳） zhàng ㄓㄤˋ ❶（一子）用布或其他材料做成的帷幕：蚊～|圆顶～子|营～|～篷。❷同"账"。

账（賬） zhàng ㄓㄤˋ ❶关于银钱财物出入的记载：记～|流水～。❷指记载银钱财物出入的本子或单子：一本～|一篇～。❸债务：欠～|不认～（喻不承认自己做的事）。

胀（脹） zhàng ㄓㄤˋ ❶膨胀，体积变大：热

～冷缩。❷身体内壁受到压迫而产生不舒服的感觉：肚子～|肿～。

涨（漲） zhàng ㄓㄤˋ ❶体积增大：豆子泡～了。❷弥漫：烟尘～天。❸多出来：～出十块钱。❹头部充血：头昏脑～|他气得～红了脸。

另见 634 页 zhǎng。

障 zhàng ㄓㄤˋ ❶阻隔。[障碍]阻挡进行的事物：扫除～。❷用作遮蔽、防卫的东西：风～|屏～。

嶂 zhàng ㄓㄤˋ 形势高险像屏障的山峰：层峦叠～。

幛 zhàng ㄓㄤˋ （一子）上面题有词句的整幅绸布，用作庆贺或吊唁的礼物。

瘴 zhàng ㄓㄤˋ 瘴气，热带山林中的湿热空气。

ZHAO ㄓㄠ

钊（釗） zhāo ㄓㄠ 勉励。多用于人名。

招 zhāo ㄓㄠ ❶打手势叫人来或致意：用手一～他就来了|～之即来|～手示意。[招待]应接宾客。[招呼]（一hu）1.召唤：有人～你。2.照料，扶助：～老人。❷用公开的方式使人来：～集|～生|～兵买马|～商引资。㉿1.惹起：～事|～笑|别～他。2.引来：～蚂蚁。❸承认自己的罪状：不打自～。❹武术上的动作。㊝计策，办法：花～儿|绝～儿。

昭 zhāo ㄓㄠ ❶明显，显著：罪恶～彰|～然若揭。❷表明，显示：以～信守。[昭昭]1.光明，明亮：日月～。2.明白：使人～。

锂（鉊） zhāo ㄓㄠ 镰刀。

啁 zhāo ㄓㄠ [啁哳][嘲哳]（一zhā）形容声音杂乱细碎。

另见 656 页 zhōu。

着 zhāo ㄓㄠ ❶（一儿）下棋时下一子或走一步叫一着。㊝计策，办法：你出个高～儿|我没～儿了。❷〈方〉放，搁进去：～点儿盐。❸〈方〉用于应答，表示同意：～，你说得真对。

另见 636 页 zháo；639 页 zhe；667 页 zhuó。

朝 zhāo ㄓㄠ 早晨：只争～夕|～思暮想。㉿日，天：今～。[朝气]精神振作、努力进取的气概：～蓬勃。

另见 54 页 cháo。

Z

嘲 zhāo ㄓㄠ [嘲哳]（—zhā）同"啁哳"。

另见54页 cháo。

着 zháo ㄓㄠˊ ❶接触，挨上：上不～天，下不～地。❷感受，受到：～慌|～凉|～急。❸燃烧，也指灯发光：～火|柴火～了|天黑了，路灯都～了。❹入睡，睡着：躺下就～了。❺用在动词后表示达到目的或有结果：猜～了|打～了。

另见635页 zhāo；639页 zhe；667页 zhuó。

爪 zhǎo ㄓㄠˇ ❶指甲或趾甲：手～。❷鸟兽的脚趾：鹰～。[爪牙]㊀党羽，狗腿子。

另见661页 zhuǎ。

找 zhǎo ㄓㄠˇ ❶寻求，想要得到或见到：～东西|～事做|丢了不好～|～麻烦|～人|～经理。❷把超出的部分退回或把不足的部分补足：～钱|～零|～齐。

沼 zhǎo ㄓㄠˇ 水池子（㊂池—）。[沼气]有机物在地下隔绝空气的条件下分解而产生的气体，可以燃烧。多产生于池沼，也产生于煤矿井、石油井中。主要成分是甲烷。[沼泽]水草茂密的泥泞地带。

召 zhào ㄓㄠˋ ❶呼唤，招呼：号～|～见|～唤|～集|～开会议。❷姓。

另见444页 shào。

诏（詔） zhào ㄓㄠˋ ❶告诉：～示。❷皇帝所发的命令：～书|～令。

照（❶*炤） zhào ㄓㄠˋ ❶光线射在物体上：拿灯～一～|阳光普～。❷对着镜子或其他反光的东西看自己或其他人物的影像：～镜子。❸照相，摄影：天安门前～张相|拍～。❹画像或相片：小～。❺照管，看顾：～应。[照料]关心，料理：病人需要～。❻查对，对比：比～|对～|参～。❼凭证：护～|牌～。❽知晓：心～不宣。❾通告，通知：知～。[关照]1.关心照顾。2.口头通知：请～他一声，我明天来。[照会]外交上用以表明立场、达成协议或通知事项的公文。❿介词。1.对着，向着：～敌人开枪|～着这个方向走。2.按照，依照：～计划执行|～他的意思办。⓫副词，表示按原样或某种标准做：～抄|～办。

兆 zhào ㄓㄠˋ ❶古代占验吉凶时灼龟甲所成的裂纹（迷信）。❷预兆：征～|佳～。

❸预示：瑞雪～丰年。❹数目名：1. 百万。2. 古代指万亿。❺法定计量单位中十进倍数单位词头之一，表示 10^6，符号 M。

旐 zhào ㄓㄠˋ 古代的一种旗子。

鮡（鮡） zhào ㄓㄠˋ 鱼名，无鳞，头部扁平，种类很多，有的种类胸部前方有吸盘，生活在溪水中。

赵（趙） zhào ㄓㄠˋ 战国国名，在今河北省南部和山西省中部、北部一带。

笊 zhào ㄓㄠˋ［笊篱］（—li）用竹篾、柳条、金属丝等编成的一种用具，可以在汤水里捞东西。

棹（*櫂） zhào ㄓㄠˋ 划船的一种工具，形状和桨差不多。㊀1. 船。2. 〈方〉划（船）。

罩 zhào ㄓㄠˋ ❶（—子、—儿）覆盖物体的东西：口～｜灯～子。❷扣盖，覆盖，套上：把菜～起来｜外面～了件白大褂儿。❸穿在其他衣服外面的单衣：外～｜～衣｜袍～儿。❹养鸡用的竹笼子。❺捕鱼用的竹器，圆筒形，无顶无底，下略大，上略小。

肇（**肈） zhào ㄓㄠˋ ❶开始：～端。❷发生：～祸（闯祸）｜～事。

曌 zhào ㄓㄠˋ 同"照"。唐代女皇帝武则天为自己名字选用的新造字。

ZHE ㄓㄜ

折 zhē ㄓㄜ 翻转，倒腾：～跟头｜用两个碗把开水～一～就凉了。

另见 444 页 shé；637 页 zhé。

蜇 zhē ㄓㄜ ❶有毒腺的虫子刺人或牲畜：被蝎子～了。❷某些东西刺激皮肤或器官使感觉不适：切洋葱～眼睛。

另见 638 页 zhé。

遮 zhē ㄓㄜ 掩盖，掩蔽，挡：～丑｜～人耳目｜乌云～不住太阳的光辉。

折（❹❺△摺） zhé ㄓㄜˊ ❶断，弄断：骨～｜禁止攀～花木。㊃幼年死亡：夭～。［折磨］（—mó）使在肉体或精神上受痛苦：受尽～。❷损失：损兵～将。❸弯转，屈曲：～腰｜转～。㊀返转，回转：走到半路又～回来了。［折中］（*折衷）对不同意见采取调和态度。❹叠，折

叠:~衣服|~尺。❺(一子、一儿)用纸折叠起来的本子:存~。❻杂剧一本分四折,一折相当于现代戏曲的一场。❼心服:~服|心~。❽折扣,按成数减少:打~|九~。❾抵作,对换,以此代彼:~账|~变(变卖)。❿汉字的一种笔形(㇀):"买"字的第一笔是~。

另见 444 页 shé;637 页 zhē。

哲(△*喆) zhé ㄓㄜˊ ❶有智慧:~人。[哲学]社会意识形态之一,它研究自然界、社会和思维的普遍规律,是关于自然知识和社会知识的概括和总结,是关于世界观的理论。❷聪明有智慧的人:先~。

晢(**晣) zhé ㄓㄜˊ 明亮。

蜇 zhé ㄓㄜˊ 海蜇,腔肠动物,外形像张开的伞,生活在海里。

另见 637 页 zhē。

箸 zhé ㄓㄜˊ 〈方〉(一子)一种粗的竹席。

辄(輒、*輙) zhé ㄓㄜˊ 总是,就:每至此,~觉心旷神怡|所言~听|动~得咎。

喆 zhé ㄓㄜˊ ❶见 638 页"哲"。❷用于人名。

蛰(蟄) zhé ㄓㄜˊ 动物冬眠,藏起来不食不动:~伏|入~|~虫。

詟(讋) zhé ㄓㄜˊ 〈古〉恐惧。

谪(謫、*讁) zhé ㄓㄜˊ ❶谴责,责罚。❷封建时代特指贬官。

摺 zhé ㄓㄜˊ 见 637 页"折"(zhé)。("摺"简化为"折",在意义上可能混淆时,仍用"摺"。)

磔 zhé ㄓㄜˊ ❶古代分裂肢体的酷刑。❷汉字的一种笔形,即捺(nà)。

辙(轍) zhé ㄓㄜˊ 车辙,车轮轧的痕迹。㉑1.(一儿)车辆行走的一定路线:戗(qiāng)~儿(逆着规定的路向)|顺~儿。2.歌词、戏曲、杂曲所押的韵:合~|十三~。3.〈方〉办法:没~了。

者 zhě ㄓㄜˇ ❶助词,用在形容词、动词或词组后,指人或事物:学~|读~|作~|强~|符合标准~。❷助词,表示语气停顿:陈胜~,阳城人也|云~,水汽蒸腾而成。❸代词,这,此(多用在古诗词中):~回|~番|~边走。❹用在"二、三、数"等数词后,指上文所说的几件事:二~必居

其一|三～缺一不可。

啫 zhě ㄓㄜˇ［啫喱］(—lí)(外)从天然海藻或某些动物皮、骨中提取制作的胶性物质，可以作为某些食品和某些化妆品的原料。

锗(鍺) zhě ㄓㄜˇ 金属元素，符号Ge，银灰色，质脆。是重要的半导体材料。

赭 zhě ㄓㄜˇ 红褐色：～石(矿物名，可用作颜料)。

褶(**襵) zhě ㄓㄜˇ (—子、—儿) ❶衣服经折叠而缝制成的印痕：百～裙。❷泛指折皱的部分：衣服上净是～子|这张纸有好多～子|满脸的～子。

这(這) zhè ㄓㄜˋ ❶代词，此，指较近的时间、地方或事物，跟"那"相对：～里|～些|～个|～是英汉词典。［这么］(—me) 代词，如此：～办就好了。❷这时候，指说话的同时：我～就走。

另见640页zhèi。

柘 zhè ㄓㄜˋ 柘树，落叶灌木或小乔木，叶卵形或椭圆形，可以喂蚕，根、皮可入药，柘木可制黄色染料，叫柘黄。

浙(*淛) zhè ㄓㄜˋ ❶浙江，古水名，又叫浙江、之江或曲江，即今钱塘江，是浙江省第一大河流。❷浙江省的简称。

蔗 zhè ㄓㄜˋ 甘蔗，草本植物，茎圆柱形，有节，含甜汁很多，可以吃，也用来制糖。

嗻 zhè ㄓㄜˋ 叹词，旧时表示答应，"是"的意思。

鹧(鷓) zhè ㄓㄜˋ［鹧鸪］(—gū) 鸟名，背部和腹部黑白两色相杂，头顶棕色，脚黄色。吃谷粒、昆虫、蚯蚓等。

䗪 zhè ㄓㄜˋ 䗪虫，昆虫，即土鳖，身体扁，棕黑色，雄的有翅，雌的无翅。可入药。

着 zhe ·ㄓㄜ 助词。❶用在动词后。1.表示动作正进行：走～|等～|开～会呢。2.表示状态的持续：桌上放～一本书|墙上挂～一幅画。❷用在形容词后，表示程度深，常跟"呢"(ne)连用：好～呢|这小孩儿精～呢！❸用在动词或表示程度的形容词后，表示祈使：你听～|步子大～点儿！❹加在某些动词后，使变成介词：顺～|照～|沿～|朝～。

另见635页zhāo；636页zháo；667页zhuó。

Z

ZHEI ㄓㄟ

这(這) zhèi ㄓㄟ "这(zhè)一"的合音,但指数量时不限于一:~个|~些|~年|~三年。

另见 639 页 zhè。

ZHEN ㄓㄣ

贞(貞) zhēn ㄓㄣ (旧读 zhēng) ❶坚定,有节操:忠~|坚~不屈。❷旧礼教中指女子不改嫁或不失身:~女|~节。❸占,卜,问卦:~卜。

侦(偵、*遉) zhēn ㄓㄣ (旧读 zhēng) 探听,暗中察看:~探|~查案件|~察机。

帧(幀) zhēn ㄓㄣ (旧读 zhèng) 量词,幅(用于字画、照片等):一~彩画。[装帧]书画等物的装潢设计。

浈(湞) zhēn ㄓㄣ (旧读 zhēng) 浈江,水名,在广东省北部。

桢(楨) zhēn ㄓㄣ (旧读 zhēng)古代打土墙时所立的木柱。[桢干](-gàn)喻能担重任的人才。

祯(禎) zhēn ㄓㄣ (旧读 zhēng) 吉祥。

针(針、*鍼) zhēn ㄓㄣ ❶缝织衣物引线用的一种细长的工具。[针对]对准:~着工作中的缺点,提出改进的办法。❷细长像针形的东西:大头~|松~|钟表上有时~、分~和秒~。[指南针]我国古代发明的一种利用磁石制成的指示方向的仪器。❸用针刺的方法治病:~灸。❹西医注射用的器具:~头。❺针剂:打~|防疫~。

珍(*珎) zhēn ㄓㄣ ❶宝贝,宝贵的东西:奇~异宝。❷贵重的,宝贵的:~禽异兽。❸重视,看重:世人~之|~惜|~视。

胗 zhēn ㄓㄣ 鸟类的胃:鸭~|鸡~肝儿。

真 zhēn ㄓㄣ ❶真实,跟客观事物相符合,跟"假"相对:~相大白|千~万确。[真理]正确反映客观世界发展规律的思想。[天真]1.心地单纯,性格很直率。2.头脑简单,容易被假象迷惑:这种想法太~。❷人和物的本样:写~|传~。❸副词,确实,的

确：～好|～高兴。❹清楚，显明：字太小，看不～|听得很～。❺真书(楷书)：～草隶篆。❻本性，本原：返璞归～。

禛 zhēn ㄓㄣ 吉祥。多用于人名。

砧(*碪) zhēn ㄓㄣ 捶、砸或切东西的时候，垫在底下的器具：铁～|～板。[砧木]嫁接植物时把接穗接在另一个植物体上，这个植物体叫砧木。

葴 zhēn ㄓㄣ 古代指马蓝。

箴 zhēn ㄓㄣ ❶同"针❶"。❷劝告，劝诫：～言。❸一种文体，以告诫规劝为主。

蓁 zhēn ㄓㄣ ❶(叠)草木茂盛：其叶～～。❷同"榛❷"：深～(荆棘丛)。

溱 zhēn ㄓㄣ 溱头河，水名，在河南省驻马店。今作"臻头河"。

另见410页qín。

瑧 zhēn ㄓㄣ 一种玉。

榛 zhēn ㄓㄣ ❶落叶灌木或小乔木，叶椭圆形，花黄褐色。果实叫榛子，果皮坚硬，果仁可以吃。❷泛指丛生的荆棘：～莽。❸草木丛杂(叠)：草木～～。

臻 zhēn ㄓㄣ 到，达到：日～完善。

斟 zhēn ㄓㄣ 往杯子里倒(酒或茶)：～酒|～茶|给我～上碗水。[斟酌](—zhuó)㊕度(duó)量，考虑：请～办理。

椹 zhēn ㄓㄣ 同"砧"。

另见449页shèn。

甄 zhēn ㄓㄣ 审查：～别|～拔人才。

诊(診) zhěn ㄓㄣˇ 医生为断定病症而察看病人身体的情况：～断|～脉|门～|出～。

轸(軫) zhěn ㄓㄣˇ ❶古代车后的横木。❷悲痛：～悼|～怀(悲痛地怀念)|～恤(怜悯)。❸星宿名，二十八宿之一。

昣 zhěn ㄓㄣˇ 明亮。

畛 zhěn ㄓㄣˇ 田地间的小路。㊀界限：不分～域。

疹 zhěn ㄓㄣˇ 皮肤上起的小疙瘩，多为红色，小的像针尖，大的像豆粒：湿～。

袗 zhěn ㄓㄣˇ ❶单衣。❷(衣服)华美。

枕 zhěn ㄓㄣˇ ❶枕头，躺着时垫在头下的东西。[枕木]铁路路基上承受铁轨的横

Z

木。❷躺着的时候把头放在枕头或器物上：～着枕头｜～戈待旦(形容时刻准备投入战斗)。

缜(縝) zhěn ㄓㄣˇ 周密，细致(㊐一密)：～密的思考。

稹 zhěn ㄓㄣˇ 同"缜"。

鬒(**黰) zhěn ㄓㄣˇ 头发浓密而黑：～发。

圳(**甽) zhèn ㄓㄣˋ〈方〉田边水沟。多用于地名：深～(在广东省)。

阵(陣) zhèn ㄓㄣˋ ❶军队作战时布置的局势：～线｜布～｜严～以待｜一字长蛇～。㊎战场：～亡。[阵营]两军交战对立的阵势。㊖利益和斗争目标相同的集团：革命～。❷量词，表示事情或动作经过的段落：刮了一～风。㊕(一子)一段时间：这一～子工作正忙。

纼(紖) zhèn ㄓㄣˋ〈方〉拴牛、马等的绳索。

鸩(鴆、❷❸△*酖) zhèn ㄓㄣˋ ❶传说中的一种毒鸟，相传把它的羽毛泡在酒里，喝了可以毒死人。❷用鸩的羽毛泡成的毒酒：饮～止渴(喻满足一时需要，不顾严重后果)。❸用毒酒害人。

"酖"另见 87 页 dān。

振 zhèn ㄓㄣˋ ❶摇动，挥动：～笔直书｜～铃｜～臂高呼。❷奋起，兴起：～兴｜～作｜精神一～。❸救：～乏绝。❹振动：共～｜谐～。

赈(賑) zhèn ㄓㄣˋ 赈济，救济：～灾｜以工代～。

震 zhèn ㄓㄣˋ ❶迅速或剧烈地颤动：～耳｜～天动地。特指地震：～中｜防～。❷惊恐或情绪过分激动：～惊｜～怒。❸八卦之一，符号是☳，代表雷。

朕 zhèn ㄓㄣˋ ❶我，我的，由秦始皇时起专用作皇帝自称。❷预兆。

揕 zhèn ㄓㄣˋ 用刀剑等刺。

瑱 zhèn ㄓㄣˋ [瑱圭]古代帝王朝会时所拿的一种圭。另见 493 页 tiàn。

镇(鎮) zhèn ㄓㄣˋ ❶压：～尺。㊎压制，抑制：～痛｜警察一到，闹事的人就被～住了。[镇压]用强力压制：～叛乱。❷用武力维持安定：～守｜坐～。也指镇

守的地方：军事重～。❸安定：～静|～定。❹把饮料等放在冰箱里或同冰、冷水放在一起使凉：冰～汽水。❺行政区划单位，一般由县一级领导：城～居民|乡～企业。❻较大的集市。❼时常：十年～相随。

ZHENG ㄓㄥ

丁 zhēng ㄓㄥ [丁丁]形容伐木、弹琴等的声音。

另见104页dīng。

正 zhēng ㄓㄥ 正月，农历一年的第一个月：新～。

另见644页zhèng。

征(❸-❻△徵) zhēng ㄓㄥ ❶远行：～帆(远行的船)|～途。❷用武力制裁：出～|～讨。[征服]用力制服：～病魔。❸由国家召集或收用：应(yìng)～入伍|～税。❹寻求，希望得到(㊀一求)：～稿|～求群众意见。❺证明，证验：有实物可～。❻现象，迹象：特～|～兆。

"徵"另见650页zhǐ。

怔 zhēng ㄓㄥ [怔忡](—chōng)中医指心悸，患者感到心脏跳动得很厉害。[怔忪](—zhōng)惊惧。

另见644页zhèng。

钲(鉦) zhēng ㄓㄥ 古代一种打击乐器，多用铜做成，在行军时敲打。

另见645页zhèng。

症(癥) zhēng ㄓㄥ [症结]中医指腹内结块的病。㊗事情难解决的关键所在：制度不健全是问题的～。

另见645页zhèng。

争 zhēng ㄓㄥ ❶力求获得，互不相让：～夺|～先恐后。❷争执：意气之～|～论。❸〈方〉差，欠。❹怎么，如何(多用在古诗词曲中)：～不|～知|～奈。

挣 zhēng ㄓㄥ [挣扎](—zhá)尽力支撑或摆脱：垂死～。

另见645页zhèng。

峥 zhēng ㄓㄥ [峥嵘](—róng)1.高峻，突出：山势～。2.不平常：～岁月。

狰 zhēng ㄓㄥ [狰狞](—níng)样子凶恶：面目～。

睁 zhēng ㄓㄥ 张开眼睛。

铮(錚) zhēng ㄓㄥ 形容金属相击的声音(叠)：刀剑相击，～～作响。

Z

筝 zhēng ㄓㄥ 古代的一种弦乐器。［风筝］（—zheng）玩具的一种，用竹篾做架，糊上纸，牵线放在空中，可以飞得很高。装上弓弦或哨子，迎着风能发声。

烝 zhēng ㄓㄥ ❶众多：～民。❷古代冬祭名。❸古同“蒸”。

蒸 zhēng ㄓㄥ ❶热气上升：～发｜～气。［蒸蒸］像气一样向上升：～日上。❷利用水蒸气的热力使食物变熟或变热：～馒头。

拯 zhěng ㄓㄥˇ 援救，救助（㊀—救）：～民于水火之中。

整 zhěng ㄓㄥˇ ❶整齐，有秩序，不乱：～洁｜仪容不～。❷不残缺，完全的，跟“零”相对（㊀完—）：～套的书｜忙了一～天。［整数］算术上指不带分数、小数的数或不是分数、小数的数。一般指没有零头的数目。❸整理，整顿：休～｜～装待发｜～风。［整合］调整，重组，使和谐一致。㊁修理，搞，弄：桌子坏了～一～｜～旧如新。❹使吃苦头：挨～｜不要～人。

正 zhèng ㄓㄥˋ ❶不偏，不斜，使不歪斜：～午｜～中｜～一～帽子。㊁1.合于法则、规矩的：～派｜～当｜～楷。2.图形的各个边和各个角都相等的：～方形。❷副词，表示恰好：～合我意。❸副词，表示动作在进行中：现在～开着会｜我～吃饭，他来了。❹改去偏差或错误（㊀改—）：～误｜给他～音。❺纯，不杂（指色、味）：～黄｜味道不～。❻大于零的，跟“负”相对：～数。❼指相对的两方面中积极的一面。1.跟“反”相对：～面｜～比。2.跟“负”相对：～电｜～极。3.跟“副”相对：～本｜～册。❽姓。

另见643页zhēng。

证（證） zhèng ㄓㄥˋ ❶用人、物、事实来表明或断定：～明｜查～｜～几何题。［公证］被授以权力的机关根据当事人的申请，证明法律行为或有法律意义的文书和事实的合法性、真实性。［认证］证明产品达到某种质量标准的合格评定：国际～｜～书。❷凭据，帮助断定事理或情况的东西：～据｜工作～｜毕业～｜结婚～。

“證”另见645页“症”。

怔 zhèng ㄓㄥˋ 〈方〉发愣，发呆：发～。

另见643页zhēng。

政 zhèng ㄓㄥˋ ❶政治:~策|~权|~府|~党|~纲|参~。[政治]阶级、政党、社会集团、个人在国家生活和国际关系方面的活动,是经济的集中表现。❷国家某一部门主管的业务:财~|民~|邮~。❸指家庭或集体的事务:家~|校~。

钲(鉦) zhèng ㄓㄥˋ 金属元素,镄(fèi)的旧称。

另见643页zhēng。

症(**證) zhèng ㄓㄥˋ 病:~候|霍乱~|急~|不治之~|对~下药。

另见643页zhēng。

"證"另见644页"证"。

郑(鄭) zhèng ㄓㄥˋ 周代诸侯国名,在今河南省新郑一带。

[郑重](—zhòng)审慎,严肃:~其事|~声明。

诤(諍) zhèng ㄓㄥˋ 谏,照直说出别人的过错,叫人改正:谏~|~言。[诤友]能直言规劝的朋友。

挣 zhèng ㄓㄥˋ ❶用力支撑或摆脱:~脱|~开。[挣揣](—chuài)挣扎。[挣命]为保全性命而挣扎。❷出力量而取得报酬:~钱。

另见643页zhēng。

阐(闠) zhèng ㄓㄥˋ [阐阐](—chuài)同"挣揣"(多见于元曲)。

ZHI ㄓ

之 zhī ㄓ ❶助词。1.表示修饰关系,在形容词、名词或数量词后:光荣~家|淮河~南|三分~一|三天~后("之"也可省略)。2.表示领属关系,在名词或代词后:人民~子|余~身体大不如前。3.置于主谓结构之间,使其变成偏正结构:大道~行也,天下为公。❷代词,代替人或事物,限于做宾语:爱~重~|取~不尽|偶一为~。❸代词,虚指:总~|久而久~。❹文言代词,这,这个:~二虫又何知!❺往,到:尔将何~?

芝 zhī ㄓ ❶灵芝,长在枯树上的一种蕈,菌盖赤褐色,有光泽,可入药。古代以为瑞草。❷古书上指白芷:~兰。

支 zhī ㄓ ❶撑,支持:把帐篷~起来。㉑受得住:乐不可~。[支援]支持,援助:~灾区|互相~。❷领款或付款:~走了工资|把工资~给

Z

他。❸用话敷衍，使人离开：把来人都～出去。［支配］指挥，调度：人员由你～。❹分支的，附属于总体的：～流｜～行(háng)。［支离破碎］形容事物零散破碎，不成整体。❺量词。1.用于队伍、歌曲或杆形的东西等：一～军队｜一～曲子｜一～笔。2.各种纤维纺成的纱(如棉纱)粗细程度的计量单位，纱越细，支数越多，质量越好。❻地支，历法中用的“子、丑、寅、卯、辰、巳、午、未、申、酉、戌、亥”十二个字，也用于编排次序。

［支吾］用话搪塞、应付，说话含混躲闪：～其词｜一味～。

吱 zhī ㄓ 形容某些尖细的声音(叠)：门～的一声开了｜车轮～～地响。

另见668页zī。

枝 zhī ㄓ ❶(一子、一儿)由植物的主干上分出来的茎条：树～｜柳～｜节外生～(喻多生事端)。［枝节］㊉1.由一事件引起的其他问题：这事又有了～了。2.细碎的，不重要的：～问题。❷量词。1.用于带枝子的花朵：一～杏花。2.用于杆状物：一～铅笔。

肢 zhī ㄓ 人的胳膊、腿，也指某些动物的腿：～体｜四～｜后～｜断～再植。

氏 zhī ㄓ 见570页“阏”字条“阏氏”(yān—)、615页“月”字条“月氏”(yuè—)。

另见455页shì。

泜 zhī ㄓ 泜河，水名，在河北省邢台。

胝 zhī ㄓ 见384页“胼”字条“胼胝”(pián—)。

祗 zhī ㄓ 恭敬：～仰｜～候光临。

只(隻) zhī ㄓ ❶量词。1.用于某些成对的东西中的一个：两～手。2.用于动物：一～鸡。3.用于船只和某些器具：一～小船｜两～箱子。❷单独的，极少的：～身(一个人)｜片纸～字。［只眼］㊕特别的见解：独具～。

另见649页zhǐ。

芪 zhī ㄓ 用于地名：～芨(jī)梁(在内蒙古自治区土默特左旗)。

织(織) zhī ㄓ 用丝、麻、棉纱、毛线等编成布或衣物等：～布｜～毛衣｜～席。

卮(*巵) zhī ㄓ 古代盛酒的器皿。

栀(*梔) zhī ㄓ 栀子树，常绿灌木，花白色，香味浓，果实叫栀子。叶、花、果、根都可入药。

汁 zhī ㄓ 含有某种物质的液体：墨～|橘～。

知 zhī ㄓ ❶知道，明了：～无不言|自～之明。[知觉]随着感觉而产生的反映客观物体或现象的心理过程。❷使知道：通～|～照。❸知识，学识，学问：求～|无～。❹主管：～县(主管县里的事务，旧时指县长)|～府。❺彼此相互了解而情谊深厚的人：新～。

〈古〉又同"智"(zhì)。

栶 zhī ㄓ [槟栶](bīn—)越南地名。今作"槟知"。

蜘 zhī ㄓ [蜘蛛](—zhū)见658页"蛛"。

脂 zhī ㄓ ❶动物体内或油料植物种子内的油质(㊥—肪、—膏)。[脂肪]油质有机化合物，存在于人体和动物的皮下组织以及植物体中，是生物体内储存能量的物质。❷胭脂：～粉。

稙 zhī ㄓ 〈方〉❶庄稼种得较早：～谷子。❷庄稼熟得较早：白玉米～。

禔 zhī ㄓ ❶安宁。❷福。

榰 zhī ㄓ ❶柱下的木础或石础。❷支撑。

执(執) zhí ㄓ ❶拿着，掌握：～笔|～政。㊀固执，坚持(意见)：～意要去|～迷不悟。[争执]争论中各执己见，不肯相让。❷行，施行：～法|～礼甚恭。[执行]依据规定的原则、办法办事。❸凭单：回～|收～。[执照]由机关发给的正式凭证。❹捕捉，逮捕。

絷(縶) zhí ㄓ ❶拴，捆。❷拘捕，拘禁。❸马缰绳。

直 zhí ㄓ ❶像拉紧的线那样不弯曲，跟"曲"相对：～线|～立。㊃公正合理：正～|是非曲～|理～气壮。[直接]不经过第三者而发生关系的，跟"间接"相对。❷使直，把弯曲的伸开：～起腰来。❸爽快，坦率(㊥—爽)：～言|心～口快。❹副词。1.径直，一直：～通北京|～达客车。2.一个劲儿地，连续不断：～哭|逗得大家～笑。❺竖，跟"横"相对。❻汉字自上往下写的一种笔形(丨)。❼古同"值"。

值 zhí ㄓ ❶价格，价钱：两物之～相等。❷物和价相当：～一百元。㊀值得，有

Z

意义或有价值:不~一提。❸用数字表示的量,数学演算所得的结果。❹遇到:相~|正~新春佳节。㊀当,轮到:~日|~班。

埴 zhí ㄓˊ 黏土。

植 zhí ㄓˊ ❶栽种(㊥种一):~树|种~五谷。㊀培养:培~|扶~。❷指植物:~被|~保。❸戳(chuō)住,立住:~其杖于门侧。

殖 zhí ㄓˊ 生育,滋生(㊥生一):繁~。[殖民地]被帝国主义国家剥夺了政治、经济的独立权力,并受它控制和掠夺的国家或地区。

另见458页shi。

侄(*姪) zhí ㄓˊ (一子、一儿)弟兄的儿子,同辈男性亲属的儿子。也称朋友的儿子。

职(職) zhí ㄓˊ ❶职务,分(fèn)内应做的事:尽~。❷职位,执行事务所处的一定的地位:调(diào)~|兼~。[职员]机关、企业、学校、团体里担任行政或业务工作的人员。❸旧时公文用语,下属对上司的自称:~奉命前往。❹由于:~是之故|~此。❺掌管:~掌。

跖(*蹠) zhí ㄓˊ ❶脚面上接近脚趾的部分:~骨。❷脚掌。

摭 zhí ㄓˊ 摘取,拾取:~拾。

踯(躑) zhí ㄓˊ [踯躅](—zhú)徘徊不进:~街头。

蹢 zhí ㄓˊ [蹢躅](—zhú)同"踯躅"。

另见96页dí。

止 zhǐ ㄓˇ ❶停住不动(㊥停一):~步|血流不~|学无~境。❷拦阻,使停住:制~|~血|~痛。❸截止:报名日期自6月20日起至7月1日~。❹仅,只:不~一回。

址(*阯) zhǐ ㄓˇ 地址,地基,地点:旧~|住~。

芷 zhǐ ㄓˇ 白芷,草本植物,花白色,根圆锥形,有香味,可入药。

沚 zhǐ ㄓˇ 水中的小块陆地。

祉 zhǐ ㄓˇ 福:福~。

趾 zhǐ ㄓˇ ❶脚:~高气扬(得意忘形的样子)。❷脚指头:~骨|鸭子脚~中间有蹼。

只(衹、△*祇、*秖) zhǐ ㄓˇ 副词。❶表示限于某个范围:~知其一,不知其二|万事俱备,~欠东风。❷唯一,仅有:家里~我一个人。[只是] 1.连词,但是:我很想看戏,~没时间。2.副词,就是:人家问他,他~不开口。3.仅仅是:对抗~矛盾斗争的一种形式。

另见 646 页 zhī。

"祇"另见 395 页 qí。

枳 zhǐ ㄓˇ 落叶灌木或小乔木,通称枸橘,小枝多硬刺,叶为三小叶的复叶,果实球形,味酸苦。果实和叶可入药。

轵(軹) zhǐ ㄓˇ 古代指车轴的末端。

咫 zhǐ ㄓˇ 古代指八寸。[咫尺] 形容距离很近:远在天边,近在~。

疻 zhǐ ㄓˇ 殴伤。

旨(❶**恉) zhǐ ㄓˇ ❶意义,目的(㊀意一):要~|~趣(目的和意义)|主~。❷封建时代称帝王的命令:圣~。❸美味:~酒。

指 zhǐ ㄓˇ ❶手指头:食~|首屈一~|屈~可数。❷一个手指头的宽度叫一指:下了四~雨。❸用手指或物体的尖端对着:用手一~|时针~着十二点。❹点明,告知:~导|~出他的错误。[指示] 上级对下级做有关原则和方法的说明,也指所做的说明。❺仰仗,倚靠:不应~着别人生活|单~着一个人是不行的。❻直立起来:令人发(fà)~。❼向,意思上针对:直~峰顶|他是~你说的。

酯 zhǐ ㄓˇ 有机化合物的一类,是酸中的氢原子被烃基取代而成的。脂肪的主要成分就是几种不同的酯。

抵 zhǐ ㄓˇ 侧手击。[抵掌] 击掌(表示高兴):~而谈。("抵"与"抵"形音义都不同。)

纸(紙、*帋) zhǐ ㄓˇ ❶纸张,多用植物纤维制成。造纸是我国四大发明之一,起源很早,东汉时蔡伦曾加以改进。❷量词,用于书信、文件等:一~公文。

茋 zhǐ ㄓˇ 古书上指嫩的蒲草。

另见 97 页 dǐ。

黹 zhǐ ㄓˇ 缝纫、刺绣等针线活:针~。

Z

徵 zhǐ ㄓˇ 古代五音"宫、商、角(jué)、徵、羽"之一。

另见643页zhēng"征"。

至 zhì ㄓˋ ❶到:由南～北|～今未忘。[至于]1.指可能达到某种程度:他还不～不知道|我～这么小气吗?2.介词,表示另提一事:～个人得失,他根本不考虑。[以至]连词,一直到:看一遍不懂,就看两遍、三遍,～更多遍。❷最好的:～宝|～理名言。❸极,最:～尊|～少|～高无上。

厔 zhì ㄓˋ 见656页"盩"字条"盩厔"(zhōu—)。

郅 zhì ㄓˋ 最,极。

桎 zhì ㄓˋ 古代拘束犯人两脚的刑具。[桎梏](—gù)脚镣和手铐,比喻束缚人或事物的东西。

轾(輊) zhì ㄓˋ 见559页"轩"字条"轩轾"(xuān—)。

致(④緻) zhì ㄓˋ ❶给予,送给:～函|～敬。㉠(力量、意志等)集中于某个方面:～力于学业|专心～志。[致命]可使丧失生命:～伤。[致意]向人表示问候的心意:点头～。❷招引,使达到:～病|～富|学以～用。[以致]连词,因而:由于没注意克服小缺点,～犯了严重错误。❸样子,情趣:景～|别～|风～|兴～|雅～|错落有～|毫无二～。[大致]大概,大体情形:～已结束|～不差。[一致]一样,没有分歧:行动～。❹细密,精细(㊥细—):他做事很细～|这东西做得真精～。

晊 zhì ㄓˋ 大。多用于人名。汉代有岑晊。

铚(銍) zhì ㄓˋ ❶古代一种短的镰刀。❷割禾穗。❸古地名,在今安徽省宿州西南。

窒 zhì ㄓˋ 阻塞不通:～息(呼吸被阻停止)。

蛭 zhì ㄓˋ ❶环节动物,俗叫蚂蟥,大都吸其他动物的血或体液,生活在水里或潮湿的陆地上,有的在医学上用来吸血治病。❷肝蛭,肝脏里的一种寄生虫,通常由螺蛳和鱼等传到人体内。

膣 zhì ㄓˋ 阴道的旧称,女性生殖器的一部分。

志(❷—❹*誌) zhì ㄓˋ ❶意向,要有所作为的决心:立～|～同道合|有～者事竟成。[意志]为了达到既定目的而自觉地

努力的心理状态。❷记在心里：～喜|～哀|永～不忘。❸记载的文字：杂～|地理～。❹记号：标～。❺〈方〉称轻重，量长短多少：用秤～～|拿碗～～。

梽 zhì ㄓˋ［梽木山］地名，在湖南省邵阳。

痣 zhì ㄓˋ 皮肤上生的斑痕，有青、红、褐等色，也有突起的。

豸 zhì ㄓˋ 古书上指没有脚的虫子。［虫豸］旧时对虫子的通称。

另见630页zhài。

忮 zhì ㄓˋ 嫉妒。

识（識） zhì ㄓˋ ❶记住：博闻强～。❷标志，记号：款～。

另见453页shí。

帜（幟） zhì ㄓˋ 旗子（㊀旗一）：独树一～。

帙（*袠、*袟） zhì ㄓˋ ❶包书的布套子。❷量词，用于装套的线装书。

秩 zhì ㄓˋ ❶有条理、不混乱的情况：～序良好。❷十年：七～寿辰。❸旧时指俸禄，也指官的品级：厚～。

制（❹製） zhì ㄓˋ ❶规定，订立：～定计划。❷限定，约束，管束：～止|～裁|限～。❸制度，法度，法则：民主集中～|全日～学校。❹造，作（㊀一造）：猪皮～革|～版|～图表。

质（質） zhì ㄓˋ ❶本体，本性：物～|流～|铁～|实～。［质量］1.产品或工作的优劣程度：提高～。2.物理学上指物体所含物质的量。过去习惯上称为重量。［质子］原子核内带有正电的粒子，如氢原子核。［本质］跟"现象"相对，指事物的内在联系，是这一事物和其他事物相区别的根本属性。它是由事物内部矛盾所规定的。❷朴实（㊀一朴）。❸依据事实来问明或辨别是非：～询|～问|～疑|～之高明。❹抵押，抵押品：～押|人～|以房子为～。

桎（櫍） zhì ㄓˋ ❶钟鼓架子的足，也泛指器物的足。❷砧板。

锧（鑕） zhì ㄓˋ ❶〈古〉砧板。❷铡刀座。［斧锧］斩人的刑具。

踬（躓） zhì ㄓˋ 被东西绊倒：颠～。㊀事情不顺利,受挫折:屡试屡~。

炙 zhì ㄓ ❶烤。[亲炙]直接得到某人的教诲或传授。❷烤熟的肉:脍(kuài)~人口(喻诗文等受人欢迎)。

治 zhì ㄓ ❶管理,处理(㊀一理):~国|~丧(sāng)|自~。[统治]1.凭借政权来控制、管理国家或地区。2.占绝对优势,支配别的事物。❷整理,治理:~山|~水|~淮工程。❸惩办(㊀惩一):~罪|处(chǔ)~。❹医治:~病|不~之症。㊁消灭农作物的病虫害:~蝗|~蚜虫。❺从事研究:~学。❻社会治理有序,跟"乱"相对:~世|天下大~。[治安]社会的秩序。❼旧称地方政府所在地:省~|县~。

栉(櫛) zhì ㄓ ❶梳子和篦子的总称:~比(像梳子齿那样挨着)。❷梳头:~风沐雨(形容辛苦勤劳)。

峙 zhì ㄓ 直立,耸立:~立|两峰相~。

另见456页shì。

庤 zhì ㄓ 储备。

畤 zhì ㄓ 古时祭天、地、五帝的固定处所。

痔 zhì ㄓ 痔疮,一种肛管疾病。因肛管或直肠末端静脉曲张、瘀血而形成。

跱 zhì ㄓ 〈古〉站立,伫立。

陟 zhì ㄓ 登高,上升:~山。

骘(騭) zhì ㄓ 排定:评~高低。

贽(贄) zhì ㄓ 古时初次拜见人时所送的礼物:~见|~敬(旧时拜师送的礼)。

挚(摯) zhì ㄓ 亲密,诚恳(㊀真一):~友。

鸷(鷙) zhì ㄓ 鸷鸟,凶猛的鸟,如鹰、雕等。㊂凶猛:勇~。

掷(擲) zhì ㄓ 扔,投,抛(㊀投一):~铁饼|~手榴弹。

智 zhì ㄓ 聪明,智慧,见识:~勇双全|不经一事,不长(zhǎng)一~。[智慧]迅速、灵活、正确地理解事物和解决问题的能力。

滞(滯) zhì ㄓ 凝积,积留,不流通:~留|停~|~销(销路不畅)。

彘 zhì ㄓ 〈古〉猪。

置(❶*寘) zhì ㄓ ❶放,搁,摆:~于桌

上|～之不理|～若罔闻。❷设立,装设:装～电话。❸购买:～地|新～了一些家具|～了一身衣裳。

雉 zhì ㄓˋ ❶鸟名,即野鸡。雄的羽毛很美,尾长。雌的淡黄褐色,尾较短。善走,不能久飞。种类很多。❷古代城墙长三丈高一丈叫一雉。

稚(*穉、*稺) zhì ㄓˋ 幼小:～子|～气|幼～。

滍 zhì ㄓˋ 滍水,古水名,在河南省平顶山市。现称沙河。[滍阳]地名,在河南省平顶山市。

疐(**疐) zhì ㄓˋ ❶遇到障碍。❷跌倒:跋前～后(形容进退两难)。

瘈 zhì ㄓˋ 疯狂(特指狗)。另见62页chì。

觯(觶) zhì ㄓˋ 古时饮酒用的器皿。

擿 zhì ㄓˋ ❶搔,抓。❷同"掷"。

另见490页tī。

ZHONG ㄓㄨㄥ

中 zhōng ㄓㄨㄥ ❶和四周、上下或两端距离同等的位置:～心|～途|路～。[中央]1.中心的地方。2.政党、国家等的最高领导机构:党～。❷在一定的范围内,里面:空～|房～|水～。❸性质、等级在两端之间的:～等|～学。㉑不偏不倚:～庸|适～。[中子]构成原子核的一种不带电荷的微粒。❹用在动词后,表示动作正在进行:在研究～|在印刷～|前进～|发展～。❺指中国:～文|古今～外。❻适于,合于:～看|～听。[中用]有用,有能力。❼〈方〉成,行,好:～不～?～。

另见654页zhòng。

忠 zhōng ㄓㄨㄥ 赤诚无私,诚心尽力:～诚|～言|～告|～于人民,～于祖国。

盅 zhōng ㄓㄨㄥ 没有把儿的小杯子:酒～|茶～。

钟(❶-❸鐘、❹❺△鍾) zhōng ㄓㄨㄥ ❶金属制成的响器,中空,敲时发声:警～。❷计时的器具:座～|闹～。❸指钟点,时间:两点～|三个～头。❹杯子。❺集中,专一:～情。

"鍾"另见654页"锺"。

舯 zhōng ㄓㄨㄥ 船体的中部。

Z

衷 zhōng ㄓㄨㄥ 内心：由～之言｜苦～｜～心拥护。

忪 zhōng ㄓㄨㄥ ［怔忪］(zhēng—)惊惧。

另见469页sōng。

终(終) zhōng ㄓㄨㄥ ❶末了(liǎo)，完了，跟"始"相对：～点｜年～。㉄人死：临～。❷到底，总归：～将成功｜～必奏效。❸从开始到末了的(整段时间)：～日｜～年｜～生｜～身。

柊 zhōng ㄓㄨㄥ ［柊叶］草本植物，根状茎块状，叶长圆形，可用来包粽子，根和叶可入药。

螽 zhōng ㄓㄨㄥ 螽斯，昆虫，身体绿色或褐色，善跳跃，雄的前翅有发声器，振翅能发声。

锺(鍾) zhōng ㄓㄨㄥ 姓。"鍾"另见653页"钟"。

肿(腫) zhǒng ㄓㄨㄥˇ 皮肉浮胀：手冻～了。

种(種) zhǒng ㄓㄨㄥˇ ❶(～子、～儿)植物果实中能长(zhǎng)成新植物的部分，泛指生物传代的东西：选～｜撒～｜配～｜优良品～。［有种］有胆量或有骨气。❷人种，具有共同起源和共同遗传特征的人群：黄～｜白～｜～族。❸事物的类别：～类｜工～｜军～｜剧～｜语～。❹生物的分类单位之一，在"属"之下，其下还可分出"亚种"、"变种"。❺量词，表示种类，用于人和任何事物：两～面料｜各～东西。

另见63页chóng；654页zhòng。

冢(*塚) zhǒng ㄓㄨㄥˇ 坟墓：衣冠～。

踵 zhǒng ㄓㄨㄥˇ ❶脚后跟：继～而至｜摩肩接～。❷走到：～门相告｜～谢。❸跟随，追随：～至。

中 zhòng ㄓㄨㄥˋ ❶正对上，恰好合上：～的(dì，箭中靶心，比喻切中要害)｜～肯｜正～下怀。❷感受，受到：～毒｜～暑｜～弹(dàn)。

另见653页zhōng。

仲 zhòng ㄓㄨㄥˋ ❶兄弟排行常用伯、仲、叔、季做次序，仲是老二：～兄。❷在当中的：～冬(冬季第二月)｜～裁(居间调停，裁判)。

茽 zhòng ㄓㄨㄥˋ 〈古〉草丛生。

种(種) zhòng ㄓㄨㄥˋ 种植，把种子或幼苗等埋在泥土里使生长：～庄

稼|～瓜得瓜，～豆得豆。

另见 63 页 chóng；654 页 zhǒng。

众（衆、*眾） zhòng ㄓㄨㄥˋ ❶许多：～人|～志成城（喻团结力量大）|寡不敌～。❷许多人：群～|大～|观～。

重 zhòng ㄓㄨㄥˋ ❶分量大，跟"轻"相对：铁很～|～于泰山。［重力］又叫地心引力，地球对物体的吸引力。力的方向指向地心。［重心］1. 物体各部分受到的重力作用集中于一点，这一点叫作这个物体的重心。2. 事物的主要部分。❷重量，分量：体～|箱子～二十斤。❸程度深：色～|～病|～伤。❹价格高：～金收买。❺数量多：眉毛～|工作很～。❻主要，要紧：～镇|军事～地|～任。❼认为重要：～视|～男轻女是错误的。㉛敬重，尊重，尊敬：人皆～之。❽言行不轻率：慎～。

另见 63 页 chóng。

ZHOU ㄓㄡ

舟 zhōu ㄓㄡ 船：轻～|龙～|一叶扁（piān）～。

侜 zhōu ㄓㄡ 欺骗。［侜张］作伪，欺骗：～为幻。

辀（輈） zhōu ㄓㄡ 车辕。

鸼（鵃） zhōu ㄓㄡ 见 165 页"鹘"字条"鹘鸼"（gǔ－）。

州 zhōu ㄓㄡ ❶旧时的一种行政区划。多用于地名，如杭州、柳州。❷一种民族自治行政区划单位。

洲 zhōu ㄓㄡ ❶水中的陆地：沙～。❷大陆：亚～|地球上有七大～。

诌（謅） zhōu ㄓㄡ 随口编：胡～|瞎～。

周（❶－❻*週） zhōu ㄓㄡ ❶量词，用于圈数：绕场一～|环绕地球一～。❷周围：圆～|学校四～都种着树。❸环绕，绕一圈：～而复始。［周旋］1. 打交道：四处～。2. 交际，应酬：与客人～。❹指一个星期：～末|～刊。❺普遍，全面：众所～知|～身。❻完备：～到|计划不～。❼给，接济：～济|～急。❽朝代名。1. 周武王姬发所建立（公元前 1046—公元前 256 年）。2. 北朝之一，宇文觉取代西魏称帝，国号周（公元 557—581 年），史称北

周。3. 五代之一，郭威所建立（公元 951—960 年），史称后周。

啁 zhōu ㄓㄡ ［啁啾］（—jiū）形容鸟叫的声音。

另见 635 页 zhāo。

婤 zhōu ㄓㄡ 用于人名。婤始（—è），东周时卫襄公的宠妾。

赒（賙） zhōu ㄓㄡ 接济：～恤。

诪（譸） zhōu ㄓㄡ ❶诅咒。❷［诪张］同"侜张"。

粥 zhōu ㄓㄡ 用米、面等煮成的半流质食品。

〈古〉又同"鬻"（yù）。

盩 zhōu ㄓㄡ ［盩厔］（—zhì）地名，在陕西省。今作"周至"。

妯 zhóu ㄓㄡˊ ［妯娌］（—li）兄和弟的妻子的合称：她们俩（liǎ）是～。

轴（軸） zhóu ㄓㄡˊ ❶穿在轮子中间的圆柱形物件。（图见 324 页"旧式车轮"）❷（—儿）用来缠绕东西的像车轴的器物：线～儿｜画～。㉄量词，用于缠在轴上的线及带轴子的字画：一～儿线。❸把平面或立体分成对称部分的直线：天安门在北京城的中～线上。

另见 657 页 zhòu。

肘 zhǒu ㄓㄡˇ 上臂与前臂相接处向外凸起的部分。（图见 491 页"人体"）［肘子］指用作食品的猪腿上半部。

帚（*箒） zhǒu ㄓㄡˇ 扫除尘土、垃圾的用具。

纣（紂） zhòu ㄓㄡˋ ❶牲口的后鞧（qiū）：～棍（系在驴、马等尾下的横木）。❷古人名，殷朝末代君主。

酎 zhòu ㄓㄡˋ 多次酿成的醇酒。

㑇（傷） zhòu ㄓㄡˋ 乖巧，伶俐，漂亮（元曲中常用）。

㤘（懰） zhòu ㄓㄡˋ 〈方〉性情固执，不听劝说：～脾气。

绉（縐） zhòu ㄓㄡˋ 一种有皱纹的丝织品。

皱（皺） zhòu ㄓㄡˋ ❶脸上起的褶（zhě）纹。㉄物体上的褶纹：褶～。❷生褶纹：～眉头｜衬衫～了。

咒（*呪） zhòu ㄓㄡˋ ❶某些宗教或巫术中的密语：～语。❷说希望人不顺利或遭厄运的话：～骂｜～人倒霉。

宙 zhòu ㄓㄡˋ ❶古往今来，指所有的时间。❷地质年代分期的最高一级，在“代”之上：显生～|元古～|太古～。

轴(軸) zhòu ㄓㄡˋ [(大)轴子]一次戏曲演出的节目中排在最末的一出戏：压～(倒数第二出戏)。

另见656页zhóu。

胄 zhòu ㄓㄡˋ ❶盔，古代作战时戴的帽子。❷古代指帝王或贵族的后代。

咮 zhòu ㄓㄡˋ 鸟嘴。

昼(晝) zhòu ㄓㄡˋ 白天，跟“夜”相对：～夜不停。

甃 zhòu ㄓㄡˋ ❶井壁。❷用砖砌。

繇 zhòu ㄓㄡˋ 古时占卜的文辞。

另见579页yáo；603页yóu。

骤(驟) zhòu ㄓㄡˋ ❶快跑(㊀驰—)。❷急，疾速，突然：暴风～雨|天气～冷|狂风～起。

籀 zhòu ㄓㄡˋ ❶籀文，古代的一种字体，即大篆，相传是周宣王时太史籀所造。❷阅读：～绎|～读。

碡 zhou ·ㄓㄡ 见314页“碌”字条“碌碡”(liù—)。

ZHU ㄓㄨ

朱(❷硃) zhū ㄓㄨ ❶大红色。❷朱砂，即辰砂，矿物名。化学成分是硫化汞，颜色鲜红，是提炼汞的重要原料，又可用作颜料或药材。

邾 zhū ㄓㄨ 周代诸侯国名，后改称“邹”。

侏 zhū ㄓㄨ [侏儒]身材特别矮小的人。

诛(誅) zhū ㄓㄨ ❶把罪人杀死：～戮|伏～|罪不容～。❷责罚：口～笔伐。

茱 zhū ㄓㄨ [茱萸](—yú)植物名。1.山茱萸，落叶小乔木，花黄色。果实红色，味酸，可入药。2.吴茱萸，落叶乔木，花白色。果实红色，可入药。3.食茱萸，落叶乔木，花淡绿色。果实红色，味苦，可入药。

洙 zhū ㄓㄨ 洙水河，在山东省西南部。

珠 zhū ㄓㄨ ❶(—子)珍珠(也作“真珠”)，淡水里的三角帆蚌和海水里的某些贝类因沙粒进入壳内，受到刺激而分泌珍珠质，逐层包起来形

Z

成的圆粒，有光泽，可入药，又可做装饰品：～宝｜夜明～｜鱼目混～。❷（一儿）像珠子的东西：眼～儿｜水～儿。［珠算］用算盘计算的方法。

株 zhū ㄓㄨ ❶露出地面的树根：守～待兔（比喻妄想不劳而得，也指拘泥不知变通）。［株连］指一人犯罪牵连到许多人。❷棵儿，植物体：～距｜植～｜病～。❸量词，用于植物：一～桃树。

铢（銖） zhū ㄓㄨ 古代重量单位，二十四铢等于一两：锱～｜～积寸累（lěi）（喻一点一滴地积累）。

蛛 zhū ㄓㄨ 蜘蛛，节肢动物，俗叫蛛蛛。有足四对，腹部下方有丝腺开口，能分泌黏液，织网粘捕昆虫作为食物，种类很多：～网｜～丝马迹（喻不明显的线索）。

诸（諸） zhū ㄓㄨ ❶众，许多：～位｜～子百家。❷"之于"或"之乎"二字的合音：付～实施｜藏～名山｜公～社会｜有～？

猪（*豬） zhū ㄓㄨ 家畜，鼻子长，耳朵大，体肥多肉。肉可吃，皮和鬃是工业原料。

槠（櫧） zhū ㄓㄨ 常绿乔木，花黄绿色。木质坚硬，可制器具。

潴（**瀦） zhū ㄓㄨ ❶（水）积聚。❷水停聚的地方。

橥（**櫫） zhū ㄓㄨ 用作标志的小木桩。

术 zhú ㄓㄨˊ 植物名。1. 白术，草本植物，秋天开紫色花。根状茎可入药。2. 苍术，草本植物，秋天开白色花，根状茎可入药。3. 莪术，见118页"莪"字条"莪术"（é—）。

另见462页shù。

竹 zhú ㄓㄨˊ （一子）常绿植物，茎节明显，中空，质地坚硬，可做器物，又可做建筑材料：茂林修～｜～苞松茂｜势如破～。

竺 zhú ㄓㄨˊ 姓。

［天竺］我国古代称印度。

逐 zhú ㄓㄨˊ ❶追赶（㊥追一）：～鹿｜～臭之夫。❷赶走，强迫离开（㊥驱一）：～客令｜追亡～北（追击败逃的敌人）。❸依照先后次序，一一挨着：～日｜～步｜～字～句｜～渐。

瘃 zhú ㄓㄨˊ 古书上指冻疮。

烛(燭) zhú ㄓㄨˊ ❶蜡烛，用线绳或苇子做中心，周围包上蜡油，点着取亮的东西。❷照亮，照见：火光～天。㊀明察：洞～其奸。

蠋 zhú ㄓㄨˊ 蝴蝶、蛾子等的幼虫。

躅 zhú ㄓㄨˊ 见648页"踯"字条"踯躅"(zhí—)。

舳 zhú ㄓㄨˊ 船尾。［舳舻］(—lú)船尾和船头，也指首尾相接的船只：～千里。

主 zhǔ ㄓㄨˇ ❶主人。1.权力或财物的所有者：人民是国家的～人｜物～。2.接待客人的人，跟"宾、客"相对：宾～｜东道～。3.事件中的当事人：事～｜失～。4.旧社会占有奴隶或雇用仆役的人：奴隶～｜～仆。［主观］1.属于自我意识方面的，跟"客观"相对：人类意识属于～，物质世界属于客观。2.不依据客观事物，单凭自己的偏见的：他的意见太～了。3.属于自身方面的：～努力。［主权］一个国家的独立自主的权力。❷主张，决定：～见｜～和｜婚姻自～。［主义］1.人们对于自然界、社会以及学术、文艺等问题所持的有系统的理论与主张：马克思～｜达尔文～｜现实～。2.思想作风：革命乐观～。❸最重要的，最基本的：～力｜以预防为～，治疗为辅。❹主持，负主要责任：～办｜～讲。❺预示：早霞～雨，晚霞～晴。❻对事情的定见：六神无～｜心里没～。

拄 zhǔ ㄓㄨˇ 用手扶着杖或棍支持身体：～拐棍。

诂(詝) zhǔ ㄓㄨˇ 智慧。

渚 zhǔ ㄓㄨˇ 水中间的小块陆地。

煮(*煑) zhǔ ㄓㄨˇ 把东西放在水里，用火把水烧开：～面｜～饭｜病人的碗筷餐后要～一下。

褚 zhǔ ㄓㄨˇ ❶在衣服里铺丝绵。❷囊，口袋。

另见67页chǔ。

属(屬) zhǔ ㄓㄨˇ ❶连缀：～文｜前后相～。❷(意念)集中在一点：～意｜～望。❸古同"嘱"。

另见461页shǔ。

嘱(囑) zhǔ ㄓㄨˇ 托付，告诫：以事相～｜～托｜～咐｜叮～｜遗～。

瞩(矚) zhǔ ㄓㄨˇ 注视：～目｜～望｜高瞻远～。

Z

麈 zhǔ ㄓㄨˇ 古书上指鹿一类的动物，尾巴可以当作拂尘。

伫（*佇、*竚） zhù ㄓㄨˋ 长时间站着：～立｜～候。

苎（△苧） zhù ㄓㄨˋ 苎麻，草本植物，茎皮纤维可以制绳索，又是纺织工业的重要原料。

“苧”另见 365 页 níng。

纻（紵） zhù ㄓㄨˋ ❶同“苎”。❷苎麻织成的布。

贮（貯） zhù ㄓㄨˋ 储存（㊀—存、—藏）。

助 zhù ㄓㄨˋ 帮（㊀帮—），协助：互～｜～理｜～我一臂之力。［助词］不能独立使用，只能依附在别的词、词组或句子后面表示一定语法意义的词，如“的”、“了”、“吗”等。

住 zhù ㄓㄨˋ ❶长期居留或暂时留宿：～了一夜｜他家在这里～了好几代｜我家～在城外。❷停，止：～手｜雨～了。❸用作动词的补语。1.表示稳当或牢固：站～｜把～方向盘。2.表示停顿或静止：把他问～了。3.表示力量够得上（跟“得”或“不”连用）：禁（jīn）得～｜支持不～。

注（❸—❺*註） zhù ㄓㄨˋ ❶灌进去：～入｜～射｜大雨如～。❷集中在一点：～视｜～意｜引人～目｜全神贯～。❸用文字来解释词句：下边～了两行小注｜～解｜校（jiào）～。❹解释词、句所用的文字：加～｜附～。❺记载，登记：～册｜～销。❻赌博时所押的财物：下～｜孤～一掷（喻拿出所有的力量希望最后侥幸成功）。

驻（駐） zhù ㄓㄨˋ ❶（车马等）停止，泛指停止或停留：～马｜～足｜青春永～。❷停留在一个地方：～军｜～外使节。

柱 zhù ㄓㄨˋ ❶（—子）建筑物中直立的起支撑作用的构件，多用木、石等制成。❷像柱子的东西：水～｜花～｜水银～。

炷 zhù ㄓㄨˋ ❶灯心。❷烧。❸量词，用于线香：一～香。

砫 zhù ㄓㄨˋ［石砫］地名，在重庆市。今作“石柱”。

疰 zhù ㄓㄨˋ［疰夏］1.中医指夏季长期发热的病，多由排汗功能发生障碍引起，患者多为小儿。2.〈方〉苦夏。

蛀 zhù ㄓㄨˋ ❶蛀虫，咬木器、谷物或衣物的小虫。❷虫子咬坏：木头被虫～了。

杼 zhù ㄓㄨˋ 织布机上的筘（kòu）。古代也指梭。

柷 zhù ㄓㄨˋ 古代乐器，木制，形状像方形的斗。

另见 68 页 chù。

祝 zhù ㄓㄨˋ ❶削，断绝：～发为僧。❷表示对人对事的美好愿望：～愿｜～福｜～身体健康。

著 zhù ㄓㄨˋ ❶显明，显出（㊟显—、昭—）：卓～｜～名｜颇～成效。❷写文章，写书：～书立说。❸著作，写出来的文章或书：名～｜译～。

［土著］1. 世代居住在一定的地方。2. 世代居住在本地的人。

另见 667 页 zhuó。

翥 zhù ㄓㄨˋ 鸟向上飞：龙翔凤～。

箸（*筯） zhù ㄓㄨˋ 筷子。

铸（鑄） zhù ㄓㄨˋ 把金属熔化后倒在模子里制成器物：～一口铁锅｜～成大错（造成大错误）。［铸铁］由铁矿砂最初炼出来的铁。含碳量在 2.0% 以上，质脆，易熔化，多用来铸造器物。旧时又叫铣（xiǎn）铁。

筑（❶築） zhù ㄓㄨˋ ❶建造，修盖（㊟建—）：～路｜～堤｜建～。❷古代的一种弦乐器，像琴，有十三根弦。❸（旧读 zhú）贵州省贵阳的别称。

ZHUA ㄓㄨㄚ

抓 zhuā ㄓㄨㄚ ❶用指或爪挠（náo）：～耳挠腮。❷用手或爪拿取：老鹰～小鸡｜～一把米。㉀1. 捕捉（㊟—捕）：～贼｜～逃犯。2. 把握住，不放过：～工夫｜～紧时间。❸着力办理：～农业｜～工作｜～重点。❹引人注意：这个演员一出场就～住了观众。

挝（撾） zhuā ㄓㄨㄚ 打，敲打。

另见 522 页 wō。

髽 zhuā ㄓㄨㄚ ［髽髻］（—ji）［髽鬏］（—jiu）女孩子梳在头两旁的发结。也作“抓髻”“抓鬏”。

爪 zhuǎ ㄓㄨㄚˇ ❶（—子、—儿）禽兽的脚（多指有尖甲的）：鸡～子｜狗～儿。❷（—儿）某些器物上像爪的东西：这个锅有三个～儿。

Z

另见 636 页 zhǎo。

ZHUAI ㄓㄨㄞ

拽 zhuāi ㄓㄨㄞ 〈方〉❶用力扔：～了吧，没用了｜把球～过来。❷胳膊有毛病，动转不灵。

另见 582 页 yè；662 页 zhuài。

跩 zhuǎi ㄓㄨㄞˇ 走路像鸭子似的摇摆：走路一～一～的。

拽(**擺) zhuài ㄓㄨㄞˋ 拉，拖，牵引：～不动｜把门～上｜生拉硬～。

另见 582 页 yè；662 页 zhuāi。

ZHUAN ㄓㄨㄢ

专(專、❶❷△*耑) zhuān ㄓㄨㄢ ❶单纯，独一，集中在一件事上：～心｜～卖｜～修科。[专家]学术技能有专长的人。❷独自掌握或享有：～权｜～政。❸姓。

"耑"另见 112 页 duān。

肫(膞) zhuān ㄓㄨㄢ 〈方〉鸟类的胃：鸡～。

砖(磚、*甎、*塼) zhuān ㄓㄨㄢ ❶用土坯烧成的建筑材料。❷像砖的东西：茶～｜冰～｜金～｜煤～。

颛(顓) zhuān ㄓㄨㄢ ❶愚昧。❷同"专❶❷"。

[颛顼](－xū)传说中上古帝王名。

转(轉) zhuǎn ㄓㄨㄢˇ ❶旋动，改换方向或情势：～身｜运～｜向左～｜～眼之间｜～危为安。❷不直接地，中间再经过别人或别的地方：～送｜～达。

另见 662 页 zhuàn。

传(傳) zhuàn ㄓㄨㄢˋ ❶旧时一般指解说儒家经书的文字。❷记载。特指记载某人一生事迹的文字：小～｜别～｜外～。❸叙述历史故事的作品：《儿女英雄～》｜《水浒～》。

另见 69 页 chuán。

转(轉) zhuàn ㄓㄨㄢˋ ❶旋转，绕着圈儿动，围绕着中心运动：轮子～得很快。❷绕着某物移动，打转：～圈子｜～来～去。❸量词，绕几圈儿叫绕几转。

另见 662 页 zhuǎn。

啭(囀) zhuàn ㄓㄨㄢˋ 鸟婉转地叫：莺啼鸟～。

沌 zhuàn ㄓㄨㄢˋ 用于地名：～口|～阳（都在湖北省武汉）。

另见115页dùn。

瑑 zhuàn ㄓㄨㄢˋ 玉器上隆起的雕刻花纹。

篆 zhuàn ㄓㄨㄢˋ ❶篆字，古代的一种字体，有大篆、小篆。❷书写篆字：～额（用篆字写碑额）。❸指印章。

赚（賺） zhuàn ㄓㄨㄢˋ ❶做买卖得利，跟"赔"相对：～钱。❷做买卖得的利：有～儿|～头。❸占便宜：这回出差真～，顺便游了庐山。

另见675页zuàn。

僎 zhuàn ㄓㄨㄢˋ 具备。

撰（*譔） zhuàn ㄓㄨㄢˋ 写文章，著书：～文|～稿。

馔（饌、*籑） zhuàn ㄓㄨㄢˋ 饮食，吃喝：盛～|设～招待。

ZHUANG ㄓㄨㄤ

妆（妝、*粧） zhuāng ㄓㄨㄤ ❶修饰，打扮：梳～|化～。❷妇女脸上、身上的装饰：卸～|素～|红～。❸出嫁女子的陪送衣物：送～|嫁～。

庄（莊） zhuāng ㄓㄨㄤ ❶村落，田舍（㊀村一）。❷商店的一种名称：布～|饭～|茶～。❸封建社会君主、贵族等所占有的成片土地：皇～|～园。❹庄家，打牌时每一局的主持人：轮流坐～。❺严肃，庄重（㊀一严、端一）。

桩（樁） zhuāng ㄓㄨㄤ ❶（一子）一头插入地里的木棍或石柱：打～|牲口～子|桥～。❷量词，用于事件：一～事|两～买卖。

装（裝） zhuāng ㄓㄨㄤ ❶穿着的衣物（㊀服一）：军～|春～|泳～。特指演员演出时的打扮：上～|卸～。[行装]出行时带的衣物。❷打扮，用服饰使人改变原来的外貌（㊀一扮）。[装饰]1.加上一些附属的东西使美观：～房间。2.修饰用的物品。[化装]改变装束。❸故意做作，假作：～听不见|～模作样。❹安置，安放，通常指放到器物里面去：～电灯|～车|～箱。㊄把零部件安在一起构成整体：～配|～了一台电脑。[装备]1.生产上或

军事上必需的东西:工业～|军事～。2.配备:学校正在～多媒体教室。❺对书籍、字画加以修整或修整成的式样:～订|精～|线～书。

奘 zhuǎng ㄓㄨㄤˇ 粗大:这棵树很～|这人真～。

另见622页zàng。

壮(壯) zhuàng ㄓㄨㄤˋ ❶健壮,有力(㊀强一):～士|年轻力～|庄稼长得很～。[壮年]习惯指人三四十岁的时期。❷雄伟,有气魄:～观|～志凌云。❸增加勇气或力量:～一～胆子。[壮族]我国少数民族,参看附表。

状(狀) zhuàng ㄓㄨㄤˋ ❶形态(㊀形一、一态):奇形怪～。❷事情表现出来的情形(㊀一况):病～|～况。❸陈述或描摹:写情～物|风景奇丽,殆不可～。❹叙述事件的文字:行～(指死者传略)|诉～。❺褒奖、委任等的凭证:奖～|委任～。

僮 zhuàng ㄓㄨㄤˋ 我国少数民族壮族的“壮”字旧作“僮”。

另见499页tóng。

撞 zhuàng ㄓㄨㄤˋ ❶击打:～钟。❷碰:别让汽车～了。㊁无意中遇到:让我～见了。❸莽撞地行动,闯:横冲直～。

幢 zhuàng ㄓㄨㄤˋ 〈方〉量词,用于房子:一～楼。

另见70页chuáng。

戆(戇) zhuàng ㄓㄨㄤˋ 刚直:性情～直。

另见150页gàng。

ZHUI ㄓㄨㄟ

隹 zhuī ㄓㄨㄟ 短尾巴的鸟。

骓(騅) zhuī ㄓㄨㄟ 毛色青白相杂的马。

椎 zhuī ㄓㄨㄟ 椎骨,构成人和高等动物脊柱的短骨:颈～|胸～|腰～|尾～。

另见71页chuí。

锥(錐) zhuī ㄓㄨㄟ ❶(一子)一头尖锐,可以扎窟窿的工具:针～|无立～之地(形容赤贫)。❷像锥子的东西:改～|冰～。❸用锥子形的工具钻:用锥子～个眼儿。

追 zhuī ㄓㄨㄟ ❶赶,紧跟着(㊀一逐):～随|～击敌人|急起直～|他走得太快,我～不上他。❷追溯过去,事后补做:～念|～悼|～认|～加

预算|～肥。❸竭力探求，寻求：～问|～根|这件事不必再～了|～求真理。

坠（墜）zhuì ㄓㄨㄟˋ ❶落，掉下：～马|摇摇欲～。❷往下沉：船锚往下～。❸（一儿）系在器物上垂着的东西：扇～|表～。［坠子］1.耳朵上的一种装饰品。又叫耳坠子、耳坠儿。2.流行于河南、山东的一种曲艺形式。

缀（綴）zhuì ㄓㄨㄟˋ ❶缝（féng）：～扣子|补～。❷连接：～字成文。［词缀］加在词根上的构词成分。常见的有前缀（也叫词头）和后缀（也叫词尾）两种。❸装饰：点～。

醊 zhuì ㄓㄨㄟˋ 祭奠。

惴 zhuì ㄓㄨㄟˋ 又忧愁，又恐惧（叠）：～～不安。

缒（縋）zhuì ㄓㄨㄟˋ 用绳子拴住人、物从上往下送：工人们从楼顶上把空桶～下来。

膇 zhuì ㄓㄨㄟˋ 脚肿。

赘（贅）zhuì ㄓㄨㄟˋ ❶多余的，多而无用的：～述|～言|～疣。❷男子到女家结婚并成为女家的家庭成员叫入赘，女家招女婿叫招赘：～婿。

ZHUN ㄓㄨㄣ

屯 zhūn ㄓㄨㄣ 困难。［屯邅］（-zhān）同"迍邅"。

另见506页tún。

迍 zhūn ㄓㄨㄣ ［迍邅］（-zhān）1.迟迟不前。2.处在困难中，十分不得志。

肫 zhūn ㄓㄨㄣ ❶〈方〉鸟类的胃：鸡～|鸭～。❷恳切，真挚（叠）：～～|～笃。

窀 zhūn ㄓㄨㄣ ［窀穸］（-xī）墓穴。

谆（諄）zhūn ㄓㄨㄣ 恳切。［谆谆］恳切，不厌倦地：～告诫|～教导|言之～。

衠 zhūn ㄓㄨㄣ 〈方〉纯粹，纯。

准（❷-❿準）zhǔn ㄓㄨㄣˇ ❶允许，许可：批～|不～他来。❷依照，依据：～此办理。❸定平直的东西：水～|～绳。❹标准，法则，可以作为依据的：～则|以此为～。❺同"埻"。❻正确（㊀一确）：瞄～|他枪打得很

Z

～。❼副词，一定，确实：我～来|～能完成任务。❽鼻子：隆～（高鼻子）。❾（一儿）把握：心里没～儿。❿可作为某类事物看待的：～将|～平原。

埻 zhǔn ㄓㄨㄣˇ 箭靶上的中心。

绰（綽） zhǔn ㄓㄨㄣˇ〈古〉标准，准则。

ZHUO ㄓㄨㄛ

拙 zhuō ㄓㄨㄛ ❶笨，不灵巧（㊀一笨）：～嘴笨舌|手～|弄巧成～|勤能补～。❷谦辞：～作|～见。

捉 zhuō ㄓㄨㄛ ❶抓，逮：～老鼠|捕风～影。［捉弄］玩弄，戏弄。❷握：～刀|～笔。

桌（*槕） zhuō ㄓㄨㄛ ❶（一子、一儿）一种日用家具，上面可以放东西：书～|饭～|八仙～。❷量词，用于成桌的饭菜或围着桌子坐的客人：一～酒席|来客可坐三～。

倬 zhuō ㄓㄨㄛ ❶显著。❷大。

焯 zhuō ㄓㄨㄛ 显明，明白。另见 54 页 chāo。

棁 zhuō ㄓㄨㄛ 梁上的短柱。

涿 zhuō ㄓㄨㄛ 涿州，地名，在河北省。

镨（鐯） zhuō ㄓㄨㄛ〈方〉❶镨钩，刨地的镐（gǎo）。❷用小镐刨：～高粱|～玉米。

汋 zhuó ㄓㄨㄛˊ 形容水激荡的声音。

灼 zhuó ㄓㄨㄛˊ ❶烧，炙：～伤|心如火～。❷明亮，透彻：目光～～|真知～见。

酌 zhuó ㄓㄨㄛˊ ❶斟酒：自～自饮。㊁酒饭：便～。❷度量，考虑（㊀一量）：～办|～情|～加修改。

茁 zhuó ㄓㄨㄛˊ 植物才生长出来的样子。［茁壮］1. 强壮茂盛：庄稼长得～。2. 健壮：牛羊～|青少年～成长。

卓 zhuó ㄓㄨㄛˊ ❶高而直：～立。❷高明，高超，杰出，不平凡：～见|～越。［卓绝］超过寻常，没有能比的：坚苦～。

草 zhuó ㄓㄨㄛˊ 化学上指环庚三烯（一种环烃）的正离子。

晫 zhuó ㄓㄨㄛˊ 明亮，昌盛。

叕 zhuó ㄓㄨㄛˊ ❶连缀。❷短。

斫（*斲、*斵、*斮）zhuó ㄓㄨㄛˊ 砍削：～伐树木|～轮老手（指经验多的人）。

浊（濁）zhuó ㄓㄨㄛˊ ❶水、空气等含杂质，不清洁，不干净，跟“清”相对（㊀浑一）。❷混乱：～世（形容混乱的时代）。❸（声音）低沉粗重：～声～气。❹浊音，发音时声带颤动的音。

镯（鐲、**鋜）zhuó ㄓㄨㄛˊ （一子）套在腕子上的环形装饰品：手～|玉～。

浞 zhuó ㄓㄨㄛˊ 〈方〉淋，使湿：让雨～了。

诼（諑）zhuó ㄓㄨㄛˊ 造谣毁谤。

啄 zhuó ㄓㄨㄛˊ 鸟类用嘴叩击或吃食：鸡～米|～木鸟。

琢 zhuó ㄓㄨㄛˊ 雕刻玉石，使成器物：精雕细～。［琢磨］1.雕刻和打磨（玉石）。2.加工使精美（指文章等）。

另见676页zuó。

椓 zhuó ㄓㄨㄛˊ ❶击。❷古代宫刑，割去男性的生殖器。

著 zhuó ㄓㄨㄛˊ 附着，穿着。后作“着”（zhuó）。

另见661页zhù。

着 zhuó ㄓㄨㄛˊ ❶穿（衣）：～衣|～装。❷接触，挨上：附～|～陆|不～边际。❸使接触别的事物，使附着在别的物体上：～眼|～手|～色|不～痕迹。❹着落：寻找无～。［着落］（一luò）下落，来源：遗失的东西有了～了|这笔费用还没有～。❺派遣：～人前来办理。❻公文用语，表示命令的语气：～即施行。

另见635页zhāo；636页zháo；639页zhe。

禚 zhuó ㄓㄨㄛˊ 姓。

鷟（鸑）zhuó ㄓㄨㄛˊ 见616页“鸑”字条“鸑鷟”（yuè一）。

缴（繳）zhuó ㄓㄨㄛˊ 系在箭上的丝绳。

另见236页jiǎo。

擢 zhuó ㄓㄨㄛˊ ❶拔：～发（fà）难数（shǔ）（形容罪恶多得像头发那样数不清）。❷提拔：～用|～升。

濯 zhuó ㄓㄨㄛˊ 洗：～足。

Z

ZI ㄗ

仔 zī ㄗ [仔肩]所担负的职务，责任。
另见620页 zǎi；670页 zǐ。

孖 zī ㄗ 双生子。
另见328页 mā。

孜 zī ㄗ [孜孜]勤勉，不懈怠：～不倦。

吱 zī ㄗ 同"嗞"。
另见646页 zhī。

呲 zī ㄗ 同"龇"。
另见73页 cī。

赀（貲） zī ㄗ 计量(多用于否定)：所费不～|不可～计。
"貲"另见668页"资"。

觜 zī ㄗ 星宿名，二十八宿之一。
另见675页 zuǐ。

訾 zī ㄗ 姓。
另见670页 zǐ。

龇（齜） zī ㄗ 张开嘴露出牙：～牙咧嘴。

髭 zī ㄗ 嘴上边的胡子：～须皆白。

咨 zī ㄗ 跟别人商议，询问(㊀—询)：～商|～议。
[咨文]旧时用于同级机关的一种公文。

姿 zī ㄗ ❶容貌：～容|丰～。❷形态，样子(㊀—态、—势)：雄～|～势。

资（資、❶△*貲） zī ㄗ ❶财物，钱财：～源|投～|工～。㊀费用：车～|邮～。[资金]1.国民经济中物资的货币表现。2.经营工商业的本钱。[资料]1.生产、生活中必需的东西。2.用作依据的材料：统计～|研究～。❷供给：～助|以～参考。❸智力：天～聪明。❹资历，指出身、经历：年～|～格|论～排辈。[资质]人的素质，智力。㊀泛指从事某种工作或活动所应具备的条件、资格、能力等：管理～|设计～|～等级。
"貲"另见668页"赀"。

谘（諮） zī ㄗ 同"咨"。

粢 zī ㄗ 古代供祭祀用的谷类。

趑 zī ㄗ [趑趄](—jū) ❶行走困难。❷犹豫不前：～不前。

兹（**茲） zī ㄗ ❶文言代词，这，这个：～日|～理易明。❷现在：～不赘述|～订于明日召开全体职工大会。❸年：今～|来～。

另见74页cí。

嗞 zī ㄗ （一儿）拟声词（叠）：老鼠～的一声跑了｜小鸟～～地叫。

嵫 zī ㄗ 见569页“崦”字条“崦嵫”（yān－）。

孳 zī ㄗ 滋生，繁殖：～生得很快。

滋 zī ㄗ ❶生出，长（zhǎng）：～芽｜～事｜～蔓。❷益，增益，加多：～益｜～补。［滋润］1.润泽，湿润，使不干枯。2.〈方〉舒服：日子过得挺～。［滋味］味道。［滋养］补益身体。❸〈方〉喷射：水管往外～水。

镃（鎡） zī ㄗ ［镃镇］（－jī）古代的锄头。

菑 zī ㄗ ❶已经开垦了一年的田地。❷除草。❸茂盛的草：～榛秽聚。

〈古〉又同“灾”（zāi）。

淄 zī ㄗ 淄河，水名，在山东省中部。

缁（緇） zī ㄗ 黑色：～衣。

辎（輜） zī ㄗ 辎车，有帷子的车。［辎重］（－zhòng）行军时携带的器械、粮草、被服等。

锱（錙） zī ㄗ 古代重量单位，六铢等于一锱，四锱等于一两。［锱铢］（－zhū）喻琐碎的事或极少的钱：～必较。

鲻（鯔） zī ㄗ 鱼名，背部青灰色，腹部白色，嘴宽而短，生活在海水和河水交界处。

鄑 zī ㄗ 用于地名：夏家～水（在山东省昌邑）。

鼒 zī ㄗ 上端收敛而口小的鼎。

子 zǐ ㄗˇ ❶古代指儿女，现在专指儿子。［子弟］后辈人，年轻人。❷对人的称呼。1.一般的人：男～｜女～。2.旧称某种行（háng）业的人：士～｜舟～。3.古代指著书立说，代表一个流派的人：孔～｜诸～百家。4.古代图书四部（经、史、子、集）分类法中的第三类：～部｜～书。5.古代对对方的敬称，相当于“您”：～试为之｜以～之矛，攻～之盾。6.古代称老师：～墨子。［子虚］转虚无的，不实在的：事属～。❸（一儿）植物的种子：莲～｜瓜～儿｜结～。❹（一儿）动物的卵：鱼～｜鸡～儿｜蚕～｜下～儿。❺幼小的：～鸡｜～姜。❻派生的，附属的：～金｜～公司。❼地支的第一位。❽子

时，指夜里十一点到一点。[子夜]深夜。❾古代五等爵位（公、侯、伯、子、男）的第四等。❿(zi) 名词词尾。1.加在名词性语素后：孩～|珠～|桌～|椅～。2.加在形容词或动词性语素后：胖～|拐～|瞎～|乱～|垫～。⓫(zi) 某些量词词尾：一档～事|敲了两下～门。

仔 zǐ ㄗˇ 幼小的（多指家畜、家禽）：～鸡|～猪。[仔密]衣物等质地紧密：袜子织得十分～。[仔细] 1.周密，细致：～研究|～考虑。2.俭省：日子过得～。3.当心，注意：路很滑，～点儿。

另见 620 页 zǎi；668 页 zī。

耔 zǐ ㄗˇ 培土。

虸 zǐ ㄗˇ [虸蚄](—fāng)黏虫。

籽 zǐ ㄗˇ 同"子❸"。

姊（*姉） zǐ ㄗˇ 姐姐。[姊妹] 1.姐姐和妹妹：～三个。㊀有密切关系的：～篇|～城。2.同辈女朋友间亲热的称呼。

秭 zǐ ㄗˇ 古代数目，指一万亿，也指十亿或千亿等。[秭归]地名，在湖北省。

笫 zǐ ㄗˇ 竹子编的床席：床～。

茈 zǐ ㄗˇ 茈草，草本植物，即紫草，叶椭圆形，花白色，根皮紫色。根可入药，又可用作紫色染料。

另见 73 页 cí。

紫 zǐ ㄗˇ 蓝和红合成的颜色。

訾 zǐ ㄗˇ 说别人的坏话，诋毁（㊀—毁）：不苟～议。

另见 668 页 zī。

梓 zǐ ㄗˇ ❶梓树，落叶乔木，花黄色，木材可供建筑或制器物用。[梓里][桑梓]故乡。❷印书用的木版。㊁雕版，把木头刻成印书的版，泛指制版印刷：付～|～行。

滓 zǐ ㄗˇ 渣子，沉淀物：渣～。

自 zì ㄗˋ ❶自己，己身，本人：～给～足|独立～主|～力更生|～动。[自个儿]（*自各儿）(—gěr)〈方〉代词，自己。[自然] 1.一切天然存在的东西：大～|～景物。2.不勉强：～而然|功到～成|他笑得很～。3.当然，没有疑问：学习不认真，～就要落后。[自由] 1.人们在法律规定的范围内，随意安排自己活动的

权利。2. 哲学上指人们在实践中认识了客观规律，并能有意识地运用到实践中去。3. 不受拘束和限制：～活动｜～发言。❷介词，从，由（连一从）：～古到今｜～天津到北京。❸副词，自然，当然：借债还钱，～不待言｜公道～在人心｜久别重逢，～有许多话要讲。

字 zì ㄗˋ ❶文字，用来记录语言的符号：汉～｜～眼儿｜～体｜常用～。［字典］注明文字的音义，列举词语说明用法的工具书。［字符］表示数据和信息的字母、数字及各种符号。［字母］表语音的符号：拼音～｜拉丁～。❷字音：咬～清楚｜～正腔圆。❸字体：篆～｜柳～。❹书法作品：～画。❺根据人名中的字义另取的别名叫"字"，又叫"表字"：李白～太白｜岳飞～鹏举。❻字据，合同，契约：立～为凭。❼旧时称女子许嫁：待～闺中。

牸 zì ㄗˋ 雌性的牲畜：～牛。

恣 zì ㄗˋ ❶放纵，无拘束：～意｜～情。❷〈方〉舒服：你看，他睡得多～。

眦（*眥） zì ㄗˋ 眼角，上下眼睑的接合处，靠近鼻子的叫内眦，靠近两鬓的叫外眦。

胔 zì ㄗˋ ❶带腐肉的尸骨。❷腐烂的肉。

渍（漬） zì ㄗˋ ❶浸，沤：～麻。❷地面的积水：～水｜防洪排～。❸油、泥等积在上面难以除去：烟袋里～了很多油子｜手表的轮子～住了。㉑浸积在物体上的污垢：血～｜污～｜油～。

胾 zì ㄗˋ 切成的大块肉。

ZONG ㄗㄨㄥ

枞（樅） zōng ㄗㄨㄥ ［枞阳］地名，在安徽省。

另见75页cōng。

宗 zōng ㄗㄨㄥ ❶旧指宗庙，祖庙。［祖宗］先人。❷家族，同一家族的：同～｜～兄。［宗法］封建社会以家族为中心，按血统远近区别亲疏的制度：破除～观念。❸宗派，派别：禅（chán）～｜北～山水画。❹宗旨，主要的目的和意图：开～明义｜万变不离其～。❺尊奉，向往，也指尊奉的人：～仰｜～师。❻量词，件，批：一～事｜大～货物｜三

～传染病例。

倧 zōng ㄗㄨㄥ 传说中的上古神人。

综（綜） zōng ㄗㄨㄥ 总合：～述｜～观全局｜错～（纵横交错）。［综合］1. 把各个独立而互相关联的事物或现象进行分析、归纳、整理。2. 不同种类、不同性质的事物组合在一起：～利用｜～大学。

另见 627 页 zèng。

棕（*椶） zōng ㄗㄨㄥ 指棕榈（lǘ）树或棕毛。［棕榈］常绿乔木，树干高而直，不分枝，叶大，叶鞘上的毛叫棕毛，可以制绳索和刷子等。［棕色］像棕毛的颜色。

腙 zōng ㄗㄨㄥ 有机化合物的一类，由羰（tāng）基与肼（jǐng）缩合而成。

踪（*蹤） zōng ㄗㄨㄥ 人或动物走过留下的脚印（㊥一迹）：～影｜追～｜失～。

鬃（*騌、*騣、*鬉） zōng ㄗㄨㄥ 马、猪等兽类颈上的长毛，可制刷、帚等。

鬷 zōng ㄗㄨㄥ ❶古代的一种锅。❷姓。

总（總、**総） zǒng ㄗㄨㄥˇ ❶聚合，聚集在一起：～在一起算｜～共三万｜～起来说。［总结］把一段工作过程中的经验教训分析、研究，归纳出结论：要认真～经验。❷概括全部的，主要的，为首的：～纲｜～司令。❸副词，经常，一直：为什么～来晚？｜～不肯听。❹副词，一定，无论如何：这件事～是要办的｜明天他～该回来了。

偬（*傯） zǒng ㄗㄨㄥˇ 见 272 页“倥”字条“倥偬”（kǒng—）。

纵（縱） zòng ㄗㄨㄥˋ ❶（旧读 zōng）竖，直，南北方向，跟“横”相对：～线｜排成～队｜～横各十里｜～剖面。❷放：～虎归山。❸放任，不加拘束：～目｜～情｜～欲。❹身体猛然向前或向上：～身一跳。❺连词，即使：～有千山万水，也拦不住勘探队员。❻〈方〉起皱纹：这张纸都～了｜衣服压～了。

疭（瘲） zòng ㄗㄨㄥˋ 见 62 页“瘛”字条“瘛疭”（chì—）。

粽（*糉） zòng ㄗㄨㄥˋ 粽子，用箬叶或苇叶裹糯米做成的多角形的食品。民俗端午节吃粽子。

ZOU ㄗㄡ

邹（鄒） zōu ㄗㄡ 周代诸侯国名，在今山东省邹城东南。

驺（騶） zōu ㄗㄡ 驺从，封建时代贵族官僚出门时所带的骑马的侍从。

诹（諏） zōu ㄗㄡ 在一起商量事情：～吉（商订好日子）|咨～（询问政事）。

陬 zōu ㄗㄡ 角落，山脚。

缌（緅） zōu ㄗㄡ 黑里带红的颜色。

鲰（鯫） zōu ㄗㄡ 小鱼。［鲰生］古代对人的蔑称，义为小子、小人。也用作谦辞。

鄹（❶＊＊郰） zōu ㄗㄡ ❶古地名，在今山东省曲阜东南。❷周代诸侯国名，即邹。

走 zǒu ㄗㄡˇ ❶走路，步行：～得快|小孩子会～了。㉦1.往来：～亲戚。2.移动，挪动：～棋|钟不～了。3.往来运送：～信|～货|～私。❷离去：他刚～|我明天要～了。❸通过，由：咱们～这个门出去吧。❹经过：这笔钱不～账了。❺透漏出，越过范围：～漏消息|～气|说话～了嘴。❻失去原样：衣服～样子了|茶叶～味了。❼古代指跑（㊀奔一）：～马看花。［走狗］善跑的猎狗。㊗受人豢养而帮助作恶的人。

奏 zòu ㄗㄡˋ ❶演奏，依照曲调吹弹乐器：～乐|提琴独～|伴～。❷封建时代臣子对皇帝进言或上书：上～。❸呈现，做出：～效|～功。

揍 zòu ㄗㄡˋ ❶打人。❷〈方〉打碎：小心别把玻璃～了。

ZU ㄗㄨ

租 zū ㄗㄨ ❶出代价暂用别人的东西：～房|～家具。［租界］帝国主义者强迫被侵略国家在通商都市以"租借"名义划给他们直接统治的地区。❷出租：～给人|～出去。［出租］收取一定的代价，让别人暂时使用房地器物等。❸出租所收取的钱或实物：房～|收～。❹田赋：～税。

菹（＊＊葅） zū ㄗㄨ ❶酸菜。❷切碎的肉、菜。

Z

足 zú ㄗㄨˊ ❶脚：～迹|画蛇添～|～不出户。㊀器物下部的支撑部分：鼎～。❷满，充分，够量（㊃充一）：～数|心满意～|丰衣～食|分量不～。㊀副词。1. 尽情地，尽量地：～玩了一天。2. 完全：他～可以担任翻译工作|两天～能完成任务。❸值得：不～为凭|微不～道。

卒（*卒） zú ㄗㄨˊ ❶古时指兵：小～|士～。❷旧称差役：走～|狱～。❸死亡：生～年月。❹完毕，终了：～业。㊀究竟，终于：相持半月，～胜敌军。

另见77页cù。

崒（**崪） zú ㄗㄨˊ 险峻。

族 zú ㄗㄨˊ ❶民族：汉～|回～|各～人民。❷聚居而有血统关系的人群的统称：宗～|家～。❸事物有共同属性的一大类：水～|芳香～。㊉有共同特点的某类人：上班～|追星～。❹灭族，古代的一种残酷刑法，一人有罪把全家或包括母家、妻家的人都杀死。

镞（鏃） zú ㄗㄨˊ 箭镞，箭头。

诅（詛） zǔ ㄗㄨˇ ❶迷信的人求神加祸于别人。[诅咒]咒骂，说希望人不顺利的话。❷盟誓。

阻 zǔ ㄗㄨˇ 拦挡（㊃—挡）：～止|通行无～|山川险～。

组（組） zǔ ㄗㄨˇ ❶结合，构成：～成|～建|改～。[组织]1. 有目的、有系统、有秩序地结合起来：～群众。2. 按照一定的政治目的、任务和系统建立起来的集体：党团～。3. 有机体中由形状、性质和作用相同的若干细胞结合而成的单位：神经～|～疗法。❷由若干人员结合成的单位：小～|教研～。❸合成一组的（文学艺术作品）：～诗|～画。❹量词，用于成组的事物：一～照片。

珇 zǔ ㄗㄨˇ ❶珪玉、琮玉上的浮雕花纹。❷美好。

俎 zǔ ㄗㄨˇ ❶古代祭祀时放祭品的器物。❷切肉或菜时垫在下面的砧（zhēn）板：刀～。

祖 zǔ ㄗㄨˇ ❶称父母亲的上一辈：～父|外～母|～孙三代。㊀先代：～宗|始～。[祖国]对自己国家的亲切称呼。❷某种事业或流派的开创者：鼻～|～师。

ZUAN ㄗㄨㄢ

钻（鑽、*鑚） zuān ㄗㄨㄢ ❶用锥状的物体在另一物体上转动穿孔：～个眼儿｜～探。㊀穿过，进入：～山洞｜～到水里｜～空(kòng)子。[钻营]指攀附权势取得个人好处。❷钻研，仔细深入研究：～书本｜他肯～，学得快。

另见675页zuàn。

躜（躦） zuān ㄗㄨㄢ 向上或向前冲。

缵（纘） zuǎn ㄗㄨㄢˇ 继承。

纂（❶*篹） zuǎn ㄗㄨㄢˇ ❶编纂，搜集材料编书：～修。❷（－儿）梳在头后边的发髻。

钻（鑽、*鑚） zuàn ㄗㄨㄢˋ ❶穿孔洞的工具：～床｜电～｜风～｜手摇～。❷钻石，经过琢磨的金刚石，又指硬度高的人造宝石：～戒｜十七～的手表。

另见675页zuān。

赚（賺） zuàn ㄗㄨㄢˋ 骗：～人。

另见663页zhuàn。

攥 zuàn ㄗㄨㄢˋ 用手握住：手里～着一把斧子。

ZUI ㄗㄨㄟ

咀 zuǐ ㄗㄨㄟˇ "嘴"俗作"咀"。

另见254页jǔ。

觜 zuǐ ㄗㄨㄟˇ 同"嘴"。

另见668页zī。

嘴 zuǐ ㄗㄨㄟˇ ❶同"口"：张～。❷（－子、－儿）形状或作用像嘴的东西：山～｜壶～儿。❸指说的话：别多～｜～甜。

最（*冣） zuì ㄗㄨㄟˋ ❶副词，极，无比的：～大｜～好｜～要紧。❷指居首位的、没有比得上的人或事物：中华之～｜世界之～｜以此为～。

蕞 zuì ㄗㄨㄟˋ 小的样子：～尔小国。

晬 zuì ㄗㄨㄟˋ 婴儿周岁。

醉 zuì ㄗㄨㄟˋ ❶喝酒过多，神志不清：他喝～了。❷沉迷，过分地爱好：陶～｜沉～｜～心文学。❸用酒泡制（食品）：家家忙着～鱼。也指用酒泡制的（食品）：～蟹｜～虾｜～枣。

罪（*辠） zuì ㄗㄨㄟˋ ❶犯法的行为：犯

～。㉡过失：不应该归～于人。❷刑罚：判～|死～。❸苦难，痛苦：受～。❹把罪过归到某人身上：～己。

槜（**檇） zuì ㄗㄨㄟˋ ［槜李］1.一种李子，果皮鲜红，浆多味甜。2.古地名，在今浙江省嘉兴一带。

ZUN ㄗㄨㄣ

尊 zūn ㄗㄨㄣ ❶地位或辈分高：～卑|～亲|～长（zhǎng）。敬辞：～姓|～著|～府。［令尊］对对方父亲的尊称。❷敬重（㊀—敬）：～师爱徒。❸量词，用于神佛塑像或炮等：一～佛像|一～大炮。❹同"樽"。

嶟 zūn ㄗㄨㄣ 山石高峻陡峭。

遵 zūn ㄗㄨㄣ 依照，按照：～纪守法|～医嘱|～从|～循。

樽（*鐏） zūn ㄗㄨㄣ 古代的盛酒器具。

镈（鐏） zūn ㄗㄨㄣ ❶戈柄下端圆锥形的金属套。❷盛酒的器皿。❸姓。

鳟（鱒） zūn ㄗㄨㄣ 鱼名，身体银白色，背略带黑色。

僔 zǔn ㄗㄨㄣˇ ❶聚集。❷谦恭。

撙 zǔn ㄗㄨㄣˇ 撙节，从全部财物里节省下一部分。

噂 zǔn ㄗㄨㄣˇ 聚在一起议论。

ZUO ㄗㄨㄛ

作 zuō ㄗㄨㄛ 作坊（fang），手工业制造或加工的地方：油漆～|洗衣～。

另见677页zuò。

嘬 zuō ㄗㄨㄛ 聚缩嘴唇吸取：小孩～奶。

另见69页chuài。

昨 zuó ㄗㄨㄛˊ ❶昨天，今天的前一天：～夜。❷泛指过去：觉今是而～非。

笮（**筰） zuó ㄗㄨㄛˊ 用竹子做成的绳索。［笮桥］用竹索编成的桥。

另见626页zé。

捽 zuó ㄗㄨㄛˊ 〈方〉揪，抓：～他的头发。

琢 zuó ㄗㄨㄛˊ ［琢磨］（—mo）反复思索、考虑：这个问题我～了很久|你～一下，是不是这个理儿。

另见667页zhuó。

左 zuǒ ㄗㄨㄛˇ ❶面向南时靠东的一边，跟"右"相对：～手。㊫东方（以面向南为准）：山～|江～。[左右]1.上下，表示约数：三十岁～。2.横竖，反正：～是要去的，你还是早点去吧。3.身边跟从的人。4.支配，操纵：～局势。❷政治思想上属于较激进的或进步的：～派|～翼。❸斜，偏，错：～脾气|越说越～|你想～了|～道旁门。❹相反：彼此意见相～。

佐 zuǒ ㄗㄨㄛˇ（旧读 zuò）❶辅佐，帮助：～理|～助。❷辅助别人的人：僚～。[佐证]（*左证）证据。

撮 zuǒ ㄗㄨㄛˇ（一子、一儿）量词，用于成丛的毛发：剪下一～子头发。

另见 80 页 cuō。

作 zuò ㄗㄨㄛˋ ❶起，兴起：振～|锣鼓大～|日出而～|一鼓～气。[作用]功能，使事物发生变化的力量：起～|带头～。❷劳作，制造：深耕细～|操～。❸写作：～文|～画|～曲|吟诗～赋。❹作品，指文学、艺术方面的创作：佳～|杰～。❺进行某种活动：～乱。[作风]人们在工作或行动中表现出来的态度和风格。

另见 676 页 zuō。

阼 zuò ㄗㄨㄛˋ 古代指大堂前东面的台阶。

岞 zuò ㄗㄨㄛˋ [岞山]地名，在山东省潍坊。

怍 zuò ㄗㄨㄛˋ 惭愧（㊟愧～）。

柞 zuò ㄗㄨㄛˋ 柞树，即栎树：～蚕|～丝（柞蚕吐的丝）。参看 298 页"栎"（lì）。

另见 629 页 zhà。

胙 zuò ㄗㄨㄛˋ 古代祭祀时用过的酒肉等祭品。

祚 zuò ㄗㄨㄛˋ ❶福：门衰～薄。❷皇帝的地位：卒践帝～（终于登上帝位）。

酢 zuò ㄗㄨㄛˋ 客人用酒回敬主人：酬（chóu）～。

另见 77 页 cù。

坐 zuò ㄗㄨㄛˋ ❶臀部放在椅子等物体上以支持身体：席地而～|～在凳子上。㊁1.乘，搭：～车|～船。2.坐落：房屋～北朝南。❷物体向后施压力：房子往后～了|这枪～力很小。❸把锅、壶等放在炉火上：～锅|～水。❹因：～此解职|停车～爱枫林晚。❺旧指定罪：连～|反～。❻植物结实（jiēshí）：～果|～瓜。㊁形成（疾病）：打那以后就～下了病。❼自然而然：孤蓬自

Z

振，惊沙～飞。❽同"座❶"。

唑 zuò ㄗㄨㄛˋ 见433页"噻"字条"噻唑"(sāi－)。

座 zuò ㄗㄨㄛˋ ❶(－儿)座位：入～|～无虚席。敬辞，旧时称高级长官：军～|处～。[座右铭]写出来放在座位旁边的格言。泛指警戒、激励自己的话。❷(－子、－儿)托着器物的东西：钟～儿。❸星座：天琴～。❹量词，用于较大或固定的物体：一～山|三～楼。

做 zuò ㄗㄨㄛˋ ❶干(gàn)，进行工作或活动：～活|～工|～买卖|～报告|～斗争。❷写作：～诗|～文章。❸制造：～制服|甘蔗能～糖。❹当，为(wéi)：～父母的|～革命事业接班人。❺装，扮：～样子|～好～歹。[做作]故意装出某种表情或神态。❻举行：～生日|～寿。❼用为：芦苇可以～造纸原料。

附　录

汉语拼音方案

（1957 年 11 月 1 日国务院全体会议第 60 次会议通过）
（1958 年 2 月 11 日第一届全国人民代表大会第五次会议批准）

一　字母表

字母	Aa	Bb	Cc	Dd	Ee	Ff	Gg
名称	ㄚ	ㄅㄝ	ㄘㄝ	ㄉㄝ	ㄜ	ㄝㄈ	ㄍㄝ
	Hh	Ii	Jj	Kk	Ll	Mm	Nn
	ㄏㄚ	ㄧ	ㄐㄧㄝ	ㄎㄝ	ㄝㄌ	ㄝㄇ	ㄋㄝ
	Oo	Pp	Qq	Rr	Ss	Tt	
	ㄛ	ㄆㄝ	ㄑㄧㄡ	ㄚㄦ	ㄝㄙ	ㄊㄝ	
	Uu	Vv	Ww	Xx	Yy	Zz	
	ㄨ	ㄪㄝ	ㄨㄚ	ㄒㄧ	ㄧㄚ	ㄗㄝ	

v 只用来拼写外来语、少数民族语言和方言。
字母的手写体依照拉丁字母的一般书写习惯。

二　声母表

b	p	m	f	d	t	n	l
ㄅ玻	ㄆ坡	ㄇ摸	ㄈ佛	ㄉ得	ㄊ特	ㄋ讷	ㄌ勒
g	k	h		j	q	x	
ㄍ哥	ㄎ科	ㄏ喝		ㄐ基	ㄑ欺	ㄒ希	
zh	ch	sh	r	z	c	s	
ㄓ知	ㄔ蚩	ㄕ诗	ㄖ日	ㄗ资	ㄘ雌	ㄙ思	

在给汉字注音的时候，为了使拼式简短，zh ch sh可以省作 ẑ ĉ ŝ 。

三 韵母表

		i ㄧ 衣	u ㄨ 乌	ü ㄩ 迂
a ㄚ 啊		ia ㄧㄚ 呀	ua ㄨㄚ 蛙	
o ㄛ 喔			uo ㄨㄛ 窝	
e ㄜ 鹅		ie ㄧㄝ 耶		üe ㄩㄝ 约
ai ㄞ 哀			uai ㄨㄞ 歪	
ei ㄟ 欸			uei ㄨㄟ 威	
ao ㄠ 熬		iao ㄧㄠ 腰		
ou ㄡ 欧		iou ㄧㄡ 忧		
an ㄢ 安		ian ㄧㄢ 烟	uan ㄨㄢ 弯	üan ㄩㄢ 冤
en ㄣ 恩		in ㄧㄣ 因	uen ㄨㄣ 温	ün ㄩㄣ 晕
ang ㄤ 昂		iang ㄧㄤ 央	uang ㄨㄤ 汪	
eng ㄥ 亨的韵母		ing ㄧㄥ 英	ueng ㄨㄥ 翁	
ong （ㄨㄥ） 轰的韵母		iong ㄩㄥ 雍		

(1) “知、蚩、诗、日、资、雌、思”等七个音节的韵母用 i，即：知、蚩、诗、日、资、雌、思等字拼作 zhi，chi，shi，ri，zi，ci，si。

(2) 韵母儿写成 er，用作韵尾的时候写成 r。例如：“儿童”拼作 ertong，“花儿”拼作 huar。

(3) 韵母ㄝ单用的时候写成 ê。

(4) i 行的韵母，前面没有声母的时候，写成 yi（衣），ya（呀），ye（耶），yao（腰），you（忧），yan（烟），yin（因），yang（央），ying（英），yong（雍）。

u 行的韵母，前面没有声母的时候，写成 wu（乌），wa（蛙），wo（窝），wai（歪），wei（威），wan（弯），wen（温），wang（汪），weng（翁）。

ü 行的韵母，前面没有声母的时候，写成 yu（迂），yue（约），yuan（冤），yun（晕）；ü 上两点省略。

ü 行的韵母跟声母 j，q，x 拼的时候，写成 ju（居），qu（区），xu（虚），ü 上两点也省略；但是跟声母 l，n 拼的时候，仍然写成 lü（吕），nü（女）。

(5) iou，uei，uen 前面加声母的时候，写成 iu，ui，un。例如 niu（牛），gui（归），lun（论）。

(6) 在给汉字注音的时候，为了使拼式简短，ng 可以省作 ŋ。

四 声调符号

阴平	阳平	上声	去声
ˉ	ˊ	ˇ	ˋ

声调符号标在音节的主要母音上。轻声不标。例如：

妈 mā	麻 má	马 mǎ	骂 mà	吗 ma
（阴平）	（阳平）	（上声）	（去声）	（轻声）

五 隔音符号

a，o，e 开头的音节连接在其他音节后面的时候，如果音节的界限发生混淆，用隔音符号（’）隔开，例如：pi’ao（皮袄）。

常用标点符号用法简表*

一　基本定义

句子：前后都有停顿，并带有一定的句调，表示相对完整意义的语言单位。

陈述句：用来说明事实的句子。

祈使句：用来要求听话人做某件事情的句子。

疑问句：用来提出问题的句子。

感叹句：用来抒发某种强烈感情的句子。

复句、分句：意思上有密切联系的小句子组织在一起构成一个大句子。这样的大句子叫复句，复句中的每个小句子叫分句。

词语：词和短语（词组）。词，即最小的能独立运用的语言单位。短语，即由两个或两个以上的词按一定的语法规则组成的表达一定意义的语言单位，也叫词组。

二　用法简表

名称	符号	用法说明	举例
句号[①]	。	1.用于陈述句的末尾。	北京是中华人民共和国的首都。
		2.用于语气舒缓的祈使句末尾。	请您稍等一下。
问号	？	1.用于疑问句的末尾。	他叫什么名字？

* 本表参考了中华人民共和国国家标准《标点符号用法》。

名称	符号	用法说明	举例
问号	?	2.用于反问句的末尾。	难道你还不了解我吗?
叹号	!	1.用于感叹句的末尾。	为祖国的繁荣昌盛而奋斗!
		2.用于语气强烈的祈使句末尾。	停止射击!
		3.用于语气强烈的反问句末尾。	我哪里比得上他呀!
逗号	,	1.句子内部主语与谓语之间如需停顿,用逗号。	我们看得见的星星,绝大多数是恒星。
		2.句子内部动词与宾语之间如需停顿,用逗号。	应该看到,科学需要一个人贡献出毕生的精力。
		3.句子内部状语后边如需停顿,用逗号。	对于这个城市,他并不陌生。
		4.复句内各分句之间的停顿,除了有时要用分号外,都要用逗号。	据说苏州园林有一百多处,我到过的不过十多处。

名称	符号	用法说明	举例
顿号	、	用于句子内部并列词语之间的停顿。	正方形是四边相等、四角均为直角的四边形。
分号[②]	；	1. 用于复句内部并列分句之间的停顿。	语言，人们用来抒情达意；文字，人们用来记言记事。
		2. 用于分行列举的各项之间。	下列情形，应当以国家通用语言文字为基本的用语用字： （一）广播、电影、电视用语用字； （二）公共场所的设施用字； （三）招牌、广告用字； （四）企业事业组织名称； （五）在境内销售的商品的包装、说明。
冒号	：	1. 用于称呼语后边，表示提起下文。	同志们，朋友们：现在开会了……
		2. 用于"说、想、是、证明、宣布、指出、透露、例如、如下"等词语后边，表示提起下文。	他十分惊讶地说："啊，原来是你！"

名称	符号	用法说明	举例
冒号	：	3.用于总说性话语的后边，表示引起下文的分说。	北京紫禁城有四座城门：午门、神武门、东华门和西华门。
		4.用于需要解释的词语后边，表示引出解释或说明。	外文图书展销会 日期：10月20日至11月10日 时间：上午8时至下午4时 地点：北京朝阳区工体东路16号 主办单位：中国图书进出口总公司
		5.用于总括性话语的前边，以总结上文。	张华考上了北京大学；李萍进了中等技术学校；我在百货公司当售货员：我们都有光明的前途。
引号③	“ ” ‘ ’	1.用于行文中直接引用的部分。	“满招损，谦受益”这句格言，流传到今天至少有两千年了。
		2.用于需要着重论述的对象。	古人对于写文章有个基本要求，叫作“有物有序”。“有物”就是要有内容，“有序”就是要有条理。

名称	符号	用法说明	举例
引号	“ ” ‘ ’	3. 用于具有特殊含义的词语。	这样的“聪明人”还是少一点好。
		4. 引号里面还要用引号时,外面一层用双引号,里面一层用单引号。	他站起来问:“老师,‘有条不紊’的‘紊’是什么意思?”
括号④	( )	用于行文中注释性的部分。注释句子中某些词语的,括注紧贴在被注释词语之后;注释整个句子的,括注放在句末标点之后。	(1)中国猿人(全名为“中国猿人北京种”,或简称“北京人”)在我国的发现,是对古人类学的一个重大贡献。 (2)写研究性文章跟文学创作不同,不能摊开稿纸搞“即兴”。(其实文学创作也要有素养才能有“即兴”。)
破折号	——	1. 用于行文中解释说明的部分。	迈进金黄色的大门,穿过宽阔的风门厅和衣帽厅,就到了大会堂建筑的枢纽部分——中央大厅。

名称	符号	用法说明	举例
破折号	——	2. 用于话题突然转变。	“今天好热啊！——你什么时候去上海?”张强对刚刚进门的小王说。
		3. 用于声音延长的拟声词后面。	“呜——”火车开动了。
		4. 用于事项列举分承的各项之前。	根据研究对象的不同，环境物理学分为以下五个分支学科： ——环境声学； ——环境光学； ——环境热学； ——环境电磁学； ——环境空气动力学。
省略号⑤	……	1. 用于引文的省略。	她轻轻地哼起了《摇篮曲》:“月儿明，风儿静，树叶儿遮窗棂啊……”
		2. 用于列举的省略。	在广州的花市上，牡丹、吊钟、水仙、梅花、菊花、山茶、墨兰……春秋冬三季的鲜花都挤在一起啦！

名称	符号	用法说明	举例
省略号	……	3.用于话语中间，表示说话断断续续。	“我……对不起……大家，我……没有……完成……任务。”
着重号	·	用于要求读者特别注意的字、词、句的下面。	事业是干出来的，不是吹出来的。
连接号⑥	—	1.两个相关的名词构成一个意义单位，中间用连接号。	我国秦岭—淮河以北地区属于温带季风气候区，夏季高温多雨，冬季寒冷干燥。
		2.相关的时间、地点或数目之间用连接号，表示起止。	鲁迅（1881—1936）原名周树人，字豫才，浙江绍兴人。
		3.相关的字母、阿拉伯数字等之间，用连接号，表示产品型号。	在太平洋地区，除了已建成投入使用的HAW—4和TPC—3海底光缆之外，又有TPC—4海底光缆投入运营。
		4.几个相关的项目表示递进式发展，中间用连接号。	人类的发展可以分为古猿—猿人—古人—新人这四个阶段。

名称	符号	用法说明	举　例
间隔号	·	1. 用于外国人和某些少数民族人名内各部分的分界。	列奥纳多·达·芬奇 爱新觉罗·努尔哈赤
		2. 用于书名与篇（章、卷）名之间的分界。	《中国大百科全书·物理学》 《三国志·蜀书·诸葛亮传》
书名号	《 》 〈 〉	用于书名、篇名、报纸名、刊物名等。	（1）《红楼梦》的作者是曹雪芹。 （2）课文里有一篇鲁迅的《从百草园到三味书屋》。 （3）他的文章在《人民日报》上发表了。 （4）桌上放着一本《中国语文》。 （5）《〈中国工人〉发刊词》发表于 1940 年 2 月 7 日。
专名号⑦	——	用于人名、地名、朝代名等专名下面。	司马相如者，汉蜀郡成都人也，字长卿。

附注：① 句号还有一种形式，即一个小圆点“.”，一般在科技文献中使用。

② 非并列关系(如转折关系、因果关系等)的多重复句,第一层的前后两部分之间,也用分号。

③ 直行文稿引号改用双引号“﹃﹄”和单引号“﹁﹂”。

④ 此外还有方括号“[ ]”、六角括号“〔 〕”和方头括号“【 】”。

⑤ 如果是整段文章或诗行的省略,可以使用十二个小圆点来表示。

⑥ 连接号另外还有三种形式,即长横“——”(占两个字的位置)、半字线“-”(占半个字的位置)和浪纹“～”(占一个字的位置)。

⑦ 专名号只用在古籍或某些文史著作里面。为了跟专名号配合,这类著作里的书名号可以用浪线“﹏﹏”。

我国历代纪元简表

夏			约前 2070—前 1600
商			前 1600—前 1046
周	西周		前 1046—前 771
	东周 春秋时代 战国时代①		前 770—前 256 前 770—前 476 前 475—前 221
秦			前 221—前 206
汉	西汉②		前 206—公元 25
	东汉		25—220
三国	魏		220—265
	蜀		221—263
	吴		222—280
西晋			265—317
东晋 十六国	东晋		317—420
	十六国③		304—439
南北朝	南朝	宋	420—479
		齐	479—502
		梁	502—557
		陈	557—589

南北朝	北朝	北魏	386—534
		东魏 北齐	534—550 550—577
		西魏 北周	535—556 557—581
隋			581—618
唐			618—907
五代十国	后梁		907—923
	后唐		923—936
	后晋		936—947
	后汉		947—950
	后周		951—960
	十国[④]		902—979
宋	北宋		960—1127
	南宋		1127—1279
辽[⑤]			907—1125
西夏[⑥]			1038—1227
金			1115—1234
元[⑦]			1206—1368
明			1368—1644
清[⑧]			1616—1911
中华民国			1912—1949

中华人民共和国 1949 年 10 月 1 日成立

附注：① 这时期，主要有秦、魏、韩、赵、楚、燕、齐等国。

② 包括王莽建立的“新”王朝（公元 9 年—23 年）和更始帝（公元 23 年—25 年）。王莽时期，爆发大规模的农民起义，建立了农民政权。公元 23 年，新莽王朝灭亡。公元 25 年，东汉王朝建立。

③ 这时期，在我国北方和巴蜀，先后存在过一些封建割据政权，其中有：汉（前赵）、成（成汉）、前凉、后赵（魏）、前燕、前秦、后燕、后秦、西秦、后凉、南凉、南燕、西凉、北凉、北燕、夏等国，历史上叫作“十六国”。

④ 这时期，除后梁、后唐、后晋、后汉、后周外，还先后存在过一些封建割据政权，其中有：吴、前蜀、吴越、楚、闽、南汉、荆南（南平）、后蜀、南唐、北汉等国，历史上叫作“十国”。

⑤ 辽建国于公元 907 年，国号契丹，916 年始建年号，938 年（一说 947 年）改国号为辽，983 年复称契丹，1066 年仍称辽。

⑥ 1032 年（北宋明道元年）元昊嗣夏王位，1034 年始建年号，1038 年称帝，国名大夏。在汉籍中习称西夏。1227 年为蒙古所灭。

⑦ 铁木真于公元 1206 年建国；公元 1271 年忽必烈定国号为元，1279 年灭南宋。

⑧ 清建国于 1616 年，初称后金，1636 年始改国号为清，1644 年入关。

我国少数民族简表

我国是统一的多民族的社会主义国家，由56个民族组成。除汉族外，有55个少数民族，约占全国总人口的8%。

民族名称	主要分布地区
蒙古族	内蒙古、辽宁、新疆、黑龙江、吉林、青海、甘肃、河北、河南等地。
回族	宁夏、甘肃、河南、新疆、青海、云南、河北、山东、安徽、辽宁、北京、内蒙古、天津、黑龙江、陕西、吉林、江苏、贵州等地。
藏族	西藏及四川、青海、甘肃、云南等地。
维吾尔族	新疆。
苗族	贵州、云南、湖南、重庆、广西、四川、海南、湖北等地。
彝(yí)族	云南、四川、贵州、广西等地。
壮族	广西及云南、广东、贵州、湖南等地。
布依族	贵州。
朝鲜族	吉林、黑龙江、辽宁等地。
满族	辽宁及黑龙江、吉林、河北、内蒙古、北京等地。
侗(dòng)族	贵州、湖南、广西等地。
瑶族	广西、湖南、云南、广东、贵州等地。
白族	云南、贵州、湖南等地。

民族名称	主要分布地区
土家族	湖北、湖南、重庆等地。
哈尼族	云南。
哈萨克族	新疆、甘肃、青海等地。
傣(dǎi)族	云南。
黎族	海南。
傈僳(lìsù)族	云南、四川等地。
佤(wǎ)族	云南。
畲(shē)族	福建、浙江、江西、广东等地。
高山族	台湾及福建。
拉祜(hù)族	云南。
水族	贵州、广西。
东乡族	甘肃、新疆。
纳西族	云南、四川。
景颇族	云南。
柯尔克孜族	新疆、黑龙江。
土族	青海、甘肃。
达斡(wò)尔族	内蒙古、黑龙江、新疆等地。
仫佬(mùlǎo)族	广西。
羌(qiāng)族	四川。
布朗族	云南。
撒拉族	青海、甘肃等地。

民族名称	主要分布地区
毛南族	广西。
仡佬(gēlǎo)族	贵州、广西。
锡伯族	辽宁、新疆、吉林、黑龙江等地。
阿昌族	云南。
塔吉克族	新疆。
普米族	云南。
怒族	云南。
乌孜别克族	新疆。
俄罗斯族	新疆、黑龙江。
鄂温克族	内蒙古、黑龙江。
德昂族	云南。
保安族	甘肃。
裕固族	甘肃。
京族	广西。
塔塔尔族	新疆。
独龙族	云南。
鄂伦春族	内蒙古、黑龙江。
赫哲族	黑龙江。
门巴族	西藏。
珞(luò)巴族	西藏。
基诺族	云南。

我国各省、直辖市、自治区及省会(或首府)名称表

（按汉语拼音字母顺序排列）

省、市、自治区名	简称（或别称）	省会（或首府）名
安徽	（皖）	合肥
北京	京	
重庆	（渝）	
福建	（闽）	福州
甘肃	甘（陇）	兰州
广东	（粤）	广州
广西	（桂）	南宁
贵州	贵（黔）	贵阳
海南	（琼）	海口
河北	（冀）	石家庄
河南	（豫）	郑州
黑龙江	黑	哈尔滨
湖北	（鄂）	武汉
湖南	（湘）	长沙
吉林	吉	长春
江苏	苏	南京
江西	（赣）	南昌
辽宁	辽	沈阳
内蒙古	蒙	呼和浩特
宁夏	宁	银川
青海	青	西宁
山东	（鲁）	济南
山西	（晋）	太原
陕西	陕（秦）	西安
上海	（沪）（申）	
四川	川（蜀）	成都
台湾	台	台北
天津	津	
西藏	藏	拉萨
新疆	新	乌鲁木齐
云南	云（滇）	昆明
浙江	浙	杭州
香港（特别行政区）	港	
澳门（特别行政区）	澳	

世界各国和地区面积、人口、首都(或首府)一览表*

国家或地区	面积 (平方公里)	人口 (单位:千人)	首都(或首府)
	亚	洲	
中国	约 9 600 000	1 370 537①	北京
蒙古	1 566 500	2 683.4	乌兰巴托
朝鲜	123 000	22 110	平壤
韩国	99 600	48 747	首尔
日本	377 925	127 710	东京
老挝	236 800	5 870	万象
越南	329 556	86 160	河内
柬埔寨	181 035	14 400	金边
缅甸	676 581	57 500	内比都
泰国	513 115	66 700	曼谷
马来西亚	330 257	27 730	吉隆坡
新加坡	710	4 839	新加坡
文莱	5 765	390	斯里巴加湾市
菲律宾	299 700	88 000	大马尼拉市
印度尼西亚	1 904 443	222 000	雅加达

* 本资料主要依据 2009/2010《世界知识年鉴》(世界知识出版社,2010)整理。

东帝汶	14 874	1 015	帝力
尼泊尔	147 181	27 000	加德满都
不丹	38 000	658.9	廷布
孟加拉国	147 570	142 000	达卡
印度	约 2 980 000	1 160 000	新德里
斯里兰卡	65 610	20 217	科伦坡
马尔代夫	298	299	马累
巴基斯坦	796 095	165 000	伊斯兰堡
阿富汗	647 500	29 000	喀布尔
伊朗	1 645 000	71 500	德黑兰
科威特	17 818	3 400	科威特城
沙特阿拉伯	2 250 000	23 700	利雅得
巴林	711.85	1 047	麦纳麦
卡塔尔	11 521	1 640	多哈
阿拉伯联合酋长国	83 600	5 080	阿布扎比
阿曼	309 500	2 740	马斯喀特
也门	555 000	23 100	萨那
伊拉克	441 839	30 100	巴格达
叙利亚	185 180	20 500	大马士革
黎巴嫩	10 452	4 100	贝鲁特
约旦	89 340	6 100	安曼
巴勒斯坦	11 500	10 340	耶路撒冷②
以色列	15 200	7 380	特拉维夫③
土耳其	783 600	71 517	安卡拉
乌兹别克斯坦	447 400	27 555	塔什干
哈萨克斯坦	2 724 900	15 780	阿斯塔纳

吉尔吉斯斯坦	199 900	5 296.2	比什凯克
塔吉克斯坦	143 100	7 215.7	杜尚别
亚美尼亚	29 800	3 238.4	埃里温
土库曼斯坦	491 200	6 836	阿什哈巴德
阿塞拜疆	86 600	8 730	巴库
格鲁吉亚	69 700	4 382.1	第比利斯
	欧	洲	
冰岛	103 000	319	雷克雅未克
法罗群岛(丹)	1 398.9	48.8	托尔斯港
丹麦	43 096	5 476	哥本哈根
挪威④	385 000	4 800	奥斯陆
瑞典	449 964	9 260	斯德哥尔摩
芬兰	338 417	5 326	赫尔辛基
俄罗斯联邦	17 075 400	141 900	莫斯科
乌克兰	603 700	46 080	基辅
白俄罗斯	207 600	9 671	明斯克
摩尔多瓦	33 800	3 560	基希讷乌
立陶宛	65 300	3 350	维尔纽斯
爱沙尼亚	45 277	1 340	塔林
拉脱维亚	64 589	2 260	里加
波兰	312 679	38 130	华沙
捷克	78 867	10 320	布拉格
匈牙利	93 030	10 020	布达佩斯
德国	357 114	82 108	柏林
奥地利	83 871	8 353.2	维也纳
列支敦士登	160.5	35.59	瓦杜兹

瑞士	41 284	7 700.2	伯尔尼
荷兰	41 528	16 503.7	阿姆斯特丹
比利时	30 528	10 667	布鲁塞尔
卢森堡	2 586	493.5	卢森堡
英国	244 100	60 944	伦敦
直布罗陀(英)	6.5	27.88	
爱尔兰	70 282	4 420	都柏林
法国	543 965	64 620	巴黎
摩纳哥	1.95	31.1	摩纳哥
安道尔	468	81.2	安道尔城
西班牙	505 925	46 157.8	马德里
葡萄牙	92 391	10 707.9	里斯本
意大利	301 333	60 020	罗马
梵蒂冈	0.44	0.791	梵蒂冈城
圣马力诺	61.19	30	圣马力诺
马耳他	316	412	瓦莱塔
克罗地亚	56 594	4 430	萨格勒布
斯洛伐克	49 036	5 400	布拉迪斯拉发
斯洛文尼亚	20 273	2 030	卢布尔雅那
波斯尼亚和黑塞哥维那,简称波黑	51 000	4 010	萨拉热窝
马其顿	25 713	2 040	斯科普里
塞尔维亚	88 300	9 900	贝尔格莱德
黑山	13 800	620	波德戈里察
罗马尼亚	238 391	21 520	布加勒斯特
保加利亚	111 001.9	7 610	索非亚
阿尔巴尼亚	28 748	3 140	地拉那

希腊	131 957	11 070.5	雅典
塞浦路斯	9 251	791.7	尼科西亚

非　　洲

埃及	1 001 450	79 500	开罗
利比亚	1 760 000	6 173	的黎波里
突尼斯	162 155	10 400	突尼斯
阿尔及利亚	2 381 741	34 400	阿尔及尔
摩洛哥	459 000	31 170	拉巴特
西撒哈拉	266 000	270	阿尤恩
毛里塔尼亚	1 030 000	3 200	努瓦克肖特
塞内加尔	196 722	12 400	达喀尔
冈比亚	10 380	1 800	班珠尔
马里	1 241 238	14 300	巴马科
布基纳法索	274 200	15 200	瓦加杜古
佛得角	4 033	546	普拉亚
几内亚比绍	36 125	1 670	比绍
几内亚	245 857	9 400	科纳克里
塞拉利昂	72 326	6 100	弗里敦
利比里亚	111 370	3 750	蒙罗维亚
科特迪瓦	322 463	19 600	亚穆苏克罗⑤
加纳	238 537	23 900	阿克拉
多哥	56 785	6 600	洛美
贝宁	112 600	9 300	波多诺伏
尼日尔	1 267 000	14 740	尼亚美
尼日利亚	923 768	146 000	阿布贾
喀麦隆	475 442	18 900	雅温得

赤道几内亚	28 051	1 015	马拉博
乍得	1 284 000	10 910	恩贾梅纳
中非	622 984	4 300	班吉
苏丹	1 860 000	30 890	喀土穆
南苏丹	640 000	8 260	朱巴
埃塞俄比亚	1 103 600	77 400	亚的斯亚贝巴
吉布提	23 200	820	吉布提市
索马里	637 660	10 400	摩加迪沙
肯尼亚	582 646	38 600	内罗毕
乌干达	241 038	29 592.6	坎帕拉
坦桑尼亚	945 087	40 430	达累斯萨拉姆
卢旺达	26 338	9 200	基加利
布隆迪	27 834	8 200	布琼布拉
刚果(金)	2 344 885	62 520	金沙萨
刚果(布)	342 000	4 200	布拉柴维尔
加蓬	267 667	1 400	利伯维尔
圣多美和普林西比	1 001	160	圣多美
安哥拉	1 246 700	17 400	罗安达
赞比亚	752 614	11 900	卢萨卡
马拉维	118 484	13 070	利隆圭
莫桑比克	801 600	21 800	马普托
科摩罗	2 236	800	莫罗尼
马达加斯加	590 750	19 100	塔那那利佛
塞舌尔	455.39	100	维多利亚
毛里求斯	2 040	1 270	路易港
留尼汪(法)	2 512	802	圣但尼
津巴布韦	390 000	13 300	哈拉雷

博茨瓦纳	581 730	1 880	哈博罗内
纳米比亚	824 269	2 100	温得和克
南非	1 219 090	48 687	比勒陀利亚[6]
斯威士兰	17 363	1 140	姆巴巴内
莱索托	30 344	2 350	马塞卢
圣赫勒拿(英)[7]	122	4	詹姆斯敦
厄立特里亚	124 000	4 690	阿斯马拉
法属南部领地	7 391	[8]	
英属印度洋领地	60	[9]	

大　洋　洲

澳大利亚	7 692 000	21 559	堪培拉
新西兰	270 534	4 290	惠灵顿
巴布亚新几内亚	462 840	6 300	莫尔斯比港
所罗门群岛	27 540	487.2	霍尼亚拉
瓦努阿图	12 200	221.5	维拉港
新喀里多尼亚(法)	18 575	227.4	努美阿
斐济	18 333	837	苏瓦
基里巴斯	812	95	塔拉瓦
瑙鲁	21.1	11	亚伦区[10]
密克罗尼西亚	705	107	帕利基尔
马绍尔群岛	181.3	64.55	马朱罗
北马里亚纳群岛[11]	477	88.66	塞班岛
关岛(美)	541.3	178.43	阿加尼亚
图瓦卢	26	9.81	富纳富提
瓦利斯和富图纳(法)	274	15.29	马塔乌图
萨摩亚	2 934	185	阿皮亚

美属萨摩亚[12]	199	65.63	帕果帕果
纽埃(新)	260	1.44	阿洛菲
诺福克岛	34.6	2.13	金斯敦
帕劳	458	20.8	梅莱凯奥克
托克劳(新)	12.2	1.47	[13]
库克群岛(新)	240	22.6	阿瓦鲁阿
汤加	747	101	努库阿洛法
法属波利尼西亚	4 167	287.03	帕皮提
皮特凯恩群岛(英)	47	0.048	亚当斯敦
赫德岛和麦克唐纳群岛	412	[14]	
科科斯(基林)群岛(澳)	14	0.6	西岛
美国本土外小岛屿[15]			
圣诞岛(澳)	135	1.4	

北　美　洲

格陵兰(丹)	2 166 000	56.5	努克,前称戈特霍布
加拿大	9 984 670	33 504.7	渥太华
圣皮埃尔和密克隆(法)	242	6.35	圣皮埃尔市
美国	9 158 960	305 000	华盛顿哥伦比亚特区
百慕大(英)	53.3	66.5	汉密尔顿
墨西哥	1 964 375	106 700	墨西哥城
危地马拉	108 889	13 400	危地马拉城
伯利兹	22 966	322	贝尔莫潘
萨尔瓦多	20 720	7 190	圣萨尔瓦多市

洪都拉斯	112 492	7 707	特古西加尔巴
尼加拉瓜	121 400	6 200	马那瓜
哥斯达黎加	51 100	4 510	圣何塞
巴拿马	75 517	3 454	巴拿马城
巴哈马	13 939	333	拿骚
特克斯和凯科斯群岛(英)	430	36	科伯恩城
古巴	110 860	11 236	哈瓦那
开曼群岛(英)	264	51.9	乔治敦
牙买加	10 991	2 690	金斯敦
海地	27 797	8 920	太子港
多米尼加	48 734	9 529	圣多明各
波多黎各(美)	8 870	3 971	圣胡安
美属维尔京群岛	346	109.8	夏洛特·阿马里
英属维尔京群岛	153	28	罗德城
圣基茨和尼维斯	267	53	巴斯特尔
安圭拉(英)	96	14.44	瓦利
圣巴泰勒米(法)	21	7.448	古斯塔维亚
圣马丁(法)	54.4	29.82	马里戈特
安提瓜和巴布达	441.6	83	圣约翰
蒙特塞拉特(英)	102	4.8	普利茅斯[16]
瓜德罗普(法)	1 702	452.78	巴斯特尔
多米尼克	751	76.6	罗索
马提尼克(法)	1 128	401	法兰西堡
圣卢西亚	616	170	卡斯特里
圣文森特和格林纳丁斯	389	167.8	金斯敦
巴巴多斯	431	274	布里奇顿

格林纳达	344	106	圣乔治
特立尼达和多巴哥	5 128	1 300	西班牙港
荷属安的列斯	800	227	威廉斯塔德
阿鲁巴(荷)	180	100	奥拉涅斯塔德

南 美 洲

哥伦比亚	1 141 748	42 090	波哥大
委内瑞拉	916 700	27 920	加拉加斯
圭亚那	215 000	766	乔治敦
苏里南	163 820[17]	493	帕拉马里博
法属圭亚那	86 504	216	卡宴
厄瓜多尔	256 370	13 890	基多
秘鲁	1 285 216	28 220	利马
巴西	8 514 900	189 610	巴西利亚
玻利维亚	1 098 581	10 028	苏克雷[18]
智利	756 626	16 600	圣地亚哥
阿根廷	2 780 400	40 620	布宜诺斯艾利斯
巴拉圭	406 800	6 670	亚松森
乌拉圭	176 200	3 323.9	蒙得维的亚
马尔维纳斯群岛[19]	12 173	3.14	阿根廷港[20]
南乔治亚和南桑德韦奇群岛(英)	3 903		

附注：① 根据2010年第六次全国人口普查主要数据公报，普查登记的全国总人口为1 370 536 875人。其中大陆人口为1 339 724 852人，香港特别行政区人口为7 097 600人，澳门特别行政区人口为552 300人，台湾地区人口为23 162 123人。因篇幅所限，表中采用约数。

② 1988 年 11 月,巴勒斯坦全国委员会第 19 次特别会议通过《独立宣言》,宣布耶路撒冷为新成立的巴勒斯坦国首都。目前,巴勒斯坦国政府机构设在拉马拉。

③ 1948 年建国时在特拉维夫,1950 年迁往耶路撒冷。1980 年 7 月 30 日,以色列议会通过法案,宣布耶路撒冷是以色列"永恒的与不可分割的首都"。对此,阿拉伯国家同以色列一直有争议。目前,绝大多数同以色列有外交关系的国家仍把使馆设在特拉维夫。

④ 包括斯瓦尔巴群岛、扬马延岛等属地。

⑤ 政治首都亚穆苏克罗,经济首都阿比让。

⑥ 行政首都比勒陀利亚,立法首都开普敦,司法首都布隆方丹。

⑦ 阿森松岛、特里斯坦—达库尼亚群岛为属岛。

⑧ 领地无常住人口,每年约有包括科学考察人员在内的 200 人定期来此居住。

⑨ 领地无常住人口。2004 年约 4 000 名英美军事人员和民间承包商驻扎该地。

⑩ 不设首都,行政管理中心在亚伦区。

⑪ 拥有美国联邦领土地位。

⑫ 又称东萨摩亚。

⑬ 行政中心随首席部长办公室轮流设于三个环礁岛。

⑭ 无常住人口,为澳大利亚海外领地。

⑮ 包括太平洋上的贝克岛、豪兰岛、贾维斯岛、约翰斯顿岛、金曼礁、中途岛、巴尔米拉环礁、威克岛及加勒比海上的纳瓦萨岛。

⑯ 首府普利茅斯毁于 1997 年火山爆发。政府临时所在地为该岛北部的布莱兹。

⑰ 包括同圭亚那有争议的 17 000 平方公里。

⑱ 苏克雷为法定首都(最高法院所在地),政府、议会所在地在拉巴斯。

⑲ 英国称福克兰群岛。

⑳ 英国称斯坦利。

计量单位简表

一　法定计量单位表

长　度

名称	纳米	微米	毫米	厘米	分米	米	千米(公里)
符号	nm	μm	mm	cm	dm	m	km
等数		1 000纳米	1 000微米	10毫米	10厘米	10分米	1 000米

面　积

名称	平方毫米	平方厘米	平方分米	平方米	平方千米(平方公里)
符号	mm^2	cm^2	dm^2	m^2	km^2
等数		100平方毫米	100平方厘米	100平方分米	1 000 000平方米

体　积

名称	立方毫米	立方厘米	立方分米	立方米
符号	mm^3	cm^3	dm^3	m^3
等数		1 000立方毫米	1 000立方厘米	1 000立方分米

容　积(容量)

名称	毫　升	厘　升	分　升	升
符号	mL, ml	cL, cl	dL, dl	L, l
等数		10毫升	10厘升	10分升

质　量(重量)

名称	纳克	微克	毫克	厘克	分克	克	千克(公斤)	吨
符号	ng	μg	mg	cg	dg	g	kg	t
等数		1 000纳克	1 000微克	10毫克	10厘克	10分克	1 000克	1 000千克(公斤)

二 市制计量单位表

长 度

名 称	毫	厘	分	寸	尺（市尺）	丈	里（市里）
等 数		10毫	10厘	10分	10寸	10尺	150丈

面 积

名 称	平方毫	平方厘	平方分	平方寸	平方尺	平方丈	平方里
等 数		100平方毫	100平方厘	100平方分	100平方寸	100平方尺	22 500平方丈

地 积

名 称	毫	厘	分	亩	顷
等 数		10毫	10厘	10分	100亩

质 量（重量）

名称	丝	毫	厘	分	钱	两	斤	担
等数		10丝	10毫	10厘	10分	10钱	10两	100斤

容 积（容量）

名称	撮	勺	合	升	斗	石
等数		10撮	10勺	10合	10升	10斗

三 计量单位比较表

长度比较表

1千米(公里)=2市里=0.621英里=0.540海里 1米(公尺)=3市尺=3.281英尺 1海里=1.852千米(公里)=3.704市里=1.150英里
1市里=150丈=0.5千米(公里)=0.311英里=0.270海里 1市尺=10市寸=0.333米=1.094英尺
1英里=1.609千米(公里)=3.219市里=0.869海里 1英尺=12英寸=0.305米=0.914市尺

面积比较表

1平方千米(平方公里)=100公顷=4平方市里=0.386平方英里 1平方米=1平米=9平方市尺=10.764平方英尺
1市顷=100市亩=6.6667公顷 1市亩=10市分=60平方市丈=6.6667公亩=666.67平方米
1公顷=10 000平方米=100公亩=15市亩 1公亩=100平方米=0.15市亩

质量(重量)比较表

1千克(公斤)=2市斤=2.205磅
1市斤=10市两=0.5千克(公斤)=1.102磅
1磅=16盎司=0.454千克(公斤)=0.907市斤

容积(容量)比较表

1升(公制)=1公升=1立升=1市升=0.220加仑(英制) 1毫升=1西西=0.001升(公制)
1加仑(英制)=4.546升=4.546市升

地质年代简表

宙	代	纪	符号	同位素年龄（单位：百万年） 开始时间（距今）	持续时间	生物发展的阶段
显生宙PH	新生代Kz	第四纪	Q	1.6	1.6	人类出现。
		新近纪	N	23	21.4	动植物都接近现代。
		古近纪	E	65	42	哺乳动物迅速繁衍，被子植物繁盛。
	中生代Mz	白垩纪	K	135	70	被子植物大量出现，爬行类后期急剧减少。
		侏罗纪	J	205	70	裸子植物繁盛，鸟类出现。
		三叠纪	T	250	45	哺乳动物出现，恐龙大量繁衍。
	古生代Pz	二叠纪	P	290	40	松柏类开始发展。
		石炭纪	C	355	65	爬行动物出现。
		泥盆纪	D	410	55	裸子植物出现，昆虫和两栖动物出现。
		志留纪	S	438	28	蕨类植物出现，鱼类出现。
		奥陶纪	O	510	72	藻类广泛发育，海生无脊椎动物繁盛。
		寒武纪	Є	570	60	海生无脊椎动物门类大量增加。
元古宙PT				2 500	1 930	蓝藻和细菌开始繁盛，无脊椎动物出现。
太古宙AR				4 000	1 500	细菌和藻类出现。